张广智 主编

近代以来中外史学交流史

上

復旦大學出版社

本书各章作者

(按作者所撰章节次序排列)

张广智,复旦大学教授,承担导论、第二章第三节、第八章、第十一章、第二十一章(代结语)。

易兰,湖南师范大学副教授,承担第一章、第二章第一、二节,第三章,第七章,第十四章第三节。

章可,复旦大学副教授,承担第四章、第五章。

李勇,淮北师范大学教授,承担第六章,第九章,第十章,第十二章,第十三章第五节,第十四章第一、二、四节。

黄蕾,上海外国语大学图书馆资源建设部主任,承担第十三章第一、二、四节。

张仲民,复旦大学教授,承担第十三章第三节。

洪认清,厦门理工学院教授,承担第十五章。

孙卫国,南开大学教授,承担第十六章、第十七章。

柳若梅,北京外国语大学教授,承担第十八章。

张井梅,苏州大学副教授,承担第十九章。

吴原元,华东师范大学副教授,承担第二十章。

目录

导论 ··· 1

上编 域外史学在中国

第一章 西方古典史学的东方形象(上) ·················· 41
　一、"影响研究":接受史与阅读史 ························ 42
　二、移译与传播:希腊史家与史学 ························ 51
　三、出版与阅读:希腊史著与史事 ························ 66

第二章 西方古典史学的东方形象(中) ·················· 103
　一、接受与转化:希腊文化与史学 ······················· 103
　二、翻译与移抄:对古希腊史学的特殊回应 ··········· 123
　三、深化与创新:希罗多德史学新探 ···················· 161

第三章 西方古典史学的东方形象(下) ·················· 177
　一、赓续与"中键":希腊史学与罗马史学 ············· 178
　二、史学与文学:罗马史家与历史著作 ················· 196
　三、求真与致用:罗马史学与罗马史家 ················· 208

第四章 文艺复兴的东方足迹 ································ 223
　一、1900年前西学传播中的"文艺复兴" ············· 225
　二、20世纪初的"文艺复兴"概念 ······················· 237
　三、"复古"还是"新生" ······································ 248

第五章　宗教改革的东方足迹 ... 261
一、初识与对"分教"之批评 ... 262
二、新教传教士与路德形象的塑造 ... 270
三、路德改教与维新运动 ... 277
四、余论 ... 284

第六章　苏格兰史学派的中国回响 ... 289
一、休谟史学的中国回响 ... 290
二、罗伯逊史学的中国回响 ... 294
三、斯密史学的中国行迹 ... 296
四、弗格森史学的中国回响 ... 300

第七章　近代德国史学在中国：清季民国以来的兰克史学 ... 306
一、传播途径：兰克史学自西徂东 ... 307
二、接受与回应：兰克史学的中国反响 ... 347
三、融合与影响：冲突中的史学交流 ... 386
四、曲折与升华：当代史学中的兰克 ... 412

第八章　文化形态学派在中国 ... 455
一、史学上的"哥白尼革命" ... 455
二、西方新说的中国早期知音 ... 458
三、战火中的东方回响 ... 462
四、历史的余音 ... 471

第九章　鲁滨逊新史学派在中国 ... 474
一、鲁滨逊新史学派入华 ... 474
二、鲁滨逊新史学派与中国学者的史学理论 ... 481
三、鲁滨逊新史学派与中国学者的史学实践 ... 487
四、中国学者对鲁滨逊新史学派的评述 ... 494

第十章　年鉴学派在中国 …… 500
一、年鉴学派史学传入中国 …… 501
二、中国学者对年鉴学派的热烈响应 …… 509
三、中国学者以年鉴学派理念重塑史学 …… 515

第十一章　心理史学派在东西方的双向互动与回响 …… 525
一、西书中译：西方心理史学派之东传 …… 525
二、东方回应：国人对心理史学派的评价 …… 529
三、东说西渐：中国文化对西方心理学的影响 …… 536

第十二章　后现代主义史学在中国 …… 539
一、后现代主义思想在中国的传播 …… 539
二、后现代主义史学论著的翻译 …… 546
三、后现代主义史学的传播 …… 554
四、从后现代主义视角反思中国史学 …… 570

第十三章　西方历史哲学在中国 …… 575
一、概述 …… 575
二、维柯的历史哲学东传 …… 598
三、黑格尔哲学的东传 …… 616
四、朱谦之与西方历史哲学 …… 660
五、胡秋原的《历史哲学概论》 …… 667

第十四章　西方史学与台湾地区史学的交流 …… 680
一、台湾地区西洋史学研究概述 …… 680
二、张贵永与西方史学研究 …… 693
三、兰克与台湾史学发展：如影随形 …… 717
四、后现代主义史学的影响 …… 729

第十五章　唯物史观的输入与中国的马克思主义史学 …… 744
一、中国早期马克思主义学人对唯物史观的传播 …… 744

二、20世纪前半期中国马克思主义史学发展的历程和
　　中国化路径 ………………………………………… 773
三、苏联史学模式对延安根据地史学的影响 ………… 790
四、20世纪五六十年代苏联史学的大规模输入 ……… 802
五、结语 …………………………………………………… 813

下编　中国史学在域外

第十六章　中国史学之东渐：朝鲜篇 ………………………… 819
一、中国史书在朝鲜半岛的流传与影响 ………………… 820
二、古代朝鲜史学对中国史学的借鉴和吸收 …………… 844
三、中国近代史学对朝鲜半岛的影响 …………………… 870

第十七章　中国史学之东渐：日本篇 ………………………… 880
一、中国史学对日本的影响 ……………………………… 880
二、日本古代史书对中国史书体裁的借鉴 ……………… 901
三、日本史学对中国的影响 ……………………………… 922

第十八章　中国史学之西渐：俄罗斯篇 ……………………… 951
一、俄罗斯汉学史上的中国图书收藏 …………………… 951
二、20世纪前俄罗斯汉学家与中国历史 ………………… 958
三、20世纪以来苏联（俄罗斯）汉学家的中国史研究：
　　以《历史学问题》为中心 ……………………………… 971
四、中国史学著作在俄罗斯传播：以《史记》的收藏与
　　翻译为例 ……………………………………………… 989
五、俄罗斯藏第一部中文俄国史：《罗西亚国史》 ……… 1008

第十九章　中国史学之西渐：西欧篇 ………………………… 1023
一、中国史学在西欧的发展 ……………………………… 1023

二、对中国古代典籍的传播与接受 ········· 1043
三、对近代中国形象的建构与重塑 ········· 1063
四、对中国马克思主义史学的认知与理解 ········· 1090
五、张芝联与中外（西）史学交流 ········· 1104

第二十章　中国史学之西渐：美国篇 ········· 1118
一、美国中国史学研究的发展 ········· 1118
二、美国学者对中国传统史学的认识变迁 ········· 1135
三、"二十四史"在美国的译介及影响 ········· 1154
四、百年来美国学者的《史记》研究 ········· 1175
五、美国的中国马克思主义史学研究 ········· 1197
六、在美华裔学者的中国史学史研究及其影响 ········· 1213

第二十一章　中国史学：在与世界史学互动中前行（代结语） ········· 1226
一、与西方史学相向而行 ········· 1227
二、中国历史学家的"不了情" ········· 1234
三、开辟中国史学的新天地 ········· 1242

后记 ········· 1248

导论

近世以降,从世界的眼光来看,不仅历史发展的客观进程发生了巨大的变化,而且历史学自身也在酝酿与发生着重大的变革,与西方文艺复兴运动伴随而来的人文主义史学,拨开了中世纪基督教神学的阴霾,开创了西方史学的新篇章;在东方,比如中国古代史学,也在经历"乾嘉学派"的辉煌后,走完了它的最后行程,自鸦片战争后也随着时代的节拍,迈开了史学近代化的最初步伐。自此,不只是"西学东渐""东学亦西渐",也就是说,近代以来,东西方的联系变得频繁,这种联系,当然也包括史学文化在内,尽管两者之间的直接碰撞,要迟至19世纪末。

鉴于这样的形势,时人的历史研究倘止步于对各自历史学自身发展变化的探讨,就远远不够了,对中国史学的研究是这样,对于域外史学的研究也是这样,于是中外(西)①史学的交流研究,便成了历史学家,尤其是史学史家之要务。

这篇导论包括以下四个方面的内容:

第一,历史研究的开拓与创新。本节主要说的是中外史学交流史研究的学术意义与学科价值。

第二,中外史学交流的历史轨迹。本节略述自古代以来的中外史学交流之历程,略古详今,可使读者对此有一个鸟瞰式的了解,也为本书上、下编所叙述过程中的诸多案例做铺垫。这部分内容较多,拟分两个

---

① 本书关键词"中外"的"外",主要为西方国家,兼及其他国家。又,下文中"域外"一词,也可作此解。

小节叙述。

第三,本领域的研究简况。本节做一个简略的学术史回顾,以便我们在前人已有成果的基础上,深入开展中外史学交流史的研究。

第四,本书的构架。主要是指写作旨趣与整体结构。

一、历史研究的开拓与创新

有道是,客观的历史不会改变,但历史学家对客观历史的认识却是与时变易的,当下流行语"与时俱进"就是说的这个道理。为此,历史需要不断地被重写,历史研究的开拓与创新也就成了各个时代的历史学家的重中之重了。那么,正在国内学界兴起的中外史学交流史的研究,毋庸置疑,也应提上日程。

为什么这样说?在这里,我们就中外史学交流史研究的学术价值、学科建设与现实意义等方面略说一二。

首先,中外史学交流史的研究,为历史研究开拓了新的发展空间,这里分两个层面来说一说。

从研究视角来说。历史研究的开拓与创新,就我们看来,不外乎以下两点:一是新史料的发现,借此可以改写历史。二是研究视角的转换。于是,同一论题,在研究者面前顿然另开新途,事实上,研究者对某个论题的研究,倘另辟蹊径,往往可以使历史研究走向历史的深处。就两者关系而言,视角的转换也可把原先视角不见的东西当作"新史料",而"新史料"的不断累积,又为历史学家视角的转换创造了前提。因此,可以这样说,中外史学交流史的研究,既得益于新史料的发现,又有助于研究者视角的转换,由此为历史研究开拓了新的发展空间。

不是吗?多年来,我们的史学史研究,不论是中国史学史还是西方史学史,均视角单一,多为对各自历史学进程的探究,而鲜有对不同地域间史学相互影响与相互交往的阐述。比如说对某位史家、某部史著、某个流派或思潮等的研究,就其自身,无疑是必要的,但倘停留在这一点上就不够了,应当在这一基础上,追寻它们何时传入他处,通过何种途径传播,在输入地又引起了怎样的回响等,这样的研究才是较为完整与全面的,这当然归功于研究者视角的转换。根据上述所言,中外史学交流史的研究自是不可或缺的。

从研究的内容来看。倘我们从佛典翻译追溯起,迄至今日域外新说与译作的广为流传,中外史学交流史有源远流长的历史、无比丰富的内容。不言而喻,任何一个勃发生机的历史学新的研究领域的拓展,都有可能触动传统史学的根基,而为历史研究的内容更新与扩大提供了条件。中外史学交流史的研究也是这样,不说别的,仅就20世纪中外史学交流所呈现出来的多彩多姿的文化景观①,就可见一斑了。

其次,中外史学交流史的研究丰富了史学史的内涵。

对此,只要稍稍回顾一下中国史学史(或中国的西方史学史)之史,就可了解了。1926—1927年,梁启超在清华重讲"中国历史研究法",其讲义以《中国历史研究法补编》问世,其中特别提到了中国史学应该"独立做史",并为之设计了"独立做史"的"四部曲":史官、史家、史学的成立与发展和最近史学的趋势。"史学史"作为一门"文化专史"被明确地提了出来,这在中国史学史学科建设的历史上,意义自然非同凡响。此后,按梁氏上述模式写作史学史者,不乏其人,其中在20世纪40年代出版的金毓黻的《中国史学史》②,对后世中外史学史的编纂甚有影响,后继者踵出③。诸书多有革新又各具特色,在此难以评说。但大体看来,它们一般都不包括中外史学交流史。

于是,在继承传统的基础上,又需要不断革新,突破梁启超以来的史

---

① 参见张广智主编:《20世纪中外史学交流》,北京师范大学出版社2007年版。
② 金毓黻所著《中国史学史》,初稿写于1938年,原系大学讲义,1944年在重庆出版,1962年中华书局出了新版。
③ 参见瞿林东:《中国史学史研究八十年》,载《史学理论与史学史学刊》2006年卷,社会科学文献出版社2006年版。

学史写作的框架结构,以丰富和充实它的内涵,就成了历史研究尤其是史学史研究的当务之急了。时贤已做过这样的思考,比如朱维铮曾指出,假如坚持从历史本身说明历史,那么史学史的结构可以拆作交叉重叠的三个系统:一是历史编纂学史,一是历史观念史,一是中外史学的交流和比较。他进而认为:"如果把中外史学的交流和比较,看作支撑史学史总体结构的鼎足之一,而这一足仍然有待铸造,应该说是有理由的。"①我是赞同这一说法的,尤其是他所说的"第三个系统"②。

最后,中外史学交流史的研究与中国的马克思主义史学的发展有紧密的联系,因而探讨这两者之间的互动关系,汲取历史智慧,也具有强烈的现实意义。

这自然是马克思主义史学从苏俄东传以后的事,大体是从李大钊直至当今西方马克思主义史学传入。其间,中国马克思主义史学的形成、发展及其曲折进展,倘离开了这一时段中国马克思主义史学与域外史学之间的碰撞和融合,能说得清楚吗?比如,无论是20世纪50年代大量引入的苏版马克思主义史学,还是80年代以来大量引入的西方史学,它们之间的交汇,都对其时的中国马克思主义史学的发展产生了深刻的影响,我们难道能对这种"交流史"视而不见吗?进言之,难道能不顾这种中外史学的交流研究并从中吸取经验或教训吗?事实证明,我们在这方面的沉痛教训不少,对域外史学或顶礼膜拜、全盘接受,或一概排斥、夜郎自大,这两种极端在相当大的程度上制约了中国马克思主义史学前进的步伐。总之,在当下,为了发展中国的马克思主义史学,我们应当以海纳百川的胸怀汲取域外(主要为西方,不管是西方的资产阶级史学,还是西方的马克思主义史学)史学遗产中一切有价值的东西,积极引进,"洋

---

① 朱维铮:《史学史三题》,《复旦学报(社会科学版)》2004年第3期,第12页。
② 参见张广智:《西方史学史学科在中国的历史进程述要》,《福建论坛》2010年第1期,第74—82页。

为中用",为发展我们的马克思主义新史学而服务。从这一点而言,中外史学交流史的研究,其现实意义和它的重要性是显而易见的。

二、中外史学交流的历史轨迹(上)

正如前述,中外史学交流有其源远流长的历史。的确,它犹如一条长河,初时涓涓,继而潺潺,终则汹涌,百川归海,蔚为壮观。对如此丰赡的中外史学交流的进程做出系统的历时性考察是颇有难度的,在这里我只是对它发展的轨迹,选择若干"节点",做一些粗线条的描述,姑且以"近代以前"和"近代以后"两个部分分别述说。

这里首先就需要探讨"近代"的含义。何为"近代"?对于这一问题,中外历史难以划一,这显然是由人类历史发展的多样性所决定的。就中国历史而言,学界普遍认为,1840年的鸦片战争可以作为古老中国告别中世纪而步入近代社会的起点,自此开始了中国近代历史的发展进程。对于世界历史而言,关于"近代"的时段划分就众说纷纭了,这里不赘述各家各派之见。我们注意到由吴于廑、齐世荣主编的六卷本《世界史》①,已明确地把1500年左右作为世界古代与近代的分界线,换言之,世界历史的近代起点可从1500年左右开始。这一历史分期,我们以为是可取的。由此可见,中外历史的近代起点不尽相同,历史的发展当然不可能同步进行。但这样一来,在我们界定专门史如中外史学交流史时,就遇到了困难。无论中国史以1840年为近代起点,还是世界史以1500年为近代开端,一般说来它于政治史框架较为适合,至于是否适合作为文化史等专门学科史(比如中外史学交流史等)的近代起点,则还需要斟酌。

本书究竟以何时作为中外史学交流史的近代起点呢?这是一个很难做出精确回答的难题。从域外(主要为西方)史学何时传入中国的视

---

① 吴于廑、齐世荣主编:《世界史》,高等教育出版社1999年版。

角而言,归纳起来当今学界有两说:一是以杜维运为代表的19世纪末说①,其理由是,此时中外(西)史学直接碰撞,且输入的主体为中国人而非外国人(比如外国传教士),其中尤关注梁启超的功绩以及严复译《天演论》的意义。此说从者甚众,因为上述两点理由有其明显的说服力,连对杜说缺陷做出批评的论者,也仍将"西方史学在中国的传播"的第一次高潮定位在"1898年之后,尤其是20世纪初"②。

另一是邹振环的"晚清说"③。按理说,邹的"晚清说"与杜说至少在时段上并无本质区别。但在邹说里,这"晚清"一词是个具有弹性的时间概念,他把1815年至1900年这一时段均归属为"晚清"。通阅邹氏所著《西方传教士与晚清西史东渐》一书可知,邹强调(或特别关注)19世纪初以来西方传教士的历史译著以及对西方史学输入中国的贡献,在他看来,西方史学输入中国必须以"19世纪初西方新教传教士的译述活动作为起点"④,较之杜说至少要提前100年左右。当然,邹的"晚清说"即"19世纪初"说自有它的合理性:他认为,1900年前西史东传中国的主要渠道就是译著,主译者为西方传教士;他还认为19世纪初以来中国史学的变化,特别是梁启超"新史学"的问世,有一个从量变到质变的过程,在这过程中也明显地受到了前者的影响。

杜说与邹说,孰是孰非,似乎难以评判。不过,从宽泛的时间而言,中外(西)史学交流的近代起点(或西方史学输入中国的起点)是不是可以定在19世纪初? 这一起点倘据邹说把它定位在1815年《察世俗每月统记传》的创办,亦无不可。然而,正如邹振环自己所言:"当时作为翻译者主体的仍是传教士,他们掌握了原本的选择权,文化输入仍处在一种被动的

---

① 见杜维运:《西方史学输入中国考》,原载《台湾大学历史学报》1976年5月第3期;后收入其著《与西方史家论中国史学》附录二,东大图书公司1981年版,第288—335页。
② 李孝迁:《西方史学在中国的传播》,华东师范大学出版社2007年版,第3页。
③ 邹振环:《西方传教士与晚清西史东渐》,上海古籍出版社2007年版。
④ 同上书,第8页。

历史转变阶段。这一事实本身也表明,提供西方文化精髓的历史任务不可能由外国传教士来承担,他们愿意递送夹带宗教气味的文化药物,但不会提供真正医治中国痼疾的良方。"①此说甚是,这也与李孝迁在《西方史学在中国的传播》中的一段论述相吻合:"传教士的知识结构和宗教使命,决定了他们对西方史学的介绍与传播必然极为肤浅而又非自觉。"②综合诸家之见,真正揭开近代中外(西)史学交流大幕的还得是中国学人,梁启超无疑是它的"揭幕人",此时已是19世纪末了。可以说,这之前由传教士"演出"的西史东传,实为近代大幕开启之前的序幕。戏总是由序幕开始的,中外史学交流的这出"大戏",其近代篇当可从19世纪初"开演",正剧还要等到梁启超上场。我不知做这样的表述,能否说清中外史学交流史的"近代"或"近代以后"的概念。不管怎么说,我们把19世纪初以来的外国传教士的译述活动视作"西史东渐",亦即西方史学输入中国的起点、中外(西)史学交流的近代开篇,之前则称之为"近代以前"。

至于说到"史学交流",我认为,史学交流是文化传播的结果,也是史学发展的必然结果。当一种强势文化问世,它的生命力或特点就是向周边不断扩散开去,在他处发生着或大或小、或彰或隐、或直接或间接的影响,史学也是这样。但不管怎样,这种交流归根结底是双向与互动的关系,尽管从表面上和短时段上来看,只见到强势文化对他处的威势与力量,亦即影响。中外史学交流也是这样。

还是回到本节开头,先叙述"近代以前"中外史学交流的简况。这里仅选择若干侧面,说个大概。

先说古代。

中国古代史学告别了它的"童年时代"(先秦),结束了它的"少年时

---

① 邹振环:《影响中国近代社会的一百种译作》,中国对外翻译出版公司1996年版,第104页。

② 李孝迁:《西方史学在中国的传播》,第3页。

代"(秦汉),从而进入了它的"青年时代"(魏晋南北朝至隋唐时代),即进入了"中国史学成长起来以后走向发展的时期"①。在这 700 年左右的"青年时代"里,中国史学的发展可谓是史家如云、史书如林、史风大盛,达到了一个新的水平。究其原因,除去时代与社会发展的因素外,恐怕在很大程度上与其时的中外文化(史学)交流活动密切相关。

这里有两件事必须提及。一是佛典翻译与古代中国史学之关联。在中国思想文化史上,公元 1 世纪至 8 世纪的中印文化交流留下了令人难忘的篇章。从印度传入中国的佛教,自东汉时入华,经魏晋在中国的初传,至隋唐消化吸收而"中国化",在这一过程中,佛教与中国本土的儒道文化融通合流。毋庸置疑,佛教之东传及其"中国化",对中国社会及其思想文化的发展产生了深远的影响,它于史学亦然。从直接的影响来看,佛教在中国的广泛传播,有助于史学著作的多样化。从僧传开始,佛教史籍的撰述日益增多。其时,"佛教僧人在这方面的撰述颇为丰富,《法显传》、《大唐西域记》、《海内寄归传》、《往五天竺国传》、《高僧传》、《续高僧传》等都是知名之作"②。尤其需要指出的是,佛教经典的汉译成就,自汉末迄唐代开元中叶,总计有译者 176 人参与,所译佛教经典达 2 278 部,凡 7 046 卷,今存亦有 5 000 卷左右③。佛典的翻译成就,不啻为世界翻译史上一次规模宏大的"文化工程"。总之,佛典在中土的翻译与流传,佛教史籍的撰著与兴旺乃至"佛教史学"的繁荣与绵延,从其潜在的方面看,对中国史学的发展产生了什么样的影响,仍需要我们继续做深入的研究④。

另一是中国古代史学与东亚地区史学之关联。从当时情况来看,无

---

① 白寿彝主编:《中国史学史教本》,北京师范大学出版社 2000 年版,第 91 页。
② 同上书,第 93 页。
③ 杜维运:《西方史学输入中国考》,第 329 页。
④ 比如曹刚华的《宋代佛教史籍研究》(华东师范大学出版社 2006 年版),就是这方面研究的出色成果。如何从中外史学交流的视角对佛教典籍与史学的关系做出具体的考察,看来还大有文章可做。

论在亚洲史学还是世界史学中,中国古代史学的发展水平均较为领先,显然对当时东亚周边一些国家和地区的史学产生了深刻的影响。比如,就历史编纂的体例而言,中国古代史书的纪传体、编年体、纪事本末体等,都在日本、朝鲜半岛和越南的古代史书中有所体现,例如日本江户幕府时期林罗山编著的《本朝通鉴》、朝鲜高丽王朝时期金富轼等撰的《三国史记》和李朝时期郑麟趾等编撰的《高丽史》、越南吴士连等撰的《大越史记全书》等有代表性的史书,无一不深受中国古代史学的影响①。

再说近代。

这里说的"近代",指的是西方的概念。从总体考察,"地理大发现"与新航路的开辟,使世界形势在 15—16 世纪发生了大变革,自此开始,各民族各地区之间彼此隔绝、互不往来的闭塞状态逐渐被打破,整个世界在越来越大的程度上联系在一起了。

在这样的时代背景与文化氛围下,自 16 世纪末开始,从明末到清末约 300 年间,是时中外文化交流"梅开二度",这主要说的是欧美传教士入华以及由此而促动的"西学东渐"与"东学西渐"。在这双向的互动中,西方传教士都"出演主角",可以说,这是中外史学交流史上的"传教士时代"。

先说"东学西渐",这里仅就伏尔泰与中国古代文明之关联做些说明。17—18 世纪,在中国传教的法国传教士发回了大量报道中国情况的内容,涉及天文、地理、历史、文化等,引起了法国公众对古老中国文明的广泛关注,尤其《中华帝国全志》《耶稣会士中国书简集》和《北京耶稣会士中国纪要》等书在坊间流传,更增进了以伏尔泰为首的法国思想家们对中国的了解。伏尔泰说过:"欧洲王公及商人发现东方,追求的只是财富,而哲学家在东方发现了一个新的精神和物质的世界。"②这位法国

---

① 进一步情况参见朱云影:《中国史学对于日韩越的影响》,《大陆杂志》第 24 卷第 9、10、11 期,1962 年 5—6 月。

② 转引自[德]利奇温:《十八世纪中国与欧洲文化的接触》,朱杰勤译,商务印书馆 1962 年版,第 79 页。

启蒙运动思想界的领袖不仅写有名作《路易十四时代》《风俗论》和《哲学辞典》，还写了《中国书简》、诗剧《中国孤儿》和大量评论,用许多美好的语言赞颂过古老的中国文明。事实说明,伏尔泰推崇与向往中国古代文明,其作其论虽然与中国社会发展的史实并不完全吻合,但他的用意在于从东方文明古国的思想遗产(尤其是儒家学说)中汲取思想资料,从中得到启示,以期找到一种能医治法国君主专制政体的救世良方。正如朱维铮所言:"就是借玉攻错,通过表彰东方第一文明古国的法律、风尚和制度等等,来抨击路易十五时代同样属于君主制而正在全面腐败的法国现状。"①这就说明,中国古代的思想遗产对法国启蒙思想家们的影响程度,取决于当时社会对它的需要程度,而这种需要正是与他们所肩负的历史使命息息相关的。

这次"东学西渐"以及由此带来的中国文化对西方社会的影响,扩言之,对西方各界持续升温的"中国热"所产生的社会影响,尤其对学界的影响,比如说对东方社会的认知、对历史学家视野的开拓、对历史写作思想的深化等,将会产生多大的作用,我们仍需要做出更精深的研究。

再说"西学东渐"。同上述的"东学西渐"一样,与"西学东渐"结下不解之缘的仍是西方传教士,从意大利耶稣会士利玛窦到英国人马礼逊入华,一代又一代的西方传教士中,当然会夹杂着一些图谋不轨的殖民主义者,但大多数人是虔诚传道的宗教人士,这些人具有较好的文化素养,尤其是晚清来华的新教传教士,他们"出入侯门,游说公卿,广交士绅,歆动学林,实际上是步利玛窦的后尘,走所谓学术传教的道路"②。正是这种"学术传教",使他们在明末至清末的 300 年间,在中外文化交流乃至史学交流的活动中充当了主角,这一时期可视为中外史学交流史上的"传教士时代"。当然,正如前述,他们的历史局限性也是显而易见的。

---

① 朱维铮:《走出中世纪二集》,复旦大学出版社 2008 年版,第 243 页。
② 同上书,第 215 页。

此种情况至19世纪初发生了重大的变化。正是这些西方新教传教士的西史译著活动,为中外史学交流揭开了近代篇的序幕。

三、中外史学交流的历史轨迹(下)

我们在前面讨论中外史学交流史的近代起点时,介绍过邹振环的"晚清说"。作为中外史学交流史的近代开篇,我们还需对邹说做进一步的陈述。

据邹振环之见,西方历史译著最早可以上溯到1815年米怜及以其为主创办的中文期刊《察世俗每月统记传》,从中可以窥见输入的西学中所透露出来的历史知识和历史意识。这一时间"节点"颇具象征意义,或可作为西方史学输入中国的起点,在我们看来,也不妨把它称作中外(西)史学交流的近代起点。邹氏为此做了详尽的实证研究,以1815年《察世俗每月统记传》与1900年《万国通史前编》的出版为起止的界标,阐释西方历史译著输入中国后对史学界所产生的影响。邹振环更以他统计的1822年至1900年出版的89种西方历史译著单行本佐证他的论点:"晚清以来的新史学,无不以追随西方历史学、不断吸取西方历史著述中的营养维持壮大,换言之,新史学的重要催媒是来自19世纪初以来西史译著所引入的西方史学。"[①]

不过,中外(西)史学交流的实质性转变,还是要等到19世纪末中外史学的直接碰撞与对话。这一重任还得由本土历史学家来担当,其最初人选,大概非梁启超莫属了,因为他是"第一位积极介绍西洋史学,并呼吁改造中国史学"[②]的先贤。

自此开始,百年来中外史学交流的历史轨迹,色彩斑斓,曲折坎坷,

---

① 邹振环:《西方传教士与晚清西史东渐》,第313页。
② 齐思和:《近百年来中国史学的发展》,载王学典、陈峰编:《二十世纪中国史学史论》,北京大学出版社2010年版,第20页。

这里试分为如下几个阶段加以叙述。不过,在分段述写之前,有一点仍需强调,那就是在百年来中外史学直接碰撞与交汇的历史进程中,"外方"始终占据着强势地位,不管是早期西方史学的输入,还是后来苏联史学之东来,"中方"较多地扮演着接受者的角色。这一情况待到中国改革开放之后,随着中国史学与历史学家不断走向世界,并在国际史坛上地位提升,才渐渐地发生了变化。

1. 发轫期:19世纪末至1919年

先说梁启超。

戊戌变法失败后,梁启超流亡日本,1899年先在横滨创办《清议报》,1902年又创办《新民丛报》,是年在该报发表《新史学》,倡言"史界革命",进而提出了新的历史观念,为闭塞的中国学术界带来了近代西方资产阶级史学的最初信息。

但是,梁启超不谙西文,他此时所获知并向国人介绍的西方史学知识,主要是通过日本间接输入的。在20世纪初,日本简直成了中国学人了解西方乃至世界的一个窗口。

梁启超直接吸纳西方史学,那是在他《新史学》问世16年后的事。1918年冬至1920年春,他到欧洲漫游。归国后,梁启超于1921年在南开大学讲演,第二年即把讲稿结集为《中国历史研究法》出版。他的这部书带有欧洲之行所直接感受到的近世西方史学方法论的深刻印痕,也是他运用近代西方史学方法论来探讨中国史学的一个结晶。

是的,在西方史学东传史上的发轫年代,这一史学潮流的领军人物当属梁启超无疑,论者指出:"毫无疑问,五四运动之前,在中国宣传西方思想最有影响的人物是梁启超。"[①]因为在他的那个时代,无论是来华传教士编译的史书,如英国传教士慕维廉编译的《大英国志》、李提摩太编

---

① [美]伯纳尔:《一九〇七年以前中国的社会主义思潮》,福建人民出版社1985年版,第76页。

译的《泰西新史揽要》等,还是近代前期中国人编写的外国史地著作,如魏源的《海国图志》、徐继畲的《瀛寰志略》等,其对西方史学的识见与影响都难望梁氏之项背。

接下来要说到的是西方的文明史学之东传。清季学界盛行的文明史学,其西方源头是法国文明史学(以伏尔泰、基佐为代表)和英国巴克尔的《英国文明史》。西方的文明史学一度在中国学界得势,这与那时的社会环境息息相关。"这种带有批判启蒙性质的文明史学正适应了晚清学术、政治要求变革的需要,而迅速得到广泛传播,许多新史家批评传统史学都从文明史学中借用资源。"① 在这方面,梁启超也具有典型性。

再次是国外历史教科书的译介。1902年和1904年,清政府先后颁布《钦定学堂章程》和《奏定学堂章程》,全面引进西方的教育制度,在大学、中学和小学都广设历史课程,因此,编写历史教科书成为一时之急需,引进翻译国外教科书便被提上了议事日程。这些移译的域外历史教科书,来自欧美的多是西洋史、万国史,来自日本的则是中国史、东洋史。国外历史教科书的翻译,对于当时中国史界反思旧史、批判传统史学,编纂新史、奠立近代史学理论起到了一定的借鉴与促进作用。

此外,在那时的中国传播的西方史学流派,一为兰克史学,另一为西方文化形态史观。不管是兰克史学还是文化形态史观,都与20世纪中国史学的发展变化有着千丝万缕的联系。兰克史学在中国早期传播的主要途径是日本的间接介绍。19世纪末20世纪初,时值国人留日高潮之际,以输入的历史教科书为媒介,留日学人将兰克史学介绍到中国。至于兰克史学的理论和方法,其最初输入中国的基本路径为"兰克—伯伦汉《史学方法论》—坪井九马三《史学研究法》—中国"②。日本学者坪

---

① 参见张广智主编:《20世纪中外史学交流》,北京师范大学出版社2007年版,第38页。
② 同上书,第52页。

井九马三的《史学研究法》源于德国学者伯伦汉的《史学方法论》,他的《史学研究法》引入中国后,对传播兰克史学起到了促进作用。不过兰克史学对中国史界真正产生影响,那要到20世纪30年代前后。

文化形态史观之东传与上述兰克史学也有很类似的地方,文化形态史观作为20世纪西方史学的一种新说,由斯宾格勒与汤因比确立后,迅即在西方学界产生了广泛的影响,这种影响在现代中国也很快地有了回应,并在中国的留欧(尤其是留德)学生中找到了它的最初知音,这主要体现在斯宾格勒其人其作的东传上①。另外,汤因比的《历史研究》前三卷于1934年出版后,即有人在国内做了介绍。不过,至20世纪40年代,西方文化形态史观才在战国策学派那里找到了它的真正的中国知音。

总的看来,本阶段基本上是通过日本近代史学的引进而间接引进外国史学的,不免粗疏,并具有很大的局限性,这充分反映了发轫阶段外国史学输入中国时的历史特征。不管怎么说,在晚清至五四运动前后,梁启超在外国史学输入中国的过程中成绩卓著,堪称20世纪中外史学交流发轫时期的一位代表人物。

2. 初兴期:1919年至1949年

1919年的五四运动,不仅是中国新民主主义革命的开端,而且开创了中国史学发展的新阶段,西方史学的东传也翻开了新的一页。从1919年至1949年这30年中,尤其在20世纪30年代前后,出现了第一次输入西方史学的高潮,这是本时期的突出成就。这一情景似可与20世纪80年代那次大规模输入西方史学的高潮相呼应。

归纳起来,在这一时期输入的西方史学可谓异彩纷呈,并呈现出以下一些显著的特点:

---

① 参见李孝迁、郐国义:《斯宾格勒〈西方的没落〉在中国的传播》,载瞿林东主编:《史学理论与史学史学刊》(2004—2005年卷),社会科学文献出版社2005年版。

（1）新的输入途径

由欧美直接输入为主，取代了从日本的间接输入。与前一时期（发轫的岁月）中的"无组织、无选择，本末不具，派别不明"[①]不同，这时输入的西方史学较为明确与有序，晚年梁启超吸纳西方史学，可为之佐证。

（2）新的留学时尚

此时，中国学人留学欧美成为时尚，从欧美学成归国的留学生在西方史学输入中国的过程中发挥了不可或缺的作用，胡适是这样，何炳松和傅斯年更是这样。

（3）新的理论方法

这里首先要提及的是马克思主义的唯物史观，在五四时期的中国得到了广泛的传播[②]。但更为庞杂与丰富的是西方史学理论与方法的来华，于是欧美相关史学名著纷纷被译成中文[③]。易言之，这一时期称得上是西方史学输入中国史上的"名著时代"，由此形成了西方史学直接输入中国的第一次高潮。

（4）新的传播媒介

近代传播媒介的问世为中西史学交流提供了更便捷的通道，诸如报纸、期刊、图书等。出版机构在本时期中西史学交流中起到了重大的与显著的作用，这一点也是有别于"发轫期"的，商务印书馆在这方面的出版业绩便是一个有力的证明。

（5）新的地域特色

从20世纪二三十年代的"北派"与"南派"之分，至40年代的"国统区""解放区"和"沦陷区"之别，这一时期，日益彰显的地域性特征产生了

[①] 梁启超：《清代学术概论》，载朱维铮编校：《梁启超论清学史二种》，复旦大学出版社1985年版，第80页。

[②] 参见张广智主编：《20世纪中外史学交流》，第67—69页。

[③] 同上书，第76—77页。

不可忽视的影响,也与它的前后时期形成了明显的对照。

在这西方史学输入中国的"初兴时期",正如前述,推动它趋于兴旺的是一批留学欧美的中国人,这里值得提出来的是何炳松、胡适与傅斯年三人。

何、胡两人都曾先后留学于美国(何于1916年归国,取得硕士学位;胡于1917年归国,获得博士学位)。两人同在北大任教,相处和谐。两人都对西方史学的输入建有功绩:何炳松为现代西方史学尤其是以鲁滨逊为代表的现代美国新史学派的输入,做了许多切实的工作①;胡适输入了近世西方科学的治史方法,不仅轰动当世,而且影响深远,如疑古学派便从中受到深刻的影响②。他们的不同之处在于对中西文化的态度。

傅斯年受过中国传统文化的严格训练,有深厚的国学根底。1920年,他赴英国留学,三年后又转入德国柏林大学就读,在欧洲的留学生涯长达七年之久。1926年归国,1928年国立中央研究院历史语言研究所正式成立,傅斯年出任所长直至1950年逝世。人们称傅斯年为"中

---

① 中国学界在新时期对于何炳松史学及其输入西方史学的成就,论述颇丰,这里略举几篇如下:胡逢祥:《何炳松与鲁滨逊的"新史学"》,《史学史研究》1987年第3期,第31—37页;谭其骧:《何炳松与〈新史学〉》,《暨南学报(哲学社会科学版)》1991年第2期,第53页;房鑫亮:《浅议何炳松对史学史的贡献》,《暨南学报(哲学社会科学版)》1991年第2期,第54—59页;张书学:《何炳松对西方史学理论的传播与贡献》,《浙江学刊》1994年第2期,第114—118页;王晴佳:《胡适与何炳松比较研究》,《史学理论研究》1996年第2期,第63—72页。比较完整的论述可参见李勇的专著《鲁滨逊新史学派研究》(安徽人民出版社2004年版)。

② 参见王汎森:《古史辨运动的兴起——一个思想史的分析》,允晨文化实业股份有限公司1987年版,第40—45页。王汎森指出,胡适从西洋带回的科学方法,对疑古学派大师顾颉刚产生了影响,顾颉刚后来这样说过:"适之先生带了西洋的史学方法回来,把传说中的古代制度和小说中的故事举了几个演变的例子,使人读了不但要去辨伪,要去研究伪史的背景,而且要去寻出它的渐渐演变的线索。"又云:"后来听了适之先生的课,知道研究历史的方法在于寻求一件事情的前后左右的关系,不把它看作突然出现的。"(见《古史辨自序》)

国的兰克",并非空穴来风。不管怎样,傅斯年从近世西方输入了科学的治史方法,并在胡适之后,又具体地将这种方法运用于历史学的实践。他或许还不甚理解兰克史学的真谛,仅就某些表层和个别方面,就认定他与兰克"同道",这显然是一种误解。事实上,兰克远不是那种在历史著述中超然物外、消灭自我的历史学家。流传在我国的兰克形象近乎我国清代考据学派的"洋考据学家",这是被误解或被曲解了的虚假形象。可以这样认为,傅斯年与兰克史学之间的"同道",只是一种"形似"。

顺便指出,兰克史学对同在德国留学五年之久的陈寅恪,也产生过重大影响。的确,"寅恪虽未曾特别介绍兰克及其史学,但就寅恪的著作看,他颇能抓住这位大师的好处,原因是能融会贯通,而后由'通'而'悟'"①。换言之,陈寅恪追求的是中西融通,他有意将兰克史学的精髓体现在他的作品中,他与兰克史学的关系,也许是一种"神似"。总之,不管是傅斯年也好,陈寅恪也罢,还是其他什么人,他们中究竟谁更像"中国的兰克"、谁更得兰克史学之真传固然重要,也有待于我们继续进行深入的研究,但我以为更重要的是,兰克史学之东传后,在多大程度上影响了中国史学,并在中国历史学家的实践中产生了怎样的影响。

此外,本阶段引入外国史学,还有马克思主义历史学家的功绩。如李大钊,他作为我国马克思主义史学的奠基人,不仅为马克思主义唯物史观做出过巨大的贡献,而且也为西方史学的东传留下了业绩。

从 20 世纪 20 年代起,李大钊在北京大学历史学系等相继开设了"唯物史观研究""史学思想史""史学要论"等课程,致力于西方史学尤其是近世欧洲史学的研究,为理解与传播唯物史观而寻求理论根据与学术渊源。与此同时,他连续写了《史观》《今与古》《鲍丹及其历史思想》《鲁

---

① 汪荣祖:《陈寅恪评传》,百花洲文艺出版社 1992 年版,第 50 页。

雷的历史思想》《孟德斯鸠的历史思想》《韦柯及其历史思想》《孔道西的历史思想》《桑西门的历史思想》《马克思的历史哲学与理恺尔的历史哲学》《唯物史观在现代史学上的价值》《唯物史观在现代社会学上的价值》11篇文章,结集为《史学思想史》。这本《史学思想史》最初是以讲义的形式发给学生的①。

李大钊对西方史学的了解与认识是超越其同时代人的。如《史学思想史》中,有7篇专论近世西方史学的文章,广泛涉及了近30位西方历史学家与历史哲学家,介绍了近代西方史学中许多有价值的思想,如今胜于古、历史是不断前进的、产业者阶级是历史的原动力、经济因素是历史变化的重要因素、知识的进步也可决定社会历史的进行等许多发人深省的观点。不过,他的这些论述,旨在阐明马克思主义唯物史观产生的必然性及其深远意义②。

需要指出的是,李大钊首先是一位无产阶级革命家,他对西方史学的研究并不是书斋式的,而是他为中国新史学大厦奠基的全部工作的一个组成部分,在很大程度上服务于整个革命事业的需要。但他对中国的西方史学史研究所做的描述、所开辟的研究途径以及所奠立的研究原则,对于当代中国的西方史学史研究也有一定的指导意义。

在本阶段直接输入西方史学的历程中,我们不能遗忘活跃于20世纪40年代前后的"战国策派"学人群,即林同济、雷海宗、陈铨、贺麟等人在引进西方文化形态史观等方面所做出的努力。斯宾格勒与汤因比的文化形态史观40年代在中国流传,时代使然也。当神州大地战火纷飞,中华民族处在生死存亡的历史紧要关头,战国策派学人既要在那个战乱

---

① 李大钊这本讲义所收各篇,最初辑录于人民出版社1984年出版的《李大钊文集》(下),1999年5卷本的《李大钊文集》收录在第3卷。本处引述李大钊的文字,见1984年版。
② 进一步论述参见吴怀祺:《史学理论与史学史的研究》,福建人民出版社2006年版,第88—91页。

频仍的年代挑起"建设学术的责任",又要提出一套现代政治文化的构想以救世①,显示了中国知识分子兼济天下的情怀。对此,有论者认为,这是"近代西方文化哲学理论在中国知识界的一次移植,是思想界试图解决近代中国文化危机的必然结果,也可看到西方现代性的冲击下中国知识群体的一种民族主义的回应"②。应当说,这是从学术观照的角度出发,对"战国策派"学人所做出的一种公允之论。不管怎样,"战国策派"学人在那样困难的岁月里,能及时把一种西方史学理论直接引入中国,在20世纪中西方史学交流史上应留下他们的身影。

3. 转折期:1949—1978年

1949年中华人民共和国成立,中国的史学发生了重大转折,马克思主义史学占据了主导地位。中外史学的交流此时也发生了转折,这种转折的主要标志是从前一阶段引进西方的资产阶级史学,转而从苏联引进马克思主义史学,实质上是打上了斯大林印记的马克思主义史学。

从1949年至1978年,在中华人民共和国成立后的近30年的时间里,就史学史的分期而言,至少还可以分为前17年与后12年两个小阶段。前17年的中外史学交流,其总体情况是苏联史学大量涌入,而西方史学的直接交流被阻断。其特点也表现为间接引进,不过这一次不是通过日本,而是借助苏联。从1966年开始,整个中国的文化事业几乎走向绝境,遑论中外史学的交流。

---

① 有论者这样表述:"战国策学派在民族存亡继绝的紧急现代性处境中,提出了一套充满权力意志色彩现代政治文化的构想,表现了那一辈知识分子振作民族精神、强化竞争意识的责任感,尤其是体现了他们积极谋求解决中国现代性问题、保卫自己的社会之良知。这套现代政治文化的言说,散发着激越的民族意识。"见胡继华:《中国现代性视野中的文化哲学——论中国20世纪30—40年代对斯宾格勒的接受与转换》,《史学理论研究》2002年第3期,第75—85、160页。

② 江沛:《战国策派思潮研究》,天津人民出版社2001年版,第263页。

这里稍稍谈一下前17年的特征。

(1) 通过苏联,引进了苏联版本的马克思主义史学。在20世纪中外史学交流史上,中国的马克思主义史学于20世纪20年代发端之际,就主要受到俄苏史学的影响;随着中国的马克思主义史学于50年代初开始进入勃发时期,苏联史学更是以迅猛之势传入中国,深深地影响着新中国的史学发展。需要指出的一点是,中外史学交流的这种转折有其历史必然性,苏联史学输入中国,带来的不全是消极影响,也应当看到它的积极意义,不能一笔抹杀。这里还要提及的另一点是,借助苏联史学,在那个特定的历史时期,让我们从夹缝中看到了被扭曲了的西方史学,历史地看,这对于我们当时了解西方史学仍起过一点积极作用。20世纪60年代之后,随着中苏政治关系的恶化,不仅通过这种渠道引进西方史学被阻止了,而且连苏联史学自身的来华途径也被切断了。

(2) 西方史学被批判,中西史学交流受阻。20世纪50年代以来,冷战时期美苏敌对的国际政治形势,日益严重的国内"左"倾思潮,使原本在上一时期(初兴期)中不断发展的中西史学交流变得生疏与隔离起来,与外界尤其是与西方学术界的交流基本上处于停滞与隔绝状态。是时,我国史学界曾对兰克的客观主义史学、美国的鲁滨逊新史学派、斯宾格勒-汤因比的文化形态史观等近现代西方资产阶级史学理论大张挞伐,进行了无情的批判。这种批判更被上纲上线到"消灭资产阶级思想的影响,捍卫和发扬马克思主义,在我国历史学界插红旗"①的高度。通过大批判,西方资产阶级史学在表面上受到了清算,但这种批判实际上只是以简单的政治否定方式来取代严肃的学术研究,在这种情况下,中西史学的交流也就谈不上了。这是当时被迫孤立和极"左"思潮影响的必然结果。

---

① 王绳祖:《批判汤因比的历史观点》,《南京大学学报(人文科学版)》1959年第2期,第101页。

当然,中西史学的直接交流被阻,但西方史学著作中译等工作仍在缓慢地进行着。

(3) 滞缓中的脚印。滞缓中的行进步伐,当然是徘徊趑趄、踟蹰不前的。然而,在那时困难的条件下,中国学人也为引进西方史学留下了他们的足迹。这里要说到"南耿北齐",即复旦大学耿淡如与北京大学齐思和两位先生。他们都曾前往美国留学,同在哈佛大学研究院深造,耿于1932年归国,齐于1935年归国;他们都在20世纪50年代以治世界中世纪史而享誉新中国史坛;他们都致力于西方史学的输入,耿译古奇的《十九世纪历史学与历史学家》(商务印书馆1989年版)、齐重译鲁滨逊《新史学》(商务印书馆1964年版),都是一再被当代中国学人征引的西方史学名著;他们都是20世纪60年代初史学史问题大讨论中的中坚人物;他们都是60年代初高教部筹划的《外国史学史》的编写人员(外国史学史教材编写会议决定由耿淡如先生任该书主编);他们都在60年代前后发表了一些很有影响力的史学论文①,如此等等。可以这样说,耿、齐两人成了前17年中引入西方史学的代表人物。他们在困难的条件下为引入西方史学所做的工作,为中国新时期大规模地引进西方史学奠定了基础。

4. 兴盛期:1978年至今

从1978年开始,改革开放犹如骀荡的春风,极大地推动了外国(主要是西方)史学引进的步伐。经历了1978年之后的几年复苏期,中国引进西方史学进入了勃兴期(20世纪80年代),出现了20世纪中西史学交流史上的第二次高潮。它所显示的主要特征如下。

首先,重新评估、正确对待西方史学遗产,这是中国新时期中西史学直接交流与大量引进的前提。中国新时期的拨乱反正与思想解放的潮流,有力地推动了对西方史学遗产的重新评估,从而进一步促进了中外

---

① 如耿淡如:《什么是史学史?》,《学术月刊》1961年第10期,第33—37页;齐思和:《欧洲历史学的发展过程》,《文史哲》1962年第3期,第1—12页。

史学的交流与融汇。这种重评涉及了"文革"前所有被批判的西方史学派别,尤其是近现代的西方资产阶级史学。

其次,门户开放,直接交流。20世纪70年代末以来中国内地政治环境的变化,为中外史学直接交流营造了一种如沐春风的时代氛围和客观环境,多年来国门紧锁的封闭状态被打破了,中国的历史学家从这种封闭状态中走了出来。一方面,他们迈步走向世界,有机会亲自同国外学者交流,亲自接触国外史学;另一方面,外国学者也纷纷应邀来华访问讲学,直接传播域外的史学新说,人数之多,实属空前①。加之现时代图书资料与信息传递等条件都较以前大为改观,所有这些因素都为中西史学的交流与对话创造了良好的条件。这种直接对话,是20世纪30年代前后的那一次所不能企及的。

再次,大量翻译与引进西方史学著作。在20世纪中外史学交流史中,本阶段尤其在80年代,与二三十年代那次相比,引进的西方史学著作无论就其数量还是范围,都大大地超越了。杜维运说到过西方史学输入中国的四种途径②,也是以翻译为首途的。中国新时期中西史学交流的频繁与深入,看来在相当大的程度上得益于译书工作的成绩。

最后,中国几代学者为输入西方史学而共同努力,这是我国新时期

---

① 仅张芝联在《当代中国史学的成就与困惑》一个注释中,所提供的名单就有一大批,特将这个注的原文移录于此:"就我所能记住的而言,最著名的来华讲学过的历史学家有:Georges Duby, Helene Ahrweiler, Jacques Le Goff, Madeleine Reberioux, Francois Furet, Albert Soboul, Michel Vovelle, Maurice Avmard, Francois Bedarrida, Immanuel Wallerstein, Charles and Louis Tilly, Fritz Stern, George Iggers, Bill Bouwsma, Bob Forster, John Hope Franklin, E. B. Smith, Michael Kammen, Lynn Hunt, Arthur Schlesinger Jr., Akire Iriye, Philip Foner, Eric Hobsbawm, E. P. Thompson, Ralph Harrison, Jugen Kuscynsky, Wener Conze, Karl Dieter Erdmann,等等。此外还有许许多多来自日本和其他国家的学者。"(载《史学理论研究》1994年第4期)

② 杜维运:《西方史学输入中国考》,第330页。

中西史学交流的最显著的一个特点。由于历史原因而被耽误的我国老一辈治西方史学的学者,在20世纪80年代个个重新焕发出青春的活力,积极从事西方史学的引进工作,这里我们可以列出如吴于廑、张芝联、郭圣铭、谭英华、孙秉莹、谢德风等许多名字①。仅举张芝联为例吧,他以中国学者的立场与识见、以娴熟的外语(英、法等语种)能力洞悉当代国际史学前沿领域,与西方史家同行,进行平等的对话,在国际史坛上不时发出中国历史学家的声音②。在80年代初我辈刚刚步入不惑之年,虽说那是从事学术事业的"黄金时代",但众所周知,受各种政治运动的冲击,我们的青春岁月和所学专业都已付诸流水,待到大地重光,白了少年头的我们,还得从头学习。因此,我们在前行中,不免感到枯涩,不时遇到困惑,个中甘苦,难以分说。所幸我们的年轻一辈,他们学逢盛世,国内成才,国外深造,在美雨欧风的浸润下,不少英才俊彦从事西方史学的输入,得天独厚,游刃有余,不妨看一下中国留美青年学者的论文集《当代欧美史学评析》一书所显露的才华吧③。在涌现出来的新一代的"何炳松们"中,王晴佳、姚蒙等更是佼佼者,在中西史学交流中起着桥梁作用,他们为中西史学的交流与发展做出了贡献。

综上所述,对这一发展进程,我们不禁要问,20世纪中外史学交流史与这之前有什么不一样的地方吗?

如前所述,20世纪是中外史学联系最为密切与交流最为频繁的历史时期,换言之,是两者直接对话与接触的历史时期。其亮点当数20世纪80年代以来的中西史学交流。其繁荣之情景是前所未有的。

---

① 参见张广智:《近二十年来中国的西方史学史研究》,《史学史研究》1998年第4期,第18—25页。
② 张芝联关于西方史学研究的成果结集有:《从高卢到戴高乐》,生活·读书·新知三联书店1988年版;《从〈通鉴〉到人权研究》,生活·读书·新知三联书店1995年版等。
③ 中国留美历史学会编:《当代欧美史学评析——中国留美历史学者论文集》,人民出版社1990年版。又,《世界历史》1990年第6期载有中国留美历史学会论文专辑,亦可参看。

中国的知识分子(主要是留学生)取代了外国的传教士,成为20世纪中外史学交流的主角,这使中外史学交流呈现了与昔日迥异的文化景观。

由于史学的滞后性,严格意义上的国外史学著作的翻译在20世纪中国才有了大规模的开展,因之只有到了20世纪,中外史学的交流才有了名实相符的意义。

大规模的译介及与国外史学的直接接触,才使外国史学在中国史学界广布,并对中国史学产生了更加深刻的影响。与此同时,中国史学亦外传,且影响在不断扩大。这里要特别提及的是中国与国际历史科学大会交往的百年史,那是一场别开生面的中外史学交流史(详见代结语)。

以上诸点,我们不能说全是从20世纪才开始发生的,但有一点可以肯定,只有到了20世纪才发生了令人耳目一新的变化。到了20世纪末,中外史学界发生了很大的变化,比如后现代主义思潮及后现代主义史学的东传、现当代西方新文化史的引入及其对我国史学的影响等,又如后者作品的中译,我国学人的西方新文化史之史的研究,这些改变了自20世纪80年代以来大多是引进西方新史学流派(其中尤是法国年鉴学派)的单一局面,显示出了精彩纷呈的景观。

四、本领域的研究简况

中外史学交流的历史源远流长,但把它作为一门专门史,对它进行学术研究,则是晚近以来的事。中外史学交流研究的基础是对中外史学的比较研究,这方面,从20世纪初以来,学界不断有论著发表,至80年代以后,更成了史学界的一个热点问题[①]。

进一步开展中外史学的比较研究,那么研究中外史学交流史自然是

---

① 关于中外史学的比较研究,参见李勇:《保卫历史学》第十一章第一节,世界知识出版社2009年版,第185—193页。

题中应有之义。在这里,我们可以从20世纪40年代顾颉刚的言论说起。关于西方史学对于中国的影响,他这样说道:

> 第一是西洋的科学的治史方法的输入。过去的乾嘉汉学,诚然已具有科学的精神,但是终不免为经学观念所范围,同时其方法还嫌传统,不能算是严格的科学方法。要到五四运动以后,西洋的科学的治史方法才真正输入,于是中国才有科学的史学可言。……第二是西洋的新史观的输入。过去人认为历史是退步的,愈古的愈好,愈到后世愈不行;到了新史观输入以后,人们才知道历史是进化的,后世的文明远过于古代,这整个改变了国人对于历史的观念。如古史传说的怀疑,各种史实的新解释,都是史观革命的表演。还有自从所谓"唯物史观"输入以后,更使过去政治中心的历史变成经济社会中心的历史,虽然这方面的成绩还少,然也不能不说是一种进步。①

当然,注意到西方史学对我国史学影响的还有其他一些学者,换言之,对于中外史学交流的历史进程,先贤已有关注。限于学力,这里从略,容来日专门探讨。这里仅就20世纪后半期的情况略做陈述。需要说明的是,这一部分关于学术史的回顾与评论,大体采用李勇《保卫历史学》②一书的成果,李勇所述,以地区归类,分说各家各派之见,较为全面周到、客观公允,在很大程度上反映了当今中国学界关于中外史学交流史的研究现状。

1. 开拓者的成果

改革开放之后,随着中西史学交流的加强,这方面的研究也日渐兴旺,且成果不俗。大体说来,杜维运和俞旦初分别成为台湾和大陆学者中开展这一研究的拓荒者。

---

① 顾颉刚:《当代中国史学》,胜利出版社1947年版,引论。
② 参见李勇:《保卫历史学》,世界知识出版社2009年版,第193—209页。

杜维运在20世纪70年代初就涉足这一领域,后一直持续不断。他曾作《德国史学的东渐》,发表在1971年5月第1卷第2期《食货月刊》上。1976年又写了《西方史学输入中国考》,发表在当年《台湾大学历史学系学报》第3期上,后收入弘文馆1985年出版的《听涛集》中。1980年写的《梁著〈中国历史研究法〉探原》,载《历史语言研究所集刊》第51本,也收入《听涛集》。后两文又作为附录收入他的《与西方史家论中国史学》,由台北东大图书有限公司于1981年出版。1985年台湾"中央"文物供应社出版的《孙中山先生与近代中国学术讨论集》第2册中,收录其《民国史学与西方史学》一文。杜维运还作有《梁启超与西方史学的输入》《傅孟真与中国的新史学》《张荫麟与中国的新通史》等,均收入北京大学出版社2006年出版的《变动世界中的史学》一书。杜维运在中西史学比较研究方面享有盛誉,他认为,中西史学比较存在三大困境,其中之一就是"无法太精确"①。

相对而言,大陆学者对这一课题的研究相对滞后一些。1981年第2期《近代史研究》上发表了俞旦初《简论十九世纪后期的中国史学》一文,其中有"洋务派和外国传教士对外国历史的介绍""七八十年代资产阶级改良派对外国历史的介绍""中日两国史学交流"等部分涉及中外史学交流问题。《史学史研究》1982年第3、4期,1983年第2期上连载了他的《二十世纪初年中国的新史学思潮初考》,其中论述了"资产阶级史学理论的输入与影响"和"西方文明史学思想的输入与影响"等问题。两篇文章都收入1996年中国社会科学出版社出版的俞旦初《爱国主义与中国近代史学》中。有评论者比较中肯地说:"他扎实的学风给人留下深刻的印象,他的研究成果成为后人继续探索的起点。"②

---

① 杜维运:《变动世界中的史学》,北京大学出版社2006年版,第42页。
② 李孝迁:《西方史学在中国的传播(1882—1949)》,华东师范大学出版社2007年版,绪论第9页。

2. 上海学者的成果

华东师范大学。20世纪80年代中期,华东师范大学在这一研究领域涌现出一批学者,成就卓然。胡逢祥率先在《学术月刊》1984年第9期上发表了《二十世纪初日本近代史学在中国的传播和影响》,直到90年代末陆续发表的论文有《何炳松与鲁滨逊的"新史学"》(载《史学史研究》1987年第3期)、《西方史学的输入和中国史学的近代化》(载《上海社会科学院学术季刊》1990年第1期)、《"五四"时期的中国史坛与西方现代史学》(载《学术月刊》1996年第12期)等。胡逢祥的研究实践中既有翔实的个案,又有恢宏的眼界。

邬国义从文献学的角度考察了梁启超新史学思想源头的问题,例如其著作《梁启超新史学思想探源》,比较了浮田和民《史学原论》几种汉译本的差异,并把梁启超的相关著作与之进行比勘。其弟子李孝迁继承其重视文献的做法,并把研究领域进一步拓宽,成果丰硕。他从事西史东传的研究,时段侧重于19世纪末至1949年,先后出版了两部专著:《西方史学在中国的传播(1882—1949)》(华东师范大学出版社2007年版)、《域外汉学与中国现代史学》(上海古籍出版社2014年版)。前者关注西方(包括经由日本传入的)史学理论和历史著作对20世纪上半期中国史学的影响,除了马克思主义史学,举凡对中国现代史学发展具有一定作用的西方史学,皆用专题研究的方式加以深入研究;后者是对前者研究的进一步深化,讨论域外学者所写的中国史论著对中国现代史学的影响,包括通常所说的"汉学"(Sinology)以及中国史研究,共分八篇专题研究。他的研究成果均在充分发掘史料的基础上加以全面论述,纠正甚至颠覆了不少既有观点,具有重要的学术价值。

几乎与胡逢祥同时,朱政惠在理论上提出从接受角度研究史学的问题。1986年,他在《从接受角度研究史学》中说:"史学史的研究者们在研究史著撰述的同时,必须注意对史学接受的研究。"而后具体论述了如何从接受角度去研究史学。朱政惠认为:"它开拓了史学研究的视野,对史学理论和史学史研究的方法论做了有益的补充和革新。它的意义不可低估,我们应努力开展这方面的研究。"①此后,他一直主张研究不同国家地区间史学的交流问题。1990年发表的《注意国际间史学交流情况的研究》②和1991年的《略说比较历史学中的"比较史学"》③,都主张注意不同国家和地区之间的史学交流、影响及其中介机构的研究。1993年,在《关于比较史学研究的若干问题》④中,他重申要注意不同国家和地区之间的史学影响、交流和研究,具体说来,就是从背景、媒介和读者群方面来研究各民族间的史学著作、思潮、理论和方法的相互影响和实际关系。朱政惠不仅在理论上坚持海外中国史学史的研究,而且在实践中开展了卓有成效的工作。1996年3月26日华东师范大学海外中国学研究中心成立,他担任主任,主编《海外中国学评论》;他走访了美国大学中最著名的中国学研究机构,还访问了韩国、英国和法国一些中国学研究机构,收集了大量的海外中国学特别是中国史学史研究的材料;他发表了《20世纪美国对中国史学史研究的若干问题》等系列研究成果,其代表性成果大都见于上海古籍出版社2004年出版的《美国中国学史研究——海外中国学探索的理论与实践》一书。在他的指导下,其弟子陈君静的专著《大洋彼岸的回声——美国中国史研究历史考察》,2003年由中国社会科学出版社出版。朱政惠的研究,在实践中把中外史学交流的研究对象,从外国史学输入中国导向外国的中国史学史研究。

在此,顺便插入近年来中外史学交流一个很重要的领域,那就是海外中国学(或汉学)的翻译、引介对中国史学的推动与影响。较有代表性的是由刘东主编的江苏人民出版社出版的"海外中国研究丛书",该丛书

---

① 朱政惠:《从接受角度研究史学》,《历史教学问题》1986年第6期,第30—35页。
② 朱政惠:《注意国际间史学交流情况的研究》,《光明日报》1990年8月1日。
③ 朱政惠:《略说比较历史学中的"比较史学"》,《光明日报》1991年12月31日。
④ 朱政惠:《关于比较史学研究的若干问题》,《社会科学》1993年第1期,第60—64页。

自1989年推出至今,称得上是中外史学交流现状的一个缩影。由此延及,各地"汉学研究"等丛刊在学界流传,一时颇为时兴,成为一个不大不小的"热点"问题。

复旦大学。从20世纪80年代中期以来,在中外史学交流领域,张广智没有停止过理论思考与实际探讨。1986年,他在《江海学刊》第3期上发表了《论李大钊对西方史学史的研究》一文。1989年,书目文献出版社出版了肖黎主编的《中国历史学四十年》,其中收录了张广智《西方史学史》一文,文中提出中西史学研究的结合问题。之后,在1992年《社会科学》第3期上发表《关于深化西方史学研究的断想》一文,重申这一主张。接着在次年《美国研究》第4期上发表了《现代美国史学在中国》一文。1994年又在《史学理论研究》第2期上发表了《西方古典史学的传统及其在中国的回响》。在1996年《史学理论研究》第1期和第2期上分别发表了长文《二十世纪前期西方史学输入中国的行程》和《二十世纪后期西方史学输入中国的行程》。

张广智特别关注20世纪中外史学交流的研究,除有个案研究外,还写有"三论":《关于20世纪中西史学交流史的若干问题》(载《史学理论与史学史学刊》2002年卷)、《再论20世纪中外史学交流史的若干问题》(载《学术研究》2006年第6期)、《三论二十世纪中西史学交流史》(载《历史教学问题》2014年第6期)。他还主编了《20世纪中外史学交流》,由北京师范大学出版社于2007年出版,作者有张广智、朱政惠、邬国义、李孝迁、李长林、易兰、梁民愫、李勇等人。全书分上、下两编。上编引领整体,下编细考局部,是第一部以整个20世纪为考察时段的关于中外史学交流史的专著。其贡献如一位评论者所云,该书"为重新认识近代以来的中外史学交流开启了一扇窗户,也为传统的史学史研究提供了一条新路径"[1]。

---

[1] 张井梅:《史学史研究的新路径——张广智主编〈20世纪中外史学交流〉读后》,载《史学理论与史学史学刊》2008年卷,社会科学文献出版社2008年版,第237页。

上述这些理论与实践上的贡献在《超越时空的对话——一位东方学者关于西方史学的思考》中得以集中体现。张广智的这些努力得到其同事的呼应。朱维铮在《复旦学报（社会科学版）》2004年第3期上发表了《史学史三题》一文，讨论了中国史学史中三个向来有争议的问题。在谈及史学史的结构时，朱维铮主张中国史学史的写作须考虑中外史学交流问题。他的另一位同事邹振环著有《西方传教士与晚清西史东渐》一书。正如作者在"绪论"中所言，"本书讨论的核心是西方传教士与历史译著活动，来编制一幅西方传教士与晚清西史东渐的'关系图'"①。此书在方法上"借鉴了'阅读史'和'译介学'研究中的接受理论，侧重于发现西方史学传播中的影响与假借，刻画这些影响的'经过路线'，研究作为'放送者'的原本与'传递者'的西方传教士，包括中国的合作者以及作为'接受者'的中国读者的影响"②。该书立足于实证研究，通过分析各种日记、书札、文集、论文、报刊和教科书等得出结论，不仅资料翔实，而且有明确的解读理论，就目前晚清史学研究而言，可以说站在了学术最前沿，也是整个中外史学交流史研究的一项突破。此外，邹振环的近著《20世纪中国翻译史学史》（中西书局2017年版）别具新意，或可为中外史学交流史的研究打开一扇新的窗户。

3. 北京学者的成果

北京师范大学。2003年，北京师范大学史学理论与史学史研究中心在北京举办了"20世纪中国史学与中外史学交流"国际研讨会，与会者就20世纪中国史学和中外史学交流等问题，进行了广泛而深入的探讨。以此为契机，中外史学交流研究更为活跃起来，受到学者愈来愈多的关注。陈其泰从总体上梳理了西学传播对中国近代史学

---

① 邹振环：《西方传教士与晚清西史东渐》，上海古籍出版社2007年版，绪论第23页。
② 同上书，绪论第24页。

发展的影响①。其他一些学者在此前后,也持续予以关注。

张越早在2002年《论五四时期中国史学的转型》一文中就研究了"西方史学的引进与史学的中西沟通"这一问题,他认为"'五四'时期中国史学转型的另一个重要推力是对西方史学的引进与史学的中西沟通",而"中西史学的结合,是中国传统史学向现代史学转型的重要内容"②。后来,他又研究了进化史观对于中国史学转型的作用③。2006年,他在思考中西史学比较研究深化时,关注到梁启超、李大钊、胡适、何炳松、朱希祖和杨鸿烈等人对于西方史学的引进④。直到2007年他还在关注相关问题⑤。其主要贡献集中体现在他的专著《新旧中西之间——五四时期的中国史学》(北京图书馆出版社2007年版)一书中。单从书名就可以感觉到,他关注西方史学在五四时期史学中的影响,或者说他充分认识到西方史学在中国史学破旧立新中的作用。特别是第四章"借鉴西方史学与继承传统史学",不仅论述了中国学者对于西方史学的引进,并且探讨了中国学者将中西史学两者相结合的尝试和经验。不只如此,他在书中其他部分还研究了西方史学在历史观、史料观念和历史研究法等方面对中国史学家所产生的影响。总之,他在研究西方史学在中国传播的学者中成果丰硕,且有独特的视角。

周文玖有关中国学者输入西方史学的研究成果,主要体现在他的

---

① 陈其泰:《西学传播与近代史学的演进》,《北京师范大学学报(社会科学版)》2004年第3期,第74—83页。
② 张越:《论五四时期中国史学的转型》,载《史学理论与史学史学刊》2002年卷,社会科学文献出版社2001年版,第158—160页。
③ 张越:《进化史观对中国史学转型的促进和影响》,《求是学刊》2003年第1期,第111—115页。
④ 张越:《中西史学比较研究的开展与深化》,载《史学理论与史学史学刊》2006年卷,社会科学文献出版社2006年版。
⑤ 张越:《中国史学史学科的发展路径与研究趋向》,《学术月刊》2007年第11期,第115—121页。

《中国史学史学科的产生和发展》(北京师范大学出版社2002年版)一书。书中"附录二"名为"中国的外国史学史研究",试图对20世纪中国的外国史学研究的发展史做一梳理,大体可以看作一部学科简史,其中自然少不了中国学者对外国史学的译介和研究的相关内容。特别是第一部分"20世纪前半期中国对外国史学的引进和研究",梳理了梁启超为西方史学理论与方法的传播所做出的贡献,指出留美归来的学生尤其是何炳松利用语言优势翻译了许多史学著作,概述了30年代史学通论性著作中对于西方史学的关注,肯定了李大钊、傅斯年、战国策派为研究或传播西方史学所做出的贡献。

侯云灏也关注西方史学对中国史学影响的问题①。他不仅重视唯物史观在中国的传播②,并且关注实证史学对中国史学产生的作用③。他的成果集中体现在《20世纪中国史学思潮与变革》④一书中。

邹兆辰对李大钊输入西方史学有独到的见解,而且对新时期中国史学所受西方的影响也有深入的研究⑤。此外,史革新、武军、叶建和胡继

---

① 侯云灏:《正确认识西方史学对中国史学的影响》,《郑州大学学报(哲学社会科学版)》2004年第1期,第13—15页。

② 侯云灏:《唯物史观的传入与中国早期马克思主义史学》,载《史学理论与史学史学刊》2006年卷,社会科学文献出版社2006年版。

③ 侯云灏:《传入日本的西方实证史学及其对中国的影响》,《学术研究》2004年第12期,第90—95页。侯云灏:《西方实证史学在中国的传播及其影响》,《社会科学战线》2003年第4期,第133—137页,收入《史学理论与史学史学刊》2003年卷,社会科学文献出版社2003年版。

④ 侯云灏:《20世纪中国史学思潮与变革》,北京师范大学出版社2007年版。

⑤ 邹兆辰:《新时期以来对中国史学影响较大的几个西方史学流派》,《江西社会科学》2004年第1期,第87—92页。邹兆辰:《新西方社会科学理论对我国史学的影响》,《学术研究》2004年第1期,第110—114页。邹兆辰:《如何看待李大钊对西方史学思想史的研究》,《河北学刊》2005年第3期,第88—92页。邹兆辰:《李大钊与西方历史哲学》,《史学理论研究》1992年第1期,第38—49页。

华也有相关论文问世①。

中国社会科学院。于沛从20世纪90年代中期以来就关注外国史学的引入问题②,主张重视中外史学交流的研究,成果众多。他指出:"这种交流及其影响主要表现在以下四个方面:始于20世纪初的中国'史界革命'和'新史学';'五四'之后唯物史观在中国的广泛传播,中国马克思主义史学进一步发展壮大,以及在'左'倾思潮影响下,某些方面出现了简单化、概念化倾向;'文化大革命'后中国史学拨乱反正,在科学研究的基础上借鉴和汲取外国史学的积极成果;中国的马克思主义史学走向世界。"③因而,他认为:"20世纪中外史学的交流,是20世纪中国史学发展进程中的重要内容。"④他和同事陈启能、姜芃等人于1993年应香港浸会大学鲍绍霖之邀,商讨西方史学在中国的回响的研究问题,合写了《西方史学的东方回响》⑤一书。该书第一章为纵观全局的背景架构,第二至五章分别选定19世纪欧洲文明史学、20世纪的文化形态史观、英国社会史、年鉴学派为具体案例进行讨论。该书多为西方史学自身研

---

① 史革新:《20世纪初西史东渐与中国近代新史学的发轫》,《郑州大学学报(哲学社会科学版)》2004年第2期,第60—65页。史革新:《唯物史观在我国早期的传播》,《史学史研究》2002年第2期,第1—8页。武军:《20世纪初社会达尔文主义与梁启超的进化史观》,《学术研究》2001年第12期,第25—29页。叶建:《李大钊〈史学要论〉与内田银藏〈历史理论〉的比较——澄清一桩史学公案》,载《史学理论与史学史学刊》2006年卷,社会科学文献出版社2006年版。胡继华:《中国现代性视野中的文化哲学——论中国20世纪30—40年代对斯宾格勒的接受与转换》,《史学理论研究》2002年第3期,第75—85页。

② 于沛:《20世纪中外史学交流及其影响》,载《史学理论与史学史学刊》2003年卷,社会科学文献出版社2003年版。于沛:《外国史学理论的引入和回响》,《历史研究》1996年第3期,第145—159页。于沛:《西方史学的传入和回响》,《浙江学刊》2004年第6期,第37—48页。

③ 于沛:《20世纪中外史学交流及其影响》,载《史学理论与史学史学刊》2003年卷,第289页。

④ 同上书,第298页。

⑤ 鲍绍霖主编:《西方史学的东方回响》,社会科学文献出版社2001年版。

究而少有其在中国的影响,多一般性的议论而少事实性的叙述。

清华大学何兆武早在 20 世纪 80 年代就开始研究近代西方史学理论在中国的传播与影响①,不过,他的成就主要在于他的西史中译,为西方史学输入中国做出了重大的贡献。进入 21 世纪,北京大学尚小明重新研究梁启超与浮田和民《史学通论》的关系②。中国人民大学李小树对李大钊借鉴西方史学思想也进行了新的诠释③。

4. 其他地区学者的成果

南开大学的王敦书对雷海宗有深入的研究,并由此带动了对战国策派和文化形态史观在中国的传播与影响的研究,同校的江沛有专著出版④。另外,同样出自南开大学的李春雷则出版了《传承与更新:留美生与民国时期的史学》一书⑤。此外,孙卫国关于中国史学对朝鲜半岛、日本的影响的研究⑥也颇具特色。

湖南师范大学易兰连续发表《兰克史学之东传及其中国回响》⑦《兰克史学在中国的早期传播与影响》⑧,这些内容还见于她在复旦大学出

---

① 何兆武:《近代西方史学理论在中国》,载《历史研究方法论集》,河南人民出版社 1987 年版。
② 尚小明:《论浮田和民〈史学通论〉与梁启超新史学思想的关系》,《史学月刊》2003 年第 5 期,第 5—12 页。
③ 李小树:《李大钊对近代西方史学思想的借鉴》,《中州学刊》2001 年第 1 期,第 153—157 页。
④ 王敦书:《斯宾格勒的"文化形态史观"在华之最初传播——吴宓题英文本〈斯宾格勒之文化论〉手迹读后》,《历史研究》2002 年第 4 期,第 180—185 页。江沛:《战国策派思潮研究》,天津人民出版社 2001 年版。
⑤ 李春雷:《传承与更新:留美生与民国时期的史学》,中国社会科学出版社 2007 年版。
⑥ 孙卫国:《中国史学对东亚史学的影响与交流》,《史学教学问题》2012 年第 4 期,第 53—59 页。
⑦ 易兰:《兰克史学之东传及其中国回响》,《学术月刊》2005 年第 2 期,第 76—82 页。
⑧ 易兰:《兰克史学在中国的早期传播与影响》,载《史学理论与史学史学刊》2008 年卷,社会科学文献出版社 2008 年版。

版社 2006 年出版的《兰克史学研究》第五章"兰克史学的世界影响及其中国回响"。其前辈同事李长林与倪学德曾合作发表《兰克史学在中国的早期流传》①,此外,李长林还研究了斯宾格勒"文化形态史观"在中国的早期传播问题②。湖南大学的薛其林则考察了民国时期西方实证方法与乾嘉考据方法之渗透与互补问题③。

此外,安徽大学王天根对严复译《天演论》做了专题研究④。淮北师范大学也有学者关注外国史学在中国传播及产生影响的问题。其中,李勇和洪认清都讨论了何炳松译介西方史学的情况⑤。同时,李勇还注意该领域的其他问题,比如李大钊对西方史学观念的传播⑥、"中国社会史论战"对唯物史观的传播⑦、鲁滨逊新史学派在中国⑧、五四时期中国的西方史学⑨

---

① 李长林、倪学德:《兰克史学在中国的早期流传》,《史学理论研究》2006 年第 1 期,第 136—140 页。
② 李长林:《斯宾格勒"文化形态史观"在中国的早期传播》,《历史研究》2004 年第 6 期,第 162—165 页。
③ 薛其林:《民国时期西方实证方法与乾嘉考据方法之渗透与互补》,《湘潭大学社会科学学报》2003 年第 4 期,第 15—18 页。
④ 王天根:《〈天演论〉传播与清末民初的社会动员》,合肥工业大学出版社 2006 年版,第 199—201 页。
⑤ 李勇:《何炳松史学思想溯源》,《复旦大学研究生学报》2002 年第 2 期,第 19—24 页。洪认清:《评何炳松对西方史学理论和方法论的译介》,《史学史研究》2002 年第 2 期,第 38—44 页。
⑥ 李勇:《李大钊对西方史学观念的传播》,《淮北煤炭师范学院学报(哲学社会科学版)》2004 年第 5 期,第 21—23 页。
⑦ 李勇:《"中国社会史论战"对于唯物史观的传播》,《史学月刊》2004 年第 12 期,第 89—95 页。
⑧ 李勇、侯洪颖:《蒋廷黻与鲁宾逊的新史学派》,《学术月刊》2002 年第 12 期,第 58—61 页。李勇、鄢可然:《〈史地学报〉对鲁滨逊新史学的传播》,《淮北煤炭师范学院学报(哲学社会科学版)》2003 年 6 期,第 21—24 页。
⑨ 李勇:《西方史学在五四时期的中国》,载张广智主编:《20 世纪中外史学交流》,北京师范大学出版社 2007 年版,第 57—69 页。

和年鉴学派在中国的传播和影响①等问题。

另外,苏州大学张井梅专注于中国史学在西欧的传播及其影响的问题②。20世纪90年代中期,山东大学张书学和蒋俊分别研究了何炳松和梁启超对国外史学的引进③、聊城大学陈德正对西方古典学东传的引介等。许昌师范学院张利考察了西方史学对古史辨派的产生所发挥的作用④。江西师范大学的梁民愫则研究了英国马克思主义史学在中国的引进及其产生的影响⑤。

五、本书构架

中外史学交流史,从学术类别来看,大体可以归入梁启超在《中国历史研究法补编》中所说的"文化专史"("专门史")一类,梁氏有"史学史的做法"告示后人,但对中外史学交流史这类"文化专史",他没有也不可能在当时说过"做法"如何。不过,既称史著,中外史学交流史亦应遵循历史学的写作传统,换言之,我们将以中外文翔实的史料为基础,立足于实证研究,彰显个案以说明一般,把个别与一般结合起来,把叙史与阐释结合起来,把历时性的考察与共时性的求索结合起来,以展示中外史学交

---

① 李勇:《年鉴学派在中国的传播和影响》,载张广智主编:《20世纪中外史学交流》,第336—352页。

② 张井梅:《中国史学的西渐及其回应》,《历史教学问题》2012年第5期,第43—48页;《东学西渐存遗篇——欧洲学者关于中国古代典籍的研究》,《温州大学学报(社会科学版)》2015年第1期,第31—38页。

③ 张书学:《何炳松对西方史学理论的传播与贡献》,《浙江学刊》1994年第2期,第114—118页。蒋俊:《梁启超早期史学思想与浮田和民的〈史学通论〉》,《文史哲》1997年第2期,第28—32页。

④ 张利:《西方史学的传播与古史辨派的产生》,《许昌学院学报》2003年第1期,第118—121页。

⑤ 梁民愫:《英国马克思主义史学对中国史学的影响》,载张广智主编:《20世纪中外史学交流》,第353—374页。

流的历史进程,尤其是较为清晰、具体地展示近代以来中外史学交流的历史进程。

至于时间范围,本书既称"近代以来的中外史学交流史",当然要根据书名,主要述及近代以来诸事,并适当上溯,以成系统。我们在前面已对"近代"的起始时间做了说明,在此不再重复。还需要说明的是,本书有关1949年以后的内容主要反映的是大陆学界的情况,也有个别述及台湾地区的。其实,20世纪50年代以来,台港澳地区的中外史学交流,由于独特的地域优势与语言优势,有很丰富的内容,在中外史学交流中应占有重要的地位,当是本书的重要组成部分。限于条件,本书虽另辟专章就台湾地区学者的部分成果稍做评述,但仍有待来日再做增补。

本书整体结构如下:除导论、代结语外,分为上、下两编。

导论阐述本书主题的意义、中外史学交流之进程、学界研究简况、构架等内容。

上编题为"域外史学在中国",大体上以个案或专题为主,阐述域外史学(主要为西方史学)输入中国及其所产生的影响。就西方史学而言,各章连贯地来看,或可勾勒出从古希腊史学迄至后现代主义史学输入中国的历史进程。本编共分十五章,大致以研究对象(个案)所展示的时间为序排列。

下编题为"中国史学在域外",大体以综述与个案相结合的方式,阐述中国史学输入域外及其对该国或该地区史学所产生的影响,以亚—欧—美为序排列。

最后以"中国史学:在与世界史学互动中前行"一文为结语。

总之,导论总揽全书,上编说的是外国史学传中国,下编说的是中国史学传外国。我们注意到各章节之间并不平衡,由于研究对象或研究者的视角不一,也很难做到各方面(体例、字数乃至重复等)的平衡,但我们的宗旨归一,即通过我们的努力,力图构建一幅近代以来中外史学交流(碰撞、对话与交汇)的新图像,这当然是一个理想主义的目标,虽不能至,但却心向往之。

近 代 以 来 中 外 史 学 交 流 史

上编

域外史学在中国

第一章

西方古典史学的东方形象(上)

明清以来,中西之间的接触日渐频繁,而中西文化之间的交流也随之而来;作为文化交流中很重要一环的史学文化交流亦在这一时期,在促进自身史学发展的同时,为世界史学的共同进步做出了贡献①。

论及中西史学之间的交流,学界多关注西方史学的输入,侧重于西学冲击下中国史学由"旧"至"新"这一转变过程,尤其是将探讨焦点集中于清季民国时西方"新史学"在中国的传播与影响方面。杜维运在其《西方史学输入中国考》一文中,将20世纪上半叶西方史学在中国的传播分为晚清、1912—1937年、1938—1949年三个阶段,指出"世界两大系统的中西史学,相去绝远,各自独立发展两千余年,不通声息。以中国方面言之,十九世纪末叶以前,中国史学自辟蹊径,不受西方史学任何激荡",认为梁启超、胡适、何炳松等人在引入西方史学上,在促进中国史学转变演进上影响至深②。换言之,西方史学的输入主要集中在19世纪末叶以后西方新史学的输入方面。

实际上,就西方史学输入中国、影响中国史学界甚至中国社会而言,从时间上来说,西方史学的输入时间远早于19世纪末叶。早在19世纪末叶之前,西方传教士在中国的宣教活动及出版活动就已经启动了西方

---

① 费孝通:《"美美与共"和人类文明》,载费宗惠、张荣华编:《费孝通论文化自觉》,内蒙古人民出版社2009年版,第272页。
② 杜维运:《与西方史家论中国史学》,东大图书有限公司1981年版,第1—2,287—331页。

史学传入中国的引擎①;从内容上来说,西方史学的输入是多层次、多方面的,除了以宣扬新的史学理念为主的"新史学"理论外,还有众多其他西方史学流派,更有西方史学源头的古典史学等;从过程上来说,西方史学输入是由"接触"而开始、由"阅读"而推进、由"接受"而深化的。

作为西方史学源头的西方古典史学,在西学涌入中国之时,随着传教士的传教活动而率先踏上东传中国之路,并逐步扩大其在中国的影响,同时借着中国留学群体的壮大而深化其在中国的感召力,在加快中国放眼看世界步伐的同时,极大地促进了中国史学的发展与繁荣。

需要说明的是,本章及下一章述及的"西方古典史学"主要指的是古希腊史学。

一、"影响研究":接受史与阅读史

中国思想界历来注重修史,尤重"史"之作用②。清代大儒龚自珍就曾说:"灭人之国,必先去其史;隳人之枋、败人之纲纪,必先去其史;绝人之材,湮塞人之教,必先去其史;夷人之祖宗,必先去其史。"③西方史学作为一种异质史学文化传入中国,从某种程度上来说,即是改变原有的中国史学,"发展两千余年一向缺乏外来刺激的中国史学"因西方史学的输入而"渗入了新成分,新血输"④。可以这样说,在这一中西方史学对

---

① 邹振环:《西方传教士与晚清西史东渐》,上海古籍出版社2007年版,第19—21页。另外可参见陈德正的《19世纪后期来华传教士对西方古典学的引介和传播》(载彭小瑜、张绪山主编:《西学研究》第二辑,商务印书馆2006年版)、赵少峰、陈德正的《晚清西方古典史学的译介与反响》(《前沿》2012年第9期),等等。
② 章清:《"历史的意义":略论晚清中国对"历史"的认知和阅读》,载复旦大学文史研究院编:《民族认同与历史意识:审视近现代日本与中国的历史学与现代性》,中华书局2013年版,第136、137页。
③ 龚自珍:《古史钩沉论二》,载《龚自珍全集》第一辑,上海人民出版社1975年版,第22页。
④ 杜维运:《与西方史家论中国史学》,东大图书有限公司1981年版,第5页。

接与交流的过程中,最关键之处与其说是要探讨西方史学如何传入这一问题,不如说是要厘清西方史学在中国的影响是如何形成的、中国思想界是如何接受西方史学的。这是研究西方古典史学甚至整个西方史学在中国传播的最核心问题。特别是在当时中国思想界异常重视"史"之作用的这一背景下,西方史学何以"传"而"播"、如何实现成功的浸润,是探讨西方古典史学乃至整个西方史学输入中国的重点。

中西史学交流研究的关键在于史学交流后的"影响",关于这一点,张广智先生曾多次撰文指出"影响研究"的重要性:

> 传统的史学史研究,无论是中国史学史还是西方史学史,其中虽也包括有史家、史著、学派、思潮等丰富的内容,但大都有一个缺陷,那就是多局限于各自史学自身问题的研究,如研究西方"史学之父"希罗多德,关注的是希罗多德的身世、他的传世之作《历史》、他的史学思想等,而很少从另一个视角,即从他的史学向异域传播及其对外界所产生的影响讨论他的史学贡献。在我看来,倘缺少了对史家(或史著、或学派、或思潮)的史学思想向外界传播,为异域所接受的过程及其所产生的影响的研究,那么这种史学史的研究就不可能是较为全面和较为深刻的。上述所说,我姑且称之为"影响研究"……总之,我们所说的史学史中的"影响研究",指的是中外史学史的研究,不应只局限于各自史学自身的问题,还应当留出一些空间,去关注不同国家或地区之间史学文化的相互交汇与相互影响。从某种意义上说,中外史学交流史的研究就是史学史中的"影响研究"。①

研究中外史学交流史,离不开"影响研究"。探讨中外史学交流,实际上就是研究一种史学文化与另一种异质史学文化之间的相互传播与影响;而且一种史学文化通过传播最终在异质史学文化中产生影响,与

---

① 张广智:《20世纪中外史学交流》,北京师范大学出版社2007年版,前言第2—3页。

这种异质史学文化所做出的反应密切相关。

  这种反应,在传播学中被称为"反馈"。现代传播学理论家麦奎尔、温德尔在《大众传播模式论》中曾提出,在"传递信息、观念、态度和情感"的过程中,接收者会"有选择地理解、解释和记忆讯息";而反馈则是受众这种"选择"具体而直接的体现。进言之,虽然判断传播是否成功的主要标准源于发送者的意图,但受众的回应与反馈是衡量传播广度与深度的尺度①。按照这一观点,西方史学输入中国成功与否,一方面是要看作为传播者——西方史学,所要传递的"信息、观念、态度和情感",另一方面则要关注作为受众——中国史学,是如何"有选择地理解、解释和记忆讯息"的;而后者直接决定了前者传播的影响程度。

  就中外史学交流而言,"影响研究"离不开对史学文化传播受众反馈的关注;探讨西方史学输入中国的问题,与探讨中国思想界对输入的西方史学所做的回应密切联系在一起;厘清中西史学交流的核心问题,则应以西方史学在中国的回响为线索,去解析这一传播过程中所传递的信息、观念、态度和情感,去分析中国思想界在这一过程中接受的信息、观念、态度和情感。这实际上就是一种"接受史"。

  1937年本雅明在《爱德华·福克斯,收藏家和历史家》一文中使用"接受史"(Rezeptionsgeschichte)一词,以强调受众对作品"历史内涵"的成功把握。正如福克斯所言,艺术史中没有重视对成功问题的探究,而这一问题是与"艺术相关联的最重要的问题之一"②;造成艺术家取得或大或小的成功、是成功持续很久还是昙花一现等现象的"真正原因"最终决定了作品的价值与意义。换言之,受众对"历史内涵"接受与把握的程度,直接决定了接受对象的价值与意义;在作品的传播过程中,重要的是

---

① [英]丹尼斯·麦奎尔、[瑞典]斯文·温德尔:《大众传播模式论》,祝建华、武伟译,上海译文出版社1987年版,第9页。
② [德]本雅明:《经验与贫乏》,王炳钧等译,百花文艺出版社1999年版,第297页。

受众的接受与理解。不仅如此,接受群体与接受对象之间是一种多元的对话,这种多元对话构成了接受对象的"生命史"。

接受对象的"生命史"则是需要通过接受群体这一视角去解读的。韦勒克曾说,"一件艺术品如果保存下来,从它诞生的时刻起就获得了某种基本的本质结构,从这个意义上说,它是'永恒的',但也是历史的。它有一个可以描述的发展过程,这一过程不是别的,而是一件特定的艺术品在历史上一系列的具体化",是艺术品的"生命史";而"我们讲艺术品在历史上的'生命',在意义上正如我们讲一个在生命过程中不断变化但仍保留其本质的一个动物或一个个人的生命一样。我们说《伊利亚特》仍旧'存在着',就是说它一次又一次地表现了影响",所以,"我们可以在一定程度上根据有关批评家的判断、读者的经验以及一件特定的艺术品对其它作品的影响重建这件艺术品的历史"①。

韦勒克这段话,一方面表明接受群体与接受对象之间的对话,实际上就是接受群体有选择地理解接受对象的过程,而这种理解过程的历史就是伽达默尔所说的"效果史"②。伽达默尔曾说,"历史学的兴趣不只是注意历史现象或历史流传下来的作品,而且还在一种附属的意义上注意到这些现象和作品在历史(最后也包括对这些现象和作品研究的历史)上所产生的效果,这一点一般被认为是对那类曾经引发出许多有价值历史洞见的历史探索的一种单纯的补充。就此而言,效果历史

---

① [美]雷·韦勒克、奥·沃伦:《文学理论》,刘象愚、邢培明、陈圣生等译,生活·读书·新知三联书店1984年版,第163页。

② 在《真理与方法》中,伽达默尔提出:"真正的历史对象根本就不是对象,而是自己和他者的统一体,或一种关系,在这种关系中同时存在着历史的实在以及历史理解的实在。一种名副其实的诠释学必须在理解本身中显示历史的实在性。因此我把所需要的这样一种东西称之为'效果历史'(Wirkungsgeschichte)。理解按其本性乃是一种效果历史事件。"[德]汉斯-格奥尔格·加达默尔:《真理与方法:哲学诠释学的基本特征》(上),洪汉鼎译,上海译文出版社1999年版,第384、385页)

(Wirkungsgeschichte)并不是什么新东西。但是,每当一部作品或一个流传物应当从传说和历史至最近的朦胧地带摆脱出来而让其真正意义得以清楚而明晰地呈现时,我们总是需要一种效果历史的探究"。任何一个历史事件和历史人物,都是"历史的实在"与"历史理解的实在"的统一体,它们的历史绝不是纯粹客观的历史,而是一种饱含历史理解的"效果的历史"①。这种"效果史"对于西方史学东传中国这一问题而言,就是研究西方史学在中国的影响应当从接收者、理解者——中国思想界的角度去探究,通过阐述中国思想界带有选择性的理解与接受这一过程来展示西方史学在中国影响的广度与深度。

另一方面,依据韦勒克的观点,通过接受群体来重建接受对象的历史这一过程,实际上是展示接受群体与接受对象之间"多元对话"的过程;而"多元对话"的效果则包含"批评家的判断"、"读者的经验"、接受对象影响下出现的类似作品等。就此而言,西方史学的输入处境、传播历程这一"生命史",可以从接受群体的反应这一视角来构建;通过普通读者、批评家、受经典影响的史学家与西方史学之间的"对话史",来勾勒西方史学在中国的发展历程,描绘西方史学在中国这一畛域的"新生"。进而言之,对西方史学输入中国这一问题的研究,至少要涉及三个层面的"对话",或者说是三种形态的"回应":普通读者由欣赏而接受西方史家、史著;批评家由接受而阐释西方史家、史著的意义;史学家由受影响而创造性地书写西方历史。

无论是哪种层面的"对话",都离不开传播媒介。所谓"传播是个人或团体主要通过符号向其他个人或团体传递信息、观念、态度和情感"②,这种"符号"需要通过一定的载体——"媒介"来传递信息、观念、态度和情

---

① [德]汉斯-格奥尔格·加达默尔:《真理与方法:哲学诠释学的基本特征》(上),第384、385页。
② [英]丹尼斯·麦奎尔、[瑞典]斯文·温德尔:《大众传播模式论》,第9页。

感。就此而言,"文化传播及文化交流有关的议题都和出版史有关,这些问题的研究成果都可以贡献给整个历史学。所以,以书刊出版为核心,以书刊的传播为关键,受文化影响是重点,文化交流是流韵"①。事实上,晚清民国时期西方史学的传入,是与大量的相关书籍、报刊的出版发行紧密联系在一起的②,因而解读西方史学输入中国这一问题,或可从"书籍史""出版史"的角度切入。

"书籍史""出版史"注重从出版物这一传播媒介去解读其读者群体构成、划分读者群的类型结构。年鉴学派夏蒂埃(Roger Chartier)、罗什(Daniel Roche)曾在《书籍史》中提到,对书籍的分析,"必须辅之以对读者群的社会组成有个比较透彻的了解,书籍史在注意到文化社会学发展的同时,还力图确定出版物的传播规模,力图根据不同类型的读者群确定一种知识类型结构"③。由此,从"书籍史""出版史"的角度探讨西方史学输入中国的问题,实际上就是借助中西史学交流中出现的各类出版物来展示西方史学是如何通过这些纸质媒介输送到中国,中国思想界又

---

① 郑培凯:《从出版史到文化交流史》,《书城》2009年第2期,第21页。
② 这方面的研究,可参看吕思勉的《三十年来之出版界(1894—1923)》(《吕思勉遗文集(上)》,华东师范大学出版社1997年版)、熊月之的《西学东渐与晚清社会》(中华书局1997年版),谭树林的《早期来华基督教传教士与近代中外文期刊》(《世界宗教研究》2002年第2期)、沈国威、内田庆市的《近代启蒙的足跡:東西文化交流と言語接触:〈智環啓蒙塾課初步〉の研究》(关西大学出版部2002年版),张越、叶建的《近代学术期刊的出现与史学的变化》(《史学史研究》2002年第3期)、卓南生的《中国近代报业发展史:1815—1874》(中国社会科学出版社2002年版),张仲民的《从书籍史到阅读史——关于晚清书籍史/阅读史的研究的若干思考》(《史林》2007年第5期)、吴怀祺的《近代报刊与史学近代化》(《安徽大学学报(哲学社会科学版)》2011年第3期),程文标的《近代史学研究公共领域的形成及其影响——以近代史学期刊为视角的考察》(《清华大学学报(哲学社会科学版)》2012年第6期)、刘开军的《近代报刊在晚清史学批评演进中的地位与价值》(《江海学刊》2014年第3期)等论著。
③ [法]罗歇·夏蒂埃、达尼埃尔·罗什:《书籍史》,载[法]雅克·勒戈夫、皮埃尔·诺拉主编:《史学研究的新问题、新方法、新对象——法国新史学发展趋势》,郝名玮译,社会科学文献出版社1988年版,第322页。

是如何通过阅读这些媒介有选择性地汲取西方史学内容的。

"书籍史""出版史"侧重于从传送者的角度来看待文化传播的深度与广度。而"传播主体总是从自身文化的角度去看待他者文化。因此，传播者的观察和结论往往受到某个人和所属种族或文化取向的影响"①。就西方史学传入中国这一问题而言，传送者的身份问题则颇令人玩味：书籍等出版物是何人主导的？在西方史学传入中国这一过程中，传送者有在华西侨，更有中国学人，而这两者主导的西方史学出版物的性质则是存在区别的。前者可以说具有鲜明的史学文化传播目的，自觉主动地通过出版物传送西方史学；后者则是受西方史学文化影响的中国学人做出的一种文化反应。虽然这些出版物最终都进一步扩大并加深了西方史学在中国的传播，但"一国之文明，系于一国之学术，而学术之程度，恒视其著述之多少为差。著述者，其研究学术之结果乎"②。从接受史的角度来看，以中国学人为传送主体的出版物，从其实质来看，更应该看作中国学人作为接受者所做出的反应的一种体现。

此外，在西方史学传入中国的过程中，在华西侨的出版物所起的作用毋庸置疑。需要指出的是，在华西侨出版物的形式，更确切地说，出版物的语言文字形式的不同，直接导致阅读群体的不同，即中文形式的出版物与英文形式的出版物两者的阅读群体存在明显差异。在华西侨所出版发行的中文读物的目标阅读群体主要是中国人，而其出版发行的英文读物的目标阅读群体则是母语为英文的在华西侨③。事实上，这些英

---

① 黄晓钟、杨效宏、冯钢：《传播学关键术语释读》，四川大学出版社2005年版，第171页。
② 卫种：《二十世纪之支那初言》，《二十世纪之支那》(1905年)，见张枬、王忍之编：《辛亥革命前十年间时论选集》卷二(上)，生活·读书·新知三联书店1963年版，第61页。
③ 傅佳雯：《十九世纪七十年代上海英美侨民眼中的华人社会与生活——以〈字林西报〉、〈晋源西报〉、〈文汇西报〉的"读者之声"为中心》，复旦大学硕士学位论文，2009年，第5页。

文读物的阅读群体还包括一些买办和洋务官僚①,甚至不少通晓英文的中国士人。因而解读西方史学在中国的传播,不能忽视西侨出版发行的英文读物的影响,更不能忽视阅读西侨出版的英文读物的特殊群体——通晓英文的中国学人。

  无论是出版物的主体区分,还是出版物文字载体形式的分类,对西方史学传入中国而言,都是从传送者这一视角切入的,这种"书籍史""出版史"视角的解析,都或多或少未能对读者的主体性给予足够的重视。在西方史学传入的过程中,传送者的目的与意图固然重要,但更能具体体现西方史学传入中国后的影响广度与深度的,是中国学人对所传入的西方史学所做的回应。在西方史学传入中国这一问题上,不能忽视的是,"当一位读者面对一个文本时,他如何构造其中的含义,他如何把该文本变为自己的东西"②。中国学人作为出版物的阅读者是有选择地阅读,有选择地接受所阅读的信息内容的,更是有选择地通过笔端展示其阅读后的实际成效的。对西方史学在中国的传播而言,阅读群体的这种选择,是植根于中国传统史学文化的中国学人,面对传入的西方史学所做出的一种反应,是中国学人接受西方史学的体现,更是西方史学在中国产生影响的具体体现,因而这是西方史学在中国传播过程中不可忽视的现象,也是研究西方史学在中国传播的重要方面。通过中国学人的反应去解读西方史学在中国的传播,与其说是一种"书籍史""出版史"的研究视角,不如说是一种立足于读者群体本身、侧重揭示读者群体反应的"阅读史"的研究视角。

  中国学人是通过阅读书刊等出版物而获知关于西方史学的"信息、

---

① 李鸿章就曾阅读《字林西报》。参见孔祥吉:《不一样的李鸿章——写在〈李鸿章年(日)谱〉再版之前》,《福建论坛》2011 年第 5 期,第 66 页。

② [法]罗杰·夏蒂埃:《过去的表象——罗杰·夏蒂埃访谈录》,参见李宏图、王加丰选编:《表象的叙述——新社会文化史》,上海三联书店 2003 年版,第 134 页。

观念、态度和情感",并在此基础上"选择性"地接受的。具体而言,西方史学的输入,是通过书刊等出版物载体得以实现的;而西方史学输入后的影响程度,也只有通过对相关书刊论著出版物的阅读群体进行解读才能得以窥见一二。不仅如此,西方史学在中国思想界的影响深度与广度,与中国学人选择性接受后所做出的回应密切相关,而这种回应也是通过书刊等出版物载体而表现出来的。简言之,从西方史学在中国的影响来看,侧重于读者的"阅读史"研究角度对于解读西方史学在中国的传播更为恰当一些。虽然近年来学术界兴起了以"感觉史"来研究中西文化交流的热潮①,但从本质上来看,阅读史也可以算是"感觉史"的一个支系。"感觉史",顾名思义,就是考察人如何感知自己生活的周围世界②。表面上来看,"感觉史"是关注不同的人五官感知外物的差异与区别,实际上是强调"人的不同文化背景和经历,会影响生理结构相同的五官产生不同的视觉、听觉、嗅觉、味觉和触觉。文化差异越大,感知的结果差异可能也越大"③。依据"感觉史"的观点,"阅读史"可以说是通过人的视觉阅读去感知,并且这种视觉阅读是一种选择性阅读,而这种选择是源自人内在的文化背景与经历的。就内涵而言,对于西方史学在中

---

① 1993 年安克斯密特提倡"历史感受"之后(Frank Ankersmit, *De historische ervaring*, Groningen: Historische Uitge-verij Groningen, 1993),"感觉史"这一研究方式为史界广泛接受。详情参见 Frank Ankersmit, *Sublime Historical Experience*, Stanford: Stanford University Press, 2005。
② 杨念群:《生活在哪个朝代最郁闷》,广西师范大学出版社 2013 年版,第 114 页。
③ 2015 年 5 月 16—17 日复旦大学中华文明国际研究中心主办、英国埃克塞特大学文学院协办"感同身受——近代早期中西文化交流中的感官与感觉"国际高端工作坊。此处引文内容出自复旦大学中华文明国际研究中心关于这一深度工作坊的通告文字(http://icscc.fudan.edu.cn/index.php?c = article&a = show&id = 311)。目前国内"感觉史"研究似与"概念史"(或"观念史")研究合二为一,侧重于通过人的五官感知探讨概念(或观念)的形成与演变。如"感同身受——近代早期中西文化交流中的感官与感觉"国际高端工作坊主题报告之———孟华的《"景德镇神话"何以形成——一个感觉史意义上的中法文化交流的个案研究》。

国的传播来说,"感觉史"侧重于中国学人的感知,而无意于剖析传送者是如何传播西方史学的;而"阅读史"除了强调中国学人选择性阅读之外,对提供阅读文本的传送者亦有关注,传送者如何通过出版物实现其传播目的也是"阅读史"研究的内容。由此可以说,"阅读史"的研究视角,更好地将"传播"与"接受"这两方面结合在一起,从而能够更加全面地揭示西方史学在中国的传播与影响。

总而言之,无论是"接受史"还是"阅读史",实际上关注的主要问题都是西方史学在中国的影响。这种影响既是受众在阅读、接受中以及接受后对一种异域史学文化所做的反应,更是这种外来史学文化在中国逐步扩散传播的一种体现。这就意味着可以从"接受史"的角度,通过对中国学人"阅读史"的剖析,揭示西方史学输入的途径,勾画其输入时的深度与广度,再现其输入后的影响。这种"接受史""阅读史"的情形,实际上就是西方史学输入的全景图。正是通过阅读,借助各类出版物,中国史学以接受理解"他者"的方式,实现与"他者"——西方史学的"合和"。①

二、移译与传播:希腊史家与史学

西方史学中率先输入中国的是西方古典史学,而最初传入中国的是古希腊史学;最先将希腊史学输入中国的是活跃于晚清的传教士,而传教士最先采用的传播方式是出版刊行面向中国读者的中文杂志。传教士试图通过移译西方历史内容,打开历来有着"重史"传统的中国士人对西学的心防,以便于开拓传教的新局面。

1833 年(道光癸巳年六月)德国传教士郭士立(Karl Friedrich August Gützlaff,1803—1851)②等人为传教而创办中文期刊《东西洋考

---

① 潘光哲:《晚清士人的西学阅读史(1833—1898)》,"中研院"近代史研究所 2014 年版。亦可参见潘光哲的《追索晚清阅读史的一些想法——"知识仓库"、"思想资源"与"概念变迁"》(《新史学》2005 年第 16 卷第 3 期)一文。

② 又译作郭实猎、郭实腊、郭甲利、居茨拉夫等。

每月统记传》。郭士立在1833年6月23日创刊时曾起草一份说明办刊缘由的文稿,文中提到:"当文明几乎在地球各处取得迅速进步并超越无知与谬误之时——即使排斥异见的印度人也已开始用他们自己的语言出版若干期刊——唯独中国人却一如既往,依然故我。虽然我们与他们长久交往,他们仍自称为天下诸民族之首尊,并视所有其他民族为'蛮夷'。如此妄自尊大严重影响到广州的外国居民的利益,以及他们与中国人的交往。"为了消除中西之间的隔阂,郭士立等人主张出版一份"不谈政治",只谈"技艺、科学与准则"的杂志,以"避免就任何主题以尖锐言词触怒"中国人,并"用展示事实的手法",向中国人表达"我们确实不是'蛮夷'……使中国人相信,他们仍有许多东西要学"①。

面对当时中国社会对外来传教士的排斥、对外来文化的疏离,郭士立等人认为,"盖学问渺茫,普天下以各样百艺文满,虽话殊其体一而矣。人之才不同,国之知分别,合诸人之知识,致知在格物,此之谓也"②。最初,这些传教士们秉持学问无国界、知识无界线的观念,认为通过传授西方的自然科学知识,可以引发中国思想界的注意,从而打破中西沟通的心理隔阂,创造便于传教的环境。然而在华越久,对当时中国思想界的状况了解越深,郭士立等人就越清楚,"从来有一代之治法,必有一代之治心,向来中国人貌视外国之文法",中国士人对西方文化的抗拒心理,导致出现了"中国经书已翻译泰西之话,各人可读。但汉人未曾翻译泰西经书也,天下无人可诵之"的情况③。针对当时中国普遍存在的对西学的抵触情绪,郭士立等人主张契合中国"重史"的传统,以史开道,扫除西方文化输入中国途中存在的无形障碍。

---

① 转引自黄实鉴:《前言》,载爱汉者编:《东西洋考每月统记传》,中华书局1997年版,第12页。
② 爱汉者编:《东西洋考每月统记传·癸巳年六月·序》,第3页下。
③ 爱汉者编:《东西洋考每月统记传·丁酉年二月·经书》,第204页下。

在郭士立等人看来,"因汉与泰西列话殊异,解其纲领终不容易",中西语言阻碍了西学的传入,但西方典籍甚丰且精,"文艺复兴掇拾之,于本经之奥蕴,才学之儒,讲解而补辑之。明朝之时,大英、法兰西、义大利、阿理曼各国之儒兴,篡经书浩繁"①;"泰西国人不顽,各有所可取矣。若识字、学文,何不可篡书乎?……在欧罗巴列国,每年各月,日日新撰。……是以尽心原制作新样也,智慧聪明之帝君开言路,各著其志,所以学问隆兴焉"②。然而,要将西方学问传入中国,实非易事,"惟泰西之经书不胜其数,各国各话自有矣。若欲察其深浅,潜心切究其义,必焚膏继晷矣。倘要以心稽考诸本,终生不足备矣"③,全盘搬来西方文化,实有困难,而删繁就简的刊物摘编便成为传播西学典籍的重要方式。

鉴于中国历来"重史"这一传统,郭士立等人在期刊上选编登载了大量历史类的文字,如《亚伯拉罕之孙》《洪水之先》《以色列民出麦西国》《挪亚之苗裔》,并转载《东西史记和合》《古今万国纲鉴》等西方史学简编。不仅如此,创刊者们始终将叙述历史的文章排放于期刊醒目显眼的位置。

为吸引读者,使东西洋考"周流四方",创刊者们在内容上精心选排,为了延揽读者不遗余力,还多次表示"倘若这事得到社会的支持与赞助,它将相当地扩增一些补充资料"④,即刊物会适时依据读者的支持程度扩充内容。因刊物内容选排得当,创办者们重视刊物的发行销售⑤,《东西洋考每月统记传》成为当时中国影响深远的期刊,实现了创刊者们"万望善读者,不以盲昧摈之,反究其散殊,观其会通,则庶乎获益矣"⑥这一目的。

---

① 爱汉者编:《东西洋考每月统记传·丁酉年二月·经书》,第204页下。
② 同上书,第205页上。
③ 同上书,第204页下。
④ 黄实鉴:《前言》,载爱汉者编:《东西洋考每月统记传》,第12页。
⑤ 该刊载了带有广告性质的自我推荐的文字,并实行以捐代订等措施稳住读者。参见爱汉者编:《东西洋考每月统记传·戊戌年正月·招签题》,第318页下。
⑥ 爱汉者编:《东西洋考每月统记传·丁酉年二月·经书》,第205页上。

《东西洋考每月统记传》所刊载的西方文史知识深受当时众多文人士子的欢迎,这些当时中国思想界的先行者们争相阅读,并将部分内容纳入己著之中。如魏源的《海国图志》,梁廷枏的《广东海防汇览》《粤海关志》《海国四说》,徐继畬的《瀛寰志略》等均大量取材于《东西洋考每月统记传》①。

就是在这样一份发行量大、影响面广的中文期刊上,中国读者第一次知晓了西方古典史学的诸多名家。1837年(道光丁酉年二月)的《东西洋考每月统记传》之《经书》中提到:

> 篡国史兼诸国之纲鉴,始周朝威烈王年间,超群卓异之史者,系希啰多都、都基帝底、洗那奉;开谕民卓异者,帝磨士体呢兼伊所嘉帝;博物君子超群,禅拉多兼亚哩士多帝利。②

其中,"希啰多都"即希罗多德(Herodotus)③,"都基帝底"即修昔底德(Thucydides)④,"洗那奉"即色诺芬(Xenophon)⑤。

---

① 黄实鉴:《前言》,载爱汉者编:《东西洋考每月统记传》,第27、28页。
② 爱汉者编:《东西洋考每月统记传·丁酉年二月·经书》,第204页下。
③ 希罗多德(Herodotus),清末民国期间又译作希洛多托、希洛杜多斯、希罗多杜斯、希老道德、希罗多塔、希洛杜泰、希诺多特、希罗大德、荷罗多德、希落铎德、希洛多达、西啰多都、荷罗多得、黑陆独都、黑娄斗土、黑其斗土、希罗多都、埃罗独特、希罗多得、希洛多托、赫洛德、希罗多得斯、希洛德杜、希和多德、喜洛多图、希罗多都士、海洛铎、希罗杜拖、海洛特多同、海洛度德斯、希罗达德、赫柔脱等。下文中如有以上译名,不赘言。
④ 修昔底德(Thucydides),清末民国期间又译作苏锡德底斯、修昔底斯、修失笛地斯、修昔迪提斯、修昔的底斯、修昔底的斯、修习的底斯、苏息逮兹、诸瑟代底斯、舍寇的地思、修昔第达斯、苏昔的底、修希底的斯、修息的底斯、狄西地德、都基帝底、磁起德德、修西地特士、屠西底得、杜西地达斯、土居提代、都西提、图西代、都基底底、磁起德德、都锡迪提斯、杜西底得、楚西笛特斯、图西第得、苏昔的、脱克底提、都昔士、都基底德、习锡大智、条斯大德、施西地气、都裁体特、紫扣笛豆司、脱雪敌待斯、项舍德狄、都昔特提、图克谛、杜曲底得斯、修西底德斯,等等。下文中如有以上译名,不赘言。
⑤ 色诺芬(Xenophon),清末民国期间又译作赛诺芬、塞诺芬、曾诺芬、齐诺封、可塞诺封、任诺风、沈诺丰、谢诺芬、孙纳芬、柴诺芬、山脑丰、芝诺芬、洗那奉、赛挪芬、柯塞耨讽、西纳分、芝诺芬尼、瑞诺封、惹罗弗、赛纳芬等。下文中如有以上译名,不赘言。

《东西洋考每月统记传》之《经书》使用"周朝威烈王年间"这一中国历史传统的纪年方式,以简洁的文字提示中国读者:中国之外还有西方世界;西方历史是与中国历史平行发展的;与中国古代璀璨的文化一样,同期的西方文化也有不俗的表现;古代西方史学勃兴之初,史家辈出。

由此,通过阅读《东西洋考每月统记传》这一中文刊物,作为读者的中国士人首次获知了西方古希腊史学的零星知识。虽然其中所传递的古希腊史学知识十分有限,但对初次接触古希腊史学的中国读者而言,这些内容比较全面地概括了古希腊史学的基本情况:与同期出现百家争鸣的中国相比,西方古代世界也名家辈出,有德谟克利特(帝磨士体呢,即 Democritus)、苏格拉底(伊所嘉帝,即 Socrates①)、柏拉图(裨拉多,即 Plato)、亚里士多德(亚哩士多帝利,即 Aristotle)等启民智的博学之士;在这种文化兴盛的氛围中,西方史学发端的时间与孔子作《春秋》的时间相差无几;中国古代史学有孔子、左丘明等大家,而西方古代史学在最初阶段发展也十分繁盛,尤以希罗多德、修昔底德、色诺芬三大史家"超群卓异",声名最著。不足百字、寥寥数笔,却拉近了中西之间的距离,向中国读者勾勒了西方史学发端时的大致轮廓,揭示了西方史学肇端的时间,点明了西方史学最初、最著名的史家群体。虽然这些内容与繁盛的古希腊史学相比,显得过于单薄,但为古希腊史学在中国的进一步传播奠定了良好的基础。

真正意义上对古希腊史学进行详细绍述的,当属尔后刊行的《六合丛谈》。1856 年伟烈亚力(Alexander Wylie,1815—1887)、艾约瑟(Joseph Edkins,1823—1905)等传教士意识到虽经过十几年的传教,但因传教士足迹所至地域有限,"兼以言语各异,政化不同",使"尽明吾意哉"这一传教目的依然任重道远,于是决定"颁书籍以通其理,假文字以

---

① "伊所嘉帝,就对音而言,似还原为 Isocrates 较胜,但由于苏格拉底是古希腊大哲人,这里实当指他才较切实。"参见黄实鉴:《前言》,载爱汉者编:《东西洋考每月统记传》,第 23 页。

达其辞,俾远方之民,与西土人士,性情不至于隔阂,事理有可以观摩,而遐迩自能一致矣",遂刊行《六合丛谈》,"亦欲通中外之情,载远近之事,尽古今之变,见闻所逮,命笔志之,月各一编,罔拘成例,务使穹苍之大,若在指掌,瀛海之遥,如同衽席,是以琐言皆登诸纪载,异事不壅于流传也"①。《六合丛谈》在内容上虽然以自然科学为主,但也刊载诸如《希腊为西国文学之祖》《希腊诗人略说》《百拉多传》等古希腊文史知识,特别值得一提的是详细评述古希腊史家的《土居提代传》和《黑陆独都传》。

1857年《六合丛谈》第十二号上刊载了艾约瑟的《土居提代传》。在这一小传中,艾约瑟首先系统地介绍了修昔底德(土居提代)的生平以及《伯罗奔尼撒战争史》的主要内容:

> 土居提代者,雅典国人,希腊作史名家也。生于耶稣前四百七十一年。当雅典与士巴大征战二十七年之始,年已四十矣。书此战事,以成史记。少年好学,家本素封,在德拉基国山中,开采金矿为业。四百二十四年,率兵船七,往解安非玻利之围,至则已无及矣。雅典人耻安非玻利之生降于敌,以土居提代之弗能救也,怒而逐之。在外二十年,客士巴大境内。四百有三年,归于雅典后,国人杀之于德拉基。其作史也,出于耳闻目见,恒坐德拉基大树下,成是书,凡八卷。前七卷中,载卿士议政、将帅誓师之辞。第八卷无之。有疑其文劣,非出一手者,或云其女续成之。首卷论两国战争为希腊一大事。其自以兵刑得失,为国家治乱之原。自云此大手笔,千古不朽。雅典财富力强,士巴大患之,乃战。故特著雅典所以渐兴之论。战前文告往来,并记彼力格里劝雅人勿与士和之语。②

在此基础之上,艾约瑟总结出修昔底德史学的特点,认为《伯罗奔尼

---

① [英]伟烈亚力:《六合丛谈小引》,《六合丛谈》卷一第一号,江苏松江上海墨海书馆1857年版,第1页。

② [英]艾约瑟:《土居提代传》,《六合丛谈》卷一第十二号,第4页。

撒战争史》一书虽然"为希腊群籍中难读之书,日久且莫识其文所在",但因其"实事求是,考据年代甚详,笔法谨严,务文简而事赅。先采之备,后择之精,经营意匠……又道理明通,俾人人知所观感"等特点,"近泰西诸国,翻译此书者颇多",修昔底德及其《伯罗奔尼撒战争史》在西方世界流传甚广、影响至深。此外,艾约瑟客观评价了修昔底德史学,"史家文笔,往往好以己意出奇,土居提代亦然。字字遒炼,力破余地"[①],点明其历史撰述中存在的主观性。在这篇小传中,艾约瑟向中国读者介绍了修昔底德的生平、《伯罗奔尼撒战争史》一书的主要内容,修昔底德史学的主要特征及其影响等也通过其客观评述而呈现在中国读者面前。这篇传记可谓近代早期中国读者所能接触到的、有关古希腊史家修昔底德的最详细的记载了。

随后,1858年《六合丛谈》第十三号上又刊载了艾约瑟所撰写的《黑陆独都传》一文。文中,艾约瑟对"希腊作史之祖"——希罗多德(黑陆独都)做了详尽的介绍:

> 黑陆独都者……小亚细亚哈里加拿苏人,生于耶稣前四百八十四年,波斯人与希腊人战于马拉顿之后六年。幼时喜诵和马所作之诗。其地君长残暴,避之撒摩,土人皆以阿尼语,故其所著之书,用彼土方言。后返故土,偕众逐其君长,会民间有谋诛杀之者,遁至以大利国,终身不返。

除了对希罗多德生平的详细阐释之外,艾约瑟还借修昔底德年少时曾听闻希罗多德当众诵读其作的情节,"相传其作史既成,宣诵于阿仑比亚,希之文士咸会,辄魁其曹,会众称贺,声情激越。土居提代闻之,悲不自胜,其感人如此",以此凸显希罗多德在古希腊史学上的地位,向中国读者展示希罗多德及其著作在当时古希腊的影响。

---

① [英]艾约瑟:《土居提代传》,《六合丛谈》卷一第十二号,第5页。

为了向读者进一步展示希罗多德及其著作的影响,艾约瑟在此传记中还详细叙述了希罗多德游历考察各地的整个过程,阐明了希罗多德《历史》一书的主要内容:

> 黑陆独都所作之史,凡九卷,皆纪叙波人与希人战事,至希人自亚西亚海滨凯旋,而此书终矣,事止于耶稣前四百五十六年,后屡加删改始成。作此史时居于以大利之土里依,先是出游四方,周知列邦山川险要、风土人情,名城废垒、古庙丛祠,靡不遍览,远至黑海、阿拉尔海。在北方之思古退国(即俄罗斯),又至推罗、西顿,访彼人事,黑尔古里神之遗迹,又至埃及国,纪埃事颇详。游尼罗河,访埃地上游古道,自埃及而西,至古利奈,纪迦大其人与语之事亦多,疑曾至迦大其地也。又东至巴比伦及波之二名城。……始欧罗巴人与亚西亚人用兵之端,由来甚远,以吕氏亚国王格里苏侵陵希腊也,故书吕氏亚事。吕国为波斯所灭,故又纪波斯之始。波人与埃及人战,故又书埃人之事。波人征思古退,故又书思古退及欧洲以北之事。波斯已得埃及为属地,古利奈人募兵复仇,故又书古利奈、吕彼亚之事。自此以阿尼人之居于小亚西亚者,不服波斯为希腊人所用,以胜波斯人,故又书以阿尼人事。后希腊人与波斯人战事,身死不及终载矣"。①

艾约瑟结合希罗多德的游历,不但将希罗多德著作的主要内容交代清楚,而且厘清了希罗多德著作中各部分叙述内容之间的关系,进而在此基础之上,客观分析评述了希罗多德史学。艾约瑟指出:"黑陆独都作史,喜书敬鬼神之事,较他史尤多,其言万物皆有天命鬼神司之,不尽由人事也。道天逾分,已受其殃,淫善人作,祸福天降,国家用兵,得天者昌,失天者亡。"②针对希罗多德在史著中多言鬼神之事这一特点,艾约

---

① [英]艾约瑟:《黑陆独都传》,《六合丛谈》卷二第二号,第2页。
② 同上。

瑟认为,书中所出现的诸如"尼弥西福善祸淫",不过是"此出于人心所结撰而成"而已,"如中国之有观音,特未尝明言,故张其事以耸听,使他人信之而已转疑焉";深究其原因,"盖尝在埃及,埃之祭司告以如此,此祭司以事神为职,而心知其伪,如中国高僧称西方极乐世界,不过借事以明理耳"①。在艾约瑟看来,希罗多德对其史书所记载的鬼神之事心知肚明,他只是借鬼神之事阐明人事之道理而已。由此,艾约瑟为中国读者揭示了希罗多德史学追求致用这一特性。

除了分析希罗多德借鬼神之事明人事之理这一特点外,艾约瑟还着重分析了希罗多德史著内容的真实性与可靠性:

> 又其书细大不遗,而国家大事,辄郑重书之,褒贬之法甚公,第过信人言耳,自重其事,故多历年所,始克成书。昔有议其党誉雅典人者,然雅人与希人战,先登陷陈,为国忘躯,以卫希境,其事诚然。读其书者,尝区见闻为二,彼亦注明传闻之事,已未深信。希国故事,彼仅据一家言,未遑他引,惟于其所目睹者,言之详且确也。至今有至埃及、希腊、亚西亚诸国者,考之尤信。②

一方面,艾约瑟认为希罗多德《历史》一书所记录之事"多歧"、不可尽信,对其所述历史应当区别看待、去伪存真;另一方面,他指出,"希国古籍风谣之类多,纪事之体少,国家兵刑大事,皆以诗歌写之",而希罗多德打破这种旧俗,"彼始改用纪事体,纪战事入以他事,为之证佐"③,在著史体例上以严谨的纪事本末体取代散漫无序的史诗;并且希罗多德"足迹所至,手笔甚勤,凡有纪载,委曲详尽,实事求是,古来作史者,此为第一"④。艾约瑟不但阐明了希罗多德在史书体例方面的首创之

---

① [英]艾约瑟:《黑陆独都传》,《六合丛谈》卷二第二号,第3页。
② 同上。
③ 同上书,第2页。
④ 同上。

功,而且彰显其治史求真的精神,肯定其在西方史坛上的地位。此外,艾约瑟在文末指出,希罗多德撰史,"若其用笔,喜仿古法,水到渠成,自在流出,绝无斧凿痕迹,希腊、腊顶载籍极博,惟此书不务艰深,达意而止,谐谑间作,天真烂漫,如婴儿语,故人多喜读之,近刻印颇广,亦大有裨于舆地之学云"①,阐明其撰史的风格特点,称颂其文笔优美自然、史著渊博晓畅,揭示了希罗多德及其史学自古至今颇受人欢迎的原因。

艾约瑟在《黑陆独都传》中向中国读者全面完整地介绍了古希腊史学第一人——希罗多德,客观评述了希罗多德的史学贡献,揭示了希罗多德史学长盛不衰的真正原因。这篇传记当为近代中国读者最早接触到的关于希罗多德及其史学的详尽描述。

其后,秉承福音、西学能相辅相成在中国传播这一信念的传教士们②,开办教会学校,创办期刊,出版论著教材③,通过出版刊发西方文史论著,意图消解中西隔阂,以期营造良好的传教氛围④;而中国读者也由此获得包括西方史学等在内的诸多西学知识。1882年美国公理会传教士谢卫楼(Devello Zelotos Sheffield,1841—1913)"取韦伯、维耳孙、斯温顿《万国史》和罗邻孙、塔尔黑麻《万国史略》"而编成《万国通鉴》⑤。此书原是一本用于教会学校教学的世界历史教科书,但刊行后流传甚广,"成为广泛使用的教科书,其中一些特别装帧的版本在官员当

---

① [英]艾约瑟:《黑陆独都传》,《六合丛谈》卷二第二号,第3页。
② [美]谢卫楼:《万国通鉴》,[日]河野通之中译,美华书馆1882年版,序言第1—3页。
③ 黄新宪:《近代来华传教士编译出版教科书活动史略》,《江西教育科研》1995年第3期,第69—71页。
④ 相关研究参见张建华的《传教士谢卫楼的教育活动》(《近代史研究》1993年第4期)、王立新的《晚清在华传教士教育团体述评》(《近代史研究》1995年第5期)、崔华杰的《传教士学者与中国历史研究——以〈教务杂志〉(*The Chinese Recorder*)为中心的考察》(上海大学博士学位论文,2011年)、桑兵的《教会学校与西体中用》(《中山大学学报(社会科学版)》2015年第3期)等文。
⑤ [美]谢卫楼:《万国通鉴》,序言第1页。

中发行"①。全书共四卷,其中卷二第七章"论希利尼国事略"详细叙述了希腊古代史及其文化;书中题为"希利尼文字巧艺善辩事略"的第15段文字还谈到了古希腊三大史家:

> 有黑其斗土者,著成史书,记载希利尼与波斯战事。又周流各邦,将所见闻亦记于书。又有图西代氏者,见黑娄斗土所著史书甚佳,将雅典与斯怕他二十一年军务著成史书。后有西纳分因之接续记录直至曼提尼亚战事为止。②

寥寥数十字,简明论及了古希腊希罗多德、修昔底德、色诺芬三大史家及其著作,并提及三大史家著述之间的关系——希罗多德著书叙述希波战争,其书影响到了修昔底德写作伯罗奔尼撒战争前21年的历史(至公元前411年为止),而色诺芬接续修昔底德写作希腊史(至公元前362年为止)。文字不多,但勾勒了古希腊史学的主要轮廓,而中国读者也由此对古希腊三大史家及其史著有了大致了解。

这段文字应是将古希腊三大史家并称的最早中文记载。从字数内容上来看,谢卫楼在《万国通鉴》中对古希腊史学的绍述,显然没有艾约瑟《六合丛谈》中的两篇小传详细、全面。这其中最主要的原因是,在西学与传播福音这一问题上,此时的谢卫楼与艾约瑟等致力于西方学术文化输入的传教士观念迥异:谢卫楼认为传教士的首要目标和主要工作应该是传播福音,是"直接的传教活动",西方科学技术、文化知识等西学内容只是传教的辅助手段③;而艾约瑟则认为,"名世者圣,称述者贤,所以

---

① A. H. Smith, In Memoriam Dr. Devello Z. Sheffield, *The Chinese Recorder*, 1913, Vol. 44, p. 506.
② [美]谢卫楼:《万国通鉴》卷二,第10页。其中"黑其斗土"应是"黑娄斗土"刻印错误所致。
③ 吴义雄:《谢卫楼与晚清西学输入》,《中山大学学报(社会科学版)》2007年第5期,第44—45页。

启迪生民、嘉惠后学。事虽创若仍旧,言历久而愈新,此大地有国莫不皆然者也。至于代变时迁,一兴一革,来今往古,有异有同,傥勿溯其源,更孰悉其委。且欲得奇才于后日,惟务求善教于兹时。迩者中西敦睦,不限舟车,商使互通,无分畛域。故得交相择购利生致治之书,咸译以本国文字,藉便披研。盖亦借助他山之一道也"①。艾约瑟重视传播西学,而且他"并未将西学窄化为自然应用科学,而更重视学术的整体与渊源,尤其重视历史学。他翻译撰著的《欧洲史略》、《罗马志略》和《希腊志略》分别是中国第一部地区通史和第一部希腊罗马专史"②。

其中,1886年总税务司出版的《欧洲史略》是"格物启蒙十六种"丛书之一。全书分十三卷,叙述自古希腊罗马直至19世纪70年代欧洲主要国家的历史。卷二有一节"希腊著述经史诸士",专门论及古希腊历史学家及其著作:

> 溯考希腊著述经史之诸士,当比罗奔尼苏之战时,始创有亲历目睹之信史。盖著此信史人皆身预是战,故其史均能信而有征,如纪巴西战事之士,为希罗多都,而希君之生晚也,仅及见预巴西战事诸人,聆其论议,集以成书。若纪比罗奔尼苏前数年战事之士,名曰都基底底。惟时都君为武弁,亲历行间,凡所见闻,皆极真确。迨比罗奔尼苏后数年并又后诸战事,则为其时武弁赛挪芬所纪。计当巴西王薨,其世子之弟名古烈者,外募希腊万人为兵,入巴西国与兄争立嗣。兄弟相约,皆挺身亲出搏战。古烈遂为其兄所杀,希腊人亦皆自退归,而时赛诺芬为之帅。故所著之史,即名之曰《万军言旋实录》。按赛诺芬受业于梭革拉底。梭公以讲学,享有盛名而不自著述。其徒赛诺芬与伯拉多所著书中,则皆多引其师说,是

---

① [英]艾约瑟:《西学略述》,上海盈记书庄1898年版,叙第1页。
② 陈德正:《19世纪后期传教士对西方古典学的引介与传播》,载彭小瑜、张绪山主编:《西学研究》(总第2辑),商务印书馆2006年版,第81页。

梭公为希腊诸国第一著名之讲学人,后乃竟为其同城之雅典人诬加以罪而杀之。①

文中阐明了古希腊史家著作的真实性,指出希罗多德、修昔底德、色诺芬"皆身预是战",或"聆其论议,集以成书",或"亲历行间",叙述亲身考察确认之事或亲身经历之事,故而"其史均能信而有征","凡所见闻,皆极真确",古希腊三大史家著作的真实性毋庸置疑。文中肯定了希罗多德为撰写真实的历史而做出的努力,指出希罗多德并不是希波战争的亲身经历者,只是依据战争亲历者的叙述材料而掇拾成书的。对比之下,修昔底德在求真方面比希罗多德做得更好,从而突出了修昔底德作为伯罗奔尼撒战争史亲历者所著史书的真实性,称其"始创有亲历目睹之信史"②。

艾约瑟在这段文字中对色诺芬及其著述叙述颇为详尽,不但讲述了色诺芬写作《万人远征记》这一史书的来龙去脉,而且提及了色诺芬与苏格拉底的师生关系,指出色诺芬的《回忆苏格拉底》是研究苏格拉底思想的重要依据之一,凸显了其撰述的真实性。因而这段文字也是关于色诺芬及其史学最早的比较全面的中文记载。

艾约瑟在文末对古希腊史学的地位与影响做了总结:"希腊一史,其较胜于他史者,凡他国史中,所载明示我辈之诸义理,皆已节略见于希腊史内。"在艾约瑟看来,古希腊史学除了求真之外,还有明示诸义理这一致用特点;古希腊史学因这些特质而远胜于其他史学,而"希腊之国制民风,及诸文学工艺等事,率多创而不因,故该国之边幅非阔,而其制度并诸学业,即今大地诸国,皆宗尚之",古希腊文化的创新性使得其影响愈

---

① [英]艾约瑟:《欧洲史略》卷二,上海盈记书庄1898年版,第4页。
② 艾约瑟在文中提到"当比罗奔尼苏之战时,始创有亲历目睹之信史",即公元前431年古希腊有了信史。依据上下文,加上修昔底德提到"在这次战争刚刚爆发的时候,我就开始写这部历史著作"(参见[古希腊]修昔底德:《伯罗奔尼撒战争史》,谢德风译,商务印书馆2004年版,第2页),艾约瑟这里应是指修昔底德为古希腊信史的开创者。

久弥深,时至今日依然是各国仿效的榜样,这也使得"学者果能习熟希腊一史,则欧洲诸史之义理,皆易明晰"①。

艾约瑟注重传播西学,尤其重视传播西方文史知识,这在《西学略述》中表现得尤为明显。《西学略述》原为艾约瑟受总税务司赫德所托,"以泰西新出学塾适用诸书,俾于公牍之暇译以华文","博考简收"而成。此书与《欧洲史略》一样,原为"格物启蒙十六种"丛书之一。而艾约瑟编辑这一初级科学读本的目的是"即指见月,举隅反三,则有望于学者矣",传播西学,尤其是西方文史知识②。

《西学略述》全书分十卷,有不少篇幅论及希腊文化成就,其中卷四"文学"、卷六"史学"多论及古希腊史学。在卷四"文学"第一节"西诗考原"中,艾约瑟从西方文学起源的角度提到了荷马史诗:

> 至中国周初时,希腊有一瞽者,名曰和美耳,最长于诗。其生平著作,惟时已脍炙人口,后人为之校定成集,计其大者,分有上、下二部,每部各二十四卷,中皆详咏希腊国人时与邻境构兵,而希腊人多好勇,以独身挑战为能等事。虽其言多奇诡,而义皆终归于正,固未足称史,而实开作史之先。即后人之著作篇什,下而至于农歌、戏剧等文,皆祖之。迨和美耳殁后数百年,时小亚细亚西滨海处,毗连海岛,计有七城,其间人民皆争言所居之城为和美耳之故里,则和美耳之名方可知矣。③

与早期在华传教士郭士立等人一样,艾约瑟借助"中国周初时",有意将古希腊历史与中国传统历史纪年挂钩,以拉近中西文化之间的距离,赢得中国读者的认同。文中,艾约瑟详细介绍了荷马史诗的主要内容,指出荷马史诗"虽其言多奇诡,而义皆终归于正,固未足称史,而实开作史之

---

① [英]艾约瑟:《欧洲史略》卷二,第6页。
② [英]艾约瑟:《西学略述》,叙第1页。
③ [英]艾约瑟:《西学略述》卷四,第1页。

先",肯定了荷马史诗在史学上的贡献,突出了其历史地位与影响。

在卷六"史学"第一节"史学考原"中,艾约瑟专门论述了古希腊史家及其史著:

> 上古希腊无史,惟多著名演说故事之人,皆口述往古诸事,俾人听记,嗣乃有数人相继而起,创著国史,荣名至今,泰西后学,仰而师之,如今中国文人之俯首于班、马也。其史例于详记希腊一国外,至与希腊邻境之敌国友邦,亦略将其风土、君民诸大端,备行收载。约计希腊创著国史之人,一为希罗多都,缘其曾周游多国,问政访俗,并皆征诸故老之所流传、典籍之所采录,返至希腊,兼证以昔所见闻,而作史九卷。一为都基底底,其史乃即当时希腊境内,诸城称兵,互相攻击,竭虑殚精,以详考其间战争诸事而作也。①

艾约瑟从古希腊史学萌芽时期的游吟诗人说起,指出游吟诗人口述古事对其后古希腊史家的影响,将古希腊史学大家与中国的司马迁、班固并称,以加深中国读者对古希腊史家地位的认知。除此之外,其大部分文字主要围绕这两位史家撰史求真及其影响这一主题展开,详细介绍了希罗多德、修昔底德为求真而做出的各种努力,指出希罗多德周游多国问政访俗、搜罗典籍以证见闻,是"创著国史之人"。

从《欧洲史略》《西学略述》中的相关表述可以看出,艾约瑟肯定了古希腊史家史著的真实性,认为荷马史诗"实开作史之先",希罗多德乃"创著国史之人",修昔底德"始创有亲历目睹之信史",勾勒出古希腊史学发展的轮廓,凸显了古希腊史家各自的史学贡献,为近代中国学人了解古

---

① [英]艾约瑟:《西学略述》卷六,第1页。值得注意的是不同版本的《西学略述》文字上略有不同,如质学丛书本《西学略述》卷六开篇为:"希腊当上古之世文化未兴,荒唐聊智,公家私室皆无记载,故未有史书,然颇有演说故事者,嗣乃有人创述国史云。一为希罗多都,其人曾周游四国,颇识希腊古事,晚乃搜集典籍证以闻见,作史九卷;一为都基底底,其史乃记希腊战事。"(《西学略述》卷六,武昌质学会1897年版,第1页上)

希腊史学乃至古希腊历史奠定了良好的基础。

三、出版与阅读：希腊史著与史事

在华传教士通过出版书刊为传播西学、西方文史知识做出了极大的贡献，但是这些夹裹在"西学"名下的古希腊史学传播并未取得立竿见影的效果。虽然晚清有诸如魏源、林则徐、梁廷枏、徐继畬等有识之士借鉴了传教士所传播的西史知识来撰写论著①，但他们更多的是关注传教士们所传播的西方史事，对西方史家及史学等内容并无多大关注，因而对传教士所传播的古希腊史家及史学知识也未做出文字上的回应。而从西学传播的历程来看，诸如具体的古希腊史事等内容更容易为人所关注；因此即便中国学人阅读了包含古希腊史学知识的《东西洋考每月统记传》《六合丛谈》《欧洲史略》《西学略述》等，阅读的关注点也是其中的古希腊史事，而非古希腊史家及其著述等内容。但无论是西方学人还是中国学人，对古希腊史事的了解与叙述都离不开古希腊史家及其史著，或可从古希腊史事在中国的传播这一视角去解读古希腊史家及史著在中国的流播情况。换言之，通过梳理近代中国所刊行的与古希腊史事有关的书刊报纸，一方面可以了解中国学人认识古希腊史事的基本过程，另一方面可以由此而展现古希腊史学是如何为中国学人所接受的。这对于解读古希腊史学在中国的传播是一种间接的方式，但也是一种必不可少的方式。

近代中国在华传教士所刊发的各种论著有不少是涉及古希腊史事的，其中与古希腊史家及史著关系比较显著的中文文献，目前所知最早的是郭士立1838年(道光戊戌年九月)刊行的《古今万国纲鉴》。该书是

---

① 参见谭志强的《澳门与中国近代国际关系知识之引进》(载吴志良主编：《东西方文化交流》，澳门基金会1994年版)、萧致治的《林则徐眼中的世界——以编译〈四洲志〉为中心》(载《鸦片战争与近代中国》，湖北教育出版社1999年版)、邹振环的《"外国史"与"万国史"》(载《西方传教士与晚清西史东渐》，上海古籍出版社2007年版)等。

一本厚古薄今的"世界历史总论"①。其中上册卷五"希腊列国拒挡波斯国军"中刊载了一段描写希波战争的文字：

> 惟差人打探消息，探子回报，希腊民不肯投降，必然战死，万人一心，尚不可当。惟王恋战，随撤西北二面，军马船只一齐攻打，海峡建桥使亚细亚与欧罗巴相连。桥者长二千丈，还不上六日，庶军渡之。泽耳士王阅军，又喜，又闷。喜者为大权势，闷者为世人之短命。
>
> 希腊列国一看精兵三百万人，攻打本国，莫不慌动。亦有数国丧气，投降其地也。曰，那里阻挡得住是军焉，欲走又走不得，欲抵又抵不得，故无奈何。②

其中提到希腊人拒绝投降、在海峡之间建桥、波斯军六日渡海等。将这段话与希罗多德《历史》中的相关内容进行比照，列表如下：

《古今万国纲鉴》	《历史》(《希波战争史》)
惟差人打探消息，探子回报，希腊民不肯投降，必然战死，万人一心，尚不可当	达到撒尔迪斯以后，他首先派遣使者到希腊去要求土和水……③ ……这时，被派往希腊去要求土的使者们回来了，他们有的是空着手回来的，有的是带着土和水回来的。 ……为了对付这些人，和异邦人宣战的希腊人立下了一个严肃的誓言；誓言说，如果他们在战争中顺利的话，他们就把自愿向波斯投诚的全部希腊人的财产的十分之一奉献给戴尔波伊的神。以上就是希腊人所立的誓言。④ ……但斯巴达人回答他说："……如果你尝过自由的味道的话，那你就会劝我们不单单是用枪，而且是用斧头来为自由而战了。"⑤

---

① 邹振环：《西方传教士与晚清西史东渐》，上海古籍出版社2007年版，第99、100页。
② [德]郭实腊(郭士立)：《古今万国纲鉴》(上册)卷五，新嘉坡坚夏书院藏版1838年，第5页上。
③ [古希腊]希罗多德：《历史》(下册)，王以铸译，商务印书馆2007年版，第481页。
④ 同上书，第514页。
⑤ 同上书，第516页。

(续表)

《古今万国纲鉴》	《历史》(《希波战争史》)
亦有数国丧气,投降其地也	献出了土和水的人是:帖撒利亚人、多罗披亚人、埃尼耶涅斯人、佩莱比亚人、罗克里斯人、玛格涅希亚人、玛里司人、普提奥梯斯的阿凯亚人、底比斯人以及除铁司佩亚人和普拉塔伊阿人之外的所有其他的贝奥提亚人①
海峡建桥使亚细亚与欧罗巴相连	在这一之后,他便准备向阿比多斯进军了。而就在这个时候,他手下的另一部分人就在海列斯彭特架设欧罗巴和亚细亚之间的桥梁②
桥者长二千丈,还不上六日,庶军渡之	……这些事做完之后,他们便渡桥了。全部步兵和骑兵是从靠近彭托斯方面的桥渡过去的,……克谢尔克谢斯渡海到欧罗巴之后,就看他的军队在笞打之下渡过。他的军队一刻不停地渡了七天七夜③
泽耳士王(即薛西斯Xerxes)阅军,又喜,又闷	当克谢尔克谢斯检点和配列他的大军之后,他想乘上战车对大军来一次检阅。在这之后不久他就这样做了,他乘着一辆战车走过了每一民族的士兵,他向他们进行询问,而他的书记便把他们的回答记录下来,直到他从一端到另一端检阅完了全部骑兵和步兵④

文中还提到薛西斯军队"精兵三百万",大体与古希腊史学家希罗多德的记载相符:

> 军队的人数在当时还是这样的。从亚细亚来的船有一千二百零七只……我假定他们每只船上是八十人。……前面已经说过这样的船一共集合了三千只。……这些人都是乘船从亚细亚来的,他们的总数是五十一万七千六百一十人。步兵的人数是一百七十万人,骑兵的人数是八万人,在这之外,我要加上阿拉伯的骆驼兵和利比亚的战车兵,估计他们有两万人。因此,如果把水师和陆军的人数加到一起的话,则他们的总数就是二百三十一万七千六百一十

---

① [古希腊]希罗多德:《历史》(下册),第515页。
② 同上书,第481页。
③ 同上书,第491页。
④ 同上书,第503页。

人。我上面所说的,就是从亚细亚本部来的兵力,至于随军的勤杂人员和运粮船以及上面的人员,尚不计算在内。

……色雷斯和色雷斯附近海上诸岛的希腊人提供了一百二十只船。……所有各个民族,即色雷斯人、派欧尼亚人、埃欧尔地亚人、波提阿人、卡尔奇底开人、布律戈依人……这些民族的全部人数是三十万。把这些人和从亚细亚来的人加到一起,则士兵的总数就是二百六十四万一千六百一十人了。以上便是士兵的全部人数了。"①

依据希罗多德《历史》中的数据,薛西斯军队共有 2 641 610 人,加上五十桨船上的士兵 345 600 人,一共是 2 987 210 人,与《古今万国纲鉴》中所记录的"精兵三百万"大体相符。不仅如此,希罗多德提及希腊阵亡将士墓时曾说:"为了埋葬在他们阵亡的地方的所有这些人以及在列欧尼达司把联盟者送还之前阵亡的人们,立了一块碑,碑上的铭文是这样的:四千名伯罗奔尼撒人曾在这里,对三百万敌军奋战。"②而《古今万国纲鉴》中三百万波斯精兵之说与此完全一致。

从以上分析可以得知《古今万国纲鉴》中关于希波战争的记述与希罗多德史著有着密切的联系。换言之,《古今万国纲鉴》中这部分文字最初的源头可以追溯到希罗多德的《历史》一书。可以这样说,当时的中国读者通过阅读《古今万国纲鉴》中描述希波战争史事这段文字,间接感受到了希罗多德及其著述的影响。

除了希罗多德的著作之外,修昔底德《伯罗奔尼撒战争史》中的文字也出现在了《古今万国纲鉴》卷五"战国"中:

战国:君子比之以玉也,玉润而不污,是仁而至清洁也。廉而不杀,是义也。坚而不磨,过而不濡,视之比哩吉为君子也。先反诸

---

① [古希腊]希罗多德:《历史》(下册),第 539、540 页。
② 同上书,第 555 页。

己,其次求诸人,及国平安。不幸疫气流行,人面赤汗、多恶风,心神颠倒,言语謇涩,舌强口干,怵悸恍惚,身重得卧,喉痹生疮,如食物噎塞,外热内寒,外寒内热,眉稜骨痛,手足瘫痪,卒然仆倒,昏不知人而死。雅典城居民死者不胜数也,亦比哩吉去世。①

文中的"比哩吉"即伯里克利(Pericles)。这段文字叙述了伯罗奔尼撒战争中雅典的瘟疫以及伯里克利染疫去世的情况。

关于雅典瘟疫的情况,修昔底德在《伯罗奔尼撒战争史》中有详细的记录:

> 健康状况良好的人都是突然地头部发高烧;眼睛变红,发炎;口腔内喉咙或舌头往外渗血,呼吸不自然,不舒服。在这些状况出现后,便是打喷嚏,嗓子嘶哑;接着就是胸部疼痛,剧烈地咳嗽;之后,腹部疼痛,呕吐出医生都有定名的各种胆汁,整个发病过程都是很痛苦的。大多数的患者接下去便是干呕,出现强烈地痉挛;……但是身体内部高热难耐,以致患者连身着最薄的亚麻布衣都难以忍受……他们跳进雨水池中,以消除他们不可抑制的干渴。②

将其与《古今万国纲鉴》中描述雅典瘟疫的文字对比,两者极其相似。而对伯里克利的评价也与修昔底德《伯罗奔尼撒战争史》中的相关内容十分接近:

> 以邦国公共需要而论,他们认为伯里克利是所有人当中最有才能的。因为在和平时期,只要他担任城邦的首脑,他就追求一种温和的、稳健的政策……③

---

① 《古今万国纲鉴》(上册)卷五,第5页下。
② [古希腊]修昔底德:《伯罗奔尼撒战争史》(上册),徐松岩译,上海人民出版社2012年版,第158页。
③ 同上书,第168页。

……之所以如此,是因为伯里克利无论就其地位、才能,以及他众所周知的正直而言,都确实是一位能够独立控制民众的人物……他从来没有使用不当的手段来追求权力,他也从来没有被迫逢迎他们,相反,由于他享有崇高的威望,以致他敢于提出相反的意见,甚至向他们发怒。每当他看到他们过分得意的时候,他都会说服他们想到自己的危险;另一方面,如果他们由于恐慌而丧失勇气,他会马上恢复他们的信心。①

大体上可以这样说,郭士立《古今万国纲鉴》中对雅典瘟疫的描述以及对伯里克利的评价等,最初的源头是修昔底德《伯罗奔尼撒战争史》中的相关内容。

由以上可知,郭士立《古今万国纲鉴》中的这些古希腊史事,是古希腊史家希罗多德、修昔底德著作中所记录的古希腊史事辗转在近代中国出现的最早形式,也可看作阅读《古今万国纲鉴》的中国学人了解古希腊史事并间接感受古希腊史家史著的一种方式。

就传教士创办的中文出版物的情况而言,大多传教士主要将出版物视作传教的舆论阵地,传播西学只是附带的结果。这对西学在中国的传播实则颇为不利,尤其是在译介西史问题上。这种状况直到19世纪末因中西文化交流出现了新的变化才有所改观。晚清末年,中西交流随着西学不断传播而出现了新变化:西方愈益突出的强势地位,使得中西交流中"'学'附载于社会发展程度得以辩护,有关西方的地理、历史知识,往往构成讨论知识的潜在背景",这在艾约瑟编辑"格物启蒙十六种"丛书时就已经颇为引人瞩目了②。实际上,这种转变在传教士创办的中文报纸上也有体现。

---

① [古希腊]修昔底德:《伯罗奔尼撒战争史》(上册),第169页。
② 章清:《"历史的意义":略论晚清中国对"历史"的认知和阅读》,载复旦大学文史研究院编:《民族认同与历史意识:审视近现代日本与中国的历史学与现代性》,第141页。

晚清传教士所办报纸杂志中,"传播西学内容最多、影响最大的"《万国公报》,其刊行的内容包括中国事务、各国消息、时事述评、科学知识、教义教事等①,"涉及西学的内容相当丰富,不但关于西学的著作连载,而且消息报道、时事述评中亦有西学内容"②。所刊发的文章有不少是借"史"而论"今"、借"西"而论"中"、借西史而论中国当下之事③。1904年10月《万国公报》刊发了传教士林乐知(Young John Allen,1836—1907)的《论欧洲古今女人地位之希腊女人之地位》。文中征引古希腊学者的著述,阐述古代希腊妇女的地位:

> 希腊有大臣名都西提,亦为著名大史家,专记希腊古事,流传于世者。尝论妇德,以一语括之,此可表明当时大众世人之公见矣。其言曰:自吾人论之,女人之大德,无论其貌之美与丑,行之善与恶,才之工与拙,总不外乎一端,即不为人所齿及也。嗟乎此语,较诸中华之无才为德,更有进矣。无才为德,只具不求表见之意,若希腊人之以不齿为德,此真幽闭女人之极则矣。
>
> ……

---

① [美]林乐知:《本报现更名曰万国公报》,《中国教会新报》1874年卷6,总第285期,台湾华文书局1968年影印本,第3295、3296页。
② 熊月之:《西学东渐与晚清社会》,上海人民出版社1994年版,第392、395页。
③ 借"西"而论"中"者,例如,林乐知曾言:"然则欲得比较之益者,自非于万国中求之,不为功矣。……本书则以各国女人之地位与其看待女人之法,为比较教化优劣之定格。……即可使读是书者,得以自证中国教化所至之真确地位也。"(《全地五大洲女俗通考序》,《万国公报》1903年卷15,总第176期,第22031页)。任廷旭曰:"此书历陈万国之女俗,以备中国之比较,以欲望华人之由不知而进于知,以自得其师法耳。……"(《全地五大洲女俗通考序》,《万国公报》1903年卷15,总第176期,第22035页)。借"西史"而论中国当下之事者,例如,《波斯国古史略》文尾,范玮附记曰:"此五洲女俗通考第三集所载波斯古史之一节也。事在主降前第五周之间,其时已有乌达尼(欧塔涅斯)者,首倡民主政体之议。惜乎幼稚时代,人民之程度与之太远,卒为大利乌所挫,乃以马嘶而定王位……今特表之于此,使世之言东方政治者,有所云云。"([美]林乐知译,任廷旭述:《波斯国古史略》,《万国公报》1904年卷16,总第184期,第22563页)

希腊古史家中,又有名赛诺芬者,尝记夫妇二人絮语家常之事,可以表明希腊当时之家规矣。其言曰:希腊某城,有一人,年壮才明,素有声望。新娶一妻,年方十五,自幼不出深闺,一无所知。其人苦之,欲设法教导其妻。正如无知之婴孩,难以施教也。一日,谓其妻曰:我今将以汝本分当行之事告汝。汝归我家,向在父手为女,今在我手为妻,有治内之职事矣。不观蜂房乎?有工蜂,终日出外,采花酿蜜,以作工为本分。有一女王蜂,终日不出巢,惟以管理工蜂为本分。汝今为家主妇,亦当效法蜂王之所为。家中奴仆当行之事,每日由汝分派。财用由汝经管,务从节俭。账目由汝登记,务宜清理。家中万事,皆当由汝关心,使有次序。室中万物,皆当由汝收拾,使归齐整。又谓其妻曰:汝又有格外当尽之本分。凡家中众人有病,汝当善事之。其妻答云:此为我所乐为者。如我待人厚,则人亦必感谢,而格外爱我矣。又训其妻曰:汝之鞋用高底,欲使身材稍长而显其美,此为希腊人之恶俗,汝宜除之。至于涂脂敷粉,乃赫低拉女人之行为,尤为恶俗之不可耐者,汝宜痛革之。又许其妻曰:汝若能从我之言,我愿爱汝事汝,恐奴仆之中,无人能及我之事汝矣。……①

文中提及修昔底德为"著名大史家,专记希腊古事留传于世者",色诺芬是"希腊古史家",且引述修昔底德《伯罗奔尼撒战争史》以及色诺芬《家政论》中论及妇女家庭责任与义务的内容。虽然林乐知的这些文字也传递了不少与古希腊史家修昔底德、色诺芬有关的信息,但只不过是把两位史家史著中记载古希腊妇女的内容,当作论证观点的纯粹史料而已,读者只能间接从中了解一点古希腊史学的相关知识。

其后,《万国公报》刊发了林乐知译、任廷旭述《波斯国古史略》一文,

---

① [美]林乐知译,任廷旭述:《论欧洲古今女人地位之希腊女人之地位》,《万国公报》1904年卷16,总第189期,第22888—22889页。

详述同大流士共谋举事的六名波斯贵族讨论采取何种政体及大流士采用欺骗手段上台的详细经过。从文字内容及描述的细节看,此文很可能源于希罗多德的《历史》第三卷中的相关章节,详见下表。

林乐知译、任廷旭述《波斯国古史略》	希罗多德著、王以铸译《历史》第三卷
堪拜西死后,有一人名梅古斯,冒称王弟,僭立为王,未数月为七大臣所弑。七大臣既弑伪王,遂聚集,商议后事。 　　内有一人名乌达尼,作而言曰:今而后,波斯当改为民主政体,我等七人之中,无一堪为波王者,况堪拜西之暴虐殃民,梅古斯之专权误国,亦既身受其害,心知其非矣。谁能以一人专主之政体,为万世治国之良法乎?无论专主者,为暴虐之人,必贻民生之害。即使专主者为贤明之人,亦必积久渐变其操守,仍未能有益于世也。因政权一专,必生二弊,即骄恣之心与妒忌之心是也。二心皆为万恶之根源,有一于此,必无善政矣。或谓:人君既掌独权,亦何必再存妒忌之心乎?不知非也。凡专权之人,必有刚愎自是、妒贤嫉能、好谀听馋、怙恶养奸之积习,亦人情使然也。且不但妒心万不能除,即骄心亦有加无已。人苟如其分以敬之,必以为恭敬之不足。人若溢其分以敬之,则以为誉我之太甚矣。他如变更祖制,攘夺女人,妄杀无辜,种种失政,皆为君主政体所结之果也。为今之计,当改君主政体为民主政体,此事若成,可得二益。一可免从前一切专权之弊,二可使国人皆有平等之名分利益。人人有国家之责任,不过公举民主以施行之。遇有国事,必从众议而后定,必无专权误国之祸矣。①	当五天以后混乱的情况好转的时候,那些起来防抗玛哥斯僧的人们便集会讨论全部局势…… 　　欧塔涅斯……他说:"我以为我们必须停止使一个人进行独裁的统治,因为这既不是一件快活事,又不是一件好事。你们已经看到刚比西斯骄傲自满到什么程度,而你们也尝过了玛哥斯僧的那种旁若无人的滋味。当一个人愿意怎样做便怎样做而自己对所做的事又可以毫不负责的时候,那末这种独裁的统治又有什么好处呢?把这种权力给世界上最优秀的人,他也会脱离他的正常心情的。他具有的特权产生了骄傲,而人们的嫉妒心又是一件很自然的事情。这双重的原因便是在他身上产生一切恶事的根源;他之所以做出许多恶事来,有些是由于骄傲自满,有些则是由于嫉妒。本来一个具有独裁权力的君主,既然可以随心所欲地得到一切东西,那他应当是不会嫉妒任何人的了;但是在他和国人打交道时,情况却恰恰相反。他嫉妒他的臣民中最有道德的人们,希望他们快死,却欢迎那些最下贱卑劣的人们,并且比任何人都要更愿意听信谗言。此外,一个国王又是一个最难对付的人。如果你只是适当地尊敬他,他就会不高兴,说你侍奉他不够尽心竭力;如果你真地尽心竭力的话,他又

---

① [美]林乐知译、任廷旭述:《波斯国古史略》,《万国公报》1904年卷16,总第184期,第22559页。

(续表)

林乐知译、任廷旭述《波斯国古史略》	希罗多德著、王以铸译《历史》第三卷
	要骂你巧言令色。然而我说他最大的害处还不是在这里;他把父祖相传的大法任意改变,他强奸妇女,他可以把人民不加审判而任意诛杀。不过,相反的,人民的统治的优点首先在于它的最美好的声名,那就是,在法律面前人人平等。其次,那样也便不会产生一个国王所易犯的任何错误。一切职位都抽签决定,任职的人对他任上所做的一切负责,而一切意见均交由人民大众加以裁决。因此我的意见是,我们废掉独裁政治并增加人民的权力,因为一切事情是必须取决于公众的"①
又有一人,名米加庇苏起而言曰:"由我观之,君主政体固多缺憾,民主政体亦无大益。不如数人合办之为美也。乌君所言,以灭除暴虐为宗旨,深合我心,惟举政权交付下民,恐更生祸乱耳。因众人作主,恒多纷争暴虐,苛刻混乱之弊。是欲免受暴君之害者,仍不免受众民之害矣。正如举步失措之人,虽避大车之压死,仍受小车之压伤矣。吾恐创为民主之说者,但能见及暴主之虐民,而于愚民无知之情形,尚未深知之也。设有一愚民,起而作乱,众愚民必随之,其祸不可胜言矣。我敢曰,民主之政体,乃灭亡波斯之道也。照我之意,今当选择国中贤人,使主政府,给以全权。我等七人,亦列名于政府,共襄国是,则有治人必有治法,合众见以治众民,国安有不兴乎"②	但是美伽比佐斯的意见是主张组成一个统治的寡头。他说:"我同意欧塔涅斯所说的全部反对一个人的统治的意见。但是当他主张要把权力给予民众的时候,他的见解便不是最好的见解了。没有比不好对付的群众更愚蠢和横暴无礼的了。把我们自己从一个暴君的横暴无礼的统治之下拯救出来,却又用它来换取那肆无忌惮的人民大众的专擅,那是不能容忍的事情。不管暴君做什么事情,他还是明明知道这件事才做的;但是人民大众连这一点都做不到而完全是盲目的;你想民众既然不知道、他们自己也不能看到什么是最好的最妥当的,而是直向前冲,像一条泛滥的河那样地盲目向前奔流,那他们怎么能懂得他们所做的是什么呢?

---

① [古希腊]希罗多德:《历史》(上册),第231、232页。
② [美]林乐知译,任廷旭述:《波斯国古史略》,《万国公报》1904年卷16,总第184期,第22559、22560页。

(续表)

林乐知译、任廷旭述《波斯国古史略》	希罗多德著、王以铸译《历史》第三卷
	只有希望波斯会变坏的人才拥护民治;还是让我们选一批最优秀的人物,把政权交给他们吧。我们自己也可以参加这一批人物;而既然我们有一批最优秀的人物,那我们就可以作出最高明的决定了"①
又有一人名大利乌,离座而言曰:"米君所论,民可使由之,不可使为之,此言诚是也。但数人共治之政府,恐尚未能有利而无弊。为今之计,当仍以君主之政体为正则,天下治国之法,孰有愈于君主哉?择贤明之一人,立之为君,使之专权。因一人首出,必比万众为明,其办事必能无误,其治民必无可责,其旨意可不宣露于众,能使臣民怀德畏威而不可测度,此皆君主政体所结之果也。若照米君合办之法,公事公办,自能集公见以谋公益。但久而久之,必生妒忌倾轧,纷争仇杀叛乱之祸。迨屡经事变之后,必致仍归于一人掌权而后止。可知今日即试行合办之政体,将来亦必归于一尊,不如仍前定为君主政体之为美也。至于乌君所论之民主政体,亦必不能免祸,往往纷争叛乱、害国殃民。直至有大力者起而压服之,定为独权而乱始戢,岂非君主之胜于民主乎?况今人民已有享自主之益者,岂民主政府之所赐乎?岂非由独权之君主释放之乎?"②	大流士是第三个发表意见的人。他是这样说的:"我以为在谈到民治的时候,美伽比佐斯的话是有道理的,但是在谈到寡头之治的时候,他的话便不能这样看了。现在的选择既然是在这三者之间,而这三者,即民治、寡头之治和独裁之治之中的每一种既然又都指着它最好的一种而言,则我的意见,是认为独裁之治要比其他两种好得多。没有什么能够比一个最优秀的人物的统治更好了。他既然有与他本人相适应的判断力,因此他能完美无缺地统治人民,同时为对付敌人而拟订的计划也可以隐藏得最严密。然而若实施寡头之治,则许多人虽然都愿意给国家做好事情,但这种愿望却常常在他们之间产生激烈的敌对情绪,因为每一个人都想在所有的人当中为首领,都想使自己的意见占上风,这结果便引起激烈的倾轧,相互之间的倾轧产生派系,派系产生流血事件,而流血事件的结果仍是独裁之治;因此可以看出,这种统治方式乃是最好的统治方式。再者,民众的统治必定会产生恶意,而当着公共的事务中产生恶意的时候,坏人们便不会因敌对而分裂,而

---

① [古希腊]希罗多德:《历史》(上册),第232、233页。
② [美]林乐知译,任廷旭述:《波斯国古史略》,《万国公报》1904年卷16,总第184期,第22560页。

（续表）

林乐知译、任廷旭述《波斯国古史略》	希罗多德著、王以铸译《历史》第三卷
	是因巩固的友谊而团结起来；因为那些对于大众做坏事的人是会狼狈为奸地行动的。这种情况会继续下去，直到某个人为民众的利益起来进行斗争并制止了这样的坏事。于是他便成了人民崇拜的偶像，而既然成了人民崇拜的偶像，也便成了他们的独裁的君主；在这样的情况下也可以证明独裁之治是最好的统治方法……"①
一时在座诸人闻之，皆以大利乌之议论为然。大利乌有欲自立为王之意，谓众人曰："诸君今既同心合意，愿仍立君主，当于我等七族首领之中，择立一人为王。或拈阄之法，或按公举之例，请诸君施行"②	在判断上述的三种意见时，七个人里有四个人赞成最后的那种看法。"……既然很明显，不管是抽签也好，或是要波斯人民选他们愿意选的人也好，或是用其他什么办法也好，我们中间的一个人是必须做国王了……"③
乌达尼告众曰："我不愿为王以治民，亦不愿受治于人。我惟求诸君允准一事，如蒙俯遂我求，则我于万事，皆可依从矣。诸君今立君主政体，须准我子孙认为波斯自由之民，永不服属于君主耳。"六人允之，乌君遂退出。嗣是以后，波斯乌达尼族人，作为自主，至今尚沿此例。于是六人同允，无论何人为王，当颁誓书铁券于乌达尼族人，使之自治自主，并定一例，每年颁恩赐珍物于该族首领，以表乌达尼当日创兴自主之功④	……（欧塔涅斯）说："……我是不会和你们竞争的，我既不想统治，也不想被统治；但如果我放弃做王的要求的话，我要提出这样一个条件，即我和我的子孙中的任何人都不受你们中间的任何人的支配。"其他六个人同意了他的条件；欧塔涅斯不参加竞争而处于旁观者的地位。而直到今天，在波斯只有他的一个家族仍然是自由的，他们虽然遵守波斯的法律，却只有在自愿的情况下才服从国王的支配⑤

---

① ［古希腊］希罗多德：《历史》（上册），第233页。
② ［美］林乐知译，任廷旭述：《波斯国古史略》，《万国公报》1904年卷16，总第184期，第22561页。
③ ［古希腊］希罗多德：《历史》（上册），第233页。
④ ［美］林乐知译，任廷旭述：《波斯国古史略》，《万国公报》1904年卷16，总第184期，第22561页。
⑤ ［古希腊］希罗多德：《历史》（上册），第234页。

(续表)

林乐知译、任廷旭述《波斯国古史略》	希罗多德著、王以铸译《历史》第三卷
	……他们决定,如果欧塔涅斯以外六个人之中有谁取得了王权,则欧塔涅斯和他的子孙他们每年应当得到美地亚织的衣服和波斯人认为最珍贵的一些物品作为年赏。他们作出这一决定的理由是:他是第一个策划了这件事,并且是他最初召集了密谋者的。这样,他们便把特殊的勋荣给了欧塔涅斯①
六人又议定一新例,无论何人为王,惟此六人,准随时出入王宫,不待传宣,以示优异。惟王与王妃在宫之时,则必先请王妃回避而后入见。当时六人议定立王之法,相约明日黎明,同时乘马出城,以马先嘶者,立为王②	其余的六个人于是商量如何才是选立国王的最公正的办法。……但是对于他们所有的人,他们规定七个人中的任何一人只要他愿意,便可以不经过通报而进入皇宫,除非国王正在和一个女人睡觉的时候;此外还规定国王必须在同谋者的家族当中选择妻子。至于选立国王的办法,则他们决定在日出时大家乘马在市郊相会,而谁的马最先嘶鸣,谁便做国王③
大利乌府中有一马夫,名伊伯利,以良御出名。大利乌自会所散归,召伊伯利告以故,命设法。如得登王位,当受上赏。伊伯利云:大人乎,请汝放心,保汝成功④	大流士手下有一名聪明的马夫,名叫欧伊巴雷司。当散会的时候,大流士就向他说:"欧伊巴雷司,我们商量了关于王位的事情,我们决定,在日出时我们乘骑的马,谁的最先嘶鸣谁便做国王。现在你想想看有什么巧妙的办法使我们,而不是别人取得这个赏赐。"欧伊巴雷司回答说:"主

---

① [古希腊]希罗多德:《历史》(上册),第234页。
② [美]林乐知译,任廷旭述:《波斯国古史略》,《万国公报》1904年卷16,总第184期,第22561页。
③ [古希腊]希罗多德:《历史》(上册),第234页。
④ [美]林乐知译,任廷旭述:《波斯国古史略》,《万国公报》1904年卷16,总第184期,第22562页。

(续表)

林乐知译、任廷旭述《波斯国古史略》	希罗多德著、王以铸译《历史》第三卷
	人,如果用这个办法来决定你会不会成为国王的话,那你就放心好了。请你确信,只有你是可以担任国王的。在这件事上,我是有一套顶事的魔法的。"①
大利乌曰:"如此,速行设法,诘朝将试矣。"伊伯利遂于当晚,牵大利乌坐骑所悦之牝马,系于城外要道必经之处,然后再引大利乌之坐骑,至牝马所系之处,绕行之,愈绕愈近,坐骑见牝马,大嘶不止,遂引之入城,不使再与牝马相见②	大流士说:"如果像你所说的有什么办法的话,那末便立刻动手罢,因为明天就是决定的日子了。"欧伊巴雷司听了之后,立刻便做了下面的事情。在夜幕降临的时候,他带了大流士的马所特别喜欢的一匹牝马到城郊去把它系在那里;然后他把大流士的马带到那里去,领着它在牝马的四周绕圈子,不时地去碰牝马,结果使大流士的牡马和牝马交配起来③
至明日,六人并骑出城。大利乌坐骑,一见牝马,即大嘶不止。后人附会其说,设马嘶之时,青天中如有雷霆一声,从空降下,以为天定国王之吉兆。同行五人闻之,遂下马俯伏,称大利乌为王④	到天明的时候,六个人都按照约定乘着马来了。而当他们乘马穿过城郊并来到前一夜系着牝马的那个地方时,大流士的马便奔向前去并且嘶鸣了起来。与马嘶鸣的同时,晴空中起了闪电和雷声。大流士遇到的这些现象被认为是神定的,并等于是宣布他为国王;他的同伴们立刻跳下马来,向他跪拜了⑤

对比之下可知,林乐知所译《波斯国古史略》大体上就是出自希罗多德《历史》第三卷第80—86节。这是近代中国传教士译介古希腊史著篇

---

① [古希腊]希罗多德:《历史》(上册),第234页。
② [美]林乐知译,任廷旭述:《波斯国古史略》,《万国公报》1904年卷16,总第184期,第22563页。
③ [古希腊]希罗多德:《历史》(上册),第234页。
④ [美]林乐知译,任廷旭述:《波斯国古史略》,《万国公报》1904年卷16,总第184期,第22563页。
⑤ [古希腊]希罗多德:《历史》(上册),第235页。

幅最长的文章。然而,全文只是作为"五洲女俗通考第三集所载波斯古史之一节也"①,既未有一字提及古希腊史家希罗多德,更没有明确标注出自希罗多德《历史》选段。读者通过阅读只能获知大流士如何夺得王位这一故事,而不知故事最初是何人所讲,更谈不上对故事本身的真假以及故事最初作者的相关了解。

在华刊行出版物、发表论著传播西学的除了传教士之外,还有为数不少的商人及外交人员,这些在华西侨刊行了不少英文出版物②。英文出版物最初是在华西侨们为了便于西侨交流信息或形成舆论阵地以对其母邦政策进行施压③,但这些出版物上也刊载了不少西方文史知识,甚至有不少论著提及古希腊史家及其史学。值得注意的是,"19世纪60年代起,国内各大城市里有过海外留学、考察经历的人日渐增多,在商业气息浓重、相对开放的城市里出现了普通市民阶层,包括小手工生产者、早期雇佣工人等。中外资产阶级、士绅及城市知识分子和市民大众,形

---

① [美]林乐知译,任廷旭述:《波斯国古史略》,《万国公报》1904 年卷 16,总第 184 期,第 22563 页。

② 《北华捷报》由英国侨民奚安门(Henry Shearman)于 1850 年 8 月 30 日创刊于上海,是中国境内第一份近代意义上的报纸。报馆于 1856 年增出日刊《每日航运新闻》(*Daily Shipping News*)。1862 年改名为《每日航运和商业新闻》(*Daily Shipping and Commercial News*,一译《航务商业报》)。1864 年 6 月 1 日,出版商字林洋行将原来《北华捷报》的副刊《船务商业日报》改为《字林西报》,原来的《北华捷报》周报改为副刊,偏重于时事政治,随《字林西报》赠送。《北华捷报》《字林西报》的主笔均为在华外籍商人,如亨利・奚安门(Henry Shearman)、康普顿(C. S. Compton)、马诗门(S. Mossan)、詹美森(R. A. Jamieson)、盖德润(R. S. Gandry)、海单(G. W. Haden)、巴尔福(F. H. Balfour)、麦克李兰(J. W. Maclellan)、李德尔(R. W. Little)、毕尔(H. T. Bell)、葛林(O. M. Green)等。本文所涉及的《大陆报》《上海泰晤士报》等英文报纸多为在华外籍商人主办,担任主笔的多为在华西侨(含传教士)。在此一并说明,以下不赘言。

③ 吴义雄:《鸦片战争前在华西人与对华战争舆论的形成》,《近代史研究》2009 年第 2 期,第 23—45 页。

成了早期的媒介市场系统和中外文化消费群体"①。因而,读者群体广泛的在华西侨出版物无疑也是考察古希腊史学等西学在中国传播的一个不可忽视的方面。

在华西侨创办的出版物上有不少关于文史知识的文章,最初这些文章多半都是有关中国文史知识的。进入中国的西侨急切地想要了解中国的文化,然而中国文化博大精深、典籍浩如烟海,很难在短时间内获得对中国文化的全面认知。1850年8月10日的《北华捷报》中提到:"中国人古代典籍甚多,批判研究这些典籍能有助于认清并理解中国人本真的价值观念。但是要从这些典籍中获得确切可靠的信息,我们得像尼布尔(Niebuhr)和琼斯爵士(Sir William Jones)那样对这些浩如烟海的文献进行艰苦卓绝的研究。但令人遗憾的是,虽然有无数的学者投身研究,意图改变我们面对这些中国典籍一团漆黑的状况,但迄为止这些分散的研究并未能从根本上改变这种状况。"②为了尽快融入中国社会,西侨创办的出版物刊发了大量与中国文史知识有关的文章。随着西方强势地位日趋显著,西侨出版物上也出现了大量有关西方文史知识的文章。在华西侨借助创办刊物报纸,构建舆论阵地,有意无意地交流或传播包括西方文史知识在内的西学,其中有不少涉及古希腊史事、史家与史著。

起初西侨出版物中与古希腊史学有关的内容多半是作为佐证史料而出现的。如《北华捷报》刊载了一篇论及中西人种同源问题的文章,在阐述神学家费柏(George Stanley Faber,1773—1854)③的观点时提到了希罗多德:"费柏认为中国的先民最初是诺亚之子闪的后裔。依据他这种理论,世界上所有其他民族都是源自闪的后裔。但他在将这一理论用于阐释希罗多德笔下的闪族时遇到了一点困难——希罗多德书中的闪

---

① 汪幼海:《〈字林西报〉与近代上海新闻事业》,《史林》2006年第1期,第79页。
② "Letter to Editor", *The North-China Herald*, Aug. 10, 1850, p. 7.
③ 费柏,神学家、作家,著有《异教徒偶像崇拜的起源》(*The Origin of Pagan Idolatry*)等。

族崇拜白马、被称为'阿尔吉派欧伊人',费柏认为,这与我们所熟知的中国人在显著的习惯、特性上是有着共性的,因而他们是源自同一祖先的。"①文中虽然完全是将希罗多德的记载作为费柏观点的一种佐证材料,但也隐含着希罗多德的记述具有权威性这一层意思,同时也从侧面间接地展示了希罗多德史著的影响。诸如此类的文字,西侨出版物上刊发了不少②。这些文字大多只是将诸如希罗多德、色诺芬等古希腊史家

---

① "Letter to Editor",*The North-China Herald*,Aug. 10,1850,p. 7.以下《北华捷报》(*The North China Herald*)简称 *NCH*,《上海泰晤士报》(*The Shanghai Time*)简称 *ST*。

② 如提及希罗多德的:"伯罗奔尼撒战争,爆发于公元前 431 年的春天,依据修昔底德的记载,战争爆发当年的夏天发生了一次日食;而根据天文计算,此次日食应该是发生于公元前 431 年 8 月 3 日,故而推算出伯罗奔尼撒战争的爆发时间"("Chronology",*NCH*,Apr. 24,1852,p. 155);"从古至今,金银之间的关系如据希罗多德记载那样,无论是在波斯大流士治下,还是希腊的伯里克利时代,都是依据金银的纯度以量换量,大致上金子的价格是白银的十五倍"(M. Leon Faucher,"From the Revue des Deuxmondes",*NCH*,Jan. 8,1853,p. 90);"倘使我们没有因对他们的举动太感兴趣的话,我们就不会注意到其中滑稽可笑之处……这些让人啼笑皆非的荒诞一幕幕;这些让人想起了希罗多德笔下的、冲出去与鹤搏斗的俾格米人"("Narrative of a Voyage of the Ship Morrison to Lewchew and Japan in the Months of July and August 1837",*NCH*,Mar. 12,1859,p. 127);"希罗多德称中国为'赛里斯'(Seres),这一词源于汉语中的'丝'这个字;其中字母'r'表明中国最初的先民把'丝'这个字中'sse'的音发成'r'这一事实,这样的发音虽然后来从汉语中消失了,但此发音被生活在中国北部和西部的突雷尼人吸纳了"(C. T. Kreyer,"Miscellaneous: Some Phase of Interaction between East and West",*NCH*,Apr. 29,1871,p. 299);"依据普鲁塔克以及希罗多德的记载,埃及人禁食以纪念奥西里斯之死"("Clippings",*NCH*,Apr. 21. 1877,p. 406);"事实上早在公元前 600 年时,斯库替亚人(Scythians)就已经侵入东方了。北部蛮族的这次侵入在希罗多德的著作中被提及。事实上部落迁徙在希罗多德记录之前很早就开始了,只不过在希罗多德时代这种部落往南欧迁徙规模变大,这种迁徙在公元前 600 年左右持续时间长达几个世纪,这一时间远比希罗多德记载的时间要早"("Rosh",*NCH*,Dec. 20,1877,p. 577);"希罗多德曾在书中所提到有两次,物理学家击退了波斯国王的进攻而确保了埃及"("The Cultivation of the Poppy",*NCH*,Oct. 17,1878,p. 368);"2 000 多年前的希罗多德说三角洲是尼罗河赠给埃及的礼物,而崇明则是中国长江赐予中国人的礼物"("Editiorial Selections: The Origin of Tsung-Ming",*NCH*,Jun. 16,1882,p. 643)。提及修昔底德的:"波斯历史上第七(转下页)

史著记载的史事当作信订史料,虽然这对于古希腊史学在近代中国的传播而言,只是一种曲折辗转的折射而已,但其中也隐含着对古希腊史家史著真实性的确信。

随着中西交流的深入,在华西侨出版物上与古希腊史家史著有关的文字在篇幅上也逐步增多。1850年11月,《北华捷报》刊载了一篇论政

(接上页)位国王,也是第六位有名有姓的国王、苏丹——薛西斯驾崩于公元前424年。依据修昔底德的记载,薛西斯死后几个月发生了一次日食,而依据天文计算,此次日食发生于公元前424年的3月21日;伯罗奔尼撒战争爆发于公元前431年的春天,依据修昔底德的记载,战争爆发当年的夏天发生了一次日食;而根据天文计算,此次日食应该是发生于公元前431年8月3日,故而推算出伯罗奔尼撒战争的爆发时间"("Chronology", *NCH*, Apr. 24, 1852, p. 155);"最早关于鼠疫的记载,一般认为是修昔底德对公元前430年雅典被围时期爆发的瘟疫之生动描写。但是从这位伟大的希腊史家所描写的疫病症候来看,雅典爆发的瘟疫是否就是鼠疫这一问题尚令人生疑"("Chinese Views of Death", *NCH*, Feb. 3, 1886, p. 117);"五十年后,伯罗奔尼撒战争爆发时,日食又一次让一支军队震惊。修昔底德在其著作中用寥寥数笔叙述了这次日食。'日食发生于新月的第一天',据后世研究修昔底德的学者们推算,这一天是公元前481年8月3日。这位老历史学家在其著作中继续提到,'午后发生日食。看起来,太阳呈新月状,在它恢复常态之前,还看得见一些星星'。从这段记载中可以知道,2000多年来观察日食的方法并无什么变化,正如观测者依据自己的理解记录日食的那样,太阳消失之前,'看起来像是一轮新月'"(Jean West Maury, "The Firmament: Mystery of the Shadow of Earth on Moon History of Eclipses", *ST*, Jul. 23, 1919, p. 3);"著名希腊历史学家、生活在基督诞生前400年左右的修昔底德,曾就人性本恶,说过以下这些:'整个人类,无论是个人还是团体,其本质都是趋向于恶的。没有什么律法可以阻止人性本恶——即使人们调用所有的惩罚措施依然不能化解人性本恶,反而会使其变本加厉。无论如何,人们总要想方设法去抑制性恶所造成的暴行。'无人能否认恶是一非常糟糕事物,恶能消解掉所有时代所有民族中所有最睿智之人的所有努力——修昔底德笔下的希腊是处于最繁盛时期的希腊,但依然是到处充斥着恶的"("From the Pulpit", *NCH*, Feb. 7, 1920, p. 381)。提及色诺芬:"公元前394年康登海战胜利不久后,发生了日食。色诺芬在其历史著作中记载了这次日食"("Chronology", *NCH*, Apr. 24, 1852, p. 155);"色诺芬告诉我们,居鲁士率领万人远征军是如何侵入巴比伦并取得王位的。巴比伦这位'国王中的国王'拒绝相信自己的都城受到了攻击,而声称敌人不过是要进攻提萨菲尼(Tissaphernes)"("Besieged in Peking", *NCH*, Oct. 3, 1900, p. 727),等等。

府邮政的文章,文中借古希腊史家希罗多德、色诺芬的记载来阐明波斯居鲁士创设的速递制度:

> 居鲁士大帝在其统御时期曾建立了一套极妙的制度。关于这一制度,我们能从色诺芬(Xenophon)所写的回忆录中得知(在色诺芬的《居鲁士的教育》II.8.,III.6.)。很显然,这一制度涉及我们上述所提到的问题,因而很有必要在此介绍一下。这位历史学家看到:
>
> 在论及其庞大的帝国时,我们还发现了另一套计划——通过这一计划,他或将快速地获得他治下偏远的地区的相关信息。计算一匹马一天最多能跑多远距离后,他据此设立了大量的等距驿站,驿站内配备驿马与驿卒,并且每一驿站都设有一名专职管理的官吏,以便接受、传递公函——这些都是为精疲力尽的骑手和马匹们准备的——公函就这样中继传递。
>
> 希罗多德曾说过类似的话:
>
> 雪、雨、暑热、黑夜都不能阻止他们及时地全速达到他们那被指定的目的地。第一名骑手把命令交给第二名,第二名交给第三名,这样这个命令依次从一个人传给另一个人。并且这些骑手有权调用驿卒、马匹和帆船。①

这段文字清楚地指明关于波斯速递制度的文字出自色诺芬《居鲁士的教育》第二卷第8节、第三卷第6节,并完整引述了色诺芬著作中的相关内容;此外,文中还引述希罗多德《历史》第八卷第98节具体说明居鲁士创立的速递方法。虽然引述希罗多德、色诺芬史著中的文字不过是将其作为史料使用而已,但这也向读者展示了古希腊史家史著的部分内容,在一定程度上彰显出古希腊史家史著的真实性与权威性。

---

① "The Government Post",*The North-China Herald*,Nov. 2,1850,p. 54. 其中希罗多德这部分(即希罗多德《历史》第八卷第98节)译文参考王以铸译本([古希腊]希罗多德:《历史》下册,第598页)。

此种引述文字尤以涉及希罗多德《历史》一书的数量最多。如下表所示：

译文	原文出处	章节
希罗多德在其著作中讲述了一个关于巴比伦乡村婚俗的奇怪故事——此故事经不起推敲，细细一品就能发现很多问题：每年在每个村落里都有一次，所有达到结婚年龄的女孩子都被集合到一处，男子则在她们外面站成一个圆圈。然后一个拍卖人一个一个地把这些女孩子叫出来，再把她们出卖。他是从最美丽的那个女孩子开始的，出价最高者买得这位女孩子。当他把这个女孩子卖了不小的一笔款子之后，他便出卖那第二美丽的女孩子。所有这些女孩子都出卖为正式的妻子	"Value of Bengal Bridge Rooms", *NCH*, Jul. 31, 1868, p. 368	第一卷第196节（王以铸译本，第99页）
希罗多德对公元前610年9月30日的那次日食曾有生动的描述，日食的发生使得米提亚人与吕底亚人正在进行的战争休战。我们读到："然而，他们双方仍然分不出胜负来，不过在第六个年头的一次会战中，战争正在进行时，发生了一件偶然的事件，即白天突然变成了黑夜。米利都人泰勒斯曾向伊奥尼亚人预言这个事件，他向他们预言在哪一年会有这样的事件发生，而实际上这话应验了。米提亚人和吕底亚人看到白天变成了黑夜，便停止了战争，而他们双方便都十分渴望达成和平的协议了"	"Eclipses", *NCH*, Aug. 22, 1868, p. 404	第一卷第74节（第37页）
我对希罗多德在著作中所提及的尼罗河源头那几百里的情况印象极为深刻。书中希罗多德所说的是源于撒伊斯城雅典娜圣库的主簿说法。在底比斯的一个城市叙埃涅和埃列旁提涅之间，有两座尖顶的山，一座叫做克罗披山，一座叫做摩披山。尼罗河的水源便是在这两山中间，这是一个深不见底的水源。它一半的水向北流入埃及，一半的水向南流入埃西欧匹亚。这个水源据说深得没有底	"Dr. Livingstone's Dispatches", *NCH* Sep. 28, 1872, p. 270	第二卷第28节（第120页）

(续表)

译文	原文出处	章节
一个简单的预防措施就是喝烧开过滤过的水——无论是喝水还是喝混有水的酒、饮料都得烧开再喝,以此来确保消费者的绝对安全。喝水之前先烧开这一做法的好处,在古代就为人所知。在叙述基督诞生前450年左右历史的希罗多德著作中就提到了这一点。"大王出兵作战的时候,总是带着在国内充分准备好的粮食和畜类,此外他还带着专供波斯国王饮用的水,这水是从流经苏撒的科阿斯佩斯河中汲取来的。不管他到什么地方去,总有一批骡马拉着四轮车跟随着,上面载运着贮藏在银坛里面、煮沸了备用的科阿斯佩斯河的河水,也便跟着他到这里那里去"	"Dr. Jamieson, Customs Medical Reports," *NCH*, Aug. 14, 1875, p. 166	第一卷第188节(第94页)
希罗多德告诉我们这些希腊人是埃及最早的外来定居者。阿玛西斯对希腊人是抱着好感的。在他给予某些希腊人的其他优惠当中,他特别把纳乌拉提斯这样的城市给予愿意定居在埃及的希腊人居住。对于那些愿意在沿海进行贸易,但不想定居在埃及国内的希腊人,他答应给他们一些土地,使他们可以用来安设祭坛和修建神殿	"Extra Territoriality in Egypt and Parthia," *NCH*, Aug. 21, 1875, p. 177	第二卷第178节(第189页)
荷马史诗曾提及西顿人擅长金属冶炼,而希罗多德则告诉我们:在其书一开始他就提到了腓尼基"从红海沿岸迁移到我们的海这边来,并在这些人现在居住着的地方定居下来以后,立刻便开始走上远途航程。他们载运着埃及和亚述的货物,曾在许许多多地方,其中包括阿尔格斯这样的一个地方登陆"	"Review," *NCH*, May. 18, 1878, p. 509	第一卷第1节(第1页)

(续表)

译文	原文出处	章节
希罗多德说,巴比伦人并没有医生,然而当一个人生病的时候,这个病人便被带到市场上去。这样,曾经和这个病人得过同样病的人,或是看过别人得过同样病的那些行人便来到病人面前,慰问他和告诉他治疗的办法,他们把或者是曾经治好了自己的病,或是他们知道治好了别人的病的办法推荐给他。谁也不许一言不发地从病人身旁走过,而不去问他所得的是怎样的病	"Ancient Chinese Medicine", *NCH*, Oct. 11, 1881, p. 372	第一卷第197节(第99页)
希罗多德说希腊人的宗教习俗介于波斯人与阿拉伯人之间,希腊人习惯在孩子出生的第7天给孩子取名,每月的第7日由各城邦的国王们祭祀阿波罗——这祭祀源于阿波罗生于五月的第7日。"每到新月和每月的第七日的时候,都由公费为他们每一个人向阿波罗神殿奉献一头成熟的牺牲,一美狄姆诺斯的大麦粉和一拉科尼亚·铁塔尔铁的酒"	"Meeting", *NCH*, Dec. 26, 1883, p. 735	第六卷第57节(第424页)
早在希腊人在船体结实耐用、船速加快等方面改进造船技术之前,埃及人就已经能环非洲航行了。据希罗多德的记载,这一创举发生在涅科斯(Necos)法老时期——这位历史上知名的法老在公元前600年即位,法老率军驾着小船从尼罗河航向红海,并与犹太国王乔赛亚开战。希罗多德在其书的第四卷中描写了两次环非洲大陆的航行。第一次是涅科斯法老派腓尼基人完成的。"腓尼基人便从红海出发而航行到南海面上去,而在秋天到来的时候,他们不管航行到比利亚的什么地方都要上岸并在那里播种,并在那里一直等到收获的时候,然后在收割谷物以后,他们再继续航行,而在两年之后到第三年的时候,他们便绕过了海拉克里斯柱而回到了埃及。"第二次	"Ancient Ships", *NCH*, Mar. 4, 1885, p. 245	第四卷第42、45节(第281、283页)

(续表)

译文	原文出处	章节
航行是由薛西斯统治时期波斯一位王侯完成的——薛西斯命令他完成这一环洲航行以抵罪。他从埃及登船出发,驰过了海拉克里斯柱,并由红海返航。希罗多德说:"很显然,非洲除了以海峡与亚细亚相连之外,四面环海"		
依据希罗多德的记载,腓尼基早期先民早在特洛伊被围攻时起就开始迁徙了。腓尼基人依据自己的意愿迁居于波斯湾以及地中海沿岸等地。关于腓尼基人的这一迁徙,希罗多德在其著作中说:"腓尼基人是心甘情愿地迁徙的"	"Irishry", *NCH*, Jan. 23, 1891, p. 97	第一卷第 5 节(第 3 页)
希罗多德在其著作中记载了发生约 2 400 年前的一次日食,这次日食着实让波斯人吓了一大跳。日食发生时,正值完成冬季休整的波斯军队准备从撒尔迪斯(Sardis)开赴阿比多斯(Abydes)。就在波斯人统帅下令出发之际,"太阳",希罗多德说,"离开了它在天上的本位而消失了,虽然天空澄明没有云影,不过白天却变成了黑夜"。这次日食发生在公元前 481 年 4 月早上六点过九分	"The Firmament", *ST*, Jul. 23, 1919, p. 3	第七卷第 37 节(第 483 页)

虽然引用希罗多德史著内容的文章在数量上远超修昔底德、色诺芬,但大多依然是单纯充当史料;从史学文化传播的角度而言,这些作为史料佐证存在的希罗多德史著的内容依然只能折射出古希腊史学的一丝光而已。相比之下,在华西侨引用修昔底德史著的内容则更为全面深入。1916年《上海泰晤士报》刊发了一篇借古喻今的时政小文:

一个修昔底德所讲述的古希腊人的故事和一个"现代故事",这两者之间有着惊人的相似,这种有趣的相似在我们现今这个糟糕的时代显得特别有意思。一个是发生在公元前 416 年米洛斯的故事,一个是发生在现今比利时的故事。这两者之间的相似性令人吃惊——前者是雅典、米洛斯代表们沟通辩论问题，后者是现代德国各方代表们沟通辩论问题。……修昔底德在其著作中把雅典人的强词夺理以及米洛斯人的机智回击以对话的方式，生动记述下来了。①

全文以超过四分之三的篇幅原文引用修昔底德《伯罗奔尼撒战争史》第五卷中雅典与米洛斯代表们沟通的相关内容，详见下表：

译文	章节
米洛斯人是斯巴达人的移民，和其他岛屿居民一样，他们不愿意臣服于雅典人，起初他们在伯罗奔尼撒战役中保持中立，不偏袒冲突的任何一方，但后来雅典人对其施以暴力，蹂躏其国土，于是他们对雅典人采取公开敌视的态度。雅典人派遣使者与米洛斯人谈判，并陈重兵于城下，要求米洛斯人必须臣服于雅典，并加入雅典同盟之中。雅典人傲慢地提出，"无法以无可辩驳的具有吸引力理由"来陈述他们的主张，他们要求米洛斯人给一个明确的答复。米洛斯人反对雅典人这种态度，答复曰："在我们看来，你们携带重兵有备而来，这协商本身就已经很不公平了；而交涉的结果很可能就是这样的残酷的结果——如果我们在辩论中占据优势，拒不接受你们的意见，那么结果就是战争；如果我们听从你们的要求，我们就会沦为奴隶"。事实上雅典人回答说，"没必要在这些无谓的事情上纠缠。你要正视事实，在你们城邦是要获得保全还是毁灭这一问题上纠缠，谈判就无必要了。如果你们愿意在我们的意见范围内谈判，那么就继续谈"	《伯罗奔尼撒战争史》（下册）第五卷第7章（谢德风译本，第464、465页）；第五卷第17章第84、85、86、87节（徐松岩译本，第401、402页）
米洛斯人虽然答复雅典人的语气很温和，但坚持只就保护米洛斯人权益的主题进行谈判，并强调坚持捍卫自身的利益。为此，雅典人对会谈施压，声称会谈必须不讨论与其主张无关的"公平对话"，"让我们都打开天窗说亮话吧！我们双方都很清楚，公平的基础是双方实力均衡，强者可以做他们所能做的一切，而弱者只能忍受强者施予的一切"	谢德风译本，第465页；徐松岩译本，第89、90、91节，第402、403页

---

① "An Old Story and a Modern Parallel", *The Shanghai Time*, Dec. 9, 1916, p. 8.

(续表)

译文	章节
"不,"米洛斯人回答说,"你们强迫我们舍弃正义,而只屈从于利害关系,但你们不应该破坏放之四海皆准的原则——身处险境的人行使正当的权利依然是公正的,尽管这个原则实行起来不怎么有效,但处于险境中的人有权维护自身的利益。" 对此,雅典人回答说,"我们来这里是为我们的帝国谋取利益的,我们只是就你们是要保全城邦还是想让其灭亡这一问题和你们谈判的"	
"但是为什么不让我们保持中立、做你们的朋友,而不做敌人、不与任何一方结盟呢?"米洛斯人说。 唇枪舌战继续进行。"我们手上拥有征服你们的所有力量;我们曾征服过比你们更为强大的民族。而且与你们缔结盟约是确保我们国家安全的首要方式。"雅典人说。 对于雅典人的这一说法,米洛斯人的回复极为激烈,"对我们而言,我们这些仍然享有自由的人,不去竭尽全力抗争就屈从,那么我们无异于奴隶。" "但是在这种情况之下,无所谓尊严。你们唯有屈服于远远比你们强大的人。"雅典人说	谢德风译本,第 467 页;徐松岩译本,第 94、95、100、101 节,第 404、405 页
随后,米洛斯人带着怨恨转而就另一个新话题进行谈判。米洛斯人知道在力量与运气方面与雅典人相比,两者之间有多不均等,对抗雅典人有多困难。但他们相信无论如何命运不会遗忘他们,他们这些无辜的人反抗不公正,神会站在他们这边的。 "不要把你们自己困于神意与命运之中,"雅典人说,"神也照样庇护我们雅典人,自然界的必然法则就是将其统治扩展到任何可能的地方。" "你们寄希望拉栖代梦人会帮助你们。但是在所有人当中,拉栖代梦人的最大特点就是将他们爱做的事情视为光荣的事,把符合他们利益的事视为正义之事。……通过战争确保自身安全的拉栖代梦人不是依靠盟友们的亲善,而是依靠绝对实力来确保自身利益的。" 米洛斯人说:"我们的决定与此前的陈述一样,我们不愿使我们生养安息已经 700 多年的城邦丧失自由。我们寄希望于迄今一直受到神祇庇护的命运,我们将尽我们最大的力量保全自己。"	谢德风译本,第 468、469、470 页;徐松岩译本,第 102、105、108、109、112 节,第 405、406、407、408 页

此文大篇幅引用修昔底德《伯罗奔尼撒战争史》中的内容,其主要目的是借修昔底德对雅典人蛮横威胁、米洛斯不卑不亢据理力争的刻画,讽刺当时倚强凌弱的德国。但这种做法,客观上让关心时政的读者在阅读中对古希腊史家修昔底德及其史著有所了解,并领略了修昔底德史著中演说辞的独特魅力。这对修昔底德及其史著在中国的传播而言是有着积极意义的。

值得注意的是,西侨主笔们在引述古希腊史家史著内容时很少指明具体出处①,也很少确切表明被引用者的身份与影响。这对于长期浸淫于西方文化中的西侨读者群体而言,并无任何不妥,但对不甚了解西方文化、对古希腊史家史著完全不知的中国读者群体而言,这种处理方式显然对其进一步了解古希腊史学是不利的。这其中固然有出版物预设的主要阅读群体为西侨的原因,也有西侨主笔们忽视中西文化背景的差异,从而影响了古希腊史学在中国的传播等原因,其中更重要的原因或是西侨在中西文化交流尤其是史学文化交流中,与甫直面来自异域的西学、西史而茫然不知所措的中国学人一样,也需要一定的时间来逐步摸索传播西学、西史的合适方式。

事实上,西侨主笔们从一开始就很注重构建连接中西史学的纽带。早在1852年,《北华捷报》上就刊载了一篇介绍中国科举制度的文章,文中提到科举考试的内容:"考题主要是出自四书五经,其次还有涉及历史

---

① 1885年4月24日《北华捷报》上刊发了一篇论拉里萨古城的文章,文中提到:"色诺芬在《万人远征记》第三卷的第四节提到的拉里萨(Larissa),实际上就是位于底格里斯(Tigris)河畔的、后世确认了的利鲜城(Resen)。色诺芬描写了拉里萨城的起源,'希军终日无忧,继续行军,达到底格里斯河。这里有一座荒凉的大城,名叫拉里萨,是古时米底人居住的地方'(色诺芬:《万人远征记》,第76页)。色诺芬之所以把利鲜称作'拉里萨',是因为色诺芬问当地人此城叫作什么时,当地人告诉他叫做'AL-Resen'——此为阿拉伯语的前缀'Al'被色诺芬以自己的母语辅音形式记录下来了。"("Larissa", NCH, Apr. 24, 1885, p. 472)这是近代中国在华西侨出版物上为数不多的、直接在文中标明所引述古希腊史家史著内容之出处的文献。

的考题,这就要求考生们对自'中国的希罗多德'——司马迁以来直至明代的每一朝代史书进行指摘点评。"①此处将中国史学巨擘司马迁誉为"中国的希罗多德",一方面表明作者对中国文化及中国史学的了解,另一方面,将中西史学上的两大史家相提并论,也拉近了中西史学之间的距离。

然而"中国的希罗多德"这一头衔本身就隐含着西侨对其史学的自傲,是以一种高高在上的姿态来看待中国史学的。这一点在1855年的《北华捷报》中体现得尤为明显:

> 常被人称为"中国的希罗多德"的司马迁,在其著作——《史记》中,叙述了自原初直至我们救世主诞生时代左右的中国历史,书中所记载的异族也因此而为人所知。
>
> ……很容易将这些中国史家与希罗多德进行比较,但是他们当中没有一个人像希罗多德那样因为一种高贵的、难以抑制的好奇心而遍游各地,尽其所能地想方设法考察不同民族及其不同的风俗。②

作者言辞之中毫不掩饰对古希腊史家希罗多德的赞美。文中虽然也肯定了司马迁《史记》所记载的异族史的价值,但强调希罗多德在史学上远胜过中国史家。而后随着中西交流的深入,西侨对中国史学的心态又发生了新的变化——从扬西抑中,转向扬中抑西:"《史记》的作者司马迁,即我们经常所说的'中国的希罗多德'。……司马迁和希罗多德是完全不同的——虽然两人都搜集、编辑记载过去历史的史料,实际上有很多相似之处,但我们依然认为中国的司马迁在史料批判方面远胜过希罗多德。"③

---

① "Keang Nan Keu Jin", *The North-China Herald*, Jan. 31, 1852, p. 107.
② W. Muithead, "A Complete Treatise on Geography", *The North-China Herald*, Jan. 13, 1855, p. 96.
③ "Chinese History", *The North-China Herald and Supreme Court & Consular Gazette*, Apr. 22, 1876, p. 372.

文中指出,在史料考证方面希罗多德远不如常被称作"中国的希罗多德"的司马迁。这种捧司马迁而贬希罗多德的笔法,与此前相比,略显矫枉过正。随后西侨又撰文"拨乱反正"。1886年一篇论中西死亡观的文章将中国史家与古希腊史家进行了对比:

> 踏着轻快步伐的欢乐的希腊人和踏着沉重趾高气扬步伐的肥硕中国人相比,修昔底德那彪炳史册的著作并不会比中国的《史记》《春秋》这些严肃而简略的史著更深刻一些。与此同时,神话对从古至今的希腊人有着巨大影响,实际上与中国那些未接受过多少教育的底层对迷信的庸俗沉迷相比,也并没有什么不同。①

诚然,作者在论及古希腊人与中国古人时,旗帜鲜明地褒扬古希腊人,而对中国古人多有贬损;但在对比古希腊史家修昔底德的著作与中国史学著作时,作者明确指出在西方享有盛誉的修昔底德的史著和中国史家的史著不分上下;"严肃而简略"的中国史书并不肤浅。这种对中西史学的评价,大体可视为持论公允。

在中西传统史学对比问题上,西侨的态度从扬西抑中到扬中抑西,再到中西持平。发生这种转变的原因有二:一方面,随着对中国史学了解的加深,西侨作者们不断修正其对中国史学的看法;另一方面,在传播古希腊史学的过程中,作者们也深化了对自身史学源头的认知,对中西古代史学的理解也因此逐步深入。其中后者的变化可以从西侨出版物上与古希腊史学有关的文章中窥见。

古希腊史家史著最初是以史料的形式、通过西侨的笔端而展现在读者眼前的。前文已阐明这种将古希腊史家史著内容作为史料佐证的做法,实际上也突出了古希腊史家史著的可靠性与权威性,多少展现了古

---

① "Chinese Views of Death", *The North-China Herald and Supreme Court & Consular Gazette*, Feb. 3, 1886, p. 117.

希腊史家史学的一些特质。例如，1863年《北华捷报》上刊载了一篇关于尼罗河源头的文章，文中提到："荷马说尼罗河是神秘的，希罗多德则在其著作中详述尼罗河，对尼罗河所具有的、不同凡响的力量表示质疑。"[1]虽然只是为引入尼罗河源头这一论题而提及希罗多德及其著作，但言辞之中明确显示出对希罗多德质疑尼罗河各种传说这一做法的肯定与赞许。这也可看作对希罗多德治史求真精神的一种认可，对希罗多德著作的真实性与权威性的一种认可。虽然希罗多德的叙述"半真半假"，"充斥着闲聊八卦"[2]，使得"凡是想要弄清楚事情真相的人，无不被与此有关的逸闻轶事弄得头昏脑涨……所得到的震惊远远多过所得到的启发"[3]，但是"人们只能通过碑刻铭文，或是被我们视为半带有荒诞离奇色彩的希罗多德的叙述，来了解其远古的历史"[4]，希罗多德那"充斥趣闻的古代文献"是了解远古世界历史的重要基础。

大体上而言，在西侨作者们笔下，希罗多德、修昔底德等古希腊史家的记载是真实可信的，至于"近代以来，希罗多德备受指责，我们甚至嘲笑他故事中的鳄鱼以及'寄生于鳄鱼、那稀奇古怪的凤尾鸟'等"[5]，不过是因为世人对希罗多德多有偏见，认为其著作专记逸闻趣事。实际上，"当希罗多德讲述这些的时候，他是带着一种幽默、质朴并略带一点怀疑

---

[1] "The Source of the Nile", *The North-China Herald*, Aug. 8, 1863, p.127.

[2] "Sericiculture", *The North-China Herald and Supreme Court & Consular Gazette*, Sep. 14, 1872, p. 224.

[3] R. A. Jamies, "Review", *The North-China Herald and Supreme Court & Consular Gazette*, Jun. 17, 1876, p. 587.

[4] "Public Meeting: Egyptology", *The North-China Herald and Supreme Court & Consular Gazette*, Dec. 28, 1870, p. 464.

[5] "Lord Kitchener and Egypt", *The North-China Herald and Supreme Court & Consular Gazette*, Jun. 22, 1912, p. 818.

的态度来提及这些故事的"①,作为历史学家的希罗多德并非没有辨析判断就将所有趣事记录在册。不仅如此,希罗多德很多看起来很荒诞的记载,经后世验证是真实而可靠的。1878年2月14日的《北华捷报》刊载了一篇关于达尔文《物种起源》的书评,文中提到了希罗多德及其史著:

> 怎样才能证明历史记载是真实的呢?举一个世俗历史的例子来说明。希罗多德在著作中提到,薛西斯在波斯第二次入侵希腊时,一开始就截断了阿特拉斯山通往希腊大陆的海峡,并疏通了一条能容纳两艘三桡战船并排同时通行的运河。这个故事在朱文诺时代被认为是异想天开的谎言,后世很多学者也认同这一观点。事实上,这条运河确实曾经开凿过。在此之前,我们从未听说有人从希罗多德这位历史之父的这个故事所提供的证据或任何类似的线索中得到相关的启发——尽管这种证据或线索在希罗多德的著作中从不缺少。……事实上给予求真再多的荣耀都不为过,倘使人们都不愿将他们的时间浪费在叙述一些不可能的谎言之上,那么他们立马能跻身先知之列。然而,希罗多德……著作中所讲述的这些故事因无法预见的、进一步的证据而翻转人们的认知,但这些进一步的证据,并不能让我们就因此而易于相信那些书中所讲的、与我们种族没有直接联系的其他故事。②

作者认为希罗多德史著中的记载大多是可信的,人们往往由于偏见而对其著作中的证据与线索视而不见,从而怀疑其史著的真实性。

虽然早在1871年传教士金楷理(Carl Traugott Kreyer,1839—1914

---

① "Ancient Chinese Medicine",*The North-China Herald and Supreme Court & Consular Gazette*,Oct. 11,1881,p. 372.

② "New Books and New Editions",*The North-China Herald and Supreme Court & Consular Gazette*,Feb. 14,1878,p. 153.

年)撰文论述中西文化交流时,就曾说"马可·波罗及其著作在刺激西方探寻东方世界上影响深远,这一影响惟有希罗多德引发人们对缪斯女神的兴趣以及亚历山大·冯·洪堡引发人们对宇宙的兴趣才能与之媲美"①,从侧面肯定了希罗多德在西方史学史上的地位与影响,但是金楷理并未指明希罗多德是西方史学第一人。而在上述这段文字中,作者明确给希罗多德冠上"历史之父"的头衔。是故,这段文字应该是近代中国称希罗多德为"历史之父"的最早记载。

此时的西侨在希罗多德、修昔底德、色诺芬等古希腊史家史著的真实性这一问题上大体达成了共识。1876年一篇讲述苏格兰西侨商团活动的文章中提到,商团成员们学识渊博,"他们从古典作家那里汲取营养,甚至将自己浸润在古典著作之中。他们熟知希罗多德那令人欢愉的叙事风格,学习修昔底德的历史哲学"②。从中可见,西侨对希罗多德、修昔底德等古典作家心向往之。在他们看来,"当希罗多德开始力图使其游历所见以最精确的方式记录下来,这一举措让两千多年来的读者们欢欣鼓舞"③,希罗多德在求真上的首创之功不可磨灭,但"很早之前修昔底德在其著作中用了一段后世非常知名的话阐述历史学家如何叙述历史、还原过去"④。修昔底德在著作中不但阐明了其求真的主张,而且说明了求真的原则与方法,因而在史学求真方面,修昔底德比希罗多德更胜一筹。这种观点在西侨中颇为普遍。如在1882年傅兰雅(John

---

① C. T. Kreyer, "Miscellaneous: Some Phase of Interaction between East and West", *The North-China Herald and Supreme Court & Consular Gazette*, Apr. 29, 1871, p. 299.

② "Public Meetings: St. Andrew's Day", *The North-China Herald and Supreme Court & Consular Gazette*, Dec. 1, 1876, p. 536.

③ "The Dancing Dervishes", *The North-China Herald and Supreme Court & Consular Gazette*, Mar. 8, 1895, p. 361.

④ "The Alleged Plot at Hawkow", *The North-China Herald and Supreme Court & Consular Gazette*, Aug. 29, 1900, p. 435.

Fryer,1839—1928)组织的座谈会上,与会者围绕"权威性"展开讨论,讨论中提及荷马史诗与修昔底德的著作。与会者认为修昔底德的著作在权威性方面远胜过流传甚广的荷马史诗,原因就在于修昔底德记载内容的真实性:

> 有充分的理由说明,修昔底德的历史著作中所记载的内容是真的——换言之,那历史著作是出自修昔底德之手——对修昔底德著作的唯一质疑是其著作中大段大段、文辞华美的演说辞。这些演说辞本来原本是众多不同国家、不同语言,甚至其态度和各个细节都不同。而不在场的记录者,将这些存在诸多不同的演说辞脍于一炉,这显然绝对是不可能的。作者修昔底德煞费苦心解释这些困难,这些解释如此令人满意,以至于没有理由再去质疑其著作的真确性、权威性。我们也因此将修昔底德所叙述的伯罗奔尼撒战争,毫无疑问地视为史家作记录的真实事实。①

虽然修昔底德的代撰演说辞有损于其史著的真实性,但西侨认为"修昔底德的治史任务,是——当然不是希罗多德那缺乏批判的治史——去伪存真",修昔底德在古代搜集辨别史料的难度远超现今,而他能批判地运用史料并据实记载,这已然使他在古希腊史家中位居先列②。而希罗多德虽然在求真方面不如修昔底德,但其作为古希腊史家第一人的地位也无人能否认。值得关注的是,西侨在绍述希罗多德及其史著时,大多强调希罗多德"历史之父"的地位。1885年《北华捷报》中刊载了一篇题为《中国的希罗多德》的文章,文中围绕孔子、司马迁谁是"中国的希罗多德"这一主题展开叙述,除了阐述孔子、司马迁各自的地

---

① "Open Meeting of the Young Men's Institute",*The North-China Herald and Supreme Court & Consular Gazette*,Dec. 6,1882,p. 621.

② "The Use of Rumor: War Wishes and War Thoughts",*The Shanghai Time*,Feb. 22,1916,p. 4.

位与影响之外,用大量篇幅介绍了古希腊史家希罗多德及其史著:

> 希罗多德活到 80 多岁,他的书写到了公元前 408 年左右的历史。他是希腊最伟大的历史学家,他为后世的历史撰述树立了一个范型。希罗多德的著作主要叙述希腊人与波斯人之间的战争。希罗多德热爱他的母邦,在书中旗帜鲜明地讴歌希腊人为追求自由而面对强敌英勇无畏的气概。希罗多德是历史学家中的典范,依据这一典范写作历史就如同参照荷马撰写诗歌一般。希罗多德在史学上的成就主要是其史学实践,以及他那宽广、包罗万象的历史视野。倘使希罗多德生活于较晚的时代,或许他的史著不会像这样本质上简洁,其风格或许会变得更具有逻辑性、更复杂一些。无疑,希罗多德是历史之父。……但是希罗多德为后世众多史家所仿效,他们使得希罗多德的著史原则在史学著述上延绵不绝。希罗多德是荷马的追随者,荷马的两部散文叙事诗被分成了 24 卷。希罗多德所撰写的历史则被分成了 9 卷,每一卷的卷头以司文艺的缪斯女神名命名。荷马史诗所描写的是希腊与特洛伊之间的战争,而希罗多德则叙述的是希腊反抗波斯侵略的战争,其书中所述的内容不是与战争本身有关,就是像荷马史诗一样插入的一些琐碎片段描写。①

作者认为,孔子的著作对中国史学与文学都有深远的影响,其地位与影响更类似于古希腊的荷马,而司马迁的主要成就集中于史学领域,是"中国的希罗多德"。这段文字对希罗多德及其史著详细予以介绍分析,实际上便于古希腊史学尤其是希罗多德史学在中国的传播,而中国读者群体也可以从中获得关于希罗多德史学的详尽知识。事实上,这段文字算是晚清时期中国读者所接触到的关于希罗多德史学最为翔实的

---

① "The Herodotus of China", *The North-China Herald and Supreme Court & Consular Gazette*, Nov. 25, 1885, p. 598.

文字记载。

进入民国以后,随着中西交流更加频仍,西学、西史东传的途径与方式也日趋多样化,在中国传播的程度也随之逐步加深。与此同时,西侨出版物对西史尤其是古希腊史学的绍述也更加全面而深入。1927年6月、7月的《大陆报》相继刊发了《认识苏格拉底》《现代人眼中的色诺芬》《旅游之父——希罗多德》三篇与古希腊史家史著有关的文章。

其中《认识苏格拉底》一文将色诺芬的《回忆苏格拉底》视为了解苏格拉底言行、思想可信且可靠的文字记载。文中提及"色诺芬是一名出色的历史学家"[①],作者甚至在文中标注出处,指明引述文字出自色诺芬《回忆苏格拉底》一书的相关章节。虽然这些对于色诺芬史学在中国的传播颇有助益,但大体上此文只是将色诺芬的著作内容当作解读苏格拉底的史料佐证而已,对色诺芬及其史著并无多少深入的介绍分析。

《现代人眼中的色诺芬》一文则详细介绍了色诺芬及其著作,并从史学的角度分析评价色诺芬及其史著:

> 在色诺芬所有著作中,再没有比《万人远征记》水平更高的著作了。色诺芬《万人远征记》这本著作甚至引发了一股文学写作的潮流。……在色诺芬的《居鲁士的教育》这部小说中,色诺芬的理想主义和乐观主义——这两种品质尚有存疑——都有所体现。整个著作充斥着浪漫的华丽辞藻。但是在《万人远征记》中,色诺芬所记录的都是真实的——色诺芬所记载的内容是其亲身经历的事情。通过色诺芬的著作,我们知道波斯君主集权专制是与雅典民主制度相反的。

色诺芬所描述的内容对我们现今的时代而言之所以如此独特,是因为书中展示了与现今完全不一样的自然条件和地理环境。色

---

① "Getting Acquainted with Socrates", *The China Press*, Jun. 24, 1927, p. 10.

诺芬总是以最为详尽的笔调描述行军途中的各色风光。小亚细亚这个地区在古代史家的笔端不断出现。荷马笔下的小亚细亚,有两条小河,一条河水热一点,一条河水凉一点。特洛伊的妇女们就在这两条河水中洗衣服……

色诺芬在万人远征军中的统帅地位可不是尸位素餐。色诺芬平时有多温和,他就有多憎恶炫耀身份,就有多行动果敢。在他的内心深处,他雄心勃勃,他从带领万人远征军历尽千辛万苦返回希腊这一创举中获得了希腊人的称颂。另一方面,在行军途中,他曾不止一次想要建立一座城市,在小亚细亚建立殖民地,并且其自身作为一名富有哲理、文学气质的军人国王来治理这座城市。

作为一名作家,色诺芬曾通过《苏格拉底的辩护》《回忆苏格拉底》等与柏拉图展开辩论,然而色诺芬这些著作没有《万人远征记》那么出色。《希腊史》表明了色诺芬深受修昔底德的影响;在其为朋友——斯巴达的国王阿格西劳斯所作的传记中,色诺芬对阿格西劳斯歌功颂德。在这其中,我们找到了色诺芬受演说家伊索克拉底影响的痕迹。

在《万人远征记》中,色诺芬就是一名纯粹而伟大的作家,其才华与其军事指挥能力媲美。①

全文围绕色诺芬及其众多著述展开,重点介绍分析了色诺芬及其《万人远征记》。通篇文字阅读下来,读者可以获知古希腊史家色诺芬的重要信息:色诺芬著有《苏格拉底的辩护》《回忆苏格拉底》《居鲁士的教育》《万人远征记》《希腊史》《阿格西劳斯传》等;《万人远征记》集中体现了其杰出的军事才华与史学才华;色诺芬的著作记载的是亲身经历之事,真实可信。这篇文章当属民国时期西侨出版物中介绍色诺芬及其史

---

① "A Modern's View of Xenophon", *The China Press*, Jul. 1, 1927, p. 10.

学最为详尽的文字了。

《旅游之父——希罗多德》一文则是民国时期西侨出版物中绍述希罗多德史学较为详尽的文字。文中历数希罗多德四处游历之艰辛,突出其为求真而付出的努力,肯定其史著的真实性与可靠性:

> 为了验证道听途说故事的真实性,惟有自己亲自前往当地去核实。当希罗多德游历归国之后,他依据记忆而不是游历中的笔记,用笔将游历所见所闻记录下来,……希罗多德所记载的故事绝妙无比,但影响到了他叙述的真实性,并带来不好的后果。很多时候,希罗多德被人称为撒谎者,并且一直为人所质疑。然而希罗多德自身独有的、旁人难以企及的人性,使其遏制住了故意欺骗的意图。……希罗多德曾在埃及短暂停留,但他对埃及的语言一无所知,他所记述的必然完全依赖于告知他的人,所以希罗多德所记载的内容具有可信度。
>
> 很显然,希罗多德的错谬之处源自提供错谬信息给他之人。……而希罗多德所咨询的就是这样的普通人,其道听途说的故事都源自普通人。这些普通人对自己的民族的历史遗迹有着自己的阐述方式。他们看到一个历史遗迹,或是详细地叙述这一遗迹,或是添油加醋虚构出传说故事来描述这一遗迹,这些导游译员们所讲的传说故事就是希罗多德所听到的内容。……因此,对古老埃及的记述不真切,实际上希罗多德无意识地成了当时盛行的虚构的受害者。……令人震惊的不是希罗多德被引向谬误,而是他试图查明并记录游历中所得知的,如此内容丰富的历史、景象、风俗。①

文章着重讲述了希罗多德背负"撒谎者"罪名的缘由,分析了他是如何替人受过的,从而洗去了希罗多德身上的罪名,向读者还原了"史学之

---

① "The Father of Tourists", *The China Press*, Jul. 17, 1927, p. 12.

父"希罗多德的求真精神,展示了其史著内容的丰富性。

无论是传教士们创办的中文出版物,还是在华西侨创办的外文出版物,近代中国不少有识之士积极参与阅读这些出版物,以期放眼看世界。此外,从东邻日本转译而来的西学、西史著作在中国的传播[①],也对国人了解古希腊史学起着重要的作用。

通过阅读这些书刊、报纸等出版物,中国读者开始接触到一些西方历史及西方史学的内容,并且随着外在社会环境的变化,在这一过程中开始逐步放下"非我族类,其心必异"的心防,渐渐倾向于带着猎奇的心理去了解异质的外来文化。当时的《格致新报》上曾有传教士撰文指出,"华人喜考列国地志,深为可嘉。西学之行,其殆肇端于此乎?"[②]对待西学尤其是西方文史知识方面,由完全抗拒到且惊且喜试探着接触,中国读者这一心态的变化是西学输入的结果,也为包括古希腊史学在内的西学进一步深化在中国的传播打下了良好的基础。

[①] 经东学而传入的西学、西史的相关论著中,涉及古希腊史学的相关研究有:周建高的《〈万国史记〉传入中国考》(《日本研究论集》,2005年)、董说平的《晚清时期日文史书在中国的翻译与传播》(北京师范大学博士学位论文,2004年)、潘喜颜的《清末历史译著研究(1901—1911)——以亚洲史传译著为中心》(复旦大学博士学位论文,2011年),等等。

[②] [法]向爱莲:《学问之源流门类》,乐在居侍者译,《格致新报》1898年3月13日,第1册,第12页。

第二章

西方古典史学的东方形象(中)

一、接受与转化:希腊文化与史学

光绪二十四年(1898年)正月初六,孙宝瑄在日记中写道:"《西学略述》云,泰西著名史学家最先者,一曰希罗多都,一曰都基底德,一曰伯路大孤。至今后学仰而师之,如中国之俯首于班、马也。"①孙氏日记中说这些内容源自艾约瑟的《西学述略》一书。是故,孙氏日记可视为近代中国士人对东来的古希腊史学所做出的最早文字回应。

另外,孙宝瑄虽饱读诗书,但未曾出过国门,获取西学及西史只能大体上依据流布在士人群体中的《西学略述》等中文文献,而流亡日本的梁启超则从日本接触到大量的译介西书。不仅如此,梁启超"通过东学吸收西学,但他并非简单的尾随者,既对某一学说,有所取舍,又会从不同的学说中选择自认为合理的因素组合成新学说"②。1902年梁启超在《新民丛报》上发表题为《生计学(即平准学)学说沿革小史》的文章,文中提到:

> 古代希腊列国,形势最优,富有海利,兵强国富,商业亦盛。学者推其所自,以为必于生计学上大有发明,实乃不然。希人之视此学,不过政治学、家政学之附庸耳,其学说散见于史学、道学诸书中。

---

① 孙宝瑄:《忘山庐日记》(上),上海古籍出版社1983年版,第165页。
② 桑兵:《梁启超的东学、西学与新学——评狭间直树〈梁启超·明治日本·西方〉》,《历史研究》2002年第6期,第161—165页。

如猎业、矿业、农业及货币、奴隶各种问题，多所论战，最著者为史家希罗多德(Herodotus)、条斯大德(Thucydidies)(德儒罗士查始言条氏有大功于生计学)、哲学家梭格拉底(Socrates)，但其说皆细碎残缺，无足论次；其稍完整者，则柏拉图、芝诺芬尼、亚里士多德三贤也。①

梁启超将希罗多德、修昔底德的史著视为了解古希腊社会生活的重要史料来源，这也是对希、修两氏在希腊史学上的贡献与地位的一种认同。难得的是梁启超还在文中提到了色诺芬：

> 芝诺芬尼 Xenophon 444—354 B.C.与柏氏同出于梭格拉底之门，然其持论视柏为平实。其释富也，谓所有货物供己之需而有余者，则谓之富；有土地耕而折阅者，非富也；有货币藏之而不用者，亦非富也。又其论生产之要具，分为天然与人力两大宗，亦又论分功之效，说同柏氏。其论地味气候之情状，及耕作之法颇悉。近儒理嘉图 Ricardo 所发明田租升降例，芝氏似略已见及矣！芝氏虽注重农业，而亦言工商之不可轻，奴隶之宜宽待(仅言宽待，而不知奴制之当废，盖犹为当时习俗所囿也)，互市之有利益，盖其识加柏氏一等焉。至其论货币、论物价，误谬颇多。②

虽然在此文中梁启超并未将色诺芬列入史学家之列，而是将他视为经济学家，主要阐释其经济思想，对其经济观点进行简明评述，并结合当时的社会经济状况分析其思想局限的原因。这表明梁启超虽然对色诺芬的史著及史学不甚了解，但对其经济思想的分析却颇为全面而中肯。

从梁启超对色诺芬的评述中可知，希罗多德、修昔底德、色诺芬三人，在中国读者心目中的形象并未被固定为史学家群体，特别是色诺芬

---

① 梁启超：《学说·生计学(即平准学)学说沿革小史·上古生计学部甲第一期之一》，《新民丛报》1902年第7号，第19页。
② 同上，第20页。

作为史学家的一面不为人所了解,而其经济学家这一身份更为人所关注。这一方面表明中国读者对古希腊史学了解不多、不够深入,另一方面也在一定程度上说明中国读者对传入的古希腊史学知识是有选择性地接受的。

实际上,从梁启超对古希腊史家群体的不同认识,到近代中西交流中的"中体西用"之争,中国读者对东传而来的西学、西史都是选择性接受的。1898年,唐才常就"浏阳兴算"而感慨曰:"吾愿诸君之精是学者,益推究制造之理,天人之大,公理公法之原,以蕲诸实用,则举希腊、罗马数千年来之天人格致、道器精微、铢积寸累者,而沟而通之,以供吾今日文明之取用。"①希腊、罗马等古典文化对唐氏而言,是西方先进物质文明的源头,从古典文化切入不过是为了更好地从中学习西方的器物文明,而西方古典文明的真正价值与意义并未得到足够的重视。

而后,随着西学传播程度的逐步加深与扩展,士人发现"今地球五洲,互通往来。彼族无论商人教士皆深知中国古今风教政俗,而我中国上下宴安儼如无主之国,无主之民。有心之士,为太息久矣。不习外情,何由与立?故人极宜购读已译西国史志,方知其内政自强开化之迹,反思己族不兴之由。"②阅读"西史"、了解西方世界成为士人读书生活中的重要内容。而中国士人受当时紧迫的社会形势的影响,急切渴望了解西方世界的政治制度,而"欧洲言治者,祖述希腊,宪章罗马"③,故而提出"西史宜先读《西学启蒙》十六种之中《希腊、罗马志略》,可知远西政学之渊源"④。

---

① 唐才常:《浏阳兴算记》,《湘报》1898年第45号,第2版。
② 叶瀚:《初学宜读诸书要略》,《初学读书要略》,仁和叶氏自刊1897年版。见王扬宗编校:《近代科学在中国的传播》(下),山东教育出版社2009年版,第653页。
③ 王树枏:《总论》,《希腊春秋》卷一,兰州官报局藏,1906年版,第1页。
④ 叶瀚:《初学稍进读书要略》,《初学读书要略》,见王扬宗编校:《近代科学在中国的传播》(下),第657页。

这种阅读选择不仅直接影响了士人阅读西史的偏好,而且还导致了士人著述时"言必称希腊"。1903年,湖南留日学生组成的东京游学译编社编辑的《游学译编》中,刊发了一篇题为《政治学说》的文章。此文为探讨西方政治学说的源流,追溯到上古希腊人的政治观念,提到了古希腊史家希罗多德、修昔底德:

> 历史之始祖希罗多答(Herodotus)于其波斯之史,叙间彼西王死后,其七大贵族毙伪主,因讨论政治之善恶。其一曰:公共事务之管理,可任之人民,非一二君主之所能治。观间彼西之专政及伪主之专横,可得而知也。一人行其所欲,而国之政治,无问责任之所。其甚者且至破国法不审理而处人以死,或且辱及夫人而无问者。此何从而得善政耶?唯多数之政治于名固最善,而实亦能去君主政治之恶弊……一曰:观于伪主而知君主政治之害,固也。然民无智识,缺于教育,与之以政,从何而治?……或曰:希腊历史家尝好于著书中演说其意见,以对照当代之事实。此希罗多答之寓言,未可知也。然则当时之希腊,即有此等政论盛行矣。
>
> 纪元前四百三十一年,雅典三大政治家(之一)披里格列,临战死者之葬,演说民主政治之利益。……
>
> 以上出于磁起德德(Thukydedes)之著述,或亦出其寓言,如希罗多答之《历史》,亦未可知。然磁氏乃披里格列同时之人,其参与当时之政治,听披里格列之演说,笔记其大意,而润色之以为著述,则可信之为真也。然则雅典市民之热心于政治,及其思想之敏锐,亦可想见矣。
>
> 磁氏又论政治之优劣,曰:人或谓民主政治,非善良之政,不如使富有财产者,以其能力出而治国之为优。是大谬之论也。……①

---

① 游学译编社:《学术·政治学说(续第四册)》,《游学译编》1903年第5册,第6—8页。

文中引述希罗多德《历史》第三卷、修昔底德《伯罗奔尼撒战争史》第二卷中的文字，来阐明古希腊人的政治观念。此举似是将两位史家的记载当作史料佐证，但与前述孙宝瑄、梁启超等只提及古希腊史家名录相比，《游学译编》不但对希罗多德、修昔底德各自的政治观点评价公允，而且还简要介绍其生平、史学地位以及其著史方式。这表明中国士人对古希腊史家史学的认知水准已大大跨越了一步；这也说明古典史学中的希腊史学在中国读者的心目中已经不再是简单的一串串名字或隐晦不明的名篇选段了，修昔底德的史著与"可信"已经画上了等号，希罗多德为"历史之始祖"已经开始成为中国读者的一种常识。此外，以翻译见长的游学译编社在此文中将修昔底德的英文名字拼错。除了印刷错误之外，也从侧面反映了作者对古希腊史家并不熟稔，了解并不深入。因此文译自日著《政治学说及理学沿革史》①，故而其中所传递的古希腊史家史著的信息是从日本辗转而来，并非通过阅读在华西侨出版物获知的。

王树枬的《希腊春秋》则是直接受东传"西史"的影响而完成的。《希腊春秋》一书所引用的资料来源甚广，《万国史记》《万国纲鉴》《希腊志略》《希腊史》《罗马史略》等多种流传于中国的"西史"书籍均是其史料来源②。书中第四卷中有大段文字论及古希腊史家及史著：

> 周贞定王二十五年（丁酉西元前四百四十四年，希历三百三十三年），希人希多都士，遍游诸国，征文考献。证以己所见闻，著史九卷，详载波希战事。尝往埃及，得古书，考其舆地、城池、庙宇、坟墓、宫室、器用、衣服、礼仪、风俗、政教，事无巨细，皆博咨而详记之，是为西人历史之祖。继有都基底底，详载希腊诸城战争诸事。伯路大弧之史，则甄取希腊及罗马英伟之士，才德功业相伯仲者，于其治国治军，比附而较论之，分为立传，以定优劣。之三人者，泰西后学

---

① 游学译编社：《学术·政治学说》，《游学译编》1903年第4册，第1页。
② 王树枬：《希腊春秋》，兰州官报局藏，1906年版，序第1页。

所谓欧洲之班、马也。……希腊上古无史册传世,才颖之士,相为演说古事,口受传指,人人异端,因事把损变乱,恍乎不可究诘。希腊多都士出,网罗旧闻,著之于册,后贤踵起,相与绍述,而后希腊之事,始稍稍有可观者,其功盖不在左氏下也。伊考其时,中西史学,皆在东周之后,遥遥相望,后先辉映,讵不奇哉。①

文中详细阐述了古希腊史家希罗多德、修昔底德、波里比阿三大史家及其史著,突出了"历史之祖"希罗多德的史学地位与影响。王树枏在阅读传教士撰写的各种"西史"的基础上,将古希腊史家与中国史家司马迁、班固相提并论,称其为"欧洲之班、马",此举与西侨所说的"中国之希罗多德"有异曲同工之妙。这表明王树枏不但接受了东传而来的"西史",而且真正理解了"西史",以现学现用的方式对古希腊史学做出了有力的回应。

1909年,翻译大家严复为《万国通史》作序,序言中对传入的古希腊史学做出了更进一步的回应:

尝谓泰西史学始于晚周,希腊喜洛多图、刁锡大智二家所为,后代诵习崇称,无殊吾国迁、固。顾二史之为绝作则同,而著述之旨大异。喜洛多图纪述波斯之战,中及埃及国风,审瞻包罗,蔚为鸿制。但浮夸钩奇,或畔事实。论者以谓作者意存美术,偏工文词,其脍炙人口以此,而其有遗议亦以此。至于刁锡大智纪白罗波尼战事,文辞深美固矣,然而谨严斟酌,事变常疏其因由,举动必推其效果。论者谓其书非仅历史而已,乃群理哲学之深切著明者也。自兹以降,国有实录,种有宝书,若芝诺芬、李费,则循喜洛氏之轨而有作者也。其用刁锡大智义法者,则希腊有波理表,罗马有挞实图。凡此六家,皆西文中之江河不废者矣。②

---

① 王树枏:《希腊春秋》卷四,第37—41页。
② 严复:《泰晤士〈万国通史〉序》,载《严复集》第二册诗文卷(下),中华书局1986年版,第269页。

此段文字主要分析了古希腊史家希罗多德、修昔底德在著史旨趣上的不同,指出希罗多德的著作虽"浮夸钩奇,或畔事实",但文字优美、脍炙人口;而修昔底德除"文辞深美"之外,其著史"谨严斟酌"、探求诸事之因果。此外,严复认为,在著史风格上,色诺芬、李维归于希罗多德一类;波里比阿、塔西佗归于修昔底德一类。严复对古典史家的划分归类过于简单,其原因就在于他强调著史以达尔文、斯宾塞的进化论为"根荄主干"①,并以此为标准对古典史家进行分类。此种做法虽然存在错谬之处,但这也表明严复已经开始运用西方哲学思想去分析西方古典史家。作为传入的西史、西学的接收者,严复以这种方式对传入的古希腊史学做出了独特的回应。

严复的回应实际上反映出中西史学交流出现了新的变化:19世纪末20世纪初,英国思想家斯宾塞在中文世界中影响力不断攀升,梁启超等人受斯宾塞影响树起"新史学"的旗帜②。在这股思潮的影响下,诸如"希利尼、罗马之古时著作及本国之旧文,皆无当于实用者也"③。于是在这种破旧立新的号角声中,"西史"不过是旧史。此一时期学人也多半是从"新史"角度引介古希腊史学④,其引述的心态与阅读的感受已然完全

---

① 严复:《泰晤士〈万国通史〉序》,载《严复集》第二册诗文卷(下),第268、270页。
② 李孝迁:《西方史学在中国的传播》,华东师范大学出版社2007年版,第135—144页。
③ 颜永京:《肄业要览》,上海格致书室1882年版,序第1页。
④ 如,李泰棻在《西洋大历史·增订〈西洋大历史〉例言》(武学书馆1916年版,第1页)中所列出的参考书目就有严复译的《天演论》、濑川秀雄的《西洋通史》等。又如,陶孟和在《新历史》中提出:"现在先把各种旧历史的短处批评出来。旧历史是属于文学的。假使我们所研究的是事实,我们就不能牺牲事实专注意文笔。历史家的始祖Thucydides在两千年前就看不起那图'悦耳'不说实话的历史家(但事实上他还脱不了这个习气。他的历史写法也是讲究辞藻娱悦读者的)。历史是记载过去的事实的。注意事实,照着事实源本用普通言语发表出来,对于事实没有损益、没有夸张、没有贬损,历史家的能事已毕,又何必计较文笔的巧拙。我们读历史为知道过去,不是为的学文学。若以历史若文学之一部,那就是认错本题。"(《新青年》1920年第(转下页)

不同于以往了。对于古希腊史学的传播而言,这股思潮在中国士人群体中迅速扩散,表面上让古希腊史学传播的热度下降,实际上却有助于有心的读者深入了解古希腊史学。事实上,此一时期士人关于古希腊史学的绍述、评价更为全面,也更为深入。

1915年李泰棻完成《西洋大历史》一书,书中第二十二章"希腊文学"中将戏剧、史学等均归于"希腊文学"之下,并单列一"史学"名目详细论述古希腊史学:

> 前六百年顷,希腊文字始兴,文兴而史乃作。希腊以史著名,前后凡三人。一曰希罗多德(Herodotus),一曰都昔第士(Thucydides),一曰赛诺芬(Xenophon)。三子皆负盛名,世多宗之。希生于前四百八十四年,卒于四百零二年,小亚西亚之哈立卡那色人也。幼读书,过目不忘。及长,游意大利、埃及、巴比伦诸邦,见闻必录。时置列国多事,名人大事,多赖以传。顾为人轻信,于记闻之中,无虚实之择,真伪混杂,读者莫辨,此其短也。惟记波希战役,多为实事,以流畅锐达之笔,叙悲壮雄快之事。其比较波希两国国势处,文笔生动,读者不啻设身处地,诚非他人所可及也。

(接上页)8卷第1期,第2、3页)梁启超在《中国文化史纲·篇首中国历史研究法·第二章旧史略述》中说:"及春秋之季而有一新体史出焉,其代表的著作,曰左丘之国语。其书周、鲁、齐、晋、郑、楚、吴、越诸国分篇,各记其本国之重要史迹及时人之言论行事。既非'账簿式'之编年,亦非'文选体'之文件汇录,以视前两体,其范围较扩大,其内容较为有组织的,实史学界一进步也。左丘,本鲁史官,或云孔夫子弟子,其年代与希腊之荷罗多得略相先后,不朽大业,东西同揆也。"(《解放与改造》1921年第4卷第3期,第10页)梁启超在《过去之中国史学界》中指出:"希腊之荷罗多德、荷马尔,欧人推为史家鼻祖,其所流传之名著,则诗数篇而已。此盖由人类文化渐进之后,其所受之传说日丰日积,势难悉记,思用简便易诵之法,以永其传;一方面则爱美的观念日益发达,自然有长于文学之人将传说之深入人心者,播诸诗歌以应社会之需。于是乎有史诗。是故邃古传说可谓为'不文的'之史,其'成文的'史则自史诗始。"(《解放与改造》1921年第4卷第4期,第2页)

同时复有都昔第士者,与希同名,然识见高超,叙事不苟处,过希远甚。都生于前四百七十一年,卒于四百年。相传其十五岁时,随父与欧林比亚赛会,置希罗多德当众高诵其史,闻者莫不称赞,都有所感,遂有继起之意。卑罗波纳苏之役,投笔从戎。战不利,被黜,闭门著书,历二十载,详叙卑罗波罗(纳)苏之役,精心探讨,远出他记。惜书未成而卒,然其残稿,人多宝之。后世学者,称希罗多德为史家之祖,都昔第士为史家之父,诚无愧也。

赛诺芬,斯巴达人,著名较晚,生于前四百四十五年,卒于三百三十五年。万人军之役,尝只身其间,归而作万人军言旋录,历述其归途,跋涉山川,栉沐风雨之苦,慷慨飘洒,浅而有味。又著有苏克拉底言行录,历述其立身之大旨,诲人之至意。盖赛为苏之弟子,故能于其行状,道之津津也。又著有《希腊史》,意图继都昔第士之后,起自前四百十年,终于漫铁尼亚之役。虽持论过偏,眼光较小,然欲考斯巴达、第伯斯之盛衰,舍此无由,故亦见重于世。此外关于社会、经济、政治诸科,赛皆各有专述,亦文明史上之杰出也。[①]

李氏依据西方世界对古希腊史学的一般认知模式,将希罗多德、修昔底德、色诺芬并列,认为希罗多德为"史家之祖",修昔底德为"史家之父",色诺芬是"文明史上之杰出也"。此外,李氏对三人著史特色的分析颇为详细而全面。在逐一分析三大史家史著的基础上,李氏指出,希罗多德的记载文笔"锐达",叙事恢宏而生动,但全书除希波战争部分之外,其余内容多为道听途说,可信度不高;修昔底德"识见高超,叙事不苟处",精心求真,故"远出他记""过希远甚";色诺芬的《万人远征记》"慷慨飘洒,浅而有味",续写修昔底德之作的《希腊史》"持论过偏,眼光较小",但胜在其为涉及社会、经济、政治等多方面的著述。在此段文字中,李氏

---

① 李泰棻:《西洋大历史》,武学书馆1916年版,第76页。

对古希腊三大史家的分析,无论是从篇幅上,还是从内容深度上,都超过了前人。这表明部分中国士人对传入的古希腊史学已全然理解,并能做出较高水准的回应。另者,李氏将色诺芬归于斯巴达人这一说法不甚准确,色诺芬实为雅典人,只是思想上倾慕斯巴达政体,而后迫于压力逃往斯巴达。这说明此时中国士人对古希腊史学的认知依然有待深入。

1917年周作人首度在北京大学开设"欧洲文学史""希腊文学史"课程,其后将讲义整理成《欧洲文学史》出版。该书由各国文学史、文人传记、作品批评杂糅而成,全书西方文学史的观念颇深,其在文学史上虽有开创之功,但无精深之力[①]。然就古希腊史学在中国的传播而言,此书第一卷"希腊"中第六章"文"介绍评述了古希腊史家及史著,是当时对古希腊史家介绍最为详细全面的文字。

周氏在文中指出,希罗多德"历游各地,从容采访","依据理性,考证事实,以治古史,亦此新精神之一代表者也",其"纪事多循俗说","故事则得自传述,类多神异。盖作者亦唯写录见闻,未必遂尽信之也",论事"恒归之天意",文笔潇洒偏于文人逸士之流[②];修昔底德叙事"次序井然,语必证实,凡神异之事,传闻之词,皆置不录,意在资考镜,而非以广异闻",从"人事"探究历史之因,颇有严谨学者之风;色诺芬"文章简明优雅",仿效修昔底德而"不自成家"[③]。

此种分析评价堪称全面而恰当,但从其《欧洲文学史》的章节编目来看,文学总目下设史诗、歌、悲剧、戏剧、文等细目,古希腊史学被周氏归于散文一类[④],意在表示史只是"文"的一种形式而已。这种处理方式是否恰当且不论,但周氏此举说明,他已经"消化"了从西方传入的古希腊

---

① 李夫生:《理解与误读:百年中国西方文论接受史中的"勃兰兑斯现象"研究》,湖南大学出版社2013年版,第24、25页。
② 周作人:《欧洲文学史》(第1卷),商务印书馆1918年版,第36页。
③ 同上书,第36—38页。
④ 同上书,第35页。

史学知识信息,并依据自身的需要对古希腊史学做出了相对公允的评述。

与周氏做法类似的还有瞿世英。在其《希腊文学研究》一文中,瞿氏从文学的角度扩大散文的范畴:

> 散文在希腊文学中亦是很重要的。古希腊的哲学大半都是散文作家。要研究希腊散文,只须将那时的哲学原著取读即可。历史亦是散文的,那时的历史家也是用散文纪事。这样希腊的散文就可以分为历史的与哲学的两种。历史方面可以希洛杜泰(Herodotus)、苏息逮兹(Thucydides)和齐诺封(Xenophon)做代表,哲学方可以柏拉图亚利士多德做代表。①

古希腊三大史家在瞿氏眼中的地位完全不一样。瞿氏在文中对色诺芬以"苏格拉底的弟子,著作很多"一笔带过,大量篇幅用于详细介绍希罗多德、修昔底德。在介绍这两大史家生平与著史的基础之上,瞿氏指出,"历史之祖"希罗多德"作品叙事非常清楚,而在历史方面看事实却不甚可靠";而修昔底德"他的目的是完全将过去的事实表现出来,使人们知道人们在某环境下的行为,并可以推知将来",其史著中只有"人的历史",而没有"造神的历史",其"历史很可靠,是第一位科学的历史家"②。瞿氏在此文中将修昔底德誉为"科学的历史家",这在晚清民国时期应是首创。

无论是周氏还是瞿氏都是从文学角度来看待古希腊史学的,将古希腊史学塞进文学史的框架之中,甚至归于散文之下。这种文史不分的做法,主要是因为当时文学界学人受西方进化论思想的影响,在文学史上采用"选择性叙事"③,而他们对古希腊文化、古希腊史学了解不够深入也是其中一方面的原因。其后,越来越多的中国学人或走出国门直接感

---

① 瞿世英:《希腊文学研究》,《改造》1921年第4卷第5期,第8页。
② 同上,第9页。
③ 李夫生:《理解与误读:百年中国西方文论接受史中的"勃兰兑斯现象"研究》,第26—28页。

受古希腊文化、古希腊史学,或精通外语,能直接阅读西方典籍,对古希腊文化与史学的认知也逐步深化。1922年翻译界的缪凤林在《学衡》上发表《希腊之精神》一文。文中称颂了希腊光辉灿烂的文明:

> 于哲学科学,则有苏格拉底、Democritus、柏拉图、亚里士多德辈;于文学,则史诗有荷马,讽谕诗有希霄德,悲剧有安斯克兰 Aeschylus、苏封克里、尤立比底,喜剧有亚里斯多芬尼,演说有 Demosthenes;于美术,雕刻则有 Phidias、Praxiteles 辈,于建筑则有 Parthenon(参观本期插画第一图)等之奇工;于政治则有梭伦、Cleisthenes、贝里克里诸贤;于历史则有 Herodotus、Thucydides、Xenophon 辈。①

文中明确将史学与文学区分开来,将希罗多德、修昔底德、色诺芬视为古希腊史学的三大史家,并将古希腊史学从文学中剥离出来,而与哲学、文学、美术雕刻、政治等并列,这一做法确立了古希腊史学的独立地位。其后不久,缪氏又发表《哲学之意义与起源》一文,指出:"哲学一名,初见于希腊文籍者,为史家希罗多塔之《史记》……嗣后苏锡德底斯 Thucydides、叶苏格拉底 Isocrates 等续用此名,并指纯粹穷理之知识。"②意在表明,古希腊哲学、文学均可从古希腊史学中汲取营养、获得支撑依据,但史学不等同哲学,更不属于文学。

从文史不分,到史与文分,究其实质就是如何看待文与史之间关系的问题。换言之,剥离文史的关键是要弄清楚古希腊史学滥觞于何时,或者说谁是古希腊史学的第一人。只有对古希腊文化与史家史著有比较深入全面的了解,才能解答这一问题。

1926年,刘炳荣在《西洋文化史纲》中提出:"'历史'者,脱胎于'叙

---

① 缪凤林:《述学·希腊之精神》,《学衡》1922年第8期,第8页。
② 缪凤林:《述学·哲学之意义与起源》,《学衡》1923年第24期,第1页。

事诗',即'叙事诗'之散文也。"①刘氏认为"史"与"文"关系密切,"史"从"文"中来,但不等同于"文"。从这一点出发,刘氏论及古希腊史学时抛开荷马史诗,直接切入古希腊三大史家:

> 其初仅述名门家族、都市创立等,后渐及社会诸事,成为实录,最著者有三人:(1)希罗多特(Herodotus)(484—402 B. C.)希氏为历史鼻祖,尝著《波斯战争史》,文体如稗史演义,叙事明快。(2)脱克底提(Thucydides)(471—400 B. C.)脱氏曾为海军司令官,以生平所经验,著《比罗奔尼苏战史》,纪事精细,论断平允,胜希罗多特一筹。(3)赛诺芬(Xenophon)(444—354 B. C.)赛氏有辩才,政治军事,皆其所长。当纪元前四〇一年,波斯王亚达泽耳士(Artaxerxes)之弟居鲁士(Cyrus)之谋叛其兄也,赛氏尝率军赴援;及居鲁士败死,乃率希腊军一万冒险逃归。其杰作《万人军记》,即此时退军记也。②

文中简要评述了古希腊三大史家及其史著。比较有意思的是,刘氏在史家中文译名之后附上了其英文名及生卒的公元纪年。这种书写格式已经和现今通行的史学论文中人名生卒的标示规范完全一致了。

刘氏主张抛开荷马史诗而谈古希腊史学,陈训慈则在《希腊四大史学家小传》中以荷马史诗为希腊史学之开端:"希腊史学,滥觞荷马(Homer)之史诗。纪年作者,多无足称。公元前五世纪初,希腊多德氏著《史记》九卷,荡涤旧失,自树新帜。希腊史学,自兹始昌。修昔的底斯继之,著《比罗奔尼苏战役史》,纪述之外,更重理解。色诺芬与修氏同时,既显名于武绩,又循其经验以纪时事。"③

陈氏认为,古希腊史学始于荷马史诗,而昌盛于希罗多德。被誉为"史学之祖"(Father of History)的希罗多德超越此前的传记史家,其史

---

① 刘炳荣:《西洋文化史纲》,太平洋书店1926年版,第42页。
② 同上书,第43页。
③ 陈训慈:《希腊四大史学家小传》,《史学与地学》1926年第1期,第1页。

著在"取材""别裁""文辞"三方面具有独创性,特别是《历史》一书充满"访求(inquiry)史料之精神",希罗多德为求真而"游历欧亚诸邦,所至实察战事遗址,访问故老,无所不至",这种"独其博咨穷求之精神,实为后世搜求史源之工夫导其始也"①。陈氏对希罗多德在古希腊史学上的开创之功颇为推崇,认为"盖二千三百余年前,世界可称之史学著作,东方之《尚书》与《春秋左氏传》与西方之希罗多德《史记》而已"②。文中还称赞修昔底德"盖其纪身作纪,既无如希罗多德追求渺茫之憾,而其熟悉政治军事之学……故其叙次之中,能洞察事理,务求其真","又以天性和平,持论中正无私,是以论述之中,亦无过于偏袒雅典之弊。文字生动有致……文体以时风重尚简练……修氏则辨析史料,力求审慎",为"欧洲第一批评的史家"③。而色诺芬为"希腊史家著述最富且又多由躬历而著书者……其书精审容逊前著,而其留遗之富,取材之真,固驾前人而过之也"④。

陈氏一文从史学的角度深入分析了古希腊史家的史著与撰史思想,已经超越了那些对古希腊史学史家作简单介绍的文字。不仅如此,陈氏表示,之所以选取这些史家史著进行评述,是因为史家"从政论世,发之著述,经世实用之精神,昭昭可稽",此种成就"岂但史学上之成就已也?""此亦希腊文化之光荣"⑤。换句话说,陈氏虽然认为古希腊史学以荷马史诗为滥觞,但古希腊史学并不从属于荷马史诗等古希腊文学,古希腊史家的史著与荷马史诗等文学作品共同构成整个古希腊文化。进言之,在他看来,史出自文,但不属于文,史与文同属于希腊文化。这种认知主要是对古希腊文化、古希腊史学有了深入理解之结果。

随着海外求学的士子日趋增多,大批精通外语的学子开始直接从西

---

① 陈训慈:《希腊四大史学家小传》,《史学与地学》1926年第1期,第5页。
② 同上,第7页。
③ 同上,第8—10页。
④ 同上,第10—12页。
⑤ 同上,第1页。

方吸纳西史,大幅提高了中国的西史研究水准,使得西史在中国的传播也逐步摆脱了过于依赖间接的传播途径的状态。

1933年留学美、德等国的徐子明在《史学》上发表《东西史学之异同》。此文一方面详细分析司马迁《史记》等中国古代史学,揭示"中国作史之风尚";另一方面阐释了自古希腊以来的西方史学的发展演变,突出了西方史学的特点。其中关于古希腊史学的评述颇为得当:

> 希腊史家首推 Hirodotus 其人①,生于 Pericles 之际,不与政治,专研掌故,知非凭古籍,未足以尽史家之能事,乃遍游埃及、波斯等国,撮其见闻,载之于册,自太古至当时,得史实数千条,成一巨著,盖一通史也,略如子长《史记》,故在西方推为史学之祖。以其事在草创,谬误自所不免,然就其叙述,罗罗清疏,不失为有名之作。后人有嫌其秩序失次,诚为美中不足,但研究古史者,舍此书外,别无依据,人多称 Hirodotus 为史祖,良有以也。
>
> 此后有 Thucydides,雅典人,亦以史学见称……彼实躬与其事,遂能历叙所见,著为战纪。其文笔瞻雅,深入显出,栩栩有神,即不知希腊文者,一读其译本,亦当动容。其史之体裁为编年,而首尾相贯,年代事实,互相映证。盖兼纪事本末之长焉。惜四十年之战争,只叙至三十余年而止,后有 Xenophon 者,续成其书,彼亦曾参战役,故能完此巨著。语其文笔,大抵平庸,而又好用曲笔,事实多歧,则以 Xenophon 受斯巴达之殊遇,代为粉饰,遂为信史之累,诚可惜也。②

此文因梁启超"中国史为个人之家谱"一语而作。徐氏认为,梁启超此论"特袭西洋人评中国史语",但是"西洋人未谙中国学术渊源,辄下己见,安得其平?"中西史学交流出现这种谬误,主要原因在于彼此不熟悉

---

① 原文"Hirodotus"为"Herodotus"之误。
② 徐子明讲,王培棠记:《东西史学之异同》,《史学》1933年第2期,第289、290页。

对方的史学文化,不了解其史学传统。徐氏从"东西史学,俱有特长,不可偏废"这一角度出发,"不存我见,不任感情"①,客观评论西方史学。这实际上表明熟悉中西史学的留洋学子对中西史学的理性态度。

同年,留日归国的朱谦之出版了《历史哲学大纲》,书中第二章"历史哲学的历史"在论及历史哲学发展历程时,提及了古希腊史家。朱谦之在此无意绍述古希腊史家史学,其主要目的是探讨史学本身的发展历程。文中朱谦之依据德国伯伦汉(E. Bernheim)《史学入门》(1920年柏林新订版,坂口昂译《历史是什么》第一章)中的历史分类模式②,将历史分为故事的历史、教训的历史、发展的历史三种模式,在绍述古希腊史家及其史著的基础上,借用此模式来评述古希腊史家史学:荷马为说书家(Logographoi),希罗多德为故事式历史,修昔底德属于教训的(实用的)历史③。借用历史哲学分类模式对古希腊史学进行分析,这远比单纯介绍古希腊史学难度大。朱谦之将留学期间所接触的西方历史哲学理论用于分析古希腊史学等史学文化,这本身就表明古希腊史学在中国的传播已经开始脱离陈训慈所说的"稗贩课本之时期"。有了历史哲学的解读思路,与前人相比,朱谦之对古希腊史家的分析与评价就相当深入透彻了。这尤其表现在对修昔底德的评述方面:

> ……Thucydides所著《柏罗坡泥细安战史》,他所谓历史,不是历史事件而指关于历史事件的正确知识;而且这样记述正确历史事件的目的,是要传给后世,拿做后人的参考用的。这种传于历史记述之实用的意味,至少在Thucydides以后成为历史研究的主要目的。他说"要是那求过去的正确知识以资解释未来的研究者,对此认为有益,那么自己就十分满足了"。因此他即努力于"一心一意注

---

① 徐子明讲,王培棠记:《东西史学之异同》,《史学》1933年第21期,第293页。
② 朱谦之:《历史哲学大纲》,民智书局1933年版,第45、46页。
③ 同上书,第53、54页。

全力于求事实的正确真相"。不过 Thucydides 不单以为忠实记述历史事件就完事的,历史绝不单是事实的连锁,事变的偶然连续,个个的事件是应该在比较大的关系里去考察的。一堆的历史事实中,是含着如何意义呢?探索此中奥妙,便是历史家的天职。所以 Thucydides 在历史里——在柏罗坡泥细安战争中,又雅典的没落中——看出历史实际就是一个经世之学,于历史中寻出某种意味,以为将来事件的典据,大之可供经世济民的资料,小之亦可以为日常生活的指针,这种为功利的实用的目的而著历史,可以说就是希腊、罗马史家的根本精神。①

朱谦之对修昔底德史学的解读,偏重于对其撰史目的的分析,强调其修史的致用性,将修昔底德的求真与致用之间的关系厘清并阐明了。这种深入的分析,已经远超过单纯的对史家史著的绍述了,其研究水准已然脱离了贩售教科书的层次,对传入西史的回应也更加深入、更加理论化了。

此外,在《现代史学》创刊号上,朱谦之《什么是历史方法?》一文中有段文字提到了希罗多德②,只不过他在文中只是将希罗多德史学作为一种史学文化现象进行绍述,并未依据历史哲学的方法进一步深入分析希罗多德。朱谦之的学术志趣不是"史",而是"史"中之"理",他研究的重点是历史哲学;其研究目的不在于"西",而在"中",他对引介西方历史哲学思想饶有兴趣,但并不专注于用所学的西方之历史哲学去解读西史,他更注重用历史哲学解析中国史学。1934 年,朱谦之在《现代史学》上发表的《中国史学之阶段的发展》就集中反映了他这一思想。文中,朱谦之采用故事的、教训的、发展的历史分析模式对中国史学历程进行剖析。

---

① 朱谦之:《历史哲学大纲》,第 54、55 页。
② 朱谦之:《什么是历史方法?》,《现代史学》1933 年第 1 卷第 1 期,第 22 页。

文中不时将中国史家与西方史家进行对比①:

  孔子在史学史上的位置,和 Herodotus 一样,Herodotus 为西洋史学的始祖,孔子则为中国史学的始祖,Herodotus 和孔子都是从故事的历史转到教训的历史之一过渡人物……②

  ……Thucydides 如此,Polybius 如此,刘知几也如此。这就是教训式历史,因要借往事以应付现在的原故,所以特别注重历史的真实性,而完全抛弃修辞学的倾向,历史不是以娱乐读者为目的,而是以教训的目的的,所以在积极方面便是一种求真的态度。③

与同时代学人相比,朱谦之对中西史学的理解更深刻一些;面对传入的西史,他所做出的回应也更理性一些。徐子明在其《东西方史学之异同》中提出"西方亦有所谓史笔者,若希腊史家 Thucydides、Tacitus 之流,主于事核辞洁,实与中国相同"④。这种观点实际上是简单地将中西方史学进行对比,将中国史学比附于西史,而这种对东传西史的回应,实际上是抱着"吾家旧物"的观点来看待西史的,这既是不理解西史的表现,也是对中国史学不自信的体现。与那种简单粗暴式的中西对比、一味追求"中西趋同"的做法不同,朱谦之注重用西方历史哲学的模式来解读中国史学,或者说注重用中国史学来检验西方历史哲学范型的合理性。

---

① 关于中西对比研究,郑鹤声于 1924 年在《学衡》上发表《述学·汉隋间之史学·第七章 五大史家之史学》,将司马迁、班固与希罗多德、修昔底德进行对比,表达其对比中西史学的观点。文中从开山之祖、读书游历、纪事轻信、描述战迹等方面将"司马迁与希罗多塔"进行对比(郑鹤声:《述学·汉隋间之史学·第七章 五大史家之史学》,《学衡》1924 年第 35 期,第 57 页)。而后从后起之杰、感发为史、著述情形等方面对比"班固与苏锡德底",从而得出结论,"凡此两人,略取比较,亦足见班、马在世界史学之位置,不亚于希、苏辈也"(郑鹤声:《述学·汉隋间之史学·第七章 五大史家之史学》,《学衡》1924 年第 35 期,第 58 页)。
② 朱谦之:《中国史学之阶段的发展》,《现代史学》1934 年第 2 卷第 1、2 期,第 6 页。
③ 同上,第 26 页。
④ 徐子明讲,王培棠记:《东西史学之异同》,《史学》1933 年第 21 期,第 292 页。

就西史在中国的传播而言，中国学人高水准的回应，或是如陈训慈所期望的那样，"于外国史学之讲明，有深刻之自得"，能与西方同志共论道，或是能以西史研究先进之法用于中国历史之研究。朱谦之的《中国史学之阶段的发展》属于前者，而留美博士袁贤能的《任诺风的经济思想》一文则属于后者。

袁氏此文完全是依据古希腊史家色诺芬的《万人远征记》《经济论》《论税收》（即《增进雅典收入的各种方法》）等史学、经济学著作而写成的。全文洋洋洒洒上万余言，从富国计划、农工商业、重农主义者、重视工商的程度、重商主义者、白银问题、分工学说等方面对色诺芬的经济思想进行全面的解读①。全文论证严谨，论据充分，论点突出，堪称一流的经济思想史论文。作者对色诺芬及其著作了然于心，才能对其经济思想做出如此精深之研究②。

---

① 袁贤能：《任诺风的经济思想》，《政治经济学报》1943年第1期，第39—49页。
② 研究色诺芬的经济思想者甚多，然鲜有人超过袁氏之作。如邹敬芳的《西洋经济思想史》中提到："塞诺芬（Xenophon, 445—354 B. C.）希腊的历史家塞诺芬，也曾发表过关于经济的意见。塞诺芬的思想，不像柏拉图那样的高深，是颇为着实的。他所做的一篇论文——题名《经济》，是可以认为分析当时社会最精辟而且趣味很多的记录。他那一种'慈祥恺悌'的思想，也流露于字里行间，是可以在他这篇论文上看得出的。他所论列的固然是不出家庭经济的范围，然其思想之健实，眼光之远大，实比柏拉图要高一着。他承认为有奴隶制度之必要，比较的重视农业，固然是和柏拉图的见解相同。但是他同时又主张工业商业的必要，有许多问题，是讨论关于当时商业工业之状况及其发达的。至于他主张国家对于商业工业有保护的必要一点，在那时就有这种主张，不能不说是他的卓见。他关于货币观念，虽然不免暧昧些，但是他却说交换财物，把财物输出于国外，是可以使国家富庶，决不致使国家贫瘠。他又说要使外国贸易繁盛，必要的事干，就是在和平，优待外国商人，以及对于商人的诉讼判决，格外公平。"（邹敬芳：《西洋经济思想史》，上海政法学社1930年版，第14、15页）又如，伍启元在《华大经济学报》1944年创刊号上发表《西洋古代底经济思想：希腊思想》一文，文中也提到色诺芬："塞诺芬是希腊底军人、历史家和思想家。他大约是在纪元前四四五年至四二九年生，在纪元前三五七年以后死的。他专为解答经济问题的著作有两本：—（转下页）

袁氏在文末还简要地对作为史家的色诺芬评述了一番：

> 但是他所特长的地方,是关于事实的记述。不过对于整个的历史,他的论述,似乎是尚欠彻底,缺少第一流史家的解剖能力;对于复杂的政治问题,似乎不能穷其因果,作一很有统系的解析。所以他不是第一流的史学家,更不是第一流的思想家。①

应该看到,作为经济学家的袁氏能对作为史学家的色诺芬做出如是评论,这本身已属不易。这也说明古希腊史学在中国传播的过程中,色诺芬作为史学家的身份是为中国学人所广泛接受的。

大体而言,随着中西交流的频繁,中西史学交流向纵深方向发展。一方面,中国学人对传入的西史有了更高的期盼,渴望获得更多、更全面的关于西史的知识与信息,渴望能在全面了解西史的基础上,对整个西学、整个西方世界有更加深入的了解。另一方面,中国学人对传入的西史是有选择地接受的,这种接受最直接的体现就是文字上的回应。从中国学人所刊发的与古希腊史学有关的文字来看,接收者并非是全盘依据发送者的构想而接纳古希腊史学的,而是立足于中国史学的发展,不断深化对古希腊史学的理解,试图从中获取解读中国史学的钥匙。

(接上页)是《家庭经济学》,一是《增进雅典国家岁入的方法》。除了这两本以外,塞氏在其他著作中也对经济问题有所讨论。《家庭经济学》一书,目的是在讨论怎样管理一个人底家产和支配一个人底家庭底任务。在这本书中,塞诺芬说明在一家庭内男女应该怎样地分工,男子应该怎样地在外努力生计,女子应该怎么样地在内整理家务。……我们虽然不愿在这里对这些关于家庭经济学的意见加以叙述,但我们可以说,当作家政学和管理学看,则这本书至今还是很有用的。塞氏在讨论家庭经济学时,有时不能不涉及财富和生产事业等问题。我们所要注意的就是塞氏对这些问题所发表的意见。"(伍启元:《西洋古代底经济思想:希腊思想》,《华大经济学报》1944年创刊号,第5页)这些文字基本上都是绍述性的,不过是将色诺芬的生平及其经济学作了简要的介绍。

① 袁贤能:《任诺风的经济思想》,《政治经济学报》1943年第1期,第50页。

二、翻译与移抄:对古希腊史学的特殊回应

就古希腊史学在中国的传播而言,中西之间语言的障碍,一度使得古希腊史学在中国的传播只能通过间接、曲折的途径实现。而后随着中西交流的推进、留学生群体的扩大、精通外语的人才辈出,中国学人开始以主动的姿态去了解西史,接触古希腊史学。这其中翻译所起的作用不可小视。事实上,"翻译是一种跨文化的信息交流与交换的活动,其本质是传播"①。西史在中国传播,早期主要靠在华西侨翻译介绍,而后中国学人也大量翻译各类书籍论著,以期能直接触及西史的精髓。不仅如此,翻译本身是一种主动的信息选择。翻什么、为何翻、如何翻,解答这些问题,可以揭示翻译背后所隐藏的话语体系。换言之,从翻译这一特殊的接受视角审视西史在中国的传播,可以从中获知中国学人面对西史冲击的各种考量与思索,从而揭示中国学人在构建中西史学纽带时深层的文化心理变化。

晚清末年以来,有不少中国士人学习日文、英文等外语,直接阅读外文书籍,甚至走出国门求学求知,并积极翻译西学、东学论著②,其中尤以译自日文的西史著作为多。此类西史译著大多在论及古希腊历史这一部分内容时提及古希腊史家及史著③。如1900年徐有成、胡景伊等人译自日本箕作元八、峰岸米造的《欧罗巴通史》出版,书中第一部"上古史"中第二篇"波斯希腊冲突时代"第二章"希腊文物"中提到:

> 历史家,有希罗杜拖者,脱诗人之想像,务录实事,称历史之祖。然眼光如炬,能究事实之因果者,非都戡体特,其谁欤?

第三章"比罗奔尼苏战役"中提到:

---

① 吕俊:《翻译学——传播学的一个特殊领域》,《外国语》1997年第2期,第40页。
② 王培军:《晚清所译域外史籍述论》,《文衡》2009年卷,第81—88页。
③ 陈德正:《晚清教育中的外国历史课程与希腊罗马史》,载刘新成主编:《全球史评论》第1辑,商务印书馆2008年版,第308—312页。

> 自各邦结三十年休战之约，其后十年间，为雅典极盛时代。……当时雅典如阿纳克萨葛拉、哀斯基路、梭佛格利、犹利比底、斐地阿意、克基拉、希罗杜拖等名士辈出，识量技术，超绝千古，皆具有一种凛然气象，与必利克烈，共怀统一希腊之理想。①

再如1901年樊炳清、萨端翻译的日本小川银次郎的《西洋史要》一书出版，书中第一部分"上古史"第一章"希腊罗马"中提到：

> 佩利克里司又用叠洛斯之酿金，奖励学术，保护雅典文化，民智长达，不可遏抑。……前后辈出。史学则有海洛铎（Herodotus）、施西地气（Thucydides）等。②

> 雅典人赛挪芬者，督希腊人退，获全一万人之命，著有《万军言旋实录》，其书至今犹存。③

又如1902年作新社译书局编译的历史教科书《万国历史》第一卷"古代史"第五章"希腊之文明"提到：

> 历史家在纪元前五世纪，有海洛特多同游历埃及亚细亚等，记载其社会风俗。紫扣笛豆司者，哲学历史家之祖也，文体高壮，观察锐利。纪元前二世纪中有普路太夸司者，作《英雄传》，详记伟大之人物，其书今独盛行。④

又如，邵希雍所译家永丰吉、元良勇次的《万国史纲》一书上古篇第二章"希腊"第四节"文学"对古希腊史家及史著有详尽的介绍：

> 希腊文学之黄金时代，实在波斯战争之后。当时希腊系既渐除东顾之大患，脱乱离之境，文学之运，一时勃发。方是之时，雅典当

---

① ［日］箕作元八、峰岸米造：《欧罗巴通史四部》，徐有成、胡景伊、唐人杰译，东亚译书会1900年版，第12、13页。

② ［日］小川银次郎：《西洋史要》，樊炳清、萨端译，金粟斋译书社1901年版，第15页。

③ 同上书，第17页。

④ 作新社：《万国历史》，作新社译书局1902年版，第46页。

国难之冲，而奏伟绩，国势隆隆，为当代文学之渊海，而当时最盛者，为戏曲、历史及能辨，三端。……历史。希腊自散文之行，距诗歌时代，数世纪矣。盖在纪元前六世纪之际，所谓散文者，凡著历史，特重其体。希腊史家中，最有名者，曰希老道德（Herodotus）、项舍德狄（Thucydides）及惹罗弗（Xerophon）三大家，古代史学之泰斗也。其所述作，至今日学者犹敬重之。希老道德（纪元前四百四十四年顷生），小亚细亚哈利加勒沙 Haldi-Carnasssus 人也，精通博览，纵游四方。至伊大利，过埃及，旅行于巴比伦尼亚、亚细亚、亚弗利加诸邦，足迹殆遍世界焉。所至观风察俗，以平易锐利之笔锋，为之叙述，古代诸国情态，历历可观。而其名著为《波斯战争记》，记当时波斯、希腊东西之事。其文流丽，有活气，一读不能释手，故称史学之始祖，非过言也。后世史家往往引其书为大据。又希老道德能以古代诸邦之史谈，譬喻其国风俗，深切著明，为他人所不及。希老道德之后，有项舍德狄。项舍德狄者（纪元前四百七十一年生），名声视希老道德稍逊。其为史也，别出新机轴，为哲学之史家所称。生于雅典近旁，十五岁时，从父至城内姆比亚观国祭，会希老道德演说历史。闻之感泣，遂发愤为史家。比罗奔尼苏之役，常从军，无功而还，遂著《比罗奔尼苏战争记》。史笔直切，不用虚饰，所说凿凿当肯綮，凡事以哲理推断之。盖叙述之妙，古今无若项舍德狄者。如雄辩家狄摩梯尼（Demosthenes）亦大重项舍德狄之学。惹罗弗者（纪元前四百四十五年生），雅典人，为苏革来第三弟子，希腊之将军也。有勇名，著述颇富，其著名者，称《亚来巴西》（Anabasis）之史录，详叙希腊一万军远征波斯之事。文辞平易明畅，读者忘倦。又有《海灵尼（Heleneca）记》、《希腊记》、《撒罗披德亚（Cyropedia）王子传》等。①

---

① ［日］家永丰吉、元良勇次：《万国史纲》，邵希雍译，商务印书馆1903年版，第46、48、49页。原文"Xerophon"为"Xenophon"之误，原文"Heleneca"为"Hellenica"之误，原文"Cyropedia"为"Cyropaedia"之误。

这些译自日文的西史著作,大多在论及古希腊璀璨的文化时提及古希腊史家及其著作。虽然这些译著文字大多琐碎而凌乱,对古希腊史家、史学的叙述较为肤浅,但对于未能熟谙西文、东文的中国人了解西史及古希腊史学是有着积极意义的①。不仅如此,此类从日文翻译过来的论著大多为教科书②,一经传入中国就产生了深远的影响。1904年,诸宗元、顾燮光在《译书经眼录序例》中提到,"日本之译本,遂充斥于市肆,推行于学校,几使一时之学术,浸成风尚"③。然而,时人也看到了"东之有学,无一不从西来也",日文著作中所涉及的古希腊史学内容毕竟只是转贩西学而来,其中所包含的西史知识是经日本学者删繁就简而成的。中国学人从东学中汲取西史的营养,对于中国读者深入了解西史是不利的,为此梁启超感慨:"与其学元遗山之诗,何如直学杜少陵? 与其学桐城派古文,何如直学唐宋八家? ……以求学之正格论之,必当于西而不于东。"④"直学"于西,从西方直接吸纳西史知识,是当时中国人的愿景。

事实上,当时在外留学的学人也从日译的欧美历史著作中选取了不少底本进行翻译。这些转译自欧美历史著作的教科书中也有不少内容论及古希腊史学。例如,1902年出洋学生编译所译述的英国默尔化的《西洋历史教科书》,书中第一编"古代史"第九章"希腊之文明"提到:"希腊虽为欧洲小国,然人智之启,政治、学问、美术之精,非他国所可冀及,欧洲今日之文明无不胚胎于希腊。……历史家:海洛度德斯(纪元前四八四年),脱雪敌待斯(纪元前四七一年至四〇三年),瑞诺封(纪元前四

---

① 孙建国:《清末民初日文中译与转贩西学问题研究》,《河南大学学报(社会科学版)》2001年第6期,第59—63页。
② 饮冰室主人:《东籍月旦》,《新民丛报》1902年第9号,第109—111页。
③ 张静庐辑注:《中国近代出版史料二编》,中华书局1957年版,第95页。
④ 饮冰室主人:《东籍月旦》,《新民丛报》1902年第9号,第109页。

四四年至三五四年)。"①

又如,1905年黄佐廷口译、张在新笔述的美国迈尔的《迈尔通史》,书中"上世记"卷二"希腊十六"中专论古希腊史学:

> 各国之于文学也,皆先有诗,而后有文。希腊至西历前第六周时,始有文。距诗人何蒙时,已数百年矣。文既兴,即有史。以作史名者三人,曰希罗达德,曰都昔特提,曰赛纳芬,三子皆享盛名,其史笔卓绝古今,为后学所取法。试言其梗概如下:
>
> 希罗达德,小亚细亚之哈立卡那色人,生于西历前约四百八十四年,卒于四百零二年,人称为史学家之祖。尝游意大利、埃及、巴比伦,见奇事辄记录之。方希之世,列国浸以多故,名人大事,大半赖希史以传。顾其为人轻信,游埃及、巴比伦时,以土人为导,有闻必录,不无传讹。惟其所目击者,则择精语详,可为信史。然读史者,必欲辨其孰为耳闻,孰为目击,亦殊不易。盖当时记事家,于传闻之语,往往不著所自,一若得诸亲见者然,希史盖亦犹是。虽非以此欺人,而真伪杂揉,略如后世演义之类。希善状事物,其史才非人所及,尝记波、希一役,旁及各国掌故,其比较波、希两国国势处,文笔生动,令读者不觉置身其际焉。
>
> 都昔特提,生于西历前四百七十一年,卒于四百年,名亚于希罗达德,然识见之高,为希书所不及。世传都十五岁时,遇欧陵比亚节期,希罗达德自诵其所著史(如今中国说书之类),其父携往听之,闻众人击节叹赏,至于下泪,遂毅然有继起之志。卑罗波纳苏之役,都投笔从戎。既而战不利,政府黜之,谪于外者二十年,闭门作史,纪卑罗波纳苏兵事。方衅之未启也,都已窃为之虑;及秉笔时,精心探讨,其书遂远出他史家之上。都自言时方壮年,殚精竭虑,留意时

---

① [英]默尔化:《西洋历史教科书》(卷一),出洋学生编译所译述,商务印书馆1902年版,第21、23页。

事,故能推见后来之变。惜书未成而卒,然其残稿,世甚宝之,后之作者,奉为模楷。第莫斯脱尼诵其史,辄反覆不休,冀尽其笔法之妙。凡今之演说家、史学家,辄三复之不厌。

赛纳芬,雅典人,生于西历前四百四十五年,卒于三百三十五年。尝为将,著有《万人军记》,浅而有味,又有《苏克拉底传》,由是其名大显。赛,苏之高弟,故传其师之行状,较他人为亲切。①

诸如此类翻译、转译古希腊史学的教科书译本还有吉国藤吉著、范迪吉译《西洋历史》,秦瑞玠编译的《蒙学西洋历史教科书》《普通西洋历史教科书》,小川银次郎著、沙曾诒译《中学西洋史教科书》,高山林次郎著、支那翻译会社译《西洋文明史》,天野为之著、吴启孙译《万国通史》,吉国藤吉著、东华译书社译《西洋历史》,坪井九马三著、吴渊明与仲遥译《中学西洋历史教科书》,本多浅治郎著、熊晏等编译《高等西洋史教科书》,濑川秀雄著、章起渭译《西洋通史》,威廉•斯因顿著、张相译《万国史要》,布勒志著、特社译补《世界通史》,彼德巴利著、陈寿彭译《万国史略》等②。

虽然严复等学人强烈反对从日本转贩西学,提出"吾闻学术之事,必求之初地而后得其真,自奋其耳目心思之力,以得之于两间之见象者……最下乃求之翻译,其隔尘弥多,其去真滋远",但不可否认这些教科书译本"其名义可决其未安也,其考订可卜其未密也"③,为中国学人进一步了解西史、古希腊史学奠定了坚实基础。不仅如此,这些译本是中国学人主动从东邻日本、西方欧美世界去寻求西史知识的一种表现,表明中国学人开始有意识地自行选择西史阅读文本,并将这些阅读文本

---

① [美]迈尔:《迈尔通史》,黄佐廷口译,张在新笔述,山西大学堂译书院1905年版,第104、105页。
② 陈德正:《晚清教育中的外国历史课程与希腊罗马史》,载刘新成主编:《全球史评论》第1辑,第308、309页。
③ 严复:《与外交报主人书》,载《严复集》第三册,中华书局1986年版,第561页。

自觉流播于中国教育界,从而进一步推动西史在中国的传播。此外,这些教科书译本的大量涌现也表明此时中国人对翻译西史著述的重视。西史传入中国后,中国学人意识到翻译对于理解古希腊史学的重要意义。1926年陈训慈在《希腊四大史学家小传》文尾发了这样一番感慨:

> 至若希罗多德、修昔的底斯、色诺芬、波里比阿之史书,虽百世之下,读其书如见其人,西国学者称道勿衰,有如吾国学人之引重《尚书》《史》《汉》者。今西人孜孜以研求中国学相勉,而吾国人考欧洲之史事、文物者,犹未离裨贩课本之时期。诚得何日吾国学风胚然进步,得见诸名著咸有中国文译本,庶几于外国史之讲明,有深切之自得乎?①

陈氏看到,当时中国人了解西史,大多是通过阅读西方教科书,学术界传播西史也是贩售誊抄课本,谈不上精深的研究。面对这种状况,他主张以西史经典的翻译为基础,翻译诸如希罗多德、修昔底德、色诺芬等史家之经典,以期"于外国史学之讲明,有深刻之自得",推动国人深入理解西史,从而实现与西国学者在西史研究上同步前进。关于这一点,翻译修昔底德《伯罗奔尼撒战争史》选段的裴复恒曾说,"舍寇的地思是西洋的伟大史家之一,评论他的史书的著作甚多,但是我以为要明白他所用的方法及他的历史的价值,最好是先读他的名著,然后再看各家的评论"②。换言之,了解古希腊史学,应当看原著,看各种与之有关的研究评论。为了能真正了解西方、了解西史,"现在第一要职,我以为须介绍在西洋学术史上确占地位的著作,这种介绍愈多愈好,一则可以知道学问是不容易得的,一则可以知道西洋人思想之真精神。看欧洲的历史,一国的思想输入他国,总有一翻译极盛的时代"③。中西史学交流,翻译

---

① 陈训慈:《希腊四大史学家小传》,《史学与地学》1926年第1期,第17页。
② 裴复恒译:《比罗奔尼苏战役史·译者前言》,《史学与地学》1926年第1期,第1页。
③ 张欣海:《郭斌佳所译〈历史哲学〉序言》,载《历史哲学》,新月书店1928年版,第2页。

不可或缺,而翻译原著、翻译各家的评论才是关键。

就古希腊史学在中国的传播而言,一方面,中国学人相关的翻译活动起步较晚,而且是与新史学思潮、出国留学潮交织在一起的;另一方面,中国学人的翻译底本大多是间接与古希腊史学有关的,而且最初这些翻译底本中与古希腊史学有关的信息相当细碎。这些译文,根据载体的不同,大体上可以划分为以下两类。

第一,报纸杂志上刊发的译文。

《学衡》刊发了钱堃新翻译的《西塞罗说老》一文。文中提及古希腊史家色诺芬及其著作《经济论》,"芝诺芬之书,为用多端,愿君仍勤读之。其《理财学》(Oeconomicus)一书,详整治畎亩之法,以为世事无有高于力田者",讲述了色诺芬《论经济》一书中所记"苏格拉底告 Critobulus 之语"①"波斯王 Cyrus 临死之言"等故事②。

《学衡》刊登了郭斌龢翻译的《希腊之历史》。此文为英国史学家汤因比《历史研究》的节译,其中部分文字论及古希腊史家。如"希腊史家如希罗多塔(Herodotus)、苏锡德底(Thucydides)、普列勃斯(Polybius)专治本国历史,虽旁及他人历史,亦只择其与本国有关系者"③;又如,"苏锡德底固性敏,富于情感,常自抑制。若芝诺芬(Xenophon)则年较少,和光同尘,不涉玄想,与毁灭希腊文明之'猜忌无伦次'之势力,不甚龃龉,乃其文中,亦有此类情感之表现。此战与芝诺芬以从军及著述之机会,彼于所著《希腊近史》之末节,叙满体尼(Mantinea)之战(纪元前三百六十二年),不觉感慨系之"④。

《学衡》刊载了汤用彤翻译的《亚里士多德哲学大纲》。文中提及色

---

① 钱堃新译:《述学·西塞罗说老》,《学衡》1923年第15期,第15、16页。
② 同上,第19页。
③ [英]童璧(Arnold Toynbee):《述学·希腊之历史》,郭斌龢译,《学衡》1924年第27期,第7页。
④ 同上,第18页。

诺芬的《回忆苏格拉底》是了解苏格拉底的重要史料①。

《学衡》刊载胡稷咸翻译的《希腊之哲学》。文中提到"希罗多塔（Herodotus）书中所载,克罗苏（Croesus）谓说梭伦旅行广而远,似'哲学家'",还提及色诺芬《回忆苏格拉底》中所记录的苏格拉底饮鸩而死时的情况及戏剧《云》的真实性,"而芝诺芬之记载,尤有价值。因当此数年,芝氏自己亦与苏格拉底相交接也"②,"幸而芝诺芬之《追忆录》（Memorabilia）中有一段可为背景,使吾人对《云》得正当之了解。在此一段中所描摹之苏格拉底,与在本书其余各部所描摹者完全不同,然此段决非芝诺芬所杜撰"③。

《史地学报》刊发向达翻译的《史律》。文中与古希腊史学有关的内容只有一小段:"食货、扩土、掠人,此古昔民族战伐之大因,古来史家述此,亦已尽矣。即至希罗多德（Herodotus）、色诺芬（Xenophon）、波里比阿（Polybius）及李维（Livy）诸人舍贪淫而不言,另寻他因,亦无非谓出于复仇或野心之一念而已。"④

《厦大周刊》刊表薛澄清译的《研究希腊史的史料问题》。文中阐述了希罗多德、修昔底德、色诺芬三大史家及其史著:"希腊与波斯之战,吾人赖氏之记述而知其详。又氏之文笔,亦极为佳妙,总其作品而衡之,后部实较前部有价值,吾人称之为'历史之父',氏诚可当之无愧也"⑤;修昔底德以求真自期,"故其著作视 Herodotus 能较为深刻而且哲学的也";色诺芬"详纪希腊人之性格,实予吾人以绝好史料。其 Anabasis 一书,尤

---

① 汤用彤译:《述学·亚里士多德哲学大纲》,《学衡》1923年第17期,第3页。
② ［英］庞乃德（J. Rurnet）:《述学·希腊之哲学》,胡稷咸译,《学衡》1923年第24期,第2,5页。
③ 同上,第15页。
④ ［美］E. T. Clieyney:《史律》,向达译,《史地学报》1923年第3卷第7期,第48页。
⑤ ［美］G. W. Botsford:《研究希腊史的史料问题》,薛澄清译,《厦大周刊》1931年第10卷第24期,第1页。

为具有价值者。又其 Hellenica 一书,系将纪元前四一一至三六二此四十余年中希腊政治上及军事上事迹作一纪述。此外氏尚著有二书,一为 Constitution of the Lacedomian,又一则为 The Economist"①。

报纸杂志刊发的论著中,诸如此类琐细凌乱的内容数量很多。这些琐碎的材料可以增进对古希腊史学的了解,但因内容过于简单、相关部分篇幅过于短小,故而对古希腊史学在中国的传播意义不大。在报纸杂志上刊发的译文中,除上述外,有六篇译文无论是从篇幅上还是从内容上,都是值得关注的。

一是 1925 年《英语周报》(English Weekly)刊发的《历史选段:色诺芬》。文中介绍了色诺芬的生平与著作:

> 色诺芬生于雅典……彼曾加入希腊万人远征队,进攻波斯,而于著名之退军中,彼实为一鼓励人心之统帅,颇现其坚决勇毅之精神及将才。
>
> 其所著《阿那巴息斯》一书,原意为"进行"——即自海滨向巴比伦进行——备记此著名退军之耸听故事。此书具有记载个人事迹之新颖,及文体简洁活泼之美丽。
>
> 色氏之另一名著为《苏格拉底追忆录》。昔人谓色氏为"记录会话之第一人"。《追忆录》者,即取此项记录汇集成编者也,而苏格拉底之言行,即于书中评论之。
>
> 色诺芬著述十五种,今皆存在。其所著之诸书,兴味皆极浓厚,中有一种,叙述如何教导一不善治家之少妇。色氏之文体,简明而精美,常视为古典希腊散文之模范。②

---

① [美]G. W. Botsford:《研究希腊史的史料问题》,薛澄清译,《厦大周刊》1931 年第 10 卷第 24 期,第 2 页。

② Kwei Yu, "Short Sketches from History, Xenophon", *English Weekly*, 1925, No. 528, pp. 542-543.

此文不长，但对史家色诺芬及其史著介绍得比较详细，对其评价也颇为公允。阅读此文，可以获知古希腊史家色诺芬的一些基本信息，从而推动对色诺芬及其史著的进一步认知。

二是1926年《史学与地学》刊发的《比罗奔尼苏战役史》第一卷第一章（History of Peloponnesian War, Book 1, Chapter 1）译文。此文依据1876年Creawley英译本重译而成。译者裴复恒在开篇引言中提到了选择修昔底德史著中这一段进行翻译的原因，"舍氏在本章中曾说明他所用的方法，在记载中也能看出他作史的精神"①。译者认为读者阅读修昔底德这段译文后，能从中了解修昔底德治史的方法，明白其为求真所做的努力。

三是1928年《申报》刊发的《世界文学的故事（二五）》，全文为《世界文学的故事》系列中第五章"希腊的历史与历史家"，主要介绍古希腊史家修昔底德、色诺芬及其史著：

> 第二伟大的希腊历史家修昔的底斯，写述当他自己的时代起于雅典和斯巴达和他们的同盟者之间的争斗，即拍罗坡泥细安战争（Peloponnesian War）的颠末。他是有着直接的事实的知识的。……而他和当时枢要的人物的交际又使他得到接触于（内面的）故事的东西。他在战后的余暇整理他的记录……。他恰巧是一个有天才的人。他是艺术家，为要做出严格的精确的样子来，他像剧作家一般发明言辞，而放于历史底人物之口。他的主要的错误在于他以为希腊诸国家间的战争，是人类曾经发生的最重大的事件。……近代的历史家，甚至最为批评底地分析底的者都尊敬他。……
>
> 修昔的底斯的数年后，一个实行家而兼著述家的希腊历史家色

---

① ［古希腊］舍寇的地思：《比罗奔尼苏战役史》，裴复恒译，《史学与地学》1926年第1期，第1页。

诺芬生活着,著述着。他是指挥一万希腊军队的将军,这军队的退却的事,他记录在 Anabasis(《进军》)里。作为自己的故事的主人公,他是类似罗马的司令官兼历史家朱理亚·凯撒的。……凯撒和色诺芬都用单纯平易的文体写动情的故事……①

这段文字概括了修昔底德、色诺芬两大史家及其史著的特点,突出了史家的影响与地位。作者并未严格区分史学与文学,而是将"希腊的历史与历史家"纳入"世界文学的故事"之中。

四是 1929 年《英语周报》(English Weekly)刊发的《西方文学选段:僭主的命运》。此文是希罗多德《历史》一书的英文选段,讲述了波律克拉铁斯命运的小故事。此英文选段主要包括希罗多德《历史》第三卷第 40、41、42、43 节②。译者以"西方文学选段"为标题,表面是看重希罗多德《历史》中华丽的文笔、生动的故事,实则是将古希腊史学划入文学一类。

五是 1934 年《国立中山大学文史学研究所月刊》刊发的《西洋史学观念之变迁》一文。此文开篇即从古希腊史家希罗多德谈起:

昔希罗多德(Herodotus)著《波斯大战史》,将其目的坦然昭告于吾人曰:"此乃哈利加纳苏(Hallicarnassus)人希罗多德研究之结果,今出而问世矣;因欲人类之行为,不为时间所抹煞,而希腊人及野蛮人所表演的可惊可诧之伟事,亦不失其令闻,致其余事,则说明彼等连兵不解之原因也。"希罗多德之历史,而有平话的倾向。其研究范围,颇称广博,又不辞苦辛,周游各地,观其俗,察其宫室等类,且考察流行之故事,而非尽无稽者。稗官野史,所不自信者,亦往往毅然采用之。希腊第二大史家修昔的底斯(Thucydides)则取径不

---

① [美]约翰·玛西:《艺术界·世界文学的故事(二五)》,胡仲持译,《申报》1928 年 3 月 21 日增刊,第 6 版。

② Herodotus, "Selections from Western Literature: A Tyrant's Fortune", annotated by Kwei Yu, English Weekly, 1929, No. 715, pp. 272-311.

同矣。修昔的底斯以时人而著当代之史，其采用之特殊题目乃《雅典人及柏罗坡泥细安人之战史》(History of the Athenian and Peloponnesian War)。他相信"此役诚巨观，较之以前诸役为可述多矣"。他尝讥希罗多德多用意外的方法，且粗举出其目的，以阐明其著作云："自己历史恐因缺乏故事之原故，致减少其兴趣；倘读者欲得正确知识，为解释未来之助，对此认为有益，则余十分满意矣。过去事件虽不是反复循环，而在人类生活之进行中，却必大抵相似。总之，余作此书，非求一时之誉，乃蕲百世之功也。"修昔的底斯虽于稗官野史避而不述，而仍维持其思想的态度。当其不能得有演说辞之确实文字之时，则"放入每一发言人之口中，其使配合时会，不啻若自其口出……"此种手段，近代纪传家类能言之。希罗多德与修昔的底斯及李维(Livy)、塔西佗(Tacitus)皆在史神(Clio)国下，永作不叛之臣。彼等制造文学的形态，则倍饶兴趣，每到激起希腊及拉丁民族之骄傲心之时，辄眉飞色舞，刺刺不能自休。他如实证事实，解释时局，配置妥善，各得其所，凡此种种，不大措意也。彼等之遗物至于今日，与其谓其书为科学化的，无宁谓其属于虚构及文学的性质耳。……①

此文译自美国《社会科学季刊》1934年夏季号同名文章，从原文与译文发表的时间上来看，几乎可以说是同步刊行，这说明中外史学发展到了一个新的高度，中国学人能第一时间获知并翻译西史论文。从译者身份以及译文发表的时间来看，1933年考入中山大学文史研究所的朱杰勤，在入读研究生的第二年就翻译了西方史学的最新研究成果。这表明当时中国正在培育具有良好外语基础、敏锐学术触觉的人才。这些对于中西史学交流而言都是极有意义与价值的。

---

① [美]Waldemar Westergaard：《西洋史学观念之变迁》，朱杰勤译，《国立中山大学文史学研究所月刊》1934年第3卷第2期，第83页。

六是1936年《益世报·读书周刊》刊发的《希罗多德（Herodotus）小传》一文。全文3 000余字，详细介绍了"历史之父"希罗多德的生平事迹：

……希罗多德在描述波斯大战的背景与环境时所树立的权威，和他对于各地方以及他所亲自考查过的各事件之叙述，即在最多疑的近代史学家，是也都加以接受而且取作他们编述时的蓝本的。在作为史学家的希罗多德的行事方面，其最卓越的地方是他搜集材料时的勤劳，他记述事件时之无偏无私，不畸轻也不畸重，以及在他的观念中的史家任务之广大。从另一方面说，他是不能算作一位批判的史学家的；他没有历史哲学的观念，对于政治事变的内在的原因，他缺少入微的观察，没有深入于事件之内里的能力，甚至不能把握住他所描述的种种事件关结。他分明是属于浪漫派的；他的长处是在于鲜活的和画图式的描写，景物与时间之间活跃的典型，与夫社会性质与状态，而不是在于动机方面精微的分析，或对于潜在的事件的察考力与综合力。

……他是结合了精妙，美丽，和真正的著史方法诸优点，而又恰到好处。……在希罗多德的文章风格中，其最足以令人称美的，是其单纯，清新，自然，而韵律颇为和谐。……他的文章用不着特别勉强，即可成功为可人的"巨流"，永不间断，永不散漫，更永不会显得冗赘而且无味。而且，他自身既极单纯，清新，质朴，而且诚实精巧，他便以和谐的旋律而将这些美点联结在一起，而且时常将各种词藻与其各种清新活发的思路加以适当的掉转……①

文中对希罗多德的治史旨趣、撰史风格、求真精神、地位影响等做了全面的介绍，评价也甚为公允。

---

① 黄铭译：《希罗多德（Herodotus）小传》，《益世报·读书周刊》1936年8月13日，第61期，第1版。

这些期刊报纸所刊载的文章,有力地推动了古希腊史学在中国的传播。舒芜曾在《文以刊分》一文中提到:

> 文学期刊杂志的出现,是文学传播上的大事,也是整个文学史上的大事。先前,诗文写成,达到读者,只靠口耳传诵,笔墨传抄,又慢,又费时,又零散;从而,作家作品与读者的关系、作者与读者、作品与作品的关系,文学与其社会人生背景的关系,文学与其社会人生效果的关系等等,都是松散的、迟缓的、辽远的、朦胧不明的,难以预计的……而清末始有文学期刊,民国二十年代始有新文学期刊以来,情形大为不同了。一篇之出,短则以周计,长亦不过年计,可以克期印成千万份,与千万读者相见。而且还有同时别的作者,少则数人,多则数十人,以同一体裁品种或不同体裁品质的作品,同时在一本期刊上与读者相见,而不是"一次性行为",而是一段时期内总有某个刊物杂志在那里定期出版,作者甚至可以每期都有作品在那上面与读者相见,读者也可以期待常在上面见到哪些作者哪些作品。这样,作者就会相当明确地知道自己的作品写给哪一类读者看,大致有多少读者看,知道读者大致会怎样接受。①

事实上这段话用以说明报刊对古希腊史学在中国传播的推动作用,也是恰当的。民国年间,诸如《学衡》《史学与地学》《益世报》等报刊"这些学术建制基本是20世纪的新生事物,其本身的发展演化及其(作为一个变量)对史学学人与史学研究产生的多方面影响,以及双方的互动关系,都是大可深入探讨而目前研究尚不足的内容"②。换言之,从这些报刊上刊发的文章,可以窥见创刊者的意图、作者的意图、读者的取舍以及这三者之间的互动关系。这对于探讨古希腊史学在中国的传播而言,更

---

① 舒芜:《舒芜集》(第二卷),河北人民出版社2001年版,第532—533页。
② 罗志田:《20世纪的中国:学术与社会》(史学卷),山东人民出版社2001年版,第10—11页。

加突出了其在中国的回应的问题。

第二,外文专著类译本。

民国时期与古希腊史学有关的外文专著译本颇多,涉及文学、政治学、哲学、历史学等众多学科,而且译本所属的学科不一,其各自阐释古希腊史学的角度也随之不同,而译者选取译本、读者阅读选择的旨趣也有所不同。换言之,依据译本所属学科的不同划分类型来分析译本的内容,可以揭开译者选择主题译本的深层原因,也可以从中窥见读者面临的阅读选择。

大体上,民国时期与古希腊史学有关的外文专著可以依据译本内容范畴划分为文学类、政治类、哲学类、文化类及史学类等。以下分次罗列、述评。

一是文学类。此类外文论著多为文学史专著,比较知名的有1929年朱应会翻译日本木村毅的《世界文学大纲》。此书"说得最为详尽的"是第三章"希腊文学"①,其中第六节"世界最古的历史"主要论述古希腊史学:

> 我们称荷马为诗歌的始祖,称希罗多德(Herodotus,前四八四——四二四)为历史的始祖。他旅行各国,详细观察了各国的风习,归国后,把它们记述起来。他的后辈修昔的底斯(Thucydides)批评他,说他不注重事实,只图人家爱听,不惜把所见误传了。不错! 希罗多德确有不重事实、而无批评地把历史曲解的缺点。但,那开凿历史这种新学问的水路的功劳,不可不归属于他。
>
> 修昔的底斯嘲笑希罗多德,既如上述,其实,修昔的底斯(前四七一——四〇〇)确实比希罗多德伟大些。他从军于伯罗奔尼撒战后,——战争的结果,艺术国雅典遭了让霸权与尚武国斯巴达的危运;——不幸败绩,或受幽囚之苦,或遇遭窜之惨,他备尝艰辛以后,

---

① 《真个提纲挈领的世界文学大纲》,《中国新月月报》1931年第1卷第2期,第10页。

爱国心毫不为之挫折,因著了八卷历史。这历史还没有完成,他就死了。这八卷历史,是极有名的著作,世人因此,甚至呼他为"伯罗奔尼撒战争的大历史家"。希腊美术最盛时代,是伯里克理斯时代,该时代的精神,完全活泼地表现于这本历史上面。①

此段文字突出了希罗多德在古希腊史学上的开创之功与修昔底德在著史求真方面的影响。作者主要是从文学史的角度来看古希腊史学,将古希腊史学置于古希腊文学之下,与古希腊诗歌、哲学、戏剧等同属于古希腊之文学范畴。

二是政治类。这类译作多为政治史或道德史、伦理史专著。如1929年张景琨译波拉克《政治学史概论》、1933年温互生译今中次磨的《政治学说史》、1937年陈德荣译勒基的《西洋道德史》等。此类译本多是将古希腊史家史著记载的史事作为佐证其观点的史料。

如波拉克的《政治学史概论》论及伯里克利政治演说时,提到"演词由修昔的底斯(Thucydides)所述"②；谈到苏格拉底的政治思想时,提及色诺芬的《回忆苏格拉底》,"色氏所说的,仅限于他自己所能理解的。他为人既怯懦而又平庸(其人可以说是半具斯巴达的风气,又不善希腊文),恐我们所散佚于色氏的,实在不知凡几。不问是否是记载不详的关系,或是有别的原因,总之我们在色氏所记下的苏氏会话中,仅能看出政治学的狭小起源"③。

如今中次磨的《政治学说史》中说:"最古的泰西政治思想,可以在史家希罗多德(Herodotus)中找求之。即在他已有了政体论等的。"④

---

① [日]木村毅:《世界文学大纲》,朱应会译,昆仑书店1929年版,第41、42页。
② [英]波拉克(F. Pollock):《政治学史概论》,张景琨译,商务印书馆1929年版,第11页。
③ 同上书,第13、14页。
④ [日]今中次磨:《政治学说史》,温互生译,民智书局1933年版,第76页。

如勒基的《西洋道德史》提及修昔底德对女性美德的界定①,色诺芬《经济论》中对妻子责任义务的阐释等内容②。

此类著作只是借古希腊史家的记载来展示古代希腊世界,揭示古希腊的政治观念、道德责任等,本身无意于阐述古希腊史家及其史著,更谈不上对古希腊史学的介绍与评价。换言之,古希腊史家史著在这类著作中不过是佐证作者观点的材料而已。

三是哲学类。这类哲学史著作大多也和前述的政治史著作一样,古希腊史家史著不过是作者用来论证观点的史料。

如1934年翻译出版的威柏尔、柏雷的《西洋哲学史》论及苏格拉底思想时,对比了色诺芬的《回忆苏格拉底》、柏拉图《对话集》中的记载③。

如1933年翻译出版的洛挈斯《西洋哲学史》在分析苏格拉底的哲学思想时有"见 Xenophon, 著 *Memorabilia* 卷一百六"④,即色诺芬《回忆苏格拉底》中记载的苏格拉底与安提丰的对话。不过,此书在论及古希腊自然主义泛神论的兴起时,提到古希腊史家希罗多德、修昔底德的求真精神:

> 而尤其在希腊的史家当中,我们可以很清楚地看出自然主义的生长,以及对于旧神的信仰的衰歇。我们不再发现荷马式的神,对于任何人类间的小事,都要干预;对于任何明白瞭然,用不着什么解释的事情,都要参预解释。反之,却在希罗多德(Herodotus)当中,发现相当程度的历史精神,凡事都要找求真正的原因,即连神圣不可侵犯的传说,亦要停步下来,考核他的证据;虽有许多地方,仍难脱免天赋的虔诚心的牵制,但遇可能之时,总望给予合理的解释。

---

① [爱尔兰]勒基(William E. H. Lecky):《西洋道德史》(第六册),陈德荣译,商务印书馆1937年版,第1418页。
② 同上书,第1419页。
③ [德]威柏尔、柏雷:《西洋哲学史》,詹文浒译,世界书局1934年版,第46页。
④ [美]洛挈斯:《西洋哲学史》,詹文浒译,新中国书局1933年版,第90、91页。

例如他于"欧罗巴被奸"的解释则谓自海盗掳掠的史实中,演化出来。及至修昔的底斯(Thucydides)我们已得一完整近代式的史学精神。他的叙述,全为世俗之事,除了人世与自然的目的以外,其余诸事,概不载述。①

此段文字以从荷马到希罗多德神本观念的变化,来阐明古希腊自然主义泛神论的发展、哲学怀疑精神的勃兴,顺带也对希罗多德以及修昔底德在著史中的求真意识做了详细的述评。这对古希腊史学在中国的传播也有一定的意义。

四是文化类。文化史的专著因为在内容上无所不包、无所不谈,故大多数文化史的著作都有不小的篇幅谈及古希腊史学。

如1929年彭芮生译托马斯、哈姆的《近代文化的基础》。书中第二章"古代的贡献"中专门阐述西方古典文化,其中有部分段落论及古希腊史学:

> 历史著述也由希腊人发端。著述波斯战争故事的希罗多德常常是被称作历史之父。希罗多德游历甚广,搜集他所听到的各个故事写述出来。因此他底历史很不正确,但是无论如何批评家还是视这为一部最令人心醉的著作。修习的底斯(Thucydides)著一部典雅斯巴达战争历史。他底精神与希罗多德底很不相同,因苦艰难地以证明自己叙述之正确,因此他底精神和近代那些小心考量材料的科学的历史家底更为相近。这些人都是纪元前五世纪的,从那时起然后有许多希腊的历史与传记。②

文中认为古希腊史家修昔底德史学上的求真与近代的科学历史研

---

① [美]洛挈斯:《西洋哲学史》,第57页。
② H. C. Thomas, W. A. Hamm:《近代文化的基础》,彭芮生译,启智书局1929年版,第49页。

究相近,指出"历史之父"希罗多德在求真上不如修昔底德。诸如此类关于古希腊史家的评述稀松平常,并无特别之处;对读者而言,不过是再次强调了这两位史家各具特色的基本形象。文中提出"希腊人在各种形式上之文学都很优越;他们底诗歌,他们底历史,他们底传记,他们底戏曲,常常被人视为典范"①,实际上就是将古希腊史学与诗歌、传记、戏曲等均视为古希腊文学的不同形式。换言之,古希腊史学是古希腊文学的一种表现形式。

又如1933年金溟译西村真次的《世界文化史》。书中第四章第五节"希腊文化概观"中叙述了作为希腊文化组成部分之一的古希腊史学:

> 史学起自阿提喀时代,希罗多德(Herodotus)记述波斯战役之事,称为"历史的鼻祖",修昔的底斯(Thucydides)描写伯罗奔尼细安战役,称为"科学底历史之鼻祖"。此外,更有色诺芬(Xenophon)之《阿那巴息斯》(Anabasis)等。②

文中将希罗多德视为"历史的鼻祖",将修昔底德视为"科学底历史之鼻祖",并提及色诺芬的《万人远征记》。

此类文化史著述虽有论及古希腊史学的内容,但大多篇幅简短,内容简单而彼此相类似,对于古希腊史学在中国的传播而言,意义与价值均有限。特别是有美国史家桑戴克的《世界文化史》珠玉在前,这些文化史译著中与古希腊史学有关的文字,无论是从篇幅上还是从内容深度上,都显得更加微不足道了。

再如桑戴克的《世界文化史》。此书中译本版本多,民国年间有名的译本就有两种:1931年中华书局出版的陈廷璠译本、1936年商务印书馆出版的冯雄译本。以冯雄译本为例,书中第三卷"古希腊罗马文化

---

① H. C. Thomas, W. A. Hamm:《近代文化的基础》,彭芮生译,第49页。
② [日]西村真次:《世界文化史》,金溟译,世界书局1933年版,第79页。

之兴衰"第十章"希腊文学及哲学"中将古希腊史学与戏剧、诗歌等一并归于文学之下。其中论及希罗多德、修昔底德的篇幅颇长①,可视为两大史家的单独传记。文中除了详细评述希罗多德、修昔底德史学及其影响之外,对两大史家的评价全面而精到。如对希罗多德及其史学的评价:

> 然自来称希罗多德氏为史家初祖,今尚可有理由,为之保存兹号也。盖希罗多德氏不仅为希腊史家中有著作传世者第一人,且实始用"历史"一词,即希腊语中含有"究问"意义之字,以名其著作,而开历史研究之先路也。……希罗多德氏为研究史事之故,足迹周历各地,因其风俗文化,为希腊人所罕见,故其书中,特兼述之。……盖希罗多德氏之于史料,往往随意取舍,或不依实在年代编次,甚至改易事实之细节,以求合于全局也。希罗多德氏不甚注意于社会情形与史事之关系,却侧重在个人意念,男女恋爱及家庭琐事。又觉过于迷信,于神语坛之所昭示,意义模糊,而有意外应验者,最喜述之。……然希罗多德氏自撰之史,似并不故意欺蒙后世;且实无偏见,不以苛论绳人。但吾人当知其迷信及欺蒙之过失,乃受斯时读者之影响;希罗多德氏实只投希腊人以其所好耳。若夫其能脱离神话、野史、叙事诗等之羁绊,固有不容忽视者也。

相比此前中国读者所接触到的其他评述希罗多德的论著,此文从当时古希腊历史文化的背景中去解读希罗多德好言鬼神,其解析符合情理,评价客观公允。书中对修昔底德的评述亦是如此:

> 修昔的底斯氏于本题外,略无旁涉,故其书之体例,较希罗多德氏所著为谨严。顾修昔的底斯氏亦不注意到社会情形、经济状况等与史事之关系,此则与前人相似者。修昔的底斯氏书文笔简略,而

---

① [美]Lynn Thorndike:《世界文化史》,冯雄译,商务印书馆1936年版,第133、134页。

事实复杂,千头万绪,又无诙谐之处消除读者烦闷,故不易读。从修昔的底斯氏笔法,并所记名人着意编成之演说,可见当时治学修词之新风气。修昔的底斯氏颇自负,以为其书非仅风行一时,实将永存不朽。……然修昔的底斯氏,惜专致力于记载战争,虽此种题目,诚使当时读者大为注意,然若作者多述古希腊之文化及思想,例如伯里克理斯氏在举行雅典阵亡将士葬礼时演说之类,则其书之永远价值,定较大耳。①

值得一提的是,《世界文化史》在第三卷第十章论及修昔底德部分的最后提到:"修昔的底斯氏之史,自西元前四一一年以后之事,由色诺芬氏续编,至三六二年为止,然不及原作之佳。色诺芬氏亦雅典人,因倾向于斯巴达,被邦人放逐者也。"②但书中并非立马就色诺芬展开叙述,而是在第三卷第十二章"希腊化时代"才专门论述古希腊史家色诺芬及其《万人远征记》:

> 色诺芬之《阿那巴息斯》。史家色诺芬氏为当时希腊兵中某将领之友,随军远征。班师之际,色诺芬氏被举为新将领。于是著《阿那巴息斯》(Anabasis)一书记其事。此与恺撒帝所著《高卢战记》(Gallic Wars)同为希腊及罗马时代之主要兵书。昔日习希腊文与拉丁文之学童,恒先读之。惜其叙述文化,过注重于军国主义方面耳。色诺芬氏虽为雅典人,然其书所用文字,非完全之雅典派希腊文,选句不免错误。观乎此点,及其超脱国界观念,而远役东方,知其已可谓希腊化时代之人物,非希腊时代之人物矣。③

从这种叙述安排来看,《世界文化史》打破了将希罗多德、修昔底德、

---

① [美]Lynn Thorndike:《世界文化史》,第134页。
② 同上。
③ 同上书,第154页。

色诺芬古希腊三大史家并列叙述的一般模式,而是将色诺芬置于希腊化时代的史家之列。这种划分是以时代变迁来划分史家归属,更具有合理性。显然这对于长期习惯于将希罗多德、修昔底德、色诺芬三大史家并称的中国学人而言①,是一种新的观点,也是解读古希腊史家史学的新思路。

---

① 不少对古希腊史学做出回应的中国学人多习惯于将三大史家并称。如,罗元鲲的《史学概要》说:"希腊最初文化,无文字纪载,荷马二大诗篇,为希腊史诗之祖,真正史家,当推下列三家。(1)希罗多德(约春秋后半期人)生于波希战役之后,毅然以颂美希腊之胜利自任,著《波斯战史》,文笔生动,读者不啻身在战争场中。惟囿于闻见,徒事铺叙,不免过文失真之弊。(2)苏昔的(战国初人)著《比罗奔尼苏战史》,始于纪实之外,精心探讨,所谓批评史家第一人,论者谓希氏为史家之祖,苏氏为史家之父,信不虚也。(3)色诺芬(战国时人)曾为希腊将,远征小亚细亚,其归也,深历不毛之地,跋涉山川,冒风雪而归,著《万人军记》,文字简老可观。"(罗元鲲:《史学概要》,武昌亚新地学社1931年版,第188页)

如,刘炳荣的《西洋文化史纲》认为:"其初仅述名门家族,都市创立等,后渐及社会诸事,成为实录,最著有三人:(1)希罗多特(Herodotus)(484—402 B. C.),希氏为历史鼻祖,尝著《波斯战争史》,文体如稗史演义,叙事明快。(2)脱克底提(Thucydides)(471—400 B. C.)脱氏曾为海军司令官,以生平所经验,著《比罗奔尼苏战史》,纪事精细,论断平允,胜希罗多德一筹。(3)赛诺芬(Xenophon)(444—354 B. C.),赛氏有辩才,政治军事,皆其所长。当纪元前四〇一年,波斯王亚达泽耳士(Artaxerxes)之弟居鲁士(Cyrus)之谋叛其兄也,赛氏尝率军赴援,及居鲁士败死,乃率希腊军一万冒险逃归。其杰作《万人军记》,即此时退军记也。"(刘炳荣:《西洋文化史纲》,太平洋书店1926年版,第43页)

又如,李菊休、赵景深的《世界文化史纲》提到:"希腊的历史家,最著名的为希洛多托(Herodotus,484—425 B. C.)、修西地特士(Thucydides,471—400 B. C.)及谢诺芬(Xenophon,430—357 B. C.)等三人。希洛多托的历史著作共有九卷,前六卷是引言,叙述希腊与波斯古代的史迹,后三卷则叙述波斯希腊之战。修西地特士的大著作为《伯罗奔尼撒战史》七卷。他的描写非常真切,文字也很美丽。谢诺芬以《阿那倍西士》(Anabasis)一作最为出名。这是写他和一万希腊兵士脱离波斯归于希腊的故事。"(李菊休、赵景深:《世界文化史纲》,亚细亚书局1933年版,第31、32页)

再如,顾康伯的《西洋文化史大纲》中指出:"史学脱胎于史诗,其用散文叙述历史著称者,当推希罗多德(Herodotus)、修昔的底斯(Thucydides)、色诺芬(Xenophon)三大家,此三人皆古代史学之泰斗也。希氏博古通今,足迹遍寰宇,笔锐气豪,所著《波斯战争记》,文笔流利有生气,使读者不能释手,世称史学鼻祖。琐氏所著《比罗奔尼苏战史》,色氏所著《万人军记》,均为后世史籍楷模。"(顾康伯:《西洋文化史大纲》,中华书局1936年版,第43—44页)

五是史学类。此类专著译本中,有的并非专注于评述古希腊史学,而只是将古希腊史家史著作为史料论证其观点。

如1924年何炳松翻译的《新史学》。书中部分文字涉及古希腊史家,"在Thucydides、Polybius同Tacitus三人的眼光看起来,历史这样东西是纯粹人类的和世俗的,历史的关系以这个世界为限"①;"希腊的历史家叙述历史的时候,本来没有背景。所以Thucydides对于前代的事实异常的藐视,以为不过一种无定的传闻"②,"从希腊罗马以来,如Thucydides、Polybius、Livy、Tacitus这班人,就是如此。政治史是一种最容易编述的历史;因为政治史所叙述的不是状况,实在是事实,所以根据时间排列起来,异常的容易"③。

又如,1927年向达等人翻译的韦尔斯的《世界史纲》。书中有部分段落提到古希腊史家及史著。如,"希罗多得(德)《历史》卷九,以此告终。彼约生于纪元前四八四年,故当布拉的战役之时,彼年约五岁。其史料多由亲历或目睹此大事之人处搜集而来。……希罗多德生于爱奥尼亚属城哈利加纳苏(Halicarnassus),生即为波斯民,是时年已三十又五,故必乘此次和平之机会,游巴比伦及波斯。彼或亦往雅典,其《历史》已准备背诵,时约纪元前四三八年"④;"此次退却,乃藉一书以传,盖即其领袖色诺芬(Xenophon)所作之第一私著战书,名《阿那巴息斯》(*Anabasis*)者是也"⑤,等等。

史学类外文专著中有五本专著特别值得注意,这几本专著译本对于古希腊史学甚至整个西方史学在中国的传播都有着重要的意义。

---

① [美]J. H. Robinson:《新史学》,何炳松译,商务印书馆1924年版,第31页。
② 同上书,第60、61页。
③ 同上书,第141页。
④ [英]韦尔斯:《世界史纲》(上册),向达、陈建民、梁思成等译,商务印书馆1927年版,第239页。
⑤ 同上书,第240页。

其一,1925年何炳松译约翰生·亨利的《历史教学法》。在"这本小学中学历史教学法"中①,第一章"历史是什么"中"古代历史的观念"部分主要讲述了古希腊史家希罗多德、修昔底德的史学观念:

……希罗多德是一个真正的研究家。他的足迹很广,而且搜集了许多消息。他的著作,包括当时大部分世界的地理同历史,很可以表示他是一个忠心的而且始终不变的研究真理的人;他常常同读者说,真理这样东西,并不是常常可以获得的。当他的研究有可疑的时候,他往往将事实的反面,亦记载下来,让读者自己去决定究竟那一种是比较的可靠。……但是希罗多德自己就是一个说书的人,他在散文上是一个艺术家;他的著作,好像许多不十分的批评故事一样,专门以保存什么他以为应该纪念的东西为目的。他是叙事历史的鼻祖,在这一种学问范围里面,他到如今还是一个宗匠同模范。②

当希罗多德年老的时候,在都锡迪提斯——就是著《南希腊战争史》的人——的著作里面,发达(展)了一种格外严重的批评标准,同一种不同的历史观念。……他自己的大纲能够在许多奇闻里面提出重要的事实,而且将事实如此排列起来能够表示一种"发达的合理进步"。……关于他人所报告的种种演说,他并不想能够将原文一字不差的记载下来,他仅将"什么曾经说过的大意"叙述出来。他的目的同希罗多德的目的不同,并不是专门在于用悦目的文章,来保存什么可以纪念的东西。……所以他的目的是显然在于垂训。他希望他的著作可以给人家一种政治上的教训……他是第一个完全无缺的垂训主义的历史家。③

---

① 何炳松译:《译者赘言》,参见[美]约翰生·亨利:《历史教学法》,何炳松译,商务印书馆1926年版,第1页。
② [美]约翰生·亨利:《历史教学法》,何炳松译,第19页。
③ 同上书,第19—21页。

这些段落围绕希罗多德、修昔底德的史学观念,剖析其治史原则与著史目的。

其二,1928年郭斌佳翻译了弗林特(Robert Flint)的《历史哲学概论》。书中第三部分"历史记事的起源"中"希腊人首先抬高历史的地位使他成为一种独立的艺术"中,详细介绍了希罗多德、修昔底德、色诺芬三位史家。文中首先从希罗多德、修昔底德著史动机的单纯性阐释了古希腊史学的成就:

> 然要想著完善的历史,非出于单纯的动机不为功。所以历史这项艺术,直要到了希腊,才始成为真正的历史艺术,才始能够不再为别的东西的附庸,而成为一种独立的文学。这项历史艺术,经过了一个枯寂的时期,终究得到希罗多德、修昔的底斯两大史家,而达于极盛。到了这个时候,史学的规模,灿然大备,为后世所不及。希罗多德以周密亲切的调查,以清朗纯洁的精神,发而为史。其文流畅,其笔矫健,其情深切,终究为后世著史的一大宗师。修昔的底斯则考究务求准确,记述务求详尽,尤具深刻的目光,解析政治社会上各事的来因,又为后世主张科学历史者所宗。①

具体论述希罗多德及其史学时,除了阐述其生平及著作之外,还从古希腊人"广遍的目光"这一视角分析希罗多德的取材、布局,指出其轻信、信神、忽视社会经济因素等弊病②。论及修昔底德时,除了详细阐述其"大公的态度,独立的节概,批评的精神"之外③,还特别指出修昔底德对史事背后原因的追溯,称颂其裁断取舍的史才,分析其代撰演说辞的利弊得失:

---

① [英]Robert Flint:《历史哲学概论》,郭斌佳译,新月书店1928年版,第86、87页。
② 同上书,第87、88页。
③ 同上书,第89页。

> 他对于所写的事物的原因,也具深刻清楚的见解。他非特论列事物的发生,并且把他们的因果和发展,表现得十分显豁。……他所记的不过是政治的历史,而这政治的历史,还不是当代一般政治的历史。不过论战事里面牵涉的一种表面上的政事而已。……因此他对于战内的人物,不主张单个的描写。因为他认为描写他们私人的事情,并不是他的职责。……至于他造作演说辞,实在是一件错误的事情,实在开一个很不好的例子。但是这许多的演说辞,非仅是绝好的演说辞,并且包含很多重要的思想,可以帮助我们明白他的历史。这许多的演说辞在修昔的底斯的著作中,极关重要。……修昔的底斯,人们公认为最早的科学的历史家。但是他也擅长文艺。他的公允和客观的批判,……实在出于他的公平和自制的天性。……他的文章,没有希罗多德的流畅醇美,但是笔力雄健,言简意赅,直捷了当,没有误用一字……①

文中还论及色诺芬及其史著,指出虽然色诺芬在史学上不及修昔底德,但也有其可取之处:

> 修昔的底斯还没有做完他的历史就死了。后来色诺芬(Xenophon)继起,立志完成他的工作。可是色氏的继史 Hellenica 完全失掉修昔的底斯的优点。干苦无味,秩序错乱,肤浅偏袒。即就文字而论,也没有精彩可言,难于动人。色氏在历史方面的著作,应推 Anabasis 为最佳。他在这部书里,形容万人军的撤退,简洁动听,具有罕见的艺术。②

全文对古希腊史家及史著叙述完备,不仅是当时中国学人了解古希腊史家的重要基础,而且成为众多学者写作涉及古希腊史学论著的重要

---

① [英]Robert Flint:《历史哲学概论》,第 90—92 页。
② 同上书,第 92、93 页。

参考文献①。

其中,对西方史学传入中国意义最大的译本是绍特韦尔的《西洋史学史》。1929年,何炳松、郭斌佳合译的绍特韦尔《西洋史学史》出版,此书是民国年间在中国流传甚广的史学史著作,对于中国学人了解西方史学、了解古希腊史学有着重要的意义。在中译本出版之前,此书就已经在中国流传,成为撰写西方史学史论著的中国学人必备的参考书②。

中国学人研究西史不易,而研究西洋史学史尤其难度大,故而《西洋史学史》译者之一的郭斌佳曾言:"夫研究历史之历史,殊非易易,必须博览群籍,广求考证,再以真确之目光,平允之主张批评之。欲求如此,非困学数十年不为功。"③在当时,中国学人撰写西洋史论著,有时参考与抄袭仅有一线之隔。1924年何炳松在谈到中国西洋史研究时,认为国

---

① 参考弗林特《历史哲学概论》的论著有:朱萍若的《弗林特的史学论》(《旁观》1933年第18期,第3—4页)、谢兆熊的《希腊罗马时代之史学》(《正言》1943年第1卷第3期,第9页)等。

② 如涂序瑄在其《西洋古代之史学》中表示:"撰述本文时,曾参与 Shotwell, Barnes, Breastead, Olmstead, Bewer, Bury, Croiset, Hardy, Draeger 等人著嘉书,中于 Shotwell, Barnes 二氏取材尤多,特此致谢。"(涂序瑄:《西洋古代之史学》,《台湾大学校刊》1948年第11期,第7页)又如,周绍张的《论历史学》中注明:"参阅绍特维尔的《西洋史学史》及班兹的《史学》。"(周绍张:《论历史学》,《二十世纪》1932年第1卷第8期,第142页)再如,"西方史学之变迁,自当以史学史为详。然此类史学史专书,在欧美各国亦少佳作,且成者多不多。德人 E. Bernhein 在其所作之《史学入门》第一章内,已言及此。大约关于埃及巴比仑史学,已见于 J. H. Breasted 之《埃及史》,A. H. Saryce 之《巴比仑史》,希腊罗马史学已见于 J. B. Bury 之《希腊史学史》,及 J. W. Duff 之《罗马文学史》,其通论各国史学者,则有 J. T. Shotwell 之《史学史引论》,H. Bourdeau 之《史学及史学家》,及 G. P. Gooch 之《十九世纪史学及史学家》。又如 H. E. Barnes 之《社会科学史》内有《史学》一篇,G. W. Robinson 之《历史研究大纲》内,有《经典的史学家》一篇,F. S. Maruin 之《近代欧洲思想发展史》内有 G. P. Gooch 之所作之《史学》研究一篇,皆可参考。"(陆懋德:《西方史学变迁述略》,《师大史学丛刊》1931年第1卷第1期,第1页)

③ 郭斌佳:《希腊史学界》,《光华期刊》1927年第1期,第1页。

内西洋史著作粗制滥造，最大的问题就是抄袭："有一类所谓西洋史，大都东抄西写，剿袭成书，谬误百出，毫无系统，使人读了，莫名其妙。这类书往往不说明他的来历，实在同假造的差不多。著作者既不谙西文，甚至连东文亦不十分精熟，就著起西洋史来，岂不奇怪！又有一类是从东文翻译出来的，而且还有由英文而日文而译成中文的，同由法文而日文而译成中文的。同一种文字的转辗抄袭，已经很危险。两三种不同的文字转辗的稗贩，当然是一件最危险的事情。隔靴搔痒，以讹传讹，断难幸免。"① 何炳松所指的"剿袭成书""不同的文字转辗的稗贩"者大有人在，不过这种翻译与移抄从某种程度上也可看作中国学人对西方史学的一种特殊的回应。

这种特殊回应首先体现在绍特韦尔的《西洋史学史》上。1927年郭斌佳发表了《希腊史学界》一文，全文对希腊史学大家叙述翔实、评价公允。细究其文章字句，发现其与绍特韦尔《西洋史学史》相关段落有极大的相似性。以下列表对比一二：

绍特韦尔《西洋史学史》 （译文对照何炳松、郭斌佳译本）	郭斌佳《希腊史学界》
希罗多德之一生，适与雅典称霸时代相始终。自萨拉密斯一役始至南希腊战争止，前后约共六十年。氏约生于纪元前四百八十年，卒于纪元前四百三十年之后。生平事迹，已不可考，吾人只可从其著作中，略事推究一二而已。其生长之地曰哈利加纳苏，为小亚细亚沿岸之多利亚殖民地，然通行爱奥尼亚语。故散文文学通用之文字，氏盖已熟习之，并用以著史。然氏虽用爱奥尼亚文字，终未能去其本族反对爱奥尼亚人之成见。	希氏一生，适为雅典称霸时代。自萨粒米（Salamia）一役，以至拍罗坡泥细安战争之结束，其间约六十年，即希氏生存之时也。考其年代，约生于纪元前四百八十年，卒于纪元前四百三十年之后。生平事迹，无从考据，只可从所著书籍，略事推测而已。希氏生于哈利加纳苏，其地虽为多利亚殖民地，通行言语，则系爱奥尼亚语，故希氏之书，亦用爱奥尼亚文字撰述。然

---

① 何炳松：《中国西洋史学界与陈衡哲之高中西洋史》，《申报·教育与人生周刊》1924年第2卷第51期，第679页。

(续表)

绍特韦尔《西洋史学史》 (译文对照何炳松、郭斌佳译本)	郭斌佳《希腊史学界》
全书所切恨者,殆以此种民族为最。……氏既引其邻人入其故事之中,乃借其言语而诟骂之! 氏每借旁人之言,——如西徐亚人——以发其讽刺之论,如曰,爱奥尼亚人"为人类中最卑贱最怯弱之民族。然没为奴隶,最能尽忠"。可见氏之对爱奥尼亚,切齿痛恨,而对于他处则极富同情。 氏虽周游各国,足迹遍天下,然乡曲偏见未尝稍忘。据传注家云,氏赴雅典时,雅典人压制爱奥尼亚人甚艰,故当时反对爱奥尼亚之思潮亦正高。但氏虽或为取悦流俗起见,施其攻击;然痛恨之心,实出于本意。其儿时生长之哈利加纳苏故乡已深映于其脑海中,虽周游世界,见闻广大,亦不能稍易之也①	希氏地方色采至深,对于爱奥尼亚人,时施攻击,以为此种民族,最为卑贱。 虽希氏尝游览天下,而本乡之景象至深,反对爱奥尼亚之心始终未渝也
吾人不幸不能先书及氏之用心之偏狭,实则氏之学问既博,目光甚远大,见闻之广,必由于胸襟之宽大。作者周游列国,博览群物,此种精神,一经训练之后,即能进于科学。希罗多德之好奇心,受何种训练之驱使,莫能言之;然此种训练,必甚重大。观其著作,可见博通希腊诗,而以荷马为尤甚,最近复有散文学可资借镜,而已赫刻提阿斯为尤甚。故其所受教育之博大,一如其游踪,尽知当日已知之世界。此种名山事业唯富家子弟优为之,而氏之境遇正复如此。此等人之在希腊城邦中,每每转入政界,氏之游历他国,或放逐有以致之。然氏本人于此,未尝言及,而其参与哈利加纳苏革命	然希氏学识,至广博也。学问之博,大概有两种原因:即游览,与教育是也。希氏周游地中海东部沿岸各国,见闻为之扩展,而于古代诗歌(以荷马诗以尤甚)及较近之散文历史(以赫刻提阿斯为尤甚)研究至深。其后(约在纪元前四百四十七年)迁居雅典,与当代贤豪相周旋。四岁之后,赴意大利,卒于其地。此其生平之大概也②

① [美]绍特韦尔:《西洋史学史》,何炳松、郭斌佳译,商务印书馆1929年版,第174、175页。

② 郭斌佳:《希腊史学界》,《光华期刊》1927年第1期,第4页。

(续表)

绍特韦尔《西洋史学史》 （译文对照何炳松、郭斌佳译本）	郭斌佳《希腊史学界》
与后来退至萨摩岛之故事，实出诸后人传述。吾侪所确知者，约于纪元前四四七年，氏（年约四旬）退居雅典，而与当代诸才子相周旋于伯里克理斯之宫中，济济一堂，前所未有。四载之后（纪元前四四三年后），遂去雅典而之意大利之雅典殖民地条立爱，不久而卒（约纪元前四〇年后）。希氏一生事迹大概如此；游历与著述即在此中……①	
读氏之《通史》，最初每觉其绝无体例，仅同善于讲述者之故事而已。十分散漫，开卷数节，即述东西战争，退溯至于有史之初，或且更早。如亚洲人之劫掠海仑，希腊人之劫掠犹罗巴与密提阿，并详述其结果。……然氏之处理史料，不啻一传奇家，自此事至他事，自此地至他地，随笔所之，毫不经意。……吾人最初所得之映象不过如是。然细读之，即知其组织，并不如此疏懈。其中校订功夫确甚谨慎；且能适合一般之结构。今世学者，亦多承认之②	希氏所著史，上溯有史之初，然后亚洲人与希腊人之相互劫掠克里萨斯之故事，居鲁士征服吕底亚而开波斯帝国之基，而后及于爱奥尼亚叛反，而引起波斯希腊之争衡；铺张扬厉，璀璨悦目，初观之似觉散漫，实则并非如是，其书组织，并不疏松，作者确甚谨严小心也
全书九卷虽显为后人所分，……首数卷之体裁，散漫浩博。以后各卷之记事，则范围逐渐缩小。盖首卷述题外之事，至德摩披利一役，始入正题也。适希腊民族牵入历史者渐多，描写之文字遂少，而平直之记事渐多。除雅典人所不甚明白之事迹外，对于希腊本地之人民，原无描写之希腊故事之必要。故纪述之要点，即在记述雅典隆盛之时代。此在	其书分为九卷，前数卷，确较散漫，盖所述皆题外之事；至色木巴里一役，始入正题也。于是描写之成分减少，而记事富矣。关于雅典之事，最为清楚详尽。雅典地力方所不知者，则较为模糊影响。第五卷述雅典革命，新民政体代兴；此点该史用为上古与近世之分点焉。然此等记述，皆为后事铺张。

① ［美］绍特韦尔:《西洋史学史》，第175、176页。
② 同上书，第177、178页。

(续表)

绍特韦尔《西洋史学史》 (译文对照何炳松、郭斌佳译本)	郭斌佳《希腊史学界》
第五卷中可以见之。当时雅典既经革命,脱离旧制而入于新民主政体。凡先此者,皆系古代史;推翻僭主一事,视为新纪元之开始①	至爱奥尼亚叛反,引动希腊之大战,方为作者心目中之正题云②
唯作者决无预定之计划,盖其计划纯随其叙述而自然发生者也。就其内部证据而言,最初撰述者为最后之三卷;此在氏赴雅典时,大部已成。游历之事——即游行外国之真迹——则在其后。氏以精巧之艺术,将此后数年之杂记呵成一气,以便将前已著就(赴雅典时已著就)之薛西斯西侵之故事置于全书之后,以为顶点焉。……希罗多德之《史记》,大半为收集他人之成文,即其所下之评语,亦大半采自前人之意见。取材异常广博,得自祭司与游历家传说与案卷,并参以亲见亲闻之故事③	希氏之著此书,大概本无成竹,最先做成者,为最后之三卷,赴雅典时,当已著成。厥后游览各地,乃补辑万事,而成一书。其中取材,汇集他人之言颇多。有据人之报告者;有听自教士游行之徒者;有口相传说而摘记者;亦有亲历其事而记下者;凡此琐琐,皆其材料之所自来也
希氏之书,诚伟著也。记事之中,显然含有多年游历之经验。作者于卷首,即直称自己为博学之士;其记事为能研究者之"记述其研究'历史'。"……希氏以前之人皆"散文作家",而氏则为"史家"。……然氏在古代所据之地位,至今终不丧失,即所谓历史之鼻祖是也。彼本具科学研究之精神,复具有大艺术家之妙技。如以其书较之昔日所谓史,则其继往开来之概,显然可见。其书非特以能驾驭广博之材料见胜;而且虽满载事实,亦始终不失其活泼之气象。同时	希氏书诚伟观也!观其搜集材料之广博可知矣。希氏《历史》,确系一种搜索;其先人皆不过为散文家,而希氏则史家也。何则?希氏富有艺术家之本领,而又善用考据之方。苟以其书与古时之史相较,其轰动一时之概,不难窥见。其中集旁人之作,力求保持其真相,而且满载事实,毫无烦琐之弊,活泼之气象,依然存在。既不受古人之束缚,亦不偏重于哲学;而黄金时代之色采,仍照耀于其中;优

---

① [美]绍特韦尔:《西洋史学史》,第178、180页。
② 郭斌佳:《希腊史学界》,《光华期刊》1927年第1期,第4页。
③ [美]绍特韦尔:《西洋史学史》,第181—183页。

(续表)

绍特韦尔《西洋史学史》 （译文对照何炳松、郭斌佳译本）	郭斌佳《希腊史学界》
作者之心理坚强而秀美，不受初民禁忌之束缚，亦不受偏于玄学方面之问题之束缚。黄金时代传奇之色彩，仍照耀于事实之上。作品优美，实难言语，吾人应读原书而欣赏之；盖注疏虽多，总不能尽表其美也①	美之点，实难以言喻，吾人应读原书而欣赏之。盖注脚虽多，总不能尽表其美也
然吾人须知氏之著作，实启西洋史学上之二大宗派：一为考订之学，属于科学范围；一为记事，大都属于艺术。因数千年来不重科学之故，故记事之史籍多，而考订之学不兴，为史家者务以美丽之艺术，传述历来之史事，惟时至今日吾人已专重考订之学。诚以今之听众，善于批评，已不若古时雅典人民之轻信②	希罗多德开后世两种极重要之作史之法。一为考订，一为记事。考订者，专事求真；以科学真理，辨别真伪，科学范围以内之事也。记事则不涉科学，以极优美之文字，表达事物，深入读者之心，使发生文学上之欣赏，此则艺术范围以内之事。此二流者，并存于今；而导源则皆由希氏。然则研究历史，可不知希罗多德乎？③
与希罗多德之通史齐名者，……雅典人修昔的底斯…… 　修昔的底斯之史即以此庄严之语为始。其书专记拍罗坡泥细安战事，此次战争定雅典与全世界之命运。……其书即记当代之事，拍罗坡泥细安战争开始之时，即着手收集材料，故无追述往事因记忆或传闻之不明而发生之错误。又氏之机会极佳，身居国家高位，熟知国内政治之沿革，并认识政界中各要人。即流徙他国之时亦足使其考察斯巴达人（spartans）之气质；逃亡之中或曾一游西	与希罗多德并称者，厥为修昔的底斯（Thucydides）。生平事迹，亦模糊不可考究，大约后于希罗多德三十年。其所著史，乃一时代之历史也。搜集材料，至为广博，实以所遇之机缘胜人也。初居国家之高位，对于内部政治史，非常熟悉；并与公卿大夫当代诸要人，时相往还。后虽流徙逃亡，亦足使熟悉斯巴达（Spartans）之气质，以及西西里岛之故迹；皆足以增其学识。同时练成清楚之脑筋，以之整

---

① ［美］绍特韦尔：《西洋史学史》，第 183、184 页。
② 同上书，第 187 页。
③ 郭斌佳：《希腊史学界》，《光华期刊》1927 年第 1 期，第 5 页。

(续表)

绍特韦尔《西洋史学史》（译文对照何炳松、郭斌佳译本）	郭斌佳《希腊史学界》
西里(Sicily)，凭吊雅典海军失败之遗迹。是以所遇机会在在足以增进其学识；复具清晰之脑筋治理史事。其为希腊良史，诚非偶然矣①	理史事，当然远胜他人。其后归而著史，成《拍罗坡泥细安战争》一书，就成史学界中千古不磨之作
……盖氏为人不若希罗多德之喋喋多言，……修昔的底斯亦系一新史家，较希罗多德为新……较之希罗多德判然不同。氏本人亦知此。故对于希罗多德每非议之，虽不显言其名，心实病之也。但氏有言："人每不知甄别真伪，国内外之传说无不容纳。"编年史家之故事只求取悦流俗而不务真实者，氏以之归入诗人之一流。其本人理想，专求真确切当而简直之故事。氏卒能达到此目的。……其实历史上最重大之题目，即在氏之目前，此非拍罗坡泥细安战争也，乃伯里克理斯时代及氏生时之雅典。如氏能以此为题，施以甄别之能力，当极适宜。乃舍此而记战争，专述掠食苦战之士……②	修氏与希罗多德，性质判然不同。希氏虽不可称旧式史家，然希腊新史学，当推修昔的底斯，断非希罗多德也。何则？希罗多德之喋喋多言，犹其次也；最重要者，希罗多德之著史，带有宗教观念极深；当其论成败兴衰，以为神力指使之，几于无论何事，皆归之于神力，此实不通者也。而修昔的底斯之解释命运，纯粹以非精神之目光立论。故与今人之解法相同。其视历史也，犹一种自然科学，成败兴衰之由，属于人世，故其解史，丝毫无迷信之成分。由此以观，具科学方法之史家，当推修氏为祖。按希氏、修氏相距不过一世，而程度与见解一旧一新，相去如此，亦云奇矣！③
而修昔的底斯不善多言，讲述呆板，不能动人。所述皆系实事，琐琐屑屑，足令读者昏昧欲睡。即在战役终了时，亦复详述会议预定来岁计划之情形。如是往复循环，抑似人生目的惟在观察战事之始末而已。结果历年所见散漫之战争焉，侵掠焉，格斗焉，水陆征讨焉，会议辩	修氏之史，大部记载战事。盖其所见者，特详于此，而兴趣亦聚集于此也。其记载战事，琐细已甚。因其过于琐细，引起读者厌倦之心，此实一确实之事。修氏对于此项战争，独有兴趣，而读者未必皆有趣于此也。其此项战争，比较

---

① ［美］绍特韦尔：《西洋史学史》，第192—193页。
② 同上书，第192—193、195页。
③ 郭斌佳：《希腊史学界》，《光华期刊》1927年第1期，第5页。

(续表)

绍特韦尔《西洋史学史》 (译文对照何炳松、郭斌佳译本)	郭斌佳《希腊史学界》
论焉,作战列阵焉,其事实之复杂以及政策指挥命运之变迁,终至眩人耳目而淆惑吾人之记忆。 ……即此可见氏作战史而不作民族史①	皆极细微,并非重要之事也。读者既不能发生兴趣,对此琐屑之事,茫无头绪,厌倦之心,安得不起乎?然修氏之作,乃战争史,而非民族史,其职责在乎记述战事。作者目光中,固未始无一贝理克(Pericles)或亚克罗坡利(Acropolis)在,未始无一中坚题目在。特既以拍罗坡泥细安战争为主题,自当注重战事,正不容轻议也
古代史家之记事有一绝大缺点,即缺少确定之年代是也。……氏之精神科学与艺术并重,足为万世楷模。然其著作眼界与材料均甚狭小,显系古物。 修昔的底斯实缺少新史家之两种重要条件:一即时间之配景;一即注重非个人之事实,注重物质与社会方面。盖此两方面虽不足指挥人事,要有极巨之影响也②	此外又有数病:年代之不明一也;眼界狭小(选择题目,以战争为最适当之题),二也;专记个人之事迹,不知注意及于全社会,三也;而最要者,即缺少两种新史家必需之事,一为使用时间,清理过去之见界;一为着重非个人之事,而以物质与社会为中心。此两点者,修氏所未有,然当时时势不同,不可不与以原谅也③
介乎修昔的底斯与修辞学家之间者得一人焉,色诺芬(Xenophon)是也,即初学希腊文者皆知其人,爰略论之。古人以色诺芬与希罗多德、修昔的底斯并称,为希腊三大史家,成鼎足之势。然照近代研究所得,颇有鄙视色诺芬之趋势。按其生平尝投身行伍,博通哲学,当然晓畅当代之人事。然氏对于世界史之大义终不明了,即所记各事之前因后果亦漠	介于修昔的底斯与修辞学之间者,有色诺芬(Xenophon)焉。古人以之与希、修并称。然照近代研究所得,颇有鄙视色氏之趋势,按其生平,尝投身军伍,率军万人东跨大海,当晓畅军事,以及当时之大势。然色氏对于世界史及希腊前后事物之原由,皆茫然不知。如斯巴达骤衰,彼不能推究其因,乃

① [美]绍特韦尔:《西洋史学史》,第194页。
② 同上书,第197、206页。
③ 郭斌佳:《希腊史学界》,《光华期刊》1927年第1期,第6页。

(续表)

绍特韦尔《西洋史学史》 (译文对照何炳松、郭斌佳译本)	郭斌佳《希腊史学界》
然不知。如斯巴达骤衰,其致败之由甚显,乃氏不之究,反谓实造物者有以致之,岂不谬乎?总之无论希腊史或波斯史氏皆未能明了其趋势与关系者也。…… 吾人观此等批评,似色诺芬在史学史上不应占有地位,受吾人之考虑。然吾人决不可一笔抹杀之。…… ……古人之称赏色诺芬,因其文笔卓越,细密隽永,如醇醪香茗,啜后尚有余味。既不以事实太杂而烦琐,亦不因哲理太多而沉闷。文笔之外又善描写人物,无不逼真。氏对于事物内部之关系或不明了,但描写个人之性情则能曲尽其妙。且历史上每有一种时期,事业实不甚重要,而必须注意其中人物之性情者。色诺芬虽不明历史之历程;然以传记家目之,要能深明世故与人情,其贡献正复不鲜。是以古人之欣赏氏书实根据其实质。今日历史之范围扩大(以各种社会科学为基础而治史者须具宽大之目光),氏在史学上之地位虽岌岌可危,然此等性质仍属不可磨灭者也①	谓上帝使之也。 近世批评家,对色氏意见,大概如是,以色氏在历史之历史上之地位,有岌岌可危之势。虽然,亦未可厚非也。色氏之书,自有其相当之价值。色氏之文笔极佳,描写清楚,声调和谐。西塞罗(Cicero)称之曰"甘于蜜"。事实之分类虽劣,而不失于沉滞。哲学之成分虽多,而不失于迟钝,由文字方面论如此。即不以文字论,其书亦至少为当时一种新闻学。古人欣赏甚力,以其有真实之性质也。及至今世,历史之标准变更,必须普及于一般社会,此等性质,虽不足使保留其地位,仍属不可磨灭者也②
色诺芬约生于拍罗坡泥细安战争开始之时,卒于马其顿覆灭希腊自由之末日(435—354 B. C.)。……后日回想其师之言而作《师门回想录》,都四卷,皆记隈屑之事,并不具何等思想。……为《万人军远征记》一书,记述波斯王居鲁斯与乃兄阿塔薛西斯之战争,及希腊万人军	色氏约生于拍罗坡泥细安战争开始之时,而卒于马其顿势力南渐之时。曾著有"Anabasis" "Memorabilia"两书。前者述居鲁士王与阿塔薛西斯之战争,内容甚为复杂。后者述当时诸学子受学苏格拉底之"回想"

① [美]绍特韦尔:《西洋史学史》,第 211、212、213 页。
② 郭斌佳:《希腊史学界》,《光华期刊》1927 年第 1 期,第 6—7 页。

(续表)

绍特韦尔《西洋史学史》（译文对照何炳松、郭斌佳译本）	郭斌佳《希腊史学界》
（居鲁斯所部）退兵情形。居鲁斯既卒，色诺芬被推为将军，故其所记一路行军情形，异常详密……①	
然《万人军远征记》并非色诺芬之正式历史著作，其专心为之者惟《希腊史》一书，此书盖继修昔的底斯之史而作，自结束拍罗坡泥细安战争起（纪元前四一一年之秋）至西元前三六二年孟铁尼亚一役为止。然其见解与文体均与修昔的底斯不同。行文劲健，如遇事节繁杂之时，却插入个人写照以调济之。故读者莫不兴会淋漓，未有厌倦者也②	然其最主要之作，不在于此，而在《希腊纪》（Hellenica）一书。此书乃继修昔的底斯而作。起自纪元前四百十一年秋，迄三百六十二年孟铁尼亚之役。然作者之见界与文体，判然与修氏不同。行文生气勃发，益以鲜艳之描写，既不如希罗多德之喋喋多言，亦不如修昔的底斯之干燥无味。故读之者，莫不兴趣盎然，手不释卷也③

很显然，郭氏写作《希腊史学界》一文时参阅了绍特韦尔的《西洋史学史》。此外，胡哲敷在《史学概论》中论及希罗多德、修昔底德史学的内容时，在文中标注"译本西洋史学史一九八页"④，论及色诺芬部分时则标注"前书二百十二页"⑤，明确表示这些相关章节在内容上译自绍特韦尔的《西洋史学史》。与此类似的还有李则纲的《史学通论》⑥等。

这种"不同的文字转辗的稗贩"的论著为数不少。此外，还有在这些论著的基础上再度"稗贩"者，如周作人的《欧洲文学史》与金石声的《欧洲文学史纲》，列表对比如下：

---

① ［美］绍特韦尔：《西洋史学史》，第213、214页。
② ［美］绍特韦尔：《西洋史学史》，第215页。
③ 郭斌佳：《希腊史学界》，《光华期刊》1927年第1期，第7页。
④ 胡哲敷编：《史学概论》，中华书局1935年版，第144页。
⑤ 同上书，第146页。
⑥ 李则纲：《史学通论》，商务印书馆1935年版，第49—64页。

周作人《欧洲文学史》	金石声《欧洲文学史纲》
Herodotus(482—425 B. C.)世称历史之父，居小亚细亚北，以国事遁居雅典，与 Sophokles 友。作史纪波斯之战，后人取诗神名，分之为九卷，其书记大战本末，而旧闻逸事，杂入其中。第一卷叙波斯克 Lydia，即附记 Lydia 故事（Logoi）。二卷纪征埃及，四卷北征 Skythia，南征 Libya，五卷征 Thrakê，亦然，末三卷始言 Xerxēs 攻希腊败归事，言极详尽。……雅典政府曾以二万五千金酬 Herodotus。盖 Herodotus 为 Logopoios，蒐访故事，当众陈述……①	希罗多杜斯（Herodotus），世称为历史的始祖，虽然在他之前有 Hekatatos 著地志，开历史之端，但至希罗多杜斯始形成为历史。希罗多杜斯，居小亚细亚北，以国事亡命居于雅典，作历史纪波斯之战，而杂以旧闻逸事。第一卷叙波斯攻克 Lydia，第二卷纪征埃及，第四卷北征 Skythia，南征 Libya，五卷征 Thrake，末三卷则叙波斯王攻希腊败归事。后雅典政府以二万五千金酬希罗多杜斯，使搜集故事，当众陈述②
Thukydides 之生，去 Herodotus 才二十年，而著作迥异。……Thukydides 作，则体例严谨，纯为统系之历史。Thukydides 生长雅典，受学于当世大师（Sophistai），故文词华瞻，思理清澈。Peloponnêsos 战争，Thukydides 身与其役，遂作史八卷，……凡神异之事，传闻之词，皆置不录，意在资考镜，而非以广异闻。……盖 Herodotus 犹为文士，Thukydides 则已有学者风度③	以后有修西地特士（Thukydides）继之而起，作《比罗奔尼梭战史》（Peloponnesos）。自比罗奔尼梭战争以后，雅典衰落了，希腊的古典文学亦随之而衰落。修西地特士所作历史，则纯粹为统系的历史了，所有神异之事，传闻之词，皆不录入，较之希罗多杜斯更为进步了④

周作人的《欧洲文学史》原本就是参考众多外国文学史著作而成，而金石声的《欧洲文学史纲》如表所示，在论及古希腊史家部分，与周氏之作的相似程度很高。诸如此类的情况，一则可能是金氏和周氏均参考了同样的著作，两人均为"不同的文字转辗的稗贩"；二则可能是金氏借鉴了周氏之作。

---

① 周作人：《欧洲文学史》（第1卷），商务印书馆1918年版，第36页。
② 金石声：《欧洲文学史纲》，神州国光社1931年版，第30页。
③ 周作人：《欧洲文学史》（第1卷），第37、38页。
④ 金石声：《欧洲文学史纲》，第30页。

诸如此类的情况还有不少。比如,张仲和的《西史纲要》论及古希腊三大史家及史著时,在文尾附有一注释——"参考高一涵《欧洲政治思想史》(上卷)、周作人《欧洲文学史》、濑川秀雄《西洋全史》(上卷)"①。如,罗元鲲的《史学研究》②与《史学概要》③、卢绍稷的《史学概论》④、陈训慈《史学蠡测》⑤论及古希腊史学的相关章节文字内容一模一样。又如,涂序瑄的《西洋古代之史学》⑥论述古希腊三大史家的部分与周谦冲《历代史家之批评与现代史学之趋势》⑦的文字内容完全一样。

就古希腊史学在中国的传播而言,中国学人的翻译抑或"不同的文字转辗的稗贩"的移抄,都是古希腊史学东传的接收者所做出的一种回应。从这种回应中,可以蠡测中国学人面对输入的古希腊史学是如何选择的,并揭示这种选择背后隐藏的原因。换言之,通过对这种特殊回应的解读,可以获知中国学人是如何以接受理解"他者"的方式,实现与"他者"——西方史学——的"合和"的。

三、深化与创新:希罗多德史学新探

希罗多德无疑是令中国学人印象最为深刻的古希腊史家,而且希罗多德史学也是中国学人接纳最为充分的古希腊史学。是故,中国学人在接受希罗多德及其《历史》后,将内化为自身知识体系的希罗多德及其《历史》,以各种形式展示出来,造就了研究希罗多德史学的繁盛局面,亦

---

① 张仲和:《西史纲要》,文化学社 1924 年版,第 62 页。
② 罗元鲲:《史学研究》,开明书店 1935 年版,第 147 页。
③ 罗元鲲:《史学概要》,武昌亚新地学社 1931 年版,第 190 页。
④ 卢绍稷:《史学概论》,商务印书馆 1930 年版,第 75 页。
⑤ 陈训慈:《史学蠡测》,《史地学报》1925 年第 3 卷第 5 期,第 25 页。
⑥ 涂序瑄:《西洋古代之史学》,《台湾大学校刊》1948 年第 11 期,第 6 页。
⑦ 周谦冲:《历代史家之批评与现代史学之趋势》,《现代史学》1934 年第 2 卷第 1/2 期,第 251 页。

塑造出多面的希罗多德史学之"东方形象"。

(一)筚路蓝缕,以启山林

历史是不能割断的,对中国的希罗多德史学研究史亦是如此。史料证明,早从20世纪初以来,就不断有学者撰文介绍过希罗多德。但综观这一阶段关于希罗多德的介绍,仍是简要的、不全面的,遑论做出深入的探索与具体的研究了。

20世纪50年代之后,情况发生了变化。从总体来说,此时中国的西方史学研究完全被冷落,其引进也是在"夹缝"中求生。所幸在困难的条件下,西方古典史学名著的翻译仍蹒跚前行,1959年出版了王以铸翻译的首部中译本希罗多德《历史》。另外,此时刊发的寥若晨星的相关文章中①,也留下了国人关于希罗多德史学的蛛丝马迹,但集中与专门的论述尚付阙如。

希罗多德史学研究伴随中国"科学的春天"的来临,也乘着这和煦的春风,蔚然成气候。20世纪80年代伊始,郭圣铭率先发表《古希腊的史学遗产》②一文,文中对希罗多德及其所著《历史》多有评述,这位前辈历史学家的大作,揭开了中国新时期希罗多德史学研究的序幕。

接着,1981年张广智出版了《西方"历史之父"希罗多德》③一书,又

---

① 例如齐思和的《〈史记〉产生的历史条件和它在世界史学上的地位》(《光明日报》1956年1月19日)、《欧洲历史学的发展过程》(《文史哲》1962年第3期)等,自然会对希罗多德与中西史学做一点比较,但多语焉不详,尚缺深论。

② 郭圣铭:《古希腊的史学遗产》(上下),《上海师范大学学报》1980年第3期,第67页,第4期,第76页。

③ 张广智:《西方"历史之父"希罗多德》,商务印书馆1981年版。本书乃是"外国历史小丛书"之一种。这套丛书自1961年起,先后由吴晗和陈翰笙任主编,选题广泛,内容丰富,是专为普及外国史而出版的通俗读物,是史学工作者将历史知识教给广大民众的一种自觉性的表现,丛书虽"小",却承担着史学服务社会的"大"功能。此后,张广智又于1983年、1993年在商务印书馆相继推出了《修昔底德与〈伯罗奔尼撒战争史〉》《古罗马杰出的历史学家塔西佗》等小书。

于是年发表了《希罗多德:西方史学的创立者》①一文。需要指出的一点是,张广智在上述一书一文中,除论述希罗多德的史学贡献外,还提到要把希罗多德与司马迁做比较,指出:"如果对这两位史学的巨人做一番比较的研究,一定会有助于我们更好地了解史学发展的规律性。"此后竟引出了不少相关作品,比如林青与蒋颖贤的《希罗多德和司马迁》②、杨俊明的《"史学之父"希罗多德与司马迁之比较研究》③、阎崇东的《司马迁之〈史记〉与希罗多德之〈历史〉》④、宸晓红的《中西"史学之父"著史的共同特色》⑤、凌峰的《希罗多德与司马迁》⑥等文。此外,黄新亚于1991年出版《司马迁评传》一书,在"东方与西方"这一节中,作者对司马迁与希罗多德也进行了比较研究,得出以下结论:"希罗多德的《历史》仅仅包含了我们所说的历史科学的因素,而司马迁的《史记》却奠定了中国历史科学的基础,也奠定了具有现代意义的历史科学的基础。"⑦

  据知,在海外的中国学者中,也有不少学术成果面世。比如邓嗣禹的《司马迁与希罗多德之比较》⑧,从两者的时代背景与传记、撰史的动机与目的、史书之组织与范围、史学方法与史观、优点与劣点等方面做

---

① 张广智:《希罗多德:西方史学的创立者》,《复旦学报(社会科学版)》1981年第1期,第113—116页。
② 林青、蒋颖贤:《希罗多德和司马迁》,《福建师范大学学报(哲学社会科学版)》1991年第3期,第121—127页。
③ 杨俊明:《"史学之父"希罗多德与司马迁之比较研究》,《求索》1991年第6期,第103—109页。
④ 阎崇东:《司马迁之〈史记〉与希罗多德之〈历史〉》,《内蒙古师范大学学报(哲学社会科学版)》1992年第4期,第47—55页。
⑤ 宸晓红:《中西"史学之父"著史的共同特色》,《山西师范大学学报(社会科学版)》1995年第2期,第39—41页。
⑥ 凌峰:《希罗多德与司马迁》,《学术研究》1995年第1期,第76—81页。
⑦ 黄新亚:《司马迁评传》,光明日报出版社1991年版,第249—250页。
⑧ 邓嗣禹:《司马迁与希罗多德之比较》,《历史语言研究所集刊》第28本(上册),"中研院"历史语言研究所1956年版。

了较为详尽的比较研究。以比较史学享誉海内外的史学名家杜维运在《比较史学的困境》①一文中,认为将希罗多德史学与司马迁史学做比较是一种"附会",因为两者史学成就相差悬殊,称司马迁"在史学成就上,远超过西方历史之父的希罗多德"。不过,杜氏之说充满了悖论,倘未对两人做过实质性的比较研究,怎能得出两人史学成就极为悬殊的结论? 在笔者看来,存疑的应当是杜先生的"附会说",而不是他后来的实践,即他对两者曾进行过的实质性比较。此外,侨居巴黎的左景权已出版《希罗多德与司马迁的比较研究》(法文版),此书尚未见闻,难以评说。

还需要指出的一点是,从20世纪80年代初郭圣铭的《西方史学史概要》②到最近问世的王晴佳、李隆国合著的《外国史学史》③,在中国新时期出版的20多本通贯性的西方史学史作品中,都在叙述西方史学的源头时提到希罗多德,详略不同,也各有特色,在此不再逐一评说。

总括以上所述,中国的希罗多德史学研究,在20世纪前期还说不上有什么成绩,五六十年代成果亦微,直至中国新时期,才发出了中国学人的东方声音。不过,迄至20世纪末,这种"研究",就总体而言,还缺乏深度,对希罗多德史学底蕴的揭示,还欠功力,比如一个很显著的方面,即在八九十年代一度热闹的希罗多德与司马迁的比较研究,也大多停留在平面的、形式上的对比,此后也就日渐冷落了。中国的希罗多德史学研究的深化需要耐心,更需要足够的时间。然而筚路蓝缕,以启山林,前人已有的成果,在很大程度上或直接或间接影响了后来者,疏通与支撑起后继者的研究,并成了后人新的出发点。

---

① 杜维运:《比较史学的困境》,载《第三届史学史国际研讨会论文集》,青峰出版社1991年版。
② 郭圣铭:《西方史学史概要》,上海人民出版社1983年版。
③ 王晴佳、李隆国:《外国史学史》,北京大学出版社2017年版。

（二）新的世纪，新的形象

中国自进入 21 世纪以来，学林新风，史界活跃，给希罗多德的"东方形象"抹上了一片亮色。

21 世纪以来的十余年间，中国的希罗多德史学研究，不仅成果丰硕，质量上乘，且新人辈出，以复旦大学博士研究生为例，从 2000 年吴少梅的学位论文《论古希腊史学的两种范型：以希罗多德和修昔底德为讨论中心》①，至 2013 年阮芬的学位论文《神谕与希罗多德的叙事》②，其间以希罗多德为主题的博士学位论文选题竟扎堆地出来，这充分显示了希罗多德史学的无穷魅力。

以下，笔者对十余年来我国希罗多德史学的研究，用下列 12 个字，即三个"关键词"——词义阐释、多重视野与历史语境，做点归纳，难免挂一漏万，失之偏颇。

1. 词义阐释

词义于史学研究之重要，不言自明，尤其于希腊文（或拉丁文）的西方古典史学原著，更要精心找准相对应的现代汉语词汇，斟酌再三，否则，词不达意，还谈什么深入的研究。在十余年的希罗多德研究中，研究者对《历史》文本很关注，于是就有了徐松岩的新译本③。这里不做徐译本与王译本的"对照研究"，仅以《历史》的"序言"之多种版本为个案，以彰显中国学界对希罗多德史学研究的深化，这一点在过去是不曾出现过的。

---

① 吴少梅：《论古希腊史学的两种范型：以希罗多德和修昔底德为讨论中心》，复旦大学博士学位论文，2000 年。
② 阮芬：《神谕与希罗多德的叙事》，复旦大学博士学位论文，2013 年。
③ 徐松岩重译的《历史》，附有大量的"译注"，甚见功力，此书由上海三联书店 2008 年出版。2013 年中信出版社又出版了徐译《历史》最新修订本。另外，徐松岩与黄贤宝重译修昔底德的《伯罗奔尼撒战争史》，早于《历史》新译本四年，由广西师范大学出版社 2004 年出版，2012 年上海人民出版社出版了该书的修订本。徐松岩又翻译了色诺芬《希腊史》，上海三联书店 2013 年出版。至此，古希腊三大史学名著，皆由徐松岩重译或新译，在中国的西方古典史学之史中，应当记上一笔。

> 在这里发表出来的,乃是哈利卡尔那索斯人希罗多德的研究成果,他所以要把这些研究成果发表出来,是为了保存人类的功业,使之不致由于年深日久而被人们遗忘,为了使希腊人和异邦人的那些值得赞叹的丰功伟绩不致失去它们的光彩,特别是为了把他们发生纷争的原因给记载下来。

这是首译《历史》的王以铸译本。(下文以姓氏简称某译本,如这里的王译本)。

> 以下所发表的,乃是哈利卡纳苏斯人希罗多德调查研究的成果,其所以要发表这些研究成果,是为了保存人类过去的所作所为,使之不至于随着时光流逝而被人淡忘,为了使希腊人和异族人的那些值得赞叹的丰功伟绩不致失去其应有的光彩,特别是为了把他们相互争斗的原因记载下来。

这是新译《历史》全书的徐松岩译本。与王译本对照,差别不大。差别的是,在"调查研究"与"异族人"之后,徐译本分别加了长篇的"译者注",当自有价值。

通古希腊文的希腊史专家黄洋,在《希罗多德:历史学的开创与异域文明的话语》一文中将《历史》序言自译为:

> 哈利卡纳苏斯人希罗多德在此发表其研究(historia),以使人类过去的事迹不致因时间而流逝,使希腊人和蛮族人(barbaroi)伟大而令人惊叹的成就不致变得湮没无闻,尤其是他们相互爆发战争的原因。①

上述译文与王译本没有多大的差异,唯一明显的是黄译本将王译本的"异邦人"译成了"蛮族人",这一词义的差异当为其论旨服务的(下述)。

---

① 黄洋:《希罗多德:历史学的开创与异域文明的话语》,《世界历史》2008年第4期,第4—12页。

关于《历史》序言的各种中译本，尤令人注目的是张巍在《希罗多德的"探究"——〈历史〉序言的思想史释读》一文中的版本：

> 哈利卡那索斯人希罗多德所做的探究展示（historiēs apodexis）于此，目的是使人类的作为（ta genomena ex anthrōpōn）不致因时光流逝而黯然失色（exitela），使一部分由希腊人、另一部分由异族人展示（apodekhthenta）的令人惊异的伟业（erga megala te kai thōmasta）不致失去荣耀（aklea），（探究涉及的）除了其它，特别是他们之间发生战争的原因（aitiē）。①

倘与王译本相比较，两者在语义上差别甚大。熟谙古希腊文的张巍，为学界奉献了一则与王译本不一样的《历史》序言，不仅如此，译者还通过这段序言的新译，进而分析了希罗多德与荷马的关系，力图阐明希罗多德正是凭借这种关系，以构建其 historia 的独特的"语义场"。综观全文，张译本不同于王译本的语义，始终是与阐述其文主题密切相关联的，那就是：希罗多德通过"叙事"（logos）来展示自己的"探究"，就实现保存"荣耀"的目的而言，既是史诗诗人的竞争者，亦是他的追随者。

由此可以说明，词义关乎史学论题之宏旨，不可小觑。推衍开来，另作文章，还可再举一例，比如张广智的《论古代西方的历史理论——由希罗多德〈历史〉之"引言"说开去》②，引申出以下几个可以进一步探究的问题，即历史进程中的神人关系、历史发展变化的相互关系以及历史兴衰成败的经济因素等，借以考察古代西方历史理论的基本特征。

---

① 张巍：《希罗多德的"探究"——〈历史〉序言的思想史释读》，《世界历史》2011年第5期，第126—134页。
② 张广智：《论古代西方的历史理论——由希罗多德〈历史〉之"引言"说开去》，载朱政惠、胡逢祥主编：《全球视野下的史学：区域性与国际性》，上海辞书出版社2011年版，第675—689页。该文的简版发表在《史学史研究》2007年第4期上。

关于《历史》序言之中译,有一例颇令人玩味。通古希腊文的学者刘小枫,在《略谈希罗多德的叙事笔法》[①]一文中,不仅把《历史》改译为《原史》[②],文中引文均从古希腊原文重译,且中希文对照,让识者验证。但在引用《历史》序言时,仍沿用了王译本。这颇令人疑惑,也许在刘小枫看来,王译本这段畅达的文字,准确传神,与自己译出的各段文字,均古朴典雅,风格较为贴近吧。这只是笔者的一种猜测,不足为据。

2. 多重视野

这里所谓的"多重视野",即是指从不同的角度(或侧面)来对希罗多德史学进行研究。这方面的文章不少,大体可归纳为如下一些方面:

对《历史》个别卷次做出分析研究的。《历史》卷Ⅱ,内容独立,颇具一格,这自然会引起研究者的兴趣,比如蒋保的《论希罗多德的埃及观》[③]、杨扬的《希罗多德"埃及卷"释读》[④]等即是。

对《历史》文本的结构做出分析研究的。比如杨俊明、付静的《评希罗多德〈历史〉的结尾——兼论希罗多德的写作目的》[⑤],文章认为《历史》的结尾符合希罗多德的写作目的,是相当圆满、无懈可击的。

对《历史》叙事做出分析研究的。有论叙事理念的,也有论叙事笔法的,如上文述及的刘小枫的《略谈希罗多德的叙事笔法》。分析希罗多德的"叙事理念"也好,探究他的"叙事笔法"也罢,都意在去接近希罗多德,进而阐明他的写作目的,还原为一个"真实的"过去。

[①] 刘小枫:《略谈希罗多德的叙事笔法》,《国外文学》2006年第2期,第60—65页。
[②] 无独有偶,吴小锋在《希罗多德笔下的爱欲与礼法》(《浙江学刊》2011年第2期)一文中也称希罗多德的《历史》为《原史》。
[③] 蒋保:《论希罗多德的埃及观》,《学海》2010年第5期,第163—168页。
[④] 杨扬:《希罗多德"埃及卷"释读》,《西南大学学报(社会科学版)》2011年第3期,第184—189页。
[⑤] 杨俊明、付静:《评希罗多德〈历史〉的结尾——兼论希罗多德的写作目的》,《湖南师范大学社会科学学报》2003年第1期,第97—100页。

对神谕与希罗多德叙事之间关系做出分析研究的。这是对上述视角的进一步研究,因视角不同,其探讨又出新意了。比如郭海良的《关于希罗多德与修昔底德作品中对神谕的描述》[①],因其比较的视角,相关论述自然颇具深意。有用《历史》中的某一故事撰文,如阮芬的《神谕与希罗多德式叙事——以吕底亚故事为例》[②];由此,进而讨论希罗多德的"人神史观",比如冯金朋的《历史:另一种神话——谈希罗多德的人神史观》[③],又如杨俊明的《试析希罗多德的宗教迷信思想》[④]一文则做出进一步的分析,指出他的《历史》其中心是人事而非神事,他的历史观是宗教迷信思想掩盖下的人本史观,这与前引《论古代西方的历史理论——由希罗多德〈历史〉之"引言"说开去》一文中的观点是相吻合的。

对希罗多德与波斯的关系做出分析研究的。从这一视角,即希罗多德以其历史书写,通过对希腊人和波斯人之间战争的"探究",寻求"蛮我两分"的"话语体系"和"他者形象"。这种研究视角独特,与传统习见大异其趣,黄洋的《古代希腊罗马文明的"东方"想像》[⑤]《希罗多德:历史学的开创与异域文明的话语》[⑥]可为代表。这两文刊发相隔两年,就写作者而言,是同一时期的产物,虽则前文没有标出希罗多德,但"史学之父"

---

① 郭海良:《关于希罗多德与修昔底德作品中对神谕的描述》,《史林》2003年第6期,第107—112、124页。
② 阮芬:《神谕与希罗多德式叙事——以吕底亚故事为例》,《世界历史》2013年第2期,第95—106页。
③ 冯金朋:《历史:另一种神话——谈希罗多德的人神史观》,《重庆社会科学》2006年第2期,第82—86页。
④ 杨俊明:《试析希罗多德的宗教迷信思想》,《株洲师范高等专科学校学报》2005年第1期,第5—9页。
⑤ 黄洋:《古代希腊罗马文明的"东方"想像》,《历史研究》2006年第1期,第114—123页。
⑥ 黄洋:《希罗多德:历史学的开创与异域文明的话语》,《世界历史》2008年第4期,第4—12页。

却是该文描述的"重头戏"。因此,两文在近十年中国希罗多德史学的研究中,可视为"姊妹篇",或可一并予以评述。

《古代希腊罗马文明的"东方"想像》给人突出的"印象"是时贤萨义德所津津乐道的"东方主义",在黄洋看来,这可以追溯到古代希腊罗马文明。该文自点出荷马之后,重点阐述了希罗多德的历史书写,以共和与帝制之交罗马人接受希腊人"东方主义话语"终篇。文章得出这样的结论:"至此似乎也可以说,东方主义的思想和话语在西方之所以经久不衰,乃是因为它根深蒂固,有着悠久的传统。"至于说到希罗多德,笔者要补充的是,他对非希腊人的"异邦人"不存偏见,一视同仁,表现出了他那个时代希腊人鲜有的"开明"与"公正",只要细读《历史》,便可知那不是一种"想象"。现在要切磋的是,包括希罗多德在内的西方人,是否在邈远的古代那种"历史语境"下会有现代理论家这种过度解读的"东方主义"的"想象"。

《希罗多德:历史学的开创与异域文明的话语》一文发展了上文希罗多德"蛮我两分"的历史书写,通过对异域文明的描述,希罗多德向希腊人展示了一个由"希腊人和蛮族人"这相互对立的两部分所组成的世界,奠定了影响至今的东西方两分的世界史书写传统。作者在文末指出:

> 最后必须说明的一点是,本文所提出的仅仅是阅读希罗多德的一个视角,也许并不能涵盖和解读其《历史》中的全部内容。因其内容的丰富性,其它方式的解读不仅是可能的,而且也为不同的学者所采用。例如,《黑色雅典娜》的作者伯纳尔就认为,希罗多德提供了一个不带种族偏见,将希腊文明源头追溯到西亚和埃及的解释模式。也许丰富的内涵和多种阅读的可能性正是希罗多德的恒久魅力之所在。

此外,对希罗多德与波斯的关系做出分析研究的,还有一些,比如倪学德的《古希腊文化传统与希罗多德对波斯的态度》①，李隽旸、时殷弘合撰的《帝国的冲动、惯性和极限——基于希罗多德波斯史撰的帝国战争考察》②，均值得关注。尤其是后一篇文章与我们上面所说到的所有文章不同，它是历史Ⅰ的研究，也就是对人类历史发展进程的思考。可以说，我们在前面所评述的，皆是历史Ⅱ的研究，即对历史学（希罗多德史学）发展进程的思考③。该文从现代国际关系的视角与话语出发，借助希罗多德笔下关于古代波斯帝国历程的描述，以史为鉴，从中总结了帝国和帝国战争的某些重要教训，回顾历史，省思现实，颇为可取。

总之，多重视野下的希罗多德史学，不再是乏善可陈的"一元论"，在学者们多样性与独特性的眼光里，它展现的是"史学之父"的多重面相，于繁花似锦中开辟出希罗多德史学研究的新天地，显示了与西方学界不尽相同的"东方形象"。

3. 历史语境

所谓"历史语境"④就是回到说话者（或撰文者）所生活的那个时代和社会环境中做出分析，进行"探究"，如斯金纳所说的，"我们需要去还原作者在提出某一特定论点时所可能具有的意图"，即回到这种"原初语境"中。进言之，广义的"历史语境"可泛指社会文化背景，即回到蕴藏于

---

① 倪学德：《古希腊文化传统与希罗多德对波斯的态度》，《历史教学》2008年第4期，第53—55页。

② 李隽旸、时殷弘：《帝国的冲动、惯性和极限——基于希罗多德波斯史撰的帝国战争考察》，《中国人民大学学报》2012年第1期，第99—108页。

③ 这里所谓的历史Ⅰ、历史Ⅱ，即指"历史"一词的双重含义，参见张广智、张广勇：《史学：文化中的文化：西方史学文化的历程》，上海社会科学院出版社2013年版，第10页。

④ 西方学者对"语境"理解不一，诸说繁冗，在此略举一例，比如伯克霍夫（Robert F. Berkhofer）认为历史研究中有三类九种定义"语境"的方法，即从传统历史、从语境主义以及从文本主义这三类出发的方式。参见 Robert F. Berkhofer, *Beyond the Great Story: History as Text and Discourse*, Harvard University Press, 1955, p. 20。

某个民族或国家的精神层面,而作为一种史学研究方法的"历史语境",或许与我们通常所说的"历史主义"接近,即研究者的研究不能脱离特定的时代,不能以今人之"心"度古人之"腹";进言之,"历史语境"的目标是研究者在多样性与独特性的解读中,寻求统一性,寻求共性与个性的统一,最终是为了寻求历史学的真谛。

这里着重评述的是吴晓群近年来的希罗多德史学研究。吴晓群早些时候的关注点是希腊宗教与仪式文化,接受六卷本《西方史学通史》(古代卷)的写作任务之后,开始专注于古希腊史学,尤陶醉于希罗多德史学的"探究",成果甚丰:除作为张广智主著的《西方史学史》(第三版)[1]一书希罗多德篇的执笔者与六卷本《西方史学通史》第二卷(古代时期)[2]一书的执笔者外,2009年发表论文《希罗多德的"历史书写"》[3],2010年发表论文《公众记忆与口述传统——再论〈历史〉的真实性问题》[4],2013年发表论文《论希罗多德的"探究"是何以成为"历史"的》[5],2015年发表《20世纪后半叶西方希罗多德研究的两种路径》[6]等。通读这些篇什,从中可察觉出论文作者将"历史语境"这一"关键词"贯穿文中,在前人已有成果的基础上,显示出了一种别开生面的新意。

吴晓群是如何看待"历史语境"的呢?她说:"在研究古人及其经典时,首先需要的是客观地看待研究对象并对之保持一种起码的尊重态

---

[1] 张广智主著:《西方史学史》(第三版),复旦大学出版社2010年版。

[2] 张广智主著:《西方史学通史》(古代卷),复旦大学出版社2011年版。

[3] 吴晓群:《希罗多德的"历史书写"》,《华东师范大学学报(哲学社会科学版)》2009年第6期,第19—26页。

[4] 吴晓群:《公众记忆与口述传统——再论〈历史〉的真实性问题》,台湾《新史学》2010年第21卷第2期,第165—219页。

[5] 吴晓群:《论希罗多德的"探究"是何以成为"历史"的》,《世界历史》2013年第3期,第103—113页。

[6] 吴晓群:《20世纪后半叶西方希罗多德研究的两种路径》,《世界历史》2015年第1期,第139—147页。

度,不应完全以今人的知识架构来看待古人、以现代的方式去猜度他们,而更应该顾及其本身的问题意识以及问题产生的历史语境,从而就其自身的特点出发去理解古典著作。"由此一端,她对"历史语境"的"还原说""古今观""个性与共性论"等与笔者上述之浅见是相吻合的。

我们注意到,"城邦语境"一词一再出现在她的论著中,这自然是"历史语境"的"希腊版"。试想,希罗多德生活时的古希腊,是一个城邦林立的世界,伯里克利时代的雅典民主政治、发达的奴隶制经济以及璀璨的古典文化,自然会对希罗多德史学产生难以磨灭的影响,这不同于"希腊化时代"的波里比阿,更不同于"帝国语境"下造就的塔西佗史学。在她看来,"只有将希罗多德的历史叙述放在古代希腊城邦的特定语境下加以解读,才是合理的解读"①。

希罗多德史学研究中的一大难点是,"史学之父"的历史叙述多以口述资料为主,于是其史实的"真实性"备受后人质疑。由于口述史料来自记忆,如何判断记忆的真实性,如何判断公众记忆与口述传统,这就构成了我们理解希罗多德史学真实性之关键所在。吴晓群在汲取前人之新说(比如加拿大历史学家施林普顿《古希腊史学与记忆》一书中的新见)的基础上,潜心研究,颇有个人心得。她在《公众记忆与口述传统——再论〈历史〉的真实性问题》中做了阐发:"只有回到古典史家所生活的社会环境中去,避免以自我为中心、以现时代为中心去解读他人和他时代,忘掉现代学科分类的严格标准,也不要以进步观去衡量古人。"此见是符合"历史语境"之旨趣的。在上述这段引文处,吴晓群又加了一个长注,算作"余论"。在笔者看来,这个"注"不只是为正文铺陈,也颇具深意,值得在这里列出,以引起研究者更多的关注。她说:

实际上,思想史研究的意义既不在于简单地求同而为自己的言

---

① 参见吴晓群:《公众记忆与口述传统——再论〈历史〉的真实性问题》,台湾《新史学》第21卷第2期,第174页。

行找寻一个"古已有之"的证据;也不在于纯粹的求异,以表明今人所谓的"进步"之处。我们认为,对经典的研读首先应该是将古人的思想平等地视作一种可供借鉴、参照的精神资源,研究者彰显古人与今人思维的异同,是要以此与现时代形成对照或批判,从而使人们对自己身处的时代及思潮进行反思。①

总之,在"历史语境"的映照下,我们的希罗多德史学研究真的不能为自己的"新论"与"想象",找寻一个"古已有之"的证据,而是要"尽可能多地关注古典时代所处的时代与语境,认识到他们与现代史家在目的和方法上的差异,不要纯粹以现代人的思维去理解古人……"②

诚然,希罗多德乃"西方史学之父",中国学者的研究自然离不开西方学者的研究成果,他们的真知灼见也在一定程度上会影响我们。但是,从近十年来中国学者关于希罗多德史学的研究中可以看出,我们不是跟在西方学者后面亦步亦趋,而是在充分了解与认识西方学者相关论说的基础上,以自己的"话语",研讨省思,终于发出了东方学者的声音,这的确是难能可贵的。这也从一个侧面显现了中国西方史学史研究的进步。

随着时代与社会的不断进步,历史学将继续前行,中国的希罗多德史学研究也将伴随着我国西方史学研究的深化继续前行。有以下几点值得关注。

首先,在《历史》文本的翻译方面,还有进一步努力的空间。

比如在全面理解希罗多德的史学思想的基础上,从古希腊原文直译,而不是以参照英译本为主、对照希腊文来译的传统路数,不致因译词

---

① 吴晓群:《公众记忆与口述传统——再论〈历史〉的真实性问题》,台湾《新史学》第21卷第2期,第215—216页。

② 参见戴晋新:《司马迁与希罗多德——中西比较研究的一个焦点与线索》,载朱政惠、胡逢祥主编:《全球视野下的史学:区域性与国际性》,第65—80页。

的疏失考辨而忘却"语义场"的独特性,以致造成对《历史》一书深意的掩盖和误解。从时下来看,这个条件完全成熟了。

其次,希罗多德史学研究应兼备历史观与史学观,当然这两者也不是不可逾越的,我们需要研究希罗多德的历史观,那是为了研究他的史学观做铺垫,而研究希罗多德的史学观,是为了深化对他的历史观的进一步了解,两者相辅相成,相得益彰,缺一不可。

再次,关于比较研究。上文提到希罗多德与司马迁的比较,一度曾很"热"。但近十年来,却冷落了。对此,我们应该反思。2007年台湾学者戴晋新撰《司马迁与希罗多德——中西比较研究的一个焦点与线索》一文指出,此前这类研究"新意不多,且时有谬论与浮泛之言"[①]。该文侧重从史学方法的角度,对两者的比较研究的"对当性"、如何比较、比较意义等问题发表新见,颇具深意。他希望希罗多德与司马迁的比较研究能更上一层楼,以"获得更多跨文化与世界性的了解,他们在人类历史意识与历史思维发展过程中的意义与价值也将不断地被诠释和被公平对待"。在笔者看来,在更宽广的视野里,希罗多德史学的比较研究,将大有作为。从横向来看,希罗多德的比较对象不只是司马迁一人,也不仅仅限于我国古代历史学家;从纵向来看,希罗多德可比的不只是后来者(包括信从者和批评者),也更有史学文化深层的与时代的等方面的因素可挖掘,以见新义。

最后,关于"影响研究"。这里的"影响研究",说的是在史学史研究中,不应只局限于各自史学自身发展历程的研究,还应当研究不同国家或地区之间的史学文化的相互交汇与相互影响。历来的史学研究,只关注前者,而忽略了后者,这就使史学研究的路径变得越来越狭隘。因此,为了希罗多德史学研究的开拓创新,我们还须重视希罗多德史学的域外

---

① 戴晋新:《司马迁与希罗多德——中西比较研究的一个焦点与线索》,载朱政惠、胡逢祥主编:《全球视野下的史学:区域性与国际性》,第65页。

史,尤其是它的东传史,重视希罗多德史学对我国史学的影响,以及这种影响对我国新史学的构建所具有的意义。总之,希罗多德史学之外传,不仅是东传,亦即这位西方"史学之父"在世界范围内所产生的影响,或如上文戴晋新所说的"世界性了解",都应当成为我们的希罗多德史学研究的题中应有之义。

第三章

西方古典史学的东方形象（下）

清季民国时期西学东渐，裹挟于西学之中的西史随之传入中国，其中古希腊史学率先进入中国。而中国学人则通过传教士创办的中文读物、在华西侨创立的英文期刊报纸接触古希腊史学文化，从古希腊史事、史著到史家、史学，从文史不分到文史殊途，不断深化对古希腊史学文化的认知，并以翻译、"稗贩移抄"东史著述与西史名著等多种方式对传入的古希腊史学做出回应。

实际上，古希腊史学东传时，古罗马史学也如影相随地传入中国。1837年2月（道光丁酉年二月），郭士立等人创办的《东西洋考每月统记传》上刊载了爱汉者编写的《经书》一文。文中提到：

> 纂国史兼诸国之纲鉴，始周朝威烈王年间，超群卓异之史者，系希啰多都、都基帝底、洗那奉；开谕民卓异者，帝磨士体呢兼伊所嘉帝；博物君子超群，神拉多兼亚哩士多帝利。希腊列国衰，罗马国兴。作诗超群者，为谓之味耳治兼和喇士；纂史者，利味兼大西多；有口才者，西细啰；穷理超群者，乃西呢嘉、彼利呢二人。①

---

① 爱汉者编：《东西洋考每月统记传·丁酉年二月·经书》，中华书局1997年版，第205页上。

其中的"利味""大西多"即李维（Livy，Livius）①、塔西佗（Tacitus）②。文中除了涉及希罗多德、修昔底德、色诺芬三大古希腊史家外，还提及古罗马两位著名史家。

《经书》一文将古希腊、古罗马史家一并提及，这一方面表明古罗马史学是与古希腊史学同时传入中国的；另一方面也说明编写该文的传教士将古希腊、古罗马视为统一体。这种希腊罗马统一体的观念对中国学人影响至深，而后"不论什么时候我们一提到希腊，便也想到罗马，这种观念的联合，在我们进学校起便建立起来了。我们的'古典的往古'观念，把希腊人和罗马人认作统一文化圈内的人"③。诚然，这种古希腊、古罗马一体的观念有利于古罗马史学在中国的传播。然而，这一观念也使得古罗马史学在传入中国之后，在很长一段时间内被视为古希腊史学的赓续。

一、赓续与"中键"：希腊史学与罗马史学

古罗马史学不但是与古希腊史学一道传入中国的，而且试图以西史消除中国士人对西学抵触情绪的传教士们④，论及古希腊、古罗马时，偏好将两者并辔齐驱。1838年郭士立等人刊行的《古今万国纲鉴》上册卷五与古希腊历史有关，其中"希腊列国拒挡波斯国军"这样描述希波战争：

---

① 李维（Livy 或 Livius），清末民国期间又译作李韦、李维雅、李委、李卫、离维亚斯、里非亚斯、黎维、利维、利味、利非、利凡、利维雅、李斐、李菲、李费、利未乌斯、黎危、里维等。下文不赘。

② 塔西佗（Tacitus），清末民国期间又译作塔西多斯、塔西坨、塔西多、塔西陀、塔希脱、塔克多、塔息达斯、塔西士斯、塔西他、塔西佗斯、塔西达斯、戴席突、戴席突斯、邰西特、达西陀、达西脱、达西脱、达西佗斯、大西多、太锡都斯、达基特士、挞实图、泰西托士、泰士德、泰西特、他西亚斯、他西他士、他齐土斯、它齐唐挞实图、答吉都斯、佗雪德、泰奇都、答吉都斯等。下文不赘。

③ ［德］R. Rocker:《罗马论（一）》，卢剑波译，《长江》1949年第1卷第3期，第14页。

④ 爱汉者编:《东西洋考每月统记传·丁酉年二月·经书》，第205页上。

惟差人打探消息,探子回报,希腊民不肯投降,必然战死,万人一心,尚不可当……海峡建桥使亚细亚与欧罗巴相连。桥者长二千丈,还不上六日,庶军渡之。泽耳士王阅军,又喜又闷。喜者为大权势,闷者为世人之短命。希腊列国一看精兵三百万人,攻打本国,莫不慌动。亦有数国丧气,投降其地也。曰,那里阻挡得住是军焉,欲走又走不得,欲抵又抵不得,故无奈何。①

"战国"则提及伯罗奔尼撒战争中的伯里克利:

君子比之以玉也,玉润而不污,是仁而至清洁也。廉而不杀,是义也。坚而不磨,过而不濡,视之比哩吉为君子也。先反诸己,其次求诸人,及国平安。不幸疫气流行,人面赤汗、多恶风,心神颠倒,言语謇涩,舌强口干,忪悸恍惚,身重得卧,喉痹生疮,如食物喧塞,外热内寒,外寒内热,眉棱骨痛,手足瘫痪,卒然仆倒,昏不知人而死。雅典城居民死者不胜数也,亦比哩吉去世。②

而在上册卷三中则有内容涉及古罗马历史,叙述了第二次布匿战争及战争中的汉尼拔:

忽然两军交锋,将军彼此练达老成。操演武艺,固像武夫出类拔萃之二人,动手战了三十回合,战斗赛了屡次,到底敌不住,迎大其军咸败,国家必投降诸城,并藩属国,而罗马国凯旋,且庶国咸宁矣。

汉尼巴将军为人,真可谓身高九尺,貌凶狼,两目如环闪射光,其滋端无既。罗马军凯旋之后,暗想道,吾本欲取胜,不想我法低微,我国败了,国民丧心,莫若结衅隙以报仇,就渡到亚细亚西方,致煽惑其国之主。主者好色,自夸其勇也。罗马民数攻敌,损兵折将。③

---

① 《古今万国纲鉴》(上册)卷五,第5页。
② 同上书,第5页下。
③ 《古今万国纲鉴》(上册)卷六,第3页。

这两部分文字无论是遣词造句、行文风格等形式,还是情节设置、褒贬思想理念等内容都无二致,可见在郭实腊等传教士眼中,希腊、罗马浑然一体、不可分割,言及希腊必论罗马,且两者无分轩轾。此后随着西学东传的深入,传教士们对古希腊罗马的叙述方式也发生了一些变化,倾向于强调突出古希腊文化的优越性,而将古罗马文化视为古希腊文化的赓续。1857年艾约瑟在《六合丛谈》卷一第一号上刊发《希腊为西国文学之祖》一文,论及古希腊文化之兴盛:

  ……和马遂为希腊诗人之祖。希腊全地文学之风,雅典国最盛。雅人从幼习拳勇骑射,以便身手,其从事于学问者凡七:一、文章;一、辞令;一、义理;一、算数;一、音乐;一、几何;一、仪象。其文章、辞令之学尤精,以俗尚诗歌、喜论说也。他邦之学,希人弗务。雅典学徒,所聚之书院有三:一、路该恩;一、古奴萨尔该;一、亚迦代弥耶。书院中有园林亭榭、曲径清池、巍峨堂院,讲道授徒。习文章、辞令、义理之学徒,皆分舍而居。其间兼习扑踊走捷之技,年十八书名于户版,二十岁可筮仕,乘车马、赛绝艺矣。希腊人喜藏书,古时仅有写本。

在艾约瑟看来,古希腊文化光辉灿烂,而"至罗马国,其始椎鲁无文,皆希腊人教之。希人开讲肆于罗马,教之辞令,罗人乐之"①。最初古罗马因自身底蕴不足而学习古希腊文化,"及汉初,罗马国日益强大,希腊文学亦传遍彼地。罗马富厚之家,每家可延一希腊师长,训其子弟。专门教言谈、教性理者亦不乏人。读希腊国书籍,并习其诸般技艺,凡彩画油漆勒石刻木造宫室殿宇之法,种种俱备。复有作诗赋文词弹唱歌舞,俱以希腊国者,是则是效"。即便是古罗马人引以为傲的律法,也是学自

---

① [英]艾约瑟:《希腊为西国文学之祖》,《六合丛谈》卷一第一号,上海墨海书馆1857年版,第8页。

希腊,"罗马人拟设永不更易之律例,先遣人赴希腊国,采访各地律例后,方将本国者定准"①。可以说古罗马文化来自古希腊文化,古罗马文化不过是古希腊文化的复制。换言之,在艾约瑟看来,古罗马文化远不及古希腊文化。

艾约瑟《六合丛谈》卷一第四号中曾撰专文论及罗马文学,再次强调罗马文学源自希腊文学:

> 罗马立国之初,并无书籍。及迦大其之战,希腊人降,即学希人之学。泰西各国学问之初,先习歌诗度曲、战阵乐府、祷祀祝赞与田家风谣等事。周显王时,曷都利亚国(罗马北地)有善歌者来罗,以其国之歌谣,教罗马人效之,易以罗语。秦昭襄王时,以希腊戏剧本作罗剧。罗人作剧之祖曰恩纽斯,最有名。嗣有伯劳都斯者,所演文剧,其本今泰西书院中犹有诵之者。又有该几留斯者,所作更胜于伯劳都斯。昔基改罗云,罗之剧本,该几留斯最妙,惜失传矣。传者其徒德论低乌斯所作,亦较伯劳都斯为雅,仿希之旧也。②

罗马文学基本上就是对希腊文学的简单模仿而已。即便在"武剧""国政及农事诗"等方面,罗马文学颇具特色,但这些方面的文学成就或因原稿散佚,或因流传不广,其价值与意义难以与希腊文学相媲美。

至于史学方面,"罗马国诗家、史家、诸文学辈,凡大有闻望者,无不奉希腊之法则为依据也"③。虽有撒路斯提乌斯、恺撒、李维、塔西佗等名家,但均各有欠缺,其成就与影响难以与古希腊史家相提并论:"作史记者,萨卢斯底与希腊史体例略异,不特纪事,兼之穷理。"虽然"后来作史,亦多仿之",但其史学偏重于"穷理",多为求致用而"所载皆国家经济有用之学"。这样的做法多少伤及史学的求真精神,并且此类历史"惟文

---

① [英]艾约瑟:《西学略述》卷四,上海盈记书庄藏1898年版,第1页。
② [英]艾约瑟:《罗马诗人略说》,《六合丛谈》卷一第四号,第4页。
③ [英]艾约瑟:《西学略述》卷四,第1页。

法颇奇拙,佶曲聱牙"。而"该撒学问优通,文法精炼而少穷理之思"。恺撒作史虽无撒路斯提乌斯著史之弊病,但"盖欲记载得真,不愿以己学见长",未能充分将其政治军事方面的才能融入著史之中。李维"著史数十卷,甲于罗马史家……检出宜载之事,登之于史,识见特高,文亦美备,论理学与国家政度,无不一一精确",但其史著残缺不全,仅存三分之二,其史学的价值颇因此而受限。其后的塔西佗"依萨卢史法,深究当时诸事本末,以褒善贬恶,道人之情性,其文理古奥,特未清晰,然咏疆场事,能感动人心,同于目睹"①,但塔西佗著史侧重于道德垂训之目的,无法规避撒路斯提乌斯著史之弊端。

在艾约瑟看来,古罗马史学最初先天不足,多为模仿古希腊史学,而后虽在致用上有所创新,但其影响与价值远不及古希腊史学,古希腊"创著国史,荣名至今,泰西后学,仰而师之,如今中国文人之俯首于班、马也"。譬如"希罗多都,缘其曾周游多国,问政访俗,并皆征诸故老之所流传、典籍之所采录,返至希腊,兼证以昔所见闻,而作史九卷。一为都基底底,其史乃即当时希腊境内,诸城称兵互相攻击,竭虑殚精,以详考其间战争诸事而作也"②,古希腊史家著史在求真方面更为突出,且其史著内容"详记希腊一国外,至与希腊邻境之敌国友邦,亦略将其风土、君民诸大端,备行收载",比古罗马史著更为广阔而全面。艾约瑟认为古罗马史学方面颇具创新的是普鲁塔克——"伯路大孤"③所著《希腊罗马名人传》:"至若伯路大孤所著之史,则择取希腊与罗马伟人之彼此才德伯仲、功业相侔者,如或皆长于治国,或皆善于治军,皆两两相较,分为立传,考

---

① [英]艾约瑟:《罗马诗人略说》,《六合丛谈》卷一第四号,第7页。
② [英]艾约瑟:《西学略述》卷六,第1页。
③ 伯路大孤,即普鲁塔克,清末民国时期又译为普路太夸司、布鲁特奇、普鲁他、普罗他克、普尔太克、朴鲁泰、朴鲁塔克、仆他库拉、卜泰库拉、白鲁达克、蒲鲁大、波卢塔、波卢塔克、勃鲁达区、勃劳达溪等。下文不赘。

定优劣,以示后人。"①然则此后的古罗马文风衰颓,实难以与古希腊并驾齐驱。由是,艾约瑟慨叹:

> 凡今天下通行之制度、文章、技艺等学,皆创自古初附近地中海旁之诸国,而希腊一国实为之始。即后此诸国率各纪有正史,以备载其国之君政、民风,亦实由希腊创立民族国时有数大著名人,作诸民史为之作俑。是今欧洲人民所遵六艺,以及格致等学,始皆创自希腊;而希腊人所著之书,并所建诸宫殿坛庙以及所镂于石上之诸花纹,自昔迨今,人当观感之下,无不钦服其精妙。考昔希腊治国,惟以格致、技艺、文章等学,诱化人民。时在欧洲,间多攻战,而在欧洲,则永无军争之事。②

虽然古希腊在文化上远胜古罗马,但古罗马历史在世界历史长河中地位独特,是欧洲诸国史之"中键"。因而艾约瑟在《欧洲史略》中指出:

> 后至罗马立国,始恒治戎远征,并吞诸国,复严定律例,颁行于所降属之诸国内。按:罗马盛时,凡今欧、亚、非三洲,绕地中海之诸地方,皆统归罗马而禀奉罗马之法制。即今罗马律例,行于诸国,尚未衰废。盖缘德多尼族,继罗马而起,其蚕食罗马土地,固为代兴之主,乃袭行罗马政治。是犹以罗马为师也,积久相沿,仍而不改。③

古罗马在政治军事上的成就使其傲立于世界历史舞台,"凡古之诸国,皆

---

① [英]艾约瑟:《西学略述》卷六,第1页。值得注意的是,不同版本的《西学略述》具体文字略有不同,如质学丛书本《西学略述》卷六开篇为:"希腊当上古之世文化未兴,荒唐聃智,公家私室皆无记载,故未有史书,然颇有演说故事者,嗣乃有人创述国史云。一为希罗多都,其人曾周游四国,颇识希腊古事,晚乃搜录典籍证以闻见,作史九卷;一为都基底底,其史乃记希腊战事;至伯路大孤所著之史,则皆希腊罗马伟人之迹,凡才德、功业相侔者,皆详著之,颇似中国之名臣传云。"(《西学略述》卷六,武昌质学会1897年版,第1页上)
② [英]艾约瑟:《欧洲史略》卷一,上海盈记书庄1898年版,第2页。
③ 同上书,第3页。

依次述其如何渐尽属于罗马;而今之诸国,则皆依次述罗马如何渐就衰微,诸族如何乘隙分据其地,而建都立国也"①。于是欧洲史就变成了"大半皆详记以前诸国,皆如何屈服于罗马,以后诸国,皆如何脱离罗马,自立为国"②,并且古罗马衰亡之后的欧洲史亦是围绕罗马史而展开叙述的,因为"若嗣罗马称王诸国,则宜推德多尼族之各国为首,第该族自攻取罗马地后,凡其国制民风、律例工艺、教会方言诸大政,皆一一本于罗马而习行之"③。建立在古罗马版图之上的后来诸国深受古罗马的影响,从而导致罗马帝国衰亡之后,欧洲史不得不依然"以罗马为中键"。是故1886年作为《西学启蒙》16种丛书之一、由总税务司出版的13卷《欧洲史略》大部分篇幅留给了罗马:卷一欧洲诸族,卷二希腊隆盛之世,卷三罗马国兴之世,卷四罗马国衰之世,卷五罗马东迁之世。全书有近一半的内容是与罗马相关的历史。

古罗马在文化上逊于古希腊,但亦有自身的长处,"罗马人善吸收希腊文化,有传播四方之功",虽然文学、哲学、美术等文化,终不能超脱于古希腊,但其"法律发达,远胜他国"④,且在政治、军事方面有着无可比拟的优势。这种优势使得罗马"无由养优美高尚之思想,故文学智识之发达,不及希腊人远甚。盖罗马之人民,皆以军角兵鼓之声,为娱耳之具,而诗人之妙想高致蔑焉。是以罗马无独得新创之文学,不过斟希腊文学之余流而作之而已"⑤。

与古希腊文化相比,古罗马文化鲜有值得称道的,"希腊者,文明之

---

① [英]艾约瑟:《欧洲史略》卷一,第3页。
② 同上书,第2页。
③ 同上书,第3页。
④ [日]箕作元八、峰岸米造:《欧罗巴通史四部》,徐有成、胡景伊、唐人杰译,东亚译书会1900年版,第34页。
⑤ [日]家永丰吉、元良勇次:《万国史纲》,邵希雍译,商务印书馆1903年版,第89页。

母,而罗马可云其传播者也"①,古罗马文化不过是古希腊的低配翻版而已。然而,就史学而言,古罗马史学颇有自身的特质与优势,古罗马史家亦不是一无是处。家永丰吉、元良勇次在《万国史纲》中写道:

> 该撒著有《皋庐征战记》及《内乱记》,又草拉丁文典。该撒故经世之伟人,非可以文士论者。然其《古耳征战记》等,一模范谈话体史,足比惹罗弗之《亚来巴西史》焉。塞留士特(纪元前八十六年生,同三十四年没),为该撒同时之人。著有《加德仑谋反纪事》及《条古萨战争记》,笔力道劲,叙事有飞动之趣,为拉丁散文之杰作,学者之所讨究也。黎危(纪元前五十九年生,纪元十七年没),生于奥葛斯天士之隆世,为罗马史家之巨擘,而受世之敬重,著《罗马史》百四十二卷。记事平易流畅,似希腊之希老道德。今日其断篇零笔,仅留三十五卷耳。泰西特著有《日耳曼记》、《亚革里果传》(Agricola,罗马之将,为不列颠知事)及《罗马史》等,为史记中之上乘,文辞简严道劲,后人则之。其他如修顿尼斯 Suelonius(纪元一世纪之人),亦著《该撒十二朝本纪》,传初代帝王事迹,盖其力居多。②

恺撒著史文辞优美,兼其卓绝的政治军事眼光与立场,使其史著足以与古希腊史家色诺芬媲美;撒路斯提乌斯撰史措辞精确生动,其史著为拉丁文典范;李维《建城以来罗马史》文字晓畅明晰,能与希罗多德相提并论;塔西佗《日耳曼尼亚志》《阿古利可拉传》文笔简练,史料价值高,为后人仿效;苏维托尼乌斯《罗马十二帝王传》专注于为罗马帝王列传。可以说,古罗马杰出史家辈出,古罗马史学在体裁、内容、文辞等诸多方面毫不逊色于古希腊史学。

1905年出版的中译本的《迈尔通史》"上世记卷三罗马十"中更是进

---

① [日]家永丰吉、元良勇次:《万国史纲》,第89页。
② 同上书,第93、94页。

185

一步褒扬古罗马史家与史学:

> 罗马史家最著者四人,一曰该撒,一曰沙罗师德,一曰李斐,一曰塔西陀。该撒著有《平高卢记》,与希腊赛诺芬所著《万人军记》并称为纪事书之圭臬。沙罗师德,生于西历前八十六年,卒于三十四年,与该撒为友,纪《喀特伦朱戈太兵事》甚详。李斐,生于西历前五十九年,卒于西历十七年,奥古斯都时文人之一。古之长于纪事者,莫如希罗达德,近世则推马可勒,惟李斐可与鼎足。所著《罗马史》,自开国时至西历前九年止,尤称杰作。书共一百四十二卷,罗马亡时,毁于兵燹,仅存三十五卷,深为可惜。此书所纪事不可尽信,前半尤甚。然观其推原罗马人种之始,创建罗马城之事,称述先民之懿行,治罗马国闻者皆乐观之。塔西陀著有《日耳曼记》,具载日耳曼人情风俗,言其虽未开化,然风俗朴茂,以视罗马淫靡之俗,不可同年而语云。①

书中对古罗马史家恺撒、撒路斯提乌斯、李维、塔西佗推崇备至,将其视为古罗马史学典范,以与古希腊色诺芬、希罗多德等史家媲美。实际上,作者旨在表明,古罗马史学绝非简单复制于古希腊史学,而是有所创新,并产生了一批自己的史学名家。

引领中国学人吸纳西学的严复 1909 年在为《万国通史》作序时,提到古希腊史家与古罗马史家。文中,严复指出:

> 尝谓泰西史学始于晚周,希腊喜洛多图、习锡大智二家所为,后代诵习崇称,无殊吾国迁、固。顾二史为绝作则同,而著述之旨大异。喜洛多图纪述波斯之战,中及埃及国风,审瞻包罗,蔚为鸿制。但浮夸钩奇,或畔事实。论者以谓作者意存美术,偏工文辞,其脍炙

---

① [美]迈尔:《迈尔通史》,黄佐廷口译、张在新笔述,山西大学堂译书院 1905 年版,第 124、125 页。

人口以此,而其有遗议亦以此。至于刁锡大智纪白罗波逆战事,文词深美固矣,然而谨严斟酌,事变常疏其因由,举动必推其效果。论者谓其书非仅历史而已,乃群理哲学之深切著明者也。自兹以降,国有实录,种有宝书,若芝诺芬、李费,则循喜洛氏之轨而有作者也。其用刁锡大智义法者,则希腊有波理表,罗马有挞实图。凡此六家,皆西文中之江河不废者矣。①

表面来看,严复对古希腊史家史学赞誉有加,将古罗马史家比附于古希腊史家,似有视古罗马史学逊于古希腊史学之意。实际上,严复在文中将古罗马史学与古希腊史学并举,是将两者视为无分高下的独立的史学文化。进言之,严复虽然只是将古希腊史学与古罗马史学等量齐观,同为"西文中之江河不废者矣",但相较于此前将古罗马史学视作古希腊史学的模仿与赓续而言,严复此举实质上突出了古罗马史学、史家的独特历史地位。此外,严复在文中曾言,"盖印刷未行,学者矻矻著述,求为藏山传人,其难如此,可胜惜哉!可胜叹哉!且其所传,多一时利俗,而与其民程度相戾及者。至有孤怀远瞩,则赏音用希,斯其为传尤不易易",慨叹古今中外史著史书流传之不易,而"至若究文明之进步,求世变之远因,察公例之流行,知社会之情状,欲学者毋忘忘前事,资为后师,用以迎蜕进之机,收竞存之利,则求诸古人著作"②,博古而以通今的现实需求离不开对古人古史的探究。因此,流传至今的古希腊史学以及古罗马史学均是千百年来历史选择的结果,这些经历了历史考验的古典史学在当下弥足珍贵、价值非凡。简言之,古罗马史学、古希腊史学均是当下极为宝贵的史学文化遗产。是故,严复的这一序文将古罗马史学从古希腊史学这一母体中助产出来,使其成为中国学人眼中独立并独具特色的

---

① 严复:《泰晤士〈万国通史〉序》,载王栻主编:《严复集》第二册诗文卷(下),中华书局1986年版,第269页。
② 同上书,第270页。

史学文化。

1916年李泰棻在《西洋大历史》一书中提到：

> 罗马以作史名者，先后七人。一为恺撒，一为沙罗斯德，一为李斐，一为仆他库拉，一为泰士德，一为小不林，一为休桃尼西。而开其端者，厥为恺撒。尝著《高卢战记》，与希腊赛诺芬之《万人军记》并著，又尝著《内战记》，未果被刺。沙罗斯德，与恺撒为友，生于前八十六年，卒于前二十四年。尝著《罗马史》，稿多失传，惟《朱戈太战记》及《喀特伦乱记》仅存耳。李斐生于前五十九年，卒于纪元十七年，为奥古斯都时文豪之一。尝著《罗马史》，自开国至前九年，书共一百四十二卷，罗马亡时焚于兵燹，今存者仅三十五卷耳。书中记事，不可尽信，前半尤甚，盖与希罗多德同，皆好轻信，致涉荒诞。然其推原罗马人种之始，及罗马建城之事，称述先民之懿行，闻者皆乐道之。仆他库拉为铁比理时人，著有《罗马史》，盛赞诸帝之善。然辞多不直，人皆贱之。泰士德在罗马史家中，与李斐并称。著书四种：一曰《阿基可拉传》，记其平不列颠之事。一曰《日耳曼风俗史》，言其虽未开化，然风俗敦朴，以视罗马淫靡之习，不可同年而语云云。一曰《编年史》，自罗马帝政之初，至尼鲁帝止。一曰《罗马史》，至图拉真之世止。泰对于诸帝及当时社会情形，均不满意，故语多不平，然在史界，固负大名者也。小不林曾著一记，载图拉真在比赛尼亚轶事，于当时人情风俗，言之津津。休桃尼西尝著《十二恺撒传》，自奥古斯都以后，十一帝皆称恺撒，合以茹连恺撒，故曰十二。其书行文飘洒，读者莫不兴起，载当时朝廷琐事甚详，尤以第一代为最。此罗马名史家也，后人考罗马国，故莫不宗之。①

书中对恺撒、撒路斯提乌斯、李维、普鲁塔克、塔西佗、苏维托尼乌斯等古

---

① 李泰棻：《西洋大历史》，武学书馆1916年版，第168—169页。

罗马六大史家及史著一一评述，并将恺撒《高卢战记》与古希腊史家色诺芬《万人远征记》、李维的《建城以来罗马史》与希罗多德《希波战争史》对比。而此举实际上是将古罗马史学与古希腊史学完全剥离开来，将古罗马史学视为能与古希腊史学平等对话的史学文化。

虽然此时有学人依然认为"罗马对于世界文化之贡献，不在于文化之创作，而在于因袭；不在开拓，而在传播"，依旧认为古罗马文化不过是承袭古希腊文化而已，并无多少创新之处；但也认识到古罗马文化"上吸希腊文化之精英，下开欧洲各国文化之端绪，为西方文明承先启后之国家"①，古罗马实为欧洲世界闻名之"中键"。这之于古罗马史学而言，亦是如此。

随着西史东传的逐渐深入、传播途径多样化、传播受众范围扩大，中国学人对古罗马史学的认知也逐步深化，古罗马史学的独立地位也因此渐渐确立。1928年胡仲持将美国文学史家约翰·玛西的《世界文学史话》节译，以《世界文学的故事》为题刊载在《申报》上②。此节译文详细评述了众多古罗马史家、史著。如波里比阿，文中指出"他是朴素的实际底历史家，注重事实而在其对于事件的观察上公平无私的。对于历史家，他是最贵重的知识的源泉。当时罗马渐渐成为世界的主妇了，波里比阿……赞美罗马的武力与政策的胜利。话虽如此，他的目的则是较之在赞美的表现不如说是在精确，因为他将自己的感情自己保藏着，而且不是文学底艺术家"，突出波里比阿在求真上的成就。

如普鲁塔克，文中说普鲁塔克是"在历史以及文学上极重要的一个作家"，"在波卢塔的《传记》(*Lives*)中，我们见到普遍底天才的述作，见

---

① 张仲和：《西史纲要》，文化学社1924年版，第62页。
② 1931年约翰·玛西的《世界文学史话》全译本由开明书店出版。节译本相关文字可参见[美]约翰·玛西：《世界文学史话》，胡仲持译，开明书店1931年版，第92—96、168—173页。

到成为欧罗巴各语言的、凡有现存的读者的承受财产的一部分的杰作。……他的方法,就在将希腊人与罗马人的英雄们并列着或者作比较,例如亚尔西巴德与科立奥雷那、狄摩西尼与西塞禄。他不是盲目底的英雄崇拜者、而使自己的本国人高出于世界的其余者。这一种爱国主义,在他心中一点痕迹也没有。他有着透澈的人间性的理解,有着并不陷于道德底夸张的合理而温和的伦理底标准。不但如此,他对于外面底事实以及成为他所描写的人物的背景的事情,有着坚实的知识。近代的研究在若干点,修正了他的意见,但以全体而言,无伤于他的声望,而且他的人物正如他所描写的一般,生存于近代的传统之中。古代的有些善人与伟人的名声,迄今还如波卢塔所创造的似地遗留着。"①文中赞颂普鲁塔克著史之才,叙及《希腊罗马名人传》一书的史学体裁、史学方法,解析评判了普鲁塔克的史学思想,等等。由之,读者可获得关于古罗马史家普鲁塔克的详尽知识。除此之外,文中还指出,史家普鲁塔克及其《希腊罗马名人传》经受住历史岁月的考验,至今依然充满生命力,甚至莎士比亚所塑造的众多戏剧人物原型就来自普鲁塔克史著中所描述的肖像,另者普鲁塔克史学也因莎士比亚等英国文学家的追捧而在近现代影响深远。

如撒路斯提乌斯,文中提到撒路斯提乌斯是"最初的公平无私或是客观底的罗马历史家"。撒路斯提乌斯的从政经验及其及时隐退、潜心著史使其成为古罗马最杰出的史家,"他是健全的历史家,雇用着书记替他研究而且比较记录,又是具着文体的知识和剧底的说话的天禀的艺术家。遗留到今的他那两篇完全的作品就是《喀提莱因的谋叛》(也是失首罗的著名的演说的主材)的故事以及罗马军和努来底亚王朱估他之间的战役史"。撒路斯提乌斯史著所记录的虽然只是古罗马历史的一个片段,但却使后人能从中了解地中海以南罗马世界的情况,以及内战期间

---

① [美]约翰·玛西:《艺术界·世界文学的故事(二六)》,胡仲持译,《申报》1928年3月23日增刊,第6版。

罗马政局的演变。因而,"萨拉斯特的书不过是罗马帝国的长的历史中的插话,而罗马帝国不过是人类生活的长的故事的一个插话罢了",但对后人了解罗马从共和转向帝制这一重要时期而言,其人、其史作是不可或缺的。

又如李维,文中指出,"奥古斯都朝的第一流的历史家而拉丁语散文的最大的巨匠是李维。他企图将罗马的全体故事,从其勃兴到他自身的时代叙述出来。他的书的标题仿佛是《都城创设以来的历史的书》。这是非常伟大的工作,他差不多将它完成了。他的著作约四分之一遗留着,足以使近代历史家几乎全体一致地将他列于最大的编年史家之间。他制作罗马的散文叙事诗,恰和味吉尔制作韵文叙事诗一样,而他的文体是富于诗底色彩的"。尤其值得注意的是李维蕴藏于史著之中的爱国主义与以史为鉴的垂训思想。作者认为,虽然《建城以来罗马史》中"生于历史上的基督以前的罗马,大率是李维所创造或他从以前的历史家而再创造的罗马",李维在叙述罗马早期历史时有虚构之嫌,但面对罗马世风日下而无比悲观的李维却力图在历史写作中为罗马衰败找到治病良方,"他的爱国主义,则取的是以赞叹追惜之情回顾过去的形式",通过赞美自己的种族或国民的过去,以过往的道德楷模来激发罗马人民的爱国热情,回归朴实雄武的作风。这一做法使得李维获得"视野广阔而勤勉博学的、那一种天生的历史家"之美誉。在撰史时,李维采用大量前代史家所写的史著,这不但使得其史著真实而可信,为后世了解罗马历史提供了宝贵的史料,而且也为那些早已散佚的史著的辑佚创造了条件,因而李维之书"给后来凡有罗马的历史家筑成基础"①。

---

① [美]约翰・玛西:《艺术界・世界文学的故事(四八)》,胡仲持译,《申报》1928年5月9日增刊,第6版。此段文字与 John Macy 著、管佩韦译的《罗马史与史家》(载《现代月刊》1948年第6期,第6页)以及徐百益的《文学的故事・第九章罗马史与罗马史家》(载《家庭》1945年第13卷第1期,第16—17页)里的叙述一模一样。

《世界文学的故事》整篇节译文字紧紧围绕古罗马史家史著而展开叙述,自始至终将古罗马史学视为一个独立的史学文化个体,而不是将其视为古希腊史学的附属物;全文无一字一句论及古罗马史学与古希腊史学孰高孰低,全文贯彻的主旨即是古罗马史学史家有着自身的独特性,具有独立的历史地位。

此后,1931年,胡仲持将约翰·玛西的著作全译本以《世界文学史话》为书名出版。在《世界文学史话》全译本中,除去与《世界文学的故事》节译本相同的文字之外,书中专章叙述罗马的历史学家、史著,特别详细地评述了罗马政治家、史学家恺撒及其史著:"凯撒演了历史,又写了历史。他那关于高卢战争和国内战争(凯撒和庞培之间)的评论,是明澈,单纯,而且诚实的故事。"①作者认为恺撒既是历史事件的亲历者,又是历史事件的记载者,尤为难得的是他还具有杰出的政治军事才华,这些因素使得其所撰写的《高卢战记》《内战记》,内容真实可信,叙述明达晓畅,文辞洗练优美。因此,"关于其后成着近代的大国民的罗马的北方诸州,我们所有的智识,《高卢战争》是那一半的基础。而《国内战争》则是为理解罗马的国内事件计必不可缺的记录",本书为后世了解高卢及罗马历史提供了宝贵的史料,并且"因了内容和文体的单纯这缘故,《高卢战事》是用作学习拉丁语的初步教科书的",其史著影响极为深远,"于英语的读者,他的生涯的悲剧和他的性格的力在莎士比亚的戏曲中,表现的最好。凯撒蛊惑了近代的历史家,而这些历史家则又蛊惑一般的读者"②。文中指出,恺撒著史的目的原是为自身辩护,"使自己在罗马人的眼中认为正当,但他也像是艺术家及政治家似地,懂得节制的价值,他并无空谈和夸张,并不过分地曲解事实以作自己的陈述"③。恺撒采用

---

① [美]约翰·玛西:《世界文学史话》,胡仲持译,开明书店1931年版,第168页。
② 同上书,第171页。
③ 同上书,第169页。

的第三人称叙述方式使得其史著更加真实可信。此外,此章还提到了古罗马史家塔西佗的《日耳曼尼亚》,"亏了他的《日耳曼尼亚》,我们才有关于二千年前条顿族的祖先的最早的记述。塔西佗,像凯撒一样,对于在开化的罗马人看来是原始的蛮族的那些人们,怀着大大的尊敬"①。恺撒及塔西佗的史著为后人了解日耳曼等民族历史提供了珍贵的史料。

此章节为书中"第十章罗马的历史和历史家"。从章名即可知,在学人眼中,古罗马史学已经蔚然成气候,无须依附古希腊史学而存在,是故此章无一字提及古希腊史学,遑论古罗马史学源自古希腊史学或模仿古希腊史学之类言辞。此外,此文还依据史家的史学贡献、史学地位以及与古希腊史学有无渊源关系等,将恺撒、李维、塔西佗称为拉丁三大史家②。这表明此时传入的古罗马史学已不是古希腊史学的赓续,而是一独立的史学文化,是世界史学的"中键"。

虽然其后依然有人认为,古罗马在诸多方面远不如古希腊,始终未能跳出模仿古希腊这一莫比乌斯怪圈,"在学术方面不仅是史学模仿希腊,就是文学、艺术、哲学,也没有跳出模仿底圈子"③,"至于罗马史家,对于史学并无创开之贡献。一切罗马之文化,皆不能外于希腊之规模。所有罗马之史著,迄于纪元前二世纪,犹皆为希腊文所著成;……罗马非无史学名家也,第在考据学造诣上,未有能跻于 Thucydides 或 Polybius 之林者"④。但中国学人也看到了古罗马只是形式上模仿古希腊,并且古罗马在模仿的基础上进行创新,并取得一定成果。是故,模仿古希腊起步的古罗马最终并没有成为古希腊的赓续,而是自成一体,"到底不是

---

① [美]约翰·玛西:《世界文学史话》,第 173 页。
② 同上。
③ 刘静白:《何炳松历史学批判》,辛垦书店 1933 年版,第 124 页。
④ 周谦冲:《历代史家之批评与现代史学之趋势》,《现代史学》1934 年第 2 卷第 1、2 期,第 254 页。

希腊人的,李维(Livy)与达西佗斯(Tacitus)也成为有名的罗马史家"①,两位古罗马史家"富于文艺天才,差可与修辞学派希腊史家相提并论耳"②,甚至可以说李维、塔西佗类似于古希腊的希罗多德、修昔底德③,并且古罗马史学在求真方面所取得的成就丝毫不亚于古希腊史家,"罗马史著在信史中地位之高,则实非继起之基督教会史家所能望其项背也"④。特别是史家波里比阿,"其创造力与博学,实驾 Thucydides 而上之,关于叙事之正确,亦可与 Thucydides 相伯仲。其所著《史记》(*History*)凡四十卷,叙述罗马帝国之扩张史,迄纪元前146年,乃空前伟大之著作也。因其行文生涩而散漫,故不及其先进两大史家享名之盛。其第十二卷批评考古学家,实为科学的史学方法论第一次之伟著,其无偏无陂之态度,可为一切史家之模范"⑤。古罗马史家波里比阿在撰史

---

① 刘静白:《何炳松历史学批判》,第124页。
② 周谦冲:《历代史家之批评与现代史学之趋势》,《现代史学》1934年第2卷第1、2期,第254页。
③ 刘静白:《何炳松历史学批判》,第124页。
④ 周谦冲:《历代史家之批评与现代史学之趋势》,《现代史学》1934年第2卷第1、2期,第257页。
⑤ 同上,第253—254页。周谦冲此段文字与涂序瑄的《西洋古代之史学》中的表述极为相似:"最后希腊之大史家为波里比阿(Polybius,193—117 B. C.)从其著作之数量及内容言,彼较修氏为优,即论记载之正确,彼与修氏亦不相上下,惟其文体艰浊沉漫,故不如希、修二氏受人欢迎。所著《罗马史》为四十卷之大著,述罗马帝国至西元前一四六年之发展。彼在《罗马史》第十二卷有关于科学的史学方法之检讨,持论卓越,其不偏不倚之治学态度,足为后世一切史家之楷模。就中最为著称之一点:即彼力主地理知识对于史家之重要,彼欲其历史深具使用价值。换言之,即欲其历史为一以实事为训之哲学也(philosophy teaching by example)。波里比阿在当时虽为卓越之史家,然未及其大著问世,希腊史家即已衰微,而为词藻派(rhetoric school)所支配矣,词藻派爱作乏味之说教,浮华之语词,彼等所著史书乃表现其文才,而非史才。此种迎合世人爱好词藻之趋势,实为古典史学衰微停滞之重要原因。罗马对于史学未有独特之贡献,罗马史家如在其他文化方面,率以希腊为准则,罗马虽有著名之史家,然无人能如修希底的斯或波里比阿严守史法。惟李维(Livy)与达西陀(Tacitus)二人比之希腊词藻(转下页)

方面所取得的成就甚至比古希腊史家修昔底德更为突出,并且波里比阿在史学理论方面的创见与总结,使其遥遥领先于众多古希腊史家。可以说,古罗马史学一度在影响力方面超过了古希腊史家,"人文主义史家所奉为圭臬者,乃 Isocrates、Livy 与 Tacitus"①,意大利文艺复兴时期的人文主义学者们追捧的是李维、塔西佗等古罗马史家,而非修昔底德等古希腊史家。

随着古罗马政治军事力量的日益壮大,以及帝国版图的扩张,"在波里比阿的著作中,已具有此种印象,设使当时罗马史家,能继续发挥,掇取罗马盛时材料而叙述之,其成绩必为伟大,足以上掩希罗多德、修昔的底斯诸人无疑"②。有着比古希腊史家们更为宽阔视域的波里比阿一度成为古罗马史学独立门户的保障。实际上其后李则纲的《史学通论》中所提及的撒路斯提乌斯才是确保古罗马史学褪去古希腊史学痕迹的史家。《史学通论》中提到:

> 罗马人之有历史家甚迟,萨拉斯特之前虽有伽图(Cato)和凯撒,亦以历史著名,但真正之史家,足以上继修昔的底斯和波里比阿者,要为萨拉斯特。萨拉斯特,本为凯撒党人,于凯撒被弑后,退隐于几利那尔山中,不问世事,从事著述,遂为罗马最早之大史家;所著有《卡的林的阴谋》与《裘哥他战争》二书,对于当时罗马人理想之堕落,政治制度之失败,元老之卑劣贪污,尽情叙述。因其描写人物,能以真正不偏之笔形容之,大都酷肖。而其行文遣词,又能师法

(接上页)派史家未有逊色耳。"(涂序瑄:《西洋古代之史学》,《国立台湾大学校刊》1948年第11期,第8版)实际上,周谦冲、涂序瑄等人之文字均是参考绍特韦尔(Shotwell)、巴恩斯(Barnes)等人的著作而成的(涂序瑄:《西洋古代之史学》,《国立台湾大学校刊》1948年第11期,第7版)。

① 周谦冲:《历代史家之批评与现代史学之趋势》,《现代史学》1934年第2卷第1、2期,第259页。

② 李则纲:《史学通论》,商务印书馆1935年版,第53页。

修昔的底斯与波里比阿的规矩,故能排除时俗通行之修辞学,一洗绮丽夸饰之弊,而以谨严厚重见长,为罗马首出之良史;其在史学界上的地位,后人对之,虽然毁誉参半,但极为塔西佗所称颂。①

书中认为撒路斯提乌斯融合修昔底德、波里比阿等史家的长处,以简洁凝练的文笔书写历史,为罗马史学的进一步发展奠定了厚重的基础。

虽然古罗马史学初传至中国时,中国学人将古罗马史学视为古希腊史学的赓续,"罗马初期史学的面貌,亦大致与希腊相同,盖作家往往以模仿希腊为能事",不过随着罗马的逐渐强大,帝国版图不断扩大,由此而催生出来的"世界史的观念,已随此种局面而发生于罗马"②,古罗马史学的视域已经超过古希腊史学,已具备成为独立的史学文化的底蕴,摆脱了模仿古希腊史学的状态,逐渐形成与罗马国势相匹配的独特的史学文化,成为世界史学的中键。

大体而言,中国学人在接受东传而来的古希腊史学之同时,也将古罗马史学一并收纳了。在这一过程中,因西史传播者的偏好与取舍之故,西史以及东史论著中古希腊史学、古罗马史学这两者的地位不断在发展变化;受此变化之影响,中国学人对古罗马史学的认知不断变化,从把古希腊、古罗马视为一体,到将古罗马视为古希腊的赓续,转而强调古罗马的"中键"地位,突出古罗马史学拥有不亚于古希腊史学之地位与影响,最终将古罗马史学、古希腊史学区别开来。

二、史学与文学:罗马史家与历史著作

随着东传而来的古罗马史学独立地位的确立,古罗马史学与古罗马文学之间的关系也在这一过程中逐渐清晰明了。

传入中国的古罗马史学最初是被列在古罗马文学或古罗马文化名

---

① 李则纲:《史学通论》,第53—54页。
② 同上书,第52—53页。

目之下的。1855年《北华捷报》刊载了一篇文学史文章。文中提到:"中国古代文学,包括孔夫子的伦理学,远比我们的经院哲学历史悠久,也比佛教体系更为久远。于是学者们孜孜不倦地研究中国的典籍,以求聚集起教育的萌芽,这就好像美国年轻人通过阅读恺撒、维吉尔、李维的作品以资增长见识。"①言辞之间隐含着将古罗马史家恺撒、李维与古罗马诗人维吉尔相提并论之意,强调恺撒、李维等古罗马史家史著之文学性,而古罗马史家史著被视为文学作品。其后1857年艾约瑟在《六合丛谈》刊发《罗马诗人略说》一文中提到古罗马史家撒路斯提乌斯、恺撒、李维、塔西佗等人②。实际上,艾约瑟在逐一评述这些古罗马史家时,是在古罗马文学这一大前提下提及古罗马史学、史家。换言之,在艾约瑟眼中,古罗马史学大体上可归属于古罗马文学这一范畴。

最初在华传教士出版的中文刊物所刊载的文字大多将古罗马史学视为古罗马文学或古罗马文明的表现之一,常常文史不分。不仅如此,在华西侨的英文出版物中亦是如此。1855年《北华捷报》中有一文论及圣安德鲁节,文中提到教会学校学生完全是从古典文化中汲取精神食粮,"他们从塔西佗那里学会如椽之笔,从李维那里明白何谓庄重清晰的文辞,从凯撒那里领会文笔简洁质朴,从荷马那里体味诗歌的魅力"③。在此,古罗马史学家塔西佗、李维、恺撒与古希腊的荷马并列,然则此举并不是为了从史学角度来评述古罗马史学家们以及古希腊的荷马,这里的荷马亦不代表古希腊史学的源头。实际上,古希腊的荷马在此代表的是古希腊文学,而古希腊诗歌最早可以追溯到荷马。换言之,此文中所提及的塔西佗、李维、恺撒等不过是作为文学家的身份存在,强调的是其

---

① H. E. Marshall, "The Literature of the Rebels", *The North-China Herald and Supreme Court & Consular Gazette*, Feb. 17, 1855, p. 117.
② [英]艾约瑟:《罗马诗人略说》,《六合丛谈》卷一第四号,第4页。
③ "Public Meetings: The St. Andrew's Dinner", *The North-China Herald and Supreme Court & Consular Gazette*, Dec. 2, 1875, p. 552.

著述的文学性,诸如"如椽之笔""庄重清晰的文辞""文笔简洁质朴"等。进言之,古罗马史学是隶属于古罗马文学的,是古罗马文学的表现之一。与之相类似,1876年《北华捷报》一论及圣安德鲁节的小文中提到,"古代诗人从事诗歌创作,而且诗歌写得相当不错。塔西佗的笔下,这些居于同胞的怀抱之中、追慕着先辈精神的诗人影响亘古不绝"①,亦将古罗马史家归于古罗马文学范畴,古罗马史家塔西佗的史著几乎被视为描述古罗马文学盛事的著作。

其后1885年艾约瑟在《西学略述》第四卷"文学"第二节"希腊学传至罗马"中提到古希腊文学对古罗马的影响时曾言:"故于汉时,罗马国诗家、史家、诸文学辈,凡大有闻望者,无不奉希腊之法则为依据也。自兹以后希腊、罗马二国之书籍,传遍泰西各国。比户捧读希腊文学,籍罗马人之书,大有裨益于世道也。"②文中将古罗马"诗家""史家"均纳入"文学"一类,即史学与诗歌一样都属于文学的范畴。进言之,一则表明致力于传播西学的传教士们并未细致思索史学与文学的关系,二则表明文史不分,史学著作在内容题材、表现手法等方面与古典文学作品颇为接近。由是,古罗马史学著作亦可被视为文学典籍,并与文学典籍一并广为流布。艾约瑟这一段话实则向中国学人表明:以宣教为主旨的教士们眼中的西史与西方文学之间并无明显的区分,亦无须做明显的区分。

而后艾约瑟又单列一章节专论史学史家,在第六卷"史学"第一节"史学考原"中提到"至若伯路大孤所著之史,择取希腊与罗马伟人之彼此才德伯仲、功业相侔者,如或皆长于治国,或皆善于治军,皆两两相较,分为立传,考定优劣,以示后人"③。对比这两个章节的安排,艾约瑟实

---

① "Public Meetings: The St. Andrew's Dinner", *The North-China Herald and Supreme Court & Consular Gazette*, Dec. 2, 1875, p. 536.
② [英]艾约瑟:《西学略述》卷四,第1页。
③ [英]艾约瑟:《西学略述》卷六,第1页。

际上又将史学与文学分立。换言之,古罗马史学与古罗马文学相互不牵扯、各自精彩。在史学与文学之间的关系问题上,《西学略述》第四卷、第六卷前后不一。这看起来混乱而充满矛盾,然而进一步探求其中实质,这一则或是表明《西学略述》是传教士汇编各种资料而成,前后内容逻辑上的差错在所难免,二则可能是潜心教化民众以达成布道目的的传教士将西学视为传教的手段,对西学具体内容的择取常依据各自目的、倾向进行,从而导致知识传播的系统性与科学性有所欠缺。换言之,《西学略述》的作者并无意科学地区分史学与文学,其重心在于如何以内容吸引人。此种观念不独属于传教士,在华西侨亦有此倾向。1890年《北华捷报》刊载了一封读者来信,其中曰:"倘使我们有埃斯库罗斯那七十部戏剧,索福克勒斯那几百部戏剧,波里比阿、李维、塔西佗的全部著作,但丁的所有著作手稿,莎士比亚亲笔书写的手稿,倘使我们有那伟大时代遗留下的完整的雕像,我们就可以完全逼真地刻画出某些古代的英豪、诗人和思想家。"①此文虽是将波里比阿、李维、塔西佗等古罗马史家与古希腊戏剧家埃斯库罗斯、索福克勒斯,文艺复兴时期诗人但丁,英国文学家莎士比亚等人相提并论,但并无混淆史学与文学的界限之意,字里行间所要凸显的不过是波里比阿、李维、塔西佗史著中所刻画的古代英雄豪杰、诗人与思想家们。此段文字所要展示的是古罗马史著中的优良传记为后世文学创作提供了相应的素材。换言之,此举并非将古罗马史学简单地纳入文学范畴,只是借用古罗马史著的传记性特征,指明史学传记亦可如戏剧、诗歌等文学作品一般,成为后世还原古代精英形象的素材与依据。进言之,此处的古罗马史学并不隶属于文学,但与文学关系密切;古罗马史学俨然是与古罗马文学并驾齐驱的独立学科门类。

不管是传教士还是在华西侨,对于史学与文学的划分都并无兴趣,

---

① "Mr. Harrison's Proposal", *The North-China Herald and Supreme Court & Consular Gazette*, Oct. 31, 1890, p. 522.

亦不会刻意细细琢磨史学与文学之轩轾,两者在意的均是如何以西学或西史内容来吸引人。① 然则其字里行间却传递出文史不分、文史并立等隐含信息。"西史"东来是如此,"东史"中传也存在类似现象。1901年小川银次郎的《西洋史要》译成中文出版,书中第一期"上世史"篇戊"罗马帝国"第二章"罗马盛衰"中提到:"及马可奥利留 Marcus Aulerius 帝时(即后汉书大秦王安敦者)称为罗马文化之黄金时代。帝亲研司退克派哲学。时哲学者爱批克拉底 Epicrates、传记家普尔太克 Plutarch、雄辩家可尹的利安 Quintilian、诗人裘爱那 Juvena 均显名于世。他西他士 Tacitus 所著之书,为世所钻研。"② 书中将古罗马史家普鲁塔克、塔西佗与哲学家、修辞雄辩家、诗人并列,均纳入古罗马文化这一大范畴,其中普鲁塔克是富有文学意味的"传记家"。大体上,《西洋史要》叙述的重点并非各国的史学,而是西洋各国各时期的史事。由此,无论是史家、传记家,还是诗人、哲学家等,都不是作者关注的重点,从而被裹作一团塞入"文学"这一大筐,以作为古代罗马社会文化兴盛的表现之一。即《西洋史要》侧重于叙述史事而无心探究史学,更无意为古罗马史学与古罗马文学或古罗马文化花费过多笔墨。读者从其文字中窥见古罗马史学与古罗马文学之间的关系,只是读者自行阅读选择的结果,是出自其作为受众的立场与视角的。

  大体而言,此一时期古罗马史学的相关信息内容,或是通过传教士、在华西侨所传递的西学,或是通过辗转东洋而至中国的东史,这些传播者大多无心仔细区分古罗马史学与古罗马文学。而后至民国初年,西史东传的途径更为多样化,接触西史的中国学人群体更为专业,其对传入

---

① 章清:《"历史的意义":略论晚清中国对"历史"的认知和阅读》,载复旦大学文史研究院编:《民族认同与历史意识:审视近现代日本与中国的历史学与现代性》,中华书局2013年版,第136,137页。
② [日]小川银次郎:《西洋史要》,樊炳清、萨端译,金粟斋译书社1901年版,第36页。

的西史则带有明显的选择性。于是，在中国学人通过深入思考而选择、接受西史的过程中，学人对西史的认知也在不断深化，并从自身立场、视角出发来审视传至中国的西史。这一点在古罗马史学的东传过程中表现得颇为突出，尤其是在面对古罗马史学与古罗马文学的关系问题上，中国学人选择的倾向性更为显著。

1916年李泰棻"博采中西书籍以补其阙"而成《西洋大历史》[①]。在书中第四十六章"罗马文艺"第二节"历史"中论及恺撒、撒路斯提乌斯、李维、普鲁塔克、塔西佗、苏维托尼乌斯等六位"罗马名史家"[②]。依据李泰棻的章节安排，第四十六章"罗马文艺"下设诗歌、历史、戏曲、辩学、哲学及科学、律学、艺术等五小节。这即是将古罗马史学与古罗马诗歌、戏剧、修辞、雄辩学、哲学、自然科学、法学、建筑艺术等并列，均归属于罗马文艺的范畴。李氏此种划分，实际上是把古罗马史学与古罗马诗歌文学等归于对等的层次，同属于罗马文化这一范围。此种划分应是李泰棻综合数百种中西著述[③]深思熟虑后的结果，亦展现了中国学人主动吸纳西史、博采精华，从而形成这一合理的结论。

其后专攻文学的周作人于1918年将《欧洲文学史》列入"北京大学丛书"出版。书中第二卷"罗马"分三章对古罗马史学、史著做了详尽评述。其中第六章"文二"之"历史"论史家恺撒及其著作：

> Gaius Julius Caesar(102—44 B. C.)，以军事政治名世，亦善文艺。曾作艳诗、悲剧、论文，今俱不传。仅存历史二种：一记高卢战事，曰 De Belle Gallico，凡七卷。一记国内战事，曰 De Bello Ciuili，凡三卷。皆自述经历，颇极简要。Cicero 于 Brutus 中，称其不假修饰，自然优雅，如裸露之石象。该撒受议院委任，出征高卢，因纪录

---

① 李泰棻:《西洋大历史例言》，载《西洋大历史》，武学书馆1916年版，第1页。
② 李泰棻:《西洋大历史》，第164—165页。
③ 李泰棻:《西洋大历史例言》，载《西洋大历史》，第1页。

成绩,以防反对者之口,一以示有功劳于国家,一以示进军之故,非缘本己野心,实因形势之不得已。故文词力求切实,不露自伐之气,然颇复枯索,则又简略过甚之故也。内乱纪事,述与 Pompeius 之战,而推本于议院之不和,以自辨白。①

第八章"文三"之"历史"中论及史家李维及其史学特点:

> Livius 作史,志在宣扬国光,又重修饰,务使文辞华美,而弊亦随见。缘爱国,则对于外族,每不能持平立论。又缘自尊,则不肯自承过恶,如罗马背盟,或战胜房略,辄隐讳不书,或多方辨解以求直,且辑录旧史,不自探讨,或传述异闻,亦不定其虚实,多左右两可之辞。盖 Livius 本文人而作史,故衡以史学,阙憾甚多,然特有史诗传说之趣。奥古斯德朝文风,殆悉萃于一身,而衰落之端,亦见于此矣。②

第十章"文四"之"历史"论史家塔西佗、苏维托尼乌斯及其著作:

> Publius Cornelius Tacitus(55—135)出于贵族,历任要职。初习辨学,及 Domitianus 末年,睹政事堕落,乃改治历史。作史二部共三十卷。又《Agricola 传》(De Vita Julii Agricola)一卷,述妻父行状,虽多谀辞,而简洁优美,为传记文上品。又有《日耳曼志》(De Germania),详载地理、人类、物产、制度、宗教等,后世治神话民俗学者,于此甚得裨益也。
>
> 《史记》(Historiae)十四卷,书 Flavius 朝事,今存四卷半。《纪年史》(Annales)十六卷,今存十二卷,则上稽前朝 Julius 诸帝。Tacitus 尝言将作史陈过去之苦辛,以证今日之太平。因推而上之,拟更作奥古斯德一代之史,未成而卒。而所谓太平时代,将于晚年

---

① 周作人:《欧洲文学史》(第2卷),商务印书馆1918年版,第28—29页。
② 同上书,第43页。

写成之者，亦终无记录。Tacitus 作史，意在标揭善恶，为世惩劝。唯恶每多于善，故常不胜愤慨，而于内乱尤所痛心。史叙 Cremona 之劫略云，未尝为外寇所害，而毁于内乱。又评焚 Capitolium 云，是为罗马建国以来未有之耻，主神 Jupiter 之灵庙，先人所建，以镇守邦国者，虽异族胜军，亦不敢犯，今乃以二帝之狂易，一旦毁之云云。可以见其意矣。

　　Suetonius(75—140) 为小 Plinius 友，屡见于尺牍，又以学士 (Scholasticus) 称之。所著杂书曰 Prata，盖类苑之属，今已亡失。又有《名人列传》(De Viris illustribus)，分诗人、演说家、哲学家、辩学家、文法家五类，今存末卷，及诗人传三章，即 Terentius, Horatius 与 Lucanus 也。《帝王列传》(De Vita Caesarum) 十二篇。记该撒至 Domitianus 诸帝行状甚详，可与 Tacitus 史互证。Tacitus 作史最重义法，慎于取材，尝谓碎屑细故，不能入史，止足登之日报。而 Suetonius 则掇拾浩博，饮食谈笑之微，亦并详录，别有可取。又记诸人容貌极详尽，后世据以考证古罗马诸帝造象，甚得其益云。①

　　周作人之《欧洲文学史》第二卷"罗马"第六、八、十章论及"历史"，此外，第一章论"罗马思想、神话、原始戏剧"，第二章论"史诗戏剧"，第三章论"喜剧、悲剧、讽刺诗"，第四章论"学术历史演说"，第五章论"哲学诗、抒情诗"，第七章论"史诗牧歌、讽刺诗、艳诗"，第九章论"寓言、剧、史诗、讽刺诗、诗铭"。整个"罗马"这一卷以诗人、哲学家、史学家、演说家等为主题，分诗歌、戏剧、史诗、寓言、演说等众多门类阐释古代罗马精神文化。是故，周作人之"文学史"实则是以"文学"为名，统揽哲学、史学、戏剧、神话、史诗、修辞雄辩学、诗歌等众多文化门类；此处的"史学"虽归于"文学"名下，实质上是归属于"罗马文化"之下的。由此可见，周作人不

---

①　周作人：《欧洲文学史》（第 2 卷），第 54—55 页。

过是借用自身擅长文学之便，以"文学"之名，行"文化"之实。这与李泰棻在《西洋大历史》中的划分法有异曲同工之妙。

与李氏、周氏做法相类似的还有张仲和"参考高一涵《欧洲政治思想史》(上卷)、周作人《欧洲文学史》、濑川秀雄《西洋通史》(上卷)、吕澂《西洋美术史》"①等众多著述而成的《西史纲要》。书中"上古史"部分第四章"文化"第十二节"希腊罗马之文化"之"罗马文化"，下设文学、哲学、科学、法律、美术、宗教、罗马对世界文化之贡献等七个部分，其中"文学"下设诗学、史学、戏曲、散文四类。"史学"子目中列有："罗马史学名家者有 a 恺撒，著《高卢战记》。b 李维，著《罗马史》。c 泰士德(Tacitus，约 A. D. 55—117)，与李维齐名，曾著《编年史》(自帝政之初至尼罗帝止)。"②简言之，张仲和将古罗马史学与诗学、戏曲、散文等一并归于"文学"名目之下，古罗马史学是隶属于古罗马文学的下级学科门类。这种划分方式实际上是综合周作人《欧洲文学史》、濑川秀雄《西洋通史》相关内容而成的③。

中国学人依据自身所需，对东传而至中国的西史选择性接受并回应，是这一时期古罗马史学在中国流播的主流趋势。如梁启超在《中学以上作文教学法》一文中曾说："中外传记名手，大率有一种最通用的技术是：凡足以表现传中人个性的言论行事，无论大小，总要淋漓尽致、委曲详尽的极力描写，令那人人格跃然于纸上。宁可把别方面大事抛弃，而在这种关键中绝不爱惜笔墨。这种作法，在欧洲则布鲁特奇之《英雄传》，在中国则司马迁之《史记》，最能深入其中三味。"④为阐明写作教学

---

① 张仲和：《西史纲要》，文化学社 1924 年版，第 62 页。
② 张仲和：《西史纲要》，第 60 页。
③ 具体内容比对，可参见周作人的《欧洲文学史》(第 2 卷)(第 54—55 页)以及濑川秀雄的《西洋通史》([日]濑川秀雄：《西洋通史》，章起渭编译，商务印书馆 1911 年版，第 2 页)。
④ 梁启超：《中学以上作文教学法》，《改造》1922 年第 4 卷第 9 期，第 13 页。

问题,梁启超援引古罗马史家普鲁塔克撰写的《希腊罗马名人传》,强调传记写作的文学手法。梁启超这一做法并非否定普鲁塔克作为史学家的身份,或是强调其作为文学家的身份,实质上不过是立足于中西古代史著,借用《希腊罗马名人传》《史记》等知名史著的文学性,突出中学写作的方法与技巧而已。

又如吴宓在《学衡》之《述学·西洋文学精要书目·第三部罗马文学》中将塔西佗的著作列入罗马文学必读书目之中①;在《述学·西洋文学入门必读书目》中将塔西佗的著作列入第五类罗马文学名著之中②。吴宓倾向于将古罗马史家之史著纳入罗马文学范畴,似有将罗马史学归于罗马文学之下之意,并且吴宓又在《述学·西洋文学精要书目·第三部罗马文学》中将李维的著作列入罗马文学必读书目之中,位列第四目历史③,明确将"历史"置于"文学"名目之下。对于学术专长为文学的吴宓而言,此种对古罗马史学与文学关系的处置或是其专业积习所致。这也在一定程度上说明中国学人面对东传而来的西史有着自己的理解与选择。

中国学人与传教士、在华西侨一样,在看待古罗马史学与古罗马文学的关系问题上,更多的是从自身目的或者自身需要出发。是故,在西史东传过程中,传播个体以及接受个体的差异性导致西史东传后存在诸多变数、面临更多的选择,因而东来的西史输入后的表现形式以及基本内容均发生较大的变化。这一点在木村毅的《世界文学大纲》中表现得尤为突出。

《世界文学大纲》第四章"罗马文学"第四节"讽刺历史与哲学"中提到古罗马老伽图:

> 历史方面,首先就要揭出老伽图(Cato,前二三四——一四九)的

---

① 吴宓:《述学·西洋文学精要书目·第三部罗马文学》,《学衡》1922 年第 11 期,第 12 页。
② 吴宓:《述学·西洋文学入门必读书目》,《学衡》1923 年第 22 期,第 5 页。
③ 吴宓:《述学·西洋文学精要书目·第三部罗马文学》,《学衡》1922 年第 11 期,第 10 页。

鼎鼎大名来。他从一种爱国主义,运用他的史笔。他又热爱古罗马特有的严格道德,对于希腊的文物,一味地憎恶它的轻薄。因此,亲自到海岸去讲求防止希腊文物输入的策略。他常常对小孩们说:"如果希腊国民以他们的文学来感化了我们,那末,罗马国家,一定会快要灭亡的"。他绰号"罗马史家的始祖",但他著作历史之先,还是从教诫自己子孙的意味上,遗留下关于农业、健康、或政治等种种著述。①

书中重点介绍了老伽图以极大的爱国主义情怀,为古罗马摆脱古希腊的影响做出卓绝贡献,并指出其史著道德垂训之特色以及别具匠心的细节描述,称赞其"他爱母国的自然国土和美德。一般人以为希腊是学艺的渊源,只要稍微宏大的著作,都是用希腊语来叙述。反之,他故意用拉丁语著作历史,以证明他不相信希腊。罗马史用她的母国语(拉丁语)著作的,以这本为第一"②。从书中章节目录的设置来看,《世界文学大纲》一书将古罗马史学置于古罗马文学之内,即罗马史学是罗马文学的组成部分之一,与讽喻诗、哲学等一并归属于"罗马文学"的范畴。

《世界文学大纲》第七节"从贺拉西到辛尼加"中论及李维、老普林尼、塔西佗,其中着墨尤多的为史家李维,对老普林尼及塔西佗则均寥寥数语带过:"散文作家有利维雅(Livius,或李维 Livy,前59—后17)。他又是个历史家。……即是因为他没有把'历史事实应该是严正的忠实的'概念,放在心上,最初就立了一种道德的目标,只取与该目标相合的材料,而作成历史。"书中一方面将史家李维划归散文作家,置于诗人一类,另一方面又指出其史著"文章构造,大致不错,而且辞藻富丽,尤其以一种巧妙表现的本能,来描写绘画的剧的场面,所以也并非绝无价值的读品",其史著是"以诗人的情热,说述了罗马的秩序,她的训练,她的力量,

---

① [日]木村毅:《世界文学大纲》,朱应会译,昆仑书店1929年版,第59页。
② [日]木村毅:《世界文学大纲》,第60页。

和她的纯朴的宗教心,镇定的勇气等等"①,强调其撰史的道德目的。

第九节"最后的光明"中论及"末路的罗马"时提及史家普鲁塔克,"还有三个伟大文学者出现。第一个是波卢塔克(Plutarch,55—120)。……在详密的文学史上,他的名字,都是在罗马文学章内的罗马帝政下的希腊文学一节中收着。……波卢塔克,是有名的《英雄传》的著者,反抗时代的恶风潮,为人道主义吐万丈气焰"②。书中将史家普鲁塔克列入"文学"之中,并指出文学史中必论及普鲁塔克及其《希腊罗马名人传》,且多将其归于古罗马文学的范畴。

古罗马史学与古罗马文学之间的关系这一问题,不但涉及西史东渐过程中传播者以及接收者不同的立场与选择,而且还关乎古罗马史学的独立地位。就古罗马史学的独立地位而言,首先要提及的是古罗马史家应有不同于古罗马文学家的特质,能为史学的发展做出贡献。1924年郑鹤声在《述学·汉隋间之史学·第三章史家及史著上》中提出:

> 夫所谓史家 Historian 云者,对于史学必有特殊之见解与供献。其思想学说,均能卓尔不群,以自成一家之言者。若左丘明,若司马迁(子长),若班固(孟坚),若荀悦(仲豫),若刘知几(子元),若司马光(君实),若郑樵(渔仲),若章学诚(实斋)等,皆自创体制与学说,不与众家相同,故得自为一家。征之欧西,若希罗多塔 Herodotus,若苏锡德底斯 Thucydides,若芝诺芬 Xenophon,若沙罗斯德 Sallust,若李卫 Livy,若卜泰库拉 Nelleius Paterculus 等等,亦皆确有主张,著述满架,足为后世之法则。凡此,方有合于史家之资格。若夫仅有一二著述,薄物小故,不过寻常之作,而又零星不可得全,此其人与史,若以上述资格审查之则,必不足以当之明矣。③

---

① [日]木村毅:《世界文学大纲》,第67—70页。
② 同上书,第72页。
③ 郑鹤声:《述学·汉隋间之史学·第三章史家及史著上》,《学衡》1924年第33期,第22页。

史学的兴盛及其独立地位取决于卓绝的史家及其史著。就古罗马史学而言，撒路斯提乌斯、李维、普鲁塔克等史家及其史著足以让古罗马史学彪炳史册，与古罗马文学区分开来，作为一门独立的学科而存在。

三、求真与致用：罗马史学与罗马史家

古罗马史学进入中国后，传播者、接收者都或主动或被动地依据自身需求与偏好，对古罗马史学进行了再塑造。在这一过程中，传入中国的古罗马史学经历了与古希腊史学、古罗马文学逐渐分离，构建其独立的学科地位的过程。不仅如此，古罗马史学在中国学人眼中求真且致用的史学形象也在这一过程中逐步完善。

最初在华西侨论及古罗马史学时，大多将其视为真实无伪、确切可信的典范。如1857年《北华捷报》上所刊载的、论及太平天国的短文中提到："南京太平军的所作所为，就和塔西佗所说的那样，'我们视之为神圣的仪节被亵渎了。'"①文中借用古罗马史家塔西佗在《历史》第一卷第二章对罗马暴君的控诉，来表达对太平天国破坏性的忧虑②。虽然文中只引述了塔西佗的一句话，但此举隐含着将塔西佗的言论视为正确无误的佐证之意。进言之，此时古罗马史家塔西佗及其《历史》代表着真实可信。与此类似的还有其后1867年《北华捷报》刊载的论及英国公使普鲁斯的短文。文中提到普鲁斯与法国、美国公使各率舰队胁迫清政府交换《天津条约》批准书一事，"倘使说这一期望是由弗里德里希先生的朋友们来满足的，而不是中国官方取悦的结果，这种说法是不公正的。事实

---

① W. A. P. Martin, "The Recognition of the Nanking Government: Advocated in Two Letters to the Hon. Caleb Cushing", *The North-China Herald*, Jun. 20, 1857, p.186.
② 塔西佗原话为："我正要写的这段历史，是充满了灾难的历史，在这里面有恐怖的战争、激烈的内讧，这些内讧即使没有大动干戈也是恐怖的。……罗马遭到大火的浩劫，它的最古老的神庙烧掉了，连卡披托里乌姆神殿也被市民烧毁了。神圣仪节遭人亵渎，名门大族常常发生奸情，海上到处都是亡命者，临海的悬崖沾满了死者的血迹。"（[古罗马]塔西佗：《历史》，王以铸、崔妙因译，商务印书馆1985年版，第1—2页）

上,引用塔西佗关于伽尔巴(Galba)皇帝的警句更能说明这一切。塔西佗曾说,'所有人都认为倘若伽尔巴从未当过皇帝的话,他确实是有资格获得皇帝这一高位的'。或许弗里德里希并不喜欢中国,把留驻中国看作是其职业生涯中一个插曲,他所期望的职业生涯是要尽可能平静地度过"①。文中借用塔西佗《历史》第一卷第四十九章对伽尔巴皇帝的评述②,来为普鲁斯借换约挑衅清政府一事开脱。这或是借塔西佗及其《历史》所代表的公正可信之意,来增加其言辞的说服力。很显然,文中的古罗马史家塔西佗及其史著就等同于公正客观。

此外,同年《传教士记录》③刊载论及埃及宗教的《伊西斯与奥里西斯》一文。文中提到:

> 众所周知,普鲁塔克不辞辛劳研究埃及令人费解的宗教,目的就是要理清楚埃及宗教的二元论。……但是普鲁塔克并不满足于仅仅只是考察埃及人的宗教,他从远离尼罗河两岸的遥远国度寻找证据,并且直言不讳地说宗教二元论是所有宗教最古老、流播最远的。普鲁塔克成功地通过对各个民族宗教哲学进行类比而得出此结论。④

文中详细介绍了普鲁塔克为研究埃及宗教二元论,先后对波斯琐罗亚斯

---

① "Sir Frederick Bruce", *The North-China Herald*, Oct. 25, 1867, p.319.
② 塔西佗原话为:"他当臣民时,看来臣民身份对他这样一个伟大人物来说总是不相称,而且所有的人都会同意这样的看法:如果说他从未取得过皇帝大权的话,那他是有资格取得这样的大权的。"([古罗马]塔西佗:《历史》,第 21 页)
③ 美国传教士裴来尔(L. N. Wheeler)于 1867 年 1 月在福州创办的《传教士记录》(*Missionary Recorder: A Repository of Intelligence from Eastern Missions, and a Medium of General Information*),1868 年 5 月更名为《教务杂志》(*The Chinese Recorder*)。
④ W. A. P. Martin, "Isis and Osiris: Continued Dualism in the East", *Missionary Recorder: A Repository of Intelligence from Eastern Missions, and a Medium of General Information*, 1867, Vol. 1, No.10, p.97.

德教、占星术士们的观点，以及古希腊人的宗教等进行对比研究，在严谨而确凿的证据的基础上，得出确定无误的结论。在此文中，普鲁塔克是严格考证、讲究确凿证据的史家，其人及著作也就成了公正客观的代名词。

　　事实上，此时在华西侨所发行的各类报纸上论及塔西佗、普鲁塔克等古罗马史家，或引述这些史家的某些言论时，都将其视为真实无伪、确切可信的权威。如 1877 年《北华捷报》刊发论及埃及奥西里斯崇拜祭祀的短文①；1879 年所载论及塔西佗《日耳曼尼亚志》关于条顿妇女地位的小文②，提及塔西佗《编年史》中关于共和制公民大会的文字③；1885 年刊载的文章谈到塔西佗《日耳曼尼亚志》所说的蛮族部落军事民主制④；1887 年刊出的文章提及塔西佗《日耳曼尼亚志》、恺撒《高卢战记》关于日耳曼人氏族部落管理机制⑤，等等⑥。

---

① "Clippings", *The North-China Herald and Supreme Court & Consular Gazette*, Apr. 21, 1877, p.406.
② "Lady Doctors", *The North-China Herald and Supreme Court & Consular Gazette*, Jan. 4, 1879, p.5.
③ "Editorial Selections: Matrimony", *The North-China Herald and Supreme Court & Consular Gazette*, Aug. 5, 1879, p.126.
④ "Shanghai Literary and Debating Society", *The North-China Herald and Supreme Court & Consular Gazette*, Dec.16, 1885, p.682.
⑤ "The Emperor of Germany's Birthday", *The North-China Herald and Supreme Court & Consular Gazette*, Mar. 23, 1887, p.314.
⑥ 诸如此类的文字很多，如论及塔西佗《日耳曼尼亚志》中记载的丧服（"The Mourning Dress of the Chinese", *The North-China Herald and Supreme Court & Consular Gazette*, May. 18, 1880, p.232)、普鲁塔克《希腊罗马名人传》中亚历山大作战（"Archeological Discovery in Greece", *The North-China Herald and Supreme Court & Consular Gazette*, Nov. 11, 1880, p.451)、普鲁塔克《希腊罗马名人传》中克里奥佩特拉之死（"The Summer Season and the Grosvenor Gallery", *The North-China Herald and Supreme Court & Consular Gazette*, Jun. 5, 1885, p.646)、塔西佗《历史》中罗马帝国腐朽堕落（"The Shanghai Literary and Debating Society", *The North-China Herald and Supreme Court & Consular Gazette*, Apr. 13, 1894, p.562)、塔西佗《日（转下页）

其中值得关注的是1878年《北华捷报》上一篇关于新书引介的小文,其中提到古罗马史家李维:

> 李维在很长一段时间里也被视为不是能具有启迪意义的史家,原因就是李维在著作中提到安库斯·马基乌斯(Ancus Marcius)建了卡塞尔监狱(Carcer Mamertinus),而这遗迹在很长一段时间里掩埋于地下,不为人所知,直到五年前才发掘出来,公诸世人眼前。事实上给予求真再多的荣耀都不为过,倘使人们都不愿将他们的时间浪费在叙述一些不可能的谎言之上,那么他们立马能跻身先知之列。然而,希罗多德和李维著作中所讲述的这些故事都因无法预见

(接上页)耳曼尼亚志》中蛮族部落对妇女的敬重("Notices of Books", The North-China Herald and Supreme Court & Consular Gazette, Aug. 24, 1894, p.303)、塔西佗论战争与和平("War and Peace", The North-China Herald and Supreme Court & Consular Gazette, Dec.14, 1894, p.966)、塔西佗《日耳曼尼亚志》论蛮族("China of the Future", The North-China Herald and Supreme Court & Consular Gazette, Oct. 2, 1909, p.11)、普鲁塔克《希腊罗马名人传》中提到古罗马演员伊索普斯("Real Tragedies on the Stage: Shot on the Stage Actors Seized with Illness", The North-China Herald and Supreme Court & Consular Gazette, Jan. 27, 1911, p.200)、塔西佗《历史》中论拜占庭("Constantinople: Lecture by Sir H. de Sausmarez", The North-China Herald and Supreme Court & Consular Gazette, Feb. 10, 1911, p.314)、塔西佗《历史》中论伦敦驻防("Our London Letter: Covent Garden Estate Alcohol for Motors", The North-China Herald and Supreme Court & Consular Gazette, Aug. 15, 1914, p.503)、塔西佗《日耳曼尼亚志》论日耳曼部落(T. R. Jernigan, "The Punishment of the Hohenzollerns: National Responsibility", The North-China Herald and Supreme Court & Consular Gazette, Apr. 26, 1919, p.251)、普鲁塔克《希腊罗马名人传》论莱克格斯("A 150 Year's Test of Socialism: China's Ancient Experiment and Its Failure: Communism in the Extreme", The North-China Herald and Supreme Court & Consular Gazette, May. 26, 1923, p.564)等。此外《大陆报》刊载了塔西佗《编年史》中尼禄弑母一节("When Nero Plotted Murder of His Mother", The China Press, Apr. 20, 1926, p.11)。

的、进一步的证据而翻转人们的认知。①

文中指出,李维及其史著长期以来被认为可信度不高,但考古发掘证实了李维史书记录的真实性。此时的李维及其史著都被打上了"真实"这一烙印,而后在华西侨们在提及李维时,多将这位古罗马史家及其史著定性为真实无伪。如《北华捷报》上阐述西方种植使用鸦片的历史时,提到"史家李维曾记载了塔克文一个非常出名的故事:他曾让其子的传令官们依次排列进入宫殿花园,并逐一问他们怎样才能摧毁加勒比城——让其随从只砍掉生长最高的罂粟。这表明至少早在公元前五百年左右,罂粟已经作为一种植物被种植"②。其后中国学人编译中村久四郎的《东西历史上的鸦片》而成的《鸦片之源流》也提到了李维史著中记录的这一逸闻③。很显然引述者都将李维《建城以来罗马史》中所记录的逸闻趣事视为真实可信的历史事实④。

也正是因为将李维史著中的记载等同于真实可信的史实,在华西侨们论及李维及其史著时多持褒扬态度,盛赞其在史学上的客观公正。

---

① "New Books and New Editions", *The North-China Herald and Supreme Court & Consular Gazette*, Feb.14, 1878, p.153.

② "The Cultivation of the Poppy", *The North-China Herald and Supreme Court & Consular Gazette*, Oct.17, 1878, p.368.

③ 郑宗桀:《鸦片之源流》,《国学论丛》1927年第1卷第1期,第269—270页。

④ 诸如此类还有李维《建城以来罗马史》所记录的"朱诺的鹅的示警,罗马城才得以在高卢人的偷袭中幸存"这一故事("The Goose", *The North-China Herald and Supreme Court & Consular Gazette*, Sep. 15, 1882, p.291)、记录的日食(Jean West Maury, "The Firmament: Mystery of the Shadow of Earth on Moon History of Eclipses", *The Shanghai Time*, Jul. 23, 1919, p.3)、第二次布匿战争("Carthage and Germany", *The North-China Herald and Supreme Court & Consular Gazette*, Feb. 1, 1919, p.259)、论神谕("Luck and Superstition: Much-Maligned Days and Numbers", *The North-China Herald and Supreme Court & Consular Gazette*, Mar. 26, 1921, p.836)、论泰迪门勒斯湖战役("New Books and Publications", *The China Weekly Review*, Apr. 5, 1924, p.212)等。

1883年《北华捷报》上刊载了一篇论述"春秋笔法"的文章,文中提到:

> 死,有如此多的不同字词表达。《春秋》使用不同的字眼来表达不同的意思,从而隐藏史家的观点与倾向。让我们用这套体系来分析一些西方史家。例如,从李维——李维史著光是各章的标题就比《春秋》深刻多了,有意思多了——著作中随意挑出一些句子,然后客观公正地分析这些句子,看看这些句子的表达效果如何。以下便是挑选出来的句子:沃尔西人与罗马人开战。使节们往来交涉以求和平。弗基尼厄斯杀了自己的女儿。凯厄斯·塞维利乌斯杀了塞浦路斯。塔克文杀了塞尔维乌斯·图利乌斯。敌人撤退了。努马统治罗马四十三年后去世。我们假设以"春秋笔法"这种文字风格来写罗马史,想象一下罗马的孔夫子们热衷于用特定的字词来表达褒贬。①

作者指出,中国史学的"春秋笔法"有着明显的褒贬倾向,而李维的史著文辞不偏不倚、客观公正。进言之,作者认为,史家李维的史著不但内容确凿可信,而且李维著史无任何倾向性,真正做到了"如实直书",李维的史著就是过去历史的文字还原。正是因为李维及其著作象征着真实可信,1900年《北华捷报》上刊载的一篇文章文末直接用李维《建城以来罗马史》中第 XLIV(44)卷第22节保卢斯(Lucius Aemilius Paullus Macedonicus)的发言内容作为结尾:

> 在每个集会,好极了!我在每次餐桌集会时都会说,带领军队攻入马其顿的那些绅士们,他们知道我们的兵营应当驻扎在何处,哪些位置应当部署驻防,何时、从何处攻入敌人的阵营,我们军队的补给应当设置在何处,补给路线如何,是通过海路还是陆路运输补给,我们应当何时进攻,又应当何时防御。他们不但制定了法律条

---

① "The Spring and Autumn Annals", *The North-China Herald and Supreme Court & Consular Gazette*, Apr. 18, 1883, p.425.

规以规范如何去做这些事情,而且一旦发生了任何与他们所描述不同的情况,他们就指控负责指挥的将军,并将其送上法庭。①

作者以此来彰显这位古罗马军事统帅的杰出军事指挥才能,以讽刺军事上的门外汉对这位古罗马名将的指摘。在作者看来,李维《建城以来罗马史》真实刻画了保卢斯的形象,完整再现了其杰出的军事才华。实际上,作者是将李维视为求真的史家、将其史著当作真实历史本身。可以说,以塔西佗、普鲁塔克、李维、恺撒等为代表的古罗马史家在古罗马史学传入中国的最初阶段都是以求真而客观的史家形象出现,其史著真实可信。

应该看到的是,诸如艾约瑟等在华西侨最初引入西史不过是为了主张契合中国"重史"的传统,以史开道,扫除西方文化在输入中国途中存在的无形障碍②。1886年艾约瑟编译《罗马志略》时,就坦言:"罗马史显示人之最要事,即欧洲诸国,如何由渐精进,而成目今式。虽彼此远不相若,设与亚洲、非洲诸国对较,实独有多同耳。……由是思之,于罗马史次第观阅,可知欧洲诸国,如何蒸蒸日上,臻于今兹气象也。……由是观之,读罗马史者,知古今各强大国相关系之事故,罗马国实为欧洲古今数代之枢纽也。"③罗马历史的重要地位,使得艾约瑟等在华西侨将罗马史在中国的推广一事视为重中之重。是故,古罗马史学自其传入中国之初就带有明显的"致用"目的。进言之,在华西侨论著中所构建的罗马史学真实无伪的这一史学形象,实际上也源于借此推广罗马历史这一"致用"目的。此外,1903年门色勒在《论罗马国》中指出,"考罗马之大仅在耀

---

① "The French Mail Papers: England's Colonial Policy not a Capitalists' War", *The North-China Herald and Supreme Court & Consular Gazette*, Jan. 10, 1900, p.47.

② 爱汉者编:《东西洋考每月统记传·丁酉年二月·经书》,中华书局1997年版,第204页下、第205页上。

③ [英]法伊夫、克赖顿:《〈希腊志略〉〈罗马志略〉校注》,[英]艾约瑟编译,陈德正、韩薛兵校注,商务印书馆2014年版,第195页。

武功逞盛气,欲举世皆莫与敌。……然其所有之教育与文学……而所从之教俗,所习之格致,所善之雅事,无一实意在于中,专在荣耀其国以为满志。诚哉,荣国者,本罗马之一大题目也"①,罗马历史的本身特点也使得"致用"成为治罗马史必须考虑的因素。于是,传至中国的古罗马史家及古罗马史学的"致用"形象逐渐呈现出来。

1884年《北华捷报》上刊登了一篇纪念塞缪尔·约翰逊(Samuel Johnson)去世100周年的文章。文章中提到古罗马史家普鲁塔克,称"普鲁塔克著史意图以此来唤醒罗马年轻人热爱祖国、热爱自由以及勇武精神"②,突出这位史家治史追求以真实史事来激发罗马青年一代爱国热情与勇武精神这一"致用"意图。其后1896年《北华捷报》上一篇论及中世纪基督徒破坏古典文化的文章中说到:"我们应当大声诅咒这些僧侣,他们有一糟糕的坏习惯——致力于将古代羊皮纸刮干净,于是他们将索福克勒斯、塔西佗、李维以及其他众多伟大作家们撰写在羊皮纸上的训喻著作都毁掉了。"③在作者看来,塔西佗、李维等古典作家的作品是一种"训喻著作",古罗马史家治史除求真之外,最重要的就是贯彻垂训这一原则,实现"致用"这一目的。换言之,此时传入中国的古罗马史学具有"致用"这一特点。

具体而言,传入的古罗马史学以真实史事和先进人物来感染、启发人。1898年艾约瑟在《西学略述》卷六"史学"第一节"史学考原"中提到古罗马史家普鲁塔克的史著"择取希腊与罗马伟人之彼此才德伯仲、功业相侔者","两两相较,分为立传,考定优劣,以示后人"④,展示了普鲁塔克以古希腊、古罗马伟人文治武功"以示后人"这一治史方式。在艾约

---

① 门色勒:《论罗马国》,《中西教会报》1903年第8卷第90期,第5页。
② "The Johnson Centenary",*The North-China Herald and Supreme Court & Consular Gazette*,Dec.31,1884,p.425.
③ "Gwenda, the Philobiblos and Philobiblionl",*The North-China Herald and Supreme Court & Consular Gazette*,Jul. 17,1896,p.112.
④ [英]艾约瑟:《西学略述》卷六,上海盈记书庄1898年版,第1页。

瑟这些西侨们看来,"名世者圣,称述者贤,所以启迪生民,嘉惠后学,事虽创,若仍旧,言历久而愈新,此大地有国莫不皆然者也"①,以伟人贤者为典范不过是为了实现以古喻今、以西鉴中这一"鉴训"目的。实际上,传至中国的古罗马"鉴训"史学确实流播甚远。1902年作新社编译局编译的历史教科书《万国历史》第一卷"古代史"第五章中提到"纪元前二十世纪中有普路太夸司者,作英雄传,详记伟大之人物,其书今独盛行"②。古罗马史家普鲁塔克为古希腊罗马伟人作合传,其《希腊罗马名人传》流传甚广;史家普鲁塔克的《希腊罗马名人传》成为影响深远的鉴训史学代表。

而后在华西侨在《大陆报》上刊发专文论述普鲁塔克及其史著《希腊罗马名人传》之"致用"特征。文中指出,"普鲁塔克另一个鲜明的特征——他著作中强烈的道德垂训特质"。这位史家在刻画伯里克利时,"以一首关于美德的长诗(对现代的读者而言,这诗实在是太长了)开头。但是普鲁塔克是一位高妙的艺术家,他将对道德训谕的热情掩于字里行间,从而使其论述具有客观无色彩的特质;他以逸闻趣事和巧妙的对白使得文字生动活泼,并毫不犹豫地揭示人类以及易于犯错的贵族们"。这样巧妙的叙述方式不着痕迹地将历史伟人刻画得栩栩如生,"通过普鲁塔克的刻画,我们得以与这些伟人们'面对面',并且当我们阅读普鲁塔克的传记时,我们能透过这些传记人物——提米斯托克利、亚里斯泰德——体会到希腊兴衰起伏的历史,不光是了解了他们之间是多么敌对,更多的是了解他们对于构建雅典帝国的贡献"。作者认为,通过普鲁塔克对这些伟人事功的生动描述可以让人感受到其伟大,从而激发人们见贤思齐。此外,作者也表示:"普鲁塔克在书中经常表示历史学家要获得事实真相困难重重。普鲁塔克曾与菲荻亚斯(Phidias)针锋相对,他认为自己的这些传记写于这些伟人过世之后,离其所处的时代很远,故

---

① [英]艾约瑟:《西学略述》卷六,上海盈记书庄1898年藏版,第1页。
② 作新社:《万国历史》,作新社译书局1902年版,第46页。

而能不受那个时代观点的影响。"① 换言之,治史追求道德垂训的普鲁塔克深信自己治史远离了传主所生活的年代,故而能够从中立客观立场来撰史,使得以垂训为特质的史著建立在真实无伪、客观公正的基础之上,从而具有更大的说服力与影响力,更好地发挥其道德垂训功能。

在传教士们看来,"古时亦有德行,但其所称之德行,则以忠君爱国为主。……凡民之德,有不关于国者,不足以称美德。迨后罗马国势稍衰,有一大史家名塔西多,尚论昔日之情形,以警醒当时之学者。其言曰:古之人皆以爱国保国为人生之大本分。我今亦甚愿依古罗马之风俗,以人民之利益荣耀,全归于国而已。是塔氏之意,亦不过指人之德行,惟在于举人民之身家,全归于国"②。塔西佗"取旧说以劝世",使得其成为垂训史学的代表,其史著带有明显致用目的。将这种以"忠君爱国"为治史目的、来自异域的史学传入中国,容易打破中西思想之藩篱并赢得中国读者的认可。

实际上,这种以"致用"为特征的古罗马史学传至中国后,确实获得中国学人的认同。马叙伦就曾感慨:"呜呼,豪杰之负尊贵伟大之名誉于中外古今也,久矣。我又尝纵横于欧洲故籍,见夫纪元前百有余年之际,北抵佛兰西,东接伊大利,西沿地中海,南滨衹苦洋。雄雄勃勃,武功震大球,属地遍全欧之罗马国。不禁适然惊曰:美丽哉罗马!荡荡乎若大水之汪洋。豪壮哉罗马!巍巍乎若高山之雄峻。谁产此欤?谁致此欤?乃不能不俯首下拜戏搜老恩、薄利右几司诸家豪杰,而钦其为罗马造大幸福也。嗟我中人酣睡沉沉,燕雀处堂,燃巢犹乐,我不禁涌一腔热血与泪并下,而不知所自然矣。戏搜老恩、薄利右几司纪元前罗马之二爱国士也,为之传,以供我国民之一览焉。"③ 对中国学人而言,主要以古罗马历史伟人为核心内容的史学著述能增进国人对古罗马辉煌历史的理解,

---

① "Learning History from Plutarch", *The China Press*, Nov. 9, 1927, p.12.
② [美]林乐知:《论希腊罗马古时风俗》,任廷旭译,《万国公报》1902 年第 158 期,第 4 页。
③ 马叙伦:《古罗马两大豪杰传》,《新世界学报》1902 年第 8 期,第 62 页。

古罗马历史的仁人志士事迹能唤醒酣睡沉沉的国人。"罗马——中国之小影也。其武功其统一政略,其暴主权臣持劫之状,其宗教之争,殆无一不与我国历史相仿佛者。罗马人——中国民族之小影也。其富于同化之力,无论何族入其中而与之俱化,尤与吾汉族相仿佛者。顾罗马有一特性焉,曰民党之势力。此其所以亡而不亡,而孕育欧罗巴近世之文明也。我国自秦以来民义已绝,历世退化至今日,呜呼!读罗马史者,宁得于此三致意欤。"① 是故,"以理学训人天下闻名"的普鲁塔克②,以及带着浓厚垂训色彩的古罗马史学与史家成为当时中国学人追慕的对象。

1903年盛俊撰文提到,"顾何以读布鲁特奇之《英雄传》,令读者起舞膜拜颂祷讴歌。而读郑樵之传记,褾呈吾前者,有无数墓志铭之结晶体,令我呕,令我恐卧,何哉?盖郑樵之人物史掇拾旧史,仓卒成书,非描写的而记事的,所谓全无意义,如钞胥吏所为者是也"③,充分肯定普鲁塔克所撰写的伟人传记,认为普鲁塔克《希腊罗马名人传》以"时代之代表"——英雄伟人为核心内容,叙述生动而真实,令人读后备受鼓舞;而郑樵的人物传记以史料考证堆积为主,虽则真实无伪,但令读者不快,因而其传记"全无意义"。在盛氏看来,普鲁塔克及其《希腊罗马名人传》无疑是讲究真实无伪的,但更为重要的是其实现了以真实为基础的垂训目的,这是值得史家关注的。其后梁启超在《批评·新出现之两杂志》一文中进一步明确指出:"伟人之言论行事,其予社会以感化力者最大,故布鲁特奇之英雄传,能铸罗兰夫人,能铸拿破仑,能铸维廉第三。本报置传记一门,意乃在是。"④ 试图仿效古罗马普鲁塔克撰写《希腊罗马名人传》开设传记专栏,试图以伟人事迹感染激发国人以铸就中国的"罗兰夫人"

---

① [日]占部百太郎:《罗马史》第1卷,陈时夏等译,商务印书馆1903年,序第1页。
② [美]林乐知译,任廷旭述:《论欧洲古今女人之地位》,《万国公报》1904年卷16,总第189期,台湾华文书局1968年影印版,第22890页。
③ 盛俊:《传记·中国普通历史大家郑樵传》,《新民丛报》1903年第42—43期,第89—90页。
④ 梁启超:《批评·新出现之两杂志》,《新民丛报》1905年第88期,第49、50页。

"拿破仑""维廉第三"。在中国学人看来,"英文布鲁特奇之英雄传,为古代伟大之著作,读之足兴奋人之志气"①。普鲁塔克史著以伟人事功为核心内容,其感染力使得其史学实现了借古喻今的致用功能;而其治史的致用追求使得其史著引人入胜,具有极大蛊惑力。

早期古罗马史学进入中国主要靠传教士等在华西侨以及日、美、欧辗转而来的历史教科书、论著等。进入民国时期以后,随着赴海外求学的中国学子日渐增多,外文阅读、翻译水准较高的学人群体在增大,古罗马史学传入中国的途径方式变得更为多样化。在这一过程中,中国学人在接受古罗马史学的基础上,不断增进对古罗马史学的理解,逐步完善古罗马史学的形象,从而进一步扩大其影响。此时中国学人也因此更为关注古罗马史学的"致用"性,强调即便认为治史的第一要务是求真,但求真的目的也是为了更好地"致用"。1920年,陶孟和在《新青年》上刊发《新历史》一文提到,"古人对于历史研究之眼光不同。罗马的Polybius说历史注意事实。无论事实之重要与否,均以诚恳之态度写出。他以为历史专供政治家及军人的参考"②,突出古罗马史家治史的最终目的是"致用"。

在当时学人看来,罗马帝国在短时间内崛起这本身"自然要生出一种研究的态度,寻找他所以能够统一世界的实效究竟在什么地方,和用什么方法来统治被征服的民族"③,而"真正有教益于研究历史的人,便是明白观察事体的原因,然后对于特别的事件能够有选择较好政策的能力",历史家的能事便是"据往事以推断将来"。因此,对于中国学人而言,传至中国的古罗马史学有价值、有意义并值得学习之处就在于古罗马历史可以"认作公例,用为推断将来国家变革的标准"④,由此可以如

---

① 程师葛:《通信》,《新青年》1916年第2卷第1期,第9页。
② 陶孟和:《新历史》,《新青年》1920年第8卷第1期,第5页。
③ 高一涵主编:《欧洲政治思想史》(上卷),商务印书馆1922年版,第11页。
④ 同上书,第12页。

孔子所言"虽百世可知"。可以说,鉴往知来、知西通中的鉴训致用功能是东传而至的古罗马史学被学人接纳的主要原因。也正因为如此,此时传入中国的古罗马史学之形象以"致用"为主要特征。李思纯译朗格诺瓦、瑟诺博司《史学原论》中提到,"历史之事,其在最初,实为一种纪载备忘事件而已。在 Thucydides 与 Livy 时代,历史不过以保存记忆且传布属于一人或一家一民众之光荣事功行为。其后即以历史为一种故训成例之集合,历史知识,即为人类日常生活之实际准备,而以政治生活为尤要(军事与民政)。至若 Polybius 与 Plutarch 二氏,其作史乃用为训诫,拟为人类活动行为之上进一药石"①。古罗马史家李维、波里比阿、普鲁塔克等治史俱用以"训诫",追求历史研究的"致用"性。换言之,此时中国学人认为波里比阿所倡导的"史之作用所以为政治家及将领之领导"契合史家治史目的②,"亦犹昔日罗马大史家塔克多 Tacitus(55—117 A. D.)称道吾国祖先日耳曼蛮族之用心耳。夫日耳曼蛮族何足取,而塔克多必谓其人正直勇敢、刚健质朴,见所著 Germania 一书叙日耳曼族之风俗习惯等。罗马人应极力效法,特藉此以立言而已"③。

值得注意的是,面对东传而至的古罗马史学,中国学人除了认识到其"致用"这一面,也看到了其丝毫不放松"求真"这一目的。1927 年郭斌佳参考绍特韦尔《西洋史学史》一书而撰写《希腊史学界》。文中提及希腊裔罗马史家波里比阿,"保氏非文豪也,故所著史亦不列于世界文学之中。然试一究其实,保氏虽不以文艺见长,而在古今史家之中,当列上乘。其名义缺乏文学之美而暗昧,然科学精神则深。今日之科学方法,保氏实已开其先声。最可佩者,在乎富有批评之力,不务空泛之怀疑,专

---

① [法]Ch. V. Langlois, Ch. Seignobos:《史学原论》(二),李思纯译,商务印书馆 1926 年版,第 95 页。
② 陈训慈:《史学观念之变迁及其趋势》,《史地学报》1921 年第 1 卷第 1 期,第 27 页。
③ [德]雷赫完:《述学·中国欧洲文化交通史略》,吴宓译,《学衡》1926 年第 55 期,第 15 页。

向建设定理上做去,而知科学标准之所在焉"①。郭氏盛赞波里比阿在求真方面所做的贡献,并称颂李维的"爱国主义,则取的是以赞叹追惜之情、回顾过去的形式。……凡不赞美自己的种族或国民的过去者,不是天生的历史家。而李维则正是视野广阔而勤勉博学的、那一种天生的历史家"②,指出不求真、不去伪,"则何因何果,势不能知,不足教导后人,虽能迎合一时,不足取也"③,主张治史在"求真"基础之上实现"致用"。

其后郭斌佳所翻译的弗林特的《历史哲学概论》一书强调波里比阿"从所记的事情里面,提出很多有用的经验,来认为可以做政治家切实的帮助。所以他的历史,同时包含政治的教训"④,认为史家李维"爱国思想就是他深怀的热情","他全部的著作,是为罗马义勇的精神和军事的荣光,作胜利的欢庆"⑤,而"塔西佗著史的目的,也是道德的,也是爱国的……他满怀爱国而失望的哀思,恳挚而激昂的热情,以之描写自从提庇留朝以来社会的腐败,希望忧世君子,不要再蹈覆辙,使健全伟大的民族,限于困厄羞辱之中"⑥,指出李维的"搜究,非常浮泛。引证不事详察,往往采用颂扬的故事,取材不加以详细的考证",而塔西佗"下粗暴的断语"⑦。表面上,此时传至中国的古罗马史学对"致用"的强调超过了对"求真"的追求。实际上在中国的古罗马史学从未丢掉"求真"的目标,在突出"致用"之时丝毫未放松对"求真"的要求。如木村毅《世界文学大纲》对史家李维的批评,指责李维的"历史,是完全和喝醉了酒的奴隶一样,完全没有尽过它的本来的使命。这是什么意义呢?即是因为他没有把'历史事

---

① 郭斌佳:《希腊史学界》,《光华期刊》1927年第1期,第8页。
② [美]约翰·玛西:《艺术界·世界文学的故事(四八)》,胡仲持译,《申报》1928年5月9日增刊,第6版。
③ 郭斌佳:《希腊史学界》,《光华期刊》1927年第1期,第9页。
④ [英]Robert Flint:《历史哲学概论》,郭斌佳译,新月书店1928年版,第95页。
⑤ 同上书,第100页。
⑥ 同上书,第102页。
⑦ 同上。

实应该是严正的忠实的'概念,放在心上,最初就立了一种道德的目标,只取与该目标相合的材料,而作成历史"①,强调史家治史追求"致用"应当建立在"求真"基础之上,"求真"才是史家治史的第一要务。又如,绍特韦尔《西洋史学史》中对波里比阿致力于"求真"的褒扬,"每遇材料有误,必勃然大怒"②,"氏之态度专重实事,其著书之方法亦适合此态度"③。

中国学人在充分接纳东传而至的古罗马史学后,也开始主动深化对古罗马史家及史学的认知。如朱谦之就曾提出,诸如波里比阿、撒路斯提乌斯、李维、塔西佗、普鲁塔克、苏维托尼乌斯等古罗马史家的"教训式史学",追求治史的"致用"性,"因要借往事以应付现在的原故,所以特别注重历史的真实性,而完全抛弃修辞学的倾向,历史不是以娱乐读者为目的,而是以教训的目的的,所以在积极方面便是一种求真的态度"④。对于中国学人而言,古罗马史家们应以波里比阿为榜样,学习其科学求真思想,强调"史家天职,在求实用,历史必须能教后世,必须有用",更要"力主史家应无偏党,排除一己的私心,依据事物的实情,持平允之论叙述之"⑤,唯有"求真""致用"紧密结合,才是正途。

古罗马史学自甫入中国之始,便逐渐走出模仿古希腊史学、被视为古希腊史学赓续的尴尬处境,并一步步从古罗马文学中剥离、独立出来,成为一门有着独特价值的学科,在这一过程中逐渐构建了其"求真""致用""求真致用相结合"等史学形象。这一过程是古罗马史学在中国传播的过程,更是晚清民国时期中国学人从被动接受古罗马史学,到主动塑造古罗马史学形象的历程,亦体现了中国学人在吸纳外来异质史学文化时所经历的曲折心路演变。

---

① [日]木村毅:《世界文学大纲》,朱应会译,昆仑书店1929年版,第67页。
② [美]绍特韦尔:《西洋史学史》,何炳松、郭斌佳译,商务印书馆1929年版,第233—234页。
③ 同上书,第231页。
④ 朱谦之:《中国史学之阶段的发展》,《现代史学》1934年第2卷第1、2期,第26页。
⑤ 李则纲:《史学通论》,商务印书馆1935年版,第52页。

第四章

文艺复兴的东方足迹

西方史学之东渐,不只是史家、史著或史学流派,还有其他方面的内容,本章及下章以"文艺复兴"和"宗教改革"这两个主题为中心,展示近代西方史学对我国的影响。

用周作人的说法,"文艺复兴"是中国人的一个梦[①]。尽管这个梦其实是14—16世纪由西方历史的偶然性编织起来的,但不幸的是,它让近代中国无数知识分子深陷其中。探讨"文艺复兴"在近代中国的旅程,是一项艰难的工作。由于不同时代学者复杂的理解和诠释,"文艺复兴"这个概念在现实运用中已经产生了两种不同的含义向度:其一仅指14—16世纪在欧洲所发生的那场思想文化运动,即是一个单纯的西方史学概念;其二则是将欧洲"文艺复兴"的叙事普世化,讨论中国甚至其他地方也有类似的"文艺复兴",在这种叙事当中,"文艺复兴"的含义已再度引申和重建,晚清以来,"中国文艺复兴"说一时风行,其所指的具体历史对象包括清代学术、五四运动,以及其他[②]。

我们并不打算在这里详细研究"中国文艺复兴"观念创制和衍生的全部思想内容,而希望为这个复杂问题做一基础性的史学史和思想史的探

[①] 周作人:《文艺复兴之梦》,载《苦口甘口》,河北教育出版社2001年版,第18页。
[②] 董德福:《"中国文艺复兴"的历史考辨》,《江苏大学学报(社会科学版)》2002年第1期,第34—40页。另参见罗志田:《中国文艺复兴之梦——从清季的古学复兴到民国的新潮》,《汉学研究》2002年第1期,第277—307页。

索工作,即讨论作为史学概念的"文艺复兴"在近代中国是如何形成的,对其理解经历了什么样的变化。我们期望说明,自"文艺复兴"这个概念进入汉语历史书写的视野以来,它就已经具备了多重面向,在史学领域内对"文艺复兴"的探讨,已经为这个概念的拓展和意义的重建提供了空间。

西史东渐并非冷门课题,学术界对西方"文艺复兴文化"在中国的传播早有关注,以李长林先生为代表,已有多篇论文讨论①。尽管李先生搜集史料用力甚勤,但仍有许多重要的材料未被纳入其视野,比如对19世纪传教士编写的多种西史译著的挖掘还不全面②。另外,清末十年大量出现译自日语的西史著作和教科书,对汉语世界有关西方历史书写中"文艺复兴"概念之确立而言,这是关键性的材料,而既有的研究基本都没有涉及③。

史料的问题还在其次。学者之所以在这一主题的材料搜集上容易有漫漫无际之感,是因为学界普遍对西方"文艺复兴"做了一种本质化的理解。事实上,"文艺复兴"(Renaissance)是英国历史哲学家沃尔什(W. H. Walsh)所说的一种"综合性概念"(colligatory concept),它并不自然地对应单一的历史事件、人物或者时间段④。它本身是在最近两个世纪才被普遍使用的史学叙述,在绵延的时间之流中划出14—16世纪这个阶

---

① 李长林:《欧洲文艺复兴文化在中国的传播》,载郑大华、邹小站主编:《西方思想在近代中国》,社会科学文献出版社2005年版,第1—48页。还有较早的两篇,李长林:《国人对欧洲文艺复兴的早期了解》,《世界史研究动态》1992年第8期,第28—32页;李长林:《中国对欧洲文艺复兴的了解与研究(五四时期及二三十年代)》,《世界史研究动态》1993年第7期,第47—54页。

② 李长林先生曾提到两种,关于这部分西史译著,目前最全面的研究参见邹振环:《西方传教士与晚清西史东渐:以1815年至1900年西方历史译著的传播与影响为中心》,上海古籍出版社2007年版。

③ 李长林《欧洲文艺复兴文化在中国的传播》、罗志田《中国文艺复兴之梦》两文都未涉及这部分资料。

④ W. H. Walsh, *An Introduction to Philosophy of History*, Bristol: Thoemmes Press, 1992, pp. 59-64.

段作为特定的历史时期。因此,近代中国学人对"文艺复兴"的引介,是对一种诠释的再诠释,其复杂性要远远超过诸如"中国学人对彼特拉克的介绍""中国学人对达芬奇的介绍"等命题。如果按某些前辈学者的做法,较为本质化地理解西方文艺复兴,把它看作一个本质性的具有固定对应的历史命题,带来的结果就是人们仍然需要纠结于哪些人物、哪些文化、哪些历史现象"应该属于"文艺复兴,使研究陷入无法控制边界的困境。

因此,笔者在这里所做的,是一种批判性的概念重审。我们将"文艺复兴"视为一个开放性的命题,不预设本质性的"文艺复兴"定义,不纠结于西方"文艺复兴"何时开始,到何时结束,哪些人物事件"属于"或者"不属于"文艺复兴等问题,而以概念表述为中心,关注"文艺复兴"的表述是如何在汉语文本中逐步建立起来的。所以,问题的关键并不是"文艺复兴"究竟是什么,而在于不同的叙述者借助"文艺复兴"这个词汇(符号)想表达,以及实际上表达了什么样的对西方甚至是对中国历史研究的规划。

诸如"文艺复兴"此类概念的移植,往往伴随着特定思想意识的传播。近代以来,中国人对西方历史的了解逐步加深,其接受的不仅仅是简单的历史事件,更包括"文艺复兴开创了新时代"这种特殊的历史叙述和历史分期观念。这是西方历史普世化的结果。以"文艺复兴"这一特别的概念为个案,我们希望此研究对近代中西思想文化交流这个大主题亦能有所贡献。

一、1900年前西学传播中的"文艺复兴"

若按对文艺复兴的通行看法,则它并不是一个孤立的西方历史事件,它自己尚在成长的同时,就随着欧洲航海家和传教士的脚步来到世界各地。在许多学者眼里,广义的"文艺复兴文化"在明末清初便已经由耶稣会士介绍到中国。从传播的阶段性上看,钟鸣旦(Nicolas Standaert)教授曾写过专文,把"文艺复兴文化"通过传教士在17世纪中国的传播分成三个阶段:第一个阶段是由利玛窦(Matteo Ricci)主导的三十年，从 1582 年至 1610 年；第二个阶段开始于龙华民（Nicolas Longobardo），主要是以金尼阁（Nicolas Trigault）的译书事业为代表，进行了稍微系统的介绍，从 1620 年至 1640 年；第三个阶段主要是耶稣会士对"文艺复兴哲学"的介绍，以南怀仁（Ferdinand Verbiest）的《穷理学》为代表，随着南氏在 1688 年逝世结束①。从传播内容上看，李长林先生依照现代学科分类，把明末清初文艺复兴文化在中国的流传分为天文学、数学、地矿学和机械学、生理学、地理学与地图测绘、美术六个方面②。

另外，有许多学者认为，宽泛意义上的"人文主义文化"也随着该时期耶稣会士的中文著述而传入中国。耶稣会士传入中国的不只有西方科学知识，他们还以一种非常开放的心态，翻译介绍了西方古典作家们的文学、哲学作品，甚至包括所谓"异教徒"的作品，这就是"人文主义文化"的传播③。的确，一些所谓"人文主义者"的文字曾出现在耶稣会士的中文著述里，比如利玛窦的名著《交友论》当中就收录了伊拉斯谟论"友谊"的格言④；据张西平先生的研究，利玛窦本人曾经多次引用彼特拉克⑤。此外，耶稣会士的自身活动也带有不少"人文主义文化"的影响，孟德卫（David E. Mungello）就说："在利玛窦的著作中，文艺复兴时

---

① Nicolas Standaert, "The Transmission of Renaissance Culture in Seventeenth-century China", *Renaissance Studies*, Vol. 17, No. 3, 2003, pp. 367-391.

② 李长林：《欧洲文艺复兴文化在中国的传播》，载郑大华、邹小站主编：《西方思想在近代中国》，第 2—13 页。

③ Federico Masini, ed., *Western Humanistic Culture Presented to China by Jesuit Missionaries, XVII-XVIII Centuries*, Rome: Institutum Historicum S.I., 1996. See "Preface" by Giuliano Bertuccioli, p. 9.

④ [意]利玛窦：《交友论》，载李之藻辑：《天学初函》第一册，台湾学生书局 1965 年版。据方豪先生说，出自伊拉斯谟的这条格言是："友者过誉之害，较仇者过訾之害，犹大焉。友人誉我，我或因而自矜，仇人訾我，我或因而加谨。"参见方豪：《利玛窦〈交友论〉新研》，载《方豪六十自定稿》下册，台湾学生书局 1969 年版，第 1849—1870 页。

⑤ 张西平：《明清间入华耶稣会士对基督教伦理学的介绍》，载卓新平主编：《宗教比较与对话》第三辑，宗教文化出版社 2001 年版，第 233 页。

期的人文主义传统十分明显的……人文主义者所坚持的优雅的文学语言和有说服力的修辞技巧在中国文人中获得了很好的反响,而利玛窦的著作中也处处体现了这两大原则。"①在国内外学者中使用"人文主义"来诠释耶稣会士思想最有力的当数李天纲先生。他认为,明末清初入华耶稣会士的指导思想,并非以往有些学者常说的"殖民主义",而是人文主义,耶稣会士的这种人文主义和"理性精神"继承自文艺复兴文化,其构成了他们理解中国文化的基础②。

尽管如此,我们并不能期望明末清初的外国传教士和中国士人已经自觉地具有"文艺复兴"的概念,他们更多的是"文艺复兴"的实践者,而不是叙述者。即便在西方的历史叙述中,"文艺复兴"这个史学概念的形成也是更晚的事。现代通行的"Renaissance"一词出自法语,一般认为其来源于意大利语的"再生"(rinascita),后者由著名艺术史家瓦萨里(Vasari)在1550年出版的著作《意大利著名画家、雕塑家、建筑家传》当中第一次用作历史性的概念,但该词在此书中仅仅表示艺术的"再生"时期,并未成为普遍的历史叙述的专有概念。法语中"renaissance"一词大约出现在17世纪末,最初也是表示文学艺术复兴古典这个单一事件,直到19世纪30年代才被普遍用作时代概念③。该词进入英语和德语历史写作,成为特定史学概念则是在19世纪40年代④。

---

① [美]孟德卫:《奇异的国度:耶稣会适应政策及汉学的起源》,陈怡译,大象出版社2010年版,第7页。
② 李天纲:《"人文主义"还是"殖民主义"》,载《跨文化诠释:经学与神学的相遇》,新星出版社2007年版;另见《中国礼仪之争:历史、文献和意义》,上海古籍出版社1998年版。
③ Wallace K. Ferguson, *The Renaissance in Historical Thought*: *Five Centuries of Interpretation*, Boston: Houghton Mifflin Company, 1948, pp. 143-144.
④ 英语的情况可参见《牛津英语词典》,笔者所参考版本为James Murray, ed., *A New English Dictionary on Historical Principles*, vol. 8, Oxford, 1914, p. 439. 德语的情况可参见 Erich Heyfelder, "Die Ausdrücke 'Renaissance' und 'Humanismus'", *Deutsche Literaturzeitung*, No. 36, 1913, S. 2245-50。

自"文艺复兴"(Renaissance)上升为史学概念之后,它就不仅表示"再生",更包含了一种特定的划分"古典""中世纪"与"近代"的史学理解,或者说一种特殊的价值观体系。"文艺复兴"在把它自身处的这个时代与"古典"扯上联系之后,也塑造出了居于其间的一个"中世纪"。按照思想史家波考克(J. G. A. Pocock)的观点,"文艺复兴"对连续的时间观是一个冲击,它打破了原有的过去、现在、未来之间存有连续性的时间观念,将历史区分出古代、中世纪和近代的不同阶段①。历史叙述由此获得了一种新的建基在特殊节点之上的模式,并影响至今。本文的研究目标之一就是解答这种以"文艺复兴"概念为核心的叙述模式,是怎样进入汉语世界有关西史书写当中的。

中国人开始认识西方历史,传教士无疑是关键性的中介。在明末清初,耶稣会士的中文著述中很少有西方历史和史著的专题论述,而往往只在介绍各国地理和基本情况时顺带提及其历史源流。这当然缘于历史学本身在西方尚未成为成熟的学科,也与传教士自己在面对丰富厚重的中国史学编纂传统时希望"扬长避短"的用心有关②。因此,受此影响,19世纪中叶以前中国士人对西方历史的认识往往是片段式的,既缺乏整体趋向的考量,也没有明确的分代意识。

到晚清新一波西学东渐浪潮到来之时,这种情况才得以改变。有趣的是,早在道光年间西学引介的文献当中,"文艺复兴"一词就已经出现。由普鲁士传教士郭实腊主编的《东西洋考每月统记传》在道光丁酉年(1837)二月这期中,刊有《经书》一文,介绍西方古典学术,其中说道:

> 弟只引文君之名,除此有许多博学士。未能印书之际,匈奴、土

---

① J. G. A. Pocock, "The Origins of Study of the Past: A Comparative Approach", *Comparative Studies in Society and History*, Vol. 6, No. 2, 1962, pp. 225-227.
② 参见邹振环《西方传教士与晚清西史东渐》第7页的分析。

耳其、蒙古各蛮族侵欧罗巴诸国,以后文书消亡磨灭。又千有余年,文艺复兴掇拾之,于本经之奥蕴,才学之儒,讲解而补辑之。①

《经书》一文在此段之前,简单介绍了欧洲在希腊、罗马古典时期的著名文人,而后说,蛮族入侵"千有余年"之后,古代语文和学术典籍才又受到学者的重视,"讲解而补辑之",则这个"文艺复兴",和今天我们所说的文艺复兴,大致指的是同一个时代。目前学者基本都认定,这是现代汉语中"文艺复兴"一词的最早出现处②。

然而,"文艺复兴"一词在此出现,并不意味着现代的"文艺复兴/Renaissance"概念此时就已在汉语中形成。事实上,《东西洋考每月统记传》中出现的这则例子,只是对西方历史现象的描述而已,这种用法在当时并没有传播开来。在19世纪中国的文献中,除此之外,至今我们尚未找到其他使用"文艺复兴"一词来指称这个西史事件的例子。

译名的问题只是其一,19世纪的汉语西史著作中,对14—16世纪的记述都仅限于对诸种历史现象的罗列,也就是说,"文艺复兴"并没有真正成为该时代之特征性叙述。叙述者对于这段时间的欧洲历史仍有许多不同看法。举例而言,仅对于这段时间内"欧洲学者复兴希腊罗马古学"这个事件,不同的叙述者就有不同的取舍。

1886年,北京总税务司署印行艾约瑟(Joseph Edkins)编译的"西学启蒙十六种"书籍,其中包括《欧洲史略》。《欧洲史略》由艾约瑟翻译自弗里曼(E. A. Freeman)所作的《欧洲史》(*History of Europe*)一书,译本

---

① 爱汉者等编,黄时鉴整理:《东西洋考每月统记传·丁酉二月·经书》,中华书局1997年影印版,第204页。

② 黄时鉴先生在影印本《东西洋考每月统记传》的"导言"中称:"文中用了'文艺复兴'四字,似乎是这个词语见于中文文献的最早记录。"见《东西洋考每月统记传》,第23页。周振鹤先生也持同样观点,见其文《〈东西洋考每月统记传〉在创制汉语新词方面的作用》,香港《词库建设通讯》第15期。

共有十三卷。此书论述精要,后来还被沈敦和收入《西史汇函续编》①。书中卷八"东西二罗马衰微之世"下有"古学重兴"一节,谈到1350年前后欧洲各国方言的通行,其后说道:

> 惟时欧洲之希腊、拉丁诸古文学,渐次重兴。当中国赵宋南渡之际,意大利人多爱读拉丁文,而专心于时尚之格致、性理以及罗马法律等学。似此法律之学,在意大利地,曾大有助益于斯瓦卞族之诸帝,俾易于服诸人民,而其时尚鲜有习希腊文者。

> 至东罗马国势危殆,其根斯丹典城博学之士,多出避回难,迁往意大利地,而意地之希腊文重兴。既而四邻风从,流传甚速。未几,其习此希腊文之人,又多爱仿效希腊、罗马之营室、绘画、雕镂诸技艺。时欧地之文学并诸技艺,既咸取法于古,而识卓才优之士,势必屈抑不伸,加以其时,意地之巴伯并诸公侯,皆争起誉古文学与古技艺,因之人民咸乐巴伯等好古,如是之专而且笃,乃于其立身治国之如何贪纵,皆置不论而如忘也。②

---

① 自20世纪80年代以来,学界流传有一说,即"沈毅和"编纂的《西史汇函续编》中"介绍了西方文艺复兴"。此说最早见于庞卓恒《谈谈"文艺复兴"一词的含义和译法》一文(载《世界历史》1980年第1期,第95页),此后,许多著作都简单沿袭,比如陈小川、郭振铎、吕殿楼、吴泽义编著:《文艺复兴史纲》,中国人民大学出版社1983年版,第12页;郑师渠:《晚清国粹派:文化思想研究》,北京师范大学出版社1993年版,第130页;杨思信:《文化民族主义与近代中国》,人民出版社2003年版,第130页;罗志田:《国家与学术:清季民初关于"国学"的思想论争》,生活·读书·新知三联书店2003年版,第92页;李长林:《欧洲文艺复兴文化在中国的传播》,载郑大华、邹小站主编:《西方思想在近代中国》,第14页。事实上,"沈毅和"明显是"沈敦和"之误,直到较近才由邹振环先生在《西方传教士与晚清西史东渐》中纠正(第259页)。《西史汇函续编》收书五种,全编都没有注明编纂人,沈敦和只是其中收录的《英法俄德四国志略》的辑译者,而"介绍了西方文艺复兴"的则是《欧洲史略》。
② [英]艾约瑟:《欧洲史略》卷八,光绪丙申(1896)刻本,第二册第74页。

如果比对《欧洲史略》与弗里曼的原文①，便可发现艾约瑟的翻译大体忠实而准确。"古学重兴"之章节标题乃译自原书"The Revival of Learning"。弗里曼的原著中就没有使用"Renaissance"②，自不可要求汉译者具有超越时代的先见。《欧洲史略》中所说的"古学重兴"有一个自12世纪以来较长的过程，其包含的内容也有文学、哲学、法律、艺术等各个方面。

但并不是所有的19世纪的西史译著都如《欧洲史略》一般，将"古学重兴"纳入中世纪向近代转折的过程之中，反例之一就是美国公理会传教士谢卫楼（Devello Sheffield）编译的《万国通鉴》。《万国通鉴》出版于1882年，全书共分四卷，第一卷为"东方国度"，第二卷是"西方古世代"，第三卷为"西方中世代"，第四卷为"西方近世代"。那么，该书又是如何划分"中世纪"与"近代"的呢？《万国通鉴》的第四卷第一章为"论在欧罗巴洲数国事体振兴事略"，其中除了叙述政治变动之外，主要阐述新发明与技术进步：

> 耶稣后一千三四百年，欧罗巴各国，多有人创做奇巧妙物，参思格致之理，所以各国事体振兴，与前大不相侔矣。有以大利人法非欧周伊阿者，创造指南针，系船家所恃以离岸远行者也。
>
> 至一千四百四十年，有人制造火药，枪炮由兴，对垒交锋，胜于

---

① 此段文字见 Edward A. Freeman, *History of Europe*, London: Macmillan & Co., 1876, p. 94。
② 庞卓恒先生《谈谈"文艺复兴"一词的含义和译法》、李长林先生《欧洲文艺复兴文化在中国的传播》两文都批评了《欧洲史略》作者把"文艺复兴"的发生定为"中国赵宋南渡之际"是时代的错误。我们比较弗里曼原文和艾约瑟译文就能清楚地发现，"当中国赵宋南渡之际"对应的是原文所说"the twelfth century"，而且它说的是意大利人只读拉丁文，很少学希腊文，于史实并无问题。原书中没有出现"Renaissance"，仅仅是在讲中世纪晚期的"学问复兴"（The Revival of Learning）。两文批评作者把"赵宋南渡之际"定为"文艺复兴"（Renaissance）的开始，是从后来已形成的观念倒推上去的误解，并不公平，似乎忽视了"Renaissance"概念在西方史著中的出现也是经历了一个过程的。

刀剑,有革滩布革约翰者,创造印书妙法,先用木板,次用铅板。(按:以前之书籍全是抄本,是以价值昂贵,富家方可购买,寒士即不能读书识字矣。)嗣后印书法出,各处皆有书籍,而工省价廉,人人可获,文字学业,由此蔚然兴起也。①

而第四卷第七章则名为"论自更正起,百年之间各等学业振兴事略",谢卫楼在其中又提到学术事业的发展:

> 自更正教振兴,欧洲诸国之景象变化一新,于各处创建书院学堂,研究古时各种文字,至天文之学,先时人皆以地居其中,日月星辰绕地而行,时日国天文师叩配尼库讲日居其中,有数行星与地绕日而转,又有克配勒得天文数条奥理,此人虽学问超群,无如所论微奥,知者寥寥,故此天主教人咸以为非,致有藐视逼迫等事,遂致郁郁莫伸,寒苦度日。又有嘎利利欧者,精于天文之学,其所讲之理,与克配尼库相侔,有天主教中之官逼其屈膝伏罪,后又幽监数年,以致两目失明,被释后年七十八而卒。
>
> 维时丹青技艺亦极勃兴,有以大利之安及漏与拉法勒者,二人可称妙手,胜迈他人。至今习是艺者,莫不师其笔意也。又有多人编成各种奇书,撰作各类戏文,虽系虚幻,然娱目赏心,人皆乐于观览。有英国骚客沙斯皮耳者,善作戏文,哀乐罔不尽致,自侯美耳之后,无人几及也。②

上面这段讲述的是"更正"(也就是宗教改革)之后天文学和艺术的发展,提到了哥白尼、开普勒、伽利略、米开朗基罗、拉斐尔和莎士比亚等人物。《万国通鉴》是19世纪的西方通史书籍中较为详细的一部,但它在论述中世纪到近代这个"转折时代"时,独独没有提到希腊罗马古学在

---

① [美]谢卫楼:《万国通鉴》第四卷第一章,光绪壬午(1882)印本。
② 同上书,第四卷第七章。

这个时代"复兴"这一历史现象,这不是没有原因的。该书体现了编者谢卫楼自身极强的基督教立场。学者在研究谢卫楼的西学引介时曾观察到,谢氏对西方近代学术文化抱有一种不信任态度,对希腊罗马文化对基督教的损害也有所警惕[①]。由此便能理解,他为何刻意忽略了古典学术复兴这一历史片段。另外,在基督宗教内部,谢氏偏向新教,因此他有意将16世纪前后的科学与文化成就都与宗教改革联系起来。总之,《万国通鉴》所描绘的"近代"的开端,是以"宗教改革"为核心的。

本来,在19世纪后半叶的西方史学中,对"近代何以开始",甚至对是否有一个能超越世纪分代的"近代",尚有多种意见,因此,古典以降的时间之连续性并未被完全打破,"文艺复兴"叙事还未获得后来这样重要的地位。这也体现在同时代的中文著作里。

晚清最有影响的西史译著《泰西新史揽要》最早由广学会在1895年出版,由李提摩太(Timothy Richard)口译,蔡尔康笔述。该书原名《19世纪史》(*The Nineteenth Century: A History*),由英国人麦肯齐(Robert Mackenzie)著,1880年首次出版[②]。《泰西新史揽要》虽主要论述欧美国家19世纪的历史,但亦有对各国史事源流的回溯。其中第十八卷"意大利国"的第一节"罗马国败后情形"之中,大概叙述了从东西两个罗马帝国分立、衰落一直到18世纪末拿破仑率军进入意大利的历史。讲到14—16世纪时,只说意大利"恒被外兵所踞""至弱极衰,毫无生色之重见者也",在论述其国政治上衰微贫弱的同时,丝毫没有提及学术文化上的发展[③]。《泰西新史揽要》在戊戌前后拥有大量的读者,几乎成为当时年轻学人接触西方历史的必读书籍,但读者从该书中基本没法得知文艺

---

① 吴义雄:《谢卫楼与晚清西学输入》,《中山大学学报(社会科学版)》2007年第5期,第45页。

② [英]李提摩太译:《泰西新史揽要》,上海书店出版社2002年版。

③ 同上书,第311页。Robert Mackenzie, *The 19th Century: A History*, London: T. Nelson and Sons, 1880, pp. 352-353.

复兴时代的文化和学术成就。

要打破古典时代以来的"自然时间"的连续性,进而确立以"文艺复兴"为核心的"中世纪—近代"的划分界限,仅仅叙述一种古典语言文化的"再生"是不够的,因为世界历史进程中此类所谓"复兴"并不罕见。事实上,它需要更鲜明、更强有力的精神内涵,而后者就是"人文主义"。

以人文主义的兴起作为文艺复兴时期的主要特征,这在西方历史学中也是较晚才出现的一种叙述。一般认为,只有德意志史家格奥格·伏伊格特(Georg Voigt)在1859年出版《古代经典的复活或人文主义的第一个世纪》(*Die Wiederbelebung des klassischen Altertums oder das erste Jahrhundert des Humanismus*),以及瑞士史家布克哈特(Jacob Burckhardt)在1860年出版其名著《意大利文艺复兴时期的文化》(*Die Cultur der Renaissance in Italien: Ein Versuch*)之后[①],这种历史叙述才开始生根发芽,并逐步占据主流。

当然,在19世纪的中文西史文献中,我们还很难看到这种历史观的表述。但这并不意味着我们就无法把握它逐步产生的蛛丝马迹,比如,在1877年的《格致汇编》第1年第12期中曾连载傅兰雅(John Fryer)译述的《格致略论》。以往学者比较多地注意到《格致略论》中介绍的自然科学内容[②],但该期《格致略论》中第251条有这么一段:

> 西历以前一千年至西历后六百年,滨地中海边所有各国,大都文教渐兴,礼仪丕著,及后渐衰,文教以失,仍为粗蛮之俗。西历六百年以上谓之古时,其人谓之古人;从六百年至一千四百年之间,谓

---

① [英]布洛克:《西方人文主义传统》,董乐山译,生活·读书·新知三联书店1997年版,第5—6页。笔者曾撰有专文阐述"humanism"在中西语境中的概念变化,参见章可:《"人文主义"的诞生:一个概念史的研究》,载邓正来主编:《中国经验与发展:中国社会科学辑刊》2010年秋季卷(总第32期),复旦大学出版社2010年版。
② 熊月之:《西学东渐与晚清社会》,上海人民出版社1994年版,第421页。

之中时,其人谓之昔人;此时风俗、国政、学问、工艺等事,尚未求精。

迨一千四百年以后,文教复兴,则人考究古书典籍,与夫格致学问,兼之西教盛行,化及黎庶,因而人心世道,渐次改观,而以大利亚、西班牙、法兰西、日耳曼、英吉利等国,讲究各种学术,与夫格致事理,不独能与古人相埒,而且花样新翻,以发古人之所未逮,另辟新理,以继先贤之所未能也,后此类之人,渐散至天下各处,近代西教与文字、格致、工艺、国政等,通至寰区,无远弗届,即亚美利加与新金山等前人未识之区,今亦有此类之人居之,其余四类之人,亦渐仿效其各事。①

这是晚清西史东渐中很值得注意的一篇文章,它把整个西方历史划入一个线性体系之中,并以"西历六百年"和"一千四百年"为两个节点进行了区分和划段,标记为"古时"和"中时"等。而说到"一千四百年以后"开始"文教复兴",时间也和现在所说的"文艺复兴"相同。此文出版尚在《万国通鉴》之前,这种把西方历史划分为"古/中/近"三代的做法,目前所知是首次在中文西史译著中出现②。而作者把"中时"的结束和新时代的开始,定位在"文教复兴"后学术的繁盛和进步,这就不仅是简单地叙述某一历史现象,而是把它提升到界标性的地位。

如果我们仅因为《格致略论》中出现了"人心世道,渐次改观"的语句,就认定这是"文艺复兴人文主义"这一史学观念的最早表达,这也是不确切的后见之明。但不论如何,它至少揭示出了文艺复兴时期在器

---

① 见《格致汇编》第1年第12期《格致略论》,南京古旧书店1992年影印本,第一册,第276页。
② 邹振环先生《西方传教士与晚清西史东渐》一书第八章在论述谢卫楼的《万国通鉴》(1882)时,曾指出《万国通鉴》是"首次在汉文世界通史的编写中引进了西方通行的古世代、中世代、近世代的历史时期划分法"。在"汉文世界通史的编写"这个条件下,此结论当然准确。若要论中文世界引进这个三段时期历史划分观念,《万国通鉴》出版前,《格致略论》这一条的引介似乎也应该被重视。

物、工艺、科学的精进之外,"人心"这一精神领域所发生的内在变化。当然,傅兰雅这段文字并非凭空得来,经查考,它翻译自英国钱伯斯兄弟出版公司(W. & R. Chambers)在1861年出版的《科学导论》(*Introduction to the Sciences*)一书,以下我们引用原文和译文进行比对:

(《科学导论》原文)After an interval of comparative barbarity, termed the *middle ages*, which extended to the fourteenth century, civilisation gradually revived; the literature of the ancients was resorted to for its refining ideas and its philosophy; the Christian religion, which had originated in Judea under the circumstances narrated in the New Testament, began to exercise its proper humanising effect;...①

(《格致略论》译文)从六百年至一千四百年之间,谓之中时,其人谓之昔人;此时风俗、国政、学问、工艺等事,尚未求精。迨一千四百年以后,文教复兴,则人考究古书典籍,与夫格致学问,兼之西教盛行,化及黎庶,因而人心世道,渐次改观。

对读可以发现,首先,"文教复兴"在这里只是翻译原书中的"civilisation gradually revived",并不是指称一个时代的专名,原书中也没有出现"Renaissance"一词。《科学导论》原书中提到,基督宗教在15世纪之后逐步发挥了"教化人性"(humanise)的作用,这也是译文触及"人心"领域变化的原据。

总体而论,19世纪中国人对西方近代以来历史的认知中,"文艺复兴"尚未成为主流叙述,换句话说,自中世纪以降这一历史的连续性如何分割,还没有统一的意见。这一方面当然与历史知识传播的"源头",即

---

① W. & R. Chambers, eds., *Introduction to the Sciences*, London: W. & R. Chambers, 1861, p. 106. 斜体字为原文。

西方史学的发展有关,以"文艺复兴"为中心的近代史学叙述,在西方史学中也是在19世纪后半叶才真正成型的。而另一方面,这和中国本土构造西史知识时的观念背景也紧密相关。

清末以来,通过西史知识的传入,中西历史逐步被纳入同一个时空序列当中,然而,这种"会通"的过程,并不完全出于纯粹的知识兴趣,其实背后有史学"经世致用"思想的强力推动[①]。士人学习西方历史,除了"博闻广识"之类的目的外,在晚清被动挨打之大背景下,更重要的意图是了解西方诸国政治源流、兴衰之因以及强国之法。所以,中国士人更关注的是17、18世纪以来英、法、德、美等各个民族国家逐渐崛起并走向强盛的历史进程,而对时间上更早的"文艺复兴"关注不多,即便有所涉及,对"器物"(新技术、新发明)的看重也超过了对文化思想领域的了解。《泰西新史揽要》之所以如此风行,正是因为它讲述的大多是"百年以来,欧美各国变法自强之迹",所以梁启超称其为"西史中最佳之书"[②]。欧美诸国在近代建立民族国家,政治变动剧烈,而到工业革命之后,更是技术革新迅速,凭借船坚炮利在与东方诸民族的对抗中占据优势。19世纪尚处在关心"器物上不足"的士人们,自然多把眼光集中在较近的时段。

二、20世纪初的"文艺复兴"概念

戊戌之后到辛亥,由于时局的变化,讲求"西学""新学"再掀一股浪潮,西学东渐也进入一个新的阶段。与戊戌前以西方传教士为主导的阶段相比,这一阶段的特点在于,日本成为中国人获取西学的重要中介。中国士人大批留学日本,带来了翻译日文西学书籍的热潮。

[①] 章清:《中西历史之"会通"与中国史学的转向》,《历史研究》2005年第2期,第76页。另参看徐松巍:《从"资治"到"救国"——关于19世纪史学经世致用思想变化之研究》,《史学月刊》2002年第1期,第5—12页。

[②] 梁启超:《读西学书法》,载中国史学会主编:"中国近代史资料丛刊"《戊戌变法》第一册,上海人民出版社2000年版,第455页。

梁启超曾叙述过 20 世纪初国人通过日本引介西学的繁盛景象:"壬寅、癸卯间,译述之业特盛,定期出版之杂志不下数十种。日本每一新书出,译者动数家。新思想之输入,如火如荼矣。"① 尽管这一时期仍然有直接翻译自西文的史著出版,但总体而言,翻译日文西史著作取代了传教士译述,成为国人获取西史知识最重要的途径。在教育普及层面,为了顺应新学校教育的需要,这时期编译出版了大量西史教科书,也使得西史知识的传播面变得更加广大。

伴随着西史书籍数量上的爆发式增长,西方历史书写模式也逐步趋于同一,至少绝大多数书籍中都出现了"文艺复兴"的叙述。当然,此时对"Renaissance"一词的翻译依然五花八门、意见纷纭。

目前所知,在这一时期的汉译日文西史书籍里,最早出现"Renaissance"的是 1901 年初东亚译书会印行的《欧罗巴通史》,该书的作者为当时日本著名的历史学家箕作元八和峰岸米造②。其书共分四部,在第二部"中古史"的第三篇"国家主义发生时代"之下,第一章即名为"文运复活",该章全文如下:

> 宗教之束缚,与封建之压制,使中古西欧之人心,委缩腐败,又大妨害生产之发达。然人口增殖,能催进民心活动。十字军结局,宗教热心反冷,与他国人异种人接触,广开智识,商业盛大,生产致复振兴。故西欧人固有敢为之气象,勃勃然起,遂启文运复活(Renaissance[法]—Rinascimento[意])之机运矣。
>
> 中古学者舐亚利多铁勒以下数代学者糟粕,误解之。混于宗教

---

① 梁启超:《清代学术概论》,载《梁启超论清学史二种》,复旦大学出版社 1985 年版,第 79 页。

② 箕作元八(1862—1919)是明治、大正时期日本著名的历史学家,1902 年接替利斯(Ludwig Riess)出任东京帝国大学的史学教授,他早年留学德国,被认为是"坚持了德意志正统派史学的学风",参见[日]坂本太郎:《日本的修史与史学》,沈仁安、林铁森译,北京大学出版社 1991 年版,第 177 页。

不辨真理，奥秘浅肤，是即烦琐哲学派（Scholaticism-Schoolmen［英］）也。然人心振起之机运渐熟。于意大利究古人文章思想，以领悟人性格之神髓，倡起人道派（Humanism-Humanist［英］），如打梯（Dante Alghieri）（一千二百六十五年迄一千三百二十一年，宋度宗咸淳元年至元英宗至治元年）用意语著《神圣喜剧》（Divina Comedia）之大作，究古代诗文，次称人道派祖之迫脱拉耳喀（Francesco Petrarca）（一千三百四年迄一千三百七十四年，元成宗大德八年至明太祖洪武七年）及博喀箫（Giovanni Boccacio）（一千三百十三年迄一千三百七十五年，元仁宗皇庆二年至明太祖洪武八年）出，大修古文，不独考究古人思想而已，且务搜索埋没尘埃中之古书。希腊被突厥侵略，国运日蹙，学者多走意大利避难。故人道派欢迎之，延乞其教。由是高等教育，重要古学之智识风生，渐次传播诸国，大学教授，人道派学者占其大半，就中如德意志之罗意希伦（Johann Reuchlin）（一千四百五十五年迄一千五百二十二年，明景帝景泰五年至世宗嘉靖元年）、谙拉生斯（Erasmus von Rotterdam）（一千四百六十七年迄一千五百三十六年，明宪宗成化三年至世宗嘉靖十五年），其名轰扬四方。抑人道派者，其本源于宗教全无关系，不受束缚，有自由活泼之精神，嘲骂当时之弊。

擅美术者先意大利复活古代之风，复活式之祖，皮罗提斯葛（Filippo Brunelleschi）（一千三百七十七年迄一千四百四十六年，明太祖洪武十年至英宗正统十一年）研究罗马古时建筑之遗留者，苦心焦虑，终起活泼高尚之复活式。初其各部只模拟古代之风，后渐玩味精粹。如皮赖门替（Bramante）（一千四百四十四年迄一千五百十四年，明英宗正统九年至武宗正德九年）之康岜提阿（Cancelleria）宫殿，及该氏与米克耳阿及罗（Michelangelo Buonaroti）（一千四百七十五年迄一千五百六十四年，明宪宗成化十一年至世宗嘉靖四十三年）所造之僧秘脱路（San Pietro［意］——

St. Peter［英］)寺,诚壮观也。雕刻,亦起活动雄伟之风。又如独奈迭路(Donatello)、米克耳阿及罗、摩斐地阿之垒,亦杰作也。绘画,中古最劣,而意大利各地,色彩优美活泼,各数一长,遂至名手辈出,如辽那尔度(Leonardo da Vinci)(一千四百五十二年迄一千五百十九年,明景帝景泰三年至武宗正德十四年),富于艳丽雅致之风,米克耳阿及罗,健笔迸溢纸外,拉发哀罗(Raffaello［英］, Raffaello Santi［意］)(一千四百八十三年迄一千五百二十年,明宪宗成化十九年至武宗正德十五年)得有神悟,光彩奕然。

同时智识亦发达,发明必需之活字版。从来书籍,每苦誊写,金不便之,其费亦甚多。德国马尹支(Mainz［英］, Mayence［法］)人戈町白耳(Johannes Gutenberg)于第十五世纪之初,创活字版。①

较之19世纪传教士的译著,《欧罗巴通史》对这段历史的介绍无疑要详尽和细致许多,该书每出现人名和专有名词,必在页上部加注原文拼写,人物另注明生卒年月,相比以往的书籍,更有利于读者学习掌握。徐维则就评价其"书中地名、人名虽用译音,并载洋文于书眉,尤便读者"②。《欧罗巴通史》将"Renaissance"译为"文运复活",将"humanism"译为"人道派",都是移用《西洋史纲》中的日语汉字译名。笔者查考了《西洋史纲》原书,在第二部第三篇第一章中,这两个词使用的译名即为"文运复活"和"人道派"③。

"人道派/humanism"一词在这里出现,虽是微小的变化,但却不容忽视。据目前所知,这是"humanism"概念的汉字译词第一次在汉语文献里

---

① ［日］箕作元八、峰岸米造:《欧罗巴通史》,徐有成、胡景伊、唐人杰译,东亚译书会1901年出版,第二册第63页。

② 徐维则:《增版东西学书录》卷一,1902年石印本,载《近代译目》,北京图书馆出版社2003年版,第43页。《增版东西学书录》系徐维则和顾燮光增补1899年出版的《东西学书录》而成,《欧罗巴通史》一条系徐维则增补。

③ ［日］箕作元八、峰岸米造:《西洋史纲》,东京六盟馆明治三十二年(1899)版,第137页。

出现。这也意味着作为一种思想运动的"人文主义"开始进入汉语学术圈的视野。作者在这段中依次介绍了但丁、彼特拉克、薄伽丘、罗伊希林、伊拉斯谟等代表性人物,并都归入"人道派",而非简单的复兴古学的"文人",从文中论述看,其活动并不仅在复兴古学,而在于对当时的宗教生活,对繁琐艰深的经院哲学的反动,从古人的文章思想中寻找到人的"性格之神髓",并具有"自由活泼之精神"。这些阐述比起19世纪传教士译著中仅讲古代文教学问的复兴,无疑更深了一个层次。《西洋史纲》的作者使用中国古代经典中与"天道"相对的"人道"一词来翻译"humanist"①,无论其初衷如何,在接受的层面上,则会暗示与宗教或者其他超越性力量相对的人自身价值和生活意义的申张。所以,《欧罗巴通史》一书在文艺复兴人文主义被介绍给中国读者的过程中,具有开创性意义。

当然,"humanism"不仅表示作为学派的"人道派",同时它也指一种"主义",这个译词也是在20世纪初由日本传至中国的。目前所知,在1903年出版的由汪荣宝和叶澜编写的《新尔雅》一书中首次出现"人道主义"。该书旨在汇集其时出现的新词汇并作解释,毫无疑问,"人道主义"也是在日语中率先出现的新词。如果我们考察20世纪初日本的词典,可以发现,用"人道主義"(じんどうしゅぎ)一词来翻译"humanism"已经比较多见了②。

在《新尔雅》一书中,"人道主义"出现了两次。其一是在"释教育"的部分有一条:"钻研古典,不授生活上卑近之学者,谓之人道主义。"③其二,在"释群"的部分下又出现一次:"以扶植人类,为国家社会之任务者,谓之人道主义。"④细究这两条,则前一条释义明显来自今天所说的文艺

---

① 比如《左传·昭公十八年》中记道:"天道远,人道迩。"
② [日]惣郷正明、飛田良文编:《明治のことば辞典》,东京堂昭和六十一年(1986)版,第276页。
③ 汪荣宝、叶澜:《新尔雅》,上海权社1905年第二版,第57页。
④ 同上书,第70页。

复兴人文主义,同在"释教育"部分,其后一条为"以神为一完全人格之模范,作养其高尚诚敬之念,与中古之偏陋宗教主义有异者,谓之宗教的人道主义"。此一解释则更加清晰,文艺复兴人文主义与基督宗教并非完全对立,它只是对之前的中世纪神学和教会组织的反思,它试图建立一种新的"宗教/世俗"关系。

然而,在20世纪初中国人的西史认知里,此种"人道主义"并未成为文艺复兴时代的核心思想。和"Renaissance"类似,该时期的中文西史书籍中,对"humanism"和"humanist"的译法也是多种多样的。我们搜集了20世纪初译介西学高峰时期(1900—1908)的20种中文西史书籍,包括一般通史著作和教科书,将其中"Renaissance"及"humanism"和"humanist"的译名情况列于下表。

1900—1908年20种中文西史书籍译名翻译情况

书名	作者和译者	出版年份	译名	
			Renaissance	humanism, humanist
《欧罗巴通史》	[日]箕作元八、峰岸米造著,徐有成、胡景伊、唐人杰译	1901	文运复活	人道派
《西洋史要》	[日]小川银次郎著,樊炳清、萨端译	1901	历奴意山司	豪摩尼司脱
《西洋历史教科书》	[日]本多浅治郎著,出洋学生编辑所译	1902		幼曼尼斯
《新编万国史略》	作新社编译	1902	历收山思	修麦尼斯独
《泰西民族文明史》	[法]赛奴巴著,沈是中、俞子彝译	1903	文艺复兴	
《万国史纲》	[日]元良勇次、家永丰吉著,邵希雍译	1903	古学复兴奈来孙时	古文学派,侯孟尼字,侯孟尼士特

(续表)

书名	作者和译者	出版年份	译名 Renaissance	译名 humanism, humanist
《西洋史钩元》	[日]小川银次郎、箭内亘、藤冈作次郎编，中国留日学生译	1903		休马尼斯
《西史通释》	[日]浮田和民著，吴启孙译	1903	古学复兴	
《世界近世史》	[日]松平康国著，梁启超译	1903	学问复兴	比马尼士
《新史学》	[日]浮田和民讲述，侯士绾译	1903	文艺复兴	
《西洋文明史》	[日]高山林次郎著，支那翻译会社译	1903	文艺复兴	
《普通百科全书·西洋历史》	[日]吉国藤吉著，东华译书社译	1903	文运复兴 罗纳逊斯	弗麦尼慈玛
《西洋史》	[日]野村浩一口授，李霱仪、梁柏年编	1905	文艺复兴	人道派
《迈尔通史》	[美]迈尔著，黄佐廷、张在新译	1905	文艺复兴	
《东西洋历史教科书》	吴葆诚编译	1905	文运复兴	人道派
《西洋历史》	[日]野村浩一口授，梁焕均编	1906	古学复兴	人道派
《最新中等西洋历史教科书》	祝震编	1906	文运复兴	海米逆司姆，海米逆司特
《西洋通史》	[日]濑川秀雄著	1907	文艺复兴	复古学派，复古学者

（续表）

书名	作者和译者	出版年份	译名 Renaissance	译名 humanism, humanist
《普通西洋历史教科书》	秦瑞玠编译	1907	学问复兴	古文学者
《中学西洋历史教科书》	［日］坪井九马三著，吴渊民译述	1908	学艺复古	人道派

可见，对这几个词的翻译有音译和意译两种，大体而言，音译词在 20 世纪初的几年还比较多见，到后来则逐渐被意译词取代。而到 1908 年之后，音译词已经很少见到。音译词和意译词的区别，起初并非出于汉译者主动的选择，而往往取决于其翻译（或所参考）的日语书籍中的用法——以"Renaissance"而论，就可能有汉字词（"文芸復興"或类似其他词）与片假名"ルネサンス"这两种用法的区别。

值得指出的是，和其他许多西方概念的译介一样，无论在日语还是汉语中，使用音译词并不一定意味着译者对此缺乏理解，只好简单音译；亦有可能译者对该词在西方语境中的复杂性已有所体察，在无法找到合适的汉字译词时，只有选择音译。

从译词的角度而言，"文艺复兴"一词在道光年间就已出现在汉语文献之中，但正如前一节所述，在 19 世纪，除此一例外，无论在传教士著述还是本土士人言论中我们都没有见到该词再次出现。直到 20 世纪初，随着翻译日文西史书籍的风行，该词才再次在汉语中流行开来。在近代新词的研究中，这一类词属于"中日互动词"，它首先产生于汉语，但未能普及，而在传入日语后其对译关系得以确定，之后再传入汉语，并得以普及、定型①。

当然，在 20 世纪初，"文艺复兴"一词仅仅是再度从日本回流到中

---

① 沈国威：《近代中日词汇交流研究：汉字新词的创制、容受与共享》，中华书局 2010 年版，第 28 页。

国,其"普及、定型"的过程仍然尚未完成。"Renaissance"这个概念译名的多样("复兴""复古"之类并存),折射出不同作者对其内涵的理解也存在差异。就"humanist"而言,在这些西史书籍中,无论是"人道派"还是"古文学者"或是其他音译名词,其侧重点都只在于对其复兴希腊、罗马古学的描述,"人道派"一词,只是对西语"humanist"之词形的翻译,只有极少几例有上升到对"人道主义"思想运动的概括。

但仍应看到,"Renaissance"成为一个特定史学概念的基础在于,在这一时期的西史书籍中,大都已经有"Renaissance"作为"该时代之名"的表述,也就是说,"文艺复兴"成为时代之总称。然而,在这总称之下,所包含的内容并非只是"文艺的复兴"或者"古学的复兴"。这个译词中内含的"名"与"实"的相异,从它一开始诞生就已凸显。这就意味着,读者对于"文艺复兴"或者"古学复兴"之类的名词,已经不能仅从字面意义上去理解,而要看到其作为一个"时代词"所包含的特殊内容。若对以上西史著作综合考察,我们可以把各书中"文艺复兴"的段落所记述的内容分为以下五个方面,如果我们把"文艺复兴"当成一个"总叙述",那么以下五条则是"子叙述":(一)各国国语文学的兴起;(二)希腊和罗马古学的复兴;(三)绘画、建筑等艺术中新风格的盛行;(四)科学技术的进步、印刷术的发明;(五)对罗马天主教会及经院神学的反动,"人智"的开明。

当然并非所有书籍都会涉及这五个方面。在14—16世纪纷繁复杂的历史图景中,抽象出这五条特定的叙述,似乎暗示出该时代的独特性。然而,这种独特性的构成并不一定就以它与之前时代的断裂性为必要条件。换句话说,"文艺复兴"与"中世纪"的关联,在此时并没有被完全打破。在以上我们列出的1900—1908年的西史著作中(见表),共有17种通史著作将世界历史作了"古—中—近"三代的划分①,其中有15种把"文艺

---

① 上表共列出20种著作,其中小川银次郎、箭内亘、藤冈作次郎编《西洋史钩元》,松平康国著《世界近世史》,浮田和民著《新史学》这三种并非通史著作。

复兴"的相关内容安排在"中世纪"的部分当中,只有较晚出现的两种教科书,即 1907 年秦瑞玠译编的《普通西洋历史教科书》和 1908 年吴渊民译的《中学西洋历史教科书》,将"文艺复兴"置于"近世史"的开端部分。

这一结果表明,在西方历史上的"近代/近世"何时开始之问题上[①],当时的中日历史书籍并没有统一的认识,或"文艺复兴",或"宗教改革",或是"欧洲诸民族国家的形成",众说纷纭。但 20 世纪初大多数中文西史著作将"文艺复兴"置于"中世纪"的部分,则体现了其作者们仍然承认"文艺复兴"时代与整个所谓"中世纪"的连续性和从属性,也即他们仍然倾向于以政治变革而非思想变革作为划分"中/近"的标准。

其实,在西方世界,自从布克哈特《意大利文艺复兴时期的文化》一书出版之后,对其观点的批判和反思几乎就伴随着它的流行。学者对布克哈特"文艺复兴"叙述的批判性反思主要集中在两点:一是如果用"文艺复兴"来作 14—16 世纪这整个历史时期的标签,那么"人文主义"并不是该时期的唯一特征;二是在"中世纪"和"文艺复兴"之间,并没有一个突然的断裂,或者可以轻易划分的界限[②]。这种思路所酿生出的代表作就是 1927 年美国著名史家哈斯金斯(Charles H. Haskins)出版的《12 世纪文艺复兴》(*The Renaissance of the Twelfth Century*)一书,但其发展则早在 19 世纪下半叶就开始。1880 年美国学者维廉·斯因顿(William Swinton)出版了《世界历史纲要》(*Outlines of the World's History*: *Ancient*, *Mediaeval and Modern*),而在 1903 年,杭州史学斋出版了该书

---

① 清末中日两国历史书籍中多见"近代/近世"的表述,而很少使用"现代"。其中尤以"近世"为多。参见方秋梅:《"近代"、"近世"——历史分期与史学观念》,《史学史研究》2004 年第 3 期,第 54—64 页;[日]岸本美绪:《中国史研究中的"近世"概念》,载黄东兰主编:《新史学》第四卷,中华书局 2010 年版,第 81—98 页。

② [英]布洛克:《西方人文主义传统》,第 7—9 页。英语学界对该问题的综述已很多,较近的可以参看 Jerry Brotton, *The Renaissance*: *A Very Short Introduction*, Oxford University Press, 2006。

的中译本《万国史要》,由张相译,邹寿祺审定①。此书"每编末各有温习提纲,以便读者记忆,译笔亦雅驯可读"②。《万国史要》将"中代史"和"近代史"的分界点定在"十五世纪之末",但作者却特别说明:

> 欧罗巴近代文明之所以成熟,实在五世纪至十五世纪之一千年间,然其间尤未脱尽野蛮风气,故此一千年有称之曰黑暗时代者。然细审之,正为萌芽发生之过渡,盖近代文明种子之已播于地中者,骎骎化成新制度新国民之时期也。然则至十五世纪、十六世纪,渐成近世社会之定形。至今日犹不变易者,实基于此一千年间,不可不知也。③

维廉·斯因顿的这段话见于其书"中代史"的"绪论"部分,其意直指当时历史叙述中流行的"中世纪黑暗说",而把中世纪视为近代文明的"萌芽"阶段。在《万国史要》的第四编"中代史"的末尾和第五编"近代史"的开始,都有论述到所谓"复兴时代",然而,若我们考察原本《世界历史纲要》,实际上这些段落讲述的仍然只是作为单纯历史现象的"学术的复兴"(The Revival of Learning),而没有出现"Renaissance"④。

---

① 维廉·斯因顿(William Swinton,1833—1892),美国人,是 19 世纪美国著名报人,工人运动支持者约翰·斯因顿(John Swinton,1830—1901)的弟弟,身兼记者、评论家、旅行作家和历史学家于一身。他著作很多,除了以上这部之外,还有 Campaigns of the Army of the Potomac (1866), The Twelve Decisive Battles of the War (1867), History of the Seventh Regiment, National Guard, State of New York, during the War of the Rebellion (1870)等。《万国史要》的译者张相(1877—1945),原名廷相,字献之,浙江杭州人,曾在中华书局任职,主编文史地理教本等。

② 顾燮光:《译书经眼录》卷一,民国二十三年(1934)杭州金佳石好楼印本。见王韬、顾燮光等编:《近代译书目》,北京图书馆出版社 2003 年版,第 411 页。

③ [美]维廉·斯因顿:《万国史要》,张相译,邹寿祺审定,光绪癸卯(1903 年)四月史学斋版,通记编译印书局印,见第四编"绪论"。

④ William Swinton, Outlines of the World's History: Ancient, Mediaeval and Modern, New York: Ivison, Blakeman, Taylor and Company, 1880, pp. 280-284, 312-314.

然而,自"文艺复兴"叙述通过西史译介进入中国学人视野之后,其大趋势仍是脱"中"而入"近"。1903年梁启超译日本学者松平康国著《世界近世史》,该书起篇论述"近世之发端",而"学问复兴"在其中占据重要位置。这种叙述很快占据主流,到1908年之后,在各种通史性的著作和教科书之中,"文艺复兴"几乎都被置于"近代/近世"部分当中。李泰棻编写的《西洋大历史》在1917年至1918年出版,是民国初年颇有影响的西史著作,其中第三编"近古史"的第二章是"文艺复兴"。换句话说,进入民国后,"文艺复兴"与"中世纪"的连续性已被打破,其作为西方近代历史的开端,与之前的时代已有了深刻的界限。

这一定见的形成,其实并非限于纯史学领域内的学理运作,而是和清末民初在中国学人中流行的特别的思想倾向有关,即将一种由"复古"而得"新生"的观念投射到了西方历史之上。在此基础上,"文艺复兴",或者说古学复兴中,与"现代/modern"相符合的一面被更多地挖掘和强调,从而形成一种目的论叙事。

当然,这种"新生"的观念乃源自对中国自身处境的关切。由此便可理解为何"中国文艺复兴"说的传衍几乎同时伴随着汉语中"文艺复兴"概念的形成。近代中国学术思想领域内常见"以西释中"——以西学观念解释中国,然而在历史叙述上,基于中国语境的特定观念亦会影响和改造国人对于西方的认识,从而反过来形成"以中释西"的现象。

三、"复古"还是"新生"

在讨论"新生"的观念之前,我们首先要追溯"中国文艺复兴"说的起源。如上所述,19世纪的西方历史学家对于使用"Renaissance"这一概念还是较为审慎的,然而有趣的是,来自美国的传教士丁韪良(William A. P. Martin),早在1868年就已将"Renaissance"与中国现实结合了起来,这也是目前见到的"中国文艺复兴"的最早阐述。

1868年10月，丁韪良在美国远东学会上做了题为"中国的文艺复兴"（The Renaissance in China）的演讲，演讲全文后来刊载于1869年的《新英格兰人》（The New Englander）杂志上①。从丁文内容来看，其讨论中国的"复兴"，主要指的是当时清廷正逐渐推行的自强运动（洋务运动），与其说该文是对既有学术或社会运动的总结，不如说是对未来即将发生的转变表达一种期待。在西人心中存有的这种期待，一直延续了三十年，1899年，李提摩太将之前在《万国公报》上编译发表的《醒华博议》结成单行本出版，其书的英文标题即为"The Renaissance of China"②。

　　丁韪良撰写此论，完全是面向西方读者，很难影响中国人，而李提摩太之所谓"Renaissance"，亦没有明确阐述。但西方历史叙述结构与中国现实相和合的努力，自此两人就已开始。在他们心中期待中国产生"文艺复兴"，乃是期待中国通过自身改革运动而发生转折。"文艺复兴"在此是作为一个转折时代的象征。

　　到20世纪初，通过大量日本西史著作的传播，"文艺复兴"作为西史之部分被国人接受。然而，在此阶段"文艺复兴"形象之构建，主要是通过"古学复兴"。一方面这和西史著作中都以复兴希腊罗马、古学作为论述重点有关，另一方面则反映了当时在中国学人心中普遍存在的焦虑，即如何对待中国"古学"。

　　对"新学"最为敏感的梁启超，同时也最为看重"学术革新"之作用。通过学术革新，带动社会整体进步。1902年，他在《近世文明初祖二大家之学说》的开头就说："近世史与上世、中世特异者，不一端，而学术之革

---

① W. A. P. Martin, "The Renaissance in China", in The New Englander, Vol. 28, No. 1, 1869, pp. 47-68. 或许是意识到称"中国文艺复兴"不妥，丁韪良后来对这篇文字的一部分进行了修改，以"中国觉醒"（The Awakening of China）为题，收入其《汉学菁华》（The Lore of Cathay）一书作为序篇。参见[美]丁韪良:《汉学菁华：中国人的精神世界及其影响力》，沈弘等译，世界图书出版公司2010年版。

② [英]李提摩太:《醒华博议》，上海美华书馆光绪二十五年（1899）版。

新,其最著也。有新学术,然后有新道德、新政治、新技艺、新器物。"①而近世学术革新则是通过"古学复兴"完成的,同年,他在《新民丛报》第一号上发表《论学术势力左右世界》,其中说"凡治史学者,度无不知近世文明先导之两原因,即十字军之东征,与希腊古学复兴是也"②。到1903年,他还译述日本学者松平康国编著的《世界近世史》,该书起篇论述"近世之发端",而"学问复兴"占据重要位置。这种选择并不是偶然的。

比梁启超的表述更加直接的是马君武,1903年,他在《政法学报》上连载长文《新学术与群治之关系》,该文之意在于介绍西方近五百年来的"新学术"是如何推动"群治"之"进化"的,其中"新学术"就开始于文艺复兴时代:

> 西方新学之第一关键,曰古学复兴(Renaissance)。古学复兴之字义,即人种复生时期(A second birth time of the race)之谓也。欧洲之在中古时代也,希腊罗马之学术,既坠于地,生于其时之人,茫茫然无所知识,不知世界为何状,不知世界之万物为何状,乃至不知己为何状,故西方史家谓中世纪为黑暗时代。若是者垂千年,追至十五世纪之初,乃始由慢慢之长夜以达平旦也……古学之复兴也,实以意大利为滥觞。当是之时,意大利之为通商聚点者,既二三百年,财富充积,城市繁兴,物质之文明最发达焉。因是之故,故最易唤起国民美术文艺之感情,而古学复兴亦以美术文艺为开始矣。③

马君武此文之最大识见,在于将"古学复兴"与"人种复生",也就是

---

① 梁启超:《近世文明初祖二大家之学说》,载《饮冰室合集》文集之十三,中华书局1989年版,第1页。
② 梁启超:《论学术势力左右世界》,载《饮冰室合集》文集之六,第114页。
③ 马君武:《新学术与群治之关系》,《政法学报》1903年第3期以及第7、8期合订本。也可见《马君武文选》,广西师范大学出版社2000年版,第139页。

人的再生联系起来,把"古学复兴"相比于中世纪的进步,归结于"人"之内涵的重新开掘。马氏进一步说,"新学术"才是文明人的标识,而"野蛮及不进化的人种无之"。以此,他把整个15世纪称为"人文开发、生计变迁之大时代"。

以梁启超、马君武等人的论说为代表,中国学人对文艺复兴的阐释从一开始就带有特殊的话语结构。它不仅是描述西方历史的一个阶段,而且带上了具有强烈价值取向的"落后—先进""野蛮—进化"的评判框架。以"新学术""人文开发"这些话语为媒介,"文艺复兴"作为一个时间性概念的同时,空间上又跨出了单文明的论域,成为带有普遍性的言说结构,从而规范各种文明的发展。

借用德国思想家科塞勒克(Reinhart Koselleck)的分析,这种话语实现了"不同时间的同时性"(Gleichzeitigkeit des Ungleichzeitigen)①。通过不同文明的"文艺复兴"的表述,"现代"把人类所有异质的文明演进都放进了一个线性的、同步的时间模式之中。学术的兴盛对近代文明发源的意义,已不仅适用于西方,同样被中国学人应用于本国历史。梁启超在1904年续写两年前动笔的未完著作《论中国学术思想变迁之大势》,在该著"近世之学术"第三节"最近世"的部分中,梁明确提出"要而论之,此二百余年间,总可命为古学复兴时代"②,将整个清代称为中国的"古学复兴时代"。

若梁启超般将清代视作"古学复兴",还只是一个描述性的概念,但对国粹派而言,"古学复兴"则是一个实践性的议题。在国粹派学人看

---

① Reinhart Koselleck, *Vergangene Zukunft: Zur Semantik geschichtlicher Zeiten*. Frankfurt am Main: Suhrkamp Verlag, 1979. S.132. 这个概念英文译为 "contemporaneity of non-contemporaneous",参见该书英译本 *Futures Past: On the Semantics of Historical Time*, Keith Tribe, trans., Cambridge, Mass.: MIT Press, 1985。

② 梁启超:《论中国学术思想变迁之大势》,载《饮冰室合集》文集之七,第103页。

来,复兴古学在中国不是一个业已延续了200年的趋势,而是亟待完成的现实任务。因此,"文艺复兴"成了更有指向性的概念,它将20世纪初的中国仍视为黑暗、蒙昧的"中世纪"。许守微在《国粹学报》第七期发表《论国粹无阻于欧化》一文,论述昌明"国粹"与"欧化"并行不悖,在援引西方故事后说:

> 彼族强盛,实循斯轨,此尤其大彰明著者也。神我神州,则蒙昧久矣,昏瞀久矣……而今乃一旦廓清,复见天日,古学复兴,此其时矣,此其时矣。欧洲以复古学而科学遂兴,吾国至斯,言复古已晚,而犹不急起直追。①

在举世皆谈西学、新学的大风潮中,国粹派学人反其道而行之,倡言复兴古学面临着许多理据上的困难。对章太炎、邓实、黄节等人来说,若仅论证"保存古学"利于"保国",促成种族光复,还不具有十分的说服力,因其无法阐明"古学"如何与时代相适应。因此,欧洲的文艺复兴、日本明治时代的保存国粹运动,便成为他们引据最多的资源。此类言论在《国粹学报》上频频出现:"欲谋保国,必先保学。昔西欧肇迹,兆于古学复兴之年;日本振兴,基于国粹保存之论。前辙非遥,彰彰可睹。"②刘师培在1906年则说:"欧民振兴之机,肇于古学复兴之世;倭人革新之端,启于尊王攘夷之论。"③

应该指出,尽管梁、马等人和国粹派学人都着力阐述"古学复兴"的意义,但其指向是不尽相同的。20世纪初的梁启超、马君武阐述文艺复兴,偏重它"新"的意义,论述它以学术的更新带动"人智"和社会的更新。但是国粹派学人本身却是抱着"复古""存古"的原则,以考究古学、复兴古学、在当时西风欧化的环境下为古学研究重新定位为目标的。他们并

---

① 许守微:《论国粹无阻于欧化》,《国粹学报》1905年第7期。
② 《拟设国粹学堂启》,《国粹学报》1907年第26期。
③ 刘光汉:《论中国宜建藏书楼》,《国粹学报》1906年第19期。

不倡言文艺复兴当中"新"的一面,并不提文艺复兴作为转折时代其中包含的"新"内容,他们更看重的是文艺复兴对古典的继承,对"古学"的发掘和倡导这一面①。

因此,国粹派学人便普遍面临一个困境,即如何将文艺复兴对于后时代所开启的"新"的内容,统合到"复兴古学"的行动中,以树立后者的正当性。换句话说,如何把文艺复兴时代科学进步、人性开发等变化,与"古文学者"(即是那些"人文主义者")的贡献建立因果联系。然而,这种努力本身往往逃不过历史"偶然性"的质问。梁启超曾经坦率地指出:"夫希腊古学复兴,遂开近世之治。谓希腊古学,果与近世科学、哲学,有不可离之关系乎? 殆未必然。"②国粹派学人于此也往往语焉不详。

事实上,在中国的学术思想语境中,"复古"本身算不上什么新鲜观念,但到了20世纪初,在现代意识初生的时代,"复古"的正当性实际上要通过"新生"来获得,这正是"中国文艺复兴"叙事内包含的极大张力。如果说在清末的梁启超和国粹学派等人身上,这还构成一个难题,那么到了民国初年的"新文化学人"这一代,则是"新生"彻底压倒"复古"。

1917年6月19日,胡适归国途中在加拿大的火车上读英国学者薛谢尔所著的 *The Renaissance* 一书,颇有感触③。他在日记里这样说道:"车上读薛谢尔女士(Edith Sichel)之《再生时代》(*Renaissance*)。'再生时代'者,欧史十五、十六两世纪之总称,旧译'文艺复兴时代'。吾谓文艺复兴不足以尽之,不如直译原意也。"④第二年,他写完《中国哲学史大

---

① 可参看王东杰:《〈国粹学报〉与"古学复兴"》,《四川大学学报(哲学社会科学版)》2000年第5期,第104页。
② 梁启超:《论中国学术思想变迁之大势》,载《饮冰室合集》文集之七,第八章。
③ 该书题为 *The Renaissance*,作者是 Edith Helen Sichel(1862—1914),笔者所查见该书的最早几个版本均出版于1914年,对当时的胡适来说,这是一本较新的著作,虽然篇幅不算很大。
④ 胡适:《胡适留学日记》,岳麓书社2000年版,第800页。

纲》上卷,在"导言"中说:"综观清代学术变迁的大势,可称为古学昌明的时代……这个时代,有点像欧洲的'再生时代'(再生时代西名Renaissace,旧译文艺复兴时代)。"①对胡适而言,对此译名的不满或许有两层原因:其一,"Renaissance"并不仅是"文艺"的复兴,还包含其他方面的发展;其二,他更愿意将该时代视为全面的文化再生、新生,而不仅仅是古学和文艺的"复兴"。后一层原因可能更为关键。

虽然对于1917年的胡适来说,"文艺复兴"已经成了"旧译",但其实若上溯十年,在1908年前后,在西史著作教科书之外,还很少见到该词的使用。1908年,由颜惠庆等人编著的《英华大辞典》在商务印书馆出版,这是近代颇具影响的一本英汉词典,而在"Renaissance"一词释义中,也没有出现"文艺复兴"②。而到1911年,上海国学扶轮社刊印由黄摩西(黄人)编纂的《普通百科新大辞典》,其中收录了大量的西学词汇,而其"文艺复兴"一词,对应的西文是"Revival of Learning"③。直到1915年,商务印书馆的《辞源》出版,才第一次在主流词典中确定"Renaissance"和"文艺复兴"的对译关系。"文艺复兴"完全成了一个时代概念,其中只是笼统地提到"希腊罗马文化"的复兴:

【文艺复兴】Renaissance,The Revival of Learning

中世纪初,日耳曼蛮族侵入欧洲各地,西罗马帝国亡。古来希腊罗马之文化,衰微达于极点。及十一世纪,渐渐兴复,至十四世纪而极盛。在此时期内,历史上称为文艺复兴期,且为中世与近世之界。④

究竟应如何看待古典文化的复兴?事实上,清末民初很多学人更愿意把文艺复兴视作为希腊传统的一种回归。周作人是目前所知最早直

---

① 胡适:《中国哲学史大纲(卷上)》,商务印书馆1919年版,第9页。
② 颜惠庆等编:《英华大辞典》,商务印书馆1908年出版,第1882页。
③ 黄摩西编:《普通百科新大辞典》,上海国学扶轮社1911年版,子部四画第391条。
④ 商务印书馆编:《辞源》,商务印书馆1915年版,卯集,第173页。

接讨论汉语词"文艺复兴"的学人,1908 年,他以笔名"独应"在《河南》上连载题为《论文章之意义暨其使命因及中国近时论文之失》的长文,其中曾说到希腊的"国魂"之重要,提到:"希腊之化,重在哲理艺文,斯为益于人生者尤大。当景教全盛,泛滥泰西之时,其机一厄,斥梭、柏诸子为外道,禁书勿得读……中古之顷,文艺复兴(Renaissance),遂翻千古已成之局。此其关系之大,读史者皆所深知,可无赘述。"①他将希腊传统主要归结为"哲理艺文"。

在周作人的基础上更进一步,学者将西方文明划分为"希腊"和"基督教/希伯来"两大传统,中世纪时后一传统占据主导,而文艺复兴使得前一传统复生。《东方杂志》在 1916 年和 1917 年分别刊登黄远生的《新旧思想冲突》和杜亚泉的《战后东西文明之调和》两文,都做如此归纳。黄远生说:"近代论者,以西洋文化从出之源,不外二种:一由文艺复兴,继承希腊艺术、科学而发挥之,一是基督教宗教精神,普及浸润。合斯二者,乃有今日。"而后,他进一步解释文艺复兴所继承的希腊精神:"所谓希腊艺术、科学之精神者,不拘泥于习惯,凡百事物,以实验为主,从实验所得之推论,以发见事物之真理是也。"②这里他把"文艺复兴"继承的希腊精神诠释为一种"实验"的精神,可以说是对文艺复兴含义的新构造。

无论是"哲理艺文"还是"实验精神",文艺复兴都被视为被压制传统的重新出现,换句话说,仍然只是换一种形式的"复古"而已,在更激进的学人眼中,这未免让人无法接受。1919 年,刚创刊的《新潮》刊出罗家伦的文章《今日之世界新潮》,阐释杂志同仁之旨趣。其中就说,中国人从字面上把"Revival of Learning"译成"文艺复兴",是"不很妥当"的,因为

---

① 周作人:《论文章之意义暨其使命因及中国近时论文之失》,《河南》1908 年第 4 期,第 97 页。
② 黄远生:《新旧思想冲突》,《东方杂志》第 13 卷第 2 号,1916 年。杜亚泉文见《东方杂志》第 14 卷第 4 号,1917 年。

"当 Renaissance 时代的人物所讲的学问思想,并不是同从前希腊的学问思想一个样子,不过他们用希腊的学问思想做门径从最新的方面走罢了",所以,"Renaissance 一个字的语根,是叫'新产'New Birth,我把本志的名称译作'新潮',也是从这个字的语根上着想的,也是从这个时代的真精神上着想"①。

新潮社的同仁主要是受胡适影响的一些北大学生,根据傅斯年的说法,在创办该杂志时,先是徐彦之要将英文的名字定为"The Renaissance",之后罗家伦才定中文名字为"新潮"②。实际上,这个翻译的过程创造性地拓展和改造了"Renaissance"的内涵。罗家伦所说的西方"新潮",实际上指的是一种"漫全欧酿成西方今日的新文化",而他所期待的,正是中国也能有这样的"新潮/新文化"。所以,他极不满意"复兴"一词中面向过去而"回复"的意味,而要隔断"Renaissance"与古典传统之间的联系。

罗家伦的这番表态,很能体现新文化运动内含的张力,即它一方面极力割断自己和"旧文化"的联系,另一方面又无法摆脱与之前时代的历史关联性。而自然包含在"文艺复兴"当中的如何对待古典文化的问题,并不是这般轻易就能解决的。1919 年罗家伦尚是北大学生,其言论姿态鲜明,但学理含量有限。然而几年之后,燕京大学的外籍教授王克私(Philippe de Vargas)撰文阐释作为"中国文艺复兴"的新文化运动,他由"新潮"溯回欧洲的文艺复兴,指出文艺复兴其实"具有强烈的面向未来的倾向",但由于当时人未有后来的那种"进步"观念,故只能以旧形式来使其正在进行的"革命"正当化③。这种论述无疑为主张新文化的学人

---

① 罗家伦:《今日之世界新潮》,《新潮》第 1 卷第 1 号,1919 年。
② 傅斯年:《新潮之回顾与前瞻》,《新潮》第 2 卷第 1 号,1919 年。
③ Philippe de Vargas, "Some Elements in the Chinese Renaissance", *The New China Review*, IV, No. 2-3, Feb. & June, 1922, p. 115. 此段引自罗志田:《中国文艺复兴之梦:从清季的"古学复兴"到民国的"新潮"》,《汉学研究》2002 年第 1 期,第 295 页。

注入了强大动力。若以此思路,则今日之新文化学人,即便效法古人,亦可以甩掉"复古"的包袱,大胆推动面向未来的"新生"。

事实上,新文化运动的反思者和批判者们,也在从"文艺复兴"当中汲取营养。后来创办《学衡》杂志,对新文化运动进行反思的吴宓,很早就注意到了这个概念。他在清华学堂读书期间,在西洋史的课程中学到了"文艺复兴"一节,让他产生了许多想象。1915年初他记述道:"阴。历史一课,文艺复兴之大变,极似我国近数十年欧化输入情形。然我之收效,尚难明睹。至于神州古学,发挥而光大之,蔚成千古不磨、赫奕彪炳之国性,为此者尚无其人。近数年来,学术文章,尤晦昧无声响。俯抑(仰)先后,继起者敢辞此责哉?"①

效法西方文艺复兴学者"光大古学",这一理想在他心中逐步奠立,随后他又认识到,西方文艺复兴的发生也并非一蹴而就,而是经过了长时间酝酿②。与此同时,他和汤用彤等人多次商量,将来准备编译一份杂志,而在同年晚些时候的日记里他就说:"拟他日所办之报,其英文名当定为 Renaissance,国粹复光之义,而西史上时代之名词也。"③如日记所记无误,则吴宓本人其实早在新潮社前就已经有了创办名为"Renaissance"的刊物的想法,而且其旨趣在于"复光国粹",与后来的《新潮》可谓大异其趣。虽然名称被人先用,但吴宓最终在1922年与梅光迪、胡先骕等友人一道创办《学衡》,也算实现了当初的设想。

实际上,对于以上提到种种近代学人对"文艺复兴"的关切,胡适几乎全都有所体察。从史学角度讲,西方文艺复兴与本国情况之间的差异性,他也有相当程度的认识。所以,胡适本人在汉语语境里使用"文艺复

---

① 吴宓:《吴宓日记》第一册,1915年1月10日日记,生活·读书·新知三联书店1998年版,第381页。
② 同上书,1915年2月20日日记,第407页。
③ 同上书,1915年10月5日日记,第504页。

兴"或"再生时代"之类的概念，往往经过反复斟酌，相当审慎。然而，胡适一直存有一个"中国文艺复兴之梦"，直到晚年仍把新文化运动视为"中国的文艺复兴"①，这是他的心结所在。与此相应的是，胡适在面临英语读者时，却并不忌惮，大讲中国的"Renaissance"。

20世纪20年代至30年代，胡适在美国做了数个题为"中国文艺复兴"的演讲。虽然他主要谈中国现状以及对新文化运动提出反思，但仍需说明一点，即中国的这场运动在何种程度上与欧洲文艺复兴相类似。在1933年芝加哥大学哈斯克尔（Haskell）讲座的演讲里，胡适给出了较为全面的阐述，他认为，新潮社青年学人和他们的老师们引导的这场思想运动，与欧洲文艺复兴有许多相似之处，其体现在以下这些方面：

> 首先，它是一种有意识的运动，发起以人民日用语书写的新文学取代旧式的古典文学。其次，它是有意识地反对传统文化中的许多理念与制度的运动，也是有意识地将个体男女从传统势力的束缚中解放出来的运动。它是理性对抗传统，自由对抗权威，以及颂扬生命和人类价值以对抗其压抑的一种运动。最后，奇怪的是，倡导这一运动的人了解他们的文化遗产，但试图用现代史学批评和研究的新方法重整这一遗产。在这个意义上说，它也是一个人文主义运动。②

从这数条来看，胡适对欧洲文艺复兴理解颇深，而不仅是停留在"复兴古学"之类的浅层次，但他对"人文主义运动"也给出了严格的限制条件，只有在"了解他们的文化遗产"，并"试图用现代史学批评和研究的新方法重整这一遗产"这样的意义上，这场运动才是一场"人文主义运动"。从胡适使用"humanist"这个词时对其意涵进行的界定中，我们可以了解

---

① 参见罗志田：《中国文艺复兴之梦》，《汉学研究》2002年第1期，第292—298页。
② 胡适：《中国文艺复兴》（*Chinese Renaissance*），载《胡适全集》第37卷"英文著述三"，安徽教育出版社2003年版，第75—76页。原文为英文，此处为笔者译文。

胡适在当时欲以何种态度对待传统文化遗产。

如李长之等学者在20世纪40年代就提出的,把五四运动视为文艺复兴是一种错误,因为五四学人并不喜欢自己的旧传统①。胡适自己也可能早就意识到,新文化学人对待传统文化遗产的态度,和文艺复兴时期的人文主义者们不一样,更多的是批判和改造,而不是单纯的继承和复兴②。因此,为了说明中西文艺复兴的共通性,他仍需建构起一个能被现代意识认可的更早的古代"传统",只不过在此前隐而不彰,而新文化学人又重新将其复兴。同在1933年讲演中,胡适还说,"由于接触新世界的科学和民主的文明,使人文的中国和理性的中国(humanistic and rationalistic China)复活起来"③。这里"人文的中国"和"理性的中国"具体指什么,胡适并没有展开说,但"复活"(resurrect)一词很具象征意义,因为它暗示了之前可能的"死"的状态。

在西方,自"文艺复兴"叙述产生开始,"古/中/近"三代分期才真正得以实现,文艺复兴在割断自己与"中世纪"联系的同时,也创造出了"古代"。因此,"中国文艺复兴"在语义层面所面临的最大问题,就是需要一个"古代"。这就可以解释为何梁启超一直把清代学术视作"中国的文艺复兴",因为清学不断复古,上推至两汉先秦。同样,新文化运动如果作为"中国的文艺复兴",则也内在地需要一个"古代",或者说可以恢复的"传统"。胡适意识到这一点,所以他一面强调新文化运动与传统文化相对立,另一面又需构造出一个"人文和理性"的中国传统,也就是另一个隐伏的传统。事实上,以胡适的思路推演,这另一个传统并不具有主动

---

① 李长之:《迎中国的文艺复兴》,商务印书馆1946年版,第15页。
② 朱维铮:《何谓"人文精神"?》,《探索与争鸣》1994年第10期,第32页。
③ 胡适:《中国文艺复兴》,载《胡适全集》第37卷,第18页。在1960年于华盛顿做的演讲《中国的传统与未来》(*The Chinese Tradition and the Future*)中,胡适又重提了1933年的这段话,并称"我相信,'中国的人文主义与理性主义'传统不曾被毁灭,也绝不可能被毁灭"。见《胡适全集》第39卷,第666页。

之能力,因为假若没有新文明的"科学与民主"加以激发,则"人文和理性的中国"根本无法起死回生。

胡适的好友陈衡哲在1926年出版的《文艺复兴小史》中曾说道,"文艺复兴(Renaissance)的意义有两个:一个是复生(rebirth),一个是新生(new-birth)",而且"这两个意义都是不错的"①。在陈氏看来,文艺复兴先"复生",后"新生"。且先撇开"中国文艺复兴",关于西方的"Renaissance"究竟是"复古"还是"新生"的讨论,至此大抵可以告一段落,民国时代的文艺复兴史学,在这样一种二元的叙述框架中已变换不出新的内容。

若从今日的分析性(批判性)史学意识出发,则这些讨论是在"文艺复兴"这个历史叙述"综合性概念"的基础上,在时间上向前(古代)或者向后(现代)创制出新的连续性,从而对历史做出新的规划。但问题在于,在概念跨越中西语境的过程中,这种规划被带入了现实意图的投射,从而建立起一套新的表述。

在强势文明与弱势文明之间,史学概念的跨语境移植是一种危险的行动,因为它容易导致后者的独立性被抹杀,而建构起一个"同时性"。近代以来,正是在这种建构的过程中,西方历史发展模式的不可质疑的正当性树立了起来。其后果就是,用英国学者古迪的话说,"历史被西方接管"②。"文艺复兴"话语植入中国,带来的后果就是以"古/中/近"三代的分期结构、"兴盛—衰落—复兴"的叙述模式来规划中国历史,并树立其貌似自然的正当性。对今天的学人而言,则到了该反思的时候。或许我们应该追问的不再是中国是否有"文艺复兴",而是,中国真的需要"文艺复兴"吗?

---

① 陈衡哲:《文艺复兴小史》,商务印书馆1926年版,第2页。
② [英]杰克·古迪:《偷窃历史》,张正萍译,浙江大学出版社2009年版,第1页。

第五章

宗教改革的东方足迹

马丁·路德是近世西方众所周知的宗教改革家,本章以此为个案,阐述他的形象在近代中国的衍变,从而探索西方历史人物与近代中国思想文化之间的关联。

晚清西学东渐,大潮翻涌,许多西方历史人物亦开始为中国人所知。围绕着这些重要人物和相关事件,一套西方历史知识得以建构。然而,历史知识并不是简单地在中西语境之间整体性复制的,而是各自有不同的传播和衍变的线索。就某些历史人物而言,晚清中国语境里对其往往并不只有单一的评价和定位,而是体现出多重面向,这就牵连到时下颇多学者关注的跨语境文化和知识传播中的"形象"问题。

就形象学角度而言,当代研究的关键性转向是,从原来看重被注视者一方,转而强调研究注视者,即形象创造者一方①。这种转向即要求学者更多地切入形象得以创造的历史语境,将人物形象本身的符号化叙述,和"创造者"的认知结构和特别意图剥离开来。晚清中国言论界里常见的西方历史人物,其形象大都具有多面性,这种多面性当然和西史重要人物本身活动的丰富性有关,但更具决定性的则是创造者基于不同背景的体认。

在这些人物当中,马丁·路德是较为特别的一个。由于路德在西方宗教史上具有显著的地位,相较于拿破仑、华盛顿等政治人物,他得到基

---

① 孟华主编:《比较文学形象学》,北京大学出版社 2001 年版,第 6 页。

督教在华传教士们更多的关注,而正是这些传教士在19世纪的西学东渐中发挥着主导作用。有趣的是,晚清在中国传教的兼有天主教和基督新教教会,路德作为16世纪新教改革的关键人物,其得到两面不同的评价自不难理解。另一方面,路德作为改革者的形象,又极大地参与到戊戌前后的维新改良话语之中,1901年,梁启超发表《南海康先生传》,其中将康有为称作"孔教之马丁路得"①,由此路德和维新运动产生了双重契合,不仅有改良自强之角色,更有"改教"之意义。

就中西史学交流和互动的角度而言,更进一步说,马丁·路德形象之衍变,也涉及汉语语境中如何书写宗教改革和西方近代历史的问题。历史书写本就是非常复杂的行动,尽管晚清的西史书写者们往往流露出"客观性"的诉求,但其书写行动本身会有文化心态、教派意见甚至政治意图的参与,从而在不自觉中"建构历史"。在特定语境里,现实与历史之间的隐喻关系会以相当隐蔽的方式参与到历史知识的构成之中,其产生的若干观念则随着历史知识的传承而潜伏于内,对其后的时代持续发挥影响。我们在这里基于前辈的研究成果②,希望在整理晚清路德形象变迁线索的同时,揭示形象创造者可能具有的考虑及历史书写的建构性,并进一步考察其所衍生的观念。

一、初识与对"分教"之批评

马丁·路德生活在15—16世纪的欧洲,但他为中国人所知却要到晚清。尽管基督教从明末就开始大规模传入中国,但在19世纪之前,来华的以天主教传教士为主。在他们的中文著述当中,或许是出于策略的

---

① 梁启超:《南海康先生传》,载《饮冰室合集》文集之六,中华书局1989年版,第67页。
② 早先李长林先生撰写过长文介绍中国学者对路德的研究,其中涉及晚清学者笔下的路德,但并未注意到其形象的变化。见李长林:《中国学界对马丁·路德的研究综述》,《世界宗教研究》1995年第4期,第124—131页。

考虑，或许是自身知识的局限，基本不提基督教的教派分别，也没有出现路德。

比如利玛窦（Matteo Ricci）在《坤舆万国全图》"罗马国"的注文中说"此方教化王不娶，专行天主之教，在罗马国，欧逻巴诸国皆宗之"①。艾儒略（Giulio Aleni）在《职方外纪》中也说"凡欧逻巴州内，大小诸国，自国王以及庶民，皆奉天主耶稣正教，丝毫异学不容窜入"②，当他说到德意志地区（"亚勒玛尼亚"）和英吉利时，根本没有谈两地的宗教情况。而南怀仁（Ferdinand Verbiest）等人撰写的《西方要纪》同样也说："西洋诸国，惟有一天主教，并无他教。"③到乾隆年间，蒋友仁（Michael Benoist）译的《地球图说》中仍声明"（欧逻巴州）上下皆奉天主教，婚不二色，教无异学"④。这些传教士异口同声地描绘出了一统的欧洲"天主教"世界，因此，同时代中国士人眼中的欧洲历史和地域图景当中，并不存在"宗教改革"一事，他们所说的"天主教"，实际上即等同于基督教全体。清中期的学者赵翼就说"大抵欧罗巴诸国，悉奉天主教"，他把"天主教、孔教、佛教、回回教"称作天下四个"大教"⑤。

到了晚清，随着新教传教士入华及国门开放，士人对西学的认知程度逐步加深，在鸦片战争后出现的最早一批"开眼看世界"的西学著述里，"基督新教"开始进入士人的视野，而马丁·路德也随之出现。刊刻于1848年的徐继畬《瀛寰志略》在论述罗马教皇国时就说道："至前明时，日耳曼人路得别立西教，称为正教，斥洋教为异端邪说，于是诸国半归西教，而教王之权顿衰。"⑥

---

① 朱维铮主编：《利玛窦中文著译集》，复旦大学出版社2001年版，第210页。
② ［意］艾儒略：《职方外纪校释》，谢方校释，中华书局1996年版，第67页。
③ 南怀仁、利类思、安文思等：《西方要纪》，"教法"条，清康熙昭代丛书本。
④ 蒋友仁译：《地球图说》，"续修四库全书"阮氏刻文选楼丛书本，第6页。
⑤ 赵翼：《廿二史劄记》卷三十四，商务印书馆1987年版，第726页。
⑥ 徐继畬：《瀛寰志略》，上海书店出版社2001年版，第183页。

在徐继畬的西学词汇里,"西教"为基督新教,"洋教"则指天主教①。徐氏对两教已有相当的区分意识。他对欧洲各国中两教之争也多有了解,比如在介绍奥地利(神圣罗马帝国哈布斯堡王朝)的历史时说:"查理第五尚洋教,禁西教,至是臣民复有从西教者,王禁之甚力,违者加以刑,臣民合党攻王,王诛灭之,遂举国奉洋教,无敢异。"后来又说道:"王约色弗第二……好西教,废洋教,洋教之党欲为乱,王悸殁。"②

　　当然在早期,士人对基督宗教各派的介绍比较简单,称呼"基督新教"之名也不统一。如徐继畬这般用"洋教"和"西教"相区分,虽为一些晚清士人所沿用,但从字面上看类似于同义替换,并不利于记忆和区别③。同期,广东士人梁廷枏完稿于1846年的《耶稣教难入中国说》中,则使用了后来较多见的名词"耶稣教"④。然而,梁廷枏没有对"天主教"和"耶稣教"进行明确区分,他笼统地说"故凡尊耶稣者,至称之曰天主,其教亦曰天主教"⑤,另一方面,"耶稣教"在他笔下也只是"天主教"的同义词,并不对应新教。学者已有研究,在梁廷枏著述中显示,其对16世

---

① 在同书"意大里亚列国"篇的按语中,徐继畬还说"近泰西人称洋教为公教,称路得等教为修教",见《瀛寰志略》,第191页。参见冯天瑜:《〈瀛环志略〉创制新语的贡献》,《华中科技大学学报(社会科学版)》2004年第3期,第1—6页。

② 徐继畬:《瀛寰志略》,第136,137页。

③ 比如晚至1892年上海道台聂缉椝在为格致书院当年春季课艺命题中就说"今考泰西诸国,有所谓洋教、西教,名目益繁,未可枚举",便可反映"西/洋"教的区分对当时士人仍未成为常识。见《格致书院课艺》壬辰卷,光绪二十四年(1898)上海图书集成印书局印本,亦参熊月之:《西学东渐与晚清社会》,上海人民出版社1994年版,第379页。

④ "耶稣教"一词谁最早使用已难考证,郭实腊主编的《东西洋考每月统记传》在道光甲午年(1834)就已出现该词,但泛指基督教。以梁廷枏、徐继畬为代表,该词于19世纪40年代出现在国人著述里。另外,1844年中法签订《黄埔条约》时期,法国使团翻译加略利(J. Callery)有意将"protestantisme"译成"耶稣教",以与"天主教"相区别,则该词亦开始浮现于中国官员视野中,见卫青心:《法国对华传教政策》上卷,黄庆华译,中国社会科学出版社1991年版,第339页。

⑤ 梁廷枏:《耶稣教难入中国说》,载《海国四说》,中华书局1993年版,第6页。

纪及以后的宗教改革所知无多①,从行文看,他所用的"天主教""耶稣教"的范围都包含了整个基督教②。

在魏源编著的百卷本《海国图志》中,由于广引诸书,命名更是相当混杂。在其"耶马尼"(即日耳曼)篇中,引到玛吉士的《地理备考》时说:"(耶马尼)所奉教有三:一罗马天主公教,一路得修教,一加尔威诺修教。"但其后又引到马礼逊父子撰写的《外国史略》,使用"耶稣本教"一词指基督新教。而魏源自己还使用过音译词,即"波罗特士顿教"③。当然,"波罗特士顿"的译名并非其首创,早先就已出现在林则徐组织翻译的《四洲志》当中④。

在教派译名的问题以外,《海国图志》引述的《外国史略》篇章中对路德有更详细的介绍:

> 明成化十七年,有贤士曰路得,幼习耶稣教,贫乏不能自存。及冠,得《圣书》,遂弃俗入道,伏处三年,虔祷耶稣。后才思日进,以其道为教师,遂赴罗马国与教皇议论。旋国后,遂宣言教皇之谬,切劝各国去教皇异端。值新君践位,召路得询其教本末。路得遂将《圣书》翻译日耳曼语,令民读之,乃兴崇正道。于是路得之名扬海外,

---

① 王聿均:《道光年间知识分子梁廷枏认识的西方世界》,《岭南文史》1994年第4期,第19页。

② 有学者认为,梁廷枏在这篇文字里所说的"耶稣教","显然是指基督教(新教)而言,并非指天主教",见李志刚:《基督宗教在近代中国南方的传播与解读——对梁廷枏〈耶稣教难入中国说〉一文的试析》,载李志刚、冯达文主编:《从历史中提取智慧》,巴蜀书社2005年版,第211页。但吴义雄先生却指出,梁文"对新教则全无记载",见吴义雄:《新教传教士在华早期活动的回顾》,载曹中建主编:《中国宗教研究年鉴,1997—1998》,宗教文化出版社2000年版,第445页。关于梁文是否受新教观念的影响,还需另文具体分析,但若说梁文中"耶稣教"只指基督新教,显然不确。

③ 魏源:《海国图志》,岳麓书社1998年版。以上分别见中册第1284、1290、1163页。

④ 林则徐:《四洲志》,第42—45页,收入王锡祺辑:《小方壶斋舆地丛钞》第十二帙,杭州古籍书店1985年影印版。

罗马教皇之徒憾之。①

由于《外国史略》出自马礼逊父子等新教传教士之手②，其不免有所偏向，将路德的活动视为"兴崇正道"，旨在"宣言教皇之谬"，"去教皇异端"。而魏源自己并无此种偏向，他只是简单地说波罗特士顿教"后起"，并介绍其与"加特力教"敬奉礼仪的差别③。在早期，少数知闻路德的中国士人了解仍较粗浅，他们基本没有教派立场倾向，但都把路德视为"立教"或"分教"的人物，对其介绍也十分简略。夏燮在1865年定稿的《中西纪事》当中也只是简单地说基督教"总名曰克力斯顿教，后遂演其派为三……婆罗特士顿者，英人谓之耶稣教，始于明时日耳曼人路得所立，遂与天主之旧教分"④。

同属早期通西学较多士人的张自牧，在其撰写于19世纪70年代的《瀛海论》中则说道："汉元寿二年，耶稣生于罗马，既长，遂传天主教，历数百年，有保罗者，别立希腊教，有路易者，别立耶稣教。三教鼎峙，互相攻击，而皆宗天主。"其后又说："西、洋之教同出一源，耶稣为洋教，即天主教，路得为西教，即耶稣教，保罗为希腊教。"⑤此文典型地体现了早期

---

① 魏源：《海国图志》中册，第1293页。
② 关于《外国史略》的作者问题，本书采邹振环先生之说，参见邹振环：《〈外国史略〉及其作者问题新探》，《中山大学学报（社会科学版）》2008年第5期，第100—108页。较早的论文还有谭树林：《〈外国史略〉著者考》，《浙江师范大学学报（社会科学版）》2003年第3期，第20—22页。
③ 魏源：《南洋西洋各国教门表》，《海国图志》下册，第1815页。
④ 夏燮：《中西纪事》，岳麓书社1988年版，第38—39页。
⑤ 张自牧：《瀛海论》，收入王锡祺辑：《小方壶斋舆地丛钞》第十一帙，亦收入葛士濬编：《皇朝经世文续编》第一百零二卷"洋务二"，光绪十七年（1891）上海广百宋斋校印本。据潘光哲先生考证，张氏《瀛海论》大约撰写于1874年至1877年之间，见潘光哲：《张自牧论著考释札记——附论深化晚清思想史研究的一点思考》，载郑大华、邹小站主编：《传统思想的现代转换》，社会科学文献出版社2007年版，第295页。

西学传播的含糊和不精确性,文中不但路德的译名前后不一致①,类似"耶稣生于罗马""保罗为希腊教"之类表述都不准确。而且他将三教追溯其宗,把路德与耶稣、保罗并列,路德成为与耶稣类似的"开教者"。

光绪年间,中西交往渐多,各地出版许多西学书籍,而作为一种简化性叙述的"路德创立新教"已成为西史的标志性事件,沈敦和在1892年辑译的《英法俄德志略》的德意志部分中,更明确地把1517年路德在维滕贝格的教堂大门上张贴反对赎罪券、主张改良教会的论纲这一事件作为新教创立之始,即"正德十二年,国人路得创耶稣教"②。

然而,在19世纪90年代之前,就士人认知而言,路德的形象不但没有多少正面的、积极的色彩,甚至还恰恰相反。实际上,这时代的大部分中国士人对基督教传教本身就无好感,甚至表现出强烈的反教态度。与此同时,基督宗教内部分化,导致教派林立、争斗不已,正是促进这种反教情绪的重要原因之一③。

晚清士人研习西方历史,大多了解到近代以来各国之间纷争残杀,相互讨伐,甚至邦国内部争斗丛生的局面。形成这种局面的重要原因之一就是基督教新旧两教之间的冲突。他们往往未曾知晓宗教改革的时代背景和动因,而先是看到了教派纷争之结果。如何秋涛所说:"同一天主教,分而为三,而三大国者各奉其一,皆欲以行诸天下,何异说之滋繁欤!公教斥修教为后起之异端,修教斥公教为横行之邪说。"④长久以来

---

① 前一段中的"路易"也可能是"路惕"或者"路剔"之误,后两个为晚清所见的其他路德译名。"路剔"见下引郭嵩焘日记,"路惕"则同时出现在中日两国的文献当中,1881年井上哲次郎等译编的《哲学字汇》初版便将"lutherism"译为"路惕教"。

② 沈敦和:《英法俄德志略》,一名《英法俄德四国志略》,见"德意志合众国"部"沿革"条,收入《西史汇函续编》,光绪二十二年(1896)上海图书集成印书局印。

③ 吕实强:《中国官绅反教的原因》,"中研院"近代史研究所1966年版,第45—53页。

④ 何秋涛:《化异教崇圣教疏》,见应祖锡、韩卿甫辑:《经济通考续集》卷十四,转引自李恩涵:《同治年间反基督教的言论》,载林治平主编:《近代中国与基督教论文集》,宇宙光出版社1981年版,第50页。

习惯"以大一统为优"的中国士人,自然对此多有批判,他们并未倾向两教之中的某方,而是从总体上加以否定。如蒋敦复在《英志自序》中就感叹道:"新旧二派纷然聚讼,孰邪孰正,或伪或真,未闻天主亲降、耶稣复生以断斯狱也。君臣相攻,父子兄弟夫妇相仇敌,焚溺刃缢,杀人如麻,教祸之烈胡至于此极耶?"①王芝在《海客日谭》中也说:"究天主即耶稣也,顾二教各立党,不相善,如水火。欧罗巴诸国相倾相残,莫非二教之故。"②

"分教"无疑打破了之前耶稣会士所描绘的欧洲太平一统的图景。由于一种非基督教的整体性文化心态的驱动③,即便是略通西学的士人也大多不愿更深入地了解"分教"的时代背景和动因,而只将其当作一般政治现象,对其之理解甚至还有中国历代新旧党争之类政治经验的参与。而对于某些具有保守心态的人士而言,"分教"正是攻击西方文化、否认西方优越性的最好证据之一,迟至 1900 年,青年杨度在他的日记里说:"迨耶苏兴后,教会尤多,其所争辨皆极可笑,夷俗之陋,固无足异也。"④

但由于路德另立新教("西教""耶稣教")时间上在后,因而他自然责任最大。徐继畬《瀛寰志略》在提到"路得修教"后,紧接着评论道:"余谓立教以救世也,乃诸国因分教之故而残杀不已,教祖而有知也,其谓之何?"⑤夏燮说,"盖英人自路德改立耶稣教,于是禁行天主教,而不悟耶

---

① 蒋敦复:《英志自序》,载《啸古堂文集》卷七,同治七年(1868)上海出版。
② 王芝:《海客日谭》卷四,此书成于光绪二年(1876),笔者所见为光绪乙酉(1885)湖南香远书局刻本。
③ 对此的分析除前引吕实强先生的著作,亦可参见陶飞亚先生《晚清知识分子非基督教倾向的文化原因》一文(见《边缘的历史——基督教与近代中国》,上海古籍出版社2005年版,第33—55页)。
④ 北京市档案馆编:《杨度日记 1896—1900》,新华出版社2001年版,第203页。
⑤ 徐继畬:《瀛寰志略》,第191页。

稣之即天主也"①。王芝也说"欧罗巴立教之初,其意岂不以为足善国,今乃竞教而互戕矣……立教者苟有知,能不赧颜汗背也乎"②。相比而言,徐继畬关于"立教以救世"的批评尚有精准之处。"分教"造成的新旧教倾轧,与基督教当中"普世之爱"的教导不免背离,这种批评显得杀伤力更大。1872 年《申报》上曾刊有《教门争胜》一文,也继承了这一思路,说道:

> 耶稣生于犹太,其教之盛行,则起于罗马,数传而后遂自区异,别户分门,互相角力,于是希腊教兴,亦与天主同源而异派,而教王擅权,诸国王侯兴废继立,皆其所主,有不从,国辄被兵,主辄被弑,数百年无敢违异。
>
> 迨明时日耳曼人路德崛起,专攻其说,遂辟天主教为异端,一时斐然风从者众,而捕杀焚诛之惨,亦为有史以来所仅见,由是君与民因分教相杀,国与国因分教相攻,数百年来,西土之民,肆市朝而膏原野者不知凡几,皆因争教而起也。
>
> 呜呼! 耶稣立教以救世也,而因分教之故,残杀不已,耶稣在天之灵,不其伤欤?③

同样对基督教抱有反感,相比而言,郭嵩焘的了解更深一些。郭氏在光绪初年出使英法,或许是在英国与人的交流,使其对基督新教有较直接的体认。他在光绪三年(1877 年)的日记中写道:"波罗特士者,誓不从罗马教之谓也。盖罗马教之积敝,而人民日思变计,路剔之创立教名,诚亦末流补救之术也。"值得指出的是,在郭氏之前,我们尚未发现中国人能对"波罗士特"(Protestant)一词的语源(也就是"不服从、抗议"的含义)有此了解。尽管郭嵩焘肯定路德改革天主教之积弊,但却视之为

---

① 夏燮:《中西纪事》,岳麓书社 1988 年版,第 206 页。
② 王芝:《海客日谭》卷四,光绪乙酉湖南香远书局刻本。
③ 《教门争胜》,《申报》第 115 号,同治壬申(1872)八月初九日。

"末流补救之术",显露出他对基督教总体上的否定态度。而且他进一步申说,两教分立之后,"于是怙权争胜之心,日挟其术以求逞,乃各私立会名,分布徒众"①。这段批评则明显来自他对天主教和新教两方在中国的传教与竞争之反感。

就对基督教传教的态度而言,光绪年间如郭嵩焘这样的士人不在少数。但在晚清路德形象的塑造过程中,到后来一种意见逐步占据了主流,即天主教在16世纪已有很多弊端,而路德则扮演了"改良者"的角色,而不是简单的"分教"或者"另立教门"。这种变化其实和一些新教传教士的活动密切相关,即新教传教士们在引介西学、传播西史知识的同时,亦加入了自身树立新教为"辨正教"的特别用心,从而重塑了路德的形象。

以路德形象为例,可以看出某些西史知识在汉语世界最初的"生产"过程。晚清中国士人当中流行的"反教"态度,在书写近代以来的西方政治和宗教历史时有突出的显露。所以,西史知识的形成并不总是一个简单的"传播"过程,与其把它理解成由西到中的语境之间完全或者不完全的复制,不如看作建基于特定认知背景的主动建构或者创制。由此,我们亦能理解它在传衍中产生的变化。

二、新教传教士与路德形象的塑造

19世纪来华的新教传教士们隶属于不同的差会,背景各异。但由于其中大多数人来自英美,和马丁·路德并没有宗派上的直接联系,再加上早期新教传教士力量尚薄弱,一些人基于策略性的考虑,有意借重天主教传教的既有基础,而较少强调自己和天主教的差别,所以,在第二次鸦片战争之前,路德之行事和教义并未构成他们宣教的重点。据称,

---

① 郭嵩焘:《伦敦与巴黎日记》,岳麓书社1984年版,第409页。此为光绪三年(1877)十一月十九日日记。

郭实腊（Karl F. A. Gützlaff）在1847年就编写过名为《路得小问答》的传教小册子，在广东沿海散发①，但相比于马礼逊等早期传教士所做的大量的文字著述工作，这只是极小之片段，其出于普鲁士（德意志）背景的郭实腊之手也不难理解。

前面提到，马礼逊父子编写的《外国史略》里就出现了"兴崇正道"的路德。就译名而言，尽管当时新教传教士中以"耶稣教"自称比较多见，但也有教士着意宣扬新教为"正"。1857年《六合丛谈》上就已出现"耶稣正教"与"天主教"相区别的提法②，而于19世纪50年代在香港、上海与新教传教士交往甚多的洪仁玕，在《资政新篇》中论及"日耳曼邦"时也说"辨正教亦出此邦之路得也"③，洪氏用"辨正教"一词，明显承袭自新教传教士④。

"辨正"或者"更正"的名称，一方面当然提高了基督新教自身的地位，另一方面也从整体上塑造出基督教不断革新而除旧弊的形象。这种"辨正"的叙述更全面地体现于新教传教士编写的中文西史译著里，其中对此宣扬最有力的是出版于1882年的《万国通鉴》。由于该书并非直接翻译整书，而是美国公理会传教士谢卫楼（Devello Sheffield）根据一系列书编译而成，相对而言就更能体现编者自身的观念⑤。《万国通鉴》在

---

① 见雷雨田主编：《近代来粤传教士评传》，百家出版社2004年版，第146页。
② 《六合丛谈》第1卷第10号"新出书籍"栏，1857年。见沈国威编：《六合丛谈：附解题·索引》，上海辞书出版社2006年版，第676页。需要提到的是，《六合丛谈》第1卷第12号刊《卦德明先生行略》，作者署为"路得"，英文名作"Loo Tih"，此人似为宁波的中国教徒，"路得"是其本名抑或笔名，尚不清楚，但笔名可能性较大。
③ 洪仁玕：《资政新篇》，载《洪仁玕选集》，中华书局1978年版，第10页。
④ 洪仁玕在上海与香港期间，主要接触的都是英国伦敦会传教士，《资政新篇》中也能看出许多偏向基督新教的言论。可参见邵雍：《洪仁玕与西方传教士》，《上海师范大学学报（哲学社会科学版）》2001年第3期。
⑤ 对《万国通鉴》所参考原书的研究参见邹振环：《西方传教士与晚清西史东渐》，上海古籍出版社2007年版，第194—198页。

晚清西史书籍中,属于基督教立场较重的一种,梁启超《读西学书法》直接说其"乃教会之书,其言不可尽信"①,针对的是其中宣扬教义的部分。对于基督宗教各派,该书也有所偏向。

《万国通鉴》全书共分四卷,分别为"东方国度""西方古世代""西方中世代""西方近世代"。在中文世界出现的世界通史著作当中,该书第一次引入了"古代、中世纪、近代"三段的历史分期方式②。第四卷"西方近世代"的叙述开始于大约1500年,其第二章为"论教会更正事略",专门论述"鲁特"(路德)引领的宗教改革及其影响。其中包括"指明教会之弊""辨明天主教之谬""更正教兴起"等部分。谢卫楼论述宗教改革,不仅从世俗的社会影响层面阐述罗马天主教会的弊端,更有关于何为耶稣之"真道"或者"真义"的分辨,故而体现出极强的新教立场。比如他在"中世代"部分称,"(中世代)又称为'昏暗世代',盖因耶稣教人渐失主之真道,不及先时门徒之善德,沾染异邦恶俗,泥于拜主仪文,致失敬主真义"③。

而《万国通鉴》第四卷的第七章则为"论自更正起百年之间各等学业振兴事略",它以"更正"为时间节点,着力阐述"自更正教振兴,欧洲诸国之景象变化一新"④。该书将新教改革视为开创了欧洲近代"新局面"的标志性事件,把近代科学发现、学术发展等事件都和新教改革建立起直接的联系。这是对历史现象的重新勾画,其书写方式关系到的不仅是路德形象塑造的问题,而且是一种特别的以新教为本位的历史观念的表述。

---

① 梁启超:《〈饮冰室合集〉集外文》下册,夏晓虹辑,北京大学出版社2005年版,第1163页。
② 邹振环:《西方传教士与晚清西史东渐》,第200页。
③ [美]谢卫楼:《万国通鉴》第三卷"小引",光绪壬午(1882)印本。
④ [美]谢卫楼:《万国通鉴》第四卷第七章。在《万国通鉴》中"耶稣教"有时与"天主教"对立,指基督新教,有时也与"回回""儒教"等对立,代指基督宗教总体。或许不满于"耶稣教"这个常用译名,谢卫楼在此书中强调"更正教"。

作为历史人物,路德以何种形象出现,取决于书写者自身的认知和写作意图。亦有一些英美新教传教士对路德改教的理念或实事并不完全认同,而主要强调的是路德以德语翻译圣经,促进德意志地区民智开化的功绩。丁韪良(W. A. P. Martin)于光绪七年(1881)五月在德国游览,在去海德堡的路上经过"倭木斯(按:即德国沃尔姆斯 Worms)之古城",见到路德的石像,"有浮屠上建石像,系旌表国士路德者,彼以德文翻译圣经,因而教化重兴"①。他只说路德以德语翻译圣经促进学术文化兴盛,并未提"改教"之事。巴色会传教士韶波(Martin Schaub)1878年在《万国公报》连载《论路德整教会之事》《续路德整教会之事》,其中也称,路德用德语翻译圣经为"一生所成第一功"②。

同样态度较为中立的还有艾约瑟(Joseph Edkins),他在1885年编写的《西学略述》"教会"一卷中讲到"西教复分为二",以相对较客观的笔调叙述路德和天主教会的争论,多谈"分"而不谈"改"。"分"者只在于理念的差别,如艾约瑟强调的,教皇认为"人民皆宜依从教会中之道理规模而行,无须更读《圣书》(按:即《圣经》)",而路德认为"《圣书》至正,人所宜从",因而分道扬镳,路德"而起创立耶稣新教,以自异于罗马旧教。迨前明罗马旧教始入中国,而自创教名曰天主教。计今耶稣教则盛于德、英、丹、瑞等国,天主教则盛于法、意等国"③。

不同历史叙述的差别在于,如何描述"路德改教"的结果,即是将其定位为简单的基督教的"分化",还是一种新旧教之间的"替代"或"优势转移"关系。作为"改良者"的路德形象之塑造,即和后一种历史叙述相生相伴。当然,仅是描述15世纪前后天主教会的腐败和弊病丛生,并非

---

① [美]丁韪良:《西学考略》卷上"纪游",光绪九年(1883)同文馆印本。
② [瑞士]韶波:《续路德整教会之事》,《万国公报》1878年9月7日。
③ [英]艾约瑟:《西学略述》卷三"教会",光绪丙申(1896)印本,收入"西学启蒙十六种"。对路德评价的不同,除了知识背景差异,也关系到新教传教士对天主教的态度问题,各人情况不同。

一定就能视为新教立场的历史书写,但若是有教义褒贬和取舍判定的加入,则立场就会凸显。类似路德"创出"或者是"回复""耶稣真道"之类的表述,往往潜伏在路德作为"改良者"的形象之下。1879年上海《小孩月报》刊载《路得马丁小传》①,该小传简略地叙述了路德生平,说到路德讲课之时,"听者皆言,此乃真神借路氏之口,而宣生命之道者",其立场已很明显,最后该文还说路德"别立耶稣正教,由是天主教之权衰,而耶稣教盛行于世焉"②。

这种"盛"和"衰"的对比叙述,构建起了人们对西方近代历史的一种认知观念,即"新教优于旧教"。这种价值观念先行的历史书写,会对16世纪以降复杂的天主教和新教关系进行滤取,将西方历史简单化,并可能忽视一些重要的历史面向(比如16—18世纪天主教对宗教改革的反应)。但是,一些新教传教士对路德的介绍则在不断地强化这种观念,这典型地表明了西学东渐过程中西史知识的建构性所在。

1881年,英国伦敦会传教士慕维廉(William Muirhead)在《万国公报》上连载《路得买丁记》,此文相比《路得马丁小传》而言,对路德的生平介绍要更详细,但也体现出更强烈的新教立场,其中说由于"加秃利教(按:即天主教)离《圣经》之言,而杂乎诸异端",所以有新教之改革,又说"路得乃上帝所立,以兴正教,通行于万国九洲,今时西方著名之国,大半崇奉耶稣正教,而离天主教,则信从者大为活泼,由此政事、文学等事大兴矣"③。这和谢卫楼《万国通鉴》的历史书写方式类似,将近代早期文学、学术的兴盛与新教改革建立起直接联系,更强化了"盛衰转移"的替

---

① 根据范约翰(John M. W. Farnham)的《中文报刊目录》(见1890年基督教传教大会记录之附录),此《小孩月报》最早于1874年2月创刊于广州,同年10月停刊,迁至上海,次年5月续刊,主编即为范约翰。另有一种《小孩月报》1874年创办于福州,使用福州方言。
② 《路得马丁小传》,上海《小孩月报》第5卷第8期,1879年12月。
③ [英]慕维廉:《路得买丁记》,《万国公报》1881年6月4日、6月11日,分两期续完。

代关系。作为该转变的关键人物,路德则扮演了"改良"基督教的角色。

当然,提到路德的并非只有新教传教士,天主教方面亦有反击。两教在华的争夺,许多方面都是其在欧洲关系的延伸。同样,书写"宗教改革"这一段史事,也大致体现出截然相反的观点。针对新教言论,天主教亦强调自身才为"正"①,而路德则是背离了正道。耶稣会士晁德莅(Angelo Zottoli)在1859年出版《真教自证》,其中就说"罗代六"(按:即路德)"力诋圣教,私立门户",将路德斥为"异教"②。天主教报刊亦载有文字辨明两教教义,攻击路德,比如《圣心报》在1904年多期连载《路得改教问答》,意在声言路德背叛"圣教",他改教是出于青年时代的个人际遇,"因为嫉妒",出于私心,其言论"大不合耶稣原定的教道",而耶稣教也"到底不是耶稣的教"③。

当然,若止于此,那么路德之形象仅仅停留在宗教史内部,在中国发生的争论就只是全球范围内两教之争的一小部分。但问题远非这么简单,在甲午之后,路德作为"改良旧教"的符号,却与晚清中国的社会现实发生了印合,对一些倡导中国改良运动的人士而言,路德故事构成了他们极好的论说资源。

积极参与中国改革运动的李提摩太(Timothy Richard)在戊戌后曾为路德作传。尽管李提摩太将路德与圣方济各、罗耀拉等人同列为基督宗教内的改革者,但他本于新教立场,称路德"别立复元新教"为"人世间第一项大改革的事",李提摩太将基督宗教本身塑造成不断革新、不断进步的形象,而路德改革旧教积弊则是其中最近的"第三层进步"④。李提

---

① 在华天主教士声言自己为"正",起自马礼逊入华,明显有很强的针对性,出版以"正教"为名的书籍,如黄伯禄神父编写的《正教奉传》和《正教奉褒》。
② [意]晁德莅:《真教自证》,上海慈母堂1859年版,第46页。
③ 《路得改教问答》,《圣心报》第210号,1904年11月。
④ [英]李提摩太:《路得列传》,蔡尔康笔述,《万国公报》1902年4月。该传属于李提摩太《地球一百名人传》之"道学"部分,《地球一百名人传》由广学会出版。

摩太编选这一系列"地球名人"的传记,贯穿其间的一个重要思想就是"变革以求进步",进步才得以成就。这和他支持晚清维新运动的政治观点是密切相关的。

更为直接地建立这种"中/西"对应的是林乐知(Young John Allen)。他在1899年编译出版《路得改教纪略》一书,专论路德之事,并丝毫不掩饰以路德改教作为中国"维新"榜样的意图。《路得改教纪略》系根据印度广学会的英文本转译而成,林乐知又添加了许多按语。第一章"总引大纲"开头就说,"此书之作,初印行于印度地方,盖欲以欧洲维新改教之路得,作为东方诸国维新人之榜样也"。林乐知在戊戌后作此书,并不是偶然无意之举。他之所以选择路德,是认为东方诸国,包括中国当时的情形,和西方在路德时代的情形十分相似,他将两者相比,阐述"维新"之必要性:"东方诸国人民,久为旧教旧俗所束缚,积弊难返,改革无期,亟需有路得其人者,出而与世维新。"①

当然,林乐知并不觉得凡中国旧道旧俗,都该一并革去。他认为维新并不能操之过急,其关键在于"先当查考,旧政、旧教、旧俗之是否可行,一以真道为衡,合道者保护之,不合道者革除之。今之时犹古之时,东方之国犹西方之国,西方有路得,东方岂独无路德哉?"②作为新教传教士,林氏所说的"真道",还是本于基督教立场的"上帝之教",但他同时也试图总结路德之"维新"在方法上可提供的经验。林该书的最后一章"振兴维新之法",就列出多条经验,尤其强调"力行",也就是说,如若变法之人一遇阻拒,就一蹶不振,"改途易辙",那么必将无成。"望今日有志维新之学生,毋忘路得当日之言"。③这种叙述,已绝不仅仅是简单的

---

① [美]林乐知:《路得改教纪略》第一章,光绪二十五年(1899)广学会印本。此章还刊载于1899年8月的《万国公报》。
② 同上书,第一章。
③ 同上书,第二十三章。

介绍西史和西学,而带有强烈的为晚清中国现实改革提供借鉴的倾向。西方历史知识也以此独特的方式参与到维新话语当中。

在《路得改教纪略》出版两年后,梁启超将康有为称作"孔教之马丁路得",也可视为对林乐知借路德之古而论今的回应。当然,维新派人士利用"路德改教"故事以阐发自身主张,并不止于此,以下我们略做讨论。

三、路德改教与维新运动

在1890年之前,尽管已有许多中国士人能够区分天主教与新教,但对于两者很少有本质性的优劣判别。大部分官员和士人只会着眼于"教务"和"洋务"的办理,而对两教在中国的传教方针和民教纠纷做一些比较。新教传教士来华后,相当长时间内较集中于口岸城市,教徒数量远比天主教少,也较少出现天主教会以各种方式夺占地产、田产之类的纠纷①,因而在一些官员心里会有"耶稣一教,安分守己,与民无争"的印象②,甚至有的士人还会误以为耶稣教"自守而不传教"③。

当然,也有部分口岸文人与新教传教士较为亲近,甚至加入教会,因而其褒贬态度就比较突出,比如王韬就曾指责天主教"嚣然不靖""因教以滋衅",相应的,耶稣教则"守己奉公,绳趋尺步,盖有与天主教同源而异流,殊途而别辙者"④,因此,他认为两教"虽曰同源而异流,而教中规

---

① 可参看赵玉华、刘凌霄:《清末天主教和新教在华传教活动的异同》,《山东大学学报(哲学社会科学版)》2003年第1期,第13页。
② 丁日昌:《抚吴奏稿》,载王明伦编:《反洋教书文揭帖选》,齐鲁书社1984年版,第345页。
③ 陈其元:《庸闲斋笔记》卷五,中华书局1980年版,第111页。
④ 王韬:《弢园文录外编》卷三"传教上",上海书店出版社2002年版,第52页。王韬与基督教的关系一直是学界关注的热点,已有学者在英国伦敦会档案中发现王韬受洗入教的记录,见苏精:《王韬的基督教洗礼》,载林启彦、黄文江主编:《王韬与近代世界》,香港教育图书公司2000年版,第435页;叶斌:《王韬申请加入基督教文析》,《档案与史学》1999年第4期,第65—68页。然而王韬并非精神上虔诚的基督新教徒,入教带有投机色彩,也为学者所公认。

仪迥判。自西人言之,不独有新旧之殊,亦且有邪正之别"[1]。在甲午之前,如这般鲜明的"正/邪"判定,即便在新教传教士的著述当中都很难见到[2],就中国士人而言则更是异类。

但到了维新运动时期,教内之争为教外人士所注意,新教传教士宣扬自身为"改新"这点被中国的维新派人士加以利用,两者之间在思想上产生共通的比附关系。维新派人士倡言西学而变法,本就大大得益于新教传教士的引介。出于宣扬现实改良主张的意图,他们往往从东西方的史事中寻找相似的"改新"故事作为资源,以期为变法新政寻求历史的合法性。康有为的"孔子改制"之说就是典型的例子。同样,"新教改革"也成为他们从西方历史中发现的重要榜样。

维新派人士拔高路德改教之意义离不开传教士的介绍。光绪年间,新教报刊上曾一再刊载马丁·路德的传记和事迹,《小孩月报》在1879年刊载《路得马丁小传》,《万国公报》在1878年连载巴色会传教士韶波的《论路德整教会之事》[3],1881年登载慕维廉的《路得买丁记》,这些文字连同《万国通鉴》之类的西史译著,本身就已经全面地塑造出路德"改革者"的形象,并从新教立场阐述了改教后基督教甚至西方世界的振兴。

这条思路被维新派人士完整地继承了下来,并在潜意识内将15—16世纪的欧洲与晚清中国相比,以一种隐喻的方式书写西史。由于这种有意识的推动,维新派人士对马丁·路德的推崇以及将其地位的拔高,比起新教传教士而言有过之而无不及。戊戌前后维新言论的一个特点在于,"新"与"旧"往往被有意简化,以极其尖锐的方式相互对立,迫使人们做

---

[1] 王韬:《弢园文录外编》卷三"传教下",第53页。
[2] 据笔者所见只有李提摩太在戊戌维新前编写的《日本变通兴盛记》中有此说法,意在暗示中国改良复兴不应求助于"邪"的天主教国家势力,而应倚重新教国家。见李提摩太:《列国变通兴盛记》第二卷,光绪二十四年(1898)广学会印本,第24页。
[3] [瑞士]韶波:《论路德整教会之事》,《万国公报》1878年7月20日。

出选择。"新教"与"旧教"也是如此。在其叙事中,两教之间是替代的关系,"新教"得以胜出。康有为在戊戌后撰写的《进呈〈突厥削弱记〉序》中说:"意大利文学复兴后,新教出而旧教殆。"①谭嗣同在《仁学》中说:"迄路德之党盛,而教皇始蹶,人始睹耶教之真矣。故耶教之亡,教皇亡之也;其复之也,路德之力也。"②谭氏将基督教的兴复全部归功于路德。提升路德地位的并不只他,唐才常说:"有路德者,不服天主教皇之压力,别立新教以抗罗马,而改教之徒云集景附,卒能削教皇之权而大张教统,此又路得改教之功,雷奔电激,为古今中外不可一世之业。"③梁启超到1902年还说"欧洲近世文明兴起,路得新教之起,全欧精神为之一变"④。

戊戌前后舆论中出现过许多西方历史人物,与华盛顿和拿破仑之类承载着国族认同和"民主"想象的人物符号不同,维新派人士如此看重路德和新教改革,更在于中西之间在宗教层面上的比附。他们颂扬路德新教,并不是为了呼应西方传教士借助基督教来改革中国现实的政治用心,其真实意图在为晚清中国复兴"孔教",或者说为建立新的"孔教"寻找历史合理性。新教改革与"改革孔教"或"兴复孔教"联系在一起,因而比简单的"新政"更有价值,也更有民族性的基础。

改教不仅在实政层面,更在精神层面的对比,在于路德作为改教首脑的象征意义。谭嗣同之所以颂扬路德兴复"耶教",是为了感叹"孔教之亡,君主及言君统之伪学亡之也;复之者尚无其人也",谭氏的真正意图在于"吾甚祝孔教之有路德也"⑤。同样,唐才常盛赞路德后,也叹道,

---

① 康有为:《进呈〈突厥削弱记〉序》,载《康有为全集》第四集,中国人民大学出版社2007年版,第311页。
② 谭嗣同:《仁学》,载《谭嗣同全集》下册,中华书局1981年版,第338页。
③ 唐才常:《各教考原》,载陈善伟编:《唐才常年谱长编》下册,香港中文大学出版社1990年版,第454页。
④ 梁启超:《论学术之势力左右世界》,载《饮冰室合集》文集之六,第111页。
⑤ 谭嗣同:《仁学》,载《谭嗣同全集》下册,第338页。

我国"至今犹无路德其人者,昌言改制,大畅宗风"①。如果说在戊戌之前,谭和唐使用这种隐喻还指向维新派整体,那么到戊戌后,梁启超就干脆把这种"祝孔教之有路德"的心愿指向康有为个人,梁到1901年撰写《南海康先生传》,延续了"孔教"与"耶教"相比的思路,把康有为称为"孔教之马丁路得"②。

有趣的是,作为"孔教之路德",康有为在戊戌之前的著述中并未提到过马丁·路德,仅从其刊行的文字看,他对路德知之寥寥。直到20世纪初游历欧洲之后,才对路德大加溢美之词,显示出以路德为改良运动榜样的用心③。但康有为本人在1889年就已经有了"孔教"的言论④,并在其后着力申说。

由于"孔教"和"耶教"的中西比附并没有实在的历史依据,因而各人出于不同角度,会有不同的结论。在旁人眼里,"孔子/康有为"亦可比附"摩西/耶稣",曾廉在1898年的奏折中就已看到"盖康有为尝主泰西民权平等之说,意将以孔子为摩西,而己为耶稣,大有教皇中国之意"⑤。因而"改教"只是表面,"创教"才是真。

当维新派人士尚隐隐以路德自况之时,最早明确指出康有为和路德之相似性的,倒是康、梁一派的论敌叶德辉。叶氏对西教的了解,在同时代人中堪称深入,他说:"西人一天主,一耶稣,教会之名至盈千万,此其结会相仇,兵连祸续,西人未尝不痛恨之。康有为隐以改复原教之路得自命,欲删定六经,而先作《伪经考》,欲搅乱朝政,而又作《改制考》,其貌

---

① 唐才常:《各教考原》,载陈善伟编:《唐才常年谱长编》下册,第454页。
② 梁启超:《南海康先生传》,载《饮冰室合集》文集之六,第67页。
③ 康有为:《欧洲十一国游记》,岳麓书社1985年版,第89、93页。
④ 参见陆宝千:《民国初年康有为之孔教运动》,《近代史研究所集刊》1983年第12期。
⑤ 曾廉:《应诏上封事》,见"中国近代史资料丛刊"《戊戌变法》第二册,上海书店出版社2000年版,第494页。

则孔也,其心则夷也。"①他层层深入,将康有为与路德相比的同时,又直指西方天主、耶稣两教相争的"祸害",从而达到从思想用心和社会效应两方面来攻击改良派之目的。

无论是比作耶稣还是路德,康有为面临的保守派指责不但针对其"教皇中国"的政治野心,更提出"以夷变夏"的危险。其中重要的一点在于,传统中国儒教与西方基督教在信仰和社会组织形态上都不尽相同,这点不光今日的学者知晓,戊戌时代学人即已有所体察。欲强以"孔教"建立宗教,于理多有不合,反而容易招致"欲自为教主"的批评。章太炎在《驳建立孔教议》中就说:"今人猥见邪苏、路德之法,渐入域中,乃欲建树孔教以相抗衡,是犹素无创痍,无故灼以成瘢,乃徒师其鄙劣,而未有以相君也"②。

事实上,尽管梁启超列举诸多康有为发明孔教之处,但在其看来,康有为与路德真正相合之处,在于"自由"。康有为的事业和"马丁路得所以对簿法廷"一样,都是为了"开自由思想之藩篱"③。在"信教自由"上的贡献,是梁启超所塑造的路德形象的深入人心之处,不只是简单的改革旧弊或者"回复耶稣之道",而进入了一般社会文化领域。他在《新民说》中也赞扬路德"开信教自由之端绪,为人类进幸福"④。这样,天主教与新教的差别,不仅在于简单的新旧或者正邪,更深入一层有"信教自由与否"的判定。

梁启超能有此认识,并非凭空而来,以信仰和人心的"自由"与否区分近代欧洲国家,林乐知早有此表述。在《路得改教纪略》书中,林氏特别加上按语,阐述天主教与新教的差别,其中就说:"故凡奉罗马教之国,

---

① 叶德辉:《叶吏部与刘先端、黄郁文两生书》,载苏舆编:《翼教丛编》,上海书店出版社2002年版,第165页。
② 章太炎:《驳建立孔教议》,载《章太炎全集》第四卷,上海人民出版社1985年版,第195页。
③ 梁启超:《南海康先生传》,载《饮冰室合集》文集之六,第67—70页。
④ 梁启超:《新民说》,载《饮冰室合集》专集之四,第23页。

如法、意、西、奥等,其人民亦无释放自主之乐;耶稣教专讲释放世人,使之自主,故凡奉耶稣教之国,如英、德、美等,其人民类能自主有为,勃然兴起。"①

以"自由"为契点,新教与社会道德的进步联系起来,章太炎在主笔《民报》时期的名文《俱分进化论》中就说:"往者旧教盛行,迫人以必不愿从之事,自宗教改良,而人人有信教之自由,此诚社会道德之进善者。"②这一套"进步"的新旧教历史叙事还不止于此,从教外政治的角度,由于以英、美、德为代表的新教国家在近代以来的相对强势,新教还与"富强"等正面价值相联系。

美国北长老会传教士倪维思(John Nevius)在其著作《两教辨正》当中就已说到:"迄今三百年间,欧罗巴奉天主教之国渐衰,奉耶稣教之国渐盛,至今奉天主教之西班牙、葡萄牙、以大利皆为次等之国,而奉耶稣教之英国、德国皆为天下所推尊之上邦,至于法国,其中虽奉天主教者居多,而奉耶稣教者更多矣。"③这一观察被梁启超继承下来,他在1900年给康有为的信中说:"试观现时世界之奉耶稣新教之国民,皆智而富;奉天主旧教之国民,皆愚而弱。"④

将"自由/不自由""富强/贫弱"等区分与"新/旧"的对立等同起来,这是晚清趋新人士常用的言辞策略,而不仅限于康、梁等人。它不但在现实中煽起不断趋新的思潮,更影响了国人对西方历史的认知,新教在这套历史叙事中获得了政治上和道德上的优越性。这种"新胜于旧"的历史书写建立起直线进步的历史观念,在此后持续地发挥着作用,并参与

---

① [美]林乐知:《路得改教纪略》第一章"按语"。
② 章太炎:《俱分进化论》,载《章太炎全集》第四卷,第390页。
③ [美]倪维思:《两教辨正》,上海美华书馆1913年版,第44页。倪维思逝世于1893年,此书在之前即已编写出版。
④ 梁启超:《致南海夫子大人书》,载丁文江、赵丰田编:《梁启超年谱长编》,上海人民出版社1983年版,第236页。

到汉语世界西史知识的"生产"之中。

从当下的眼光看,站在西方历史研究的角度,我们并不是要否定"新教是否与国家强盛乃至个人精神自由有直接联系"这类研究的有效性,也不是意在对这个问题做出否定的回答。我们只希望指出,在20世纪初梁启超等人做出这种判断,是基于一种"新胜于旧"的特别价值观念的。而同时,这种特别价值观念也会掩盖历史本身的多面性和复杂性。

在这点上,一贯对基督教没太多好感的章太炎倒能反思这种单线进步的观念,看得更加深入。1908年,在驳斥马相伯的"神我宪政"观念时,章太炎引用了尼采的说法,即路德改教之所以能获得如此大的成功,并非由于天主教过于腐败,"实以北欧文明过浅,人人有平均之信仰,故从之如风靡耳"。而相对文明程度较高的南欧,人们思想不甚一致,"故与路德相和者少"①。因此改革宗教行动亦要切合特定的社会历史状况,而非简单以新改旧即可。

总之,回到路德形象的话题,在戊戌维新前后,马丁·路德是时人提到最多的西方历史人物之一,维新派人士对其不断褒扬拔高,几乎成为一种"神话"②。即在诸多西方历史人物当中,路德因为与康有为等晚清现实人物的隐喻式关系而更深地契入中国语境。当然,由于时人普遍对西方历史了解有限,再加上过多现实意图的加入,"神话"本身也不乏虚弱性。"神话"为达到特定政治效果而往往需要对人物加以简化③。这

---

① 章太炎:《驳神我宪政说》,载《章太炎全集》第四卷,第314页。
② 亦有其他西方人物在晚清成为神话,比如有关华盛顿,可参潘光哲:《"华盛顿神话"在晚清中国的创造与传衍》,载郑大华、邹小站主编:《西方思想在近代中国》,社会科学文献出版社2005年版;有关拿破仑,可参陈建华:《拿破仑与晚清"小说界革命"——从〈泰西新史揽要〉到〈泰西历史演义〉》,载《从革命到共和:清末至民国时期文学、电影与文化的转型》,广西师范大学出版社2009年版。关于更多西方人物形象在近代中国的研究可参孟华等:《中国文学中的西方人形象》,安徽教育出版社2006年版。
③ 潘光哲:《"华盛顿神话"在晚清中国的创造与传衍》,载郑大华、邹小站主编:《西方思想在近代中国》,第103页。

种简化既可能出于客观的知识缺乏,也会是主动的滤取。以康、梁为代表的"维新—保皇"派人士在当时提到路德,几乎集中于对其勇气、决心的赞赏和对其所成"功业"的吹捧,而很少有对欧洲宗教改革时期的具体历史语境,以及路德行事之成败得失的更深入的探讨。这种历史书写其实只是符号化的叙事,而其与当时中国现实的关联也仅仅体现于"改革"这一事件表面。站在后来者立场上说,这一"西史神话"的虚弱性也正好折射出戊戌维新派本身在政治方案构想上的虚弱性。

于此,我们便可理解为何在戊戌改革失败的第二年,林乐知仍要写作《路得改教纪略》,试图系统总结改教之具体经验,以供"东方诸国"效仿。但很快,现实政治情况已然不同,当年的维新派人士也开始分化。梁启超本人即意识到所谓"改教"之无处着力,而仍在试图"建立孔教"的人士,也较少使用路德这一符号。对路德的评价和考量,又退回了教内论争和专业化的历史书写领域。但是,路德神话衍生出的进步史观,却一直延续了下来。所以,考究路德形象在19世纪末中国之意义,相较于它对维新运动的贡献,其实影响更大的是这种"维新"言论所衍生出的、"新胜于旧"的直线式进步史观的书写。这一书写方式的形成甚至不是单纯的史学史议题,而与近代中国政治、文化等领域的新旧力量争夺密切相关。

四、余论

历史的构成总是多面的,即便是在最为激动人心的变革年代也不乏浑然事外的芸芸众生。尽管19世纪末的新教传教士和维新派人士如此"雷奔电激"地颂扬路德之功业,但对当时广大士人而言,路德仍只是遥远时代的某个化外之人,甚至有时连"知名"都不容易。1901年的《新小说》上刊载了一篇名为"东西两路德"的科考趣事,不同于"项羽拿破仑"被理解成"项羽拿起破轮",这则为同名人物相混:

今年山西院试,策论题有"问西方文艺复兴,与路德新教最有关系,能言其故欤?"一条,某生以八股负盛名于一时,得题即呃笔伸纸,文思勃发,其中一段云:自百年以前,人心不古,士皆惊于奇衺之说,文风殆将扫地,其时挽狂澜之即倒者,惟我西省,有路闰生先生①,著《仁在堂》九种,而文艺正宗始以复兴云云。场后出卷夸示同辈,同辈皆赞其联络之巧,点题之醒,谓深得钓渡挽不传秘诀云。②

文中记到山西某生将马丁·路德误认为路闰生,将"文艺复兴"理解为字面上意义,即"文艺"的复兴,而且出场后相议,还得到了同辈学人的赞扬,可见当时如他这般不了解西史上路德改教的,并不在少数。此则轶事,也可为研究当时西学在底层士人中之普及状况提供一例。

然而,这种情况很快有所改变。20 世纪初,大量中国学人东渡日本,翻译日文西学书籍成为一时热潮,其中也包括许多西洋历史书籍。这样,西史知识的引介和传播便不再仰赖西方传教士这一条路径。就中下层学人的知识普及而言,伴随着科举改制,各地陆续兴办许多新式学堂,为应教授之用,多种较为简明、通俗的西洋历史教科书应运而生,其中大多也是取材编译自日文书籍③。

---

① 路德(1785—1851),字闰生,陕西周至人,嘉庆十四年(1809)进士,入翰林院为庶吉士,散馆后改任户部湖广司主事,道光二年因目疾请归里,之后在象峰、关中、宏道等书院讲学,门生众多。著作有《柽华馆全集》十二卷、《仁在堂时艺》等。路闰生以八股文、试帖诗闻名,晚清青年士人中把他和马丁·路德弄混的,似不在少数,李伯元的《文明小史》中就说到一个秀才,"见了西史上的路德,说他是陕西路闰生先生"。见《文明小史》第三十四回,中华书局 1959 年版,第 324 页。

② 《新小说》第 1 号,"考试新笑话"栏,横滨新小说社发行,1902 年。另外,从该策论题的意思看,在于问路德新教对文艺复兴的影响和作用,这样提问,强调新教对欧洲近代文化的影响,很大可能该题出于新教传教士之手。从时间和地点(山西)来看,可能与李提摩太有关,尚待进一步考证。

③ 参见李孝迁:《西方史学在中国的传播(1882—1949)》,华东师范大学出版社 2007 年版,第一章。

当然，途径的多样化并没有使马丁·路德在中文西史图谱里的重要性减弱。到这一时期，中文世界的西史叙述里，"古代—中世纪—近代"的三段分期结构已经被普遍接受，而"宗教改革时代"则居于"近代"的开端。出于一种特别的"近代优于中世纪"的叙述观念，作为"宗教改革"之关键人物的路德也一直维持着正面的、积极的形象。比如在清末的西方历史教科书当中，论者或者称颂路德以坚毅的气节改革天主教会的腐败①，或者延续了维新派人士的论调，将其拔高为"以一人举欧洲半壁，脱罗马教会之束缚，而鼓舞宗教政治之活泼思想，遂影响于今日"②。

除了译著和教科书之外，20世纪初西史知识的"向下"普及，也借助于此时开始出现的"演义体"西方历史书籍③。这种书籍以中国传统通俗讲史演义的表现方式叙述西方历史，更受到民众欢迎。由于文体的影响，这类叙述的文学性更强，所塑造的人物形象，包括路德的形象，也更鲜明。1903年上海作新社出版了高尚缙、沈惟贤合著的《万国演义》，其中第三十六卷讲到路德，名为"逮路德初禁复原教，伐印度大兴蒙古朝"。该书作为"演义"，叙述人物事迹多采用传奇式的戏剧化手法，比如说路德幼年因挚友意外身故而彻悟入修会、游历罗马心生厌恶而反天主教、路德改教宗旨被地方王侯加以利用等情节④，虽说于西方史事并非完全虚构而有所本，但具体叙述明显来自中国传统历史演义里许多英雄人物故事的常见模式。当然，就另一面看，此类演义故事中叙述者多采用一种较为超脱的叙述口吻和方式，相比较而言，少有明确的价值判断。

---

① 出洋学生编辑所编：《西洋历史教科书》第二卷，商务印书馆1902年版，第3页。
② 傅岳棻叶编：《中学校用西洋历史教科书》卷四，商务印书馆1909年版，第7页。但此书尽管拔高路德之影响，亦有分析路德新教"中衰"的原因。
③ 此类书籍的综述参看李赟：《清末民初的世界史演义初探》，《史学史研究》2003年第1期，第53—60页。
④ 高尚缙、沈惟贤：《万国演义》第三十六卷，上海作新社1903年版，第93—99页。

就整体而言,中国史学在 20 世纪初发生了转折,"新史学"思潮的兴起不光带来了史学关注对象和撰述方式的改变,更促成了历史学"自我意识"的觉醒和自我价值认同的建立,这一点在西洋(世界)史学上表现尤其显著。大致在戊戌之前,中国士人讲习西方历史仍带有很强的现实目的,或者说"经世"取向,即探索西方诸国近代以来崛起的原因,寻求富强之法。但到 20 世纪初,随着大量的西史著作和教科书问世,新式学堂中纷纷开设外国历史科目,学科化的现代历史学之制度基础正在逐步奠立。从长远来看,民国时代史学"学术共同体"的最终形成,实际上也导源于此。所以,在此阶段,历史学作为学术研究的自我价值开始得到承认,许多西方历史事件的记述,与纯粹政治隐喻式的书写脱离开来。

当然,历史学作为专业学科这一向度的展开,并不意味着围绕路德的争论就此终结,也不意味着对路德的评价和定位就真正能达到"客观"。事实上,此文中所提到的"宗教改革"等西方历史概念,本来就具有极大的开放性,它们不同于政权更替或者人物生卒年等更具自然依据的历史事件。按照英国历史哲学家沃尔什的说法,此类都是"综合型概念"(colligatory concept),它们并没有单一的本质性对应,而是根据某个主题赋予历史进程中若干事件以特定的意义,从而将其综合在此概念之下。这些概念往往都有非常复杂的变化过程。

就路德而言,其生平行事当然属于事实性的考察,但对他如何评价,其在他人心中形象如何,则和不同认识主体的"宗教改革"概念息息相关,因而同样具有很大的开放性和灵活性。西方学术界对路德的研究及其历史地位的评价,几百年来就经历了多次转变[1],换句话说,其形象也

---

[1] 此问题之简要综述参看 Donald K. McKim, ed., *The Cambridge Companion to Martin Luther*, Cambridge University Press, 2003,尤其是该书第三、四部分。国内学界可参考孙立新:《试论不同历史时期的宗教改革概念》,《世界历史》1994 年第 4 期,第 20—27 页。

是多面的。其中不仅有本于天主教和新教的教派观点书写路德所产生的差异的,即在宽泛意义上的基督新教内部对路德的定位,关于新教与中世纪的联系和分隔亦有多重意见。

19世纪,在马丁·路德跨越中西语境的过程中,不但此类教派立场(天主教/新教、新教各宗派间)的政治性在相当程度上被延续了过来,影响了汉语世界的路德形象,更富意味的是,路德改教作为一种神话式的形象直接参与到维新派的改革话语之中,并形成独特的历史书写方式。当路德改教不仅是一个宗教史事件,而成为"中世纪"和"近代"的分界点时,言说者实际上是在历史和现实这两个层面暗示"旧"与"新"的分裂以及后者的价值优越性。这种隐喻式的历史书写看似是在叙说史事,其实是将集体的社会政治想象凝聚在特定历史符号(路德)当中,从而生产出有关该人物形象的一组"套话"(stéréotype)①。对"套话"的研究,重点不在于纠结套话是否符合"事实",而在于对套话生产者的知识结构、文化心态、政治意图,以及套话流行之时代特质等全面的考察。实际上,在晚清中国,路德形象所折射出的种种意蕴,远非以上所能尽括,因此这里亦只能作一初步尝试,以期望勾勒其大概线索。

---

① "套话"是部分法国比较文学形象学研究者之用语,参见巴柔:《形象》,孟华译,载孟华主编:《比较文学形象学》,北京大学出版社2001年版,第159页。

第六章

苏格兰史学派的中国回响[*]

这里所说的"苏格兰史学派",特指大卫·休谟(David Hume,1711—1776)、威廉·罗伯逊(William Robertson,1721—1793)、亚当·斯密(Adam Smith,1723—1790)、亚当·弗格森(Adam Ferguson,1723—1816)。他们与苏格兰其他启蒙学者一起,立于时代潮头,给予英国特别是苏格兰以世俗性的精神洗礼。

这四位学者,除罗伯逊之外,均非专职的史学家,可是在其宣示关于经济、政治、社会、文化等方面见解之时,却捡起历史这一有效工具,与历史学结下了不解之缘。

大卫·休谟著《人性论》《英国史》等,以人性论解读历史,以历史证实人性论。亚当·斯密著《国富论》等,实是关于经济发展的史论,那就是以经济学解史,以史证其经济学主张。亚当·弗格森著有《文明社会史论》和《罗马共和国兴亡史》,以社会学解释历史,以历史证社会学理论。威廉·罗伯逊著《苏格兰史》《皇帝查理五世在位时期的历史》《美洲史》与《论古人的印度知识》等,他则是比较正统意义上的历史学家。

启蒙时期的苏格兰史学派,是英国史学发展的一个里程碑,改变了英国史学长期落后于欧洲大陆的局面,是西方史学的重要分支派系,成为启蒙时期欧洲史学的重要组成部分。

---

[*] 本章基本材料和观点由李勇和段艳、姚正平、油馨华提供,最后成文经过李勇的编辑和加工。

这一学派在中国引起反响,特别是在 21 世纪,愈来愈受到中国学者的关注①。现将其在中国的反响述论如下。

一、休谟史学的中国回响

休谟本人写过很多有关中国的评论,他的思想也曾对严复、梁启超、金岳霖等产生深刻影响。但就史学而言,他的思想首先在翦伯赞、朱谦之等人的历史哲学著作中产生了回响。

翦伯赞在《历史哲学教程》中关注的"尤其是英国的哲学;从十七世纪培根和霍布士为代表的英国'经验论'转化为柏克里的'主观唯心论'与休谟的'不可知论'"②。而在翦伯赞看来,"休谟的'不可知论',虽然

---

① 在中国学术界,西方史学史类的著作中,一般都有对休谟、弗格森特别是罗伯逊史学著作的介绍。从整体上考察这一学派时,有必要提到两部著作。第一部是唐正东的《从斯密到马克思:经济哲学方法的历史性诠释》,其第一章"古典历史主义的经济哲学方法——亚当·斯密及苏格兰历史学派"涉及斯密经济学的历史性研究范式、社会维度,休谟的伦理学与经验主义的结合,以及作为另类史学思想家的弗格森的人本主义经济哲学方法。由于他是从经济学角度置论,因此没有涉及罗伯逊,还不是从史学意义上对苏格兰史学派的研究,尽管他表明"苏格兰历史学派"代表人物是亚当·斯密、大卫·休谟、亚当·弗格森,不过他把亚当·斯密纳入"苏格兰历史学派",颇有见地。第二部是张广智主编的《西方史学通史》第四卷《近代时期(上)》,其中第十五章专门论述苏格兰史学派,这是国内西方史学通史性著作或者教材中的首例。书中梳理了休谟对于史学与史学家的认识,论述了他与孟德斯鸠、伏尔泰、卢梭等人思想倾向的异同,指出他所提出的理性主义史学主张及其内在张力,肯定了他对于英国乃至欧美史学的深远影响。该书从罗伯逊皇家史学家的身份入手,论述他刻意模仿伏尔泰的史学特征,分析其批判意识和严谨态度,指出他在英国史学界的崇高地位及其原因。书中追溯弗格森学术的双重渊源,分析其史学思想的理性主义特征,指出他在若干方面对于理想主义的反叛,提出要重新认识弗格森的历史著作在西方史学史上的价值和地位。淮北师范大学历史学硕士论文中涉及这一学派的是:段艳《论休谟史学》、姚正平《论弗格森的史学》、徐延延《罗伯逊史学研究》、油馨华《论亚当·斯密思想中的史学意蕴》。

② 翦伯赞:《历史哲学教程》,上海书店出版社 1989 年版,第 116 页。

他的反动性来得比较的幽雅,但是对唯物论的进攻却更为巧妙,更为深刻"①。他的不可知论,"反而成为胜利的布尔乔亚的统治工具"②。相比较而言,朱谦之的评论要平和得多。他说:"英国派如霍布士、洛克、哈特烈、配烈、休谟、亚当斯密等,无论主张的是幸福说,快乐说,为我说,功利说,都是以个人为本位。"③朱氏认为,"启明时期对于新人生观特别有兴趣了。这时以研究其自身为起点,所以是自我哲学。如英之洛克、柏克莱、休谟,法之伏尔泰、卢梭,德之康德、菲希特等"④。他认为,"在十七八世纪所表现的主观的,批评的,理想的,浪漫的反抗的精神,用一句话来说尽,就是所谓'启明运动'。这时期的代表,于英国方面则有洛克,柏克莱,休谟,在法国则有伏尔泰,卢梭"⑤。而且"柏氏之后为启明运动中流砥柱者,更有休谟。他对于哲学的贡献,最著名的是怀疑一切'唯觉主义'。他攻击神学,攻击科学,以为除印象所发生的观念外,没有其他观念的存在,所以连自我与灵魂,都不承认了。自我不过是知觉的一束,或是一束的关系;这种极端的怀疑的论潮,实在是批评时期中最富于批评精神的了。总之,英国的启明运动,是以认识论作根据的。认识论好似就是这些批评家的威仪,有了这个真确的方法和态度,然后按部就班的'重新估定一切价值',所谓启明时期的哲学,可说是全从'批评的精神'出来的"⑥。他对休谟并不是没有意见的,因为"休谟说:'宗教最初的观念,是起于人所共关的生命事物,及激起人心的恐怖。'这种谬误的解释,至今保存于比较宗教学里"⑦。

---

① 翦伯赞:《历史哲学教程》,第116页。
② 同上书,第113页。
③ 朱谦之:《历史哲学》,上海书店出版社1989年版,第200页。
④ 同上书,第285页。
⑤ 同上书,第242页。
⑥ 同上书,第245页。
⑦ 同上书,第154—155页。

在胡秋原看来,启蒙时代的重要史家休谟,是以启蒙精神著史的,他的重要贡献在于"恢复人本主义而发展之,提高批评与理性精神,打破神权迷信,提高人道与自由之观念,否认历史是退步与循环的,而在一般社会环境文化及精神状态中,看人类及历史之进步,且有意识的寻求历史之法则"①。而且休谟开始了以社会心理解释历史的路径和方法,"以后塔德(Tarde)、涂尔干、吉丁史、华德(Ward)、MacIver 等以同情、摹仿、恐惧、习惯、同类觉悟、快乐追求、重演、反对、适应、欲望、兴趣等等心理现象,以说明历史之运动"②。不仅如此,"维可,休谟及费格生(Ferguson),由批详契约说,而发挥其主张。维氏提倡归纳法研究历史哲学,休氏注重同情,费氏则发挥国家始于强力之理论"③。刘节则发现,"英国文化是功利主义的产物","霍布士、休谟……是英国文化的柱石",而"英国人的功利主义,是真正的现实主义。其见之于实际政治,很少毛病。"相比之下,中国人是"心口不一致的理想主义,根本不了解现实,而心里却非常功利"④。

钱锺书治学贯通古今,并以古今互见的方法融汇多种学科知识,探幽入微,钩玄提要,自成一家,因其多方面的成就,被誉为"文化昆仑"。他在20世纪三四十年代不仅对休谟思想的渊源、特征、实质等有深入的理解,还把"休谟问题"引入历史学研究之中。

就文学史研究而言,休谟的观点成为钱锺书的论据之一,如在论"南宗禅"时说:"休谟可能是首先拈示这种心理活动的哲学家,虽然他泛论人生经验,并未联系到文艺。他认为情感受'想象'的支配,'把对象的一部分隐藏不露,最能强烈地激发情感';对象蔽亏不明,久缺不全,久留下余地,'让想象有事可做',而'想象是为了满足那个观念所作的努力又能

---

① 胡秋原:《历史哲学概论》,上海书店出版社1989年版,第29页。
② 同上书,第62页。
③ 同上书,第83页。
④ 刘节:《历史论》,上海书店出版社1989年版,第178—179页。

增添情感的强度'。把休谟的大理论和我们的小题目拍合,对象'蔽亏'正是'笔不周',在想象里'完足'正是'意周'。"①他在《中国文学小史序论》《论复古》和《中国诗与中国画》《旁观者》等文章中指出,研究文学史必须把文学史实与文学批评区别开来,必须把史实与史家区别开来,必须辩证地看待文学传统的因革关系。在这里,他吸收了休谟关于"知性"不等于"趣味"的看法。休谟认为,"判断美丑和令人愉悦或厌恶的性质却不同于判断真伪对错"②,即价值判断不等于事实判断。钱锺书说,它们"一主事实而一重鉴赏也。相辅而行,各有本位"。又说:"史以传信,位置之重轻,风气之流布,皆信之事也,可以证验而得;非欣赏领会之比,微乎!茫乎!"③

钱锺书进一步指出:"一切历史上的事实,拆开了单独看,都是野蛮的。到了史家手里,把这件事实和旁的事实联系起来,于是这件事实,有头有尾,是因是果,便成了史家的事实了。"他认为,如果不持休谟的习惯联想说,就必信因果律具有必然性和普遍性,历史现象自然也不例外。不过,"历史现象之有因果为一事,历史现象中孰为因孰为果复是一事,前者可以退而信之,后者必得验而识之"。但是,历史现象难以检验,"吾侪可信历史现象之有因果,而不能断言其某为因某为果",所谓"妄谈因果,乖存疑之诫,是为多事……既言因果,而不求详尽完备,又过省事矣"④。在他不多的书评中,有关休谟的就有两篇。爱默进一步分析指出,钱锺书"在逻辑上承认因果关系而在事实上取消因果关系,它不是由历史观生发出来,而是由对历史偶然性的关注生发出来",是受了休谟的影响⑤。

---

① 钱锺书:《钱钟书作品集·中国诗与中国画》,甘肃人民出版社1997年版,第468页。
② David Hume, *Essays Moral, Political, Literary*, Indianapolis: Liberty Fund, 1987, p. 109.
③ 钱锺书:《钱钟书散文》,浙江文艺出版社1997年版,第491页。
④ 同上书,第504页。
⑤ 爱默:《钱锺书传稿》,百花文艺出版社1992年版,第105页。

二、罗伯逊史学的中国回响

早在1975年,台湾环球书社出版的蔡石山《西洋史学史》[1],就在第五章"启蒙时期史学"中的第四节"苏格兰史学家:休谟(Hume)与罗拔森(Robertson)"中,简单介绍了罗伯逊的生平、历史著作及其特点。

到20世纪80年代之后,大陆许多高校的西方史学史教材,如郭圣铭《西方史学史概要》[2]、宋瑞芝等《西方史学史纲》[3]、杨豫《西方史学史》[4]、张广智《西方史学史》[5]、于沛等《西方史学史》[6]中都涉及罗伯逊,介绍其生平、历史著作、理性主义特点和编纂学上的贡献等。史学概论教材,如葛懋春《历史科学概论》[7]、胡方恕等《历史学论纲》[8]、王正平《史学理论与方法》[9]、吴泽《史学概论》等[10],也多涉及罗伯逊。其他类型西方史学史著作中,断代著作如孙秉莹《欧洲近代史学史》[11]、普及性读物如张广智《克丽奥之路——历史长河中的西方史学》[12],亦是如此。还有孙宣学的《西方文化的异类:"紫红色十年"的30位名人肖像》[13],对于罗伯逊的介绍更为详细,并且从"历史"与"人性"结合的角度讨论了罗伯逊

---

[1] 蔡石山:《西洋史学史》,环球书社1975年版。
[2] 郭圣铭:《西方史学史概要》,上海人民出版社1983年版。
[3] 宋瑞芝等:《西方史学史纲》,河南大学出版社1989年版。
[4] 杨豫:《西方史学史》,江西人民出版社1993年版。
[5] 张广智主著:《西方史学史》,复旦大学出版社2000年出第一版,2004年出第二版,2010年出第三版,2018年出第四版,其中都有关于罗伯逊的内容。
[6] 于沛、郭小凌、徐浩:《西方史学史》,高等教育出版社2011年版。
[7] 葛懋春:《历史科学概论》,山东教育出版社1983年版。
[8] 胡方恕、林校生:《历史学论纲》,辽宁民族出版社1989年版。
[9] 王正平:《史学理论与方法》,杭州大学出版社1990年版。
[10] 吴泽:《史学概论》,安徽教育出版社1986年版。
[11] 孙秉莹:《欧洲近代史学史》,湖南人民出版社1984年版。
[12] 张广智:《克丽奥之路——历史长河中的西方史学》,复旦大学出版社1989年版。
[13] 孙宣学:《西方文化的异类:"紫红色十年"的30位名人肖像》,上海人民出版社2008年版。

在文化史方面的贡献。

进入21世纪后,国内对罗伯逊史学的研究有较大的突破。张广智主编的《西方史学通史》①第四卷《近代时期(上)》,突出了启蒙时期的英国史学,专门在第十五章中花整整一章篇幅论述苏格兰学派的史学贡献。其中,除介绍其生平、著作外,还详细分析了休谟对罗伯逊的指导、罗伯逊对伏尔泰的刻意模仿,讨论了罗伯逊的批判精神和在史料搜集上的执着,梳理了罗伯逊在其时代的学界反响。这一工作的学术意义在于,首次对罗伯逊史学进行长篇论述,特别是从苏格兰史学派的角度开展讨论。还需要特别提及的是,《西方史学通史》第四卷作者李勇,指导研究生以罗伯逊史学为题撰写学位论文。其生徐延延的《罗伯逊史学研究》②比之于导师的进步之处在于,他把罗伯逊的历史写作同当时英国特定的社会背景、学术渊源紧密结合起来加以考察。他指出,罗伯逊时代,英国经济繁荣、政治稳定、学术文化昌明,成为其成长的有利环境;其早期所受教育的熏陶、古典时期学者的浸淘、人文主义学者的影响,以及启蒙运动时期学者的濡染,成就了其史学。在概括罗伯逊史学理性主义特征的同时,徐延延指出,其历史写作具有明显的人文主义的风格,一些人文主义学者成了他写作的标杆;作为启蒙时期的学者,他最终还是归于时代的主流——理性主义;罗伯逊的历史写作还具有从地方史走向世界史的特点,从苏格兰到欧洲,再到美洲,进而走向世界,他是18世纪最具有世界主义观念的历史学家;他既坚信历史的进步,又笃信天命,进步和天命这两种看似矛盾的思想,在罗伯逊的史学中得到了很好的结合。特别是,在论述罗伯逊史学的影响时,徐延延提出哥廷根学派的世界史著作与罗伯逊的关联的问题,尽管有待于做深入、细致的探讨,然而这个

---

① 张广智主编:《西方史学通史》,复旦大学出版社2011年版。
② 徐延延:《罗伯逊史学研究》,淮北师范大学硕士论文,2011年。其关于以往学者的研究综述《罗伯逊史学研究综述》,发表在《山西社会科学论丛》2011年第2期。

问题的提出是非常有意义的。

另外一篇必须提到的论文是潘娜娜的《罗伯逊的欧洲文化观》[①]。该文认为,罗伯逊将"十字军东征"作为驱逐欧洲野蛮的第一道光;其政治文化观包括相信15世纪西欧国家之间的势力均衡体系对欧洲"文明"的发展至关重要;其对"他者"的想象,即对亚洲、非洲和美洲的观察和想象,暗含着欧洲优越的意识,体现了某种话语霸权的意味,罗伯逊以欧洲经验为基础建构的"文明"观念固然有理性的成分,但也存在不少偏见,成为后来欧洲"文明"的扩张的思想基础。该文关注罗伯逊史学的重大消极因素,也是有学术意义的。

其实,还有一些问题,例如,罗伯逊的苏格兰史写作与苏格兰人的英国身份认同、与英国史的辉格派解释,其基督教世界观与理想主义世界观的冲突与契合,美洲史写作与文艺复兴时期一批欧洲人的美洲史记述的关系,其美洲史、印度史写作对于西方殖民地史写作的意义,这些都是值得深入探讨的问题。可以相信,随着学术的发展和进步,苏格兰史学派将会得到足够的重视,罗伯逊的史学仍将成为学界关注的重要目标,对他的研究会走向细致和深入。

三、斯密史学的中国行迹

国内学界对斯密的关注可以追溯到20世纪初,从严复翻译斯密的著作《原富》(即《国富论》在中国的最初版本)开始,一直没有间断过。据不完全统计,自1903年至2009年间,至少就有500多篇研究亚当·斯密的论文。它们一开始也主要是对斯密本人及其著作的介绍,后主要集中于斯密的经济思想和伦理思想两个方面的研究。

在关于斯密史学意蕴的一些零星的研究中,如王莹、江枫在其著述

---

① 潘娜娜:《罗伯逊的欧洲文化观》,《中共青岛市委党校·青岛行政学院学报》2009年第12期,第23—26页。

的《经济学家的道德追问——亚当·斯密的伦理思想研究》中谈到斯密的历史观问题,作者认为,斯密的历史观在本质上是唯心主义的,但又不自觉地运用了唯物主义的研究方法,即具有两重性,并从"人类历史的发展""私有制与国家的产生""客观的经济规律"三方面对斯密所体现出的朴素唯物主义的思想进行了论证。赵天成在其《论英国经济学家亚当·斯密的唯物史观——兼论对历史唯物主义创立所做的贡献》中,也指出亚当·斯密的社会历史观在本质上是理性主义的唯心史观,但也包含了诸多唯物史观的因素,而正是这些唯物史观因素的萌芽,为马克思、恩格斯的唯物史观的创立提供了直接的理论来源。吴清的《〈国富论〉的经济史学解读》从经济史的角度探讨了斯密在《国富论》中运用的历史分析法和提出的历史阶段理论,并认为斯密与马克思在方法论上具有极大的相似之处。唐正东在其《斯密到马克思——经济哲学方法的历史性诠释》一书中谈到斯密经济哲学方法中的历史性维度问题。他认为斯密的经济学和哲学研究中都是有"历史"的,都不同程度地运用了历史性的研究范式,具有"古典历史主义"的特征,但这与马克思历史唯物主义还是有本质区别的。胡怀国在《对斯密研究方法的评价与新评价》中指出斯密的方法论特征之一是十分重视用现实生活中的经验和历史事例为理论本身提供佐证与修正,同时作者也看到斯密方法论中所运用的思维上的想象和理论上的抽象,认为可以用杜格尔德·斯图尔特的"理论的历史或推测的历史"来描述斯密的这一方法论特征。任保平在《论亚当·斯密〈国富论〉的方法论基础与特征》中也对斯密方法论中的两重性特征进行了论证,指出斯密在思维范式上存在历史性与社会性两种维度,尽管斯密在阐述其经济学原理时主要采取的是比较静态的原理性分析,但其中动态的历史性阐述也是不容忽视的。杨芳的《亚当·斯密论北美殖民地问题——兼论斯密的自由观》提到斯密对解决北美殖民地问题的政策主张,认为斯密借北美问题以达到抨击重商主义和倡导"自然自由"理念的目的。郭家宏的《论亚当·斯密的帝国思想》也探讨了斯密的殖民地理论,作者指出,斯密的帝国理论从内容上看,既有纵向的,即历史的,又有横向的,即现实的。他重点论述了斯密关于对现实殖民地进行贸易垄断的坏处的看法,以及改革英国对殖民地的统治政策,实行自由贸易的主张。陈其人在《殖民地的经济分析史和当代殖民主义》一书中提到,殖民地理论问题第一次在斯密那里得到系统的论述,其中特别谈到斯密对古希腊和罗马时期殖民地的看法。项松林在其博士论文《苏格兰启蒙思想家的市民社会理论研究》中对斯密及其他苏格兰学者的"四阶段论"进行了阐述,他看到在社会的演进问题上,包括斯密在内的苏格兰启蒙学者开启了经济学、社会学的视角,把生存方式、经济组织形式的变迁作为社会发展演变的主导线索。周保巍的《走向"文明"——苏格兰启蒙运动中的"历史叙事"与"民族认同"》简略提到斯密的"四阶段理论",作者认为在休谟、罗伯逊和斯密等人的著作中,都毫无例外地聚焦于追溯"人类由野蛮到文明的特定的、共通的阶段",而斯密更是以"四阶段理论"提供了这种"人类进步"最早的范本。

另外亦不能忽略的是,国内有学者就斯密的中国观及其影响进行过探讨。例如严绍璗在其《日本中国学史稿》[①]中曾谈到斯密的"中国发展停滞论",并把它放在启蒙时代欧洲中国观的框架下来考察。在作者看来,斯密的"中国发展停滞论"是欧洲中国研究中近代主义学派的代表性理论之一。它以确认中国农耕业的高度发展和人民的勤劳为前提,但又认为在18世纪,中国事实上开始落后于欧洲。斯密中国观的本质在于认为中国社会发展由于处在停滞状态之中,因此它是不会自行进入如同欧洲那样的资本主义状态的。这一观念对后来日本中国学中的"社会发展史学派"的影响十分深刻。忻剑飞在其《世界的中国观》一书中也论述了斯密的中国观。他认为斯密在《国富论》中关于中国和中国文化的论述,首先反映出的是一种自觉和自由的全球意识。斯密从人类几个世纪

---

① 严绍璗:《日本中国学史稿》,学苑出版社2009年版,第166—168页。

的现实生活中确证了世界公民的出现是一种历史的进步和历史必然,这就使其全球意识和世界文化的观念有了现实基础。在作者看来,斯密关于中国的论述是辩证的,他在认为中国社会已处于停滞状态的同时,并没有持一概否定的态度。斯密关于中国和中国文化的论述还体现出他对东西方文化传统差异的一些见解①。何兆武、柳卸林主编的《中国印象——世界名人论中国文化》中也为亚当·斯密留下一席之地。该书主要就斯密对中国社会经济领域一些问题的看法进行阐述,包括中国人的生活水平、中国的货币价值高于欧洲的原因、中国轻视对外贸易、中国制造业不发达的原因等②。类似的一些论文,如李靖华和丁文辉各自所写的同名论文《亚当·斯密论中国》、仲伟民的《亚当·斯密的〈国富论〉与中国》、莎日娜与额尔敦扎布的《〈国富论〉的中国观——纪念〈国富论〉出版230周年》等亦主要从政治经济学层面阐述了斯密对18世纪末中国社会经济发展状况的看法。

总的来说,学界对斯密的研究自18世纪《国富论》问世以来,大致经历了四个阶段③,掀起过两次斯密研究的高潮④,而且随着时间的推移,无论是国外学界还是国内学界对斯密的研究大都经历了一个相同的过程,即由浅入深,由专入广。对斯密持续不断的两个多世纪的关注与研

---

① 忻剑飞:《世界的中国观——近二千年来世界对中国的认识史纲》,学林出版社1997年版,第239页。

② 何兆武、柳卸林主编:《中国印象——世界名人论中国文化》下册,广西师范大学出版社2001年版,第12—20页。

③ 详见蒋自强、何樟勇:《简论"经济人"的约束机制——亚当·斯密研究的反思》,《安徽师大学报(哲学社会科学版)》1998年第2期,第219页。

④ 第一次是1976年纪念《国富论》出版200周年,西方学者召开了三次国际性讨论会,以现代经济学的眼光对斯密思想进行新的研究,出版了六卷本的《亚当·斯密的著作和通信集》、新的传记和体现西方学者最新研究成果的论文集;第二次是1990年分别在日本的名古屋和英国的爱丁堡召开的纪念亚当·斯密逝世200周年的国际讨论会,从社会思想史和社会经济学的角度来研究斯密。

究,不仅反映出斯密作为18世纪启蒙思想界的一位巨擘在世界上的深远影响力,同时也推动了学界在经济学、伦理学、社会学、政治学、历史学等多领域取得新的学术成果。

四、弗格森史学的中国回响

晚清民国以来,弗格森的学术思想长期受到中国学界的忽视,这与其辞世以后,其思想在西方学界受到冷遇是一致的。在近代中国,尽管弗格森的名字对于大多数中国人来说十分陌生,但实际上也有一些学者关注到这位思想家,甚至有一定的研究。早在1920年,李大钊就在《唯物史观在现代史学上的价值》一文中提及苏格兰的弗格森与德国的赫德尔一样,"可以说是近代人类学研究的先驱"[1]。对外国文学颇有研究的戈宝权在1933年注意到亚当·斯密的《国富论》的思想来源之一是弗格森[2]。与高一涵等学者对弗格森的思想未加探讨不同的是,在政治学领域有卓越建树的浦薛凤对弗格森的思想十分熟悉,且有较为深入之研究。他在1935年发表的《西洋政治思想之性质范围与演化》一文,就特别提出弗格森对战争的推崇,认为战争不可避免且推动人类的进化,而这也的确是弗格森思想中的一个鲜明特点。1939年,浦薛凤出版其代表作《西洋近代政治思潮》,此书对弗格森的政治思想做了较为详细的探讨。作者对弗格森的论著比较熟悉,列举了包括弗格森史著在内的几本代表作:《文明社会史论》(*An Essay on the History of Civil Society*)、《道德哲学》(*The Institutes of Moral Philosophy*)、《罗马共和国发展和衰亡史》(*The History of the Progress and Termination of the Roman Republic*)、《道德与政治学之原理》(*Principles of Moral and Political*

---

[1] 李大钊:《史学要论》,商务印书馆1999年版,第25页。
[2] 戈宝权:《亚当·斯密的先驱者之一——大卫·休谟之生平及其思想》,《法学院期刊》创刊号,1933年2月,第58—67页。

Science)。他对弗格森的论著在其去世前后所产生反响的巨大反差有形象的描述:弗格森"曾享当日不可多得之盛名,每有著述,读者争观,辄至四五版或六七版;不特风行国内,且皆译成法、德、俄诸国文字传诵异域:其思想之动人可以想见。……然其当世声名之广被,正与其身湮没无闻之迅速,恰成正比"。他对弗格森关于"自然"、无意后果、国家的起源、社会、政体、革命、社会国家之抗争与冲突等观点进行了阐释①。

不过,总的来说,晚清民国时期学界对弗格森的关注不够,涉及弗格森史学的研究更是凤毛麟角。

近些年来,随着对苏格兰启蒙运动研究的升温,加之弗格森的一些代表性论著被翻译成中文,不少学者认识到弗格森思想的深刻性和独特性,对其的研究亦取得了不少成果。虽然学者更多地仍在研究其政治、哲学和社会学等思想,而对其历史学家的身份多有忽视,但是,弗格森的史著和史学思想还是引起了一些学者的关注,有些探讨甚至颇为系统和深刻。

弗格森的一些代表作相继被翻译成中文,其中就包括弗格森最重要的史著之一《文明社会史论》。此书目前已有数种中文版本。翻译较早的是林本椿、王绍祥所译的《文明社会史论》,于1999年由辽宁教育出版社出版。十年以后,此书被收入浙江大学策划的"启蒙运动经典译丛",由浙江大学出版社出版②。此版本有汪丁丁所作的"中译本序",对《文明社会史论》做了较为深入的解读。他特别指出影响弗格森在《文明社会史论》中"叙事"的几大思想来源是大卫·休谟的认识论、亚当·斯密的自由竞争观念、孟德斯鸠的法哲学和柏拉图的政治哲学,他注意到弗格森"所有的叙事都包含了一种内在的紧张",这缘于他所采取的英国经验主义的认识论和柏拉图的古典政治哲学这两个基本的立场之间的

---

① 浦薛凤:《西洋近代政治思潮》,北京大学出版社2007年版,第236—241页。
② [英]亚当·弗格森:《文明社会史论》,林本椿、王绍祥译,浙江大学出版社2010年版。

冲突①。

另一个版本是由张雅楠等翻译、由中国政法大学出版社 2015 年出版的《文明社会史论》。实际上早在 2003 年，中国政法大学出版社就影印出版过英文版的《文明社会史论》。20 世纪末，剑桥大学出版社陆续出版了一套"剑桥政治思想史原著系列"丛书。中国政法大学于 2003 年将其影印出版，其中就包括弗格森的《文明社会史论》，当时标题译为"市民社会史"。该社的中文版《文明社会史论》所依据的底本正是这个版本。需要指出的是，中国政法大学出版社影印的《文明社会史论》，编辑者为对启蒙运动有深入研究的以色列海法大学历史学系教授萨兹伯格（Fania Oz-Salzberger）。在书的开篇，她作了一篇导读性质的文章，对弗格森的生平和《文明社会史论》中所体现的思想及其影响进行了介绍和阐释。其见识虽卓越，但不少论说其实颇可商榷。如她特别突出弗格森的高地背景，强调其对此后弗格森的思想产生了重要的影响②。这一认识似被国内不少学者当作不刊之论加以接受。实际上，对此问题，国外学者有激烈的争议。

一些学者开始撰写有关弗格森史学的论著，这是弗格森史学在中国产生的回响的又一个重要表现。台湾学者陈正国（Jeng-Guo S. Chen）在《上帝与进步：弗格森探讨文明社会的宗教维度》一文中对弗格森的历史进步论有较为深刻的认识。他对否认弗格森历史进步论的观点提出了批评。文中指出，一些学者因弗格森对古代社会的共和制度和公民美德大加赞赏，就认为弗格森是历史循环论者或对现代工商业社会持悲观态度，这实际上是"对弗格森历史观念的一种误读"。弗格森是历史进步论

---

① ［英］亚当•弗格森：《文明社会史论》，林本椿、王绍祥译，辽宁教育出版社 1999 年版，中译本序第 5—6、12 页。

② Fania Oz-Salzberger, "Introduction", in Adam Ferguson, *An Essay on the History of Civil Society*, Cambridge: Cambridge University Press, 1995, p.vii.

者,他把历史分成两层,即普遍的历史和国家的历史,"国家可能会遭受腐化,进而衰落,但历史会不断地进步下去"①。刘华的《文明的批判——亚当·弗格森及其〈文明社会史论〉》是国内较早对《文明社会史论》进行介绍的文章,但文中一些观点借用自萨兹伯格给英文版《文明社会史论》所作之序言,似并未予以说明。一些翻译,如将弗格森的 *The History of the Progress and Termination of the Roman Republic* 翻译成《论历史的进步和罗马共和国的终结》,显然不妥。黄冬敏的《理性主义史学研究——以十八世纪的法国为中心》是其博士论文,后由岳麓书社于2010年出版。此书有一大亮点,即对以往研究理性主义的史学者所忽视的一些重要面向,如弗格森的史学,多有论述。作者以《文明社会史论》为中心,探讨了弗格森关于地理环境与历史发展关系的认识、对美洲的关注、对中国的批评、历史研究中浓厚的道德色彩、对史料的怀疑批判、用整体联系的观点看待历史、用偶然性因素解释历史、注重对人性的描写、注意到同一术语在不同时期内涵的变化和用历史主义的态度研究历史等②。不过,文中对弗格森史学的探讨仅利用《文明社会史论》,对弗格森的其他论著,特别是《罗马共和国发展和衰亡史》未加参考,在史料利用方面恐是一大缺失。

总体来说,弗格森史学在中国的回响所处的一个尴尬境地是:长期以来,在西方史学史类的相关论著中,弗格森的史学几乎被忽略不提③。

---

① Jeng-Guo S. Chen, "Providence and Progress: The Religious Dimension in Ferguson's Discussion of Civil Society", in Eugene Heath and Vincenzo Merolle, eds., *Adam Ferguson: History, Progress and Human Nature*, London: Pickering & Chatto, 2008, pp. 183-184.

② 黄冬敏:《理性主义史学研究——以十八世纪的法国为中心》,岳麓书社2010年版。

③ 如郭圣铭:《西方史学史概要》,上海人民出版社1983年版;孙秉莹:《欧洲近代史学史》,湖南人民出版社1984年版;宋瑞芝等:《西方史学史纲》,河南大学出版社1989年版;杨豫:《西方史学史》,江西人民出版社1993年版;郭小凌:《西方史学史》,北京师范大学出版社1995年版;王晴佳:《西方的历史观念——从古希腊到现代》,华(转下页)

不过，随着西方史学研究的深入，一些学者开始关注到弗格森的史学。何平于2010年出版的《西方历史编纂学史》就涉及弗格森的史学。他认为，"弗格森用进步的眼光考察人类从原始社会到十八世纪的历史发展"，指出弗格森历史进步的观念。他还注意到"弗格森的一部关于罗马历史的著作以《罗马共和国的进步和终结史》为标题，表明进步的观念是如何影响到了他对罗马历史的考察"①。作者对弗格森的史学虽论述不多，但能在史学史著作中给予弗格森一席之地，则超出我们以往的西方史学史论著中，在谈及18世纪英国史学时，仅仅涉及休谟、罗伯逊、吉本三位史家的固定叙述模式，对此是值得肯定的。

此外，要特别提到的是张广智主编的六卷本《西方史学通史》，此书于2011年由复旦大学出版社出版，被学界称为开中国多卷本西方史学通史编纂之先河②。其第四卷为李勇所著的《近代时期（上）》，作者以"苏格兰学派"为题，对18世纪苏格兰启蒙运动时期几位史家如休谟、罗伯逊、弗格森进行了较为精彩的论述。其中，关于弗格森史学的探讨更是实现了一次明显的突破，即第一次在中文的西方史学史类著作中，对弗格森史学进行了较为全面而深入的探讨。在史料方面，除利用《文明社会史论》外，

（接上页）东师范大学出版社2002年版；张广智主著：《西方史学史（第三版）》，复旦大学出版社2010年版；王晴佳：《西方的历史观念——从古希腊到现代（修订版）》，北京师范大学出版社2013年版。值得注意的是，郭圣铭、杨豫等学者在谈到吉本《罗马帝国衰亡史》出版后的巨大反响时，常会引用弗格森给吉本贺信中对其的高度评价。在这段评价里提到弗格森时，都仅仅贯之以"哲学家"的名号，可以看出在很长一段时间里，弗格森被国内学者当作不那么重要的史家，甚至是未被当作史家来看待的。这也与弗格森的史学一度完全未出现在相关学者论说中的情形是一致的。

① 何平：《西方历史编纂学史》，商务印书馆2010年版，第117页。
② 张耕华：《垦荒者的足迹——六卷本〈西方史学通史〉读后》，《中国社会科学报》2013年3月21日第282期；陈香：《50年完成6卷本〈西方史学通史〉》，《中华读书报》2012年4月4日第1版；史立丽：《六卷本〈西方史学通史〉学术研讨会综述》，《史学史研究》2012年第3期，第122—126页。

还注意使用了《罗马共和国发展和衰亡史》①《弗格森的通信集》②,以及其他一些较少被国内学者引用的研究弗格森史学的重要外文文献等③。在内容方面,作者不是仅仅探讨弗格森史学的某个方面,而是从学术渊源、弗格森的史学思想和史学地位的再评价三个方面较为系统地考察了弗格森的史学。

---

① Adam Ferguson, *The History of the Progress and Termination of the Roman Republic*, Edinburgh: Bell & Bradfute, 1799.
② Vincenzo Merolle, ed., *The Correspondence of Adam Ferguson*, London: William Pickering, 1995.
③ Eugene Heath and Vincenzo Merolle, eds., *Adam Ferguson: History, Progress and Human Nature*, London: Pickering & Chatto, 2008. Murray G. H. Pittock, "Historiography", in Alexander Broadie, *The Scottish Enlightenment*, Cambridge: Cambridge University Press, 2003.

第七章

近代德国史学在中国：
清季民国以来的兰克史学

在西方史学史上，兰克史学始终是谈及19世纪西方史学时绕不开的话题，兰克也是最令人难忘的人物。这位史学大师一生笔耕不辍，留给后人浩如烟海的史学著作和影响至深的史学思想，其创立的兰克学派曾在19世纪独占鳌头，至今余韵犹存。虽然兰克所代表的传统史学在其逝世之后受到了前所未有的批评与冲击，但无论如何也无法忽视或抹杀他的巨大史学成就与他遗留下来的宝贵史学财富。德国著名历史学家弗里德里希·迈纳克曾满怀深情地称颂兰克是"一门特殊知识领域中的伟大导师。今天我们可以把他看作是一位屹立于人类伟大成就的行列之中的、登峰造极的人物"①。一个世纪以来，兰克史学无论在西方还是在世界其他地区都产生了巨大的影响，这种影响迄今未灭。兰克史学之于中国史学，亦是如此②。

---

① Friedrich Meinecke, *Historicism*: *The Rise of a New Historical Outlook*, London, Routledge and Kegan Paul, 1972, p. 496.
② 兰克史学东来中国及其影响的相关成果，可参看张广智教授的《傅斯年、陈寅恪与兰克史学》(该文作为会议论文提交给2004年4月复旦大学历史系、纽约州立大学城市学院、台湾大学东亚文明研究中心、喜玛拉雅研究发展基金会所承办的第九届"中国文明的二十一世纪新意义"系列学术研讨会，引起了与会学者的关注，后发表于《安徽史学》2004年第2期）；荷兰莱登大学汉学专家施耐德教授的《历史·国族·普遍性——陈寅恪、傅斯年与兰克史学》(此文是施耐德 2003年12月5日在台湾"中研院"历史语言研究所文化思想史研究室座谈会上的演说，此前曾以《调和历史与民族？——历史（转下页）

一、传播途径：兰克史学自西徂东

兰克的史学不仅影响了整个西方近现代史学，中国近现代史学也颇受其惠泽，特别是清季民初时期的中国史学①。其时，西学纷至沓来，迫使传统史学在向内求索解决困境之道的同时，不得不接受西学的影响，中国史学的近代化也由之而萌发。中国史学的近代化深受兰克史学的影响，而中国史学界接触、接纳兰克史学是通过多种渠道、历经数十年、花费几代人的心血才实现的。

兰克史学在中国的传播，从文献资料来看，与在华西侨刊布各种杂志有一些关系。1892 年，《北华捷报》上刊载了一封论及西班牙异端裁判所的读者来信，信中提到："兰克，这位杰出的新教史家，曾提及西班牙的宗教裁判所，'是以精神武器装备起来的权威裁判所'。"②除了提及兰克是一名新教史家外，并未传递其他关于兰克及兰克史学的信息。此后偶有西侨刊发论著提及兰克，如 1914 年《北华捷报》一篇论及大日耳曼主义的文章中说："历史学家兰克甚至说德国一切好的事物都是为了抵

(接上页)性、民族性以及普遍性的问题》为题在 2003 年 3 月的《东西方史学》上发表。即 "Reconciling History with the Nation? Historicity, National Particularity, and the Question of Universals", *Historiography East & West*, vol. 1, Mar. 1, 2003）。顺便说及，施耐德教授也参加了上述这一会议，并与张广智教授有过接触与交流。此外，还可参看李孝迁的《兰克史学在中国的早期传播》一文（载华东师范大学历史系、华东师范大学海外中国学研究中心主编：《"国际视野下的中国史学"国际学术研讨会学术交流论文集》，2005 年）、易兰的《兰克史学之东传及其中国回响》（《学术月刊》2005 年第 2 期）、李长林的《兰克史学在中国的早期流传》（《史学理论研究》2006 年第 1 期）、李孝迁的《中文世界的兰克形象》（《东南学术》2006 年第 3 期）和《兰克史学在晚清的传播》（《安徽史学》2009 年第 3 期）等。

① 兰克（Ranke），清末民国期间又译作朗克、软克、朗开、兰凯、伦科、兰楷、兰该、伦恺、兰喀、栾克、冷克、兰根、袁克、蓝克、容克、兰葛、赖克、蓝开、郎楷、兰盖、朗凯等。以上译名下文不再赘述。

② "Inconvenient Exhibitions: North China Daily News", *The North-China Herald and Supreme Court & Consular Gazette*, Feb. 26, 1892, p. 246.

御法国大革命影响而出现的。……甚至素来谨慎而温和的兰克也曾劝俾斯麦将瑞典吞并掉。"①1915年一篇论及种族血统的文章中提到"历史学家中就有不少混血儿,比如,好斗的特赖奇克和谨慎明智的兰克都有斯拉夫血统"②。这些文字透露出一些关于兰克的信息:兰克是德国新教史家;兰克政治上反对法国大革命,倾向于大日耳曼主义。这些内容对中国学人了解兰克及兰克史学有一定的价值。

1917年《北华捷报》上刊登了一篇论述好战民族的文章,此文有较大篇幅论及兰克:

> 在兰克写信前,欧库玛伯爵是否征询过这位德国最伟大的史学家的意见,对此我们无从所知;兰克的书信让我们对此一目了然了。兰克著史向来是远离伤春悲秋、埋首过去时代历史之中,他对于近代德国的评述再也没有比这句话更精彩的了,"所有的一切都化成尘埃:宗教被彻底推翻,很快无人能完成洗礼仪式,也没有人的婚礼能隆重举行。神圣的誓言也不再为人所看重(我们不再相信誓言)。除了产业和金钱之外,别无其他……在我们的新机制中,所有邪恶都孽生出来了,对此一切我们无力改变"。
>
> 欧库玛公爵引用兰克的这一观点,并不是兰克对旧时代不抱幻想,而是这位曾是德意志帝国缔造者的启发者、精力充沛的历史学家的著作,曾是俾斯麦主义"三本最重要书籍"中的一本,其余两本分别为圣经和莎士比亚的著作。
>
> ……兰克曾在其著作中写道:"普鲁士真正的使命,就是建立并成为一个军事君主国。这一使命绝不屈从于任何历史责任。"……

---

① "Pan-Germanism: The 'Academic Garrison' of Germany Chauvinism of the Chair", *The North-China Herald and Supreme Court & Consular Gazette*, Oct. 7, 1914, p. 6.

② "Racial Purity and National Success", *The North-China Herald and Supreme Court & Consular Gazette*, Dec. 4, 1915, p. 685.

……从这种观点来看,兰克以及其他德国历史学家他们希望德意志成为合符道义、开明的国家,同时又是强大的国家这一预想,事实上破产了……①

即便此文有不少文字论及兰克,但其中论及兰克史学的内容并不多,从这些文字中可以得知,虽然史学家兰克的史著大多与现实关系不大,但兰克史学并非远离现实政治;除此之外,并无一言涉及兰克的治史方法与原则。此外,1941年《中国评论周刊》上刊载了一篇评述克罗齐《历史:作为自由的故事》的文章,文中提到"兰克经常提及'为了叙述正确',从中可以看出兰克过于重视过去的历史事实;于是兰克的史著就成了一种这样的历史——'回避历史问题或是只是展示历史问题中的表象'"②。虽然文中论及兰克史学的治史原则,但仅有只言片语。总体而言,这些文字内容对于理解整个兰克史学而言,过于隐晦,也过于简单。加上民国之后西方史学传播更多的是通过通晓外语或留学海外的中国学人完成的,故而这类西侨文章所起的作用并不大。换言之,兰克史学在中国的早期传播问题,与西侨传播西史关系不大。实际上,中国学人早期主要是通过借道东邻日本、辗转彼岸美国、径直从欧洲大陆这三种方式来接触兰克及兰克史学的,而兰克史学也主要通过这三种途径传入中国。

1. 借路东瀛:日本史学与兰克史学

1887年东京帝国大学成立史学科,以高薪聘请兰克高足、毕业于柏林大学的里斯为客座教授。里斯自1887年至1902年前后共16年担任东京帝国大学教职,对日本史学发展影响深远。1889年,受里斯的影响,东京帝国大学史学科与国史科共同创设史学会后,就接受里斯建议

---

① "Eastern Criticism: Count Okuma on Foe & Friend", *The North-China Herald and Supreme Court & Consular Gazette*, Oct. 20, 1917, p. 177.

② "Idealist Historian", *The China Weekly Review*, Oct. 4, 1941, p.148.

创办史学学术期刊《史学会杂志》（1902年改名为《史学杂志》），提倡在史料批判的基础上进行科学的研究①，给日本史学界带来了欧洲最新的历史研究方法②。深受中国乾嘉考据学风影响的日本传统史学以此为契机被注入了新的生机。在里斯的主持下，以东京帝国大学国史科和史料编纂所为中心，形成了日本实证主义史学的基本阵容。由于明治政府的大力扶植，实证主义史学很快压倒其他史学流派，成为近代日本史学的主流和正统③。东京帝国大学国史科成为日本实证主义史学的摇篮，涌现出重野安绎（1827—1910）、久米邦武（1839—1931）、白鸟库吉（1865—1942）等一大批优秀的实证主义史学家，形成了"以编辑史料的事业为中心，以考证的精密和精凿为生命"的传统④；而以兰克史学为代表的科学实证主义风靡一时。

受此影响，此时的日本史学界引介、翻印刊行了不少兰克的著作。1903年，日本早稻田大学出版社以《罗马法王史》为名出版了坂本健一所翻译的兰克著作《教皇史》⑤；1918年，村川坚固翻译了兰克的《论近代历史时期》（*Über die Epochen der neueren Geschichte*），以《世界史论进讲

---

① 里斯对日本史学的影响，参见[日]今井登志喜：《西洋史学の本邦史学に奥へたる影響》(历史学研究会编：《本邦史学史論叢》下卷，富山房1939年版)、[日]门胁祯二《官学アカデミズムの成立》(历史学研究会、日本史研究会编：《日本史学史》，载《日本历史講座》第8卷，东京大学出版会1960年版)等。

② 东京帝国大学编：《東京帝国大学五十年史》上册，东京帝国大学1934年版，第1296—1301页。

③ John S. Brownlee, "Why Prewar Japanese Historians Did Not Tell the Truth", *Historian*, Vol. 62, Issue. 2, 2000, p. 349. 值得注意的是，20世纪60年代之后，兰克的科学历史信仰以及客观历史方法，在西方早已失去往日的光辉，但在日本，特别是在东京帝国大学，兰克史学的地位依旧是相当高的。

④ [日]远山茂树、佐藤进一：《日本史研究入门》，吕永清译，生活·读书·新知三联书店1959年版，第37页。

⑤ レオポルド・フォン・ランケ：《羅馬法王史》，坂本健一译，早稻田大学出版部1903年版。

录》为名作为东京兴亡史论刊行会的《兴亡史论》的第 1 期第 1 卷出版①；1923 年，阿部秀助翻译的兰克之《欧洲近世史》在东京作为"泰西名著历史丛书"第 5 卷刊行②，等等。从内容上来看，此一时期日本所翻译的兰克史学著作，基本上都是表现兰克政治意图的一些著作。可以这样说，日本学界在接受兰克的史学方法的同时，也将其所宣扬的政治军事史学以及政治观念一并接纳了过来③。

虽然当时日本史学家堀米庸三也看到了兰克史学中的国家主义思想，但是是时日本史学界主流思想是里斯介绍进来的，侧重于强调兰克史学"如实直书"的德国史学④，这实际上造成对兰克体系中的历史哲学的某种忽视。于是，兰克史学传到日本就变成了一味强调客观公正的史学了。《史学会杂志》创刊号上刊登了重野安绎的《研究历史的人必须具有大公无私的精神》。在此文中，重野安绎主张历史只要记录实际情况，自然就可以成为社会生活当中的劝善惩恶、维持名教的工具，"这就是所说的公平之见与公平之笔"⑤。而箕作元八、坪井九马三等当时日本史学界的最高权威都秉承兰克史学中的客观主义传统⑥。换言之，兰克史学在日本被理解接受时，被日本学人浓缩成了"如实直书"，而且这种浓

---

① レオポルド・フォン・ランケ:《世界史論進講錄》，村川坚固译，东京：兴亡史论刊行会 1918 年版。即兰克的《论近代历史时期》等。
② レオポルド・フオン・ランケ:《欧洲近世史》，阿部秀助译，东京：国民图书 1923 年版。即兰克的《政治对话》《列强》。
③ 关于这一点，严绍璗明确指出，兰克学派"对国家权力和政治权力的崇拜，也影响到日本近代思想的发展，对国家主义有推波助澜的作用"(参见严绍璗:《日本中国学史》，江西人民出版社 1991 年版，第 243 页)。
④ ルードヴィッヒ・リース(Ludwig Riess):《世界史の使命》，坂口昂、安藤俊雄合译，岩波书店 1922 年版，第 1 页。
⑤ [日]远山茂树、佐藤进一:《日本史研究入门》，吕永清译，第 37、12、14 页。
⑥ 其中箕作元八所著的《西洋史纲》以兰克画像为扉页，试图表明他是以兰克史学为榜样并倡导兰克史学方法的。参见[日]坂本太郎:《日本的修史和史学》，沈仁（转下页）

缩删减后的兰克史学成为日本学人心中最具权威的西方史学典范。

在日本大举引入兰克史学改造本国史学的同时,这种域外的史学也经由日本、借由日文著作或日文译作而转入中国,这其中起关键作用的是通晓日文、能够阅读日文史著的中国学子。清季民初,中国学子从日本转贩西学是中西交流中出现的新变化。当时"青年学子,相率求学海外,而日本以接境故,赴者尤众。壬寅癸卯间,译述之业特盛,定期出版之杂志不下数十种。日本每一新书出,译者动数家。新思想之输入,如火如荼矣"①。于是中国吸纳西学从翻译西书这一主要途径,变为依赖从日本转口输入②。在这一过程中,通晓日文的中国学人通过日本这一中介了解西史,并把日本转译的西史翻成中文、传递给其他中国读者,推动了西史在中国的传播;而中国接受兰克史学最初是通过日本转译、借由日文书籍中译而实现的。

1900年,徐有成、胡景伊、唐人杰等翻译的日本史学大家箕作元八、峰岸米造的《欧罗巴通史》中译本出版。书中第四部第十四章"最近之进步"中提到了德国兰克史学:

> 自第十八世纪之末叶,至第十九世纪百余年间,社会进步,实可惊愕,其原在学术之进,如各科纯正科学,续出发明新说,其利用于世甚广也。……史学家如尼布(丹人)之《罗马史》,别开生面。次德人兰克(生一千七百九十五年,为乾隆六十年,卒一千八百八十六年,为光绪十二年)以炯炯史眼,与深刻研究,利用书籍,达观世界历史之趋势。③

(接上页)安译,北京大学出版社1991年版,第176页。关于日本近代史学的详情,可参看沈仁安、宋成有的《近代日本的史学和史观》(中国日本史研究会编:《日本史论文集》,生活·读书·新知三联书店1982年版,第423—429页)。

① 梁启超:《清代学术概论》,载《饮冰室合集》第34册,中华书局1989年版,第71页。

② 熊月之:《西学东渐与晚清社会》,上海人民出版社1994年版,第13页。

③ [日]箕作元八、峰岸米造:《欧罗巴通史四部》,徐有成、胡景伊、唐人杰译,东亚译书会1900年版,第157页。

文中对兰克做了简要的介绍,突出兰克在"炯炯史眼""深刻研究"基础之上,利用档案文献,从而实现对世界历史趋势的把握。内容虽简单,但却为近代中国关于兰克史学的最早的中文记载①。

此时的中国学人还翻译、编译了不少日文西洋历史教科书②,这些汉译日本西洋历史教科书中有不少提及兰克及兰克史学。如1901年樊炳清翻译的小川银次郎的《西洋史要》出版,书中戊篇"今日之趋势"第四章"近世之文明"中说,"史学则英之马科连 Macaulay,德之脱来其克 Troitchke、郎楷 Ranke 皆以山斗见称"③。1902年杭州史学斋发行的《新译西洋历史》中说德国"史学尤隆盛,伦恺、蒙逊、士俾尔、德黎底开,皆其选也"④。敬业学社翻译的长谷川成也的《欧洲历史揽要》中则说:"史学家如尼布之《罗马史》,德人兰克之实际研究世界历史。而德之西比尔,英之富利孟,皆著名欧洲者也。"⑤作新社编译的《万国历史》第三

---

① 李孝迁撰文指出,清季评介兰克史学最为翔实的文字为《百年来西洋学术之回顾》,得出当时"很多中国人知道兰克这个人,但对兰克的认识十分肤浅"的结论(参见李孝迁:《兰克史学在中国的早期传播》,载华东师范大学历史系、华东师范大学海外中国学研究中心主编:《"国际视野下的中国史学"国际学术研讨会学术交流论文集》,2005年,第136页)。但中国史学界通过日本史家间接了解兰克史学在时间上似还可向上追溯,对兰克史学在清季中国学界影响的深度与广度问题,似还不能将《回顾》一文视作上限,而认为当时中国史学界对兰克及兰克史学的认识是"十分肤浅"的。1907年,文学家鲁迅在《坟·科学史教篇》中提到德国历史学家"兰喀"(鲁迅:《坟·科学史教篇》,人民文学出版社1980年版,第20页)。从这看来,当时中国学界对兰克史学的了解并不是只停留在名词解释阶段,兰克史学方法的精髓很可能已为中国史学界所知,只是当时学人对中国传统史学难以割舍,在心理上习惯把兰克史学视作一种"洋考据"而已。
② 毕苑:《汉译日本教科书与中国近代新教育的建立(1890—1915)》,《南京大学学报(哲学·人文科学·社会科学版)》2008年第3期,第102页。
③ [日]小川银次郎:《西洋史要》,樊炳清译,金粟斋译书社1901年版,第53页。
④ [日]木寺柳次郎编:《新译西洋历史》,李国磐、胡叙畴等译,杭州史学斋1902年版。转引自李孝迁:《兰克史学在晚清的传播》,《安徽史学》2009年第3期,第24页。
⑤ [日]长谷川成也:《欧洲历史揽要》,敬业学社译,敬业学社1902年版。转引自李孝迁:《兰克史学在晚清的传播》,《安徽史学》2009年第3期,第24页。

卷"近世史"第九章"今代之文明"叙述"十九世纪之文学及哲学"时提及德国史学:"日耳曼史家最众,如索洛赛尔(Schlosser)、黑伦(Heeren)、路莫尔(Raumer)、伦科(Ranke)等,皆有名于时,而伦科尤著。其余潜讨各专门之历史者,皆以研究各国各时代为宗,如当科尔(Duncker)、威波尔(Weber)、妈母参(Mommsen)是也。而伦格(Lunge)之唯物论史,亦有名者也。"①1903年吴家煦等人翻译雨谷羔太郎、坂田厚允的《世界史要》,书中提到,"历史家有兰克一变史学之风潮……压倒专行于十八世纪之史法"②。1905年湖北法政编辑社编译野村浩一的《西洋史》出版,书中对19世纪德国史学做了简要的介绍:"德国史学界,输入科学的研究法,崭然一新面目者,先有牛尔布之《罗马史》,继有兰楷之《世界史》,均推杰作。二人学问赅博,且历史之眼光极大,故能自杼机轴,雄视古今,诚史界之泰斗也。"③

这些中译日本历史教科书"有自创自纂者","有就西国书重加删定酌改者"④,大多是转贩西史而来。当时"西学甚繁,凡学西学不切要者,东人已删节而酌改之"⑤,这种从历史教科书中转口而来的西史经过日本学者的删改,其所保留的西史知识大多内容浅显。表现在兰克史学东传上,则是早期中译日本历史教科书中涉及兰克的文字内容,大多只是简单介绍史学家兰克的地位及其著作。

即便是"转译西国书者",也是如此。如1902年中国留日学子依据日文底本翻译的英国史家默尔化《西洋历史教科书》一书出版。书中第

---

① 作新社:《万国历史》,作新社译书局1902年版,第222页。
② [日]雨谷羔太郎、坂田厚允:《世界史要》,吴家煦、吴传绺译补,上海开明书店1903年版,第190页。
③ [日]野村浩一:《西洋史》,湖北法政编辑社编译,湖北法政编辑社1905年版。转引自李孝迁:《兰克史学在晚清的传播》,《安徽史学》2009年第3期,第24页。
④ 张静庐辑注:《中国近代出版史料二编》,中华书局1957年版,第30页。
⑤ 张之洞:《劝学篇·外篇·游学》,载舒新城编:《中国近代教育史资料》下册,人民教育出版社1961年版,第975页。

六编"最近史"第十三章"十九世纪之学者及技术家"论及 19 世纪的学术：

> 学理之进步，前既述之，然其所以进步者，由学者辈出，能尽切磋琢磨之功业。凡诸学者，及技术家等，固不遑枚举，今分类而各举三人如左：……历史家，兰盖，德人，生一七九五年没一八六八年；弗里孟，英人，生一八二三年；退恩，法人，生一八二八年。①

文中罗列诸史家名录，简单地将兰克视为德国 19 世纪史学的代表人物。其后，1903 年特社从日译译补的德国史家布列的《世界通史》也是如此。此书在叙述 19 世纪欧洲史学时提到了德国史学：

> 德国之《日耳曼史》，一八一九年，成于斯泰因 Treiherrn V. Stein 之手。他若牛布尔 Niebuhr 著《罗马史》，秀落尔 Schlosser 著《十八世纪史》，德尔曼 Dahlmann 著《丹麦史》，皆史家之表表者。又有兰该 Ranke 一八八六年殁，开客观主义之一派，其文足雄视古今。②

除了指明兰克为客观主义史学的开山祖之外，其他大多对兰克及其著作仅仅只是将其列入名录而已。

总体上而言，这些从日本转口而来的兰克史学鲜有论及其具体史学方法与史学思想的。这种情况到 1905 年前后则出现了细微的变化。是年，梁焕均依据多种日文著述编译的《西洋历史》出版，书中"十九世纪之文化思潮"一章中提到，"牛布尔著《罗马史》，与他历史家议论不同，能自立新派，一新史学界之面目。兰该以根本历史材料创科学历史"③，论及

---

① ［英］默尔化：《西洋历史教科书》（卷二），出洋学生编译所译述，商务印书馆 1902 年版，第 69、70 页。
② ［德］布列：《世界通史》，特社译补，上海通社 1903 年版。转引自李孝迁：《兰克史学在晚清的传播》，《安徽史学》2009 年第 3 期，第 24 页。
③ 梁焕均编译：《西洋历史》，日本东京九段印刷所 1905 年版，第 237 页。

兰克创立科学历史研究方法，注重史料考证等史学特点。其后，湖北兴学社译的本多浅治郎的《西洋历史参考书》出版，书中第十三章"现十九世纪之学者及技术家"中说兰克是"近世历史家之泰斗也，其著作甚多，不遑枚举，然其最有名者，如《罗马法王史》(History of Popes)、《万国史》等是也。兰氏又倡史学研究法之新设，及撰择材料不可不慎"①，不但提及兰克的代表作《教皇史》《世界史》，还着重论述兰克在史学方法上的贡献以及对史料谨慎考证的治史原则。1907年郑篯依据小野塚喜平次著作编译的《政治学》一书出版，书中提到："德国最近历史家兰克曰：历史学与政治学，皆学也，又皆术也。二者之差，惟历史则关于过去者，政治则关于现在及将来者也。"②作者从政治学的角度来看待兰克及兰克史学，简要叙述了兰克关于政治、史学关系的观点。又如，1909年出版的本多浅治郎的《西洋史》中译本第十四章"第十九世纪进步之概况"中说兰克"搜索史事，主史学分科研究，造历史科学之新时期"③，等等。

相比以往，这类中译历史、政治类教科书所涉及的兰克史学知识，在内容上已有进步，除了简要介绍兰克的史学地位及其严谨的史料考证方法外，还对兰克史学的政治性略有叙及。此时最值得一提的是濑川秀雄的《西洋通史》中译本对兰克史学的传播。1906年富山房出版濑川秀雄的《西洋通史》④，其中第四编"第十九世纪之文明"论及德国史学，文中不但叙及兰克生平学术生涯，而且对其科学考证、客观公正的史学研

---

① ［日］本多浅治郎：《西洋历史参考书》，湖北兴文社编译，群益书社1906年版，第406页。
② ［日］小野塚喜平次：《政治学》，郑篯编译，商务印书馆1907年版，第10页。
③ ［日］本多浅治郎：《西洋史》，百城书社编译，商务印书馆1909年版，第825页。
④ 此版本为日本富山房出版的中文版本。参见满铁资料编辑出版委员会编：《中国馆藏满铁资料联合目录 第6卷 语言·文字·历史(1)》，东方出版中心2007年版，第303页。

究方法做了详细介绍①。其后不久商务印书馆出版章起渭编译的该书中译本②,书中第四编"最近世史"第十章"十九世纪文艺科学概略"第三节"史学"中论述19世纪史学的发展,重点介绍了19世纪德国的史学。文中强调"十九世纪史学,渐以科学法研究,别开生面",德国史学尤为突出。19世纪的德国史学人才辈出,如尼布尔"探索断简残编,评其材料虚实,务求得中正之史实","以科学研究法输入史界";其后秀洛赛、达尔曼、卢敦、倭格特、斯廷塞尔、劳曼"前后崛起,开拓史界"。尤其是兰克在史学上的贡献举世瞩目:

> 及兰楷(凯)出,尤为世界史山斗。兰凯(一千七百九十五年生,一八百八十六年卒),幼入乡校,受教育,后入利比瑟大学,习古典学、神学。年二十二,充法兰克福某校教授,任古典学、史学两科,精通古代史、中世史,寻著罗马德意志民族史(自一千四百九十四年至一千五百十六年),推为柏林大学教授。厥后五十年,教育不倦,且入柏林图书馆,搜求残编,得宗教改革时代古文,著书名曰《十六七世纪之土耳其及西班牙帝国》,订正沿传之讹。后又得普国资给,旅行维也纳、意大利,搜求古籍,以科学法研究史学,兰氏实建其基。归国后,充政府机关杂志主笔,以直言无忌,为人所嫉,乃专心史学,著《德意志宗教改革时代纪事》、《罗马教王纪》行世。旋任普国修史官,著《普国史》,风靡一世。一千八百六十五年,列

---

① [日]濑川秀雄:《西洋通史》,东京富山房1906年版。据此版本的日文原本《世界通史》可知,书中论及兰克史学部分为第四部"近世史"第五编"第十九世纪之文明"第三章"史学界"第一节"独逸之史学界"(《西洋通史》(中册),东京富山房1910年版,第371—375页)。

② 此书主要以濑川秀雄在日本陆军大学讲义为蓝本增删而成(参见张晓编著:《近代汉译西学书目提要:明末至1919》,北京大学出版社2012年版,第378页)。对比日文版本,此书论及兰克史学时基本上保持原貌,个别句子略有删减(参见濑川秀雄:《西洋通史》(中册),第371—375页)。

为贵族,其《世界史》,八十一岁方属稿,内论世界发展以至变迁。盖积六十年之研究而后笔之于书,故史实丰富,而记述有统系也。要之兰凯之作史也,凡于文书记录,当解释之先,务祛偏见,本其博洽之学识,以试其科学的批判,必得有稳健之决案,而后下笔焉。故其书,议论中正确实,文章平易晓畅,生气跃然,令阅者赞叹不已也。氏又为散文大家,而其人格之伟,尤足矜式一时。①

文中详细介绍了兰克的治史方法与撰史原则。在兰克史学在中国早期传播过程中,这应是叙及兰克史学方法最完备的记载。

以上列举众多日本西洋历史教科书中译本叙及兰克史学的文字,大体上能够说明早期中西史学交流中兰克史学经日本转口而传入这一途径的情况。实际上兰克史学经日本传入中国,除了这些直接明白的史料证明之外,还有一些日本史家的著述以更隐晦的方式传递着兰克史学,并对中国史学界产生了深远影响。这其中就不能不提到坪井九马三及其《史学研究法》对兰克史学方法流播到中国的意义。

曾在德国留学的坪井九马三归国后担任东京帝国大学史学科教授,讲授德国"纯正史学"。1903年,坪井九马三将其授课讲义整理成书,以《史学研究法》为名出版。这本书被誉为"日本史学上第一部属于近代史学范畴的理论著作"②,从内容和结构上来看,大体上是以兰克传人伯伦汉的《史学方法论》为底本摹写的。事实上,坪井九马三在《史学研究法》序言中也坦然承认,他所宣讲的史学研究法实质上就是当时活跃于欧洲史坛的德、英、法诸国史家的史学方法(即兰克的史学方法)③。可以这样说,坪井九马三的《史学研究法》可以看作其对留学德国所获史学理论

---

① [日]濑川秀雄:《西洋通史》(下),章起渭编译,商务印书馆1910年版,第177、178页。
② 严绍璗:《日本中国学史》,江西人民出版社1991年版,第243页。
③ [日]坪井师说,张玉涛译述:《史学研究法》,《学报》第6号,1907年7月10日,第25页。

知识的总结,更是日本学人对兰克史学思想(特别是"如实直书"理论)的一种理论回顾与总结。这样一部蕴含兰克史学思想的著作也吸引了留日中国学者的注意。1902年留日的汪荣宝根据坪井九马三《史学研究法》等编写《史学概论》①,发表于1902年12月的《译书汇编》上②。1903年,《史学研究法·史论篇》中的"史学之根本条件"被译刊在《汉声》第6、7、8期上。1907年,张玉涛将坪井九马三《史学研究法》中的"序论""历史之种类"翻译成中文,发表在《学报》上③。

除了坪井九马三之外,以浮田和民对中国史学的影响最大,其《史学原论》一书在中国流传甚广④。对浮田和民史学思想的引入可以追溯到梁启超。戊戌变法失败后,梁启超流亡日本,其间不但涉猎了大量日译西文书,对西方社会哲学、历史学说有了进一步的了解,而且对日本当时正处于鼎盛时期的兰克日本传人的史学著作也有所涉足。1901年和1902年,他先后发表了《中国史叙论》和《新史学》两篇论文。从内容

---

① 关于这一点,于沛曾撰文指出,"汪荣宝根据坪井九马三《史学研究法》和久米邦武、浮田和民等人论著编译有《史学概论》,在《译书汇编》第九期发表;1903年,浮田和民所著《史学原论》有李浩生等六种译本在杭州、上海等地出版"(参见《外国史学理论的引入和回响》,《历史研究》1996年第3期,第145—161页)。另还可参见俞旦初:《20世纪初年中国的新史学思潮初考》,《史学史研究》1982年第3期,第56—57页。

② 汪荣宝以"衮父"为名在第9、10期的《译书汇编》(1902年12月10日、12月27日)上发表《史学概论》。

③ [日]坪井师说,张玉涛译述:《史学研究法》,《学报》第6号、第7号,1907年7月10日、8月9日。

④ 浮田和民的《史学原论》20世纪初在中国有六个译本:(1)1902年留日学生侯士绾译浮田和民所著《史学原论》,于1903年出版,上海文明书局代印,名为《新史学》;(2)李浩生译为《史学通论》,1903年上海作新社印刷,杭州合众译书局发行;(3)罗大维译为《史学通论》,1903年上海作新社印,进化译社发行;(4)刘崇杰译为《史学原论》,1903年闽学会发行;(5)杨毓麟译为《史学原论》,1903年湖南编译社发行;(6)东新译社同人编译《史学原论》,1902年11月《游学译书》第1期译书预告(参见俞旦初:《20世纪初年中国的新史学思潮初考》,《史学史研究》1982年第3期,第56—69页)。

结构上来看,他的《新史学》与日本浮田和民的《史学原论》在结构和内容上均有相似之处。有论者认为《新史学》《中国地理大势论》《地理与文明之关系》有大段抄自日本学者浮田和民的《史学原论》之嫌疑①。实际上,换个角度来看,这也说明了梁启超深受浮田和民之影响。另者,李大钊在日本留学时曾听过浮田和民的"近代政治史(史学)"课程,回国后曾在北京大学讲授史学,其讲授的内容屡有浮田和民《史学原论》的影子②。可以这样认为,与其说中国学人深受浮田和民《史学原论》一书的影响,不如说中国学人通过浮田氏之书,深受其中间贩售的兰克史学方法影响。

如果说上述日本史家及其著作所转贩的兰克史学对中国学人的影响还属曲折不明晰的话,兰克在日本的传人白鸟库吉等人对留日中国学人的影响就比较清晰了。1887年白鸟库吉进入东京帝国大学新设的史学科,受教于重野安绎、久米邦武、星野恒,并成为里斯的学生。在里斯的指导下,白鸟库吉比较系统地接受了兰克式的史学教育③。据其孙子白鸟芳郎回忆:"祖父晚年在病床上经常把里斯的讲座笔记置于枕边,十分的贵重。这对祖父来说大概是回忆起了许多深沉的东西。"④白鸟库吉回忆求学历程时曾坦然承认,在东京帝国大学跟随里斯长达三年的西洋史课程学习中,里斯的科学、理性的方法论对自己影响很深⑤。里斯

---

① 尚小明:《论浮田和民〈史学通论〉与梁启超新史学思想的关系》,《史学月刊》2003年第5期,第5—12页。另还可参见蒋俊:《梁启超早期史学思想与浮田和民的〈史学通论〉》,《文史哲》1993年第5期,第28—32页。
② 杨树升:《李大钊留学日本和留日对他的影响》,载梁柱等:《李大钊研究论文集:纪念李大钊诞辰一百周年》,北京大学出版社1989年版,第129页。
③ 里斯(Ludwig Riss)教授的第一届毕业生中有白鸟库吉博士,后来成为东京学派的领袖(刘岳兵:《日本近代儒学研究》,商务印书馆2003年版,第196页)。
④ 严绍璗:《日本中国学史》,江西人民出版社1991年版,第325—326页。
⑤ [日]白鸟库吉:《学习院に於ける史学科の沿革》,载《白鸟库吉全集》第10卷,岩波书店1971年版,第379页。

传入日本的兰克史学偏重考证这一特点为白鸟库吉所吸纳①。1901年白鸟库吉到德国柏林大学研究汉学,后来又到匈牙利布达佩斯研究乌拉尔-阿尔泰语系诸民族的语言和历史;其妻兄大村仁太郎又是当时日本最有名的德国语言文化专家。这些对白鸟库吉接受当时盛行的、有着兰克史学方法影子的语言阐释学也有一定的影响②。

此外,兰克史学思想传入中国,深受德国史学熏陶的那珂通世、桑原骘藏等日本史学大家所起的作用也不能忽视③。桑原骘藏为白鸟库吉的弟子,其著作考证严密,有乃师之风④,其《东洋史要》一直被视为"一种新式中国史的范本"⑤。而那珂通世的《支那通史》是与"幕末以来输入的西洋风史学相接触",融合"重视客观的""西洋风史学中"而形成的结果⑥。早在1898年,罗振玉、汪康年等人与日本学者合作创立的东文学社就先后影印出版了《支那通史》《东洋史要》,十万余卷书经正记书庄、格致书室、广学会、杭州问经堂、汉口东璧山房、宁波汲绠斋、福州益记、镇江文英书局、江西求新馆、天津格致书室、广东澄天阁圣教书楼、香港文裕堂、太原同文正记书局及各埠书坊等发售⑦。自此以后,桑原骘

---

① 王古鲁:《白鸟库吉及其著作》,《金陵学报》第6卷第2期,1936年,第183页。
② [日]松村润:《白鳥庫吉》,载《東洋學の系譜》,大修馆书店1992年版,第41页。
③ 关于桑原骘藏、那珂通世等史家受德国史学的熏陶,可参见周一良的《日本学者研究中国史论著选译·序言》[《日本学者研究中国史论著选译》(第一卷),中华书局1992年版]、刘俊文的《日本的中国史研究·东洋史学的创立与发展》(《文史知识》1992年第2期)、《日本的中国史研究·中国史研究的学派与论争》(《文史知识》1992年第3期、第4期、第8期)、[日]江上波夫的《東洋學の系譜》(大修馆书店1992年版)等。
④ [日]砺波护:《桑原骘藏》,载[日]江上波夫:《東洋學の系譜》,大修馆书店1992年版,第134页。
⑤ [德]鲁道夫·瓦格纳:《为新国家引入"新史学":中国1899年》,朱潇潇译,载中外现代化进程研究中心编:《中国现代学科的形成》,上海古籍出版社2007年版,第256页。
⑥ 汪馥泉:《中国学术研究底成绩》,《语丝》1930年第5卷第41期,第2页。[日]田中正美:《那珂通世》,载[日]江上波夫:《東洋學の系譜》,大修馆书店1992年版,第2—4页。
⑦ 《新译〈支那通史〉〈东洋史要〉》,《申报》1900年2月28日。

藏的《东洋史要》、那珂通世的《支那通史》在中国学界流传甚广且产生了深远的影响。是时,《东洋史要》与《支那通史》几乎成为新式学堂的必读书目。如,1899年上海格致书院史学春季以及秋季课题之一都是"读《支那通史》书后"①,而求志书院1902年史学冬季课题之一也是"《支那通史》书后"②。这些新式学堂以两书为题展开探讨,说明了学人对两书的关注,也体现了两书在中国学界的影响。同年,张之洞等人在《筹定学堂规模次第兴办折》中提到"时人编译现有印本之桑原骘藏《东洋史要》、《西洋史要》"等,虽然此言出于"教科书宜慎"的考虑,建议慎重看待其入选教科书一事③,但也说明当时汉译本《东洋史要》《西洋史要》等史书影响之大。此外,梁启超曾在《新民丛报》所开"东籍月旦"专栏中评价日本学者采用章节体编纂的历史教科书,不少篇幅论及那珂通世的《支那通史》以及桑原骘藏的《东洋史要》④。不仅如此,1902年9月柳诒徵根据那珂通世《支那通史》编辑而成在中国史学史上颇具影响力的《历代史略》六卷⑤。可以说,两书的广为流传不但使当时学人从中接触到了日本史家的治史功夫,而且也触发了学人的研究热情。这都是当时中国学人深受日本史家影响的表现。当时在日本史学界,兰克的实证考据方法地位根深蒂固,影响深远,众多日本史家都尊崇其倡导的治史理念,史家

---

① 《格致书院己亥春季课题》,《申报》1899年7月2日;《格致书院己亥秋季课题》,《申报》1899年12月26日。
② 《求志书院冬季课题》,《申报》1902年2月3日。
③ 《三继湖广总督张宫保湖北巡抚端抚军会奏鄂省筹设大学堂折》,《申报》1903年2月16日。
④ 梁启超:《余录·东籍月旦》,《新民丛报》第11号,1902年7月5日,第118页。
⑤ 区志坚:《历史教科书与民族国家形象的营造:柳诒徵〈历代史略〉去取那珂通世〈支那通史〉的内容》,载《庆祝卞孝萱先生八十华诞:文史论集》,凤凰出版社2003年版,第71—89页。

们的著述大多都遵循兰克史学方法①。因而与其说中国学人受那珂通世、桑原骘藏等史家及其史学理论的影响，不如说是兰克的治史理念通过这些日本史学大家流播到了中国。

值得一提的是，日据时代台湾地区的史学虽然有着浓厚的殖民地史学色彩，但实际上也深受兰克及兰克史学的影响②。日本强占台湾之后，为了配合殖民地统治的需要，一方面日本政府将东京帝国大学的模式移植到殖民地，在台湾设立台北帝国大学，并设史学科，配合其"南进"政策③。台北帝国大学授课教师藤田丰八、桑田六郎、青山公亮、岛信次、市村瓒次郎、中村喜代三、小叶田淳、村上直次郎、岩生成一、箭内健次等人大多为东京帝国大学史学科毕业，就读期间都接受过坪井九马三以及兰克弟子里斯的指导，深受里斯等人所带来的兰克史学范式的影响，"承继德国传统之实证史学之风"④。虽然该校培养的中国学子屈指可数，但第二次世界大战后台北帝国大学改为台湾大学，其学科教学研究的范式成为台湾地区史学发展的来源之一⑤。另一方面，为加强对殖民地的文化控制，日本政府派遣东京帝国大学伊能嘉矩、矢内原忠雄等

---

① ［日］今井登志喜：《西洋史学の本邦史学に舆へたる影響》，载历史研究会编：《本邦史学史論叢》（下卷），东京富山房1939年版。
② 叶碧苓：《台北帝国大学与京城帝国大学史学科之比较（1926—1945）》，《台湾史研究》第16卷第3期，2009年9月，第109页。
③ ［日］白永瑞：《想像のなかの差異、構造のなかの同一：京城帝国大学と臺北帝国大学の比較からみる植民地近代性》，赵庆喜译，《现代思想》第30卷第2号，2002年2月，第8—17页。
④ 叶碧苓：《台北帝国大学与京城帝国大学史学科之比较（1926—1945）》，《台湾史研究》第16卷第3期，2009年9月，第109页。
⑤ Lung-Chih Chang, "From Different Shores: A Preliminary Exploration of Historical Writings on Taiwan in the Early Twentieth Century",《台湾文学研究集刊》第9期，2011年2月，第1—19页。有学者认为，"日本五十年（1895—1945）殖民后期建立的短暂学术传统，当她战败退出台湾时，也随之断绝"，"第二次世界大战后台湾地区史学发展与日据时期殖民地史学模式并无关联（杜正胜：《新史学之路——兼论台湾五十年来的史学发展》，《新史学》第13卷第3期，2002年9月，第23页）。

学者对台湾展开实地调查,汇集并翻译相关中西文献①,"开启了日本殖民地学术研究的先声"②。此外,1897年东京帝国大学史学科德籍教授、兰克弟子里斯撰写了《台湾岛史》一书,这成为学院派史家书写台湾岛史的重要标志③。日本政府这一系列举措为其殖民政策在台湾的推广扫清了一些文化障碍,也使得兰克及兰克史学传统在台湾地区学界产生了影响。1940年尚为台北高等学校高等科学生的苏瑞麟④,就曾"征引汉文古籍、英文文献"及日文文献写成《关于台湾史》⑤。苏氏表示,在熟知日本史、东洋史、西洋史的基础上,摒除讹误,要把"真正的台湾史"写出来⑥。文中提到,关于台湾原住民方面的研究,虽然"很多学者正从各个方面研究着,不过阅读里斯博士著、吉冈藏吉翻译的《台湾岛史》的话是很好的参考"⑦。苏氏认为,里斯利用荷兰档案写作的《台湾岛史》具有较高学术价值,言辞之间对里斯的治史方式颇为欣赏。实际上,苏氏认可的是里斯的老师兰克的治史模式。在《关于台湾史》一文中,苏氏对能充分运用原始文献史料诸如《隋书》《元史》《台湾府志》等的治史方

---

① 伊能嘉矩著有《台湾史谈》(1909年)、《台湾文化志》(1928年)等,矢内原忠雄著有《帝国主义下的台湾》(1929年)等。参见[日]凤气至纯平:《日治时期在台日人的台湾历史像》,成功大学台湾文学系2014年博士学位论文,第19—41、66—75页。

② 张隆志:《当代台湾史学史论纲》,《台湾史研究》第16卷第4期,2009年12月,第164页。

③ 而后此书被毕业于日本京都大学文学院的台湾省立师范学院英语系及台湾大学外文系教授周学普翻译成中文。参见[德]Riess:《台湾岛史》,周学普译,载台湾银行经济研究室编:"台湾研究丛刊"第34种《台湾经济史三集》,台湾银行1956年版,第1—36页。

④ 徐胜凯、[日]冈部三智雄:《日治时代台北高等学校台籍学生的台湾史认知译介苏瑞麟〈臺灣史に就て〉》,《师大台湾史学报》第1期,2007年12月,第150页。

⑤ 苏氏1940年4月进入台北帝国大学文政学部政学科,1942年9月取得法学学士学位。

⑥ 苏瑞麟:《臺灣史に就て》,《台高》第15号,台北高等学校新闻部发行,1940年2月,第17页。

⑦ 此处"吉冈藏吉"应为"吉国藤吉"讹误,参见[德]Riess:《台湾岛史》,吉国藤吉译,东京富山房1898年版。

法颇为认同,称赞能对史料进行考证的伊能嘉矩的《台湾文化志》是"精细的例证"①。这些反映了这一时期台湾学者及其史学受到了兰克科学考据学风的影响。虽然这些都是此时台湾史学附属于日本殖民地研究学术范畴的表现,但这也体现了兰克及兰克史学模式对当时台湾地区学术的影响。

大体而言,晚清民国年间中西在交流渠道上出现了变化,西学、西史经由日本转口输入中国。在中西文化交流上,诚如时贤所言:"吾华人崇尚各种西艺,近今更甚于前:有先学习其语言文字以为阶梯者;有专赖译成华文之书籍以资考索者。或谓日本效仿西法已尽得其奥窍,如先学东文,以为学西艺者先路之导,则不啻事半而工倍也。"②这一说法也适用于中西史学交流方面。对此,王国维就曾指出:"数年以来,形上之学渐入于中国,而又有一日本焉,为之中间之驿骑。"③这种影响在西史的传入方面尤为明显,兰克史学思想最初也是经由日本传入中国的。当时兰克史学是日本史坛的正统史学,活跃在日本史学界的史家都在不同程度上倡导着兰克史学、秉承着兰克史学思想;因而留日学子或通晓日文的士子在阅读这些日本史家著作、吸纳日本史家的思想时,实际上间接将其中所包含的兰克史学也一并接纳了。这些从日本传入的史学思想对尔后中国史学的近代化产生了深远的影响,有学者指出,"现代中国历史学的发源地其实是东京"④。

---

① 苏瑞麟:《臺灣史に就て》,《台高》第 15 号,台北高等学校新闻部发行,1940 年 2 月,第 18 页。
② 《格致书院己亥夏季课题》,《申报》1899 年 11 月 2 日。
③ 王国维:《论新学语之输入》,载《王国维文集》(第三卷),中国文史出版社 1998 年版,第 41 页。
④ 杜维明:《历史女神的新文化动向与亚洲传统的再发现》,《九州月刊》1992 年第 5 卷第 2 期,第 16 页。

2. 转道美国：新史学与兰克史学

美国历史学界自班克罗夫特以来就相当注重引进德国史学，尤其是兰克史学。1884年亚当斯(Adams)更是创建美国史学会，引入德国史学思想，按照德国方式来规范美国史学界。但是应该看到，兰克在美国只是部分地被人理解了，兰克在本质上被当作实证主义路线的思想鼻祖。于是，美国新史学被看作对兰克"如实直书"的一种反叛[1]，而新史学重史料考证的倾向早在19世纪德国史学笼罩美国史学之前就已经存在，新史学是美国史学本土化的产物[2]。事实上，"兰克的名字在世纪之交被美国历史学家们看作是其精神的偶像"[3]，处于这种历史条件下的新史学根本无法洗脱兰克史学的痕迹。是故可以这样说，新史学基本上遵循了19世纪科学史学家们所坚持的那些客观理念[4]，在某些方面，新史学无疑是兰克史学的继承者，这尤其体现在对美国史学界影响深远的鲁滨逊《新史学》一书中。而早在1924年，商务印书馆就出版了何炳松翻译的该书中文版。

虽然鲁滨逊在其《新史学》中主要是宣扬新史学的思想，但书中对兰克史学也有多层次的绍述。一方面，鲁滨逊在批判传统史学专注政治军事史时，突出以兰克为代表的史家史学的政治性，指出"Ranke以为史学的目的，是要明晰我们对于国家由来和性质的观念，因为国家是人类发达的继续的根据"[5]。另一方面鲁滨逊又强调兰克治史谨慎考证、客观公正撰述等特点，指出兰克史学是19世纪科学精神的结果之一。虽然

---

[1] Georg G. Iggers, "The Image of Ranke in American and German Historical Thought", *History & Theory*, Vol. 2, No. 1, 1962, p. 18.

[2] 李勇：《鲁滨逊新史学派研究》，安徽人民出版社2004年版，第23页。

[3] Peter Novick, *That Noble Dream*, Cambridge University Press, 1988, p. 26.

[4] John Higham, Leonard Krieger, Felix Gilbert, *History*, Englewood, Prentice-Hall, Inc, 1965, p. 351.

[5] [美]J.H.鲁滨逊：《新史学》，何炳松译，商务印书馆1924年版，第8页。

达尔文等科学研究在"历史家 Ranke 同 Bancroft 眼光里看起来,于他们的事业是极没有关系的",兰克等人只关心"历史的事实"①,但"科学精神的第二个结果,就是 Ranke 的豪语说要去'据实记载'——wie es eigentlich gewesen",兰克的这一"'据实记载'的决心,将历史家的地位比从前提高了许多,而他的影响也是很大"②。兰克史学客观公正的求真精神使得历史学家地位提升,而且以兰克史学为代表的传统史学在政治上的诉求与"据实记载"的原则是结合在一起的,这种结合使得兰克史学、德国史学声名鹊起。在鲁滨逊看来,"从一八二六年以来,德国人从事于搜集中古德国史的材料,这就是世界有名的《德国史料集成》这部书,为将来世界各国的模范。从此德国人就为世界上历史界的领袖。Ranke、Dahlmann、Giesebrecht、Waitz、Droysen 这班人开始专门研究德国史,都是充满一种爱国的热忱,和前世纪的大同主义绝不相同。从此以后,欧洲各国的历史,慢慢的都变为民族的;历史资料的搜集同出版,亦异常的激动起来"③。

鲁滨逊在《新史学》中对兰克史学的解读与绍述,一则表明其深知兰克史学的思想,二则也间接地传递了兰克史学思想。实际上,新史学从不否认兰克严谨考证的正确性。安德鲁斯就任美国历史学会主席时的就职演说则进一步强化了兰克史学"如实直书"的价值与意义:

> 其后怀疑整理之智慧偕十九世纪以俱来;于是遂恍然于史学一科苟欲跻于学术之林,非于试验方法有长久之陶铸不可。其间少数有志之士用自脱教条学说之羁轭,然为史学之本身而研究史学,或果识其有讨究之价值者则为数甚仅,如蓝开即此中之巨擘也。此期良史家于史料,常竭力为系统之研究,参验考订,至为谨慎,叙述史

---

① [美]J. H. 鲁滨逊:《新史学》,第83页。
② 同上书,第48页。
③ 同上书,第43页。

迹,亦能不难世论,一避感情,而为近代学派树其基础。①

整个近代史学的基础即是兰克史学,新史学也离不开兰克史学这一基础。属于鲁滨逊新史学派的约翰生·亨利就曾在其《历史教学法》中感慨:"曾经宣言政治史研究的仅仅是兰克(Ranke)所说的那个'然'——'这是怎样遇到的?'(wie es eigentlich gewesen ist)。至于文明史所问的是'所以然'——'这是怎样出来的?'(wie es eigentlich geworden)。一种的方法是叙述的,另一种的方法是发达的。"②兰克史学解决的是历史的"然",新史学解决的是历史的"所以然";而兰克史学的研究考证确保了研究历史之"然",奠定了新史学进一步研究历史之"所以然"的基础。换言之,兰克史学的考证方法、客观公正的撰史原则是新史学研究目标实现的前提与必要条件。从这个意义上而言,新史学思想中包含了兰克史学的部分内容,新史学思想的传播也就意味着其中所包含的兰克史学内容亦随之扩散开来。

除了鲁滨逊《新史学》一书之外,绍特韦尔的《西洋史学史》中也叙及兰克史学。绍特韦尔在书中将兰克塑造成超越修昔底德的致力于求真的典范,且看1929年何炳松、郭斌佳中译本中的表述:

> 修昔的底斯又喜假为要人之演说辞,以表出当日政治与外交之情形,此又显然古人之方法也。此种方法实最违背今日之历史原理。假设今有兰克(Ranke)作史,为近世政治家假造(或且加以粉饰)演说辞而列入其中,吾人将作何种感想乎?苟无原文,决不可为历史人物造作演说辞。是以古代修昔的底斯所苦心经营者,适为今人所切忌者也。③

---

① [美]Charles McLean Andrews:《近四十年来美国之史学》,向达译,《史学与地学》1926年第1期,第8页。

② [美]约翰生·亨利:《历史教学法》,何炳松译,商务印书馆1926年版,第193页。

③ [美]绍特韦尔:《西洋史学史》,何炳松、郭斌佳译,商务印书馆1929年版,第207页。

在绍特韦尔看来,号称客观公正的修昔底德因代撰演说辞而违背了科学客观的历史原理,而兰克俨然是"今日之历史原理"的象征。虽然绍特韦尔认为兰克史学体现了"形上学遂起代神学为解释历史之工具矣"这一变化①,将康德以来德国哲学家的理念论融入历史研究,但"兰克之意不过欲活描过去,就其所能得之材料,察当时之政治情形,竭力求其完美而已。……兰克讲具体,有定形,求详细之纪载,力持所用之材料之主观,以保持其自己之客观"②。绍特韦尔认为,黑格尔等人的历史哲学"以空虚无根之论,为历史解释之根据","其要归实仅发挥兰克所倡之观念(idea)而已"③;而兰克自始至终所强调的是"如实直书",其主张根据"时代精神"了解一国一时代,也不过是为了进一步强调历史学家的本分即"如实直书":

> 兰克以为欲解明一国一时代,必须根据该时代之时代精神(Zeitgeist)进窥之。然所谓时代之精神,断不止该时代瞬息之环境,乃一种决定事物之因表而以心理之创造力为其外形者也。兰克对此项历史哲学配景,仅予以接受而不加发展,不事归纳而专重演绎。彼所标之时代精神,所以备史家之描写,而不期其加以思索也。

---

① [美]绍特韦尔:《西洋史学史》,第 380 页。
② 同上书,第 382 页。
③ 同上。绍特韦尔这部分文字是为中国学子编写的西洋史著述参考文献。如蒋径三的《历史之知识论的研究》:"在黑智尔以前,斐希脱、谢林等的思想中,虽亦有同样的议论,但将此与重要的历史事实结合而说的,却以黑智尔为第一人。……黑智尔想这样一贯地说明世界史,故其结果对于事实的说明不免有些牵强。其后朗开(Ranke)一派的学者为免除此种弊端起见,侧重历史的事实,从此而历史哲学始渐获得科学的基础。"(蒋径三:《历史之知识论的研究》,《国立中山大学语言历史学研究所周刊》1930 年第 11 卷第 122 期,第 1、2 页)又如,李则纲的《史学通论》:"黑格尔(Hegel,1770—1831)以人的自由的精神来解释历史。兰克(Ranke,1795—1886)以'时代精神'来解释历史。莫不想在历史的世界里,造出一个定律来。"(李则纲:《史学通论》,商务印书馆 1935 年版,第 67 页)

其实历史须保存事物在当时当地发生之真相,须恢复过去之陈迹,如移植有机生物然,不仅保存其机体,且应保存其活泼之生命。然则欲明历史之大势,舍研究古人之心理又将奚由?苟历史而能恢复旧日之事象,非吾人今日心目中所见之事象,乃当日目睹其事者所见之事象,则吾人对之始可称为明了。此实为史家之分内事也。若记述往事,参以己见,是则徒乱事实之真相而已。为史家者,应只求旧事本身重现于今日,一听旧事解释其自身,则吾人自能见其真相;虽不能尽见其各方面,要就吾人能力所及,已可告无罪于世人矣。要知过去之最重要之物,即为时代精神。此乃一种秩序与创造之动力,应竭力注意者也。然则吾人苟能以历史之真相解释历史之本身,又何必劳心焦思,旁求他法耶?①

绍特韦尔在书中反复强调兰克史学的核心为如实直书、客观公正撰史,而这一观点大体上也是美国史学界的普遍认知。当时美国史学界颇具声望的巴恩斯虽然批评兰克史学方法仅停留在"如实直书"层面,只关注档案文献等史料考证等弊病,但巴恩斯对兰克的求真科学方法也极为推崇②,认为1824年兰克在其处女作《拉丁与条顿民族史》书后所附《近代历史学家的批判》一文,使得西方历史学进入一个新阶段,"以科学方法使用史料之程序及要点,始成有系统之学,而自一八三三年研究所教

---

① [美]绍特韦尔:《西洋史学史》,第381页。
② 巴恩斯的著作在当时中国颇有影响,不少中国学人转引巴恩斯的论著。如陈泽云在《十九世纪欧洲的民族主义派史学》中提到:"当时民族主义的史家,全都从他们的著述里,追述本民族的光荣,并称赞已往民族上英雄伟人的事业,这些事实,在现代美国史家班兹(Harry Elmer Barnes)所编 The History and Prospects of the Social Sciences 一书的第一篇中,有扼要的叙述:在德国如卯勒(The Maurers)和惠支(Waitz)主张条顿民族为欧洲中世纪时代经济社会政治制度的基础,基则布勒喜(Giesebrecht)鼓吹神圣罗马帝国已往的光荣,兰克(Ranke)和弗雷塔(Freytag)极端称颂路德及其党徒对于人类自由和德国强盛的供献。"(陈泽云:《十九世纪欧洲的民族主义派史学》,《历史教育》1937年第2期,第25页)

学法成立而后,有条理之史学训练,始树其久远之基"①。巴恩斯甚至将兰克等人"历史中偏重政治与崇拜政治"视为背离其如实直书主张的一种表现,大有"将历史之撰述与搜求"中客观公正的原则视为科学史学首要前提之意②。可以说,兰克史学追求如实直书、强调撰史客观公正,这是当时美国史学家的共识。实际上,当时美国史学界虽然力倡新史学,但兰克史学中的可贵成分从未被抛弃,兰克史学在美国史学界一直岿然矗立。从给兰克冠以"科学史学之父"头衔、聘兰克为美国历史协会名誉会员,到鲁滨逊、亨利、巴恩斯、绍特韦尔等当时活跃于美国史坛的大家对兰克史学的绍述与认可,都表明美国史学界对兰克史学客观主义治史原则的认同与推崇,以及兰克与兰克史学在美国史学界的巨大影响力。甚至可以说,表面看起来反传统史学的美国新史学中也包含兰克史学的一部分内容,兰克的史学原则在新史学中也有所体现。这种包含在美国史学中的兰克史学的核心内容也影响到了赴美学习西史的中国学人。

晚清末年中国学子逐渐认识到"欧美者,文明之导师也;日本者,文明之后进也。……今日欲求实学,必以留学欧美为期,留学日本,不过为留学欧美之阶梯而已"③,海外求学的首选地也逐渐变为美国。诸如何炳松、胡适、郭斌佳等学人留学美国之时,正值鲁滨逊新史学在美国史学界大行其道④,在美学习西史的中国学子大多受新史学的熏陶。

当时美国新史学的影响巨大,甚至专门刊载在华西侨商业信息的报刊上也刊发了关于美国新史学的文章:

---

① [美]巴恩斯:《史学》,向达译,商务印书馆1930年版,第54页。
② [美]班兹:《新史学与社会科学》,董之学译,商务印书馆1933年版,第3页。
③ 《与同志书》,《游学译编》1903年第7期,第82页。
④ 黄进兴:《历史相对论的回顾与检讨:从比尔德(Beard)和贝克(Becker)谈起》,载《历史主义与历史理论》,陕西师范大学出版社2002年版,第117—125页。

巴塞特教授从治史目的、方法等方面,将本国旧史家的,与深受德国史学家兰克影响并于1884年成了美国历史学会的史学新学派进行比较。

巴塞特教授认为旧史学派缺乏史料批判精神,并且忽视历史中那些看起来不怎么显眼的组成部分,他们忽视那些与日常生活有关、平凡至极的事实,认为这些小事无法使其叙述故事变得尊贵,反而会使其变得肤浅。而新史学派则以"科学精神"为根基,所有的一切都服从于求真。但巴塞特教授认为新史学派的史料方法使得历史著作枯燥乏味。他认为好的历史著作应当同时也是好的文学著作。①

文中将旧史学与新史学进行了对比,指出美国新史学深受德国兰克史学的影响。这虽然不是最早指明美国新史学与德国兰克史学关系的文章,但应该是国内刊发的论著中最早提及美国新史学与兰克史学关系的文章。

深受美国新史学影响的中国学子在接受新史学的同时也将其中蕴含的兰克史学思想一并接纳了。归国之后,这些中国学子在传播新史学的同时,也将其所触及的兰克史学传播开来。这其中产生影响最大的当属何炳松。1916年曾在威斯康星大学学习历史学和政治学的何炳松留美归国后,在北京大学、北京高等师范学院开设名为"新史学"的西洋史学等课程,并以鲁滨逊英文版《新史学》作为主要授课内容,将美国新史学思想传入国内。而后因何炳松课程教学的需要,1920年北京大学出版部翻印鲁滨逊《新史学》英文版作为教材;1921年初何炳松即着手开始翻译《新史学》,7月译毕交由朱希祖、张慰慈、胡适校阅②;1923年北京

---

① "Bassett Finds Most Histories Bore Readers",*The China Press*,Nov. 2,1926,p. 7.
② 何炳松:《新史学导言》,《史地丛刊》1922年第2卷第1期,第10页。即[美]J. H.鲁滨逊:《新史学》,何炳松译,商务印书馆1924年版,译者导言第13页。以下不赘。

大学出版部铅印译本作为内部讲义使用;1924年译本作为"北京大学丛书"第十本由商务印书馆出版。1929年何炳松翻译的美国新史学派史家约翰生·亨利的《历史教学法》出版,同年何炳松、郭斌佳合译绍特韦尔的《西洋史学史》出版。这些译作本身就表明留美的何炳松深受新史学的影响,而新史学中所包含的兰克史学思想内容也被何炳松一并接受了。

何炳松在评述新史学要点时曾说:"历史要变为科学的,必先变为历史的才可。"① 和兰克一样,何炳松把历史学的科学性、独立性视为第一要务。在如何确保史学的客观性问题上,何炳松曾在《怎样研究史地》一文中说,研究历史"是不宜有主观的见解,或者颠倒是非,或者淆乱黑白,或者以偏概全。以这种见解去研究历史和地理,等于戴了一副有色的眼镜,去观察眼前的一切东西。我们所见的颜色只配我们自己去赏识,所得的结论亦只是一种有色彩的结论,把它拿来宣传个人的主张,是可以的,但若是当作一种科学上的贡献就大有问题"②。他认为,"我们的态度要能够绝对的客观",要以科学的态度来研究历史。这样一来,就"要绝对排除自己的成见,无论是非黑白,都还它一个本来的面目"。他进一步指出,"凡属不用客观态度所求得的真相,都不是历史学上合乎科学的真相",因为史学研究的目的就在于求真,"凡是故意作伪的,或是只见到一部分的结论,都是不合科学精神的结论,我们都应该排斥"③。从这些来看,何炳松对历史研究的理解,与兰克所倡导的"如实直书"并无二致。

在此基础上,何炳松在《历史研究法》中进一步提出"历史以史料为根基"④。他认为,"历史研究以史料为权舆,以事实为终点"。何炳松对史料考证尤为注重,但他也认识到史料并不等同于历史事实本身。他曾

---

① [美]J. H.鲁滨逊:《新史学》,何炳松译,商务印书馆1924年版,译者导言第6页。
② 何炳松:《怎样研究史地》,载《何炳松文集》(第2卷),商务印书馆1997年版,第316页。
③ 同上书,第316、317页。
④ 何炳松:《历史研究法》,商务印书馆1947年版,第15页。

经说过,从事历史研究的"学者每以为史料所载,即系事实。此大误也。史料所涵,非事实也,盖事实之纪载也。事实为实有之真情,而纪载则为撰人所得事实印象之纪录。信笔描述,不尽近真"。在他看来,史家必须对所搜罗的史料进行细致而精确的考证,这是起码的史学要求。严格的考证也是历史学的基础,"历史著作之得以不朽,端赖详尽之搜罗,与考证之估价"。不仅如此,"故研究历史,必加考证工夫,而后著作方有价值之可言,史学方有进步之希望"①,没有严格的史料考证就没有历史著作可言,也就没有历史学了。何炳松的这些史学思想大体上是从美国新史学中而来的。深究其来源,他这种对史料考证的强调虽然是源自鲁滨逊的新史学,但实际上,是兰克的客观主义原则在美国换了一个时髦的装束转道到了中国。

  美国新史学对胡适的影响也不小。胡适早年留学美国,虽然他主要是受美国实用主义哲学的影响,服膺进化论,但是他对史学一直是饶有兴趣的。在哥伦比亚大学时,胡适虽然没有选修鲁滨逊的课,但他拜读了鲁滨逊的讲授大纲。归国之后,胡适把新史学中承继兰克史学的那些思想与进化论所带来的"历史的态度"和"存疑主义"相结合,大谈证据说,提倡"'有几分证据,说几分话'。有五分证据,只可说五分的话,有十分证据,才可说十分的话"②。这些主张在当时中国学术界掀起轩然大波,对顾颉刚、傅斯年的史学思想产生了巨大的影响③。尤其是他所倡导的尊重事实、尊重证据的这种"科学方法"对傅斯年影响不小。初次接触到胡适的新思维,傅斯年就认识到这一学术理路的有效性。在胡适的影响下,傅斯年对科学尤感兴趣,曾经在《新潮》杂志上刊登不少纯粹科

---

① 何炳松:《历史研究法》,第15—16页。
② 胡适:《〈文史〉的引子》,载季羡林主编:《胡适全集》(第13卷),安徽教育出版社2003年版,第586页。
③ 杜正胜:《从疑古到重建——傅斯年的史学革命及其与胡适、顾颉刚的关系》,《中国文化》1995年第2期,第224—237页。

学主义的文章。

无论是经由日本还是经由美国所传入中国的兰克史学,在辗转之间,兰克史学思想都被打上了特定的烙印,其本来面目逐渐变得模糊不清。在这种情况下,通过间接的途径而接受的兰克史学实际上变成了一种空泛的理念。中国史学界真切感受到兰克史学的魅力要待到大批留学生远赴欧洲求学才真正开始。

3. 径自欧洲:兰克门徒与中国学人

欧洲是兰克史学的摇篮,也是兰克史学发扬光大的沃土。20世纪之初的欧洲史坛,兰克所代表的传统史学虽然备受责难,但新史学以及兰克史学的其他反叛者之力量尚不够强大,兰克仍是正统史学的象征。阿克顿参与主编的《剑桥近代史》依然在倡导:"我们的滑铁卢必须使法国人、英国人、德国人和荷兰人同样都能满意。如果不查阅作者名单,便没有人能看得出牛津的主教在什么地方停下了笔,以后是费边恩还是加斯奎特,是李伯曼还是哈里逊接着写下去的。"[1]欧洲主体的史学观念依旧是把对可靠资料的批判考证、不偏不倚的理解、客观的叙述等因素的结合看作再现全部历史真相的唯一途径。当时欧洲有两本史学方法的巨著盛行一时:一为德国史家伯伦汉(Ernst Bernheim)在1889发表的《历史方法论与历史哲学》(*Lehrbuch der historichen Methode und der Geschichtsphilosophie*,又译作《史学方法论》);二为法国史家朗格诺瓦(Charles V. Langlois)与瑟诺博司[2](Charles Seignobos)1897年合著的《史学原论》(*Introduction aux études historiques*)[3]。从这两本书

---

[1] 转引自[英]E. H. 卡尔:《历史是什么?》,吴存柱译,商务印书馆1981年版,第4页。

[2] 朗格诺瓦,又译作朗格瓦、朗波德、朗格、蓝古罗、来纲义、朗古亚等;瑟诺博斯,又译作辛诺波、色诺波、塞足诺博斯、塞诺诺博斯、瑟诺波、塞奴巴、塞纽诺波、薛格牢、塞尼卜、赛鸟保斯、塞诺坡等。下文不赘。

[3] 杜维运:《西方史学输入中国考》,载《与西方史学家论中国史学》,东大图书公司1981年版,第299页(原刊于《台大历史学报》第2卷第3期,1976年5月,第409—440页)。

论述"史料考证方法"所费的巨大篇幅来看,两书在绍述兰克史学方面比较着力。就这两本书对兰克史学思想的阐释而言,兰克的史料考证方法和客观公正的撰史原则是其论述的重点。而两书都在20世纪二三十年代被翻译到中国,为中国学者进一步了解兰克史学提供了新的途径。

朗格诺瓦、瑟诺博司都服膺德国史学,特别是兰克所倡导的科学历史学。虽然朗氏、瑟氏全书并未提及兰克的名字,但全书无处不显示兰克史学所倡导的严谨的史料考证等"如实直书"的原则。《史学原论》一书围绕历史研究以可信的史料为基础这一中心内容展开,系统讲述了收集史料、鉴别史料、综合史料的方法。在书中,朗格诺瓦和瑟诺博司多次提到史料对于历史研究的重要意义。书开篇即提到"历史由史料构成……以缺乏史料之故,人类历史过去无量时期之历史,每成为不可知晓,盖以彼毫无史料之供给故,无史料斯无历史矣"①。朗格诺瓦和瑟诺博司在总结近代以来欧洲史学特别是德国史学方法论的基础上,主张"历史之事实,乃由史料之分析鉴定而获得"②,而"凡准于鉴定之规律,而刊布其未经刊布或刊布而未善之史料,乃为历史学中之主要任务"③,是故"史料者,历史知识之唯一源泉也"④;历史研究中,史料始终是最重要的。两人不但强调史料的重要意义,还进一步强化了获取精确史料的意义与价值。他们彻底否定了弗劳德式的史料处理方法,指出克服弗劳德式弊病的唯一方法就是校雠考证⑤。

伯伦汉的《史学方法论》则完全是兰克史学思想的宣言书。在开篇

---

① [法]Ch. V. Langlois,Ch. Seignobos:《史学原论》(一),李思纯译,商务印书馆1926年版,第1页。
② [法]Ch. V. Langlois,Ch. Seignobos:《史学原论》(二),第2页。
③ [法]Ch. V. Langlois,Ch. Seignobos:《史学原论》(一),第51页。
④ [法]Ch. V. Langlois,Ch. Seignobos:《史学原论》(二),第8页。
⑤ [法]Ch. V. Langlois,Ch. Seignobos:《史学原论》(一),第87页。

论及史学之概念时,伯氏说:"兰克曾谓史之任务,不在无生气的罗列材料,而在求其有生气的理解,俾吾人可知某一时代内人类之趋向若何,其所追求者为何,所获得者以及所达到者又何如。"①历史研究的任务是明了时代趋势,因而选择历史研究的对象时如兰克所言,只要是"可使吾人由此推知某一时代某一人群之文化状态"的"典型者"即可②。关于史学界强调史学致用这一问题,伯氏则引用兰克批评泽文努(Gervinus)的话予以反驳:"欲使科学能发生影响,必先使其成为科学而后可……必先去其致用之念,使科学成为客观无私者,而后可语致用,而后能发生影响于当前之事物。"③伯氏借用兰克之语强调,"历史著作之最要条件,在于求真,所叙述者必须与事实相符,科学的贡献,实为其最重要之事"④。

全书对兰克及兰克史学的颂扬溢于言表。伯氏认为兰克是近代科学史学的开创者,"至一八二四年时,兰克之 Geschichten der romanischen und Germanischen Völker von 1494-1535 第一卷及补编 Zur kritik neurer Geschichtschreiber 出版,于是具有近代科学意义之历史,乃出现于世"。虽然兰克不过将此前尼布尔等所提出的"方法上的基本定理,加以深刻而广大的应用",但兰克《对近代历史学家的批判》一文"对于方法学之发展上,实有创辟新纪之意义,且对于此方面之主要问题,即如何确定原来的史源,尤有精辟之见";"不仅限于此,故其后来之著作中,曾应用及极多之古文书及法令条例等,则此种史源,自亦为其探讨之工具也"⑤。兰克在史学实践上贯彻这种治史方法,不但通过其《拉丁与日耳曼民族史》《宗教改革时期的德国史》等著作弘扬其史学理念⑥,而且还通过"历史研究

---

① [德]E. Bernheim:《史学方法论》,陈韬译述,商务印书馆1937年,第5页。
② 同上书,第4页。
③ 同上书,第10页。
④ 同上书,第102页。
⑤ 同上书,第181—182页。
⑥ 同上书,第515—517页。

社"传授史学批评方法、培养大量史学专业人才,"且其影响渐及于德国以外"①,"欧洲之其他诸国,以及挽近来之美国,其高等历史教育,大多一部分摹仿德国"②。兰克及兰克史学影响巨大,伯氏自己也表示:"著者惟有承认本书中有关此之诸篇,其中大部分之知识及规例,均系得之于兰克氏之实例及启发者。"③伯氏甚至坦承,他著述的动机只是源于兰克与舒罗塞(Schlösser)之间"综观之本质(客观性与主观性)"的讨论;此讨论导致"主观与客观之名称,乃成为相互攻击之标语,其真正之意义益形晦涩不明",从而致使兰克史学"即被称为客观派,固不知多少有个人的关系,杂于概念之中也"。伯氏著书"则须使此项概念,脱离偶然的个人关系而后可"④,大有为兰克史学进一步确定名分之势。

除了朗氏、瑟氏、伯氏之外,当时欧洲不少史学家均是兰克史学的信徒,都不遗余力地弘扬兰克史学思想。这些观点也被以各种形式介绍到中国。如在英国史家古奇的一篇译文中,古奇认为:"历史之科学的研究,始于百年前之柏林大学。重要著作之已成就者。如……Gibbon 及 Voltaire 之含英吐华,皆蔚然可观者也。虽然,其真能评究真伪鉴别典籍,使来学有途可循而不至空耗思力者,实自近八十年来 Niebuchr, Böckh 等出而后始,而 Ranke 更突出于各家之上焉。"⑤古奇认为兰克是百年来西方史学的第一人,其在史学上的贡献与影响主要体现在史学求真之上:

> 鸾克氏最大之供献,厥为其所自言不以现在之感情揆度过去之史实而惟真足尚一语。其次则为以同时之载籍,推寻当代之史源。

---

① [德]E. Bernheim:《史学方法论》,陈韬译述,第 183 页。
② 同上书,第 184 页。
③ 同上书,第 182 页。
④ 同上书,第 493、494 页。
⑤ [英]G. P. Gooch:《近五十年历史的讨源述略》,张廷休译,《史地学报》1924 年第 2 卷第 8 期,第 1 页。

氏于一八二四年开始著作时所用材料,均属著名史家之追忆录及编年纪之类。及一八八六年掷笔罢作之际,对于一切学者所认为满意而无所欺者,则其以当事人之自述或通讯为根据,或与当事人最接近者所叙述为范本。第三则为建设分晰古籍同时之著作,作者之性情趋向及知识上之机会,而又以之与其他作者相比较,使历史成为精确之科学,则氏之力为多。其着手之处,则精研古西底尼(Guicciardini)、沙尔佩(Sarpi)、克拉林登(Clarendon)、圣西门(Saint-Simon)等氏批评的分晰诸作,综计已至六十卷之多,于此盖可见氏用力之勤矣。最后则氏常以研究国际之关系教人,谓从彼国与此国之交际上,可以断定该国之内政如何,此亦其供献之一也。

此种颠扑不破之原则,凡致力于近四世纪之史家,无不争相引用奉为圭臬。……①

文中对兰克史学的特点、史学贡献与影响做了全面的述评。除此之外,古奇在其代表作《十九世纪历史学与历史学家》中更以较大篇幅详细叙述兰克及兰克史学,字里行间无不透出其对兰克史学的推崇②。

---

① [英]G. P. Gooch:《近五十年历史的讨源述略》,张廷休译,《史地学报》1924 年第 2 卷第 8 期,第 12 页。
② 古奇论及兰克及兰克史学的文字,中国学人编辑论著时多有参考。如刘朝阳的《十九世纪后半期之西洋史学》(载《国立第一中山大学语言历史学研究所周刊》1927 年第 1 卷第 6 期,第 132—141 页)一文基本上是译自古奇之书:

科学的史学实滥觞于德之柏林大学,距今约百余年。前乎此时,固亦有不惮辛苦,搜集史料之历史家如 Baronius 与 Muratori,目光镜利之批评家如 Mabillon 与 Wolf,与夫长于记述之历史家如 Gibbon 与 Voltaire,披荆斩棘,做就极重要之预备工作。然直至 Niebuhr, Bockh, 与 Ranke 相与提倡,并且实行,严格考察史料之出处,慎重整理案卷之材料,所谓史学,乃始走上正路焉。

其次宗教改革之历史,亦为极困难之问题。盖在此处,凡为新教徒者,对于旧教,莫不大声致谢。夫迹时教会实有改革之必要,即在旧教中人,亦应同(转下页)

曾求学于莱比锡大学的美国史学家弗领（Fred Morrow Fling）的《历史方法概论》也大力宣传兰克及兰克史学："Leopold von Ranke 是十九世纪德国最有名的史学家，他一生的著述很多，二十九岁就刊行研究的成绩，一直到六十岁为止，他的第一本书是批评史料的，这种工作继续不断，最后六年才写成 Weltgeschichte（世界史）。在这书上，读者可以得到有价值的讨论，是研究历史的人应该知道的，研究历史的青年，应该多多研读他著的书，史法的理论学识定会进步不少呢！"①弗领倡导兰克史学，反对实证主义史学。他认为历史学家最重要的任务就是像兰克一样求真，而不是去探寻历史背后的规律："史家一定要有因果律，这就是超

（接上页）声承认。然旧教徒以为，新教徒对于所欲补救之症候，未免形容过甚，实则并无全行改革之必要，且就德国而言，Luther 所提倡之革命，实使彼处置情形，更为恶劣。彼等深知，新教徒所以能战胜者，皆因彼有 Ranke 记述宗教之巨著；故 Ranson 乃着手编一德国文化史，自中古末期起，至三十年战争为止。……

然 Ranke 对于史学，实有莫大之貢献。盖彼始明白主张，历史之著述，须使过去之事实与现在之感情脱离关系，并仅记录确曾出现之事件；又欲记述某个时代，须以经过严格考查确系与该时代之诸著作为基础；又须就一著作之性情，血缘，与夫获得知识之机会，将该著作家详为分析，并与其他著作家比较，以为旁证；最后彼更声明，著述历史，必须探求各国之相互关系，并度量外交内政之相互作用。

随后各国学者著述最近四世纪之历史，几莫不应用此等基本原理。……

惟自德国努力于统一之事业，历史学遂逐渐离开 Ranke 所新辟之正路。彼之公正冷静之头脑渐次为普鲁士历史学派之爱国热血所冲洗。盖此派确信历史家之主要职分，即为国人解决本国与国际问题之指南针与兴奋剂。……

……凡此学派，均日从事于政策之宣传，直至德国统一为止。夫历史之目的若真为促进国家之活动，则彼等达到此种目的之技术，实有惊人之成功；然若历史原以发见真理与诠释人类活动为目的，则彼等在史学界，实不能占得如何重要之地位。卒之，彼等之势力，旋即消灭，历史学重复回走 Ranke 所指明之大路。

① [美]弗领：《历史方法概论》，薛澄清译，商务印书馆 1933 年版，第 77 页。此外，1931 年《师大史学丛刊》刊登了李树峻译《历史研究法》片段，参见傅舲（F. M. Fling）：《历史研究法》，李树峻译，《师大史学丛刊》1931 年第 1 卷第 1 期，第 175—184 页。

过本分的工作。要用某因推论出某果，这也是过分的工作。"作为历史研究者不要好高骛远去追求所谓的规律，而是应当像兰克一样"使史事越加可靠，越加详细，并且综合的工作也渐求进步。我们的研究工作，决不好贪多，把小题目好好地研究，那末大部的综合，进行就容易了"①。这些无疑都是对兰克及兰克史学的认可与颂扬。

此外，毕业于柏林大学的弗德尔曾质疑过兰克的史学追求过于理想：

> 兰克自己宣言，他要按着史实真正发生的状况来写史。这话乍然听来，好像是很够谦逊的了。但实在说，这是一件极大胆的工作。果然，他失败了！他所以在历史家中占重要地位的原故，完全因为他是一个最大的思想家。他并不曾发现新的史实，他只是用他创造的天才把那些人所共知的史实重新联合起来。他有一种内在的慧光，逼迫着他建设新计划、新解释、新范畴；这种慧光是他自己本身的。如果没有的话，不管如何广博的学问，如何强锐的批评精神都不能够传与他。②

作为兰克的门徒，弗德尔无意为兰克的"如实直书"再做注解，但他字里行间突出兰克的史学贡献，认同兰克在求真上所做的努力。

兰克的信徒们除了通过史学方法论、史学史的著述宣扬其史学理念之外，还有不少追随者们以具体的历史研究来宣传兰克史学。如德国神学家、史学家赫克尔的《科学与基督教》一文提到兰克的《教皇史》："史家所述，绝非无根之谈，而罗马教之历史家于此等证迹，并无充分之研究，且从而变易事实，捏造奇谭，以诳愚民。"③文中将兰克史著的严谨与教

---

① [美]弗领：《历史方法概论》，第 111 页。
② [德]Egon Friedell：《现代文化史》，C. F. Atkinson 英译，王孝鱼中译，商务印书馆 1924 年版，第 13、14 页。
③ [德]赫克尔：《科学与基督教》，陈独秀译，《新青年》1917 年第 3 卷第 6 期，第 4 页。

会史学进行对比,突出兰克史学注重史料考证这一特点。

大体上,兰克在欧洲的门徒主要以《史学原论》《史学方法论》等为旗帜进一步倡导兰克的治史理念①,而这些著作中所蕴含的史学思想也对当时游学欧洲的梁启超、李宗侗、傅斯年、陈寅恪、姚从吾、周谦冲、张致远等学人产生了深刻的影响。

1919—1920年期间,梁启超到欧洲游历。在巴黎时,梁启超就曾请留法学生李宗侗为他讲《史学原论》②。归国之后,梁启超在天津南开大学开讲史学,其讲稿汇编成《中国历史研究法》。从观点内容以及结构体例来看,梁启超的《中国历史研究法》和朗格诺瓦、瑟诺博司合著的《史学原论》有着密切的联系。有论者指出,"梁氏突破性的见解,其原大半出于朗、瑟二氏"③。进一步来看,也可以这样认为,梁启超在接受朗格诺瓦、瑟诺博司《史学原论》中的史学思想之时,实际上就是把两人所继承的兰克史学思想吸纳了。从梁启超的《中国历史研究法》来看,他在书中强调史料的重要性,认为"史学所以至今未能完成一科学

---

① 齐思和在《研究历史问题之方法》中说:"故居今日而欲究现代史学方法义例,仍须假途于西籍。西洋论史学方法最重要之著作为德人卜汉穆之历史《方法　历史哲学教科书》(Ernst Bernheim, *Lehrbuch der historichen Methode und der Geschichtsphilosophie*),体大思精,为是学之经典,出版已五十年,尚无能胜之者。法人朗古亚、塞尼卜二氏合著之《历史研究法导言》(Langlois et Seignobors, *Introduction aux études historiques*)浅而不俚,简而扼要,亦学者所必读(中译本不佳)。二书之外,作者多家,举不胜举。如鲍艾之《历史研究法导言》(Bauer, *Einfuhrung in das Studium der Geschichte*)所包广博,极为风行。文桑之《历史研究法大纲》(Vincent, *Historical Research : An Outline of Theory and Practice*),约翰笙之《史家与史料》(A. Johnson, *The Historian and Historical Evidence*),弗领之《历史方法概论》(Fling, *Writing of History*,薛译本胜李译本)浅易畅达,尤便初学。"(齐思和:《研究历史问题之方法》,《食货半月刊》1936年第4卷第3期,第108页)

② 杜维运:《西方史学输入中国考》,载《与西方史家论中国史学》,东大图书有限公司1981年版,第299页。

③ 杜维运:《梁著〈中国历史研究法〉探原》,载《与西方史家论中国史学》,第339页。

者,盖其得资料之道视他学为独难"①;注重对史料的考证研究,提出"宜刻刻用怀疑精神唤起注意而努力以施忠实之研究,则真相庶几可次第呈露"②。这些思想与兰克的"如实直书"理论不无联系。但兰克的史学思想是一庞杂的体系,涉及宗教、哲学、语言学、政治学、历史学等诸多方面的内容,并不能简化为"如实直书",因而要全面把握兰克的思想需要花费较长的时间,更需要一定的专业知识背景。梁启超待在欧洲时间较短,在这么仓促的时间内很难对朗格诺瓦、瑟诺博司的《史学原论》中蕴含的兰克史学思想有深入的了解,他只可能接触到兰克史学的一些皮毛。

此后,傅斯年、陈寅恪、姚从吾、张致远、周谦冲等人则更直接地受到兰克史学思想的影响。傅斯年在出国留学之前就对西方的科学心向往之。到了欧洲后,"傅入伦敦大学研究院,选修史培曼教授主讲之实验心理学。这是傅氏实践五四运动提倡科学之口号,故决心由研习自然科学以获取可靠的知识,并从而认识了解科学方法的训练"③。为此,傅斯年选修了数学、物理学、化学等自然科学,这样做主要是"于自然或社会学有一、二种知道个大略,有些小根基",然后去学哲学才有着落④。经过三年的学习,打下了较好的自然科学基础的傅斯年转到德国柏林大学。当时的柏林大学以语言文字比较考据学著称,傅斯年在那里"一方面受柏林大学里当时两种学术空气的影响(一种是近代物理学,如爱因斯坦的相对论、勃朗克的量子论,都是震动一时的学说;一种是德国历来以此著名的语言文字比较考据学);一方面受在柏林的朋友们如陈寅恪、俞大

---

① 梁启超:《中国历史研究法》,上海古籍出版社1998年版,第40页。

② 同上书,第89页。

③ 吴相湘:《傅斯年学行并茂》,载王为松编:《傅斯年印象》,学林出版社1997年版,第171页。

④ 傅斯年:《致胡适的信》,载《胡适往来书信》(上),中华书局(香港)1987年版,第106页。

维各位的影响"①。傅斯年对德国语言文字比较考据学尤其着意,曾经反复阅读集兰克史学方法之大成的伯伦汉的《史学方法论》,以至于将书翻烂而不得不重新装订。正是受了这种史学的影响,傅斯年自称是"中国的兰克学派"②,对兰克的史料观尤其重视。他认为,"此在中国,固为司马光至钱大昕之治史方法,在西洋,亦为软克、莫母森之著史立点"③。

虽然傅斯年一生只提到过兰克三次,他的藏书中也没有任何兰克的著作④;他在英、德的求学生涯,主要精力是了解学术整体发展的情形⑤。但有了对欧洲学术的整体观念,傅斯年对兰克史学的把握更加切合其实质。加上傅斯年主要是从以兰克史学为代表的德国语言历史学中寻求改造中国现有的史学的良方,所以他在表述兰克史学时更多地是在强调兰克史学思想当中的"如实直书"以及由之而来的史料观。在傅斯年看来,兰克的这种史料观是与中国传统史学中的精华相吻合的,更比中国传统史学多了一抹科学的色彩;这样的史料观完全有可能在中国史学界生存下来,甚至成为改变中国史学落后现状的一把利器,而整个中国史

---

① 罗家伦:《元气淋漓的傅孟真》,载王为松编:《傅斯年印象》,学林出版社1997年版,第7页。
② 张致远:《兰克生平及其著作》,《自由中国》1952年7月第12期,第11页。
③ 傅斯年:《〈史料与史学〉发刊词》,载《傅斯年全集》(四),联经出版事业公司1980年版,第356页。
④ "傅斯年的藏书中没有一本兰克的书,傅先生当时留学德国时,兰克史学是被批判的,流行的是兰普勒希特的东西,但藏书中也无一本兰普勒希特的书。在他的选课单中,也没有选修史学理论一类的课,他选的是西方科学方面的课程,对史学的书不太注意。傅先生的史学是多源的,如他很看重伯伦汉的《史学方法论》一书,以至于读到书皮也破了,重新换了书皮。事实上,兰克史学已经沉淀在当时德国的史学实践中,而不只是挂在嘴上。傅先生对兰克是了解的,但可能大部分来自于伯伦汉。又如傅先生重视统计学以及它与历史研究的关系,其实这是受到了英国实证主义史学家巴克尔的影响。总之,傅斯年史学是多源的,而不仅仅是兰克。"(《张广智与王汎森关于兰克史学的对话》,海峡两岸傅斯年学术讨论会,山东聊城,1996年5月20日。转引自张广智:《傅斯年、陈寅恪与兰克史学》,《安徽史学》2004年第2期,第17页)
⑤ 王汎森:《中国近代思想与学术的系谱》,河北教育出版社2001年版,第345页。

学将是这把利器下的材料。

傅斯年的这种主张隐含了其对客观历史知识的期待以及西方 19 世纪以来科学治史方法的信仰①,而姚从吾和陈寅恪的史学实践则进一步使这种史学信仰逐渐成为现实。傅斯年对兰克史学思想的吸纳有所偏重,而陈寅恪对兰克史学思想的继承则比其更加专业。陈寅恪曾声称自己的史学方法结合了 19 世纪德国历史学派等西方的语言文字考据方法。他的学生回忆说,陈寅恪"还在黑板上书写了好些西方历史学家的外文名字,记得其中有被誉为欧洲近代史学之父的德国考据学派史家兰克(Ranke)以及英国剑桥学派史家阿克顿(Acton)"。陈寅恪提到他的历史观和治学方法时,"首先强调历史是一门科学,是可以通过科学方法和历史事实加以印证的。他强调研究历史,首先要全面掌握历史资料,证明历史事实,然后可以作出正确的判断……应该要求写出来的历史,使人人都感到无瑕可击。这就要史学工作者超然物外,不存偏私,用全部精力去掌握历史材料,再现历史真实,然后才能正确作出是非和道德的判断"②。陈寅恪不仅教导学生要遵循客观公正的治史态度,秉承史料批判方法,在其自身的史学实践当中更是将历史语言考据学发挥得淋漓尽致。《唐代政治史叙论稿》《隋唐制度渊源略论稿》《元白诗笺证稿》等无不是其广取材料、反复论证的杰作。

傅斯年继承兰克的思想主要表现在史学信仰上,陈寅恪对兰克的理解主要体现在其史学实践当中,而姚从吾则是将两种方式结合了起来。1922 年北京大学派姚从吾赴德国留学,师从著名汉学家弗朗克(Otto Franke)、海尼士(Erich Haenisch)等人,专攻蒙元史兼及史学方法。姚氏海外求学期间,以兰克史学为代表的史料考证模式仍然是德国史学界

---

① 刘心龙:《学术与制度:学科体制与现代中国史学的建立》,远流出版事业股份有限公司 2002 年版,第 267 页。
② 李坚:《陈寅恪二三事》,《民国春秋》1990 年第 5 期,第 35 页。

的主流①，而姚从吾在兰克史学的重镇——柏林大学就读，深受当时以兰克史学为代表的德国历史语言学的影响。归国之后，姚从吾除了运用在德国学习到的历史语言学方法研究蒙元历史之外，还在北京大学讲授"历史研究法"，宣传兰克以及伯伦汉的史学方法，并且其《历史方法论》也是脱胎于伯伦汉的《史学方法论》②。姚从吾所开设的课程主要是"历史学的性质与任务""史源学（或者史料的研究，为本课主要部分）""历史学的辅助科学和历史学与其他社会科学的关系""欧洲近代通行的几种历史观"。其中"史源学"这一部分是课程的主题，这部分内容主要包括讲解直接史料与间接史料、有意的史料与无意的史料、什么是史料的外部批评与内部批评以及史料的解释、综合与史料的叙述等四大主题，讲述近代欧洲历史方法论的起源，以及尼布尔、兰克等人由语言文字入手追寻史料来源、批评史料可信度的方法，强调对史料要经常保持寻源、怀疑与批判的态度，以真正还原史料的性质③。从姚从吾的这些课程内容来看，他对兰克的史学研究方法是相当了解的。在他的史学实践之中，他也是充分运用了这些史学研究方法的。

在追忆自己在北大求学和在德国留学的情形时，姚从吾曾说过，在国内学习时，"所谓乾嘉朴学，是朝夕挂在嘴上的。到德国后，情形大变了，始而惊异，继而佩服。三年之后渐有创获，觉得 Ranke（兰克）及 Bernheim（斑汉穆）的治史，实高出乾嘉一等。他们有比较客观的标准，不为传统所囿，有各种社会科学、自然科学的启示、指导，可以推陈出新，他们很有系统的、切实的、客观的治学方法，他们有意想不到的设备，意

---

① ［英］杰弗里·巴勒克拉夫:《当代史学主要趋势》，杨豫译，上海译文出版社1987年版，第16页。
② 杜维运:《西方史学输入中国考》，载《与西方史家论中国史学》，第326页，原载《台大历史学报》第2卷第3期，1976年5月，第427页。
③ 刘心龙:《学术与制度:学科体制与现代中国史学的建立》，第266、267页。

想不到的环境,合理的人生观,与合理的社会生活"①。兰克史学的巨大魅力把年轻的中国学子平静的心湖搅了个天翻地覆,进而使之服膺,促使他们满怀信心地汲取其中的精华。

二、接受与回应:兰克史学的中国反响

经由留日、留美、留欧学子的推广,中国学子接纳兰克门徒的史著及其思想时,也对其中所蕴含的兰克史学思想有了初步的了解。张其昀曾发文说:"至于能商榷史法,讨论书之体裁、文之法度者,有史以来甚不多观。其在西洋德史家贝恒(Bernheim)始考史著,裁定史例。……余近读西洋史家朗格(Langlois)、辛诺波(Seignobos)、文森(Vincent)、鲁平生(Robinson)、法林(Fling)诸氏之书……西洋史家之著作,有能重科学之以精神,用批评之方法,起自最近六七十年,当中国道咸之际。开其端者,德史家朗凯(Ranke,1795—1886)是也。"②这已然表明兰克史学是由留日、留美、留欧学子传入中国,而中国学人借此对兰克史学也有了一定的认知。

1. 西史教材与兰克史学

兰克史学最初是经由日本史学家转贩西史而传至中国的,并且主要是通过日本史家编写的西洋史教科书而传入的③。兰克史学传入中国后,很快就得到中国学人的回应。1900 年,王国维为箕作元八、峰岸米造合著的《欧罗巴通史》作序时就明确指出:

---

① 转引自李长林:《辛勤耕耘在史学教学与研究园地的姚从吾先生》,《中国史研究动态》1999 年第 6 期,第 20 页。

② 张其昀:《读〈史通〉与〈文史通义〉、〈校雠通义〉》,《史地学报》1922 年第 1 卷第 3 期,第 134、136—137 页;《读〈史通〉与〈文史通义〉、〈校雠通义〉续》,《史地学报》1922 年第 1 卷第 4 期,第 119 页。

③ 李孝迁:《西方史学在中国的传播·清季汉译历史教科书》,华东师范大学出版社 2007 年版,第 1—25 页。

  日本理学士箕作元八及峰岸米造两君所著《西洋史纲》,盖模德人兰克(Ranke)氏之作,以供中学教科之用者。书虽不越二百页,而数千年来西洋诸国之所以盛衰,文明之所以递嬗,若掌指而棋置,盖彼中最善之作也。①

  王国维对箕作元八、峰岸米造之书做出如上评述,除了说明他对两人的治史思想熟知之外,还表明他对兰克史学了解一二。虽然在兰克史学在中国早期传播中,翻译日文等外文论著亦可看作中国学人对传入西史的一种回应,但翻译转述这种方式应是学人面对异质西史所做的初步选择,这种选择并不意味着中国学人对异质的西史有多深的了解。而王国维对箕作元八、峰岸米造之书的评述,已然摆脱了一味盲目从日本转贩西史的状况,是在接受日本转口而来的兰克史学思想并对兰克史学有了初步认知后,所做出的自主回应。故而王国维此文应是近代中国学人对东传而来的兰克史学所做出的最早回应。

  其后1902年吴葆诚编译出版《东西洋历史教科书》一书。书中"西洋之部""近世史"第五编"现时形势"第五章"近世之文化"提及兰克:

    欧洲文化自十八世纪以来,日有进步。文学则法人黑阁,英人吞乃生、笛根斯、石加来。德人喜栾、过齐,皆称巨擘。史学则以德人兰盖为泰斗,德人得里乞克、马森,英人弗里孟,名亦著焉。②

  吴葆诚虽然只是简要提到兰克为19世纪史学泰斗,但从其全书试图将从日本转贩而来的西洋历史教科书与中国历史相融合、自觉主动地改造中国历史教科书这一做法来看,吴氏显然是接受了日本西洋历史教科书中所转贩的兰克史学。当然,无论是王国维还是吴葆诚,对兰克史学还谈不上深刻的理解。

---

① [日]箕作元八、峰岸米造:《欧罗巴通史》,东亚译书会1900年版,序第2页。
② 吴葆诚编译:《东西洋历史教科书》,上海文明书局1902年版,第266页。

真正比较全面地回应兰克史学的是1908年6月26日《学报》的《百年来西洋学术之回顾》一文。此文如前所述,实际上译自日本濑川秀雄的《西洋通史》第四编。文中论及19世纪史学部分,特别强调19世纪"史学亦渐成为一科学",以德国最为发达。除去"虽无赫赫千古之名,然其有所贡献于学界之功"的尼布尔、施洛塞、达尔曼、鲁登、福格特、施腾策尔、劳麦等史家之外,当时德国史学界影响最大的史家为兰克:

> 逮数十年而有兰该(Leopold von Ranke)。兰该,世界史学界之泰斗也。幼受教员于乡塾。及长,入来比锡大学,治古典学及神学。二十二岁时,为佛朗渡某学校之教授,以精通上古、中古史闻。于著《罗马德意志民族史》,上自一四九四年,下迄一五一六年,名震一时,被擢为柏林大学教授。自后五十年间,从事教授,循循善诱,始终不倦。而教授之暇,则入柏林图书馆,以其明确的头脑,遍览奇书珍籍。其中以所发见之关于宗教改革时代之古文书集,为最盛业,厥后氏所著之《十六七世纪之土耳其及西班牙帝国》一书,其史料即本于此。指实证谬,功最高焉。氏后又获普鲁士政府之补助,旅行于维也纳及意大利各地,搜集诸古文书记录,作成以科学的研究应用于史学之基础。归国后,为政府机关杂志之主笔,直言不讳,几见摈于时。此后氏乃专研史学,未几,著《罗马教皇史》《宗教改革时代之德意志史》等书。补普鲁士修史官,旋又作《普鲁士史》,名益高。一八六五年,列于贵族。氏曾不自满,研学精神,老而弥笃,复以数年之力作《世界史》。此书氏八十一岁时始起草,一生精神之所结果,此书实其最大者也。
>
> 要之,氏之史学其特长有四:搜集之勤一也,宅心之公二也,学识之高三也,断案之确四也。有兹四长,而兼有流畅、锐达、活泼、明易之文以行之,其独步千秋,宜哉。①

---

① 仲遥:《百年来西洋学术之回顾》,《学报》1908年第1卷第11号,第2—4页。

此文虽是编译自日文西洋史教科书①,但作者能从中寻出这一部分

① 此后众多中国学人编著史学史与文化史论著、论及19世纪德国史学时,大多参考该文。

如缪凤林的《研究历史之方法》:"朗克(Ranke)曰:'普遍史包罗万国相绵之事实与时间,交互影响,承递缠绵,而共构成一活动的全体者也。'朗氏之言,有一基本观念,即史事为演化是已。"(缪凤林:《研究历史之方法》,《史地学报》1922年第1卷第2期,第2页)

郑鹤声的《史与史字之解释》:"盖皆形历史特质之一部分,若以为史学全体之意义,不免过隘。至如兰克Ranke以'普通史包罗万国相总之事实,与时间交互影响,承继延绵而共以构成一活动的全体'。"(郑鹤声:《史与史字之解释》,《史学杂志》1929年第1卷第5期,第3页)

张仲和的《西史纲要》:"兰凯(Leopold von Ranke,1795—1886)氏搜集史料最富,其所著《德国史》,侧重民族思想,与爱国精神,为德国史学界放一异彩,欧洲诸国史学大受其影响。"(张仲和:《西史纲要》(下),文化学社1924年版,第247页)

刘炳荣的《西洋文化史纲》:"德意志史学,输入科学的研究法,自尼布耳(Niebuhr)始,氏生于千七百七十六年,始治法学,千八百十六年,为普鲁士驻罗马公使,公退之暇尝从事于古代史之研究,并修考古学,言语学等。著有《罗马史》,其记事之周密,著眼之非凡,远在他人之上,遂博大名。然最有名而为德意志史界放一异彩者,厥为兰凯(Leopold von Ranke)。氏生于千七百九十五年,千八百二十五年为柏林大学教授,而后四十七年间,一方薰淘后进,一方于柏林图书馆,悉心研究,发现关于史学上、古文书籍甚多,后得政府给费,历游维也纳,罗马,法兰西各名胜地,汇集古文书籍,归国后,充政府机关杂志主笔,直言不惮,致遭人忌,退职。又专心于史学,著有《罗马教皇史》《宗教改革时代之德意志史》及《普鲁士史》《十六七世纪法兰西史》等,名以大噪。而八十一岁时,更著《世界史》,历述各国政治文明之变迁,及指摘他书之谬误,无愧杰作也。"(刘炳荣:《西洋文化史纲》,太平洋书店1926年版,第26、27页)

周容的《史学通论》及卢绍稷的《史学概要》:"(关于历史的定义)第一类是根本不了解历史的意义。……第二类是偏重在历史的本身下定义的。例如兰克(Ranke)说:'普遍是包罗万国相绵之事实与时间,交互影响,成递婵绵,而共以构成一活动的全体者也'。"(周容:《史学通论》,开明书店1933年版,第4页;卢绍稷:《史学概要》,商务印书馆1930年版,第2页)

顾康伯的《西洋文化史大纲》:"德之史学界崭然一新而目者,先有尼布尔(Niebuhr)著《罗马史》,后有兰凯(Leopold von Ranke)著《世界史》《罗马教皇史》《宗教改革时代之德意志史》《普鲁士史》《十六七世纪法兰西史》,而兰氏在德国(转下页)

内容单独成篇译出刊发,本身就已经不同于那些翻印日文西洋史教科书的行为。可以说,此文在某种程度上也是对传入的兰克史学的一种回应——进一步在中国传播兰克史学及其史学思想。

李泰棻的《西洋大历史》则将学人对兰克史学的回应提到另一个层次。1916 年,李泰棻参考英、法、日等国历史书籍 200 余种写成《西洋大历史》出版①。书中第五十二章"近世时代之史学"大体上参考濑川秀雄《西洋通史》等日文教科书相关章节编译而成。文中提及 19 世纪之德国史学:

> 德意志史界,输入科学的研究法,自尼布耳氏始,始治法学。纪元千八百十六年,被任为普鲁士驻罗马公使。公暇尝从事于古代史之研究,并修考古学、言语学等,著有《罗马史》。其记事之周密,着眼之非凡,远在他人以上,遂博大名。与氏同时者,有斯克老色。就国民之生活及文化方面,研究世界史与人文史上,别开生面。又有达阿曼,尝为政客,著有《英吉利革命史》《法兰西革命史》等,均以意见

(接上页)史学界最放异彩者也。"(顾康伯:《西洋文化史大纲》,中华书局 1936 年版,第 396、397 页)

高维昌编纂的《西洋近代文化史大纲》:"德史学输入科学方法,自尼拔(Nebuler)始,氏生于一七七六年,著有《罗马史》(Romischt Geschicht),达尔曼(Dahlman)著有《英吉利革命史》(Geschicht der Englishen Revolution)及《法兰西革命史》(Geschicht der Franzasischam Revolution),均以意见卓绝著。鲁登(Luden)生于一七八〇年,著有《德意志人种史》(Geschicht der Deutschen Volks)。然最享盛名为德意志史学界放异彩者,厥为兰凯(Leopold von Ranke),氏生于一七九五年,著述宏富,见解特高,著有《罗马教皇史》(Die Romischan Papste)、《宗教改革时之德意志史》(Deutsche Geschicht in Zeitaltas der Reformation)、《十六世纪法兰西史》(Franzosische Geschichte Vornehmlich im 16 und 17 Jahrhundert)诸书,名震全欧,际晚景年八十时,尚著《世界史》(Welt Geschicht)一部,洵不愧称为近今史学界之巨子也。以后名家辈出,而蒙森(Monsen)及托洛志克(Treitsche)为著。现代则有林斯(Marx Lenz)及迈尔(Edward Mayer)等。"(高维昌编纂:《西洋近代文化史大纲》,商务印书馆 1926 年初版,1930 年第 4 版,第 8、9 页)

① 李蔼棻:《我国著名的历史学家、教育家李泰棻先生的生平梗概》,载《张家口文史资料》第十辑(文化·教育),河北省张家口市文史资料研究委员会 1986 年版,第 102 页。

卓绝著。其他耶那大学教授鲁登,著有《德意志人种史》。威基特、斯登司及鲁马等均以史学称。然最有大名而为德意志史界发一异彩者,厥为兰克。纪元千八百二十五年,为柏林大学教授,迄后四十七年间,一方董淘后进,一方于柏林图书馆,悉心研究,发见关于史学上古文书籍甚多。后得政府给费,历游维也纳、罗马,法兰西各名胜地,搜集古文书录。归国后,充政府机关杂志主笔,直言不惮,致遭人忌。退职又专心于史学,著有《罗马教皇史》《宗教改革时代德意志史》《普鲁士史》《十六十七世纪法兰西史》等,名以大噪。而八十一岁时,更著《世界史》,历述各国政治文明之变迁,及他书之误谬,无愧杰作也。氏以后史家著名者亦不少,而格耳文及西摆耳均有声。前者尝主《德意志新报》,屡发表其历史的政治意见。后者著《革命时代史》,而《德意志帝国创立史》为最有声,贡献史界,非浅鲜也。以外如完志为兰克门下之铮铮者,颇能传其学风。①

与吴葆诚的编译内容相比,李泰棻这部分内容更偏重于对兰克生平著述的介绍、兰克门徒史学的绍述,也更符合中国学人了解异质史学文化的惯常阅读习惯。加之李泰棻此书在民国时期的巨大影响力,故而李氏对兰克及兰克史学这段简要叙述的传播广度与深度是吴氏之书无法比拟的。

此外,这一时期学人论及德国史学及兰克史学的文字大多相似,甚至雷同。如罗元鲲的《史学研究》《史学概要》中提到:"十九世纪(清嘉道以后)之史学,其内容最为复杂,而汇观其通,莫不为近今史学树之基础。十九世纪初年,德史家尼布尔(嘉庆时人),始以科学方法治史,著

---

① 李泰棻:《西洋大历史》,武学书馆1916年版,第679页。与李泰棻编译的《新著西洋近百年史(下卷)》(商务印书馆1922年版,1930年第8版,第242页)一模一样。所引文字源自民国年间书刊,其中颇多印刷校正等错谬之处。为完整再现当时学术状况,故引用时多予以照录,特此说明,以下类似情况不赘。

《罗马史》等书,其卓识远见,已为史学界辟其新径。至兰克氏(道咸时人)著《世界史》,不拘民族之畛域,以为'民族间互为影响,实成一有生命之整体'。在民族主义风靡之时,而独具此博大之精神,非有超人之史识者不能出此。故后人谓史学之批评精神,实由两氏导其端,而兰氏尤为近今史学之初祖。自是以后,德英法意美之史学,咸焕新彩,兹请分述于下。

"……自普鲁士勃兴以来,以统一德意志为联邦倡。于是民族主义之史学,所谓'普鲁士学派'者,遂风靡全国,而主张世界史之兰克学派转以不昌。初海智尔著《历史哲学》,倡言史事为绝对性理之发展,并谓日耳曼民族,有主持世界之责。其后特罗生(咸同时人),著《普鲁士政治史》,盛誉普鲁士之民族性。特莱克(同光时人)著《十九世纪德意志史》,倡大日耳曼注意,以普鲁士负领袖责任。故德意志帝国之成立,普鲁士派史家,诚有促成之功。然就史学言,则十九世纪史学蔽锢于政治与民族色彩,实亦德国学者之咎。其后德之学者,如毛利思等,则以此派之狭隘不足取,颇能还宗兰克氏博大之精神焉。"①

又如,卢绍稷的《史学概要》曰:"西洋史学至十九世纪,始有史家以博洽、真确二概念为标鹄,搜罗典籍古物,以为资料。其方法则始于分析,成于综合。鉴别唯恐其不精,校雠唯恐其不密,辨纪录之创袭,审作家之诚伪;不苟同,无我执,所谓'典据之学'(documentary)。实自有其不朽之精神。本此精神以号召史学界者,自德之兰克[Leopold von Ranke,1795—1886,晚年著《世界史》(Weltgeschichte)一书,不拘民族之畛限,以为'民族间互为影响,实成有一生命之整体',在民族主义风靡之秋,独具大公之精神,要非有超人之史识,何能及此]氏始。史学之根据并世原著(Contemporary Source),内证,旁勘等原则,皆氏所创。自

---

① 罗元鲲:《史学研究》,开明书店 1935 年版,第 153、154 页;罗元鲲:《史学概要》,武昌亚新地学社 1931 年版,第 196 页。

氏以还，西洋史学家始有批评精神，与考证方法。史学亦始有发展之可言。盖自是以后，德英法意及大陆各国之史学，咸焕然发其新彩。即新大陆之美国，亦以兰氏门徒之传布，始有卓立可称之史学焉。十九世纪史学之中心，以德、英、法三国为最盛。今特分述三国之史学，并述及美国焉。

"德国之史学——十八世纪以还，日耳曼诸邦运动离奥独立，普鲁士领袖诸邦，以统一建国自任。普之人士，欲假史学以促成其目的，于是民族主义之史学，所谓'普鲁士学派'（Prussian School）者，遂风靡全国，而主张世界史之'兰克学派'（Ranke School），转以不昌。初，普鲁士哲学家，如费希脱（Fichte，1762—1814）、海智尔（Hegel，1770—1831）皆以鼓吹民族独立，为作史之主旨（海氏著《历史哲学》一书，倡言'史事为绝对理性之发展'之说，但同时亦为民族主义之张目，谓日耳曼民族有主持世界精神之责）。其后德责切克（Treiteschke，1834—1896）著《十九世纪德意志史》，益大张日耳曼主义，且倡普鲁士为日耳曼民族领袖之说（德氏著作影响更大，近人皆谓氏与尼采之著作同有鼓动大战之罪）。盖德意志帝国至成立（一八七一），此普鲁士派史家，诚有促成之功；然就史学言，则十九世纪史学锢蔽于政治与民族色彩，德国此派学者实亦不能辞其咎。惟其后之德国学者，如毛利思（Morris）、马尔克斯（Marcks）等，则谓此派之史学，狭隘不足取，颇能还宗兰克氏公正之精神。"①

又如，周容在《史学通论》中提到："德国之史家 德国史学，最先以科学方法治史者为尼伯尔（Niebuhr，1776—1831），曾任普鲁士驻罗马公使，从事研究古代史，著有《罗马史》，考证详尽，颇负时誉。达尔曼（Dahlamnn，1785—1860）著有《英吉利革命史》与《法兰西革命史》。鲁登（Luden，1780—?）著《德意志民族史》，皆能自成一家之言。然十九世纪中叶，为德国史学放一异彩者，厥为兰克（Leopold von Ranke，1795—

---

① 卢绍稷：《史学概要》，商务印书馆1930年版，第83、84页。

1886),兰氏于一八二五年为柏林大学教授,以后四十年就柏林图书馆研究史学,发见上古史料甚多,后得政府津贴,游历维也纳、罗马以及法兰西各地,收集古代史料,著有《罗马教皇史》《宗教改革时代德意志史》《德意志民族史》《十六十七世纪法兰西史》,名声大噪,氏于八十一岁时,更著《世界史》,历述各国政治文明之变迁,并考证他书之错误,对于各国,不分畛域,平均叙述。兰克以为各民族间互相影响,实为有生命的整理,其目光之远大,非古代史家所可及。西拜耳(Sybel,1817—1895)著《德意志帝国创立史》与《德国革命史》,皆为一时名著。德责切克(Treitschke,1834—1896)曾任柏林大学教授,著有《十九世纪德意志史》,考证精博,叙事活泼,足动读者之感情,但含有爱国主义之思想,鼓吹大日耳曼主义,不无偏激之处,然此书影响德意志民族极大。孟荪(Mommsen,1817—1903)著《罗马古代史》,颇为有名。……

"康德的哲学以观念为主,他所说的'范畴'即是人类了解一切事物的先在的内心的模型,他同时注重经验,这种学说从表面看来,似乎和历史无大关系,其实这种极端的观念论攻破了神学的巢穴,使形而上学能够代替神学作为解释历史的工具。譬如十九世纪的史家兰克(Leopold von Ranke)就受了观念论的影响,他以为要了解一国或是一个时代,必须根据该时代的时代精神(Zeitgeist)来考察,所谓时代精神还不过是一种观念而已。"①

再如,曹矞在《西洋史学的新趋势》中说道:"一七八九年法国大革命发生,其国民武力战胜反动的联军,拿破仑的成功可煊赫无比,法国民族的狂热达到绝顶陵驾全欧,睥睨一切,于是促进普鲁士诸国民族的觉醒,民族主义,风靡一时,所谓民族主义的史学因之产生,当时如费希脱(Fichte)诸史家,以鼓吹民族独立,为作史之主旨。……因各国既异常注重史学,乃开始大规模的有系统的编纂史籍。如《日耳曼史料桀成》

---

① 周容:《史学通论》,开明书店1933年版,第119、135页。

(*Monumenta Germaniae Historica*)、《法兰西史料丛编》(*Collection de Documents Inédits sur L'historie de France*)、英国之《史料丛编》(*The Rolls Serics*)等,其他仿编者尚多。此时主张世界史之兰克学派(Ranke School)转以不昌,直至世界大战后,饱尝着战祸酷热的苦杯,以史学宜以全人类为对象,而示文化之共通,以免除国际间之误解自任,始改弦易辙,韦尔斯之《世界史纲》即为此种主张之代表作。"①

这些类似文字,为以上诸位学人参考他人著述而成。倘追根溯源,大体上,当时众多学人论及兰克史学部分均转贩自濑川秀雄之《西洋通史》一书相关章节。

2. 中西史法与对比研究

1916年何炳松回国后大力宣传新史学,美国新史学便成为中国史学界的主流,而蕴藏于新史学之中的兰克史学也随之获得更广泛的传播。当时何炳松在北京大学、北京高等师范学校主讲"西洋文明史""历史研究法"等课程,将英文版《新史学》作为课程教材;1921年何炳松开始翻译《新史学》,1924年《新史学》作为"北京大学丛书"第十种由商务印书馆出版。《新史学》中包含的兰克史学思想也随之而广为流传。

受这一新史学思潮的影响,不少学人开始对比新旧史学,试图为中国史学寻求脱困之路。如何炳松的《通史新义》,"虽整个的翻译 Seignobos《应用于社会科学上之历史研究法》一书,但其所自著《历史研究法》(百科小丛书第一百二十二种)小册子,却含有很新颖的见解。他颇有志于介绍德国 Ernst Bernheim、法国 Langlois、Seignobos 等三人的著作,以与我国司马光、李焘、刘知幾、章学诚、崔述、姚际恒、王念孙、王鸣盛、钱大昕、赵翼等史学名著综合为一"②。又如,李思纯译朗格诺瓦、瑟诺博司所著《史学原论》,"在《弁言》中,曾将章氏《文史通义》《校雠通义》和该书作者比较,

---

① 曹弼:《西洋史学的新趋势》,《省长女中学生》1937年第4期,第14页。
② 朱谦之:《中国史学之阶段的发展》,《现代史学》1934年第2卷第1,2期,第74页。

以为东西名哲,无有二致"①。

这些学人大多无法割舍中国传统史学,又期盼能借助新史学的理论为中国传统史学疗伤,于是言辞之间对以兰克为代表的西方传统史学亦评价不甚高。如陶孟和《新史学》中论及中西史学时,曾言中国古代史家司马迁、班固等人的史著虽然"艰晦则鄙陋",但"为后代历史家之模范"②;虽然诸如《资治通鉴》等"专记载政治的事实……以为历史的用处,是做政治家之圭臬,为军事家之参考数据",但比兰克史学更胜一筹:

> 德国史家兰克(Ranke)曾写了很好的历史,并且会用校勘法,选报正当的史料。但是他也是偏重政治一方面。他以为国家是人类发展的继续绵延的基础。所以历史的目的,是使我们明白国家的起源及性质。③

在陶氏看来,兰克史学虽然在史料考证方面颇有建树,但因其倡导政治史学而成为"用主观的神学的玄学的或国家主义的观察去研究历史";而新史新历史观则真正"采用客观的科学的方法考究历史的真象"④。陶氏所强调的是兰克史学的政治性。诸如此类观点,还有陈训慈节译巴恩斯《历史编纂与历史科学》(即向达所译《史学》)一书片段——"史之过去与将来"。文中提到,"政治史派之有功于史学,固亦世人所公认者。……及至德之 Ranke,英之 Freeman,法之 Mignet、Thiers 三派,史学著作,始确切而有组织"⑤,认为兰克史学上的政治诉求使得其在与新史学的对比中落下风。

---

① 朱谦之:《中国史学之阶段的发展》,《现代史学》1934 年第 2 卷第 1、2 期,第 52、53 页。
② 陶孟和:《新历史》,《新青年》1920 年第 8 卷第 1 期,第 1 页。
③ 同上,第 2 页。
④ 同上,第 6—7 页。
⑤ [美]H. E. Barnes:《史之过去与将来》,陈训慈译,《史地学报》1921 年第 1 卷第 2 期,第 351 页。

而何炳松则认为,兰克史学中的政治性受民族主义以及黑格尔"绝对精神"的影响:

> (民族主义)这个主义,在德国方面尤其发达。因此就有很著名的 Hegel《历史哲学》的出世,他说历史上有一个"世界精神",这个精神就寄在德国人的身上。这个学说大大激起历史上爱国的观念。最著名的《德国史材集成》(Monumenta Germaniae Historica)不久就出版了。从此德国的历史家,如 Ranke、Dahn 这班人就执世界上历史界的牛耳。政治史这种东西,就成为尽美尽善的历史。①

在何氏看来,兰克史学的政治性是史学致用的一种表现。他结合鲁滨逊新史学的观点,将兰克强调的"历史要变为科学的,必先变为历史的才可"这一主张进一步发挥,指出兰克的本意就是倡导研究历史不但要研究历史的"然",而且要研究历史的"所以然"②。何氏此说妥当与否且不说,但何氏对兰克史学的这一解读显然加入了自身的理解。可以说,何氏是借用美国新史学的理念来为兰克史学张目。

此外,张其昀虽然也谈到新史学与以兰克史学为代表的传统史学的区别,但张氏推崇兰克史学史料考证上的科学性:

> 西洋史家之著作,有能重科学之精神,用批评之方法者,起自最近六七十年,当中国道咸之际,开其端者,德史家朗凯 Ranke(生一七九五年,殁一八八六年)是也。以前史家,竞炫文采,尚弘丽而失信,西方学者皆不讳言。(详见 Langlois and Seignobos, "Introduction to the Study of History", III. 5, Exposition)③

张氏一文大体上沿袭朗格诺瓦、瑟诺博司在《史学原论》一书中的观

---

① 何炳松:《新史学导言》,《史地丛刊》1922 年第 2 卷第 1 期,第 3 页。
② 同上。
③ 张其昀:《述学·刘知幾与章实斋之史学》,《学衡》1922 年第 5 期,第 38 页。

点。此时的中国学人大多是阅读诸如伯伦汉、朗格诺瓦与瑟诺博司、巴恩斯、绍特韦尔、古奇等人的西方史学方法论或史学史的论著而了解兰克史学的,观点上与这些论著大体相似,故而在评述兰克史学时大多称颂其科学性。

陈训慈在总结19世纪史学科学化过程中史学观念的变化时,认为受自然科学发展的影响,史学观念出现了四大变化,即"纪实之精神""进化之注重""史源(Source)之考订与史学特性之觉悟""寻求公例之企图",其中"纪实之精神,革从前主观增损之弊,务尚存事实之真。……自纪实精神言之……其明谓史为科学者,则自德人 Ranke"①。在陈氏看来,兰克在求真方面的贡献,堪称19世纪西方史学纪实精神的代表,亦是史学科学化中的巨擘。与陈氏之说类似的还有徐则陵的《近今西洋史学之发展》②。徐氏此文中指出,19世纪史学以批判史学为特征,其中最

---

① 陈训慈:《史学观念之变迁及其趋势》,《史地学报》1921年第1卷第1期,第16—17页。
② 陈训慈的《史学观念之变迁及其趋势》与《史学蠡测》两文在论及19世纪史学及兰克史学时,内容文字大致类似:"近世史学,益尚纪实之精神,凡以某种目的以左右史实者(如宗教之目的、政治之目的),史家力为屏弃,务以去神话传说伪记,以及诸'有所为而作'之史书,而探寻真正原始之史源(the original source)。其在欧洲,此种史学辑集,曾成一时之风尚。德大史家兰克(Ranke)倡言史源之重要,其后德国遂有巨帙之《日耳曼历史大全》(Monumenta Germaniae Historica)之刊行,篇幅遽增,蔚成大观。英法意美诸国政府靡然从风,各有史源巨集之辑成。……而史法之应用,亦遂成新史学之一种特征。溯近世之史法(historical method),殆发轫于十八九世纪间德史家尼布尔氏(Niebuhr)。尼氏始以科学方法治史,用其史法,裁成名著。其后数十年来,史家颇响其风。一八八四年,德人贝亨氏(Bernheim)著《史法通论》(Lehrbuch der Historischen Method)一书,详言史料校雠及作史之法,为史法之系统的论述之第一书。……十九世纪初,德史家尼布尔既以科学方法作史,而英之斯宾塞(H. Spencer)、法之孔德(A. Comte, 1795—1857)亦皆主求公例之说。英人巴克尔(H. T. Buckle, 1821—1862)著《英国文化史》(History of Civilization in England, 1857—)尤大倡此旨。氏谓史家主要职责,即在就无数特殊事实中,寻绎统驭人事之公例,以与其他科学媲美。同时德大史家兰克(Ranke, 1795—1886)深契尼布尔之旨,直称历史为科学。(转下页)

为出色者为兰克:

西洋史学至十九世纪而入批评时代,史家乃揭櫫真确二概念以为标鹄,搜罗典籍古物以为资料。其方法则始于分析,成于综合,鉴别惟恐其不精,校雠惟恐其不密;辨纪录之创袭,审作家之诚伪。不苟同,无我执。"根据之学"(documentary 乃 science)自有其不朽之精神,本此精神以号召史学界者,自德之朗开氏(Ranke,1795—1886)始。史学之根据并世原著(Contenmporary Source)、内证旁勘等原则,皆自氏所创。自氏以还,西洋史学家始有批评精神与考

(接上页)一时治史之士,莫不景从。"(陈训慈:《史学蠡测》,《史地学报》1924年第3卷第1、2期,第11—16页)

"十九世纪初年,德史家尼布尔(B. G. Niebuhr,1776—1836)始以科学方法治史,用其史法,著《罗马史》等书,其卓见深识,已为史学辟其新径。至兰克(Leopold von Ranke,1795—1886)氏标揭史学之根本义旨,益悠然自有深造。晚年著《世界史》(*Weltgeschichte*)一书,不拘民族之畛限,以为'民族间互为影响,实成一有生命之整体'。在民族主义风靡之秋,独具大公之精神,要非有超人之史识,不能及此。后人论述,咸谓史学之批评的精神,实由两氏导其端。而兰氏尤足为近今史学之鼻祖。自是以后,德、英、法、意及大陆各国之史学,咸焕然发其新彩。即新大陆之美国,亦以兰氏门徒之传布,始有卓立可称之史学焉。……十八世纪以还,日耳曼诸邦运动离奥独立;普鲁士领袖诸邦,以统一建国自任。普之人士,欲假史学以促成其目的;于是民族主义之史学,所谓普鲁士学派(Prussian School)者,遂风靡全国。而主张世界史之兰克学派(Ranke School)转以不昌。"(陈训慈:《通论·史学蠡测(续)》,《史地学报》1925年第3卷第5期,第28—29页)

王省之的《论史学究否为一种科学》:"其后英人巴克尔(Buckle),著《英国文明史》,谓'史学主要的职责,即在就无数特殊事实中,寻绎统驭人事之公例,以与其他科学媲美。且谓'人类进化,有唯物与唯心的两种势力'。此则较孔道西诸氏之单重经济方面者,为完善也。同时德大史家兰克(Ranke)深契巴氏之旨,直称历史为科学。自此治史之士,莫不景从矣。"(王省之:《论史学究否为一种科学》,《丽泽》1929年第1期,第74—75页)

从文字上来看,陈氏两文以及王氏之文均参考绍特韦尔、巴恩斯、伯伦汉、朗格诺瓦与瑟诺博司等人的著述而成。

证方法,史学乃有发展之可言。①

徐氏一文不但对兰克史学的批评精神、考证方法大为赞赏,称颂严格遵循科学考据而成的"朗开氏之《宗教革新史》,足称十九世纪之巨著"②,而且还指出兰克史学在19世纪的巨大影响:

> 朗开而后,德之史学界,力矫轻信苟且之弊,一以批评态度为归,嗜冷事实而恶热感情。史学何幸而得此!孰知近四十年来,普鲁士因人民爱国思想而统一日耳曼。史学蒙其影响,顿失朗开派精神,而变为鼓吹国家主义之文字,自成为普鲁士史学派。③

在徐氏看来,普鲁士学派德罗伊森、息贝尔、特赖奇克三健将之史学背叛了兰克史学精神,"堕入史学魔道,不足为法";直到特赖奇克去世,"德之史家渐脱普鲁士派之火气而复宗朗开氏,史学乃仍上正轨"。兰克史学为正轨,普鲁士学派为史学魔道,其原因就在于兰克史学"断裁谨严,考证详明"④。徐氏认为,19世纪西方史学有两大流派,一为浪漫主义,一为实验主义。其中实验主义以兰克史学为代表,"实验主义惟事实是务,无征不信。其见于史学者,则有朗开之倡考订之学,与各国学者之罗掘古物,搜辑典籍(原著)"。徐氏甚至认为只要恪守以兰克史学为代表的实验主义,"祛除情感,以事实为归,则史学之有造于研究人事之学术,固未必多让于其他社会科学也"⑤。

众多深受伯伦汉、朗格诺瓦与瑟诺博司论著影响的中国学人,一方

---

① 徐则陵:《述学·近今西洋史学之发展》,《学衡》1922年第1卷第1期,第1页。与此同时,徐则陵将此文以《近今西洋史学之发展》为题刊发于《史地学报》1922年第1卷第2期之上。以下不赘。

② 徐则陵:《述学·近今西洋史学之发展》,《学衡》1922年第1卷第1期,第4页。

③ 同上,第6页。

④ 同上,第4页。

⑤ 同上,第9—10页。

面转贩征引伯伦汉、朗格诺瓦与瑟诺博司著作中论及兰克史学的文字①,另一方面积极投身于中西史学方法论的对比研究,意图从中寻求推动中国史学进步的良方。缪凤林在《研究历史之方法》中感慨自伯伦汉之后"西人论史法之书日多",而中国则自刘知幾之后史学方法论方面并无多少进展,故而"今就攻研所及,参酌中西书籍,略述研究历史之方法"②;而张其昀也表示,"法国史家朗格 Langlois 辛诺波 Seignobos 二君论列历史事实之分类,至称详密。(见二君合著之史学研究法导言第三篇第三章),余尝取吾国历代正史之志与三通及章君湖北通志之类目,以相比较,附于篇末,为海内有志史学之士览观焉"③。

在进行中西史学方法论对比研究时,中国学人多少有点敝帚自珍的情节,内心总割舍不下对中国传统史法的依赖与留恋。郑鹤声在比较中西史法时,从《左传》《史记》《汉书》说起,特别提到刘知幾《史通》成书远早于西方伯伦汉等人的著述:

> 夫《史通》者,固为论史学之杰作,尽人知之。然在西洋之能商榷史法、讨论书体者,要以德史家贝恒(Bernhein)始。贝氏于一八八九年即清光绪十五年著《史法教科书》(*Lehrburh der Historischen Methoe*),距今仅三十余年耳,较之子元《史通》瞠乎后矣,较之彦和《史传》更莫之比,固足自荣。然西洋自贝氏而后,日益发达,而我国

---

① 如缪凤林在《研究历史之方法》一文中表示:"专论史法之书……则自一八八四年德人培海门《史法论》(Bernheim: *Lehrburh der Historischen Methode*)始。自培氏后西人论史法之专书日多,如来纲义与薛格牢之《历史研究导言》(Langlois and Seignobos: *Introduction to the Study of History*)、文生之《历史索隐》(Vincent: *Historical Research*)、甫林之《历史编纂法》(Fling: *The Writing of History*)其尤著者。"(缪凤林:《研究历史之方法》,《史地学报》1922年第1卷第2期,第2页)
② 缪凤林:《研究历史之方法》,《史地学报》1922年第1卷第2期,第2页。
③ 张其昀:《读〈史通〉与〈文史通义〉、〈校雠通义〉续》,《史地学报》1922年第1卷第4期,第130页。

自两刘而降,作者几人,此余所以抚卷叹息也。①

中国史学自古在史法上遥遥领先于西方,近现代也仅是暂时地落后而已——这是当时面对纷拥而至的西史史法学人的大体心态。梁启超在清华演讲时就说:"(章学诚)他主张,史家的著作应令自成一家之言,什么学问都要纳到历史方面去。……我们看《文史通义》有四分之三或三分之一是讲哲学的,此则所谓历史哲学……章学诚所独有,即以世界眼光去看,也有价值。最近德国才有几个人讲历史哲学,若问世界上谁最先讲历史哲学,恐怕要算章学诚了。"②言下之意,中西史法对比,中国史法更胜一筹。当时的学人认为,中国史法研究远胜西方,新史学亦是与中国史家的主张相契合,"刘氏生当八世纪,即章氏亦先于德大史家兰克(Ranke,1795—1886)数十年,而其陈训立说,颇有与新史学默契之点"③。

深受美国新史学影响的何炳松在面对西史史法冲击时,亦表现出同样的心态。何氏认为,虽然我国研究史法之作不多,但研究史法之传统悠久,佳作频出;而西洋研究史法历史并不长,而且多数著作"或高谈哲理,或讨论修词,莫不以空谈无补见讥于后世";直到伯伦汉、瑟诺博司与朗格诺瓦之书问世情况才好转,而章学诚之《文史通义》,"其议论之宏通及其见解之精审,决不在西洋新史学家之下"④;倘使"一一加以悉心之研究,即类起例,蔚成名著,则其承先启后之功,当不在朋汉姆、郎格罗亚与塞诺波之下"⑤。

这些表现或是因为对中国传统史法的不舍,或是因为对西史史法了

---

① 郑鹤声:《述学·汉隋间之史学·第六章正史之体例》,《学衡》1924 年第 35 期,第 56 页。
② 梁启超:《中国历史研究法》,上海古籍出版社 2000 年版,第 310 页。
③ 卢绍稷:《史学概要》,商务印书馆 1930 年版,第 111 页。
④ 何炳松:《历史研究法》,商务印书馆 1927 年版,序第 4—5 页。
⑤ 同上书,第 7 页。

解不够深入。而这些多少也影响到中国学人对兰克史学的理解,因而此时中国学人对兰克史学的了解依然停留在粗浅层面上。

3. 借鉴研究与移译抄袭

在兰克史学东传的最初阶段,虽有学者试图用以兰克史学为代表的西洋史法来解决中国史学中存在的问题,但多数学人所做出的回应多为转贩移抄外文教科书或论著。这一状况直至大批海外留学生归国才发生根本性的改变。海外学子精通外语、能直接阅读外文论著,无须经过教科书等转口贩售而获知兰克史学的信息,而是直接感受兰克史学的魅力,故而对兰克史学的理解也不同于往日。

留美的陆懋德所著《西方史学变迁述略》一文刊于《师大史学丛刊》上。此文实际上是陆懋德汇集伯伦汉"所作之《史学入门》第一章","J. T. Shotwell 之《史学史引论》,H. Bourdeau 之《史学及史学家》,及 G. P. Gooch 之《十九世纪史学及史学家》","H. E. Barnes 之《社会科学史》内有《史学》一篇,G. W. Robinson 之《历史研究大纲》内,有《经典的史学家》一篇,F. S. Maruin 之《近代欧洲思想发展史》内有 G. P. Gooch 所作之《史学》研究一篇"等诸篇而成①。其论及兰克史学的文字则移抄以上著作中的相关章节。如"德国史学派在近世纪史学中,有革新的工作,语其首功,当以柏林大学教授 Ranke 为代表,生在一七九五至一八八六年。初以现代政治及国际问题著名,所著有《罗马及日耳曼民族史》《欧洲十六世纪、十七世纪史》《英国十六世纪十七世纪史》《德国改革年代史》等书,均传于世。英人 Lord Acton 作《德国史学派》一篇,载在一八八六年一月号《英国史学评论》,大意谓'前此之著名史学家,皆视历史为应用的政治或模范的宗教,或爱国心之制造所,自 Ranke 始是第一人为历史而治历史,不参加其他作用'。自此派出而十九世纪末期之史学家

---

① 陆懋德:《西方史学变迁述略》,《师大史学丛刊》1931年第1卷第1期,第1页。

皆宗之,后之客观主义的史学,即始于此"①。此段文字"皆为美人 Y. W. Robinson 所著《史学研究大纲》内列在经典的史家(Classic historians)之内"②。又如,"近世史学之新辟的正路,自德国史学家 Ranke 为始,并以为自 Ranke 始明白主张,使过去的事实与现在的感情脱离关系,并主张凡记述某时代之事迹,必须根据某时代同时代之著作。此即谓自 Ranke 始提出史学之正当方法。史学方法在史学上位入门之途径,古之大史学家固不借径于史学方法,然今人欲修史学,自当以史学方法为始。史学方法之书,以德人为长,Ranke 在其一八二四年印行之《罗马民族史》第一卷内,附有《近代史学家批评》一篇,颇详于史学方法之讨论"③。这一段则移抄自古奇所作《史学研究篇》。

陆氏将众多西方史学大家之著作编译成篇,期望中国学人了解"西方史学已过之经历,及已往之成绩,加以研究,以备参考"④。其移抄的出发点是中国史学研究,其移抄坦然而直接,并标明出处,绝不隐藏移抄出处而故作高深状;其内容是直接翻移自外文原著,而不是转口日本西洋史历史教科书而来。从某种意义上而言,在兰克史学东传上,陆氏之移抄臻于登峰造极之境了。

对西史东传中贩售移抄的这一问题,朱谦之曾有过比较尖锐的批评:

> 关于史料学,我们可以在汉文中找出好些参考书籍(注一:如李思纯译《史学原论》,张宗文学《社会科学与历史方法》;何炳松著《通史新义》;梁启超著《中国历史研究法正续编》;何炳松著《历史研究法》;李璜著《历史学方法概论》等),可是这些书籍,大半是从法

---

① 陆懋德:《西方史学变迁述略》,《师大史学丛刊》1931年第1卷第1期,第7页。
② 同上,第10页。
③ 同上,第9、10页。
④ 同上,第1页。

Seignobos 和德 Bernheim 名著抄译下来，而加以中国史实的解释的。所以仍然没有多大发明。不但中国如此，日本史学界所称为几部史学的名著(注二：如坪井九马三著《史学研究法》，野野村戒三著《史学概论》等)，也是照抄 Seignobos 和 Bernheim，除加上日本史实的解释外，什么也没有。……

如受 Seignobos 历史学方法影响最大的何炳松先生，《通史新义》一书事实上几乎完全译自 Seignobos 的著作。①

正因为认识到移抄之滥，故而朱谦之另辟蹊径，试图从历史哲学的角度理顺中西史学，其对兰克史学的解读亦是如此。朱谦之认为，兰克属于深受"黑格尔派的历史解释"的观念论派，但兰克反对黑格尔为历史发展设置"绝对理性"的原动力②；兰克主张"那是现于各时代的种种'倾向'，这就是各时代人们所要走的方向"，而"这时代倾向的，是从各时代人的自由观念出发，而表现于时代许多之史实中，存有密接的内的联络关系"③，所以历史研究的任务就是把握这种各个不同时代的"倾向"：

> Ranke 用两种方法，来把握这个历史的运动，一个就是当时硕学 Niebuhr 所用考古学的方法，审查史料；在批评的研究以后，再从潜于史料里面，体认精神。Ranke 最初虽用这种方法来把捉史实的正确，但因这种方法不能理解史实的全体，也不能把握其间的某种关系，所以不很满意，而更用第二种方法，即从史实里面把捉它的关系的要求。于是 Ranke 更进而从事哲学的考察。……只要推究在这时间空间里面的两因果关系，使之成为完全的联络，那末历史发展的根本原理，已经很明白了。而且照 Ranke 意思，将这把捉关系的推理展开起来，那因果关系当然要推广到全世界事实里面，于是

---

① 朱谦之：《什么是历史方法？》，《现代史学》1933 年第 1 卷第 1 期，第 11、14 页。
② 朱谦之编著：《历史哲学大纲》，民智书局 1933 年版，第 109 页。
③ 同上书，第 110 页。

便达到世界史(Weltgeschichte)的观念。Ranke 因为要促成这史实之全部的普遍的把捉,遂贡献一生于大著世界史的编纂。因他始终以史家自任,他的方法和工作,可算是最科学的,一面又很明了受了 Schelling、Hegel 等影响,而承认自由与精神力;所以他在历史哲学第二时期与第三时期中,可算一个承前启后不可少的历史家,过此就是科学的历史哲学时期了。①

朱谦之此论完全是从历史哲学的角度解析兰克史学科学方法的理论基础,探讨兰克世界历史观念的理论渊源,从而确立兰克史学在历史哲学上的地位与作用。这种解读是民国时期学人对兰克史学全然接受并消化后的一种升华,更是对传入的兰克史学的一种有力而深刻的回应。

其后,朱谦之又从史学史的角度分析兰克史学,将兰克史学归于"发展的历史"的第三期"科学式文化史"类,与"Mommsen、Waitz、Eduard Meyer、Ritter、Oneken(德);Seignobos、Langlois(法);Fling、A. Johnson(美)"均属于"考证派",以区别于"Lamprecht、Weber(德);Robinson、Shotwell、Barnes(美)"的综合史学派②。

朱谦之对兰克史学的解读与介绍基本上侧重于历史哲学层面,这于本身对兰克史学了解并不深入的中国学人而言略显高深。在中国推广兰克史学这一问题上,姚从吾等人的论著则更为切合当时中国史学界对兰克史学的了解水准。1930年《留德学志》上刊发留德学子姚从吾的《德国史学界所称道的几种历史观》,此文对当时德国史学界做了详细的介绍,文中将兰克视为"普鲁士历史学派"的开山祖:

这一派在德国哲学界为正统派,势力雄厚,自然也影响到德国

---

① 朱谦之编著:《历史哲学大纲》,第111、112页。
② 朱谦之:《中国史学之阶段的发展》,《现代史学》1934年第2卷第1、2期,第2页。

一般的史学界。德国历史学大家,创立普鲁士历史学派的大师,像栾克(L. v. Ranke,1795—1886)与杜瑞苏(G. Droysen,1808—1884)即采取正统派哲学的思想,为观察历史的依据。普鲁士历史学派的特色,偏重政治,不重文化;注重实际的工作,不注重空洞的理论。他们不喜欢自造理论,但也不是绝对没有理论。他们解释历史本体的理论,即直接的或间接的采自德国的正统派的哲学。栾克、杜瑞苏诸大师既根据康德、斐希特、黑格尔诸家的历史哲学,作为自己的理论,著史讲说,传诸门徒,和门徒的门徒;辗转皈依,因而观念论派的历史观,即弥漫于德国的史学界。德国各大学的历史教授,除了文化史派,凡是自命为实用历史家的人,可以说都是属于这一派。①

姚从吾一开始就摆脱了当时中国学术界一谈兰克即人云亦云地论其"如实直书"这一窠臼,从兰克史学理念论这一角度阐发兰克史学在政治上的诉求、与德国古典哲学的关系等,强调兰克史学在致用上的追求。姚氏认为,以兰克史学为代表的德国史学家在国际上享有盛誉,主要是因其"注重实际工作,不尚空洞的理论"这一形象;但实际上不管何种史学流派的德国史家都清楚:"理论是实际工作的导师;知道搜辑材料,考订真伪,固然紧要;但是怎样方能搜辑到正确的材料,怎样方能认识材料的真价值,怎样方能考订真伪;这些理论方面的指示与辅助,更为紧要",包括向来以"如实直书"、客观公正撰史自居的兰克亦是如此。姚氏进一步指出:"这是德国一般史学家具有的精神。我们若是想整理我国数千年堆积到现在,陈陈相因的历史,若是想使我们的历史研究,成为世界历史学的一部分,即应当先认识这种精神。"②姚氏从改变中国史学研究落后状况这一目的出发,结合其所了解的兰克史学及整个德国史学,强调

---

① 姚从吾:《德国史学界所称道的几种历史观》,《留德学志》1930年第1期,第15、16页。
② 同上,第19页。

突出兰克史学政治性中所体现出来的史学精神。相比以往中国学人对东传而来的兰克史学的回应，姚氏这种认知是接受并消化兰克史学、结合整个德国史学状况、立足中国史学现状而做出的深刻回应。

姚从吾的《欧洲近百年来的历史学》则是从学术史的角度阐述兰克史学在欧洲史学中的地位与影响。姚氏简要叙述了兰克的生平与著述后，指出"栾克在近代史学界中，也属于语言文字学的批评派。因为他的天才超越，见解锐利，对于现代欧洲史学界的贡献较上述尼博儿尤觉伟大"，并引述其师、柏林大学近代史教授史太因斐尔德（Richard Sternfeld，1858—1926）在《历史人物集·序言》中的内容，盛赞兰克的史学成就：

> 今年（一九二四）实为吾"德国新史学"诞生的百年周年。一八二四年栾克的《罗马民族与日耳曼民族的历史》出版，原书后面附录长文一篇（原文长一八二面），名为《近代历史作者的批评》，自此文出世，现代历史学研究的新基础，方正式奠立。……此书在学术上的贡献，约分为两点：第一，用锐利的眼光批评史料的来源；第二，对史事立明确的解说，并由此认识史事对于时代与环境的关系。
>
> ……栾克用客观的观察，批评古伊齐阿底尼的书，证明原书大半都是无批评的抄自他书。……栾克主张收辑案牍、公文，和同时人的报告等，尽量采用原史料。所以他在一八二四年他著的《罗马民族与日耳曼民族的历史》的序文中说：
>
> "人以历史的职务，在鉴既往，诏方来。本书并无此等奢望。著者所要说明的，'只是往事曾如何经过而已'。"
>
> 栾克的主张，简单说即是赤裸裸的记述事实，不加任何修饰，仔细研究各个史事，不知道的存疑。切戒以意编造与杂以浮辞。……再由各个史事的联贯中，了解他们间的相互关系。……（以上《历史人物集》序言，页九至十一）

栾克是近代特出的历史家,注重记述史事以外崇重历史理论。他的历史观是承袭德国正统派哲学观念主义(Idealismus)的见解的,无形中在德国史学界建立一种观念论的历史观。他对于历史的见解,除了散见于各种历史著作以外,大致发表于他所著的《论新历史的时代》。①

虽则姚从吾对兰克及兰克史学的这一评述属于移译转贩,但姚氏是直接译自当时德国最新的史学研究成果的,比起从日本、美国转口接受兰克史学已然胜出良多。中西史学交流中,移抄与翻译是必然的过程。从某种程度上而言,移译什么、怎样移译等都是接受史的内容。事实上,兰克史学东传这一过程中,移抄与翻译层出不穷。从简单粗暴地誊抄到有所选择地编译,从"炒人冷饭"到引述最新研究成果,这种变化本身就说明兰克史学在中国被接受的程度逐步加深,影响的范围也日益增大。

民国年间,在兰克史学的传播过程中,有几篇移译的文献值得一提。如1934年《国立中山大学文史学研究所月刊》刊发《西洋史学观念之变迁》一文。文中提到:

> 十九世纪之中叶大批国家主义之史家业已成熟……即朗克(Ranke)及其门人所谓"科学"派是也。
> ……其结果产生数巨册、鼎鼎大名之《德国史汇》(Monumenta Germaniae Histoica)。此种事业之方针早落于科学的史家之手,此项史家皆与朗克同志且受其训练者如达尔曼(Dahlman)、惠芝(Waitz)、济柏尔(Sybol)等是。朗克大声疾呼谓历史之范围只在记

---

① 姚从吾:《欧洲近百年来的历史学》,《中央日报》副刊《文史》第5期,1936年12月6日第三张第四版。此文后经姚从吾修改,以《近代欧洲历史方法论的起源》为题收入陈捷先、札奇斯钦编辑:《姚从吾先生全集(一):历史方法论》(中),正中书局1971年版,第8—14页。

述发生之事,不失分寸已足,遂为历史开辟一新途径。同时各大藏书室皆公开启放,编纂家及学者实利赖之。德国及德国之外亦并知,搜罗事实之才实大胜于修饰文章之力。"①

译文中论及兰克学派的研究方法与史学成就,但原文作者认为兰克所倡导的"如实直书""断不能造出一'确定时代'也"②。对于兰克史学东传而言,此文最大价值即译自美国《社会科学季刊》1934年夏季号同名文章,从原文与译文发表的时间上来看,几乎可以说是同步刊行。这说明中国学人能主动第一时间寻求西方最新研究成果。

与此类似的还有张荫麟、容琬翻译的《近代西洋史学的趋势》一文。文中强调"兰克是近代史学界的偶像","他是首先英勇地研究历史记录的一人","他教我们要批评,要不带色彩,要新颖",指出兰克史学囿于政治军事史,专注精英人物,因而"不管他给予考证及比较批评以怎样新的气力,历史的领域,对于他始终止于旧的界限中"③。显然原文作者克瑞顿属于美国新史学派。虽然作者对兰克史学范畴的偏狭不满,但依然肯定兰克在史料考证、求真上的贡献与作用:

> 当一般人都不愿说肯定的话时,他的确信的根源,除掉他的特别天才外,也许一部分是因为他能划分历史家之研究以及训导的责任。他知道(别人很少知道的)原始文献的汗牛充栋(因为对欧洲各国历史的任何问题,一个历史很少有只顾到本国的档案,而不研究他国的),他勇敢地主张:材料及权威的领域应该只属于历史家,那些学生,普通读者,政客,是不能希望和它发生关系的。公平为理所

---

① W. Westergaard:《西洋史学观念之变迁》,朱杰勤译,《国立中山大学文史学研究所月刊》1934年第3卷第2期,第87、88页。
② 同上,第88页。
③ R. H. Cretton:《近代西洋史学的趋势》,张荫麟、容琬译,《中国青年》1939年第1卷第5、6期,第50页。

当然,没有一个历史家不把兰克的理想(他的无色彩的正确,对权威的批评个人的偏见的压制)放在前面的。因此,原始文献的印行是枉费气力了。历史到了这时候应当可以印行一种清晰叙述,没有关于史源的脚注的牵累。①

此文大体上反映了美国新史学派对兰克史学的一般看法:反对兰克史学专注于政治军事史、取材狭隘,认可兰克史学在史学科学化、专业化上的贡献与成就。因而此译文对于中国学人了解新史学与兰克史学的关系有一点益处。特别是在当时中国史学界深受美国新史学影响的情况下,此文对于兰克史学在中国的传播的意义就无形中因此而放大了。

1941年《中国公论》上连续两期刊载了梁盛志翻译的、日本史家今井登志喜的《西洋史学对于日本史学的影响》一文②。此文主要阐述日本史学如何受以兰克史学为代表的西洋史学的影响:

> 史学科的设置,供给黎斯以正式传授西洋史学的地位。因充教师的必要上,给我国学人以专门研究西洋史学的机缘。即坪井九马三博士,为研究史学受命留学欧洲,归来于明治二十四年为史学科教授。明治二十六年定讲座制度时,担任史学地理讲座,和黎斯共讲西洋史学。留学德国,在我国是专门西洋史学家的先驱的,箕作元八博士,明治二十七年作史学科讲师。明治三十五承黎斯解任归国之后,继其讲座。黎斯承袭蓝克的学统,是人所共知。坪井博士说:"余辈所见纯正史学,始于德国的 Leopold von Ranke。"箕作博士也极倾倒蓝克。因而帝国大学的史学科,以德国史风为中心,代

---

① R. H. Cretton:《近代西洋史学的趋势》,张荫麟、容琬译,《中国青年》1939年第1卷第5、6期,第54页。

② [日]今井登志喜:《西洋史学对于日本史学的影响(上)》,梁盛志译,《中国公论》1941年第4卷第5期,第55—61页;[日]今井登志喜:《西洋史学对于日本史学的影响(下)》,梁盛志译,《中国公论》1941年第4卷第6期,第43—46页。

表官学的西方史学是当然的事。……史学会杂志初期载史学科最初卒业生下山宽一郎氏的《西洋史学史》说:"长于事实调查和研究历史的连络,所谓哲学的记述,是德国历史家尼布尔(Neibuhr)、蓝克等。……盖自尼布尔著《罗马史》,始有学术的历史出世。自蓝克的世界史出版,才有名实相符的万国史公世。"就这些话看,也可以了解当时史学科的风气。①

今井登志喜在文中阐明了兰克史学对日本史学界的影响,从兰克嫡传弟子里斯任教于东京帝国大学,再到坪井九马三、箕作元八等日本学人对兰克史学的宣传倡导。文中还进一步解析了兰克"如实直书"与史学致用的关系:

> 然在西洋蓝克排斥教训的史学,提倡有名的"恰如真相"(Wie es Eigentlich Gewesen ist)的研究和叙述渐成史学正系。这种排斥教训主义或实用主义,不能解作否定史学实用的意义。这如英国史家柏利所说,只不过是研究法上的统制原理(Regulative Principle)。对于人类生活无实用意义的所谓"为史学的史学",只是蠢话而已。②

今井登志喜认为,"以教训的实用的史学立场",不损及"史学的科学的性质",史学求真与致用可以共存。是故,坪井九马三等人"鼓吹纯正史学,主张史学从应用主义独立";重野安绎则明确表示"历史乃写出时世实况者,就其实况,加以考察,以明事理,始为历史之要旨。……唯传其实际,则自足为世劝惩,有资名教"③。这些日本学人的宣言实际上意

---

① [日]今井登志喜:《西洋史学对于日本史学的影响(上)》,梁盛志译,《中国公论》1941年第4卷第5期,第59、60页。
② [日]今井登志喜:《西洋史学对于日本史学的影响(下)》,梁盛志译,《中国公论》1941年第4卷第6期,第42页。
③ 同上。

味着日本史学的独立,超越了兰克史学,创立了自己的史学原则。文中还指出虽然坪井九马三的《史学研究法》"从内容看,明白受白仑哈穆的影响而成",但全书是坪井氏结合多年史法研究教学、"咀嚼消化白仑哈穆"而成,故而"在研究法著述里,于西洋书外,确可以一席之地"①。

今井登志喜此文对于中国学人进一步了解兰克史学以及兰克史学与日本史学的关系,大有益处;特别是文中阐明了日本史家坪井氏等转贩伯伦汉等人的史学方法论,这对于中国学人进一步分析中国从日本转口输入兰克史学有启发意义。值得一提的是,此文译自1939年出版的日文著述《西洋史学对本邦史学的影响》一文②。从时间上来看,可以说中国学人已能将日本史学界新近的研究成果引入国内。此外,1942年《东光》杂志上刊登了今井登志喜的《新世界史的出发》一文,文中对兰克的世界历史观念做了简要的介绍,提及了兰克史学中的西欧中心论③。

兰克史学在中国传播过程中,移译文献方面比较特别的是《时代杂志》连续三期刊载的苏联史学家巴斯金《反动的德国历史学》一文④。此文打着马克思历史唯物主义、唯物辩证法的旗号,对以兰克史学为代表的德国历史学进行全面批判。文中指出,"被德国历史学家认为是卓越的普鲁士历史学的奠基人"的兰克"是德国(它在普鲁士封建制度的武器援助之下巩固了资本主义攫取的胜利)地主资本家的典型的伪自由主义的代表":

---

① [日]今井登志喜:《西洋史学对于日本史学的影响(下)》,梁盛志译,《中国公论》1941年第4卷第6期,第43页。
② [日]今井登志喜:《西洋史学の本邦史学に與へたる影響》,载历史学研究会编:《本邦史学史論叢》(下卷),东京富山房1939年版。
③ [日]今井登志喜:《新世界史的出发》,《东光》1942年第2卷第4期,第4页。
④ [苏联]巴斯金:《反动的德国历史学》,《时代杂志》1945年第5卷第21期,第10—12页;[苏联]巴斯金:《反动的德国历史学(续)》,《时代杂志》1945年第5卷第22期,第16—17页;[苏联]巴斯金:《反动的德国历史学(续完)》,《时代杂志》1945年第5卷第23期,第20—23页。

兰葛诈称自己是"客观主义"的代表，口头上宣称研究历史的目的是"中立"地叙述事实。然而兰葛的"客观主义"和"中立性"只是它的外表，里面却隐蔽着默武的观念论和反动的辩护。兰葛认为历史是绝对精神的产物，由于精神的命令，社会上产生了思想，而思想的实现则是伟人的职务，他们是直接操纵事件的发展的。

……

兰葛说历史是"精神"意志的表现，他否定了社会的经济史，否定了人民大众在历史发展中的任何作用，否定了阶级斗争。兰葛的著作中有着大量的实际材料，这可算是它的功绩，然而应该注意，他只是收集了那些对他有利的事实，只是那些能帮助德国宣传的事件。……他不过披了一件"中立学者"的外衣。这使得兰葛不但在"自由的"教授集团中，而且在公开的反动代表中得到好感。①

文中将兰克及兰克史学批得一无是处，指责兰克"以地主贵族的憎恶态度对待欧洲的革命运动，他是民主的公开敌人，劳动者的公开敌人"，以历史写作向普鲁士政府献媚②。全文完全是从意识形态的角度评述兰克史学，文辞尖酸刻薄。文中内容对兰克史学在中国传播而言并无多少价值；只不过让人体会到特定时期、特定意识形态下兰克史学的不同形象而已。

翻译文献中最值得一提的是 1948 年《建国月刊》上分两期刊载了兰克的《政治问答》的译文③。该文集中体现了兰克的政治诉求，这对于了解兰克的政治理念、理解兰克史学求真与政治致用之间的关系有着重要

---

① [苏联]巴斯金：《反动的德国历史学》，《时代杂志》1945 年第 5 卷第 21 期，第 12 页。
② [苏联]巴斯金：《反动的德国历史学（续）》，《时代杂志》1945 年第 5 卷第 22 期，第 16 页。
③ [德]Leopold von Ranke：《政治问答》，陆飞译，《建国月刊》(台北)1948 年第 1 卷第 5 期，第 25—28 页；[德]Leopold von Ranke：《政治问答：市民制度与军队制度》，陆飞译，《建国月刊》(台北)1948 年第 2 卷第 1 期，第 29—34 页。

意义。此文的翻译是目前所知的兰克论著最早的中文译文。

随着走出国门、放眼看世界的留学生日渐增多,兰克及兰克史学在中国传播的深度与广度都在逐步扩大,而移译抄袭方式的引介与研究也渐渐为更多更为精进的史学研究所取代,兰克及兰克史学逐渐为中国学人耳熟能详。

4. 留洋学子与兰克史学

就兰克史学在中国的传播而言,移抄翻译是中国学人接纳、传播兰克史学的一种特殊方式。通过对这些移抄翻译之作的阅读,大体上可以蠡测兰克史学在当时中国的影响。然而这些毕竟只能间接反映兰克史学在中国被接收的情况,直接体现兰克史学在中国传播情况的,主要是中国学人通过阅读接受兰克史学而做出的各种文字回应,尤其是刊发关于兰克及兰克史学的论著。

1935 年《中央时事周报》刊发了王梅荪《郎克史学名著出版百周纪念》一文。此文对兰克之生平著述、史学特点做了详细的评述:

> 其以积年探本穷源搜集之资料,为此书之基础,更以纯粹客观真实之态度,描写历史上之往迹,栩栩如生,遂使读者拍案惊奇。其行文叙事,丝毫不杂一己之臧否感情作用,一依事态之自然而以冷隽之笔法出之。……自郎氏此著一出,几乎使历史科学完全移入一新的领域,后来人皆囿于传统观念,历史家严守前人之法则而不敢易,等于变相之复述。郎氏主张以为历史之考察,当穷其源流,不明源流,决不能写成真正之历史,而从来历史上之源流,往往隐于政治实录中,湮没而不彰。郎氏遂独出心裁,成此光辉史乘之模范著作:"余只求所述适如当日之事实",此郎氏著书之格言也。①

---

① 王梅荪:《郎克史学名著出版百周纪念》,《中央时事周报》1935 年第 4 卷第 5 期,第 37 页。

文中指出,兰克"一切著作,几皆以日耳曼族与罗马族政治宗教之战争为中心对象",突出兰克围绕"如实直书"而付出的努力、取得的成就。从内容上而言,此文并未超越此前从日本、美国、欧洲转口而来、移抄翻译的各类有关兰克及兰克史学的述评文章,但作者声称"本年六月十七日适为郎氏名著出版百周纪念,特为文纪之",乃为兰克《教皇史》出版百年纪念而作此文,倘若不是对兰克及兰克史学有足够的了解,是无法做到这一点的。尤为难得的是文末附上"郎氏所著书目"以及"关于郎氏书目",这对于学人进一步了解兰克及兰克史学而言是极有益处的。虽然这一短文并不能说明中国学人的兰克史学研究水平有多高,但至少表明中国学人在接受兰克及兰克史学后,试图以研究者的身份加入到兰克史学研究队伍之中。此时随着留学海外学子的归国,兰克史学的传播与研究也发生了巨大的变化。

留学德国的张贵永于1940年在《中德学志》上刊发《评〈历史主义的起源〉》一文。张贵永详细评述了迈纳克《历史主义的起源》一书,认为迈纳克"直接继承十九世纪德国史家兰克(Ranke)的传统,无论在治学与著述方面,都是严于史料考释,与富有实事求是的精神"①。留学德国的张贵永写作此文本身,就意味着中国学人能紧跟当时德国史学界的最新学术动态②。是故,虽然此文述及兰克及兰克史学的文字不多,但就兰克史学在中国的传播而言,张贵永显然走在了前列。其后他在《中德学志》上刊发一系列文章,将其留德期间所掌握的史学知识倾囊相授,而《中德学志》也成为中国学子传播德国学术最重要的阵地。

《中德学志》1941年第3卷第1期刊发张贵永的《历史主义的前驱》

---

① 张贵永:《评〈历史主义的起源〉》,《中德学志》1940年第2卷第4期,第691页。
② 迈纳克《历史主义的起源》一书最初于1936年出版,考虑到第二次世界大战期间学术交流受影响,张贵永能在1940年刊发《历史主义的起源》述评,应该可视为紧跟当时德国史学界最新研究成果的体现。

一文。此文为《评〈历史主义的起源〉》一文的姊妹篇，文中追溯17—18世纪的历史主义思潮，论述莱布尼茨、赫尔德、维科等人的历史主义思想。其中有部分文字涉及兰克史学：

> 十七世纪一种普遍运动是勤于史料的搜集，到了来氏身上就发展成为将来历史研究的真实问题。在历史判断上他能明察各时代的大转机，真是兰克（Ranke）所谓历史时机，至于各民族的兴亡关键与命运变迁他又能洞悉其真相所在，胜过后起的佛尔泰（Voltaire）。①

> 韦科觉得人类当其创造政治秩序与文化，除了为着他们狭侧的目前利益以外，别无所知。……这样击中了自古以来天权学说所公认的人性一致的要点，在历史研究里找寻真实生命。日后兰克的理想愿望摆脱自我以全力摄取历史现象，在相当程度韦科已能履行了。……这是他的哲学使他对于历史的观点当做精神的程序，包括全体参看，与赫德、兰克等人的时代精神，能联结上帝精神与个人意象的不可同日而语。②

在张贵永看来，兰克与赫尔德一样是德国历史主义者，他研究历史的目的是为了把握时代精神，而兰克的这种时代精神是联结上帝精神和历史个体的纽带。这些对兰克史学的评述，偏于历史哲学。虑及当时整个中国学术界对兰克及兰克史学的了解并不深入，故而这些偏于理论的阐释未必能对兰克史学在中国的推广起多少作用，但至少说明当时少数中国学人在兰克及兰克史学思想研究上已有独到之处。

刊发于《中德学志》上的《莫赛与赫德的历史观》亦是如此。张贵永在文中指出，莫赛（Möser）"主张以政治史为中心，文化史应站在边际"，

---

① 张贵永：《历史主义的前驱》，《中德学志》1941年第3卷第1期，第57页。
② 同上，第60页。

是兰克政治史的先导;莫赛在史料考证上所做的努力是兰克史学考证的先声:

> ……(莫赛)只有如此把旧的文字记载区别其他真实与伪造、手迹与抄录,再对个别的非理性的历史真相,察觉其演变性质,使创造与定命密切联系,这样才使十九世纪的兰克有惊人贡献的可能。①

张贵永认为,赫尔德所倡导的"世界由人的心灵出发去悟解"成为兰克史学理解中的重要启示②,而赫尔德的世界历史观念亦成为兰克世界史观念的理论来源;歌德的浪漫主义也是兰克史学思想的重要来源③,因此"兰克日后的成功不仅以莫赛的,并且还以赫德、歌德与浪漫主义的预备工作为先提"④。全文可以视为探讨兰克史学的理论渊源。

其后张贵永又以《歌德与近代历史思想的起源》一文继续深入讨论歌德对德国史学的影响,其中提到歌德对兰克的影响:

> 由于浪漫主义与歌德的精神贯注,兰克(Ranke)已经开始他的生平著述,无论从类别与个别的观点上发现国家内部的生命意义与外表的生存定律。……
>
> (歌德)他并且和启蒙运动以及赫尔德有内心联系,主张文化的价值高于国家,以马克维利为主人的世界和他内心精神不相符合。兰克处一八一四年以后的世界,能由客观静思认识实力斗争,歌德由于天性特质就漠然置之。他的天性是动的创造的,但于人类事物亦有为其不能纯思冥想之处。⑤

---

① 张贵永:《莫赛与赫德的历史观》,《中德学志》1941 年第 3 卷第 4 期,第 554 页。
② 同上,第 558 页。
③ 同上,第 561,562 页。
④ 同上,第 554 页。
⑤ 张贵永:《歌德与近代历史思想的起源》,《国立中央大学社会科学季刊》1944 年第 1 卷第 2 期,第 114 页。

总体而言,就绍述兰克史学而言,张贵永这一系列文章过于理论化,虽然对兰克史学在中国进一步传播并无多少促进作用,但展示了此一时期留学归国学人对以兰克史学为代表的西方史学理解之最高水准,在一定程度上也表明兰克史学及德国史学在中国影响的深度在变化。

1945年张贵永一改文风,在《最近几十年来的德国史学》一文中,通过叙述兰克生平著述,展示兰克史学思想中的浪漫主义因素,并借息贝尔之语——"对于实事求是的研究与史料证据的确定,兰克教授法在德国有划时代的影响"①,突出兰克及兰克史学在史学上的贡献②。张贵永又在《从英国先期浪漫主义到赫尔德的历史思想》一文中多次征引兰克之语作为佐证,以阐述早期浪漫主义思想对兰克的影响③;他认为赫尔德"最重要的想像系文化发展的相互关系及其整一性,这从古代东方直到西洋现世不曾改变,并且影响兰克的世界史观"④。而后在《西洋外交史研究》一文中,开篇即提到兰克:

> 莱奥坡·封·兰克(Leopold von Ranke),近代语文考证派大师,十九世纪德国最伟大的史家,他的史学研究全由世界史观出发。他能胜过当时一般史家的,就因为他没有民族偏见,他并不否认民族意义的重要,但把它放在欧洲全体立场上去。在他眼光里历史发展不应该仅在一个民族范围,而须在基督教文化的民族集团里。因此,他不反对当时国际间的争执情形,不像浪漫主义派那样专主张民族的独立发展,也不以外国输入的趋势与事物,认为有损无益的。他觉得国家对外力量的发展与其在国与国间的地位……对于内部

---

① 张贵永:《最近几十年来的德国史学》,《国立中央大学文史哲季刊》1945年第2卷第2期,第77页。
② 同上,第78页。
③ 张贵永:《从英国先期浪漫主义到赫尔德的历史思想》,《国立中央大学文史哲季刊》1945年第3卷第1期,第37页。
④ 同上,第45页。

的政治史他却注意较少,对于实力在国际关系的意义,反过来,说得非常透澈。……兰克却注重欧洲各国的实际情形与国际关系。人家都以法国内部情形解释法国革命,兰克却以为这是十七世纪以来法国与其东北各列强势力转移的结果。兰克对于历史智识上的贡献以此为最显著。最可以庆幸的,是他以历史的实证主义,替代浪漫主义与唯心主义的玄想,特别自黑格尔以来所用种种玄妙解释,兰克就以各国间的利害与实力关系来胜过。这种观念在兰克的处女作里已经显而易见,在他的《日耳曼与罗曼尼斯民族史》里已经抛弃民族兴亡一如生物之发育成长,或是由于上帝命运等等见解,并以维尼斯的兴起为例说明一国向上发展的时候,有他种势力与之并立,使其不能逾越范围。①

张贵永通过一系列的文章,对兰克史学在中国的传播产生了积极的影响。这些著述本身可视为兰克史学在中国被接受的一种体现,更可看作留德学子对传入的兰克史学所做的一种积极而深刻的回应。而张贵永著述文风的变化或可视为兰克史学本土化传播中,传授者面对被传授者不同反应所做的一种调整,或者说是体现了传授者与被传授者之间的互动,从中或可得知中国学人接受兰克史学的心路历程。

除张贵永之外,师从瑟诺博司的周谦冲也撰写了不少论文叙及兰克与兰克史学。在《现代西洋史学之趋势》中,除了叙述兰克的生平与著述之外,周谦冲还指出,"考据派宗师"兰克的"鼓铸客观精神,重光考据方法,使历学由附庸之地位,一跃而跻于独立科学之林者,则袁克之光荣也"②,突出兰克在史料考证方面的成就。周氏认为,兰克在考据学上的地位与"奠立考据学坚实之基础"的马比荣齐平,"其名著《拉丁民族与日

---

① 张贵永:《西洋外交史研究》,《国立中央大学文史哲季刊》1945年第3卷第1期,第53页。
② 周谦冲:《现代西洋史学之趋势》,《史学季刊》1940年第1卷第1期,第74页。

耳曼民族史》及附录《现代史家之批评》出版(1824)后,始首次建立现代'内部考证法'之规模。袁克最伟大之贡献,在主张史家之研究,不仅应利用当代史料,并应彻底研究作家之人格、倾向,与各种活动,以判断其叙事之个人心理"。在史学思想上"此外袁克对史学又有两种基本观点:一为'时代精神'(Zeitgeist),彼认为各民族各时代均受一种时代思潮之支配。此种观念,盖受浪漫主义思潮之影响也。二为'客观精神',因各时代有其特殊之时代思潮,故彼认为史家应完全不以现在之成见,观察过去之历史,而应以客观之精神,叙述过去之史事"。在历史教学上,"1863 年,袁克又创设历史研究班,开历史教授法之新纪元。历史研究班者,即史学上之实验室也,德人名之曰'塞密纳'(Seminar)。其执教柏林大学及主持'塞密纳',几达半世纪之久,鼓励创辟研究,训练考据精神,不遗余力,是以天下名史家,多出其门下。在大师退休后,其高足韦兹(George Waitz),主教哥廷根大学亦设'塞密纳'以训练青年史家,故1871 年后之欧美名史家,多问业于韦兹,受科学洗礼于哥廷根、于塞密纳"。"历史研究班"为 19 世纪西方史学培养了大量高级人才,推动了史学研究的专业化。

  周氏认为兰克及兰克门徒"创设巴燕研究院历史委员会",开启"现代史学界之国际合作运动","编纂历史丛书(如'德国名人大词典'、'科学史丛书'等)","创办《史学杂志》(*Historische Zeitschrift*)"[①]。在 19 世纪西方史学的科学化进程中,兰克及兰克学派居功至伟、遗泽后世,"袁克之史著,亦不无缺点:未能穷究史料之源泉,一也;偏重政治史及大人物,二也;忽略经济生活、社会生活乃至政治生活,三也"[②]。

  周氏此文大体上依据其师瑟诺博司之《史学原论》、伯伦汉之《史学方法论》等众多史学史及史学理论著述而成。从内容上而言,对兰克史

---

① 周谦冲:《现代西洋史学之趋势》,《史学季刊》1940 年第 1 卷第 1 期,第 74、75 页。
② 同上,第 76 页。

学及兰克学派评述全面而精当,此后绍述兰克史学的文章鲜有超过此文者①。此文的刊布有利于中国学人进一步了解兰克史学及兰克学派。

随着兰克史学在中国传播的深入,中国学人不再满足于研究兰克史学本身,而转向兰克史学的影响研究。如王绳祖的《美国历史学家对于赖克学说之意见》一文从接受史的角度,以特加尔特、比尔德、贝克尔等美国史家对兰克史学的反应为主线,展示兰克史学对美国史学界的影响。文中肯定兰克史学的科学性:

> 历史家乃悬"科学的历史"为鹄的。史文写作,应依据已加考订之事实,叙述描写,须求其忠实而正确。信如是也,则可达到历史之客观的真理。德国史家赖克,首倡此旨。彼谓写作史文,应将历史

---

① 如郑寿麟的《研究德国史学之准备》一文中提及兰克史学:"Leopold V. Ranke 袁克,1795 生于土令根之 Wiehe 威黑,1886 卒于柏林。1825 柏林大学教授,1827—31 赴维也纳及意大利研究,1832—36 *Historisch-politische Zeitschrift*《历史政治杂志》编辑,1841 普鲁士国史编修,1859 开燕王室史学会会长,著有 *Geschichte der romanischen und germanischen Volker von 1494-1535*《一四九四至一五三五年罗马与日耳曼民族史》(1824),*Zur Kritik neuerer Geschichteschreiber*《近代史家评论》(1824),*Serbische Geschichte*《塞儿维亚史》(1829),*Die römischen Papste, ihre Kirche und ihr Staat im 16 und 17 Jahrhundert*《十六十七世纪罗马教皇及其教会与国家》(1834—1836),*Die deutsche Geschichte im Zeitalter der Reformation*《宗教改革时期之德国史》(1839—1847),*Englische Geschichte vornchmlich im 16 und 17 Jahrhundert*《十六十七世纪英吉利史》(1859—1868),*Franzoesiche Geschichte vornchmlich im 16 und 17 Jahrhundert*《十六十七世纪法兰西史》(1852—1861),*Osmanen und die spanische Monarchie im 16 und 17 Jahrhundert*《奥士曼族及十六、十七世纪之西班牙王朝》(1877),*Geschichte Wallensteins*《兀念石太恩史》(1869),*NeunBücher Preussischer Geschichte*《普鲁士史》九卷(1847),*Zwölf Buecher preussischer Geschichte*《普鲁士史》十二卷,*Der Ursprung des Siebenjährigen Krieges*《七年战争之起因》(1871),*Die deutschen Marchte und der Fürstenbund*《德意志列国及君主同盟》(1871),*Ursprung und Beginn der Revolutionskriege*《革命战争之起原》(1875),*Weltgeschichte*《世界史》(1881—85,未完毕),德国有《袁克全集》发行,计五十四册(1867—90),询洋洋巨观也。"(郑寿麟:《研究德国史学之准备》,《史学季刊》1940 年第 1 卷第 1 期,第 84、85 页)

实在情况写出,巨细不遗,必忠必实。德语所谓"wie es eigentlich gewesen ist",数十年来,欧美史家,多奉此为圭臬。①

兰克在史学上追求"历史家应不存成见,对于过去史事,取客观态度,如是方能将历史实在情状,一一写出。……重视史料研究,以为舍史料外无历史;主张客观批评,以为事实既经考订,一经叙述,便可达到历史之客观的真理"②。王氏认为,兰克这种治史理想"陈义甚高,理论上无可诽议。惟所悬理想,能实现否,颇有问题"。史家特加尔特(F. J. Teggart)则从史家选择事实的主观标准、写作综合性世界通史的偏颇等角度出发,指出兰克治史理想难以实现③;比尔德则戏称兰克"如实直书"是"一高尚之梦境",所谓"写作史文,欲将种族、政治、社会、经济诸种偏见,排除净尽,完全客观,实不可能"④;贝克尔则主张"一切历史事实,皆系符号。其真确可靠之程度,为相对的",是故兰克所谓"叙述史事,欲取绝对客观态度,诚为不可能之事"⑤。

王氏认为,兰克治史理想并无不妥,只是历史研究无法彻底排除主观性,故而其理想难以实现,但也正是史学研究这种主观性使得历史著作不断推陈出新,而兰克"如实直书"则是史学独立的前提与基础,确保了史学家与宣传家的区别⑥。王氏此论显示出其不但对兰克史学了解至深、熟知美国史学现状,而且在接受兰克史学的基础上对史学的主客观关系有了自己的判断与理解。

王绳祖从美国史学界对兰克史学的接受情况切入,探讨兰克史学。

---

① 王绳祖:《美国历史学家对于赖克学说之意见》,《学思》1942年第2卷第6期,第13、14页。
② 同上,第14页。
③ 同上。
④ 同上,第15页。
⑤ 同上,第16页。
⑥ 同上,第17页。

朱谦之则将兰克史学划入"考古考证派",提出"现代史学的第一职务,乃在怎样理解目前世界历史和中国历史的大转变。换言之,即是'考今'";"历史为一种理解人类文化的现在的一种实证科学",历史研究应当"注重史实的解释与历史的现代性",而兰克学派注重史料搜集、强调"如实直书"在当下已经不合时宜①。朱谦之此论显示其服膺于新黑格尔主义,史学上信奉克罗齐历史哲学。故而其依据克罗齐的历史哲学来剖析兰克史学,自然对兰克史学的"如实直书"评价不高。然而,朱谦之此文并未深入解析兰克史学本身。

对兰克史学本身进行深入剖析的当属丁则良的《历史与史学》一文。丁氏围绕兰克所说的"个别的事物本身就带有通性"剖析其史学思想,指出强调"按照历史事实的真象中构筑历史"的兰克,"承认历史的事实,有个性,同时也有通性"。在丁氏看来,兰克"所谓个性就是异,所谓通性就是同";单个历史事实是一种"个别",历史研究就是要从单个历史事实的"个别"上升到"通性"。即"由历史事实中看出文化发展的法则",历史学"是要在异中推求其何以同,何以异的学问"②。丁氏此文篇幅不长,但其对兰克史学的分析已比较深入。这本身说明中国学人对兰克史学的接受与理解已经开始接近兰克史学的内在实质,因而此文也可视为中国学人对传入的兰克史学思想所做的一种深刻回应。

总而言之,中国学人通过各种途径接触兰克及兰克史学;而兰克史学传入中国后,也引起众多学人以各种不同的方式在不同层面上予以回应。这些都可视为兰克史学对中国史学的一种影响。可以说,兰克史学对中国史学的影响是深远的。历史学家朱谦之曾经感慨,"中国七七抗战以前的史学界,无疑乎均受兰克和色诺博司(Seignobos)等考据学派的影响,所以竟有人主张'近代的历史学只是史料学',竟有人主张

---

① 朱谦之:《考今》,《现代史学》1942年第5卷第1期,第1页。
② 丁则良:《历史与史学》,《自由论坛》1944年第2卷第6期,第31、32页。

'历史本是一个破罐子,缺边,掉底,折把,残嘴',历史似乎只有辨别古籍古物的真伪就完了"①。有论者认为考据学派之所在中国盛行,主要是中国史学界"承袭清代朴学的绪余""欧西的考据风尚"②。换言之,以兰克史学为代表的考据学派是因为切合了乾嘉朴学而在中国影响甚大。但是兰克史学作为一种异质的史学文化从异域转到中国,再到激起中国史学界的回响并不是一蹴而就的,而是有一发展历程的;并且这一历程中包含着中与西、新与旧的对冲,体现着中西史学交流中学人心路的转变。

三、融合与影响:冲突中的史学交流

依据兰克史学在中国不同时段的发展情况,以及中国史学界对兰克史学所做出的不同反应,兰克史学对中国的影响的发展变化过程,大致上可以分为以下几个阶段。

1. 五四运动的前后:绍述与忽视

20世纪一二十年代,中国史学还不是一门独立的学科,只是传统学术的一分支而已。在这一阶段,兰克史学虽然经由日本的转译,以及美国新史学的继承而传入中国,但是并没有引起史学界的注意,或者说,中国史学界根本还来不及去关注这一西方的史学思想。

当时,中国整个学术界仍热衷于"国学",任何其他的学术思想都不能与国学相比。即便是国学大师、曾经的革命先锋派梁启超的《新史学》,也不能像当年的政论文一样引起思想界的震动了。新史学的沉寂状态直到大批留学欧美的学生归国后才渐渐有所改变。1916年留美归来的何炳松在北京大学、北京高等师范学校主讲"西洋史学原理"一课时,以美国新史学派代表人物詹姆斯·鲁滨逊的《新史学》为教材,开始

---

① 朱谦之:《考今》,《现代史学》1942年第5卷第1期,第1页。
② 蒙思明:《考据在史学上的地位》,《责善半月刊》1941年第2卷第18期,第2页。

系统地介绍西方新史学的理论和观点,为梁启超所倡导的"史界革命"提供了切实的西学根据。此后,蒋梦麟在商务印书馆出版的《教育杂志》上发表了《历史教授革新之研究》一文,围绕美国历史教学宗旨,将盛行于美国的新史学主旨概括为:历史的作用是使人"富有改良环象,识社会种种征兆之原理,具解决社会种种问题之能力";而历史内容"当以贫民之生活为中心点也","世界之需要不在王侯将相之特别权力,而在平民之日常生活",同时重大历史人物也是不能忽视的,在他看来,"表扬伟人、政治家与科学家、发明家当并重也"①。这些源自美国新史学的新潮史学观念,对当时急于改变中国落后学术状况而对西方学术思想几乎饥不择食的学人来说,应该是很有震撼性的。实际上,这种新史学并未能引起史学界的关注。当时在北京大学就读的傅斯年对何炳松、蒋梦麟等所引入的新史学并无太大的兴趣,而是对胡适所传授的哲学思想兴趣极大。

傅斯年接受胡适的新思维,多半不是因为他喝过洋墨水,而是因为胡适所讲的"中国哲学史"是属于国学的范畴。胡适借用西方新思维"整理国故",引起傅斯年的兴趣,进而接受其主张。即便很欣赏胡适的思想,傅斯年还是从国学修养的角度指出胡适"书读得不多"②。胡适的新思维以及其对杜威学说的介绍,使傅斯年等新一代的知识分子意识到国学之外的事物以及国学本身的真正意义。傅斯年也由此"发现太炎学说缺弊所在,乃毫不犹豫立即冲出樊笼,投身'文学革命'阵营"③,宣扬新文化,对国学进行清算,实乃他借用西学以便更深入地解读国学这一目的所附带的结果而已。

---

① 蒋梦麟:《历史教授革新之研究:扩张历史范围、改变历史方针、革新教授方法》,载《教育杂志》第10卷第1期,商务印书馆1918年版,第30—32页。
② 胡适:《傅孟真先生的思想》,载王为松编:《傅斯年印象》,学林出版社1997年版,第80页。
③ 吴相湘:《傅斯年学行并茂》,载王为松编:《傅斯年印象》,第168页。

受胡适"整理国故"的影响,傅斯年首先对传统学术的组织、内容、方法等进行彻底批驳。在傅斯年看来,当时中国思想界故步自封、妄自尊大、不思进取;而西洋的学术则"折衷于良心,胸中独制标准;而以妄信古人、依附前修为思想界莫大罪恶"①。实际上,他称颂西方学术,尖锐地指出中国传统学术的谬误,目的还是为了振兴中国学术。为此,他提出"最要注意的是思想的改变"②。而这种思想上的改变就是吸收西方的事物,甚至在语言文字上也"惟有应用西洋修辞学上一切质素,使得国语欧化"③,乃至要用拼音文字取代汉字④。

傅斯年提倡"全盘西化",反映了新一代中国学人对自身缺陷的一种痛恨。在整饬旧学术时,他也看到了中国传统学术特别是史学中的精华,对清代学问推崇备至。他认为,"清代的学问很有点科学的意味,用的都是科学的方法"⑤,大有西方的先进思想方法早就是"吾家旧物"之意。在他看来,在国故的整理中完全可以做到用科学的方法整理旧材料,使之成为科学性的材料。比如,《山海经》和《楚辞》之类的材料,经过王国维等人的整理研究,就是"科学的"了⑥。但是,这并不是说,史学研究停留在乾嘉考据学上就可以了。从事研究历史,"若只用朴学家的方法,不问西洋人的研究学问法,仍是一无是处,仍不能得结果。所以现在的学者,断不容有丝毫'抱残守缺'的意味了"⑦,西方科学的研究方法是必不可少的。不仅如此,中国史学家要"去遗传的科举精神,进于现世的

---

① 傅斯年:《中国学术思想界之基本谬误》,《新青年》第 4 卷第 4 号,1918 年 4 月,第 330 页。
② 傅斯年:《白话文学与心理的改革》,《新潮》第 1 卷第 5 号,1919 年 5 月,第 917 页。
③ 傅斯年:《怎样做白话文》,《新潮》第 1 卷第 2 号,1919 年 2 月,第 178 页。
④ 傅斯年:《汉语改用拼音文字的初步谈》,《新潮》第 1 卷第 3 号,1919 年 3 月,第 391 页。
⑤ 傅斯年:《清代学问的门径书几种》,《新潮》第 1 卷第 4 号,1919 年 4 月,第 701 页。
⑥ 傅斯年:《〈新获卜辞写本后记〉跋》,载《傅斯年全集》(三),联经出版事业公司 1980 年版,第 225 页。
⑦ 傅斯年:《清代学问的门径书几种》,《新潮》第 1 卷第 4 号,1919 年 4 月,第 705 页。

科学思想;去主观的武断思想,进于客观的怀疑思想",在研究的过程中要尽量去除传统学术的不良影响,借用西方的科学方法从事研究,从而使中国史学研究"同浴于世界文化之流也"①。

从傅斯年此一阶段的思想主张来看,他不屑于何炳松、蒋梦麟等带来的那种包含了兰克史学思想的美国新史学,而强调中国传统史学的科学性。但是仔细比较一下就会发现,傅斯年的史学主张中还有一些比附于兰克史学思想的方面。比如,强调史学要科学化,声称史学研究要客观而去主观等。这些史学思想或许是受胡适所吸纳的新史学中那些兰克史学因素的影响②,或许是受日本史学读本中体现的兰克史学思想的影响③。可以说,此时的傅氏所接受的史学思想来源多而杂,而傅氏表现出来的回应亦因此而杂乱、未成体系。

之所以出现这种情况,大体而言与兰克史学东传最初时期的译介传播状况有关。当时参与者大多为一些"不通西洋语言文字之人"④,"西洋留学生"参与程度并不高。是故,如梁启超所言,"坐此为能力所限,而稗贩、破碎、笼统、肤浅、错误诸弊,皆不能免"⑤。因此这一时期西方史学尤其是兰克史学的输入并不系统、全面,国内学人无法窥见兰克史学的全貌,也就无法对所传入的兰克史学做出系统而科学的回应,而兰克史学的价值与意义也未得到学人足够的重视。此一时期虽然有不少的译著提及兰克与兰克史学,但大多还只是停留在简单介绍的层次上,鲜

---

① 傅斯年:《〈新潮〉发刊旨趣书》,《新潮》第1卷第1号,1919年1月,第3页。
② 关于胡适与美国新史学的关系以及美国新史学中所蕴含的兰克史学思想,详见本章第一节第二部分。
③ 傅斯年在北京大学就读时,经常购买日译本的西方学术书籍。参见吴相湘:《傅斯年学行并茂》,载王为松:《傅斯年印象》,第168页。
④ 杜维运:《西方史学输入中国考》,载《与西方史家论中国史学》,东大图书公司1981年版,第330页(原载《台大历史学报》第2卷第3期,1976年5月,第431页)。
⑤ 梁启超:《清代学术概论》,商务印书馆1921年版,第163页。

有涉及兰克及兰克史学思想者。可以说,此一时期的学人在强调中国史学传统的前提下,更为看重欧美新史学派,虽对兰克史学某些要素有所了解,但多半将兰克史学视为欧美众多史学流派之一,因而重在绍述其内容,对其地位与价值多有忽视,并无意对其做更深入细致的研究。

2. 史语所筹备之前:接触与犹疑

中西史学冲突中,新一代学人对传统的不舍与捍卫、对西学的向往与犹豫在兰克史学传入的过程中体现得淋漓尽致。一方面,对外来的兰克史学持保留态度,突出中国传统史学的优势;另一方面,又倾向于全盘接受兰克史学思想,却将其视为传统史学内在固有的思想,力图以此来焕发中国传统史学的生机。史学也就是在学人们这样的复杂情绪下从国学当中逐渐剥离出来。这一过程中,傅斯年的变化最为突出。

对于日本学者桑原骘藏借用西方传统的史学分期方式撰写《东洋史要》(后改名为《支那史要》),傅斯年认为这种分期方式"虽以中华为主体,而远东诸民族自日本外,无不系之",但"分期之谊,宜统合殊族以为断,不容专就一国历史之升降,分别年世,强执他族以就之"。桑原骘藏这种做法实际上就是一种典型的中心主义。在他看来,以这种方式写出来的历史必然是不尽如人意的,在史学实践上也有着显著的错误。傅斯年对日本学者做法的批评实际上就是对以兰克史学为代表的西方传统史学的批评,尤其是对西方史学历来流播深远的中心主义的一种不满。

虽然认为以兰克史学为代表的西方传统史学方法存在严重不足,中国史学的研究不能以此为范例,但傅斯年认为西方传统史学中的实证做法仍不失为研究中国历史的正确方法。比如,"世所谓唐虞三代……而其详不可得闻,既无编年之史,又多传疑之说。惟有比而同之,以为'传疑时代'"①。在这种史料不足的情况下,傅斯年主张,只能存疑,不可附

---

① 傅斯年:《中国历史分期之研究》,载《傅斯年全集》(四),联经出版事业公司1980年版,第176—185页。

会。这就需要借用西方的史学研究方法,只有这样才能使相关研究取得进展。傅斯年对实证证据的强调,一般认为,这是胡适所倡导的实用主义哲学的一种反映。实际上,在西方史学界最以注重史料实证出名的当属兰克史学。傅斯年的这些思想不排除受胡适新史学思想中所蕴含的兰克史学思想之影响这一可能。当然这只是他提出这些史学主张的一种可能的思想来源。深入分析傅斯年此时期的史学主张,除了有西方史学思想的影子之外,中国传统史学,特别是考据之学,始终是他此一时期思想的内核。比如,在论及清代梁玉绳的著作时,傅斯年指出:"与其过而信之也,毋宁过而疑之。……无论所疑诸端,条理毕张,即此敢于疑古之精神,亦可以作范后昆矣。"①傅氏认为梁玉绳的著作强调历史研究中史料的重要性,具有近代意义上的科学性。

出于这种观念,当傅斯年读到王国维的《观堂集林》时,就对其利用新材料而取得的史学进展相当佩服。在他看来,"近年能利用新材料兼能运用细密的综合与分析者,有王国维先生的著作,其中甚多可为从事研究者之模范"②。他把王国维的这一著作看成使中国传统史学焕发新光彩的力作。这种状况反映了中国历史研究者在中西方史学思想的对接问题上,对全盘接受西方的兰克史学思想,而否定中国固有的传统史学思想的做法有所犹疑。这种心态导致中国历史学家对待兰克史学呈现出两面性。一方面强调这种西方史学思想是一种改变中国现有史学研究状况的利刃;另一方面又觉得兰克史学思想其实不过也是一种"洋考据学",是"吾家旧物"而已。这体现了学人在中西史学冲突中既不愿丢掉中国史学传统,又不愿舍弃兰克史学思想的两难境地。实际上这也促使学人在犹疑摇摆中推动对中国史学传统、兰克史学传统的反思。

---

① 傅斯年:《清梁玉绳著史记志疑》,载《傅斯年全集》(四),第369页。
② 傅斯年:《中国古代文学史讲义·史料论略》,载《傅斯年全集》(一),联经出版事业公司1980年版,第51页。

这种思想上的转向与犹疑在海外求学的傅斯年身上体现得尤为突出。在欧洲留学期间，傅斯年与顾颉刚时常书信论学①。最初，远在柏林的傅斯年在读了顾颉刚 1923 年发表的《与钱玄同先生论古史书》之后②，针对顾颉刚的"层累地造成中国古史"的观点，结合自己早年的疑古思想对此问题进行了长时间的、深入的思考与探讨③。傅斯年对顾颉刚的史学观点评价极高，认为"这一个中央思想，实是亭林、百诗以来章句批评学之大结论，三百年中文史学之最上乘"④。在他看来，"三百年中所谓汉学之一路，实在包括两种学问：一是语文学，二是史学、文籍考订学"，而"这一派比较发达上差少的史学考订学，一遇到颉刚的手里，便登时现出超过语文学已有的成绩之形势"，顾颉刚的史学观点继承中国学术传统，并且弥补了中国传统学术之不足。傅斯年把顾颉刚的研究视为"史学的中央题目"，是"一切经传子家的总钥匙，一部中国古代方术思想史的真线索，一个周汉思想的摄镜，一个古史学的新大成"⑤，"由此可

---

① 在欧洲求学期间，傅斯年与胡适、顾颉刚都有书信往来，其中 1926 年 8 月 8 日傅斯年曾从柏林发了一封长信给胡适（《与胡适书》，载耿云志主编：《胡适遗稿及密藏书信》(37 册)，黄山出版社 1994 年版，第 356—360 页）。另外傅斯年还写了不少书信给顾颉刚，这部分书信大多为 1924 年 1—2 月间写成，而后 1926 年 9 月才抄成正本。而后中山大学语言历史研究所成立后，顾颉刚编辑《语言历史研究所周刊》，将傅氏几封书信分作几个题目分期刊发，即《评丁文江的〈历史人物与地理的关系〉》《与顾颉刚论古史书》《评秦汉统一之由来和战国人对于世界的想像》等系列。参见杜正胜的《无中生有的志业——傅斯年的史学革命与史语所的创立》(《古今论衡》第 1 期，1998 年 10 月，第 6—7 页）。
② 傅斯年：《与胡适书》，载耿云志主编：《胡适遗稿及密藏书信》(37 册)，黄山出版社 1994 年版，第 360 页。
③ 傅斯年：《清梁玉绳著史记志疑》，载《傅斯年全集》(四)，第 369 页。
④ 傅斯年：《傅斯年致胡适》，载杜春和、韩荣芳、耿来金编：《胡适论学往来书信选》(下)，河北人民出版社 1998 年版，第 1269 页。
⑤ 傅斯年：《谈两件〈努力周报〉上的物事》，载顾颉刚编著：《古史辨》(二)，上海古籍出版社 1982 年版，第 296—298 页。

得无数具体问题,一条一条解决后,可收汉学之局,可为后来求材料的考古学立下一个入门的御路,可以成中国 Altertumwissenschaft(科学的古代学)之结晶轴"①。此时的傅斯年将中国史学界的新变化看作中国传统学术重新焕发生机的表现,这其中隐含着傅斯年立足中国传统学术而寻求研究方法改造传统学术的诉求。在他看来,完善考订学,就能使中国传统学术成为类似德国语言历史学一样的"科学"(Wissenschaft)。1926年8月,在给胡适的信中,傅斯年曾提及中国传统学术。他认为中国古代学术研究的"用具及设施,大多是言语学及章句批评",诸如胡适的《中国哲学史大纲》实际上"故但教亭林(言语学)、百诗(章句批评)之遗训,加上些近代科学所付我们的工具而已"②。换言之,在傅斯年看来,西方学术主流的语言历史学在中国古已有之,现在中国的学术研究是融合中西古今研究工具与方法的结果。

其后不久,即将归国的傅斯年重新抄录1924年期间写给顾颉刚而未发出的部分书信草稿,这重新抄录的书信显示出傅斯年的想法有了很大的变化③。傅斯年曾在信中就顾颉刚所提出的问题,结合自己的史观与治史原则逐一指出顾氏研究中的不足。傅斯年对顾颉刚过多使用演绎推论研究古史表示不满。在他看来,历史研究应当讲究确切的史料,"尚未得证据"的,不应妄言;"不合事实"的,不能随意演绎推断;历史研究重要的是考订史料,不能"推比了许多的事实和现象",因为这些事实与现象"严格说起,多毫没有直接的关系,这些推比也但是些预期(Anticipations)而已"。这些"模糊着待考"的内容经过"推比","看起来

---

① 傅斯年:《傅斯年致胡适》,载杜春和、韩荣芳、耿来金编:《胡适论学往来书信选》(下),第1269页。

② 傅斯年:《与胡适书》,载耿云志主编:《胡适遗稿及密藏书信》(37册),第357页。

③ "相隔虽然不到两年,傅斯年的想法却发生极大的变化。"参见杜正胜:《无中生有的志业——傅斯年的史学革命与史语所的创立》,《古今论衡》第1期,1998年10月,第7页。

像很科学的,而实在是'预期'之作,颇有危险"①。傅斯年还指出,史料考证并非万应灵药,"我出证据来者,可断其为有;不曾找出证据来者,亦不能断其为无"②,历史研究中史料考证证伪容易,证实却存在诸多逻辑上的阙如。傅斯年认为,解决史料考证存在的欠缺,一方面要求历史研究结合文献的考订整理与考古发现,其中"现存的文书如不清白,后来的工作如何把它取用。偶然的发现不可期,系统的发掘须待文籍整理后方可使人知其地望"③,文献的考订整理是首要的,是基础与前提。另一方面,傅氏认为在史事暧昧不明之处,"应该充量用尚存的材料,而若干材料阙的地方,即让他阙着",一味地使用演绎推论,"也未免有与古史辨中同一趋势"④。在他看来,"我们看历史上的事,甚不可遇事为他求一理性的因,因为许多事实的产生,但有一个'历史的积因',不必有一个理性的因"⑤,"如必为一事找他的理性的,事实的根据,每如刻舟求剑,舟已行矣,而剑不行"⑥。简言之,文献史料考订整理不能解决的问题,或以考古发掘资料来补充,或是接受存在阙如的研究状况。相较于之前,此时的傅斯年对中国传统学术的信念、对顾颉刚"古史辨"的推崇、对西方史学实证考据的信心都已发生了变化,以一种犹疑方式面对中西史学的

---

① 傅斯年:《评丁文江的〈历史人物与地理的关系〉》,《国立第一中山大学语言历史学研究所周刊》第1卷第10期,1928年1月,第222页。

② 傅斯年:《评秦汉统一之由来和战国人对于世界的想象》,《国立第一中山大学语言历史学研究所周刊》第1卷第2期,1927年12月,第18页。

③ 傅斯年:《谈两件〈努力周报〉上的物事》,载顾颉刚编者:《古史辨》(二),第296—298页。

④ 傅斯年:《评秦汉统一之由来和战国人对于世界的想象》,《国立第一中山大学语言历史学研究所周刊》第1卷第2期,1927年12月,第18页。

⑤ 傅斯年:《论孔子学说所以适应于秦汉以来的社会的缘故:(二)傅斯年答顾颉刚书》,《国立第一中山大学语言历史学研究所周刊》第1卷第6期,1927年12月,第125页。

⑥ 傅斯年:《评秦汉统一之由来和战国人对于世界的想象》,《国立第一中山大学语言历史学研究所周刊》第1卷第2期,1927年12月,第20页。

冲突。这种犹疑是一种思想的摇摆,更是一种疑虑基础之上的反思,而这种对中国传统学术以及包括兰克史学在内的西方历史语言学的再思考,也意味着此时学人在中西史学冲突中谋求新的出发。

带着这种犹疑与反思,1926年底归国不久的傅斯年受朱家骅邀请,担任广州中山大学教授,随即着手筹划中山大学语言历史学研究所。1927年11月在《国立第一中山大学语言历史学研究所周刊》发刊词中,傅斯年声称①,要把语言历史学当作研究所的纲领,认为语言历史学"和其他的自然科学同目的、同手段";指出研究要围绕"向那里寻材料""整理学问的材料应当使用怎么样的方法"等核心,"要实地搜罗材料,到民众中寻方言,到古文化的遗址去发掘,到各种的人间社会去采风问俗"②,主张动手动脚找史料,将语言学与历史考证结合起来,使用这种"现代研究学问的最适当的方法",发挥语言历史学的作用。这实际上就是以兰克史学为代表的德国语言历史学范式作为语言历史研究所的指导思想,强调史料研究的重要性。从"吾家旧物"到德国兰克史学式的语言与历史考证结合,展示了傅斯年思想的嬗变,也体现了学人在中西冲突中犹疑、反思、再出发的曲折心路历程及其尴尬的心境。

这种尴尬的心境在何炳松那里也有所反映。这位深受美国史学思想以及经由新史学派所继承的兰克史学思想影响的留洋博士自称向中国引入西方的史学理论,只是"依据各种最新人文科学研究而来,较吾国固有者为切实而实用,足备国内史家之采择,初不敢因其来自西洋,遂奉之为金科玉律也"③。何炳松不但不敢理直气壮地指陈中国传统史学中

---

① 关于发刊词的作者是傅斯年还是顾颉刚这一问题,杜正胜认为,从内容主旨来看,作者是傅斯年。参见杜正胜:《无中生有的志业——傅斯年的史学革命与史语所的创立》,《古今论衡》第1期,1998年10月,第11—12页。
② 傅斯年:《发刊词》,《国立第一中山大学语言历史学研究所周刊》第1卷第1期,1927年11月,第1页。
③ 何炳松:《通史新义》,载《何炳松文集》(第4卷),商务印书馆1997年版,第89页。

存在的弊病,大张旗鼓地引入西方的史学思想,反而试图把西方的史学思想当作中国传统史学的一种补充。他的《通史新义》就是这一心态的产物。在《通史新义》序言中,何炳松表明:"吾辈生当后代,耳目见闻自当有补前人;益以今日中外交通,万国庭户,则西洋史家通式义例之或能补章学诚辈之缺憾者,其可不稍负介绍之责乎?"①在他的观念里,西方史学思想仅仅只是用来弥补中国传统史学之缺憾的。事实上,此种观点和 1897 年潘清荫所主张的"经史之学与西学相为贯通说"相比②,在本质上并没有进步多少。

1927 年,陈寅恪赋诗曰"正始遗音真绝响,元和新脚未成军"③,慨叹已经从国外学成归来的学人却未能成为中国学术界的主导,究其原因,主要是甫受西学熏陶的中国学生在中西学冲突问题上认识仍不够充分,

---

① 何炳松:《通史新义》,载《何炳松文集》(第 4 卷),商务印书馆 1997 年版,第 85 页。
② 潘清荫:《经史之学与西学相为贯通说》,《渝报》1897 年 11 月中旬。
③ 1927 年陈寅恪所作的诗《寄傅斯年》中的诗句:"不伤春去不论文,北海南溟对夕曛。正始遗音真绝响,元和新脚未成军。"(《陈寅恪集·诗集》,生活·读书·新知三联书店 2001 年版,第 18 页)1942 年陈寅恪在《朱延丰〈突厥通考〉序》中说:"曩以家世因缘,获闻光绪京朝胜流之绪论。其时学术风气,治经颇尚公羊春秋,乙部之学,则喜谈西北史地。后来今文公羊之学,递演为改制疑古,流风所被,与近四十年间变幻之政治、浪漫之文学,殊有连系。此习国闻之士所能知者也。西北史地以较为朴学之故,似不及今文经学流被之深广。"(陈寅恪:《寒柳堂集》,生活·读书·新知三联书店 2001 年版,第 162、163 页)这表明他所赞同的是王国维的学术理路,其中"正始遗音"指的是王国维,"元和新脚"取典自刘禹锡"柳家新样元和脚"。1932 年陈寅恪在《与刘叔雅论国文试题书》中说:"彼等既昧于世界学术之现状,复不识汉语语文之特性,挟其十九世纪下半世纪'格义'之学,以相非难,正可譬诸白发盈颠之上阳宫女,自矜其天宝末年之时世装束,而不知天地间别有元和新样者在。亦只得任彼等是其所是,而非其所非。吾辈固不必,且无从与之较量也。"(陈寅恪:《金明馆丛稿二编》,生活·读书·新知三联书店 2001 年版,第 256 页)可以看出,"元和新脚"指的是"吾辈"服膺倡导西学却未占据中国学术主流的人(诗文释义可参见胡晓明:《陈寅恪"守老僧之旧义"诗文释证:一个富含思想意义的学术史典掌》,载人文日新网,http://www.tsinghua.edu.cn/docsn/cbx/sunjianbo/works/website/rw/xueshu/dashi/diceng/0032.html)。

或是割裂中西史学联系,梦想西方的史学思想一应万能,或是抱残守缺,一味地强调西方史学思想乃"吾家旧物"。这些不成熟的想法影响了中国人对西方史学的态度与认知,也影响了中西史学的融合。对于兰克史学在中国的传播而言,亦是如此。

3. 史语所成立之后:接纳与反馈

1928年傅斯年应邀主持中央研究院历史语言研究所的筹备工作,5月发表了《历史语言研究所工作之旨趣》一文。在这篇历史语言研究所宣言书中,傅斯年声称,"一分材料出一分货,十分材料出十分货,没有材料便不出货","只是要把材料整理好,则事实自然显明了"①,系统地提出自己的史学主张。他力图通过这些史学主张,打破传统史学的坚冰,发起对中国史学的重建运动。在他看来,"近代的历史学只是史料学,利用自然科学供给我们的一切工具,整理一切可逢着的史料"②,尤为强调史学与史料的关系。他认为,历史学要成为科学,"研究问题第一步,即是最要紧之一步是选择材料"③,但历史学家在研究历史时要慎重运用中国传统经学的一些材料。此时的傅斯年已然改变了对中国传统学术的看法,认为史料考证研究方式不是中国传统学术的研究工具与方法,而是源自西方学术的科学范式。

傅斯年认为,除了史料考证之外,历史学要成为一门科学,还要排除一切主观的事物。他曾声称,"历史本是一个破罐子,缺边掉底,折把残嘴,果真由我们一起整齐了,便有我们主观分数加进去"④。在他的观念里,史学研究的主观性就源自史学家对史料的运用、解读,所以史学研究

---

① 傅斯年:《历史语言研究所工作之旨趣》,《国立中央研究院历史语言研究所集刊》第一本第一分,1928年10月,第8页。
② 同上书,第3页。
③ 傅斯年:《傅斯年致胡适》,载杜春和、韩荣芳、耿来金编:《胡适论学往来书信选》(下),第1265页。
④ 傅斯年:《谈两件〈努力周报〉上的物事》,载顾颉刚编:《古史辨》(二),第289页。

者在进行历史研究之时,必须尽可能地避免这种主观性。而要避免这种主观因素,就要去除一切推论、假设,完全以事实为依据,因为"历史的对象是史料,离开史料,也许成为很好的哲学和文学,究其实与历史无关"①。作为史学家,应该以整理史料为第一要务。因此,他提出,"只是要把材料整理好,则事实自然显明了"②。至于建立在推论、假设之上的"疏通"是大可不必了。就史学的本质而言,他认为,"史学的对象是史料,不是文词,不是伦理,不是神学,并且不是社会学。史学的工作是整理史料,不是作艺术的建设,不是作疏通的事业,不是去扶持或推倒这个运动或那个主义"③。在傅斯年看来,历史学就是研究史料的学科,除此之外,史学研究不应该有任何发挥演绎的成分;对历史学家而言,历史研究所需做的唯一的事情就是整理史料。这样一来,傅斯年就把历史研究等同于史料学了,而兰克史学思想中的"如实直书"理论,就被他简化成"史学即是史料学"了。在这篇宣言里,傅斯年明确提出要进行"科学的研究",使历史学成为"客观的史学""科学的东方学"④。这些思想与兰克的"如实直书"相差无几。

而后,傅斯年在《中国古代文学史讲义》中特列专章论述史料问题,全面阐释兰克史学的史料观。他指出,"多少古代史料,遭汉儒之愚,和新儒之伪,弄得一塌糊涂。在未整理之前,我们没有权利去用他们!"⑤中国史学研究的先天条件不足,"在这样'文献不足'的情景之

---

① 傅斯年:《考古学的新方法》,《史学》第1卷第1期,1930年12月,第196页。
② 傅斯年:《历史语言研究所工作之旨趣》,《国立中央研究院历史语言研究所集刊》第一本第一分,1928年10月,第8页。
③ 傅斯年:《史学方法导论·史料论略》,载《傅斯年全集》(二),联经出版事业公司1980年版,第4页。
④ 傅斯年:《历史语言研究所工作之旨趣》,《国立中央研究院历史语言研究所集刊》第一本第一分,1928年10月,第8页。
⑤ 傅斯年:《中国古代文学史讲义·史料论略》,载《傅斯年全集》(一),第64页。

下,切切不可以据孤证而发长篇议论……我们应该于史料赋给者之外,一点不多说,史料赋给者以内,一点不少说"①。于是,他将史料考证问题视为史学研究的全部内容,历史学在傅斯年的眼中就成了一种"史料学"了。

　　从傅斯年的这些主张来看,兰克史学思想中的史料考证方法给了他无限的信心。这种确信使他认为只要按照正确的方法考订史料,排除主观因素的影响,历史研究就是科学的。他在《明清史料发刊例言》中提出,"最完美之办法为俟整理完事,在将一切认为可以刊印之篇,详加别择,以类相从,附以考定,而刊行之,如此可为一个整个之制作"②。这种对科学史学的乐观态度使得他认为,"现在中国史料由于地下发掘与考古学之贡献,日益加多,作史较易,加以近代西洋史学方法之运用与乎社会科学工具之完备,今后史学界定有长足的进展"③,甚至中国历代遗留下来的庞大史料按照这种方法,不要十年就能整理完④。对德国史学的欣羡,还是使这位向来恃才傲物、不肯居人后的山东汉子"根据德国洪保尔德一派学者的理论,经过详细的考虑而决定"了历史语言同列合称⑤。

　　另一方面,傅斯年又认为,西方的史学思想尤其是兰克所倡导的史料考订方法以及所谓的"如实直书"实际上就是"吾家旧物"。他在《史料论略》一文当中指出:"在中国详述比较史料的最早一部书,是《通鉴考异》。……这里边可以看出史学方法的成熟和整理史料的标准。在西洋则这方法的成熟后了好几百年;到十七八世纪,这方法才算有自觉的完

---

① 傅斯年:《中国古代文学史讲义·史料论略》,载《傅斯年全集》(一),第68页。
② 傅斯年:《明清史料发刊例言》,载《傅斯年全集》(四),第358页。
③ 傅斯年:《中西史学观点之变迁》,《中国文化》1995年第2期,第246页。
④ 傅斯年:《明清史料发刊例言》,载《傅斯年全集》(四),第357页。
⑤ 朱家骅:《纪念史语所傅故所长孟真五十六岁诞辰特刊序》,载王为松编:《傅斯年印象》,学林出版社1997年版,第92页。

成了。"①在《历史语言研究所工作之旨趣》一文当中,傅斯年又说,"西历纪元前两世纪的司马迁,能那样子传信存疑以别史料,能作八书,能排比列国的纪年,能有若干观念比十九世纪的大名家还近代一些",甚至还说,"亭林、百诗在很早的时代已经使用最近代的手段"。傅斯年反反复复地说中国早就有了所谓的史学先进方法,这表明:一方面,他确实从传统中国史学当中汲取了一些有用、科学的成分;另一方面,这也说明了他在面对西方史学思潮的冲击时本能地寻求中国传统学术的支持。这实际上体现了傅斯年在中学、西学的冲突下的一种尴尬心理,也展现了他在这一心境下的两难选择。

此后的傅斯年已经比较平和地来看待中国的史学研究了,不再大张旗鼓地提出惊人的主张。他认为,"突然高揭'史学的方法是以科学的比较为手段,去处理不同的记载'一个口号,仍不过是'托诸空言'"②。对此前自己一意专注于以新口号、新主张来破除传统史学的弊病这一做法,也不是很认同了。此时的傅斯年认识到,对中国史学的发展进步而言,重要的是寻求一种有效的方式来推动其科学化。他开始着意于如何"立",关注如何寻求一条适合中国史学发展的道路。

1928年11月,在《国立中央研究院历史语言报告书第一期》中,傅斯年不再像在《历史语言研究所工作之旨趣》中那样面对中国传统史学、西方史学,态度忽左忽右,而是说"此虽旧域,其命维新。此项旨趣,约而言之,即扩充材料,扩充工具,以工具之使用,成材料之整理,乃得问题之解决。并因问题之解决,引出新问题,更要求材料与工具之扩充,如是伸张,乃向科学成就之路"③。他不再高谈诸如"史学即史料学"

---

① 傅斯年:《史学方法导论·史料论略》,载《傅斯年全集》(二),第5页。
② 同上。
③ 转引自朱家骅:《纪念史语所傅故所长孟真五十六岁诞辰特刊序》,载王为松编:《傅斯年印象》,第93页。

之类,而是比较冷静地看待史学的科学化。他认为,史学研究中的史料考证,只是服务于史学研究的一种方法与研究手段,并非史学研究的全部内容;而且史料考证方法只是促使史学科学化的一个途径,并不等于科学本身。

傅斯年力图让历史语言研究所在实质、目标上与此前的乾嘉考据之学有所不同。他曾指出:"如以历史语言之学承固有之遗训,不欲新其工具,益其观念,以成与各自然科学界同列之事业,即不应于中央研究院中设置历史语言研究所,使之与天文、地质、物理、化学等同论。今决意设置,正以自然科学看待历史语言之学。"①这种"历史语言之学"是完全新的一种学科体系,并非传统意义上的乾嘉考据之学的"新瓶装旧酒"。历史语言学的确立,就是要以历史学的科学化为目标,把历史学建设得能与自然科学并驾齐驱。更确切地说,是用一种自然科学的研究态度来从事历史研究,将历史学的科学化看作一种理想。傅斯年主持史语所时,"其时尚仅有地下发掘与龟甲文研究两门,皆确然示人以新观念、新路向"②。也正是基于这种认识,他只是把这种考古金石研究看作历史研究的一个方面、一个手段而已③。

怎样才能实现史学科学化?对这一问题的解答,傅斯年的思考也与以前有所不同了。他并不认为照搬西方的史学思想与方法,就能实现历史学的科学化。在他看来,"照抄西欧各国学校中的历史教科书,借用Robinson 与 Breasted,似都不是办法"④。全盘西化,完全将西方的史学方法、思想移植到中国,这一做法也是无法从根本上改变中国史学的发展现状的,是不适合中国史学现阶段的发展要求的。有了这层认识之

---

① 转引自吴相湘:《傅斯年学行并茂》,载王为松编:《傅斯年印象》,第172页。
② 钱穆:《傅斯年》,载王为松编:《傅斯年印象》,第142页。
③ 傅斯年:《本所发掘安阳殷墟之经过》,载《傅斯年全集》(四),第274页。
④ 傅斯年:《闲谈历史教科书》,载《傅斯年全集》(四),第309—324页。

后,傅斯年逐渐摆脱此前对兰克史学盲目崇拜的那种状况,对史学客观性这一问题也由完全信任逐渐转为怀疑。1943年12月,在《〈史料与史学〉发刊词》中,傅斯年提出:"史学可为绝对客观乎?此问题今姑不置答,然史料中可得之客观知识多矣。有所不足,不敢不勉。"①由此可见,傅斯年已经由史学是客观的科学这一信念的狂热信徒,转变为怀疑史学之客观性的冷静思考者。

与傅斯年相比,陈寅恪与兰克史学的关系更为隐晦。与白鸟库吉有着相似学术理路的陈寅恪年少时就曾数次东渡日本求学,对日本史学状况颇为熟悉。在谈及日本的中国史研究时,他曾说,"东京帝大一派,西学略佳,中文太差;西京一派,看中国史料能力较佳"②,而白鸟库吉就是东京帝大派的代表人物之一。陈氏对整个日本史学做出如此切实的评价,对白鸟库吉的治史理路是比较熟悉的,对其史学所体现的兰克史学思想方法也有所了解。而后又留学德国的陈寅恪深受当时盛行的历史语文考据学派的影响,而这一学派从某种程度上来说,是兰克史料考证方法的一种发展与演变。也可以这样认为,他在德国所接受的史学思想,实则是兰克史学思想的一部分而已。由此,陈寅恪被归于"史料派";还有论者因此而指出,"寅恪虽未曾特别介绍兰克及其史学,但就寅恪的著作看,他颇能抓住这位大师的好处,原因是能融会贯通,而后由'通'而'悟'"③,将陈寅恪视为兰克史学思想,尤其是兰克的史料考证思想的继承者。

陈寅恪的史学研究以重考证而著称。在其众多的史学论著中,他通过纠谬、校勘、补遗、互证等,对史料进行全方位的考察研究。他借用多

---

① 傅斯年:《〈史料与史学〉发刊词》,载《傅斯年全集》(四),第356页。
② 杨联陞:《陈寅恪先生隋唐史第一讲笔记》,载俞大维等:《谈陈寅恪》,传记文学出版社1970年版,第29—34页。
③ 汪荣祖:《陈寅恪评传》,百花洲文艺出版社1992年版,第50页。

种语言文字、多种形式的史料，对一事物进行翔实而细致的考证研究，力求发掘历史事实的真相。提到史料考证时，陈寅恪指出，中国现有的史料"流于诬妄""多所讳饰"，而作为历史研究者，"苟能于官书及私著等量齐观，详辨而慎取之，则庶几得其真相，而无诬讳之失矣"①。他认为，史料考证能够揭示历史真相。就这一方面而言，他的研究方法、原则和兰克史学思想有某些相似之处。

陈寅恪的史学研究绝不是只有史料考证。据他的学生罗香林回忆，陈寅恪谈及史料考证思想时，说："凡前人对历史发展所流传下来的记载或追述，我们如果要证明它为'有'则比较容易，因为只要能够发现一两种别的记录，以做旁证，就可以证明它为'有'了；如果要证明它为'无'，则委实不易，千万要小心从事。"②他认为，一味地强调史料考证，只能确定部分事实，很难通过这种研究方式对所有事实做一个判断，从而实现史学研究的目的。史料考证方法运用的是证伪原理，这种方法在确证一种史料的真实性方面是很有效的；一旦涉及要证明一种史料是"无"，就举步维艰了——史料是无穷无尽的，暂且证明是"无"的事物，很难说此后就没有新的史料来证明其确实存在。可见，陈寅恪已经看到了史料考证方法的内在局限性，他开始走出史料崇拜的迷雾。在他的观念里，严谨的考证虽然是史学研究的不二法门，但是并不是万应灵药；史料学自身也存在着缺陷，在证实"无"方面的缺陷以及史料收集上的无休无止，是其致命气门。陈寅恪认为，解决这一问题的关键是，在尽可能求得多而全的正确史料的前提下，需要历史研究者运用"神游冥想，与立说之古人，处于同一境界"，做到"神理相接"③。

---

① 陈寅恪：《顺宗实录与续玄怪录》，载《金明馆丛稿二编》，生活·读书·新知三联书店2001年版，第74页。
② 罗香林：《回忆陈寅恪师》，《传记文学》第17卷第4期，第15页。
③ 陈寅恪：《王静安先生遗书序》，载《金明馆丛稿二编》，第248页。

不仅如此,陈寅恪认为历史研究绝非书斋里的个人研究,而是要寻求一定的鉴训意义的。他经常对学生说,"谓整理史料,随人观玩,史之能事已毕"①。这里所谓的观玩,应理解为领悟新知,寻求教训。换言之,陈寅恪主张历史研究要讲求微言大义。在具体的史学实践中,他确实是彻底贯彻了这一点。如 1936 年西安事变后,陈寅恪于 1937 年出版了《论李怀光之叛》,表面上写唐代历史,其实是古今互证,将张学良发动西安事变时为难之隐痛以及事变发生的重要因素做了独到的揭示。对陈寅恪史学研究的这一特点,有论者指出,"他研究的过程中往往是以严格的精密的考据工作,再以'隔山打牛'的论证方式,分析中国历史上的一些关键性问题,并尽量从中获取关于当前处境的启示"②。陈寅恪这一史学研究方式基本上是中国传统史学优良传统的体现。但陈寅恪绝不是主张史学依附于政治。相反,他最鄙视的就是曲学阿世,力主学术的自由与独立。在他的观念里,学术的自由与独立还意味着客观公正的研究。为此,他还舍弃了研究与之有深厚联系并为其所谙熟的晚清历史。他认为,一旦他认真研究晚清历史,就难免动感情,"那样,看问题就不客观了,所以我不能做"③。

陈寅恪的这些史学思想中,既有兰克史学的因素,又有传统史学的痕迹;既强调史料的重要性,又认识到史料考证方法的缺陷;既主张史学为现实服务,又反对史学研究中存在主观因素、具有倾向性。可以说,陈寅恪的史学思想是融合中西方史学的结果,也体现了他比较理性地看待兰克史学的状况。

与陈寅恪相比,同样留德的姚从吾是真正意义上接受过兰克史学思

---

① 陈守实:《记梁启超陈寅恪诸师事》,载张杰、杨燕丽选编:《追忆陈寅恪》,社会科学文献出版社 1999 年版,第 42 页。
② 彭明辉:《历史地理学与现代中国史学》,东大图书股份有限公司 1995 年版,第 301 页。
③ 石泉、李涵:《追忆先师寅恪先生》,载钱文忠编:《陈寅恪印象》,学林出版社 1997 年版,第 145 页。

想训练的第一人。他在德国留学期间,就曾经专门学习过历史方法论。回国之后又在北京大学开讲历史方法论之课,并于 1926 年翻译了伯伦汉的《史学方法论》①。他对兰克史学思想是极为了解的,并在史学实践中身体力行地贯彻兰克的一些史学思想,"从此为中德史学交流史,展开了新的一页"②。

相较于其他海外留学归来的学者,姚从吾对兰克及兰克史学的了解更为深入一些。他认为,"德国历史学大家,创立普鲁士历史学派的大师,像栾克(L. V. Ranke,1795—1886)与杜瑞荪(G. Droysen,1808—1884)即采取正统派哲学的思想,为观察历史的依据","栾克、杜瑞荪诸大师既根据康德、斐希特、黑格尔诸家的历史哲学,作为自己的理论,著史讲说,传诸门徒,和门徒的门徒;辗转皈依,因而观念论派的历史观,即弥漫于德国的史学界。德国各大学的历史教授,除了文化史派,凡是自命为实用历史家的人,可以说都是属于这一派"。就历史观而言,兰克受以康德、费希特、谢林、黑格尔等为代表的德国哲学正统的"观念论派"影响,其开创的普鲁士学派的特色是"偏重政治,不重文化;注重实际的工作,不注重空洞的理论。他们不喜欢自造理论,但也不是绝对没有理论。他们解释历史本体的理论,即直接的或间接的采自德国的正统派的哲学"③。

姚从吾相当注重历史研究中的史料问题。他在研究宋、辽、元、金时期的历史时,都是对相关史料进行细致考证、得出翔实可信的史料之后,再做论述的。受兰克史学思想的影响,他认为,"历史学的主旨,在瞭现

---

① 杜维运:《姚从吾师与历史方法论》,载《姚从吾传记资料》,天一出版社 1979 年版,第 21 页。原载《姚从吾先生哀思录》,台湾大学历史系 1971 年版,第 83 页。
② 杜维运:《德国史学的东渐——姚从吾先生全集第一集历史方法论后记》,《食货月刊》第 1 卷第 2 期,1971 年 5 月,第 125 页。
③ 姚从吾:《德国史学界所称道的几种历史观》,《留德学志》1930 年第 1 期,第 15—16 页。

代事变之由来,记事能得真相"①,突出历史学的求真性质。他对兰克的那一整套史料考证方法也颇为服膺,认为兰克的史学研究方法是科学的方法。他还曾仿照兰克的思想提出抉择去取史料的标准有六条,包括"注重当事人的回忆录与直接的报告""注重无意的记事,慎取有意的宣传""注意史料的来源及记事者之态度"等②。这些主张与思想基本上可以视为兰克"如实直书"在中国的理论翻版。

4. 现代史学与兰克:受众与影响

兰克史学自20世纪初传入中国以来,对中国现代史学产生了重要而深远的影响,其在中国史学科学化历程中的地位与作用无可取代。从20世纪前期的中国史学发展状况来看,兰克史学对中国现代史学的影响是多方面的③,中国史学界对兰克史学的回应也是多层次的。具体来说,主要表现在以下几个方面。

第一,兰克史学对中国现代史学的影响首先表现在史学方法上,兰克所倡导的史料批判原则也成为中国现代史学的重要原则。

首先要提到的是傅斯年。傅氏被誉为"中国的兰克",主要是指他完整地继承了兰克史学思想当中最重要的史料观。受兰克的影响,傅斯年相当重视历史研究当中的史料问题。他认为,史学的对象是史料,所以史学研究的首要工作就是确定史料的真实性,即考订整理史料。不仅如此,"史料的发现,足以促成史学之进步,而史学之进步,最赖史料之增

---

① 姚从吾:《卢沟桥事变以来中日战事史料汇辑计划书(草稿)》,第27页(无版权页,卷尾注明1938年8月写于蒙自西南联大分校,1939年3月增订于昆明,现藏上海图书馆近代史资料书库)。

② 同上书,第25页。

③ 兰克史学在20世纪五六十年代的中国是备受批判的,新时期以来兰克史学勃兴,关于20世纪后期包括兰克史学在内的西方史学的传入问题,参见张广智:《近20年来中国大陆学者的西方史学史研究(1978—1998)》,《西方史学史》附录,复旦大学出版社2000年版,第357—378页。

加";运用前人所得不到的史料从事历史研究,就很容易可以超过前人的研究;而新史料的获得,除了"上穷碧落下黄泉,动手动脚找东西"之外,主要还是依赖对旧有史料的考订与再发现。所以历史研究要取得进展,很大程度上取决于对史料的整理。至此,在傅斯年的观念中,史料的整理成了史学研究最根本的任务,是一切史学研究的前提与基础,也是历史研究取得进步的关键。

史料整理对历史研究来说至关重要,但史料的整理工作并不是一件很容易的事情。如何整理史料呢?傅斯年认为,"第一是比较不同的史料,第二是比较不同的史料,第三还是比较不同的史料"①。虽然各个史料是不同的,有来源、先后、价值等区别,但无论是何种史料,只要结合内证、外证对其进行比较,就能确定其真伪。对史料考订方法的确信,使傅氏沉浸在洞悉了历史学科学化之关键的胜利当中。1928年筹备中央研究院历史语言研究所时,他满怀信心地认为借助兰克"如实直书",中国的历史学也完全可以成为一门科学。

与傅斯年齐名的另一位"史料派"的代表人物陈寅恪也指出,研究历史首先要全面掌握历史资料,证明历史事实。他强调历史是一门科学,认为科学的研究方法和确实可信的历史事实完全可以印证历史学的科学性。在史料的考订方法问题上,陈氏极为推崇比较校勘学,主张运用多种文字,反复比较研究②,其《唐代政治史述论稿》《隋唐制度渊源略论稿》《元白诗笺证稿》等著作无不是广取材料、反复考订史实的成果。

在德国接受过系统史学方法训练的姚从吾对兰克的史料考据方法十分赞赏。他在北京大学讲授"历史研究法"时,多以一半以上时间来介

---

① 傅斯年:《史学方法导论·史料论略》,载《傅斯年全集》(二),第4、9、39页。
② 陈寅恪:《致孟真》,载《陈寅恪集·书信集》,生活·读书·新知三联书店2001年版,第23页。

绍德国从兰克到伯伦汉的史学方法。1930年,姚从吾在提到国外汉学发展时指出,欧洲学者"凡是以记载为研究的对象的,当然需要一种执简御繁,能驾驭繁杂的史料的办法。有了驾驭史料或索隐式翻找史料的办法,方能减少记忆的劳苦,而易于有科学的,有条有理的整理与研究"①,强调史料研究对于历史研究的重要性。姚氏认为,"史料来源的批评,鉴定史料的可信程度,在德国自尼博尔(B. G. Niebuhr,1776—1831)、栾克(L. von Ranke,1795—1886)以后,史学家对史料的来源、记载、口传与古物等的分别,清清楚楚,一毫不苟。对于记载是原形抑或副本(外部的批评),著作人是否愿意报告实事(内部的批评),都是慎加选择,宁缺疑,不愿轻信"②。他虽然赞赏柏林大学汉学家德格鲁特(J. J. M. De Groot,1854—1921,即高延)的汉学研究③,认为其研究尽量采用原始史料,"整理历史的记事,只有将所有同类的材料,比较研究,相互印证,方能得满意的结果"④,但也指出其在史学研究方法上有两处欠缺:"第一,须在可能范围内(如原书尚存之类)查对原书。有异同时,以引用出版较早的原书为准。第二须能运用近代历史的研究法,注意'史料来源的批评'(Quellenkritik)","若是不注意这两个条件,托懒苟安,以抄录类书欺人;不但只是辗转抄袭,做不到专门研究;而且误把寻找史源'引路的类书',当作史源,反有'鱼目混珠'的危险"⑤。言辞之间,姚从吾把兰克等人所倡导的史料批判方法视为科学的方法。他认为,德国史学中考订史

---

① 姚从吾:《欧洲学者对于匈奴的研究》,《国学季刊》第2卷第3号,1930年9月,第500—501页。

② 同上,第516页。

③ 1902年德国汉学家夏特(F. Hirth,1845—1926)因在"胶州问题"上与德国政府意见相左,失去了被聘为柏林大学汉学讲座教授的希望。德国政府改聘高延为柏林大学汉学教授,高延任职一直续到1921年9月去世为止。

④ 姚从吾:《欧洲学者对于匈奴的研究》,《国学季刊》第2卷第3号,1930年9月,第505页。

⑤ 同上,第500—501页。

料的方法原则是科学的思想与方法,也正是中国史学研究所需要的。他曾告诫学生要像兰克那样,研究历史要追寻史料来源、评判史料可信度,对史料要经常保持寻源、怀疑与批判的态度,以真正还原史料的性质;他要求学生"对历史研究,每一年代,每一史实,甚至史料中的每一个字,要慎重周到,不能掉以轻心"①。

值得一提的是,兰克对史料的重视及其史料考订方法也促使中国史学家分外注意收集、整理档案文献材料。傅斯年、陈寅恪等曾致力于明清史料的收集与整理工作,为编辑明清内阁大库残余档案做出了巨大贡献;而姚从吾在抗战时期仍不忘收集汇总当时的文献材料以便于将来的史学研究②。无论是收集时下文献材料还是考订整理以往的档案材料,兰克的史料考订原则始终是重要的指导原则。

第二,兰克史学对中国现代史学的影响还表现在历史撰述上,兰克所主张的客观、超然的叙述原则在中国现代史学界得到了比较广泛的响应。

在这一方面,傅斯年做出的回应最让人无法忽视。筹备中央研究院历史语言研究所时,傅斯年就表示,设置史语所的目的就是要以自然科学的标准来看待历史学。按照这一标准,历史研究也要像自然科学一样用客观、冰冷的事实说话,要排除研究者的主观性。从这个意义上来看,傅斯年所提出的"史学即是史料学",除了有强调史料之于史学研究的重要性外,还隐含历史研究要消除研究者的主观色彩的意思。1927年在北京大学讲学时,傅氏就已明确指出,"使用史料时……断断不可把我们的主观价值论放进去"③,他认为研究者的主观倾向会危及历史研究的

---

① 王履常:《"从吾所好""死而后已"——追念姚从吾老师》,《传记文学》第16卷第5期,第48页。
② 姚从吾:《卢沟桥事变以来中日战事史料汇辑计划书(草稿)》,第1页。
③ 傅斯年:《中国古代文学史讲义·史料论略》,载《傅斯年全集》(一),第58页。

科学性。

中国现代史学要实现其科学化,研究者的主观因素是"拦路虎"。在傅斯年看来,要解决这一问题,首先就是研究者只能纯就史料而探究史实,做到不臆测史料所不能说明的事情,这样就能消除自身的主观性给历史研究所带来的不良影响。他认为,"史料中可得之客观知识多矣"①,依托史料当中的客观知识,就已经足够反映真实、客观的历史了。由此,傅氏指出,历史研究实际上只要把材料整理好了,事实就自然显明了;而史学工作者应该于史料赋给者之外,一点不多说,史料赋给者以内,一点不少说,以史料来约束自己,做到在研究当中"只求证,不言疏"②。史学家在研究当中依据史料的多少来说话,以存而不补、证而不疏的态度来治史,这是消除其主观性的办法之一。另一个解决问题的办法则是集体研究。傅斯年认为,"一个人的自记是断不能客观的"③,集体研究不仅可以为个人研究提供相关的材料,而且在"一个研究的环境中,才能大家互相补其所不能,互相引会,互相订正"④,结合集体的力量来抵消个人研究中的主观倾向,维护史学研究的客观性。

强调精神独立、思想自由的陈寅恪也主张在历史撰述上秉承兰克式客观公正的精神。陈寅恪认为,一个历史工作者所写出来的历史,应当是使人人都感到无懈可击。而要做到这一点,首先就要详尽地占有史料,运用全面掌握的历史资料来证明历史事实,以求用事实说话,形成正确的历史判断。陈寅恪的历史著作向来是以旁征博引、论证翔实而著称,他之所以如此,主要还是想让所写的历史著作具有说服力。其次,史学工作者以"超然物外,不存偏私"的原则来研究历史也是撰写历史著

---

① 傅斯年:《〈史料与史学〉发刊词》,载《傅斯年全集》(四),第356页。
② 傅斯年:《中国古代文学史讲义·史料论略》,载《傅斯年全集》(一),第69页。
③ 傅斯年:《史学方法导论·史料论略》,载《傅斯年全集》(二),第46页。
④ 傅斯年:《历史语言研究所工作之旨趣》,《国立中央研究院历史语言研究所集刊》第一本第一分,1928年10月,第8页。

作所应该做到的。在他看来,从事历史研究需要抛开个人的恩怨与爱憎,用全部精力去掌握历史材料,再现历史真实,只有这样成就的著作才能使人做出正确的是非与道德判断①。在具体的史学实践当中,陈寅恪确实做到了不计个人感情。日本之于他有国仇家恨,然而他在其著述当中多次言及日人论著,不以种族而有所鄙弃,不以人仇而有所歧视,恪守了客观公正的治史精神。

第三,兰克的研讨班教学研究形式对中国现代史学研究与教学工作影响至深,迄今依然如此。

把兰克研讨班式的教学研究方式引入中国的第一人,一般认为,是留学德国的姚从吾。姚氏在为学生讲授"东北史专题研究"时,就是采取德国的"研讨班"授课方式。在这个研讨班上,姚从吾要求学生按照各自的专题进行谈论、集思广益以求增进知识。这种寓研究方法于工作之中的教学研究方式,促使学生脚踏实地地从事专门的研究,有利于史学人才的培养②。

除姚从吾之外,实际上还有不少的学者采用研讨班的方式来培养史学专门人才。清华大学国学研究院以及尔后的"中研院"培养学生,实际上就是按照这种研讨班的方式进行的。据陈寅恪的学生罗香林回忆,当年他曾就"客家源流"这一主题与老师探讨过,并获益匪浅③。很清楚的一点是,兰克式的研讨班在中国从此生根发芽,不仅在 20 世纪前期的历史教学与研究当中发挥了重要的作用,培养了大量的史学专门人才,而且在现今的中国历史教学科研当中依旧有着重要的地位与作用。目前各大高校、科研院所培养史学专门人才基本上都是采取这种培养方式,甚至可以这样说,几乎所有学科之专门人才的培养都或多或少采用兰克

---

① 李坚:《陈寅恪二三事》,《民国春秋》1990 年第 5 期,第 35 页。
② 陶晋生:《姚师从吾的教学和研究生活二三事》,《传记文学》第 16 卷第 6 期,第 49 页。
③ 罗香林:《回忆陈寅恪》,《传记文学》第 17 卷第 4 期,第 13 页。

的"习明纳尔"(seminar)方式。由此可见,兰克史学对中国现代史学的影响是久远而深刻的,几乎渗透到历史学科的方方面面,迄今亦是如此。可以这样认为,中国现代史学的进步、发展和兰克史学的影响与作用紧密相连,兰克史学在其中的地位与作用是至关重要的。

1934年,陈寅恪在《冯友兰〈中国哲学史〉下册审查报告》中指出:"其真能于思想上自成系统,有所创获者,必须一方面吸收输入外来之学说,一方面不忘本来民族之地位。此二种相反而适相成之态度,乃道教之真精神,新儒家之旧途径,而二千年吾民族与他民族思想接触史之所昭示者也。"① 在西方史学思想的冲击下,理性地看待西方史学,发展适应新时代要求的中国史学,才是最正确的道路。必须看到的是,中国史学界吸纳兰克的史学思想,运用兰克的治史原则来促进自身的进步,并不是以完全舍弃中国传统史学为代价的。在中西文化交流的浪潮中,中国学人认识到西方的兰克史学思想与中国传统史学的精华并不矛盾,两者是能够共存的。因此,在中国现代史学的进程当中,中国固有的史学传统并没有因为兰克史学的引入而被消解掉,而是在新的历史条件下适应新的历史要求,以新的面目作为中国现代史学的灵魂之一而出现,与舶来的西方兰克史学一起共同构成中国现代史学发展与进步的坚实基础。

四、曲折与升华:当代史学中的兰克

中华人民共和国成立后,中国史学界呈现出一派新气象,马克思主义史学成为史学界的主流,但因特定时代的特定历史条件所限,当代中国史学在面对传入的兰克及兰克史学时,学人对兰克及兰克史学的接纳与反应,出现明显的波动与曲折。

1. 中华人民共和国成立至"文革"期间:批判兰克

中华人民共和国成立后,在中国史学界,兰克史学的引进与研究工

---

① 陈寅恪:《冯友兰〈中国哲学史〉下册审查报告》,载《金明馆丛稿二编》,第282页。

作得到了一定程度的发展。但从总体上来说,这一时期整个史学界的研究是比较闭塞的,几乎所有的史学研究都受限于意识形态宣传的需要。在此情况下,此一时期进入中国史学界的兰克史学内容是经过意识形态滤镜筛选的;而学人对传入的兰克史学所做出的回应也具有很大的时代局限性,并且这种回应由于带有浓厚的政治色彩,而导致在某些问题上对兰克史学的评价有些片面,甚至是过于极端。

1960年,吴于廑先生发表《揭开朗克史学客观主义的外衣》。吴先生通过对兰克众多著作的解读,参考古奇、汤普森等人的研究成果①,介绍了兰克的学术活动及其影响,分析了兰克客观主义史学的主要观点,揭示了兰克在客观主义外衣下所蕴藏的思想以及这些思想为何人服务。文中指出兰克史学具有"以政治史为主题""以官方档案为'最可信'的根据"等一般特点,其"客观冷静"是"倚着内阁会议室的窗口,带着官方的眼镜,来观察历史"②。至于兰克所谓的客观主义,吴先生认为,兰克史学的客观主义主要有四个特点——历史学的目的在于发现"客观真理";追求历史上的客观真理,最可信的是原始材料;史学家不能逾越第一手材料所规定的界限;历史学的目的是根据文献来说明事实,无须历史学家做任何价值判断。即便如此,吴先生指出,实际上,兰克绝不是一个客观主义者,他在历史著作中也绝不是彻底奉行"如实直书"的:他以精英人物为历史著述的中心,通过历史著作阐发他的政治观点;他是一个西欧中心主义者,利用历史著述为列强扩张领土寻找依据;他还宣扬一些唯心主义和神秘主义的观点。所有的这些都表明,兰克是不客观的。吴先生这篇文章对兰克史学的剖析系统而深刻、清晰而明了,展示了当时

---

① 文中多处注释显示文中不少地方引述了古奇的《十九世纪历史学与历史学家》、汤普森的《历史著作史》。
② 吴于廑:《揭开朗克史学客观主义的外衣》,《武汉大学人文科学学报(历史专号)》1960年第5、6期,第36页。

学人对兰克及兰克史学之谙熟。

在这篇文章中,吴先生对兰克史学在西欧各国以及中国的影响与发展做了全面的探讨,指出:"我国的旧史学界,同样地流行过客观主义。老一辈的史学家……其中有些人曾经在朗克影响广泛传播的时期留学欧美,他们不可避免地会沾染朗克学派的影响。所以不论他们自觉与否;也不论他们的思想渊源如何复杂,至少他们的某些著作都可归之于客观主义这一流派。他们照例强调原始文献的重要,以为只要找到原始文献,就有了科学的客观论据。他们还主张'公正不阿'、'让史料说话'。在好些论文里,常常是引用的文献多于作者的按语。"①在论及兰克的中国信徒时,吴先生表示其出发点是清除这种"在我国史学界仍然耀武扬威""貌为尊重事实的学风"。可见,受当时政治环境、学术界研究主旋律的影响,吴先生论及兰克史学、揭开兰克史学客观主义外衣,其目的是为了清除兰克客观主义史学的影响,为"史学界的两条路线斗争"服务②。因而这些论述带有当时特定历史时期的浓厚色彩,都或多或少打上了意识形态的印记,是中国特定历史时期史学研究的产物,展示了研究者带着先入为主的政治偏好来评判兰克及兰克史学,也在一定程度上说明特定历史条件下学人接纳、研究兰克及兰克史学时面临的尴尬与无奈。

吴先生除了对兰克史学本身进行研究之外,还运用比较研究方法探讨了西方史学史上两位"客观"的史学家——修昔底德与兰克——史学思想的异同。1963 年 4 月吴于廑先生在湖北省历史学会第一次年会上做了关于修昔底德与兰克"客观"史学问题的报告,而后报告修改成《论西方古今两个"客观"史学家》一文刊发③。吴先生在文中指出,修昔底

---

① 吴于廑:《揭开朗克史学客观主义的外衣》,《武汉大学人文科学学报(历史专号)》1960 年第 5、6 期,第 37 页。

② 同上。

③ 吴于廑:《论西方古今两个"客观"史学家》,《江汉学报》1963 年第 6 期,第 30—38 页。

德与兰克这两位公认的"客观"史家其实并不客观,他们的"党性"是史料批判方法所无法消除的。兰克与修昔底德一样都具有注重史料搜集,"重视材料可信或不可信的问题","倾全力于史实的铺叙,人物的描写,极少轻加断语,议论是非"等"客观特点",这两位公认的"客观"史家其实并不客观,"从他们搜集和选用材料开始,都已摆不脱自己阶级的党性"。虽然兰克在注重史料搜集、重视史料,只叙史实、不论是非等方面体现出"客观性",但兰克著述为现实政治服务、维护西欧中心论等,都充分说明兰克史学的"党性"。文章字里行间明显带有当时政治风气的气息。吴于廑先生自己也说,文章的目的就是为了突出史学的"党性",通过揭示西方古今两位"客观"史家的党性本质,破除一切幻想客观、超然历史的观念①。虽然文中论述的重点是揭示兰克等两位史家的非客观的"党性",但实际上也展示了解读兰克及兰克史学的另类视角——以批判的姿态、借助对比研究方式来探讨兰克及兰克史学。学人在特定历史条件下,兼顾时代要求而对所吸纳的兰克史学进行适度的"剪裁"研究以符合特定历史时期史学研究的要求。这在一定程度上间接显示了兰克及兰克史学在当时中国史学界的影响与地位,表明了学人对兰克及兰克史学的接纳程度及其特殊的反馈方式。

史学研究受制于当时意识形态宣传的需要,这是中国史学在特定历史时期所表现出来的特征。中华人民共和国成立后不久,大陆史学界大多受苏联史学的影响,奉行的是一种"庸俗化的马克思主义",将历史唯物主义简化成一种机械化、模式化的研究。1963年,《历史译丛》刊载的苏联历史学家瓦因施坦的《兰克和现代资产阶级史学》也反映了这一点②。

---

① 吴于廑:《论西方古今两个"客观"史学家》,《江汉学报》1963年第6期,第30页。
② 1962年以《奥·瓦因施坦论兰克和现代资产阶级史学》的节译文字发表在《历史研究》上(参见[苏]瓦因施坦:《奥·瓦因施坦论兰克和现代资产阶级史学》,魏辛译,《历史研究》1962年第5期,第187—188页),而后又以《兰克和现代资产阶级史学》 (转下页)

文中,瓦因施坦将兰克定性为19世纪德国统治阶级的思想家,其史学特点有:"把战争奉为各民族间、各国家间永久起作用的规律,因而也认为对外政策在世界历史过程中起主导作用;信奉极端的欧洲中心主义,把'西欧文明'奉为唯一的有历史价值的文化;强调与东方对立的西方世界的统一性;怀有殖民主义者的傲慢心理,相信罗马日耳曼民族自古就胜过世界上的其他一切民族;仇视革命,把革命看做只会破坏人类社会的进化,引起混乱和毁灭文化";"他喜欢给自己的论断和评价添上虔诚的基督教形式,添上他的'古老和可敬的'基督教哲学"①。在瓦因施坦看来,兰克现今仍受欢迎,主要是因为他的历史著作和世界观引起了帝国主义的辩护者、"冷战"的思想家们的注意,但"兰克的著作是资产阶级历史科学中已经过去的阶段,因为他在研究方法和研究技术方面的成就,已经被后来的科学发展所超越;至于兰克著作的艺术价值,由于它的内容同绝大多数人类(他们意识到是自己的历史的真正创造人,并且充满了对帝国主义和实力政策的一切表现的仇恨)的世界观完全对立","因此,要给兰克镀金、刷新和利用他那陈旧的思想武器来反对政治宣传服务的各种最新的尝试,只是证明资产阶级的史学思想危机加深和更加贫乏而已"②。文中虽然有对兰克及兰克史学的一些绍述,但评述兰克及兰克史学时弥漫着意识形态是学术研究探讨的核心这样的说教意味,与同期欧美其他研究兰克的著述相比③,显得狭隘而落伍。当时学人选取

(接上页)为题的全译文字发表在《历史译丛》上(参见[苏]瓦因施坦:《兰克和现代资产阶级史学》(上),全地、魏辛译,《历史译丛》1963年第1期,第5—21页;《兰克和现代资产阶级史学》(下),《历史译丛》1963年第2期,第20—29页)。

① [苏]瓦因施坦:《奥·瓦因施坦论兰克和现代资产阶级史学》,魏辛译,《历史研究》1962年第5期,第187页。
② [苏]瓦因施坦:《兰克和现代资产阶级史学》(下),全地、魏辛译,《历史译丛》1963年第2期,第29页。
③ 比如美国史家伊格尔斯的《美国与德国历史思想中的兰克形象》,[美]伊格尔斯:《美国与德国历史思想中的兰克形象》,何兆武、黄巨兴译,《历史译丛》1962年第1期。

这样一篇在西方历史学界价值与意义并不太大的文章,其中的一个重要原因就是,这篇文章所宣扬的思想及其对兰克史学的解读,符合了当时中国史学界意识形态宣传的需要。

为了适应当时史学界的这种研究风气的需要,施子愉在《对西方资产阶级史学中所谓研究历史的客观态度、科学方法的说法的批判》中指出,"被许多资产阶级史学家奉为'客观'史学、'科学'史学的大师","朗克并不是没有他自己的历史观,而且他的历史观还是极端唯心的。他说历史是宗教,他相信冥冥之中上帝的意旨随时随地引导着历史前进";"他也不是与政治'绝缘'的人","他的政治立场是保守的,反动的";他忽略人民群众在历史上的作用,将许多东方民族排斥在历史主流之外①。兰克等"资产阶级史学家以'客观'、'公正'为幌子,来掩盖其阶级实质"②。全文论及兰克及兰克史学的篇幅虽多,但重在揭示其阶级实质,倡导马克思主义史学的"党性"。

也正是在这种历史环境下,产生了戚本禹的《为革命而研究历史》这样的文章。为了适应当时意识形态宣传的需要,戚本禹对包括兰克史学在内的封建主义史学、资产阶级史学都进行了批驳。他指出,"被西方资产阶级学术界公认为'现代客观主义历史学派之父'的德国兰克","以'超阶级'、'纯客观'的态度去研究历史的主张,本身就是一种具有强烈的资产阶级性的客观主义理论",其"研究历史的最终目的不过是企图用最好的历史教材来作为向德国资产阶级和容克地主的献礼"。文章立论的目的是要在"思想斗争非常激烈的"历史研究方面,"勇敢地去占领和巩固历史研究领域的一切阵地"③。这样的论调不是历史研究,而是政

---

① 施子愉:《对西方资产阶级史学中所谓研究历史的客观态度、科学方法的说法的批判》,《武汉大学学报(人文科学)》1964年第6期,第18页。

② 同上。

③ 戚本禹:《为革命而研究历史》,《红旗》1965年第3期,第22页。亦可参见戚本禹:《为革命而研究历史》,《历史研究》1965年第6期,第38页。

治宣传。这种完全从意识形态宣传这一目的出发来考察、评述兰克及兰克史学的做法,虽然很难对兰克及兰克史学形成正确的理解,但也反映了在中国当时特定历史环境中的兰克及兰克史学之于史学、政治的价值与意义。

受这种庸俗马克思主义的制约,史学界对兰克史学的认知,有时流于片面化、绝对化。总体而言,与此前的情况相比,大陆史学界对兰克的了解还是在逐渐深化的,对兰克史学思想的引入也取得了一定的进展。这一点在翻译与兰克相关的材料上表现得比较突出。1961年《史学资料》刊载了盖尔的《论兰克》①和古奇《十九世纪历史学与历史学家》第六章中的一部分内容②。1962年商务印书馆出版了兰克《教皇史》之"希克斯特五世"中的一章③。《历史译丛》刊载了古奇《近代的历史研究》的译文,其中有不少是论述兰克史学的。同年的《史学史资料》刊载了贝洛夫的《德国史学史》,选录了不少介绍兰克史学的片段。从某种程度上而言,此时的中国学人是依据意识形态的需要、带有政治偏好地择取兰克史学的。

这一阶段最重要的引进翻译成果是1962年《历史译丛》刊载的《美国与德国历史思想中的兰克形象》一文④。此文为美国历史学家伊格尔斯(Georg G. Iggers)所作,原文于1962年刊发于《历史与理论》(History and Theory)之上⑤,相隔不久中国学者就将此文翻译成中文刊发在《历

---

① [荷]彼得·盖尔:《从灾难的角度来看兰克》,何兆武译,《史学资料》1961年11月1日,第3—13页。
② [英]古奇:《兰克》,黄巨兴编译,《史学资料》1961年11月1日,第13—25页。
③ [德]朗克:《朗克〈教皇史〉选》,施子愉译,商务印书馆1962年版,第1—61页。
④ [美]伊格尔斯:《美国与德国历史思想中的兰克形象》,何兆武、黄巨兴译,《历史译丛》1962年第1期,第48—85页。
⑤ Georg G. Iggers, "The Image of Ranke in American and German Historical Thought", *History and Theory*, 1962(2), pp. 17-40.

史译丛》之上。这一则表明此时中国大陆史学界并不是完全封闭的，中国学者能够第一时间把握欧美研究兰克史学的最新动态；二则说明中国学者对兰克及兰克史学的重视，因而对与兰克及兰克史学有关的研究成果极为关注。

此外，中国学者对古奇《十九世纪历史学与历史学家》、汤普森的《历史著作史》的翻译①，是这一阶段西方史学史译介的重要成果。这两本书有大量篇幅论述兰克及兰克史学。其中，《十九世纪历史学与历史学家》一书中篇幅占全书超过四分之一的德国部分，"是以兰克学派为中心，上下推溯，左右延衍来展开记述的。第二至五章从近代批判史学的先驱尼布尔和在浪漫主义思潮影响下，为拿破仑战争所激发的德意志民族文化、民族历史研究的发展两个相互联系的方面，介绍了兰克史学的背景；第六至七章叙述了兰克在尼布尔、沃尔夫、博克、缪勒、格林等史家的基础上，"尽最大可能地把研究过去同当代的感情区别开来，描写事情的实际情况，建立了论述历史必须严格依据同时代资料的原则；通过对权威性资料之分析、鉴别、订正，开创了考证的科学；阐明了欧洲的统一性，描绘了历史戏剧中的主要角色，使近代欧洲历史更加为人了解"②，阐述了以兰克徒子徒孙为主的兰克学派沿用或革新兰克史学模式，进一步推动了德国史学的发展。这些翻译成果是中国大陆史学界进一步研究兰克史学的基础，更是此后学人了解兰克及兰克史学的重要资料。可以说，这些译介成果为推动兰克及兰克史学在中国当代的传播、

---

① 据谢德风先生1979年所写的《历史著作史·译者前言》中介绍，此书在"文革"前已经基本翻译完了，只是"文革"期间被搁置下来了而已(参见谢德风：《译者前言》，载 J. W. 汤普森：《历史著作史》(上卷，第一分册)，商务印书馆1988年版，第10页)。而古奇的《十九世纪历史学与历史学家》一书，耿淡如先生在20世纪60年代中期开始翻译(参见张广智：《耿淡如与中国的西方史学史研究》，《史学史研究》2002年第4期，第22页)，曾因"文革"而中断，直到1989年才由商务印书馆出版。

② 谭英华：《中译本序言》，载[英]乔治·皮博迪·古奇：《十九世纪历史学与历史学家》，耿淡如译，商务印书馆1998年版，第Ⅲ—Ⅳ页。

扩大其影响做出了重要贡献。

2. "文革"结束后的新时期：回归兰克

"文革"十年，史学研究传统几近断绝。兰克史学再度进入学人的视域、成为学人关注的重点，则是在"文革"之后的新时期了。在这一阶段，中国史学界对兰克史学的研究得到了蓬勃发展，学人对兰克及兰克史学的接纳与了解日益深化，兰克及兰克史学在中国史学界的影响逐渐扩大。

1979年，《世界历史译丛》刊载了耿淡如先生所译的古奇《十九世纪历史学与历史学家》中的第六章——《兰克》。这是中国史学界在新时期所获得的第一份关于兰克史学的材料，这也揭开了新时期中国学人对兰克及兰克史学的研究在中国史学界扩大影响的序幕。同年，张芝联先生发表《资产阶级历史主义的形成及其特征》一文。文中指出："普鲁士的御用历史教授朗克继承了法的历史学派和黑格尔的唯心主义哲学传统，他的历史著作是黑格尔理论的实践。朗克承认，真正的历史是把罗马史专家尼布尔和黑格尔最好的东西糅合起来，实际上是企图借具体的研究来证实黑格尔的体系。"①文中将兰克纳入德国历史主义传统中去考察，体现了新时期学人对兰克及兰克史学认知发生了新变化，这为新时期解读兰克及兰克史学提供了新思路与新方法，也为重新评定兰克客观主义史学理论做了理论上的准备。

随后中国史学界涌现了不少论及兰克及兰克史学的论著、译著，展示了新时期条件下兰克及兰克史学影响的进一步扩大。1981年的《世界史研究动态》刊载了《兰克协会》一文②，短短2 000字，将兰克协会的创立、主旨、发展与影响做了简要的介绍。这虽还称不上是中国史学界在新时期研究兰克史学的专门论文，但它带来一个信息——在新时期之初，中国史学界就对兰克史学颇为关注，兰克及兰克史学对新时期中国

---

① 张芝联：《资产阶级历史主义的形成及其特征》，《世界历史》1979年第1期，第8页。
② 威西：《兰克协会》，《世界史研究动态》1981年第1期，第14页。

史学而言地位相当重要。

在这一时期,最早关注兰克史学的是张广智先生。新时期第一篇关于兰克史学的专文是张广智先生的《利奥波尔德·冯·兰克》①,全文于1981年在中国史学界的权威期刊《世界历史》上刊发。与此同时,在1981年上海历史学会年会上,张广智先生又以《兰克与兰克学派》一文作了学术交流,该文后来被收入《上海历史学会一九八一年年会会议论文选》(1982年)之中。在这些论著中,张先生指出,兰克虽然以强调客观公正、注重史料著称,但他的史学实践活动与他所确立的这些原则是相矛盾的。在张先生看来,兰克绝不是一个"超阶级""纯客观"的历史学家,他的史学活动明显带有政治斗争的色彩。不仅如此,兰克的历史观还是唯心的,他摒弃启蒙时代的理性主义思想,宣扬一种神秘的宗教史观。这些论著虽然篇幅不长,却将兰克史学的基本特点、实质以及兰克史学客观、唯心的两个方面都展现出来了。在新时期的历史条件下,在史学界百废待兴的状况下,这些研究成果之于中国史学界的意义是不言而喻的;文中所阐释的兰克史学思想对中国史学界进一步理解兰克史学本身,也是具有举足轻重的价值与意义的。

新时期的高校历史学系颇为注重西方史学史的教学。1984—1985年期间,吴于廑先生将因"文革"而中断的兰克史学研究工作重新拾了起来。他在给武汉大学历史系学生授课时,特地以"朗克史学与客观主义""朗克史学一文的后论"等专题形式来论述兰克史学②。这些专题研究,在内容上大致是吴先生对其20世纪60年代的研究成果的一种深入阐发③。在

---

① 张广智:《利奥波尔德·冯·兰克》,《世界历史》1981年第6期,第76—78页。
② 这些讲稿经整理后,于1995年选入文集出版(参见吴于廑:《朗克史学与客观主义》《朗克史学一文的后论》,载《吴于廑学术论著自选集》,首都师范大学出版社1995年版,第312—342、343—352页)。
③ 即吴于廑:《揭开朗克史学客观主义的外衣》,《武汉大学人文科学学报(历史专号)》1960年第5、6期。

谈到兰克史学时,吴先生认为,应将这位史学家放到他所处的时代、社会中去考察。在他看来,研究兰克史学,必然要结合他特殊的人生经历、他的交际往来、他所经历的重大历史事件等,只有这样才能真正理解兰克的史学思想,也只有这样才能揭开兰克史学客观主义的外衣。至于兰克史学的影响问题,吴先生认为这首先要关注兰克史料批判方法对历史学界的影响。吴先生的这些观点,对于拨正学人对兰克及兰克史学的认知、对中国历史学界在新时期进一步深入地研究兰克史学均具有很重要的指导意义。

兰克逝世100年前后,中国史学界对兰克的研究也进入了一个高潮。1986年,在中国史学界影响较大的三本专业期刊不约而同地刊出了三篇研究兰克史学的文章①。一时之间,兰克史学成了中国史学界关注的热点问题。张广智先生在《试论兰克对近代西方史学的贡献——兰克逝世百年祭》一文中指出,"重视原始资料,是兰克考证辨伪方法的前提";"重视事件目击者的记录,并认为这是'最高见证'"以及"外部考证""内部考证"等构成兰克史料考证的一般原则;兰克采用"习明纳尔"的方法广授门徒,培育历史学的专门人才,成为后世历史教学的典范;主张写历史要客观公正,还历史以本来面目,力求不夹带任何个人的政治偏见和宗教偏见;兰克的历史观包括"神秘的宗教观念、伟人史观和西欧中心论等"由"唯心主义外壳包扎起来的庞杂的思想体系"②。文中详细阐释了兰克的史料考证与辨伪的理论、"习明纳尔"专题研讨班、客观公正的

---

① 此三篇文章分别是张广智的《试论兰克对近代西方史学的贡献——兰克逝世百年祭》(《历史教学》1986年第10期)、许洁明的《略论朗克客观主义史学的观点和方法》(《史学史研究》1986年第3期)、王晴佳的《简论兰克与朗克史学》(《历史研究》1986年第4期)。因《史学史研究》是季刊,《历史研究》是双月刊,《历史教学》是月刊,所以三篇文章发表的时间大致是相差不远的。

② 张广智:《试论兰克对近代西方史学的贡献——兰克逝世百年祭》,《历史教学》1986年第10期,第4—9页。

撰史原则、唯心主义历史观及其对西方史学的贡献与影响,全面展示了兰克史学的内容与特点,表明了兰克客观主义史学的两重性,体现了新时期中国学者对兰克及兰克史学的了解在深化。

与张广智先生文章相呼应的是许洁明的《略论朗克客观主义史学的观点和方法》①。在这篇文章中,许洁明揭示了兰克"如实直书""客观公正"等客观主义史学观点的实质,阐明兰克历史研究方法不能还原历史本来的面目,并且兰克是带着政治、宗教偏见著史,其史学理论与史学实践之间存在矛盾。许洁明认为,"朗克在德国思辨哲学、路德教教义,特别是浪漫主义史学思潮的影响下早已形成自己的历史哲学",兰克的历史哲学是领会其强调史料批判方法目的的关键。文中指出,兰克"公正地、批判地考察历史事实不过是历史研究的第一步。在此基础上还应当深入到每个时代之中,通过对历史个体的认识来认识上帝,通过直觉来感知上帝;历史学家的任务就从发现时代精神来阐明上帝的意图"。全文对兰克及兰克史学的分析透彻,阐明了兰克史学体系的矛盾与欠缺。这是新时期学人充分利用外文资料释读兰克及兰克史学的重要成果,展示了学人对兰克及兰克史学的认知程度在攀升。

王晴佳的《简论朗克与朗克史学》则进一步阐释了兰克史学的这种唯心主义②。此文侧重于阐释兰克史学方法中的唯心主义这一面。王晴佳认为,兰克有一整套历史认识理论,这套理论是与他的宗教、政治和哲学观点密切相连的。他在文中指出,兰克史学绝不是纯客观的,兰克的"如实直书"实际上充满了主观因素;撰写历史时,兰克是从一种假设意图出发,依据自己的意图和论旨的性质等来选取史料,通过自己对史

---

① 许洁明:《略论朗克客观主义史学的观点和方法》,《史学史研究》1986年第3期,第48—55页。
② 王晴佳:《简论朗克与朗克史学》,《历史研究》1986年第4期,第118—128页。类似研究还有王琪的《对兰克史学观点的再思考》(《人文及社会学科教学通讯》第2卷第5期,1992年10月,第128页)。

料的理解,最后以不表露自己的好恶、站在中间立场上来进行叙述的;兰克有与其宗教、政治、哲学观点密切联系的一套历史认识理论,这套历史认识理论从强调史学的客观性、史料的原始性出发,最终达成表现时代精神、阐释上帝意志的主观意图,是一种从客观走向主观的历史认识理论;这套理论是"一种摒弃抽象的哲学概括、展现历史沿革的理论",强调历史研究应当观察并在情感上去追随世界历史背后"精神的、创造性的、道德的各种力量"等世界历史的秘密,主张世界历史的发展取决于上帝的安排,认为历史具有科学与艺术双重属性,突出"如实直书",进而达到"在写作中感通上帝的设计"这一研究目的,还是一种体现了德国传统历史主义的历史唯心主义史学体系。

王晴佳的这篇文章除了论述兰克的史学方法以及兰克史学中的唯心主义之外,还以大量兰克著述中的材料来阐发兰克史学中很少有人论及的方面。比如,兰克对历史与哲学的看法、对进步观念的批驳等。文中这些论述成功地展现了兰克作为一个唯心主义历史理论家的形象。这是新时期学人在充分理解兰克、大量研读兰克原著的基础上而成的力作,展示了新时期兰克及兰克史学在中国当代史学界的新影响,体现了学人在接纳兰克及兰克史学影响后做出了积极的回应。

总体上来看,这三篇文章学术价值高,对兰克史学的性质、目的、特点以及内在的理路等都做了全面的论述,代表着新时期之初中国学人研究兰克及兰克史学的最新水准,表明新时期学人吸纳兰克及兰克史学思想后,开始将其内化为自身的学理体系。此后的相关研究无论是在材料丰富程度上,还是在理论高度上,鲜有能超越这三者的[①]。当然也有例

[①] 如张小莉的《关于兰克史学的几个观点》(《西安社会科学》2010 年第 3 期,第 95—96 页),文章史料大多参考张广智先生《试论兰克对近代西方史学的贡献——兰克逝世百年祭》一文,观点大体可算是王晴佳《简论朗克与朗克史学》、侯建新《从客观主义走向主观唯心主义的兰克学派》两文中观点的简约版。

外,如侯建新先生的《从客观主义走向主观主义的兰克学派》一文从兰克辨析考订史料时所运用的"判断与直觉"出发,追溯其与"如实直书"的关联,阐发兰克史学方法中的唯心主义,从而说明兰克史学有从客观唯心主义转向主观唯心主义这一倾向①。此文论述的角度别致,阐释精当,叙述清晰明了,对急于了解兰克史学的学人而言是很有助益的,也展示了新时期学人在摸索中独立探寻兰克史学本来面目的新水平。

此一时期中国史学界也介绍、引进了不少西方史学界关于兰克史学的研究成果。1987年的《光明日报》刊载了张芝联先生的《朗克逝世一百周年国际学术讨论会简介》②,文中详细地介绍了1986年10月美国锡拉丘兹大学承办的纪念兰克逝世100周年国际学术讨论会上的各种观点。这些观点代表了当时西方史学界对兰克史学的最新研究成果。另一方面,曾因"文革"而中断的翻译出版事业也蓬勃发展起来。商务印书馆等先后出版了古奇的《十九世纪历史学与历史学家》③、汤普森的《历史著作史》④以及苏联史家科斯敏斯基的《中世纪史学史》⑤。其中《中世纪史学史》第二十五讲"十九世纪上半期的德国史学(四)"主要阐述兰克历史观及其特点,揭示兰克历史观的实质及其缺陷。文中指出:"兰克的

---

① 侯建新:《从客观主义走向主观唯心主义的兰克学派》,《历史教学》1990年第11期,第16—19页。
② 张芝联:《朗克逝世一百周年国际学术讨论会简介》,《光明日报》1987年2月18日第三版。
③ [英]乔治·皮博迪·古奇:《十九世纪历史学与历史学家》,耿淡如译,商务印书馆1989年版。
④ [美]J. W. 汤普森:《历史著作史》,谢德风译,商务印书馆1988年版。
⑤ 《中世纪史学史》由东北师范大学历史系在1985年左右完成翻译工作,1986年7月由东北师范大学历史系以内部资料名义出版(郭守田:《中译本前言》,参见[俄]叶·阿·科斯敏斯基:《中世纪史学史》,东北师范大学历史系译,东北师范大学历史系1986年7月,第2页)。而后由商务印书馆2011年出版([俄]叶·阿·科斯敏斯基:《中世纪史学史》,郭守田等译,商务印书馆2011年版)。

肤浅、缺乏深度、随机应变和折中主义,使他获得趋于反动并在十九世纪末二十世纪初最终站在反动立场上的德国资产阶级的崇敬。"①言辞之中充满了特定历史时期学术研究的腔调。

与之相类似的是苏联史家加尔金编著的《欧美近代现代史学史》。书中提到:"兰克利用了黑格尔关于'有史'民族和'无史'民族的反动思想,认为罗马—日耳曼民族在历史上居于主导地位……他完全无视亚洲和非洲各族人民的历史,认为它们不过是主导民族施加影响的对象。兰克的观点奠定了后来广泛流行的'外交政策较内政优先'论和'政治较经济优先'论的基础。他奉行保守主义,研究兴趣只局限于国家、战争、教会和外交政策等等。"原书为20世纪60年代苏联教科书《欧美各国近代现代史学史》缩减版,"强调了以马克思列宁主义历史科学为首的、力量日益充实的世界进步史学同陷入思想理论和方法论危机的资产阶级史学之间尖锐的思想理论斗争"②,充满了阶级斗争的语调,因而在分析兰克史学时丧失了学术研究应有的分寸。比如书中认为兰克史学的影响得到强化,"主要原因在于他的历史政治观点是符合资产阶级和贵族之间实行阶级妥协的需要的"③。

这种"不够完备"的、20世纪五六十年代的研究成果被译介出版,与当时国内学术界求知若渴有关,也与当时的研究条件有关。学人也深知这种译介的不足,《中世纪史学史》译者郭守田就曾指出,作者"在评价兰克中批判的篇幅过多,反之,对其史学中存在的积极却没有提到,不免失之偏颇"④,实际上兰克史学并非如作者所言那样一无是处。此时的学

---

① [俄]叶·阿·科斯敏斯基:《中世纪史学史》,郭守田等译,第548页。
② 《编辑委员会的话》,载董进泉译、王才强校:《欧美近代现代史学史》(上),安徽教育出版社1986年版,第1页。
③ [民主德国]施特莱赞德:《德国历史思想和历史科学的发展》,载董进泉译、王才强校:《欧美近代现代史学史》(上),第79—81页。
④ 郭守田:《中译本前言》,载[俄]叶·阿·科斯敏斯基:《中世纪史学史》,第Ⅳ页。

人在反复接触兰克及兰克史学后也意识到,"朗克学派在反对理性主义史学的抽象推理、空疏论证,提倡尊重史实、尊重史料诸方面即有一定的历史合理性"①。也正因为如此,这些书中与兰克及兰克史学有关的内容,也是新时期中国史学界了解兰克及兰克史学的重要来源。此时的学人们已经认识到在译介国外研究成果时要"提高鉴别能力,吸收其中合理的部分,是指为己所用……取其精华,弃其糟粕,应当成为我们必须遵守的原则","不应满足于接受别人现成的科学研究成果,尤其要努力深入钻研,使本学科继续得到提高和发展,迅速改变我们的落后面貌,并把它逐渐推进到应有的现代水平"②。是故,新时期不少与兰克及兰克史学有关的国外论著、观点被译介到国内。

随着引介材料的增加,兰克及兰克史学为越来越多的学人所熟悉,兰克及兰克史学在当代中国史学界的影响也日渐增强,中国史学界也因而涌现出大量与兰克史学研究有关的著述。如郭圣铭先生在《西方史学史概要》中论及19世纪上半期德意志史学时指出,兰克是19世纪德意志影响最大的历史学家,其史学观点即史学方法主要包括"资产阶级'客观主义'","借口史料高于一切,把历史学变成史料学","否认社会发展的规律性,把历史归结为帝王将相的活动","神秘主义的宗教史观"四个方面③。

又如,孙秉莹先生在《欧洲近代史学史》中阐释"兰克和兰克学派",依据兰克学术活动的轨迹逐一介绍兰克及兰克史学的著作,阐释其历史研究的方法与思想,阐明兰克的史学理论、治史方法包含"主张写历史要客观公正,不夹带任何个人的偏见","特别强调原始史料的重要性","强

---

① 谭英华:《关于促进西方史学史研究的几点意见》,《史学史研究》1985年第2期,第36页。
② 郭守田:《中译本前言》,载[俄]叶·阿·科斯敏斯基:《中世纪史学史》,第Ⅳ页。
③ 郭圣铭:《西方史学史概要》,上海人民出版社1983年版,第154—159页。

调对史料要进行严密的考证,并对作者的心理进行分析",从作者的动机查证史料的可靠性等几个方面的主要内容,揭示了兰克史学强调客观主义与服务于现实政治之间的矛盾①。

再如,刘昶在《人心中的历史》中的第一章"二十世纪以前西方史观的演变"中论及兰克及兰克史学,将兰克视为19世纪史学革命中"最杰出和最有影响的代表",认为兰克重视史料考证,把研究历史个体当作"体认普遍、无限,体认上帝"的方式,指出兰克"对思辨哲学的不信任和警惕,从未系统地阐述过自己的史学主张,在自己的著作中也尽力避免做理论的概括,总是力图让史实本身来说话",过于强调原始资料和考证的重要性,从而导致丰富的史学思想被简化为"如实直书"②。

值得一提的是张广智先生在《克丽奥之路》中以"消灭自我?"为题论及兰克的史学体系。文中以历史散文的形式讲述兰克追求"消灭自我"的"如实直书"治史理念、"不偏不倚"的撰史原则、严格考证的治史方法、"西欧中心论"的史学观念、体认上帝的宗教史观等,勾勒出兰克及兰克史学的全貌③。此类著述虽多为介绍阐释兰克及兰克史学,但属于当代学人对兰克及兰克史学展开独立研究的开始,这对后学者从中窥见兰克及兰克史学的全貌也有着积极的意义,亦体现了此时的学人重视兰克及兰克史学,在接纳兰克及兰克史学思想后试图将其推广开来,扩大兰克及兰克史学对新时期中国史学的影响。

---

① 孙秉莹:《欧洲近代史学史》,湖南人民出版社1984年版,第151—172页。
② 刘昶:《人心中的历史:当代西方历史理论述评》,四川人民出版社1987年版,第47—52页。类似研究还有赖元晋的《从客观主义到主观主义——对近现代西方历史思想的批判》(载湖北世界史学会编:《世界历史文汇》,武汉大学出版社1986年版,第288—294页)、《19世纪西方主要史学思潮》(载黄振、杨朴羽、夏诚等主编:《世界近代史重点和理论问题研究》,华中师范大学出版社1989年版,第413—415页)。
③ 张广智:《克丽奥之路——历史长河中的西方史学》,复旦大学出版社1989年版,第149—159页。

在主动扩大兰克及兰克史学在学界影响的同时，新时期的学人也在不断反思，推动兰克及兰克史学研究的再深化。《欧洲近代史学史》出版后，吴于廑先生撰写《引远室之光，照古老史学之殿堂——〈欧洲近代史学史〉读后》一文，文中提到"西方十九世纪中叶德国的朗克及其学派，也十分重视史料和史料考辨。其搜集史证之勤谨，批判史料之严密，与清代朴学几乎同一风调"；总结兰克及其学派考订史料的原则，如"距事件发生最近之见证乃最佳之见证，当事者文书之价值高于史家记载之价值"，与乾嘉朴学"是同一见解"；指出兰克及其学派的"历史学是搜集和辨析文献证据，又依靠经过批判辨析的证据使客观历史在文字上还其本来面貌的学问。也就是说历史的科学性，在于其所叙史实的客观性"①。内容上虽是吴先生对自己20世纪60年代相关研究观点的回顾，但文中亦有将兰克及兰克学派与乾嘉朴学对比研究之意。吴先生盛赞孙秉莹先生此书"剪裁熨帖，条理清晰可诵，不仅对了解近代西方史学全貌以及各流派的特点很有裨益，而且也可借以引远室之光，照一照我们自己的古老史学的殿堂"，深信此书能起到"他山之石，可以攻玉"这样的有益作用②。

事实上，其后学术界确实涌现了不少同类型的研究，这些研究为兰克及兰克史学扩大在中国当代史学界的影响做出了重要贡献。如王晴佳的《西方史学史上的一代宗师朗克》，此文是在《简论朗克与朗克史学》一文的基础上，增加叙述介绍的成分，适当降低对兰克及兰克史学进行理论剖析的深度，详细介绍了兰克的生平与学术活动，展示了兰克考订史料的方法、撰写历史的原则、体认上帝的治史目的等内容丰富的史学体系；对比兰克及其学派与实证主义，揭示了兰克史学被简化为"如实直

---

① 吴于廑：《引远室之光，照古老史学之殿堂——〈欧洲近代史学史〉读后》，《世界历史》1986年第4期，第21页。

② 同上，第22页。

书"的史料学的背景原因,突出了兰克及兰克学派在西方史学史上的地位与影响①。而后王晴佳在《近代德国的历史思想和实践》一文中将兰克及兰克史学置于近代德国历史思想发展序列中予以考察,指出兰克继承尼布尔等的史学传统,坚信"上帝主宰着历史,历史的每一个关头都能发现上帝之手",强调可以通过"严格选用史料和批判史料","写作历史时不应带有任何政治、道德的判断",客观公正地将"历史面目呈现在读者面前"。在王晴佳看来,兰克把历史研究当作对上帝行为的记录,因而

---

① 郭圣铭、王少如:《西方著名史学家评介》,华东师范大学出版社1988年版,第138—151页。类似的绍述兰克及兰克史学的文章还有,何兰的《兰克史学思想评讲》(载《世界近代史重点和理论问题研究》,华中师范大学出版社1989年版,第420—426页);宋瑞芝等人的《客观主义史学的宗师——兰克》《兰克学派》(载宋瑞芝、安庆征、孟庆顺、王扬主编:《西方史学史纲》,河南大学出版社1989年版,第233—238,239—241页);杨豫的《西方史学史》中的"兰克""兰克学派"等章节(杨豫:《西方史学史》,江西人民出版社1993年版,第312—321页);王加丰的《兰克学派》(载于沛:《西方史学思想史》,湖南教育出版社2015年版,第192—214页)等。夏祖恩自1979年即开始酝酿写作《外国史学史纲要》,历经12年始成(夏祖恩:《后记》,载《外国史学史纲要》,鹭江出版社1993年版,第399页)。书中"朗克《教皇史》"这一节中提到兰克及兰克学派。文中认为兰克"他的政治观与历史观混合交织在一起,形成复杂的思想体系",包括"标榜'客观主义',充当普鲁士君主专制的忠实奴仆","提倡德意志民族主义理论","鼓吹上帝主宰历史,否定历史发展规律","鼓吹英雄史观,吹捧普鲁士君主","创立'习明那'的教学方式,培养一代信徒"等五个方面的内容。此外还有陈勇、罗通秀的《兰克史学与兰克学派》一文认为,"兰克史学思想的基本特点'恪守政治史传统'、'严格考证史料,根据原始的文献用文字复原曾经存在的客观事实,即所谓'如实记述'原则""不作价值判断";通过兰克的史著以及兰克的"理解论""拉丁-日耳曼民族整体论",可得知兰克的史学目的是"用'历史的真情'论证德意志民族要有强有力的君主,实行中央集权,建立强大统一的德国;拉丁-日耳曼民族是一个充满生机的优于东方民族的整体,其对外扩张是天经地义的"(参见陈勇、罗通秀:《西方史学思潮导论》,武汉大学出版社1995年版,第104—109页)。徐浩、侯建新的《兰克和兰克学派》一文则叙述了兰克的生平及著述,指出19世纪浪漫主义思潮的风向、对历史哲学的反叛等孕育了兰克史学,阐述了兰克所推崇的"客观主义"史学方法,揭示了兰克所构建的唯心主义史学体系,总结了兰克史学的基本特征(参见徐浩、侯建新:《当代西方史学流派》,中国人民大学出版社1996年版,第15—32页)。

"愈忠实地记载历史就愈能反映上帝的智慧和伟大。任何个人的评判都不能与造物主的设计相提并论,因此这种评判都应该去掉",兰克的宗教信仰对其历史研究宗旨有着重要的影响,并且成为其史学方法体系的指归①。

张广智先生则在《客观主义史学的典范——兰克的〈教皇史〉》中以兰克写作《教皇史》为主线,详尽阐释了兰克将"如实直书"的治史原则贯彻于《教皇史》写作之中,展示了兰克作为"一个客观主义者、史料考据者、实证主义者的形象",指出兰克笃信"上帝之手"无处不在,试图通过非理性的直觉去体认神秘的上帝,试图强调通过个体直觉去理解整体精神以揭示历史的本质,展示了兰克"理念论者"的形象②。

这些研究成果成为后学者了解兰克及兰克史学的基础,促进了史学界对兰克史学的进一步深入了解。此外,这些也说明中国学人在接受兰克史学之后,其研究兰克及兰克史学的水平得以大幅提升。此后学人如要想突破此前的研究成果、更深入地研究兰克史学,除了寻求更新的确信史料之外,更重要的是要转变研究的视角。朱本源先生的《近两个世纪来西方史学史发展的两大趋势》一文就是尝试从新颖的研究视角来看待兰克史学的一个例子③。朱先生将兰克史学视作一种"叙述的模式"。他认为,这种"兰克式"的实证主义史学模式,是以确信历史学家能再现历史真实为基本理论前提的。在他看来,兰克史学以实证的史实为研究

---

① 王晴佳:《近代德国的历史思想和实践》,《世界历史》1990 年第 6 期,第 109—112 页。类似研究还有欧宗明的《近代西方史学思潮变迁(1830—1980)》(《台南大学人文与社会研究学报》第 43 卷第 2 期,2009 年 10 月,第 61—76 页);孙立新的《批判历史学的创立》(载孙立新:《百年巨变——19 世纪德意志的历史和文化》,山东大学出版社 1994 年版,第 193—206 页)。

② 郭圣铭、王少如主编:《西方史学名著介绍》,华东师范大学出版社 1996 年版,第 142—151 页。

③ 朱本源:《近两个世纪来西方史学史发展的两大趋势》,《世界历史》1986 年第 10 期,第 1—10 页。

对象,将自然科学模式套用在历史研究上,围绕"事件的历史"展开历史研究。不仅如此,朱先生通过叙述与"兰克式"叙述模式相对立的、"年鉴式"的叙述模式,使兰克史学的某些特点与缺点更加凸显出来①。

与之类似的还有赖元晋的《朗普勒希特的文化史观和他对兰克学派的批判》。此文虽然主要是为了阐述兰普勒希特的文化史观,但文中在论述兰克学派中的"特洛伊木马"——兰普勒希特时,也将兰普勒希特与兰克进行了对比研究。在赖元晋看来,兰普勒希特从批判兰克的唯心主义观念出发,触及了兰克史学思想的核心——"个体论"以及由之而来的个人主义性质②。此外,田晓文在《对兰克学派的挑战——西方心智史的诞生》中提出,西方史家"在史学认识论和方法论方面,批判兰克学派的'纯客观主义',阐明历史学与自然科学的区别","在史学任务方面,批判兰克学派的'事件历史',主张探究社会历史发展的规律","在史学主题方面,批判兰克学派的单纯的政治史,提出'把人类生活的一切领域'都包括在内的综合史观"③。此文实际上是将西方心智史与兰克史学进行对比,突出心智史的创新性,批判兰克史学的落后性。这些研究都立足于对比方式,突出兰克及兰克史学的特点与实质,为解读兰克及兰克史学提供了新的思路。

其后,徐善伟在《略论实证主义史学与兰克客观主义史学的异同》中将兰克史学与实证主义史学进行了对比。文中认为,兰克史学属于传统阐释学类型,强调历史是一门不同于自然科学与哲学的科学;实证主义史学属于传统科学法则类型,强调历史学是一门极类似于自然科学的学

---

① 类似研究还有《关于兰克学派与年鉴学派》(载何兆武、陈启能主编:《当代西方史学理论》,上海社会科学院出版社 2003 年版,第 595—600 页)。
② 赖元晋:《朗普勒希特的文化史观和他对兰克学派的批判》,《世界史研究动态》1990 年第 4 期,第 13—17 页。
③ 田晓文:《对兰克学派的挑战——西方心智史的诞生》,载《唯物史观与历史研究——西方心智史述评》,天津社会科学院出版社 1992 年版,第 53—59 页。

科。在史学理论上,兰克史学倡导"如实直书"以实现史学科学化,将"历史的动力最终归结于上帝的意志","放弃了对那些历史事件的任何较深刻的原因和历史发展规律的探讨",而实证主义史学则强调在坚实的史料研究基础上,"还应当探求历史发展的规律";在历史编纂学上,兰克史学"就旨在自己的狭小领地内穷究细节,把历史研究和编纂的内容局限于政治史的领域",而实证主义史学"则从狭隘的政治史的局限中解脱出来,把社会作为一个整体当做史学的研究对象";在史学方法上,兰克客观主义史学、实证主义史学两者都注重史料的搜集与考证,但实证主义史学"还重视把自然科学和社会科学的一些新方法引入历史研究",强调运用归纳、概括的方法研究历史,重视心理学、统计学等的方法。文中从史学发展的角度,"分别从史学理论、历史编纂学和史学方法三个方面作一考察",弄清实证主义史学与兰克客观主义史学的异同,"考究它们的得失"①,以对比研究的新视角展示了兰克史学的特点与实质。

除了将兰克史学与不同史学流派进行对比之外,还有将兰克与其他史家进行对比的研究。比如,周小粒的《简评修昔底德与朗克的史学成就》将修昔底德与兰克进行对比,认为兰克从修昔底德处吸收了诸如重视历史的垂训作用、批判精神、求实态度等,但两人在宗教观、政治倾向、对经济因素及历史因果关系的认知、写作方式与结构、英雄史观、叙述的角度、历史观方面迥然不同②。不过这篇文章在理论上并未超越吴于廑先生

---

① 徐善伟:《略论实证主义史学与兰克客观主义史学的异同》,《齐鲁学刊》1991 年第 6 期,第 65—70 页。类似研究还有易兰的《论客观主义史学与实证主义史学的异同——兼论兰克史学的定性问题》(《湘潭大学社会科学学报》2002 年第 26 卷,第 27—30 页)。文中指出,虽然客观主义史学、实证主义史学在治史原则、重视史料、研究范畴等方面有相同或相似点,但两者对史学阐述的角度、侧重点不同,从而可以在历史研究的层次、运用史料为研究服务、研究成果对现实的价值、对待历史哲学问题等方面把两者区别开来。

② 周小粒:《简评修昔底德与朗克的史学成就》,《上饶师专学报》1996 年第 4 期,第 76—79 页。

在20世纪60年代的论著——《论西方古今两个"客观"史学家》。可以说,诸如此类转换研究角度的研究,实质上就是将兰克史学放置在一个新的视域中进行研究,以多层次、多视角增进对兰克及兰克史学的了解。

新时期的学人们还试图从兰克思想本身选取新的切入点,探求解读兰克及兰克史学的新方式。如时殷弘、郝莹的《列奥波德·冯·兰克的国际政治观》这篇文章通过对兰克的国际政治思想做系统的阐释和评论,阐明了兰克史学中的一些重要的组成因素,如民族主义与欧洲统一体的共同利益、以动态均势之新陈代谢为基本内容的欧洲列强运动模式、温和适中的国际政治态度和伦理取向[①]等。这种细化研究从另一个侧面展示了兰克的政治思想。又如,汪丽红的《兰克史学风格新释》一文通过叙述兰克与早期浪漫主义的关系来阐释兰克史学思想的矛盾性,阐明了由之而来的兰克科学史学的幻灭。她指出,兰克兼具浪漫主义与客观主义,这两者缺失了任何一方都不是完整的兰克了。她认为,兰克对人的关注以及他的"直觉",都是受浪漫主义影响的表现。在她看来,兰克史学思想中的主导因素(包括宗教因素)都是浪漫主义的,但兰克却以一种非浪漫主义的方式(即"如实直书"、客观超然的撰史风格)进行史学实践。这样一来,兰克史学自身在理论上的矛盾致使这种史学模式难以走出困境[②]。此文为读者理解兰克及兰克史学提供了一个很有价值的解读思路,这也表明兰克史学本身的研究开始受到学界的关注与重视。

再如,朱忆天在《论兰克的"如实直书"原则》一文中从当代词源学入

---

① 时殷弘、郝莹:《列奥波德·冯·兰克的国际政治观》,《欧洲》1998年第4期,第4—10页。类似的研究还有吴征宇的《兰克VS德约:均势现实主义与霸权现实主义》(《欧洲研究》2007年第1期)。文中提到兰克由对历史经验的总结而形成均势思想的两大前提,即大国倾向、欧洲中心倾向;并使得其在国际政治视野方面忽视了历史上同大陆均势体系并存的大洋霸权体系。

② 汪丽红:《兰克史学风格新释》,香港中文大学中国文化研究所,http:www.cc.org.cn/2003/04/02.html。

手展开分析兰克的"如实直书",通过论述兰克与黑格尔两者在历史研究方法上的关系,阐明兰克的"如实直书"理论①。朱忆天的《试论兰克之后的治史思想的发展》一文虽然主要是阐释兰克史学的影响,但文中有不少内容是针对兰克史学本身而展开分析的②。只不过在论及兰克对历史及历史学本身的一些看法时,大体上并没有能超越王晴佳的《简论朗克与朗克史学》一文。

3. 跨世纪的研究新起点:重读兰克

随着兰克及兰克史学在中国史学界的影响日益增大,学人愈加关注兰克史学本身的问题,对兰克及兰克史学本身的研究兴趣逐渐浓厚。如汪树民的《祛魅与返魅:兰克史学的困境》借用后现代主义"祛魅"与"返魅"的概念来解读兰克史学,从兰克史学的形成发展本身来考察兰克史学所面临的困境。汪树民认为,兰克史学是新旧两种因素的统一体,这种内在固有的矛盾是造成其进一步发展必将面临困境的根本原因③。这意味着新时期的学人在接纳兰克及兰克史学的同时,开始逐步深入兰克史学学理体系的内在理路。

类似的研究如黄进兴在《历史主义与历史理论》中指出,历史主义是兰克史学中重要的元素,历史主义所强调的"发展""特殊性"在兰克史学脉络中达到了巅峰④。又如,余英时先生在《历史与思想》中也指出,兰克是在历史主义的背景下发展其史学理论的。余先生认为:"兰克绝不

---

① 朱忆天:《论兰克的"如实直书"原则》,《华东理工大学学报(文科版)》1995年第1期,第19—22页。
② 朱忆天:《试论兰克之后的治史思想的发展》,《华东理工大学学报(文科版)》1997年第2期,第28—35页。
③ 汪树民:《祛魅与返魅:兰克史学的困境》,《南都学刊》2003年第1期,第20—23页。
④ 黄进兴:《历史主义与历史理论》,允晨文化公司1992年版,第21、56—65页。类似研究还有黄进兴的《历史若文学的再思考——海顿·海特与历史语艺论》《新史学》第14卷第3期,2003年9月,第81—121页)、《阅读理论与史学理解》(《新史学》第16卷第2期,2005年6月,第153—184页)。

承认史学是事实的收集,也不主张在历史中寻求规律。他认为历史的动力是'理念'(Ideas)或'精神实质'(Spiritual substances),在这之后则是上帝。……史学的目的便是要把握这些'理念'或'精神'。……他总认为历史的真实不能由抽象的概念得之,而必须透过对'全部人生的透视'(Clear contemplation of total human life)然后使把捉得定。"①这些研究表明,学人在深刻理解兰克及兰克史学的基础上,试图进一步从历史主义的大背景中去解读兰克及兰克史学,揭示兰克史学的特性与本质。这对于增进后学者对兰克及兰克史学的理解有着积极的意义。

梅义征的《被误解的思想——兰克是怎样成为"科学历史学之父"的?》则依据美国史学家伊格尔斯关于兰克"德国唯心主义传统的继承人""科学历史学之父"这两种形象的经典论述,就 20 世纪兰克作为科学史学之父的形象何以形成这一问题进行探索。作者认为,兰克的历史观及其治史原则都植根于德国文化传统之中,兰克继承发展的历史主义治史原则与科学历史学的原则实际上是针锋相对的,甚至其所追求的"客观性"原则与"科学的"历史学方法也有差距。兰克之所以被奉为"科学历史学之父",是因为欧美史学界对"科学历史学"的片面理解以及对德国历史传统缺乏了解②。此文在阐释兰克史学内在矛盾性的基础上,重在阐述兰克史学与 20 世纪中西史学界之间的关系,内容与观点大体建立在伊格尔斯研究的基础之上。

侯树栋的《20 世纪西方史学对兰克史学的批判与继承》则系统考察了当代西方史学与兰克史学的批判与继承关系③,认为兰克史学的一些

---

① 余英时:《历史与思想》,联经出版有限公司 1999 年版,第 9—13 页。
② 梅义征:《被误解的思想——兰克是怎样成为"科学历史学之父"的?》,《史学理论研究》1998 年第 1 期,第 55—62 页。
③ 侯树栋:《20 世纪西方史学对兰克史学的批判与继承》,《史学月刊》1999 年第 2 期,第 98—105 页。类似研究还有夏伯嘉的《战后欧美史学发展趋势》(《新史学》第 3 卷第 2 期,1992 年 6 月,第 87—102 页)。

合理思想、方法已融入当代西方史学,而20世纪西方史学的变迁不是简单地否定传统,而是在突破传统中继承传统。此外,还有石荣慧的《兰克史学与史学专业化》①、刘颖的《简评19世纪西方客观主义史学思想》②。这两篇文章都是把兰克史学放到19世纪西方史学的发展历程中来评价的。与之类似的还有邱建群的《19世纪德国民族意识的成长与史学变革——浅论兰克史学的精髓》。文中指出,19世纪初德国面临的民族危机促使德国思想界力图在文化层面上促成国家统一,从而诞生了以民族主义为精髓的兰克史学。作者认为,兰克在治史方法上提倡"据实记事",声称欲使历史"科学能发生影响,必先去其致用之念",这些兰克史学的精髓实际上通过兰克的全部史著展现了德意志民族危机、德意志统一趋势等时代主题,是当时特定时代的产物③。

采用多种角度去探究兰克及兰克史学,实际上大多数研究都只是围绕其某一方面,以类似于管中窥豹的方式去分析兰克及兰克史学,所取得的研究成果虽佳,但在整体认知方面还有所欠缺。2006年易兰的博士学位论文《兰克史学研究》出版。此文被称为"第一次整体性探索兰克史学思想的尝试"④。全文运用大量德文、英文、日文原著与书信等第一手史料,围绕兰克史学体系中"如实直书"、"上帝之手"、史学政治性这三种组成要素及其相互关系展开论述,展现了兰克史学的全貌,揭示了兰克史学的实质,彰显了兰克史学的成就与影响,触及了兰克史学的深层内核,指出了兰克史学的不足与缺陷,展示了兰克史学与现代史学的传承关系,弘扬了兰克史学的优良传统。文章不但探究了兰克史学思想的

---

① 石荣慧:《兰克史学与史学专业化》,《广西社会科学》2003年第8期,第137—140页。
② 刘颖:《简评19世纪西方客观主义史学思想》,《湛江师范学院学报(哲学社会科学版)》1998年第2期,第6—8页。
③ 邱建群:《19世纪德国民族意识的成长与史学变革——浅论兰克史学的精髓》,《辽宁大学学报(哲学社会科学版)》2001年第6期,第40—43页。
④ 张骏:《兰克史学中的个别与普遍》,《学术研究》2012年第2期,第101页。

理路,还将其置于中西史学交流这一宏大视域之中,凸显兰克史学对西方史学以及中国史学的影响①。其后易兰在《西方史学史》②《西方史学通史》(第五卷)③中将兰克史学置于整个"历史学世纪"中,详细剖析其史学思想,厘清兰克史学与浪漫主义史学、实证主义史学、历史主义史学等之间的关系,展示兰克史学的巨大影响力。这些论著出版后,学术界涌现了大量研究兰克及兰克史学的论著,体现了这一时期对兰克及兰克史学的关注度在提升,但大部分研究成果的学术价值并不是太高④。换

---

① 易兰:《兰克史学研究》,复旦大学出版社 2006 年版。
② 参见张广智主著的《西方史学史》中的第六章、第七章,复旦大学出版社 2018 年第四版。
③ 易兰:《西方史学通史》第五卷《近代时期(下)》,复旦大学出版社 2011 年。
④ 如祁志波的《浅析兰克史学》(《大众文学》2008 年第 9 期)、李刚的《19 世纪欧洲史学的档案研究传统——以兰克史学为例》(《档案学研究》2008 年第 2 期)、谭牧的《兰克史学与如实直书》(《邯郸学院学报》2008 年第 12 期)、李娜的《近代史学之父——兰克》(《世界文化》2009 年第 10 期)、王中文的《那个高贵的梦想——论兰克的"如实直书"原则》(《理论界》2010 年第 10 期)、曹萍的《兰克史学对近代欧洲档案学发展的影响》(《兰台世界》2013 年第 3 期)、陈玉霞的《〈历史研究〉对兰克学派的超越》(《齐齐哈尔大学学报(哲学社会科学版)》2013 年第 4 期)、王志华的《兰克史学的二重性:先验与经验》(《燕山大学学报(哲学社会科学版)》2013 年第 1 期)、杨涛的《浅析兰克史学及其在近代中国的传播与影响》(《黑龙江史志》2013 年第 7 期)、杨丽萍的《史料批判和运用第一手档案原则——以兰克的实证主义为例》(《黑龙江史志》2015 年第 2 期)、兰震的《浅论兰克史学流派》(《知识文库》2016 年第 18 期)、李得权的《论兰克史学》(《黑河学刊》2015 年第 12 期)、李梓昊的《兰克学派的缺陷与危机》(《才智》2015 年第 10 期)、倪鹏的《以兰克为例浅析影响历史观形成的因素》(《金田》2016 年第 5 期)、桂雨维的《浅析兰克史学的缺陷》(《鸭绿江》2016 年第 7 期)、陈征的《兰克的史学精神》(《卷宗》2017 年第 20 期)、王新的《兰克客观主义史学与后现代主义史学的比较分析》(《文教资料》2017 年第 15 期)、戴辉的《20 世纪中期美国史学界对兰克史学的批判研究》(《青年时代》2018 年第 32 期)、刘新利的《兰克史学与新闻史教学》(《西部学刊》2019 年第 4 期)、钱浩的《简述兰克史学的基本特征》(《中外交流》2019 年第 26 卷第 16 期)等。

就兰克史学研究而言,这些文章论证使用的史料、论据的充分性、论点的创新性方面并无很大提升。有的论文质量不高,甚至注释错乱荒谬。比如王琳的《傅斯年史学思想中的传统史学与兰克史学》(《安徽文学》2008 年第 8 期,第 201 页。此(转下页)

言之,论著的数量只能显示此一时期兰克及兰克史学研究的热度,并不能彰显相关研究的进步。

即便如此,随着兰克及兰克史学在国内史学界知名度的不断提高,更多的学者致力于从多个视角、采用多种方式、从不同层次探讨兰克及兰克史学,这进一步促进了兰克史学在国内的传播与影响。如覃兆刿的《论兰克史学的档案取向及其在欧美和中国的影响》借用档案学的研究角度来解读兰克史学、分析兰克史学的影响。文中提到,档案客观记录历史的特性符合兰克"求真"的科学价值观和"如实直书"的治史原则;受尼布尔影响而重视档案文献,兰克的科学观、史学价值观、求真的审美取向以及内在的品格,是其重视档案的内在动因;而丰富的档案铸成了兰克史著内容的丰富性、生动性以及具有立体感的观点的权威性,兰克特别注意发挥档案的证史纠错作用,这也成就了兰克及兰克史学。文中指出,从档案学的角度来看,兰克史学的成就促进了欧美档案馆事业的专门化和档案学成为独立学科;而在中国,兰克史学的"如实直书"和"重视档案"恰好应和了中国重视文献的梁启超、傅斯年、陈寅恪、姚从吾、胡适等"新考据学派"学者们的文化心态,也促进了中国档案事业的发展①。

张作成的《西方"科学历史学"何以可能——以兰克、马克·布洛赫和劳伦斯·斯通的史学思想为例》则从科学历史学发展的角度,分别阐释了兰克代表的"科学历史学"、布洛赫代表的"年鉴学派"、斯通代表的"叙事史学"各自如何实现史学的"科学化",揭示不同时代条件下历史学

(接上页)文又以同名刊发于《兰台世界》2009年第19期,第21页),文中提及"中国的兰克"傅斯年,注释居然显示此说法出自德国当代史家科卡的《20世纪下半叶国际史学的新潮流》;傅斯年的"历史的对象是史料"一语,注释显示出自郭圣铭的《西方史学史概要》。

① 覃兆刿:《论兰克史学的档案取向及其在欧美和中国的影响》,《档案学通讯》2006年第6期,第79—84页。

家们所追求的"科学历史学"及其之间的传承演变关系。文中指出,兰克以"如实直书"创立"科学历史学",使历史学取得了作为一门独立学科的合法地位,并且使史料批判成为历史学家写作中公认的学术规范;而以法国年鉴学派为代表的新史学在批判以兰克史学为代表的传统史学、努力使历史学科学化的过程中,实际上继承了兰克史学的史料考证与批判方法,并在认识论和方法论方面促进了其发展,从而使得历史学与其他社会科学相互接近,从中借鉴其理论和方法,使历史学科学化①。可以说,20世纪西方史学是在批判继承兰克史学的基础上发展的。文中突出了兰克史学对20世纪西方史学的影响,大体上可归入探究兰克史学之影响这一范畴。与之类似的还有黄延龄的《从兰克史学向新史学的转型——历史认识论、方法论及其目的之探讨》②一文。文章从历史认识论、方法论、目的论三个方面阐释从兰克史学发展到新史学这一历程中的种种论证与嬗变,重在展示新史学如何在兰克史学基础上实现构建,这也属于展示兰克史学影响这一类研究。

而黄轩的《试论德国经典历史主义史学的学科理论特性——以兰克、德罗伊森为中心》则以对比研究的方式,围绕德国经典历史主义史学如何建构史学学科这一核心,从史学家的主体地位、历史的连续性、学科观等三个层面对兰克及德罗伊森进行研究,试图从历史研究主客体两个方面去回答德国经典历史主义中史学是一门怎样的学问这一问题。就历史研究的主体而言,在兰克与德罗伊森眼中,历史并不是完全独立于作为认识主体的历史学家之外的,两人史学理论中都有一种明显的主体参与性,而兰克的"如实直书"则反映了一种谦卑的研究者的主体:在兰

---

① 张作成:《西方"科学历史学"何以可能——以兰克、马克·布洛赫和劳伦斯·斯通的史学思想为例》,《兰州学刊》2007年第11期,第158—170页。
② 黄延龄:《从兰克史学向新史学的转型——历史认识论、方法论及其目的之探讨》,复旦大学博士学位论文,2008年。

克那里，历史学家的主体参与性就在于史学家能够融入历史、被历史降服；而要融入历史，历史学家就应该抛开自己对现实的兴趣，公正地对待在历史变迁中起作用的各种势力。在兰克看来，坚持不偏不倚实际上就是实现了研究的客观性，而上帝则确保史家能够拥有不偏不倚的超然立场。就历史研究的主体而言，经典历史主义史学中，作为研究客体的历史具有一种连续性，但这并非一种线性的进步史观，只是代表着历史进程的一种动态运动，是历史主义中"个体性""发展"两个核心概念相互结合的结果，也是兰克研究历史的前提；而且这种历史的连续性是上帝意志的体现，历史研究的主体顺应上帝就能触及这种历史的连续性。

可以说，兰克史学中的研究主体与客体关系是靠神秘的神意维护的①。此文实际上是围绕德国经典历史主义史学的学科理论来重构兰克、德罗伊森的史学观念。

借用独特方式重构兰克及兰克史学的研究还有张骏的《兰克史学中的个别与普遍》一文。全文以历史哲学的"个别""普遍"这对概念切入兰克史学体系，将过去与现在、科学与艺术、事实与观念分别对应历史研究的三个阶段——收集资料、严格批判、合理解释。张骏认为，在兰克史学中，个别与普遍的关系构成其思想的主线，涉及历史写作的意义、方式和价值等诸多关键方面②。此文打破概念解析确保的形式的真实，"摒弃对概念进行区域化分割所带来的不完善解释，并充分考虑到作者思维的系统圆通性"，更关注始终贯穿的内容的真实性，试图将兰克的一些史学主张纳入共同的系统而获得与事实相符的交互作用。此文实际上就是对兰克史学思想的一种重构。

大体而言，此时期国内学者大多关注兰克史学的影响。可以说，现

---

① 黄轩：《试论德国经典历史主义史学的学科理论特性——以兰克、德罗伊森为中心》，北京大学硕士学位论文，2008年。
② 张骏：《兰克史学中的个别与普遍》，《学术研究》2012年第2期，第101—108页。

阶段中国史学界对兰克史学的研究成果大多集中于影响研究这一问题。这一研究状况说明中国史学工作者比较关注外来史学元素对中国自身史学建设的影响，青睐探讨兰克及兰克史学在中国的回响这一问题①。兰克史学影响研究的一个重要方面，就是20世纪中国现代史学界与兰克史学之间的关系问题。这是新时期以来兰克史学研究领域中长久不衰的一个研究方向。张广智先生的《二十世纪前期西方史学输入中国的行程》用相当长的篇幅论述了"傅斯年与兰克学派"②。他认为，曾经留学德国的傅斯年深受兰克史学的熏陶，在史学观念、治史方法等方面表现出与兰克史学的相似性。而后张广智先生又作《傅斯年、陈寅恪与兰克史学》一文，进一步谈到了傅斯年、陈寅恪与兰克史学的关系，突出兰克史学在中国的影响与传播③。

一方面，此一时期众多学者撰文阐释兰克史学的传播。如李长林、倪学德的《兰克史学在中国的早期流传》④、李孝迁的《中文世界中的兰克形象》⑤《兰克史学在晚清的传播》⑥与《西方史学在中国的传播（1882—1949）》中的第七章"兰克史学与中国现代史学"⑦，侯云灏的《传

---

① 有论者认为，"真实的兰克又有多少人知道呢？事实上，真实的兰克对我们已经不再重要（当然，不是说我们从事研究的可以不知道真实的兰克），重要的是不同时期，史学界对西方实证史学的不同解读，是我们根据现实需要所塑造出来的'兰克'"（侯云灏：《正确认识西方史学对中国史学的影响》，《郑州大学学报（哲学社会科学版）》2004年第1期，第14页）。
② 张广智：《二十世纪前期西方史学输入中国的行程》，《史学理论研究》1996年第1期，第92—105页。
③ 张广智：《傅斯年、陈寅恪与兰克史学》，《安徽史学》2004年第4期，第13—21页。
④ 李长林、倪学德：《兰克史学在中国的早期流传》，《史学理论研究》2006年第1期，第136—140页。
⑤ 李孝迁：《中文世界中的兰克形象》，《东南学术》2006年第3期，第150—158页。
⑥ 李孝迁：《兰克史学在晚清的传播》，《安徽史学》2009年第3期，第22—29页。
⑦ 李孝迁：《西方史学在中国的传播（1882—1949）》，华东师范大学出版社2007年版，第290—350页。

入日本的西方实证史学及其对中国的影响》①等主要以大量史料展示兰克史学通过日本万国史、西洋史教科书以及伯伦汉的《史学方法论》、朗格诺瓦和瑟诺博司的《史学原论》等,借由留日、留欧、留美的学人传入中国。易兰的《兰克史学之东传及其中国回响》②《兰克史学在中国的早期传播与影响》③等主要分析了兰克史学经由日本西洋史等历史教科书、美国新史学以及欧洲史学方法论教材等多种渠道,经由不同的方式传入中国,以及中国学人接纳兰克及兰克史学后所做出的各种各样的回应,展示了兰克及兰克史学在中国的巨大影响。

另一方面是论述兰克史学的影响。如盛邦和的《陈寅恪:走出"史料学派"》一文关注傅斯年与陈寅恪在接受兰克史学影响时所持的不同的"史心"④,这导致两人学理体系大为不同,是故陈寅恪的史学旨趣不同于傅斯年,不属于"史料学派"。杜正胜的《无中生有的志业——傅斯年的史学革命与史语所的创立》则使用大量未刊手稿档案文书等,阐明"中国的兰克"傅斯年学术旨趣的转变的原因、经过,以及其与"中研院"历史语言研究所创立之间的关系⑤。杜正胜的《新史学之路——兼论台湾五十年来的史学发展》⑥《后现代与前近代之间——我的转折所见台湾史学的一些面向》⑦这两篇文章,则主要探讨了国民党迁台后台湾史学的

---

① 侯云灏:《传入日本的西方实证史学及其对中国的影响》,《学术研究》2004 年第 12 期,第 90—95 页。

② 易兰:《兰克史学之东传及其中国回响》,《学术月刊》2005 年第 2 期,第 76—82 页。

③ 易兰:《兰克史学在中国的早期传播与影响》,《史学理论及史学史学刊》2008 年,第 305—324 页。

④ 盛邦和:《陈寅恪:走出"史料学派"》,《江苏社会科学》2000 年第 3 期,第 98—103 页。

⑤ 杜正胜:《无中生有的志业——傅斯年的史学革命与史语所的创立》,《古今论衡》第 1 期,1998 年 10 月,第 4—29 页。

⑥ 杜正胜:《新史学之路——兼论台湾五十年来的史学发展》,《新史学》第 13 卷第 3 期,2002 年 9 月,第 21—40 页。

⑦ 杜正胜:《后现代与前近代之间——我的转折所见台湾史学的一些面向》,《古今论衡》第 29 期,2016 年 12 月,第 18—38 页。

转变：一开始深受民国时期实证传统史料派史学的影响，而后逐步摆脱史料派的束缚，吸纳西方新史学思潮。与之类似的是林正珍的《台湾五十年来史学理论的变迁与发展（1950—2000）》①。杜正胜的研究与林正珍的不同之处在于，林正珍认为战后台湾史学的发展中有殖民地史学的因素，而杜正胜认为国民党迁台之后改造台北帝国大学等文化政策，使得日治时期的殖民地史学传统断绝，此后台湾地区史学的发展没有殖民地史学的因素。与杜正胜观点相似的是苏世杰的《历史叙述中的兰克印象——兰克与台湾史学发展》②、陈弱水的《台大历史系与现代中国史学传统》。其中陈弱水认为，"现代中国史学传统可析分为史料派、解释派、史观派与义理派四种基本观点，台大历史系早期教授带来的学术因子，以重考证的史料派为主，受西欧影响的解释派为从。这些因子在台湾逐渐与其他学术观念产生密切接触，造成台湾历史学复杂的情况，似乎一直延续至今"③，战后台湾史学是傅斯年等人带来的民国初期史学传统与西方新史学传统共同作用的结果。此外还有王汎森专门探讨"中国的兰克"——傅斯年。王先生认为傅斯年深受兰克及兰克史学影响，并以此推动中国现当代史学的发展④。余英时先生则在《中国史研究的自我反思》中指出，"傅先生一派对于史料和证据的处理方式事实上是将兰克的方法和清代考证学加以融会贯通，是现代史学研究所必须具备的"⑤，

---

① 林正珍：《台湾五十年来史学理论的变迁与发展（1950—2000）》，《汉学研究通讯》第20卷第4期，2002年11月，第6—17页。
② 苏世杰：《历史叙述中的兰克印象——兰克与台湾史学发展》，《当代》2001年，第48—77页。
③ 陈弱水：《台大历史系与现代中国史学传统》，《台大历史学报》第45期，2010年6月，第117—154页。
④ Wang Fan-sen, *Fu Ssu-nien*: *A Life Chinese History and Politics*, Cambridge University Press, 2000.
⑤ 余英时：《中国史研究的自我反思》，《汉学研究通讯》第34卷第1期，2015年2月，第3页。

突出强调傅斯年对中国史学的贡献。而汪荣祖的《后现代思潮下中国现代史学的走向》则在论述20世纪70年代以后台湾史学发展的趋势后,再次重申以傅斯年为代表的民国史学传统在后现代思潮的冲击下的发展演变①。

此外,杨志远的《兰克的史学及其影响》立足于西方史学发展进程来阐述兰克史学及其影响②。而方子毓在《从兰克史观探讨近代史学的发展》中提出,"兰克对于历史学首要的贡献是,他让历史学从哲学或文学的领域中脱离出来,并成为一门独立的专业学科"③,突出的是兰克史学对西方近代史学发展的影响。钱乘旦先生则在《世界历史研究的若干问题》中论及兰克史学对20世纪西方史学的影响。文中指出,20世纪西方史学在历史研究的视野、理论、观点、方法、角度等多个方面发生了翻天覆地的变化,这实际上是实现了对19世纪正统史学在"背离"意义上的承接,是以兰克史学为代表的西方史学传统对现代西方史学产生深远影响的结果。钱先生认为,"科学的历史、政治的历史、民族国家的历史,这些就是兰克史学的传统,其中'科学的历史'是方法,'政治的历史'是内容,'民族国家的历史'是范围,三个方面加在一起,就构成兰克的历史学"。兰克史学的形成有其时代背景,形成后对历史学影响巨大,这种影响不仅存在于欧洲,而且遍及世界。之后19世纪末出现的经济史、19世纪末到20世纪上半叶的文明史观、20世纪下半叶的年鉴学派、20世纪60年代的社会史、20世纪80年代的新文化史、20世纪90年代的全球史等西方历史学新潮流和新流派不断出现,冲击了兰克的史学传统。实际上,这些所谓的"新史学"都是站在兰克的肩膀上的对兰克

---

① 汪荣祖:《后现代思潮下中国现代史学的走向》,"中研院"《近代史研究所集刊》第56期,2007年6月,第143—192页。
② 杨志远:《兰克的史学及其影响》,《吴凤学报》第11期,2003年5月,第35—42页。
③ 方子毓:《从兰克史观探讨近代史学的发展》,《淡江史学》第9期,2008年9月,第377页。

传统的某种背离。20世纪西方史学是从"背离"意义上对19世纪正统史学承接的①。2013年,钱乘旦先生在上海师范大学讲演时又再次表达类似的思想,重申兰克史学的主要特征,强调构成兰克史学的三大支柱在新史学的冲击下支离破碎,从而激发了新史学在新的基础上发展演变②。孟明铭的《对近代日本史学发展的再探讨——以日本"兰克学派"的兴起为例》则重点讨论兰克史学在日本的影响。文中指出,兰克史学传入日本之后,很快成为日本史学建构中的重要组成部分,推动了日本史学的近代化。其中里斯个人的教学水平和建设能力、当时日本的学术制度、日本意识形态领域日趋浓厚的民族主义氛围等成为兰克史学传入日本之后的有利因素。兰克史学进入日本,既顺应了日本史学理论的发展需要,又与当时日本的实际国情相契合,加上在具体的实践过程中制度、人员和方法上的正确实践,最终为日本史学界所接受和推崇③。

新时期随着兰克及兰克史学思想传播的日渐深入,学术界与兰克及兰克史学有关的成果数量也大幅增加,但某些研究成果或者因为未能使用第一手的原文材料,或者因为论证逻辑上的欠缺,导致结论有很多谬误。比如白杨在《论兰克史学在唐史研究中的应用——以唐代给事中及其职掌为中心》中指出,兰克影响了陈寅恪,而陈寅恪的研究方法对现今唐史研究起着带动作用,是故兰克史学对唐史研究有着重要影响④。这种有点牵强附会的论证逻辑,只能说明对兰克及兰克史学的正确认知仍

---

① 钱乘旦:《世界历史研究的若干问题》,《历史教学》2012年第20期,第3—9页。此文为作者在"中国教育学会历史教学专业委员会2012年年会"上的演讲稿。
② 钱乘旦:《兰克传统与20世纪"新史学"——钱乘旦教授在上海师范大学的讲演》,《文汇报》2013年4月1日,D版。
③ 孟明铭:《对近代日本史学发展的再探讨——以日本"兰克学派"的兴起为例》,《学术探索》2015年第6期,第129—133页。
④ 白杨:《论兰克史学在唐史研究中的应用——以唐代给事中及其职掌为中心》,《理论界》2009年第2期,第129—131页。

需进一步强化。又如下修全在《论傅斯年对兰克的"曲解"》中提出,兰克与其后的兰克史学是不同的,兰克非常重视在历史研究中把握历史规律;而傅斯年所接受的是"兰克学派"的影响,而不是兰克的影响①。这种观点突出了兰克本人的史学与兰克学派的史学之间的区别。但是也应该看到兰克本人的史学与兰克学派的史学这两者是有着密切联系的。一般认为,傅斯年受兰克学派史学的影响与受兰克本人史学的影响,这两者之间的区别并不像作者所说的那样巨大,甚至在某种情况下(就傅斯年的史料观而言)可以说,这两者没有太大的区别。因而以兰克本人的史学与兰克学派史学之间的差异为基点,从而推导出傅斯年不是兰克在中国的真正传人,这一论述逻辑是有待商榷的。文中还提到,兰克对历史规律比较重视,这与不注重规律的傅斯年是完全不同的,所以傅斯年不应是兰克在中国的传人,傅斯年对兰克有所曲解。这些论述本身都是有待商榷的②。之所以出现这样的谬误,很重要的原因之一就是研究

---

① 卞修全:《论傅斯年对兰克的"曲解"》,《历史教学》1998年第9期,第46—47页。
② 此外,作者之所以认为傅斯年曲解了兰克,是因为作者从"历史决不是像它初看起来那样混乱一团。这里面有创造力和道德力量在起着作用,它们赋予历史以价值和意义"中得出,兰克在这里指的是历史规律。作者对这段话的理解还有待商榷。文章标明引文转自古奇的《十九世纪历史学与历史学家》(上)(商务印书馆1997年版,第188页)。实际上这一观点是兰克在《列强》中提出来的。原话为:"初看之下,世界历史并没有呈现出这样一种国家和民族的混乱、骚动、战争和漫无目的。时常令人疑虑的文明进步也并不是世界历史唯一的意义所在。它还存在力量,真正精神的、赋予生命的和创造性的力量,不仅如此,还有生命本身。另外还有着道德精神,它的发展我们是看得到的。它们无法定义或者用抽象术语来概括,但人们能够领悟到、注意到它们。对于它们的存在,人们能够培养出一种同情。它们展现,记录这个世界,以多种多样的表述来呈现它,相互之间进行争论、制约和压制。在它们的相互作用和演替中、在它们的生命中、在它们的衰落与复兴中包含了一种不断地充实、不断地增强的重要性和不断地拓展,那里藏有世界历史的秘密。"Leopold von Ranke, *Die Großen Mächte*, neuherausgegeben von Friedrich Meinecke, Leipzig: Insel Verlag, 1916, S. 59.)结合上下文来看,兰克所要表明的意思是,历史深处是神秘的上帝,上帝透过道德力量、创造力等来实现其意志,这段话似乎不涉及什么历史规律之类的意思。

者在解读兰克史学时依据的是一些二手或三手的材料,容易造成对兰克及兰克史学理解上的偏差或错谬。

在兰克史学传播这一问题上,新时期最值得称道的成果是进入21世纪之后译介了大量研究兰克的学术论著以及兰克原著。比如,2003年美国史学家伊格尔斯的《二十世纪的历史学:从科学的客观性到后现代的挑战》翻译出版①。特别是该书后附录了伊格尔斯的《美国与德国历史思想中的兰克形象》一文。此中译本为增进国内学人对兰克及兰克史学的理解提供了丰富而重要的材料。另外,海登·怀特的《元史学:十九世纪欧洲历史的想像》②、伊格尔斯的《德国的历史观》③、梅尼克的《历史主义的兴起》④、基扬的《近代德国及其历史学家》⑤、吉尔伯特的《历史学:政治还是文化——对兰克和布克哈特的反思》⑥、布赖萨赫的《西方史学史:古代、中世纪和近代》⑦、彼得·诺维克的《那高尚的梦想:"客观性问题"与美国历史学界》⑧等也相继翻译出版,这对学人了解兰克及兰克史学有着积极的意义:这些译著不但成为学人了解、接受、研究兰克及兰克史学思想的基础,而且其中所体现出来的研究方法与研究思路也为此一时期中国学人探究兰克及兰克史学提供了重要启示。

---

① [美]伊格尔斯:《二十世纪的历史学:从科学的客观性到后现代的挑战》,何兆武译,辽宁教育出版社2003年版。
② [美]海登·怀特:《元史学:十九世纪欧洲历史的想像》,陈新译,译林出版社2004年版。
③ [美]伊格尔斯:《德国的历史观》,彭刚、顾杭译,译林出版社2006年版。
④ [德]弗里德里希·梅尼克:《历史主义的兴起》,陆月宏译,译林出版社2010年版。
⑤ [法]安托万·基扬:《近代德国及其历史学家》,黄艳红译,北京大学出版社2010年版。
⑥ [美]费利克斯·吉尔伯特:《历史学:政治还是文化——对兰克和布克哈特的反思》,刘耀春译,北京大学出版社2012年版。
⑦ [美]恩斯特·布赖萨赫:《西方史学史:古代、中世纪和近代》,黄艳红、徐翀、吴延民译,北京大学出版社2019年版。
⑧ [美]彼得·诺维克:《那高尚的梦想:"客观性问题"与美国历史学界》,杨豫译,生活·读书·新知三联书店2009年版。

最重要的是大量兰克原著被译成中文，这些中译本成为中国学人深入理解兰克及兰克史学的铺路石，扩大了兰克史学在中国的影响。比如兰克的德文版《历史上的各个时代——兰克史学文选之一》①《拉丁与日耳曼民族史：1494—1514》②《德国史稿：1555—1618》③《世界史》④以及《拉丁与日耳曼民族史》的附录——《近代史家批判》⑤，英文版的《世界历史的秘密——关于历史艺术与历史科学的著作》⑥等史学原著或选集都有了中文版本。这些中译本或是前有兰克本人交代其写作目的、方法、原则的前言或导论，或是有编者、译者介绍评述兰克及兰克史学的前言或导言。其中《历史上的各个时代——兰克史学文选之一》中译本中有德国著名史学理论家吕森撰写的《编者导言》。吕森在《编者导言》中运用大量文献叙述兰克的学术经历，分析兰克的历史观，指明理解兰克及兰克论著的方法与思路⑦。也正由于兰克的原著中译本的问世及其前言、导言的评述内容，增进了中国史学界对兰克及兰克史学的理解，故而国内学人也开始逐渐摆脱语言限制所带来的研究局限，对兰克史学的研究也因此大跨步前进。

比如李骁衡的《从兰克世界史所述伯罗奔尼撒战争看兰克史学的国

---

① ［德］利奥波德·冯·兰克：《历史上的各个时代——兰克史学文选之一》，杨培英译，北京大学出版社 2010 年版。
② ［德］利奥波德·冯·兰克：《拉丁与日耳曼民族史：1494—1514》，付欣、刘佳婷、陈洁译，广西师范大学出版社 2015 年版。
③ ［德］利奥波德·冯·兰克：《德国史稿：1555—1618》，王顺君译，吉林出版集团 2016 年版。
④ ［德］利奥波德·冯·兰克：《世界史》，陈笑天译，吉林出版集团 2016 年版。
⑤ ［德］利奥波德·冯·兰克：《近代史家批判》，孙立新译，北京大学出版社 2016 年版。
⑥ ［德］列奥波德·冯·兰克：《世界历史的秘密——关于历史艺术与历史科学的著作选》，［美］罗格·文斯编，易兰译，复旦大学出版社 2012 年版。
⑦ ［德］吕森：《编者导言》，杨培英译，载［德］利奥波德·冯·兰克：《历史上的各个时代——兰克史学文选之一》，北京大学出版社 2010 年版，第 1—25 页。

家观》一文就充分利用了兰克《世界史》中译本。文中大量引用《世界史》中译本材料,论述德国历史主义、本质主义倾向是如何影响兰克客观主义史学及其国家观的①。刘小枫的《兰克的〈世界史〉为何没有中国》也是如此。作者以兰克《世界史》中没有中国为题引,对比黑格尔哲学的世界历史意识与兰克史学的世界历史意识。文中指出,兰克把世界历史理解为走向"现代世界"的过程乃至"现代世界"本身,凭借血统和语言将拉丁日耳曼人视为一个"政治"单位,主张世界历史不是自然史,而是政治史——相互争斗才使得民族国家走出自然状态,形成自我意识。在作者看来,兰克的普遍历史哲学的要核是,唯有通过考察民族国家的冲突中涌现出来的那些最重要的民族国家,才能探知人类的普遍生活;兰克之所以把中国排除在世界历史之外,根本原因是只有在古代的西方才出现了国家之间的相互争斗②。全文采用大量英文、德文原始材料,厘清了兰克世界历史意识的内容、本质,充分展示了详尽、可靠的史料的说服力,以及由之而来的论证逻辑的科学性。这一研究成果在一定程度上反映了学人对兰克及兰克史学的熟稔程度。

就此而言,学人阅读的原文材料越多,对兰克及兰克史学的理解就越深入,在此基础上所做的研究就越具有价值。如黄进兴的《从普遍史到世界史和全球史——以兰克史学为分析始点》一文以兰克的史学为分析对象,通过对兰克的解析,解释世界史起承转合的退化,最终在20世纪末成为当今史学的核心领域。作者认为,兰克最初受基督教史学的影响,以撰写普遍史为终身职志,而兰克观念中的"普遍史"不但贯穿古今,包罗所有的民族,而且其论述必须经得起科学研究的考验;兰克的普遍

---

① 李晓衡:《从兰克世界史所述伯罗奔尼撒战争看兰克史学的国家观》,《文教资料》2019年第1期,第84—86页。
② 刘小枫:《兰克的〈世界史〉为何没有中国》,《中国文化》2016年第43期,第177—200页。

史关心的不是特殊事物的关系和趋势,"而是人类生活所呈现的整体和充实的意涵,重视的是历史的大事,特别是各民族的相互关联,而政治和外交的折冲更是关怀的焦点";兰克的所谓普遍史空间上是以欧洲文明为中心,将东方世界的中国和印度排除在世界史进展之外,时间上是排斥史前时代的①。又如,景德祥的《黑格尔与兰克历史认识论之辩》以德文原文文本分析为基础,分析了黑格尔与兰克在历史认识论领域的激烈思想交锋。其中黑格尔代表从理论或概念出发研究与书写历史的哲学学派,而兰克则代表着从史料或史实出发研究与书写历史的历史主义学派,两者之间存在尖锐的对立,各自都在坚持理论或者史实在历史研究与书写中的主导权。但在具体的史学实践中,黑格尔、兰克两人都有不自觉地走向自我原则反面的表现②。这些研究在大量原文材料的基础上,形成了对兰克及兰克史学正确而精准的认知,具有很高的学术价值,体现了此一时期学人在研究兰克及兰克史学方面水准的提升。

新材料不仅会带来研究的新观点,还能引发研究的新方法、新思路。如刘志来的《19世纪西方史家建构国家认同的修辞策略——以兰克、米什莱和麦考莱为例》中论及兰克等史家运用修辞策略对建构国家认同所发挥的重要作用。文中指出,在民族方面,兰克主张民族融合论;在教会问题上,兰克认为教会对帝国政治发展的进程有着重要影响,而世俗贵族借宗教改革之际逐渐发展壮大自己,成为与宗教贵族相抗衡的力量;在革命问题上,兰克反对激进的革命。作者认为,兰克在历史撰述时,站在自己国家的立场叙述历史,有意识地区分敌我,借以激发民族意识和爱国热情,以达到塑造、强化本国民众的国家认同;在政治意识形态斗争

---

① 黄进兴:《从普遍史到世界史和全球史——以兰克史学为分析始点》,《北京大学学报(哲学社会科学版)》2017年第2期,第54—67页。
② 景德祥:《黑格尔与兰克历史认识论之辩》,《江海学刊》2018年第4期,第160—169页。

中,将自己的国家适度美化以论证国家的合法性,增加民众的政治认同和国家认同;在宗教教会问题上,强调不同信仰、教会组织的对立,强化民族和国家的认同。在具体史学实践中,借用历史人物的隐喻、性质相近事物的对比、部分代替全部的借代强化民族国家的认同,为德国统一大业摇旗呐喊①。又如,邵志成的《乾嘉史学与兰克史学比较研究》将中西两种不同的史学文化进行对比。文中从两者兴起背景、史学理论与方法、史学成就及影响三个方面进行比较,分析了两者之间的异同②。再如,李永刚在《论兰克历史主义的二重性》中借用哲学的解析,阐释兰克史学体系的理路,指出兰克的历史主义本质上是经验性与先验性的统一。这种历史主义的二重性使得兰克在思辨历史哲学与实证主义之间摇摆③。这些研究无一不是引证材料丰富、观点新颖、研究方法独特,代表着这一时期兰克及兰克史学研究的最新进展的;也表明中国学人在多年摸索中接纳兰克、理解兰克后,不断试图以自己的方式解读兰克及兰克史学,亦展示了兰克及兰克史学在国内学术界的影响在不断扩大。

论及中国当代史学发展时,汪荣祖曾在《后现代思潮下中国现代史学的走向》中指出:"中国史学与西洋史学一样源远流长,却在西洋史学的启示与影响之下进入'现代',并一直追随西方史学的理论与方法,尤以兰克的史学方法为依归。至'后现代'风潮兴起……其基本倾向主要在挑战甚至否定'现代';其理论对现代史学的颠覆性尤为巨大,吾人所知的现代史学几乎被颠覆殆尽。长随西方的中国现代史学遇此'巨变',有如'梦魇',不仅是西方现代史学'高贵梦想'之破灭,使中国现代史学

---

① 刘志来:《19世纪西方史家建构国家认同的修辞策略——以兰克、米什莱和麦考莱为例》,《历史教学问题》2018年第6期,第97—103页。
② 邵志成:《乾嘉史学与兰克史学比较研究》,曲阜师范大学硕士学位论文,2013年。
③ 李永刚:《论兰克历史主义的二重性》,《北方论丛》2016年第5期,第104—108页。

顿失依据;而且呈现中国现代史学一直未能建立'自主性'的尴尬。……中国现代史学自当继续参照西方的治史理论与方法,但宜建立自主性,而不宜尾随,大可于借镜之余,重新思考中国传统史学,走出自己的路。"①这话亦适用于解决兰克及兰克史学与中国传统史学的冲突。事实上,面对在中西冲突中东传而来的兰克史学,中国学人一直在摸索着前进,不断思考探究,以求寻获最适合中国史学发展的道路。

---

① 汪荣祖:《后现代思潮下中国现代史学的走向》,"中研院"《近代史研究所集刊》第56期,2007年6月,第143—192页。

张广智 主编

近代以来中外史学交流史

中

复旦大学出版社

第八章

文化形态学派在中国

一、史学上的"哥白尼革命"

20世纪是一个面临挑战而又需要积极应战的时代,对历史学而言,也是如此。回顾历史学的历史,我们看到19世纪末20世纪初以来,不管是西方煊赫一时的兰克及兰克学派,还是绵延甚久的中国"正统史学",都已陷入困境,危机四起,史学新潮的萌发已不可遏,我国的梁启超与美国的鲁滨逊都不约而同地提出过"史学革命"之类的口号。不过,站在20世纪的桥头,向传统史学发起挑战的第一人是兰克的德国同胞卡尔·兰普勒希特(Karl Lamprecht,1856—1915),继后年鉴学派的精神导师亨利·贝尔(Henri Berr,1863—1954)提出了"历史综合论",1912年鲁滨逊出版了新史学的"宣言书"①——《新史学》。再之后就是文化形态学派,一个以德国斯宾格勒(Oswald Spengler,1880—1936)与其后的英国汤因比(Arnold Joseph Toynbee,1889—1975)为代表的西方新史学派。在反叛西方传统史学的阵营中,这一学派虽不是最初的弄潮儿,但却是冲锋陷阵的"斗士",以至于斯宾格勒自夸他的史学体系是一场"哥白尼革命"。

好一个"哥白尼革命"! 的确,由斯宾格勒最先创立,尔后由汤因比发展的文化形态史观,的确是20世纪西方史学的一种新说,它对19世纪的西方传统史学(以"科学历史学"巨匠兰克为代表)发起了挑战,它比

---

① [美]詹姆斯·哈威·鲁滨孙:《新史学》,齐思和等译,商务印书馆1964年版,第20页。

兰普勒希特、贝尔的新说更要推进一步①。

文化形态史观又称历史形态学(Morphology of History)或文化形态学。所谓"文化形态史观",实际上是把文化(或文明)作为一种具有高度自律性的,同时具有生、长、盛、衰等发展阶段的有机体,并试图通过比较各个文化的兴衰过程,揭示其不同的特点,以分析、解释人类历史的发展进程。

由这"定义"可见,作为现代西方史学的一种新说,文化形态史观无论在它的首创者斯宾格勒那里,还是在后继者汤因比那里,都有一些与传统史学相悖的明显特征。

文化形态史观是以生物进化学说,尤以社会达尔文主义②的学说为基础而形成的。这种自然科学的新说,它的模式和方法在现代西方历史哲学中找到了"替身",斯宾格勒认为文化也是一个有机体,也有它的生命周期,具有生、长、盛、衰等规律的和可测的过程,"有生就有灭,有青春就有老境,有生活一般地就有生活的形式和给予它的时限"③。这是斯宾格勒文化形态史观的核心之所在,也是斯宾格勒在1918年出版的《西方的没落》一书的基调。

斯宾格勒以此立论,在宏阔的世界历史的舞台上,寻找出八种自成一体且具有独特个性的文化系统,即埃及文化、巴比伦文化、印度文化、中国文化、古典文化(古希腊罗马文化)、阿拉伯文化、墨西哥文化、西方文化④。他打破了传统的世界史模式,这一体系被他说成是"历史领域

---

① 参见张广智、张广勇:《现代西方史学》之"文化形态学派"部分,复旦大学出版社1996年版,第214—233页。王晴佳:《西方的历史观念》,允晨文化实业股份有限公司1998年版,第246—260页。
② 参见[苏]阿·穆·卡里姆斯基:《社会生物主义》,徐若木等译,东方出版社1987年版,第194页。
③ [德]奥斯瓦尔德·斯宾格勒:《西方的没落》,齐世荣等译,商务印书馆1963年版,第66页。
④ 同上书,第34页。

中的哥白尼发现"。

在斯宾格勒看来，前述这八种文化都各自有一"基本象征"（Prime Symbol），每一种文化皆各自独立地走完其生命历程，经历前文化阶段、文化阶段和文明阶段，直至它的"最后一幕"。在这过程中，没有哪一种文化可以被认为比另一种文化更加先进。他在《西方的没落》中，给人们展示了一幅具有等价性、共时性与多样性的世界文化发展的图景，在对世界各个独具个性的文化的相互比较中，寻求文化发展的规律。这是对传统史学中的单线历史发展观的有力挑战。

斯宾格勒作为一个"具有高度直观天赋的文化预言家"[①]，他对西方文化也做出了诊断，他认为西方文化在经历了前文化时期、文化时期、文明时期几个阶段之后，同其他七个已经死亡或正处于僵死状态的文化一样，也在劫难逃，必然走向没落。这是它合乎命运的归宿。

汤因比在其代表作《历史研究》一书中，继承与发展了斯宾格勒的文化形态史观，同时也形成了自己的特色。

在汤因比的文化形态史观之说中，有一个最基本也是最重要的论点，即把文明（文化）作为历史研究的基本单位，认为这才是"可以自行说明问题的研究范围"。

汤因比认为，在人类文明近 6 000 年的历程中，曾出现过 21 个文明[②]，它们是等价的和平行的，而且在某种意义上也是同时代的，这与斯

[①] 参见休斯的《奥斯瓦德·斯宾格勒评传》（H. S. Hughes，*Oswald Spengler: A Critical Estimate*），1962 年修订本，第六章。中文见邓世安编译本：《西方文化的诊断者——斯宾格勒》，允晨文化实业股份有限公司 1982 年版，第 212 页。

[②] 这 21 个文明是：西方文明、拜占庭文明、俄罗斯文明、伊朗文明、阿拉伯文明、印度文明、远东文明、希腊文明、叙利亚文明、古代印度文明、古代中国文明、朝鲜日本文明、米诺斯文明、苏美尔文明、赫梯文明、巴比伦文明、埃及文明、安第斯文明、墨西哥文明、于加丹文明、玛雅文明。不过，汤因比对文明的划分有其随意性，有时又说有 26 个，有时甚至扩大到 37 个。

宾格勒之说一样，都趋向于比较研究。

　　与斯宾格勒一样，汤因比也把文明视为有机体，各个文明都要经历起源、生长、衰落和解体这四个连续发展的阶段。他以古希腊罗马历史的发展进程为蓝本，并把它作为人类文明发展的一种固定模式，经历所谓大一统帝国——间歇时期——大一统教会——民族大迁徙的过程，各大文明在衰落与解体时期无不如此。汤因比的"希腊模式"在遭到非议后，他晚年又增加了"中国模式"和"犹太模式"。

　　在汤因比那里，文明考察的视野扩大了，从斯宾格勒的八种高级文化发展到他论述的二十几个文明；但在论及文明发展的具体进程时，他又与斯宾格勒分道扬镳了，特别是对西方文明的看法，汤因比不赞同他的前辈对西方文明所持的悲观态度，认为只要西方文明吸取以往文明历史中的教训，就有可能逃脱灭亡的厄运①。

　　不管怎样，通过斯宾格勒与汤因比的文化形态史观的同异比较，确实看到了他们在史学思想上对西方传统史学陈说的批判和革新精神，文化形态史观可称得上是 20 世纪西方史学的一种新说，从某种意义上来说称它是史学上的"哥白尼革命"，似无不可。

二、西方新说的中国早期知音

　　自斯宾格勒与汤因比的文化形态史观奠立后，迅即在西方学界产生了广泛的影响；这种影响也在近代中国有了回应，并找到了它的最初知音。

　　那么是谁最先将斯宾格勒的文化形态史观传入中国的？对此，学界有不同说法。于沛认为，20 世纪"20 年代末，斯宾格勒的文化形态史观

---

① 汤因比对西方文明的前景这样说道："创造性的神火还在我们的身上暗暗地燃烧，如果我们托天之福能够把它点燃起来，那么天上所有星宿也不能阻挠我们实现我们人类努力的目标。"（[英]阿诺德·汤因比：《历史研究》（中），曹未风等译，上海人民出版社1962 年版，第 15 页）

开始介绍到中国来。1928年,张荫麟译美国学者葛达德与吉朋斯的《斯宾格勒的文化论》在《学衡》杂志发表"①。

王敦书根据翔实的原始资料,考定最早把斯宾格勒的新说介绍给国人的是李思纯②,而不是张荫麟。他是据南开大学馆藏吴宓题英文本《斯宾格勒之文化论》手迹做出这一判断的③。

李思纯(1893—1960),字哲生,四川成都人,曾自费留学法国三年。1923年归国,旋任东南大学西语系教授,与吴宓过从甚密。他写的《论文化》一文,备受吴宓赞赏,于同年10月在吴宓任主编的《学衡》杂志上发表④。此文在介绍斯宾格勒时,这样写道:

> 论文化之盛极必衰,衰极必亡,而持论最有力者,有德国现代哲学家斯宾格勒氏(Spingler)。斯氏有感于欧洲文化之趋于死途,常冥思默想而成一书曰《西土沉沦论》(Undergang der Abendland)。其书体大思精,证例繁富,历引希腊、罗马及东方古国先代文明其发生、滋长及衰败灭亡之冀例,更辅以历史学(即《西方的没落》)、社会学、生物学之观察,最后断定欧洲文化之现已趋于死亡。斯氏之着笔为此书在欧战前,脱稿于欧战中,而刊行于欧战后。一时风行之盛,势力之伟,其在战后之德国,盖与安斯坦氏(Einstein)所为相对

---

① 于沛:《文化形态史观在中国的历史命运》,载鲍绍霖编:《西方史学的东方回响》,社会科学文献出版社2001年版,第104页。
② 王敦书:《斯宾格勒的"文化形态史观"在华之最初传播——吴宓题英文本〈斯宾格勒之文化论〉手迹读后》,《历史研究》2002年第4期,第180—185页。本处相关论述及注释均得自王文的精细考订。
③ 吴宓的友人刘奇峰在1927年1月从美国纽约将美国学者E. H.葛达德和P. A.吉朋斯合撰的英文本《文明还是诸文明》(Civilization or Civilizations)寄赠给他,吴宓在2—3月间阅读此书,在边注中说:"吾国杂志言及Spengler之书者始此,后无闻焉。"按,李思纯写的《论文化》,发表时间为1923年10月。换言之,从1923年10月至1927年2—3月间,国内学界似无人谈及斯宾格勒。见王敦书同上文。
④ 李思纯:《论文化》,《学衡》第22期,1923年10月,第26—34页。

论并称。斯氏本德国南方弥纯(Münchun)城中一中年教授,名不出乡里,自为此书,不一年而誉满全国。其书所论文化之生、住、异、灭,信为确义。就其说以考古今文化之嬗蜕兴亡,而知理有固然,非危辞耸听,谰言骏俗也。①

据现行资料来看,李思纯或许正是向我国学界介绍斯宾格勒的最早的人②。

此后,进一步向国人介绍文化形态史观的便是张荫麟(1905—1942),这位被学界称为"近八十年来罕见的史学奇材"③,不仅于辞章、考据和义理无一不长,而且在输入西方史学方面也颇多建树,我们在前文已述及他引入美国新史学派的贡献。

与李思纯不同,1928年张荫麟翻译美国学者葛达德与吉朋斯合撰的《文明还是诸文明》(*Civilization or Civilizations*)时,他还是清华大学的一名学子。张译此作全赖于吴宓的器重与推荐,这从《吴宓日记》中可以看出④。

---

① 李思纯:《论文化》,《学衡》第22期,1923年10月,第26—34页。李思纯文中对斯宾格勒生平的介绍有误,斯宾格勒在哈勒大学完成博士论文后,曾在一些地方任教,乃中学教员,1911年遁居慕尼黑,做一个隐修学者,撰写《西方的没落》的想法大约在此时此地萌生。1914年第一次世界大战爆发,其大作亦告完成,此后又不断修改,于1917年12月付梓。
② 与李思纯在《学衡》杂志发表《论文化》同年,俞颂华在《德国之文化形态学研究会》中也提到了这一学派(见《东方杂志》第20卷第14期,1923年,第137—140页)。又有学者说中国留学德国的诗人、美学家宗白华(1897—1986)在20世纪20年代初就受到了斯宾格勒思想的影响,他寄回国内的书信可以作证(《自德见寄书》,载《宗白华全集》第1卷,安徽教育出版社1994年版,第335—336页)。参见胡继华:《中国现代性视野中的文化哲学——论中国20世纪30—40年代对斯宾格勒的接受与转换》,《史学理论研究》2002年第3期,第75—85页。很显然,宗白华并不是最早向国内介绍斯宾格勒史学思想的人。
③ 许冠三:《新史学九十年》(上册),香港中文大学出版社1986年版,第55页。
④ 吴宓:《吴宓日记》第3册,生活·读书·新知三联书店1998年版,第20、53、186—187、316、449、451等页。

葛达德与吉朋斯合撰的《文明还是诸文明》,实际上是据斯宾格勒的《西方的没落》之原书,摘其大意,以深入浅出的笔法演绎而成。张荫麟据此译出,名为《斯宾格勒之文化论》①,并得以在《国闻周报》和《学衡》杂志两处同时连载,这都出自吴宓的精心安排。此后,学界通过这一译文,进一步了解了斯宾格勒其人其作其说,他那一套文化理论对我国20世纪30年代前后文化史研究热潮②的形成当不无联系,当时便有学者称《西方的没落》为"文化史杰作"③了。

此外,张荫麟另撰有《论历史学之过去与未来》④《传统历史哲学之总结算》⑤等十分有影响的文章,于国人当时了解西方史学也颇有助益,尤其他对西方历史哲学有较深入的研究,或许是当时较早系统地向国人介绍黑格尔历史哲学的人。

吴宓作为《学衡》杂志的主编,对最早介绍斯宾格勒学说的李思纯厚爱于前,又对较为系统地引入斯宾格勒学说的张荫麟举荐于后,真是当时西方史学输入中国的"有功之臣"。吴宓在1927年2月23—26日的日记中这样写道:"此书(按:指葛达德和吉朋斯的《文明还是诸文明》)关系重大,须译述之,以供国人之诵读也。"⑥于是吴宓就开始物色翻译此

---

① 张荫麟翻译的《斯宾格勒之文化论》,译文甚长,分载于《国闻周报》第4卷第48、49期,第5卷第10、21—23、30—34期;《学衡》杂志第61、66期。
② 20世纪30年代前后所出版的中国文化史著作,举其要者有:叶法无的《文化与文明》(1930年)、杨东莼的《本国文化史大纲》(1931年)、陈国强的《物观中国文化史》(1931年)、柳诒徵的《中国文化史》(1932年)、丁留余的《中国文化史问答》(1933年)、陈登原的《中国文化史》(1935年)、王德华的《中国文化史略》(1936年)、文公直的《中国文化史》(1936年)、陈安仁的《中国近世文化史》(1936年)、陈安仁的《中国上古中古文化史》(1938年)、王云五的《编纂中国文化史之研究》(1937年)等。
③ 叶法无:《文化与文明》,黎明书局1930年版,第34页。
④ 张荫麟:《论历史学之过去与未来》,《学衡》第62期,1928年3月,第30—57页。
⑤ 张荫麟:《传统历史哲学之总结算》,《国风(南京)》1933年第1期,第1—15页。
⑥ 吴宓:《吴宓日记》第3册,第316页。

书的合适人选,并找到了张荫麟。而在《学衡》杂志刊登张荫麟的译作时,吴宓另写了近3 000字的"编者识"①,对斯宾格勒的文化形态史观做了较为详细的评述。其内容可概括为:对斯宾格勒的学说做了介绍,认为文化恰如一有机体,近世欧美文明也难逃灭亡之命运;认为斯宾格勒代表了现代学术综合研究的精神及趋势而为其先导,斯氏之说深信古今东西各族各国之历史及文化皆有公共之原理,具同一因果律;批评斯宾格勒的历史哲学过于狂妄夸大,武断比附,强改事实以明其学说。吴宓最后借介绍斯宾格勒之说向我国学界呼吁道:

> 深望吾国宏识博学之士,采用斯氏之方法,以研究吾国之历史及文化,明其变迁之大势,著其特异之性质,更与其他各国文明比较,而确定其真正地位及价值。②

中国20世纪30年代的文化史研究热,或许可视为对吴宓上述"呼吁"的一种回应,也是对斯宾格勒文化形态史观东传中国的一种回应。1934年,新斯宾格勒主义者汤因比出版了他的传世之作《历史研究》(第1—3卷)。两年后,张君劢在《明日之中国文化》中做了简单的介绍。不过这些对西方文化形态史观的介绍,在当时国内学界并未产生什么重大的反响,真正产生重大影响还要等到20世纪40年代战国策派学人群的形成。

三、战火中的东方回响

20世纪40年代初,中国正处于战火纷飞、存亡继绝的岁月。尽管时运莫测、时局艰辛,但外患内忧的逼拶、生难死险的苦痛,并不妨碍当

---

① [美]葛达德、吉朋斯合撰:《斯宾格勒之文化论》,张荫麟译,《学衡》第61期,1928年1月,第6—41页。
② 同上。

时的一部分知识分子在特殊历史时期的"开放性学术氛围"①的浸润下，有着令后人歆羡的开阔与宏通的思想世界，有着颇具独立精神的学术个性。此时斯宾格勒与汤因比的文化形态史观在现代中国终于找到了他们真正的"知音"，"从国外引来的研究方法在当时史坛上掀起过一派涤新耳目的风光"②。

这些知识分子正是在 20 世纪 40 年代前后"异军突起"的战国策派学人群③。1940 年至 1941 年间，聚集在云南昆明的几位大学教授林同济、雷海宗、陈铨等人创办《战国策》半月刊，之后又在重庆出版的《大公报》上开辟《战国》副刊，陆续撰文，传播西方文化形态史观，宣扬"战国时代重演论"，战国策派因此而得名。

在中国现代政治思想史上，战国策派屡遭批判，一度被与"宣扬法西

---

① 张国刚在《雷海宗：一个学术史的解读》(《博览群书》2003 年第 7 期)一文中说："从时间上看，中国的唯物史观历史学派比战国策派出现得早，因此战国策派的异军突起以及与唯物史观和史料学派一度的共存，正是当时开放性学术氛围的一个反映。"张国刚这一见识甚为可取，如果不是这样，战国策派不可能留下他们的《文化形态史观》《中国文化与中国的兵》《时代之波》等精神遗产。

② 杨生茂：《博而蓄约　大而存精——雷海宗〈西洋文化史纲要〉读后感》，《世界历史》2003 年第 2 期，第 113—115 页。

③ 战国策派学人群是一个松散的学术群体，而非近代意义上的政治派别，其人员庞杂，1940 年 4 月在云南昆明出版的《战国策》半月刊，就有 26 位"特约执笔人"，他们是：林同济、雷海宗、陈铨、贺麟、朱光潜、费孝迪、沈从文、郭岱西、吉人、二水、丁泽、陈碧生、沈来秋、尹及、王迅中、洪思齐、唐密、洪绂、童蕉、疾风、曾昭抡、何永佶、曹卣、星客、上官碧、饤口。其中唐密为陈铨的笔名，尹及为何永佶的笔名，实为 24 人，而以林、雷、陈、何、贺为"核心人物"。除前列 24 人名单中的沈从文、郭岱西、洪思齐等人外，另有陶言遒、梁宗岱、沙学浚、谷春帆、公孙震、吴宓、王赣愚、冯友兰、林良桐等也时常以论著做出回应。他们涉及的知识领域众多，在一些重大问题的观点上又不尽一致，因此很难将上述各位都作为战国策派的"圈内人"。前人对战国策派的评判主要是针对林、雷、陈、何、贺五人(见江沛：《战国策派思潮研究》，天津人民出版社 2001 年版，第 12—13 页)。据此，本章为紧扣题旨，主要论及林、雷两位的文化形态史观，而不旁及其他，如对陈铨有关尼采和叔本华的英雄史观的介绍则就略而不谈了。

斯主义"和"为国民党统治提供学理依据"相等同,被打入冷宫。中国新时期以来,这种政治化的评判还是在陈陈相因①,然而与此同时,对战国策派的再评价,从个别代表人物(如雷海宗)身上找到了"突破口"②。但了断这桩公案,还原战国策派学人的本来面目,殊非易事,即使到了20世纪90年代初,争讼依然存在③。如何全面而又正确地评价战国策派,这

---

① 参见江沛:《战国策派思潮研究》,第26—28页。
② 对雷海宗的研究,是近年来学术界一个不大不小的热点。雷海宗的《欧洲通史》(二),经王敦书整理,易名为《西洋文化史纲要》出版("蓬莱阁丛书"之一,上海古籍出版社2001年版)。雷海宗关于中国史方面的文章,已由王敦书结集为《伯伦史学集》出版(《南开史学家论丛》第一辑,中华书局2002年版)。在中国新时期拨乱反正、思想解放的时代思潮影响下,王敦书用大量翔实的材料对雷海宗的史学思想进行了综合的评析,其论断与昔日大相径庭,令人有耳目一新之感。王敦书在这方面的研究成果有:《雷海宗》,载中国史学会:《中国历史学年鉴》(1982年),人民出版社1982年版;《雷海宗关于文化形态、社会形态和历史分期的看法》,《史学理论》1988年第4期;《雷海宗与吴于廑——中国世界史学科建设杂忆数则》,《武汉大学学报(社会科学版)》1993年第5期;《中西融汇、古今贯通的雷海宗》,《世界历史》1995年第6期;《雷海宗的学术道路》,载南开大学历史系编:《南开大学历史系建系七十五周年纪念文集》,南开大学出版社1998年版;《声音如雷、学问如海、史学之宗——忆雷海宗》,载张世林主编:《学林往事》(中册),朝华出版社2000年版;《〈西洋文化史纲要〉导读》,载雷海宗:《西洋文化史纲要》,前揭书;《雷海宗与〈历史教学〉》,《历史教学》2001年第3期;《〈伯伦史学集〉前言》,载雷海宗:《伯伦史学集》,前揭书。上述文章多收在王敦书的文集《贻书堂史集》(中华书局2003年版)中。其他学者在相关论著中都有涉及雷海宗的文字,不赘。其中侯云灏的《文化形态史观与中国文化两周述论——雷海宗早期文化思想研究》(《史学理论研究》1995年第3期)亦有新见。
③ 这里以1992年发表的两种观点相悖的意见为例子做一说明。郭国灿著书将战国策派的传统定性为为法西斯主义学派翻案,认为昔日定见不足为据(《中国人文精神的重建(约戊戌—五四)》,湖南教育出版社1992年版,第218页);张和声撰文说,林、雷等人欲借"文化形态史观"来"经"当今之世,为中国所"用",结果却落得个"法西斯买办文人"的骂名,从某种意义上来看,也是咎由自取(《文化形态史观与战国策派的史学》,《史林》1992年第2期)。有趣的是,江沛在《战国策派思潮研究》一书中对张书学的《中国现代史学思潮研究》(湖南教育出版社1998年版)中的战国策派的"咎由自取"说做了批评。其实江沛的"板子"打错了人,"咎由自取"说当是张和声首创,查看张书学其书相关部分(第350页),显然后者沿袭前者的说法,要"打"应该先"打"张和声,而挨不到张书学。由此一例,可见学术史的梳理难免百密一疏,泱泱中国,期刊载(转下页)

不是本书的任务。从史学的学理层面,从现代西方史学输入的视角,他们移植文化形态史观,改造西说,运用于中国历史研究,并以此推动中国史学的发展,平心而论,战国策派学人所做出的努力是不能否定的。因此,笔者赞同这样的说法:"他们的史学,也是用科学方法探讨史学的一种。"①此论把战国策派的史学观放在中国史学的科学化进程中来考察,并肯定其史学业绩。倘若不是,那么我们就很难理解在战争年代里,战国策派的史学竟能与当时日渐成熟的马克思主义史学、颇具实力的新考据学派"鼎足而三"。他们在中国史学的科学化进程中,在中西史学交流史上也留下了自己的足迹。在这里,我们仅以林同济、雷海宗的材料,来为这一论点做些注解。

战国策派对文化形态史观这一学说的输入是从"临摹"开始的,其"摹本"便是斯宾格勒的《西方的没落》和汤因比的《历史研究》。1940年4月,林同济在《战国策》半月刊创刊号上发表《战国时代的重演》一文,这篇"宣言"式的文字集中地表达了战国策派的基本立场(现实的与历史的),并由此衍生出他们关于历史与文化问题的种种识见。

林同济(1906—1980),福建福州人,早年留学美国,1934年归国后,历任南开大学、云南大学、复旦大学教授。他主编《战国策》半月刊等刊物,正是在这三所大学任教的时候,也是中国抗日战争最艰苦的历史时期。林同济的《战国时代的重演》一文运用文化形态史观,从世界文明共时态比较研究的视角出发,将当时的中国与世界都定位在"战国时代"。

(接上页)文多如牛毛,在进行某一课题的学术史整理时,总有"漏网之鱼"。不过,就战国策派研究而言,张和声的这篇论文倒是不断地被人提及,当是很有分量的一篇,它被江沛疏忽,未免遗憾。不管怎样,江沛的《战国策派思潮研究》一书材料宏富,论证较为有力,评判较为公允,不失为迄今为止中国学术界对战国策派的一种较为全面而系统的科学研究,虽则也有那种对历史人物评价中的"爱屋及乌"的通病。

① 王晴佳:《中国史学的科学化——专科化与跨学科》,载罗志田主编:《20世纪的中国:学术与社会》(史学卷下),山东人民出版社2001年版,第670页。

他这样说道：

> 现时代的意义是什么呢？干脆又干脆，曰在"战"的一个字。如果我们运用比较历史家的眼光来占断这个赫赫当头的时代，我们不禁要拍案举手而呼道：这乃是又一度"战国时代"的来临！①

林同济认为，"战国时代"的特点是"战为中心""战成全体""战在歼灭"。处于这样的时代，在他看来，不能战的国家不能生存（"不能伟大，便是灭亡"）；左右倾各派的争论意义全消，要停止一切意识形态方面的争论，建设地道的"战国式"国家；中国人应改变那种懒散的态度，再建立起历史上"战国七雄"时代的意识与立场，"战国"必须是我们入手的途径。总之，是一个"战"字②。

可见，林同济的"战国时代重演论"与斯宾格勒的论见很是吻合，《民族主义与二十世纪》③《形态历史观》等重要文章都道出了他思想中的方法论来源，这就是，"其中尤堪参照的，我认为是所谓'历史形态学'（Morphology of History）者"④。又说："我与雷先生这些文字，多少是根据于形态历史观的立场而写作的。"⑤

输入西方的文化形态史观（"历史形态学"）且有发挥创新者还数雷海宗。对此，林同济也承认："在中国方面应用这方法而有卓著成绩的，恐怕是畏友雷海宗先生。他的《中国文化与中国的兵》一小书，国人就当

---

① 林同济：《战国时代的重演》，载林同济、雷海宗：《文化形态史观》，大东书局 1946 年版，第 79 页。《文化形态史观》及林同济编的《时代之波》（在创出版社 1944 年版）、雷海宗著的《中国文化与中国的兵》（商务印书馆 1940 年版），这三书合辑收入周谷城主编的《民国丛书》第一编第 44 册（上海书店 1989 年版）。以下凡出自这三书的引文，不再另注版本。
② 林同济：《战国时代的重演》，载林同济、雷海宗：《文化形态史观》，第 78—95 页。
③ 林同济：《民族主义与二十世纪》，载林同济、雷海宗：《文化形态史观》，第 46—47 页。
④ 林同济：《形态历史观》，载林同济、雷海宗：《文化形态史观》第 7 页。
⑤ 参见林同济《文化形态史观》一书"卷头语"。

注意。"林还称雷为"中国学界中第一位形态历史家"①。

是的,西方文化形态史观东传,在战火中的中国,在战国策派那里引起了重大的回响。

雷海宗(1902—1962),字伯伦,河北永清人,早年留学美国。1927年回国,先后在中央大学等多所学校任教,抗战时期在西南联合大学任历史系教授、系主任等职。此时,也是他与林同济共同创办《战国策》半月刊,传播与进一步阐发文化形态史观的时候。其实,雷海宗在这之前,就已在清华大学的《社会科学》上发表了不少用文化形态史观作为理论依据的文章,后结集成《中国文化与中国的兵》,由商务印书馆于1940年出版,它成为雷氏一生的代表作。与林同济共事的20世纪40年代初,他继续撰文,比较重要的有《历史的形态与例证》《中外的春秋时代》《外交:春秋与战国》《历史警觉性的时限》等,这几篇文章被林同济编入《文化形态史观》一书,于1946年出版。

林同济、雷海宗关于文化演进的分段论显然呈现出斯宾格勒与汤因比历史分期模式的踪迹。

林同济将文化发展的一般形态分成三个阶段:封建、列国、大一统。林同济指出:"封建阶段是'原始人群'与'文化人群'的分界。许多人群永留滞于'原始'状态,创不出封建的局面;但一创出封建的局面,这人群便大步踏入'文化大途'。"又说:"封建阶段就是贵族中心或贵士中心阶段。"这个阶段需经过一番"社会大革命或大骚动"而被列国阶段所取代。列国阶段具有"个性的焕发"与"国命的整合"两大潮流,前者是一种离心运动,后者是一种向心运动,两者相克相成,最后后者压倒前者。本阶段是任何文化体系最活跃、最灿烂、最形紧张而富创作的阶段,它相当于中国历史上的春秋战国时代(列国阶段的前期称为春秋,后期则称为战

---

① 参见林同济《战国》第2期按语,《大公报》重庆版1941年12月10日,转引自张和声:《文化形态史观与战国策派的史学》,《史林》1992年第2期,第61—66页。

国)。在大一统阶段,战国时代诸国纷争,经过大战的结果,建立了一个高高悬空的独尊的专制皇权,一个大一统帝国①。

雷海宗的分法与林同济不尽相同,但其西方文化形态史观鼓吹者的痕迹却更明显一些。雷海宗认为历史不是一元的,而是多元的,但每个文化的发展进程的大步骤及其时限则大致相同,这个共同点就是"历史的形态"。每个文化都经历如下五个阶段:第一阶段是封建时代,前后约600年;第二阶段是贵族国家时代,前后约300年,是一个以贵族为中心的列国并立时代;第三阶段是帝国主义时代,前后约250年,这是一个不断"大战"与"大乱"的时代,必发生惊天动地的政治、社会和经济的大革命;第四阶段是大一统时代,前后约300年,经过大乱而后大治,出现了大一统的局面,政治上专制独裁,社会风气日见颓靡,募兵制取代征兵制,至于文化,"其非很快的死亡,就是长期的凝结";第五个文化阶段为最后的时代,是政治破裂与文化灭亡的末世,时间不定,可长可短②。

尽管林同济的"三个阶段说"与雷海宗的"五个阶段说"分法不同,以及他们对每个阶段的论述不一,但他们的共同点却是接纳了斯宾格勒与汤因比的文化形态史观,尤其是文化发展的阶段说,凸显了前述的斯宾格勒西方文化发展的"三阶段说"(前文化时期—文化时期—文明时期)及汤因比的文明发展的"四阶段说"。

斯宾格勒—汤因比的思辨型的世界史模式在林同济、雷海宗,尤其是在雷海宗那里得到了彰显③。

斯宾格勒撰《西方的没落》开始打破传统的西欧中心论的世界史编纂体系,开创了一种新型的宏观的世界史写作模式。其后,汤因比多卷

---

① 林同济:《形态历史观》,载林同济、雷海宗:《文化形态史观》,第9—15页。
② 雷海宗:《历史的形态与例证》,载林同济、雷海宗:《文化形态史观》,第18—27页。
③ 就世界史编纂的类型,笔者以为自古迄今似可大体归纳为如下几种类型:(1)希罗多德—伏尔泰的总体型的世界史。(2)波里比阿—兰克的国际关系型的世界史。(3)圣·奥古斯丁—鄂图的基督教神学型的世界史。(4)斯宾格勒—汤因比的思辨型的世界史。参见张广智主著:《西方史学史》,复旦大学出版社2000年版,第337—338页。

本的《历史研究》,继承并发展了斯宾格勒的这种世界史体系,把斯宾格勒的八种文化发展为二十几种文明(社会),试图对世界历史做出整体上的归纳与概括,如汤因比自己所声言:"我试图把人类的历史视为一个整体,换言之,即从世界性的角度去看待它。"①总之,他们为人们描绘了一幅宏观的世界历史发展的壮阔图景。我们从林同济关于文化发展三阶段(封建—列国—大一统)的论述中,可以明显地看出林氏之论颇合于西方文化形态史观论者那种观察视角开阔、世界各文明等价以及诸文明间的比较研究等史学旨趣,林同济一再说:"封建、列国、大一统三个时代,是人类史上各个文化体系均有的三阶段,中国如此,希腊罗马如此,我们细看汤贝(汤因比)所研究的二十余个文化体系,竟都如此!"②

在这方面,雷海宗更有杰出的贡献。现留存下来的雷海宗在 20 世纪 30 年代的讲课提纲《欧洲通史》(二),经王敦书整理,易名为《西洋文化史纲要》出版,这是一部颇能反映雷海宗的宏通博识的世界史理念的作品,它以整体的视野将西欧文化作为一个有机体,对它的酝酿、形成、成长和发展各个阶段做出了综合的考察,很能体现斯宾格勒在《西方的没落》一书中的意蕴③。后来,他在《上古中晚期亚欧大草原的游牧世界与土著世界(公元前 1000—公元 570)》④《世界史分期与上古中古史中的一些问题》⑤等文及《世界上古史讲义》一书中,宏通中外,比较东西(他的世界史是包括中国在内的真正意义上的世界史而非外国史),充分地显示了他那整体的与综合的世界史体系,这种理念与具体实践,则"多有哲理的寓意"⑥,因而,他的世界史体系与斯宾格勒—汤因比的思辨型的

---

① [英]汤因比:《历史研究》,1979 年英文一卷本,第 10 页。
② 林同济:《民族主义与二十世纪》,载林同济、雷海宗:《文化形态史观》,第 51—52 页。
③ 关于雷海宗的《西洋文化史纲要》,详尽的分析参见王敦书的导读(上海古籍出版社 2001 年版,第 1—19 页)。
④ 见《伯伦史学集》,中华书局 2002 年版,第 342—373 页。
⑤ 同上书,第 379—397 页。
⑥ 语见刘家和:《贯中外 通古今 兼宏微 融史哲》,《博览群书》2003 年第 7 期,第 12—13 页。

世界史模式也是"脉络相通"①的。

西方文化形态史观的中国信徒,并不是鹦鹉学舌,更不是东施效颦,换言之,林同济、雷海宗他们并不是照搬现代西方资产阶级的史学理论,平心而论,他们也有对西说的改造,也有创新之处,一味贬低他们的工作在史学上的价值是不足取的。仍以雷海宗为例稍做述说。

斯宾格勒主张一切文化必经生长盛衰直至末世灭亡,不可能再生,雷海宗的看法则与此不同。他认为:"一切过去的伟大文化都曾经过一度的发展、兴盛、衰败,而最后灭亡。唯一的例外就是中国。"②由此,他提出了中国文化独具两周的观点。雷海宗主张以公元383年淝水之战为界,将中国历史分为两大周。第一周是纯粹的华夏民族创造中国传统文化的"古典的中国"时期,它历经封建时代—春秋时代—战国时代—帝国时代—帝国衰亡与古典文化没落五个时代③。第二周的中国,在政治社会方面并无本质变化,但此时的精神文化(如宗教、哲学和文艺等)则有真正的演变,也经历了五个时代:宗教时代,包括南北朝、隋、唐、五代;哲学时代,包括宋代;哲学派别化时代,包括元明;哲学消灭与学术化时代,包括晚明盛清;文化破裂时代,即清末(1839年)以下④。抗日战争烽火起,雷海宗进一步提出了中国文化的第三周说,并指出其路径,认为抗日战争的历史地位恰如淝水之战,但比淝水之战更严重、更伟大,"第二周的结束与第三周的开幕,全都在此一战"⑤。又说:"今日是中国文化

---

① 语见雷海宗:《上古中晚期亚欧大草原的游牧世界与土著世界(公元前1000—公元570)》,载《伯伦史学集》,第342页。雷海宗在论述世界上古史时说,即使在生产力不发达的上古时期,"世界的发展在很高程度上仍然是脉络相通的"。这里借用"脉络相通"一词,以说明雷海宗与斯宾格勒—汤因比式的思辨型的世界史模式的相通之处,笔者以为也是十分合适的。
② 雷海宗:《历史的形态与例证》,载林同济、雷海宗:《文化形态史观》,第37页。
③ 雷海宗:《中国文化的两周》,载《中国文化与中国的兵》,第173页。
④ 雷海宗:《此次抗战在历史上的作用》,载《中国文化与中国的兵》,第208—209页。
⑤ 同上书,第212页。

第二周与第三周的中间时代……生逢二千年来所未有的乱世,身经四千年来所仅见的外患,担起拨乱反正,抗敌复国,变旧创新的重任——那是何等难得的机会!何等伟大的权利!何等光荣的使命!"① 可见,中国学者在当时的社会条件下,运用文化形态史观,提出新见,立意创新,既显示了战国策派学人在那个战乱频仍的年代里肩负起"建设学术的责任"②的雄心,又反映了中国文人知识分子具有为现实服务的民族主义情愫及兼济天下的情怀,而这种精神投射对后世具有持久的影响力。不管怎样,战国策派学人在那样艰难的年代里,能及时把一种西方史学理论直接引入中国,在20世纪中西史学交流史上应有他们的地位,应给予积极的和肯定的评价。

四、历史的余音③

历史翻开了新的一页。中华人民共和国成立后,中国历史学也发生了新的变化,马克思主义史学占据主流地位。20世纪50年代以来,冷战时代的中西敌对的国际形势,日益严重的国内"左"倾思潮,使原本在民国时期中越来越密切的中西史学交流变得生疏与隔绝起来,与西方学

---

① 雷海宗:《此次抗战在历史上的作用》,载《中国文化与中国的兵》,第221—222页。
② 林同济:《民族主义与二十世纪》,载林同济、雷海宗:《文化形态史观》,第46页。林同济在1941年12月3日发表的《形态历史观》一文中这样说:"我以为中国学术界到了今天应当设法在五四以来二十年间所承受自欧西的'经验事实'与'辩证革命'的两派圈套外,另谋开辟一条新途径。"(载《文化形态史观》,第6页)不到一年,他于1942年8月在昆明的演讲中(即这里所引"建设学术的责任"之处)又这样说,他运用的"历史统相法"(即"历史形态学"),是要在"研究方法上曾给予历史学以一种新的路径"(载《文化形态史观》,第46页)。显而易见的是,战国策派的"异军突起",是对20世纪30年代独霸史坛的"新考据学派"(或"史料学派")的远离现实的一种纠偏,意为中国历史学另开辟一条新途径,而这又颇不同于马克思主义史学中的"辩证革命"。
③ 本节系朱维铮主编的《中国史学的历史进程》(中外史学的交流与比较卷)的"民国时期的中西史学"这章的一节,以该章界定的时间范围,这里所说20世纪50年代以后的情况,当然是"历史的余音"了。

术界的交流基本上处于停滞状态。是时,西方史学被大张挞伐,遭到了无情的批判,由斯宾格勒—汤因比宣扬的文化形态史观自在其中①。

文化形态史观的中国信徒自然也在劫难逃。勃兴于20世纪40年代初的战国策派,随着时代的变迁而归于沉寂了,然而,战国策派"阴魂不散",在50年代以来批判西方资产阶级史学的进程中,它扮演了一个"陪斗者"的角色,随着战国策派被定性为"宣扬法西斯主义""为国民党统治提供学理根据的"反动学派,其代表人物如林同济、雷海宗等人均遭厄运。

"文革"结束后,尤其是中共十一届三中全会以后,改革开放、拨乱反正之势盛行,思想解放,学术新生,反思历史,关注未来。在这样的时代氛围感召下,中国为西方史学输入敞开了大门,各种西方史学理论,包括斯宾格勒—汤因比的文化形态史观纷至沓来,形成了20世纪中西史学交流史上的又一次高潮②。

于是,斯宾格勒的《西方的没落》与汤因比的《历史研究》重版发行,后者更有一些其他著作相继问世③。重评文化形态史观成了新时期中国史学理论界的一个热点,西方的文化形态史观借助于20世纪80年代中国学界的"文化热",在中国新时期又找到了新一代的"知音"。

坚冰已经打破,但航道的开通仍需时日。可以这样说,对战国策派的全面而公正的评价尚需时日,我们当然要有这样的耐心。

战国策派的历史余音,在21世纪出现了谐音,2002年12月15日在

---

① 参见于沛:《文化形态史观在中国的历史命运》,载鲍绍霖编:《西方史学的东方回响》,社会科学文献出版社2001年版,第109—111页。又参见张广智:《西方史学史(1949—1989)》,载肖黎主编:《中国历史学四十年》,书目文献出版社1989年版,第804—805页。

② 参见张广智:《近二十年来中国的西方史学史研究1978—1998》,《史学史研究》1998年第4期,第18—25页。

③ 如有《历史研究》(一卷本新版)、《文明经受着考验》、《一个历史学家的宗教观》、《人类与大地母亲》、《展望二十一世纪——汤因比与池田大作对话录》等。

南开大学举办了"雷海宗与二十世纪中国史学"学术研讨会。是年为雷海宗冥诞 100 周年,上距雷海宗谢世已 40 年,距林同济逝世也已 22 年①。

---

① 王敦书、王以欣:《"雷海宗与二十世纪中国史学"学术研讨会在南开大学隆重举行》,《世界历史》2003 年第 2 期,第 116—117 页。亦可参见《雷海宗史学观纪识》专栏,何炳棣、王敦书、刘家和、马克垚、瞿林东、张国刚六人文章,《博览群书》2003 年第 7 期。

第九章

鲁滨逊新史学派在中国

鲁滨逊"新史学派",特指鲁滨逊(James Harvey Robinson)及其影响下的同事和弟子,例如比尔德(Charles A. Beard)[①]、贝克(Carl Becker)[②]、绍特韦尔(James T. Shotwell)[③]、巴恩斯(Harry Elmer Barnes)[④]、海斯(Carlton J. H. Hayes)[⑤]、桑戴克(Lynn Thorndike)[⑥]、蒙恩(Parker Thomas Moon)和夏皮罗(J. Salwyn Schapiro)等。此派19世纪末发轫,20世纪前半期蔚为大观,并在20年代传入中国,引起中国学者的持久关注,对中国史学产生了深远的影响[⑦]。

一、鲁滨逊新史学派入华

1912年鲁滨逊出版了《新史学》论文集,此年何炳松留美接受西式教育。1916年何炳松学成回国后,受聘在北京大学和北京高等师范学校任

[①] Beard,旧译有裴德、皮亚特、毕尔等,今译为比尔德。
[②] Becker,旧译有贝克儿,今译为贝克或贝克尔。
[③] Shotwell,旧译为绍特韦尔,今译为绍特威尔、肖特威尔、勺特威尔。为全书统一起见,本章译为绍特韦尔。
[④] Barnes,旧译为班兹、邦斯、崩斯,今或译为巴纳斯,一般译为巴恩斯。
[⑤] Hayes,旧译有汉斯、嘿斯、黑斯、海士,今一般译作海斯。
[⑥] Thorndike,旧译为桑代克,今一般译为桑戴克。
[⑦] 关于这个问题,学术界有过梳理,可参考李勇《鲁滨逊新史学派》一书中的第九、十章,李孝迁《西方史学在中国的传播(1882—1949)》第五章"鲁滨逊新史学派在中国的回响",张广智主编《20世纪中外史学交流》第十章"现代美国新史学派在中国"等。

教,从1920年起他开始翻译鲁滨逊《新史学》,于1924年由商务印书馆出版发行。何炳松在《新史学》中文本导言中称,"James Harvey Robinson 博士,为美国从前 Columbia 大学的历史教授,他的历史知识,很渊博的;他的史学思想很新颖的",《新史学》用意深远,"很可以做我们中国研究史学的人的碱砭"①。中文本尚未印出,就有人开始称赞,说《新史学》"破坏旧史,倡导新径,实研究历史者不可不读之书也"②。中译本出版后,在中国史学界产生了很大的反响,后来谭其骧回忆道,《新史学》"在二三十年代曾风行一时,深受史学界欢迎",他本人对"作者和译者都弥感景仰"③。何炳松还译有绍特韦尔《西洋史学史》④、约翰生《历史教学法》⑤,还依据鲁滨逊《西欧历史导论》和鲁滨逊与比尔德的《欧洲史纲》编有《中古欧洲史》⑥,并参考鲁滨逊、比尔德《欧洲史纲》和《现代欧洲史》编成《近代欧洲史》⑦,在西方史学输入中国的历史进程中占有重要的一页⑧。

早在何炳松翻译《新史学》之前,北京大学曾翻印《新史学》英文本,李泰棻编写的《西洋大历史》亦曾大量援引其中内容⑨。1916 年(一说 1917 年)至 1918 年《西洋大历史》第一版面世。根据李孝迁的研究,1921 年第三版《西洋大历史·绪论》凡七章,其中第二章"过去欧美之史学

---

① 何炳松:《译者导言》,载[美]鲁宾逊:《新史学》,何炳松译,商务印书馆1924年版。
② 《史地学报》第一卷第二号上之《史学界新闻》。
③ 谭其骧:《本世纪初的一部著名史学译著——〈新史学〉》,载刘寅生、谢巍、何淑馨编校:《何炳松纪念文集》,华东师范大学出版社1990年版,第74—75页。
④ [美]James T. Shotwell:《西洋史学史》,何炳松、郭斌佳译,商务印书馆1929年版。
⑤ [美]亨利·约翰生:《历史教学法》,何炳松译,商务印书馆1926年版。
⑥ 何炳松:《中古欧洲史》,商务印书馆1924年版,1930年又出版增订本。
⑦ 何炳松:《近代欧洲史》,商务印书馆1929年版。
⑧ 张广智:《二十世纪前期西方史学输入中国的行程》,《史学理论研究》1996年第1期,第92—103页。
⑨ 朱希祖、李泰棻也对鲁滨逊新史学之传播做过贡献。朱希祖的贡献有待梳理,至于李泰棻的贡献,李孝迁在《西方史学在中国的传播(1882—1949)》中有较详细的论述。

界",大部分译自《新史学》第二章"历史的历史",第三章"史之新同盟"照译《新史学》第三章①。而且 20 世纪 20 年代李泰棻在北京大学教授历史,其他大学也有采用《西洋大历史》为教材的,这样"《新史学》通过《西洋大历史》延伸了它在中国的影响"②。根据王森然《近代二十家评传》,李泰棻 1914 年入北京高等师范学校史地科学习,1917 年从北京高师毕业后留校,到 1921 年离职。如果王说可靠,那么他跟何炳松就成了同事,《西洋大历史》和《历史研究法大纲》是他在北京高等师范学校读书和任职时所作,他与何炳松一起推动了鲁滨逊新史学在中国的传播。

在何炳松的直接影响下,北京高等师范的一些学者为鲁滨逊新史学派及其论著的译介做出了贡献。北京高等师范师生组织的史地学会于 1920 年创办《史地丛刊》。何炳松在史地部任教,曾任编辑部主任,撰写《发刊辞》,并于 1922 年 6 月在此刊上发表《新史学导言》,阐述鲁滨逊《新史学》主旨。后来,学生中的于炳祥在 1923 年 4 月的《史地丛刊》上发表《读新史学》,比何炳松更为详细地解读了鲁滨逊的《新史学》。同样出自北京高等师范学校史地部的梁绳祎,在 1923 年 6 月的《教育丛刊》上发表《历史的研究方法和教学法》一文,大段征引鲁滨逊的《新史学》。有论者指出:"他们受鲁滨逊新史学的影响并传播之,无疑与何炳松有关。"③

与北方遥相呼应的是,20 世纪二三十年代,南京高等师范史地研究会的一些成员,以《史地学报》④为阵地,对传播鲁滨逊新史学也做出了

---

① 1920 年北京武学馆出版李泰棻《史学方法大纲》,其中就载依据北京大学翻印本《新史学》第三章的译文。
② 李孝迁:《西方史学在中国的传播(1882—1949)》,华东师范大学出版社 2007 年版,第 196 页。
③ 同上书,第 201 页。
④ 《史地学报》创刊于 1921 年,为南京高等师范学校学生组织史地研究会编辑的学术刊物。据《史地学报》第一卷第一、二号该会启事称,南京高师成立于 1914 年,然同刊第一卷第七号又说它成立于 1915 年。南京高师最初无史地部,1919 年秋才改(转下页)

贡献。

《史地学报》创刊号上就刊登过张其昀所译《美国人之东方史观》一文,其中说道:"饶平生(Robinson)与裴德(Beard)之《近世欧洲发达史》及汉斯(Hayes)之《近世欧洲政治社会史》皆趋重于社会经济及精神方面之发展以抉发人生隐微之动机,且于欧洲以外诸族事业之进步,亦多所论列。"但并未对书的内容做更多介绍。同卷第二号"史学界新闻"栏目中有一则题为《新史学译本出版》的报道,称:"近今史学之趋势,大变政治史观之旧,欧美著专书论之甚夥,而吾国则向未有之。唯北大出版社,曾于一年前翻印美人 Robinson 著之新史学 New History 一书。近闻该校史学系教授何炳松氏已将此书译成。按此书共分八篇,于1915年出版。其中专论新史学者虽仅四篇,而文字又略嫌凌杂;然其破坏旧史,倡导新经,实研究历史者不可不读之书也。"①当然,这些介绍还十分简单。

《史地学报》第二卷第二号上"新书介绍"列有鲁滨逊弟子海斯的代表作《近世欧洲政治社会史》[Hayes, *A Political and Social History of Modern Europe*(1500 - 1914)],陈训慈对此书做了较为系统的点评,他说:"近来新著,关于欧洲近世史者极多。就吾人所知,汉斯之《近世欧洲政治社会史》,实能以健全之观念,经精密之纂理,以流畅之文笔,达欧洲近四百年之史实。且全书不涉繁衍,更非疏浅,详略得中,促供国人之需。吾人尤竭诚介绍此书于全国中等学校之历史教习,务各备一卷,以

(接上页)国文科为史地部。1919年10月1日,南京高师史地部学生成立地学研究会。1920年1月19日地学会举行第二届选举,5月13日改地学会为史地研究会,至1924年6月更名为东南大学史地研究会。会员中著名的有缪凤林、陈训慈、张其昀、胡焕庸、郑鹤声、束世澂、邓光禹、向达等。他们所聘的指导员有治中国地理的白眉初、治中国沿革地理的王毓湘、治世界地理的竺可桢、治地质学的曾膺联、治中国史的柳翼谋、治西洋史的陈衡哲、治经济史的苏纯锦、治欧战史和政治史的顾泰莱、治中国政治思想史的梁启超,及治历史的徐则陵、杜景辉等。

① 文中说鲁滨逊《新史学》出版于1915年,有误,实为1912年。

供近史之参考。"他总结此书长处"凡三大端":"融贯人事之各方面,无偏重政治或社会之弊";"长于叙次之观念与方法,使读者得了解之最高之效率";"表达之流畅,清晰与生动"。

胡焕庸对鲁滨逊同事比尔德等人所著《美国人民史》(*The History of American People*)的评价发表在第二卷第三号上,胡氏认为:"该书为美国史学家皮亚特(Beard)与教育家伯格勒(Baghy)所合编,以史学家之眼光,搜集史料,而以教育家之方法编纂排比,故是书遂成为最新式最合宜之美国史课本。全书内容,不偏重政治,尤不偏重大人物之叙述,故定名曰《美国国民史》,尊重叙述历史上对于美人生活中影响最深远之各大潮流。其与今日美人生活有密切关系;并能藉此以解释现代之事实之史料,皆在所不录,否则皆在所必弃,其采取史料之标准如此。"①

由此两条可见,他们对海斯和比尔德著作的评论相对于此前对鲁滨逊著作的介绍要具体得多。

《史地学报》还不时载有鲁滨逊新史学派的代表作目录。徐则陵在第一卷第一号上发表《史之一种解释》,附英文参考文献12种,其中有鲁滨逊的《新史学》和巴恩斯的《史之过去与将来》。王庸则"鉴同学之需要,因取著闻欧洲多种,参稽校核,举要汇钞,分别部居,编成总目;一览了解,极便初学检索之用"。他的整理具体而系统,并把书目刊在第一卷第一号上,题为《欧史举要》,其中《初学通史》10种,有鲁滨逊、布雷斯特德(James Henry Breasted)和比尔德的 *Outlines of European History*,鲁滨逊和布雷斯特德的 *Ancient and Medieval Europe*;《近世史·(a)通史》19种,其中有海斯的 *A Political and Social History of Modern Europe*、鲁滨逊和比尔德的 *The Development of Modern Europe*、夏皮罗的 *Modern and Contemporary European History*;《近今欧战史》6种,有海斯的 *A Brief History of the Great War*;《近代各国史举要》21种,有比尔德和巴

---

① 按:其中"皆在所不录"疑为"皆在所必录"之误。

格利(William Chandler Bagley)的 The History of American People;《史学史研究》6 种,有鲁滨逊的 The New History。此外,在第一卷第二号上的《美国新出史书摘要》中列了鲁滨逊和比尔德的 History of Europe, the 18th and 19th Centuries, the Opening of 20th Century and the World War,比尔德的 History of United States。同卷第四号《书报目录·中等学校西洋史参考书目》中,《关于论史学者》14 种,就有鲁滨逊的《新史学》;《欧洲近世史》9 种,其中有海斯的 A Syllabus of Modern History。后来,在第三卷第五号上,陈训慈发表了《史学蠡测》,其中《附录一·西洋论史学之书籍要目》列书 22 种,有鲁滨逊的《新史学》、绍特韦尔的《西洋史学史》。文中所列鲁滨逊新史学派成员的这些书,均在当时的美国产生了很大影响,《史地学报》的这一做法为中国学术界系统了解鲁滨逊新史学派的学术成就指出了门径。

此外,《史地学报》还曾提到此派骨干之一、鲁滨逊弟子绍特韦尔在英美史学家联合会上的发言。第一卷第一号"史学界消息"里有《英美史学教授联合大会暨英美史学家款洽之片影》,节译自《美国史学评论》(The American Historical Review)1921 年 10 月刊载的史学会会长 Jussedland 的文章,其中提到"美史家 Shotwell、Morison 等皆有演说"。第二卷第三号"史地界消息"则摘译了鲁滨逊弟子桑戴克(L.Thorndike)在 1922 年 10 月《史学概览》(Historical Outlook)上批评威尔斯(H. G. Wells)的《历史纲要》(The Outline of History)的文章,并评价道:"桑氏所确信,亦史家之公言也。"第二卷第四号"史地界消息"补缀中,《近世欧洲政治社会史·绍介补言》一文为陈训慈对鲁滨逊弟子海斯生平与著作的介绍,文中有:

> 汉斯君 Carlton Joseph Huntley Hayes 为美国近世史学家。氏生于 1882 年五月,卒业于哥伦比亚大学,(1904)先后得 A. B., A. M., Ph. D.等学位。自 1907 年后,即任哥伦比亚大学历史讲师;

1910年，升为助教；1915年后，始称教授；至今仍在该大学，从之受业者甚众。……又在 General Staff 任事。氏为史学协会会员。所著书主要有：

《日耳曼族南侵之史源》Sources Rel. to the Germanic Invasion (1909)

《不列颠社会政策》British Social Politics (1913)

《近世欧洲政治社会史》(1916)

《大战史略》Brief History of the Great War (1920)

其他氏又与他人合作《国际联盟》一书 League of Nations: Principles and Practices，《新出大英百科全书》中，亦有氏之文字云。①

《史地学报》还刊载了鲁滨逊和桑戴克在美国科学史联合会上的活动的消息，第二卷第五号上的《史地界消息·美国科学史联合会纪》说道：

去年(1922)十二月二十八日，美国史学协会（年会之时）之一部分与美国科学共进会开联合会于 Cambridge，讨论关于科学史事项。该会主席，即《新史学》New History 之著者饶冰逊教授 Prof. J. H. Robinson，是日开会词中力陈史学与科学精神之重要。会中所发表之演词甚多，如 G. H. Mead 之"科学精神之心理的与社会的条件"，Thorndike 之"近世科学之历史的基础"。②

至于他们翻译这一派论著的情况则如下：

胡焕庸翻译比尔德等人的《美国人民史》译文，在《史地学报》第三卷第三、四、五、六、七、八号与第四卷第一号上连载。

陈训慈翻译巴恩斯的 The Past and Future of History 为《史之过去与将来》，发表在《史地学报》第一卷第二号上。王庸翻译巴恩斯的《社会

---

① 陈训慈：《近世欧洲政治社会史·绍介补言》，《史地学报》1923年第2卷第4期，第9页。
② 《美国科学史联合会纪》，《史地学报》1923年第2卷第5期，第2—3页。

学与历史之关系》,发表在《史地学报》第二卷第四号上。向达的翻译是大部头的,他译巴恩斯的作为《社会科学史丛书》(*The History of Social Science Series*)之一种的《历史》(*History*),于 1930 年由商务印书馆出版,此书又由长沙商务印书馆于 1940 年 7 月以《史学》为题出版。虽然向达译此书时已离开史地研究会,但这一行为是与他学生时代作为史地学会会员时培养起来的对美国新史学的兴趣分不开的。

鲁滨逊新史学派的著作在 1949 年以前汉译的情况非常复杂,这里只选取部分以见其概况。1949 年以后,这一派著作被陆续翻译过来,重要的有:齐思和等人重译的鲁滨逊《新史学》(商务印书馆 1964 年出版)、何兆武译贝克尔的《18 世纪哲学家的天城》(生活·读书·新知三联书店 2001 年出版)、何希齐译比尔德的《美国宪法的经济观》(商务印书馆 1984 年出版)等。

二、鲁滨逊新史学派与中国学者的史学理论

随着这一学派及其著作被介绍和翻译到中国,中国学者开始逐渐接受其史学观念。

给《史地学报》撰写史学理论稿件的那批人开始在不同程度上接受新史学的观点。

如陈训慈接受了巴恩斯关于历史研究范围的观念,他指出:"昔日之史,常限于人类活动之一方面,今则必求记述人类活动之总绩(sum total of human achievements)。今就美国勃尔恩(Barne)教授之说,简示新史学内容扩充之三方面:(Barne:'Past and Future of History')一曰质性之繁富(variety of interests):昔时主于政治,今则政治、社会、经济、学术各方面之活动,咸将网罗靡遗。二曰时间之拓展(extension of times):昔述史迹,远不过数千年;今则由地质学、人类学之研究,知人类初生至今已七十五万年。而掘地之发见,古物及古文字研究,皆足为荒渺之远古,放其光明。下逮现时,则时事史亦自立一帜;新事整理,稍纵成史。盖史

学上时间增拓之深远,实为前人梦想所未及。三曰空间之统一(unity of space):往昔史家,规之于民族之分;今则统观世界,明人类进化之共轨。诚以时代愈近,吾人愈成为世界全机体中不可解脱之一分子。故今史家于分类史、分国史之外,尤以作世界通史为职志。新著蔚起,可为明证。"①此段文字中 Barne 应为 Barnes。陈氏所说的这段话其实是对巴恩斯观点的间接引用。巴氏的原话为:"新史学坚持历史学必须考虑人类成就的总体,将会解决历史学的范围问题。""新的综合史学在三个方面明显地扩大了历史记述的范围。(1)它注重拓展叙述中的人类利益和行为的多样性。(2)它拓展了我们关于人类历史的知识开始的时期。(3)它表明越来越多的近代历史正在成为世界历史,因而在空间上扩大了历史学的范围。"②

缪凤林则接受了巴恩斯关于历史研究目的、价值的主张,说过:"朋五《历史之过去与将来》(Barnes:The Past and the Future of History),新史家谓史之目的,在与今世以一完全而可靠之过去之写真,使吾人于近代之文化之如何发生与何以发生,得有充实之了解。"③其中所引巴恩斯的"The Past and the Future of History",最初发表于 1924 年的 *The Historical Outlook*,后又作为第一章收入他 1925 年出版的 *The New History and the Social Studies* 中。缪凤林所引的话原为:"新史学家坚持认为史学的目的是给予现在人以如此完全和可靠的历史图画,以便能够达到一种理性的综合:文明的现实状态是如何和为什么会出现的。"④所引大体上没有出入。他引巴恩斯《历史的过去与将来》中的话说历史的目的在于求真。在同一个问题上,陈训慈则忠实地转述了鲁滨逊的言

---

① 陈训慈:《史学蠡测》,《史地学报》1924 年第 3 卷第 1/2 期,第 A1—A18 页。
② Harry Elmer Barnes, *The New History and the Social Studies*, New York: The Century Co., 1925, p. 17.
③ 缪凤林:《历史与哲学》,《史地学报》第 1 卷第 1 期,1921 年 11 月,第 1—15 页。
④ Harry Elmer Barnes, *The New History and the Social Studies*, 1925, p. 15.

论,他批评过去史著"以审美娱人为要务"的做法,服膺他的"史之效用,即令人了解自己,群体,与人类之问题"①。鲁滨逊的确批评过"以审美娱人为要务"的史著,他说"有种历史书并不记载人类过去的正常状态和重要事业,而是像刺激性的戏剧一样,故意选择那些情节离奇的事情",结果"历史的正确性同我们的历史知识适成反比例"②。他在谈史学的价值时指出:"历史学还有一件应做却尚未有效地做到的事,那就是帮助我们去了解自己与同胞以及人类各种问题和前景。"③陈训慈还撰文说:"Robinson 教授谓(见《新史学》Ⅱ)'史家始终为社会科学之指导者与批评者;而最新史学观念,又日趋于社会心理。史学与社会之关系,日就密切,生而为人,即不能不有历史之常识。国人言新文化者,当亦知所深省矣。'"④陈氏这段引文是有依据的,《新史学》的相关文字是这样的:"历史学家将始终是社会科学的批评者与领路人,他必须综合社会科学的研究成果并用人类过去的实际生活来对之进行检验。"⑤陈训慈的引用还是比较忠实于原文的,他还曾引鲁滨逊《新史学》的话说明历史学与其他科学的关系日趋密切⑥。

徐则陵发表了《史之一种解释》,阐释历史研究方法的观点,他在文中称:"盖所谓颖才者,亦有其与常人共同之心理,如感觉、本能、感情、情绪等皆是也,惟能于常人生活之心理方面留意者,始可希望得史之究竟意义。"⑦徐则陵这段话,据他文中的注说,源于《新史学》。事实上,关于

---

① 陈训慈:《史学观念之变迁及其趋势》,《史地学报》第 1 卷第 1 期,1921 年 11 月,第 4 页。
② James Harvey Robinson,*The New History*,New York:The Macmillan Company,1922,pp. 9-10.
③ Ibid,p. 17.
④ 陈训慈:《历史之社会的价值》,《史地学报》第 1 卷第 2 期,1922 年 5 月,第 3 页。
⑤ James Harvey Robinson,*The New History*,p. 69.
⑥ 陈训慈:《历史之社会的价值》,《史地学报》第 1 卷第 2 期,1922 年 5 月,第 3 页。
⑦ 徐则陵:《史之一种解释》,《史地学报》第 1 卷第 1 期,1921 年 11 月,第 3 页。

"颖才者"云云是徐氏的发挥,其余在鲁滨逊的《新史学》中都能找到相关的论述。如关于"常人生活",《新史学》中有:"假如有人问一个历史学家什么是近代最具创意、影响深远的发现,那么他可以较为肯定地回答说,那就是我们对于普通人和普通事物的基本的重要性有了日益增加的认识和兴趣。"①再如,关于研究人的心理的意义,鲁滨逊有如下论述:动物心理学作为"与社会心理学等同的一个新的分支……应该将会适时地解释我们对人类自身同胞的依赖的本质和程度"②。同时,"如果没有社会心理学,关于人类是如何学习与传播他们的发现和误解这一重大的基本问题,即有别于类人猿生活的整个人类文明的原理,将永远无法被理解"③。因此,"历史学者若能把较高级的、较少有的人类所有的心理与我们由于祖传习惯而至今依然依赖的那些基本的类人猿心理模式区分开来的话,这样就将可能更明智地处理思想的变迁、制度的发展、发明的进步和几乎所有宗教现象等问题"④。不过,由于徐氏将鲁滨逊在不同地方的言论给嫁接起来,加以重组,因此稍稍与原文有所出入。他还在《史之一种解释》中引用鲁滨逊的《新史学》的话说明黑格尔的精神史观已经落伍了。

还有许多其他学者也多少接受了鲁滨逊新史学派的观念。例如,谷凤池引用鲁滨逊《中世纪与近代》中的话,说明历史内容的丰富性和理论对于史学的重要性,并评价说:"鲁先生为现在最有名,而头脑最新的历史家,我们读过他的话,可以知所取法了。"又说:"鲁先生之言,可谓最公允而得当,颇足以作吾人研究历史的新指南。"⑤张其昀在谈刘知幾与章学诚的历史进化观念时,提到鲁滨逊和他的《新史学》,还借助鲁滨逊之

---

① James Harvey Robinson, *The New History*, p. 132.
② Ibid, p. 107.
③ Ibid, p. 93.
④ Ibid, p. 97.
⑤ 谷凤池:《历史研究法的管见》,《史地丛刊》第 1 卷第 3 期,1922 年 2 月,第 1—4 页。

言说明西方史学的科学化趋势①。衡如则说:"新历史运动之萌芽,才数十年耳,故人多忽之;至近日历史家,如英之玛纹(Marvin)、美之鲁滨逊(Robinson)之流,提倡之不遗余力,而其势乃渐盛。"他接受鲁滨逊的观点,指陈旧史学的缺点,并认为新史学兴起的原因是自然科学和社会科学的兴起②。张荫麟则在《论历史学之过去与未来》中提到了贝克的《独立宣言》③。

直到20世纪三四十年代,鲁滨逊新史学派的影响仍持续不减。齐思和接受鲁滨逊《新史学》的"历史不过是人类记忆的扩大"的观点,还借助鲁滨逊《昨日与今日之世界》和绍特韦尔《史学史导论》中的话,认为"打算了解现在,非借助于历史不可"④。黄公觉在论述新史学起源时征引鲁滨逊对于旧史学的指责,说:"流行的史学多注意于记载君主及战场之无意义的名称,叙述政治事件,赘述惊人心目,但无关于人道及文化的发展之事迹。"在叙及哥伦比亚学派时,他提到鲁滨逊、绍特韦尔,以及史密斯学院巴恩斯的《新史学与社会学》《历史与社会智慧》对于新史学发扬光大的作用。他还比较了鲁滨逊与兰普勒希特的共同之处,提到鲁滨逊的《西欧精神史纲》《形成中的思想》和《知识的人文化》,桑代克的《魔术和试验科学史》。文末的参考书目列有鲁滨逊《新史学》与巴恩斯《新史学与社会学》《历史学和社会知识》《历史学和社会科学视野》等⑤。刘石臣在给史学下定义时引用何炳松所译的鲁滨逊《新史学》中关于史学的说法,认为郑樵与鲁滨逊都主张通史的写作⑥。朱谦之引鲁滨逊的话说明许

---

① 张其昀:《刘知幾与章实斋之史学》,《学衡》第5期,1922年5月,第47—99页。
② 衡如:《新历史之精神》,《东方杂志》第19卷第11期,1922年6月,第47—56页。
③ 张荫麟:《论历史学之过去与未来》,《学衡》第62期,1928年3月,第32—59页。
④ 齐思和:《论史学之价值》,《燕大月刊》第7卷第1—2期,1930年12月25日,第82—99页。
⑤ 黄公觉:《新史学概要说》,《师大史学丛刊》第1卷第1期,1931年,第101—113页。
⑥ 刘石臣:《中国史学论》,《文化批判》第1卷第2期,1934年6月,第1—20页。

多学者以为过去的就是历史,批评巴恩斯的历史分类的"乱七八糟"和"毫无历史之系统可言",文中还提到绍特韦尔的《史学史导言》①。白宝瑾引用巴恩斯《新史学与社会学》和鲁滨逊《新史学》中的论述,说明18世纪以后历史学的范围逐日膨胀起来,赞同绍特韦尔《史学史导言》的说法,认为达尔文是伟大的史家,并引巴恩斯的《新史学与社会学》中的说法,说明史学与其他学科的关系,引绍特韦尔的话阐明"各时代历史解释的种类,确切反映当时支配一切之思想兴趣"②。陈啸江引鲁滨逊《新史学》中的话,指出一些史学家对于史学能否成为纯粹的科学取怀疑态度;引绍特韦尔的《史学史导言》中的话,说明一些学者认为史学既是科学的又是艺术的;引巴恩斯《新史学与社会学》中的言论说明各种史观都是以偏概全,跳不出历史哲学的范围③。周谷城则引巴恩斯《史学史》说明"史"有两含义:过去种种事业及造诣之总相;种种活动之笔之于书或传之于口之记录④。陈定闳还曾提到巴恩斯与贝克尔的《社会思想从常识到科学》(*Social Thought from Lore to Science*)⑤。

在史学概论类的著作中,这一派言论也很流行,卢绍稷就说过:"历史之学说,以新史学派所主张者为最可信。……关于此派学者,西洋可以美国鲁滨生(Robinson)为代表,中国可以何炳松先生为代表(观其史学著作,便可知之)。"⑥据统计,他在《史学概要》中曾八次引用《新史学》中的话来谈史学的性质、目的等问题。胡秋原关于欧美史学的梳理也显

---

① 朱谦之:《历史科学论》,《现代史学》第2卷第3期,1935年1月,第1—29页。
② 白宝瑾:《历史和其他科学的关系》,北京大学《史学》第1期,1935年1月,第67—78页。
③ 陈啸江:《建立史学为独立的(非综合的之意)法则的(非叙述的之意)科学新议》,《现代史学》第2卷第4期,1935年10月,第1—24页。
④ 周谷城:《历史完形论》,载《中国通史》,开明书店1939年版,序言。
⑤ 陈定闳:《历史与社会学之因缘》,《东方杂志》第42卷第10期,1946年5月,第11—15页。
⑥ 卢绍稷:《史学概要》,上海商务印书馆1930年版,序。

然受到巴恩斯、绍特韦尔之影响。他在书中多处暗示他对鲁滨逊新史学派的了解。

类似于卢绍稷把新史学的观念奉为圭臬的还有李泰棻《史学研究法大纲》、杨鸿烈的《历史通论》、胡秋原的《历史哲学概论》、朱谦之的《历史哲学》、陆懋德的《史学方法大纲》、周容的《史学通论》、李则纲的《史学通论》和胡哲敷的《史学概论》等。他们在自己的书中纷纷引用鲁滨逊及其弟子巴恩斯、绍特韦尔等人的观点,化为自己所阐述的史学理论的一部分。具体不再赘述。

三、鲁滨逊新史学派与中国学者的史学实践

就历史学而言,胡适在某种程度上也受过鲁滨逊的影响,尽管他在留美期间没有选过鲁滨逊的课程,但看过鲁氏的课程大纲,并很推崇。他在《胡适口述自传》中称,在哥伦比亚大学留学期间,"在历史系里面我只认识几个人,如授政治理论史的开山宗师顿宁(William A. Dunning)教授和倡导新史学,后来又创办'社会研究新书院'(The New School for Social Research)的罗宾逊(James Harvey Robinson)教授;以及第一位以自己经济观点来诠释美国宪法史的毕尔(Charles A. Beard)教授。……我最大的遗憾之一便是没有在历史系里选过一门全课。当时最驰誉遐迩的一门课,便是罗宾逊教授的'西欧知识阶级史'。这门课在学术圈内享有其应有的声誉。罗氏印有讲授大纲和参考书目。我读了这些大纲之后,觉得它极有用。但是我最大的遗憾便是没有选修这门启蒙的课程。"[1]

胡适以为,所谓的"科学律令"只是一种假设,他说那"是科学家的假设,用来解释事变的。所以,可以常常改变"[2]。这就是科学的实用价值

---

[1] 胡适:《胡适口述自传》,载欧阳哲生编:《胡适文集》(1),北京大学出版社1998年版,第257—258页。

[2] 胡适:《谈谈实验主义》,载欧阳哲生编:《胡适文集》(12),第271页。

观。他还在《国学季刊发刊宣言》里谈到整理国故方法的三个要点：第一，用历史的眼光来扩大研究的范围；第二，用系统的整理来弥补研究的资料；第三，用比较的方法来帮助材料的整理与解释①。这些完全可以理解为：扩大历史研究的范围；重视史料的搜集与整理；对史料的诠释。胡适用以诠释历史的理论是"物竞天择"的原理、"人类演进"观念和心理学的"因果律"②。这些恰恰是鲁滨逊新史学的方法。

陈衡哲受到鲁滨逊新史学观念的影响是毋庸置疑的。据1920年10月6日《北京大学日刊》中的《图书部典书课通告》，陈衡哲指定的预科学生历史参考书中，就有鲁滨逊的 *Readings in European History*，鲁滨逊与比尔德合著的 *Readings in Modern European History*，*The Development of Modern Europe*，海斯的 *A Political and Social History of Modern Europe*。她还在1932年10月2日《独立评论》第20号上发表评论比尔德 *The Rise of American Civilization* 的文章《皮尔德的〈美国文化史〉》③。她在史学实践中也贯彻这一派的理念。陈衡哲非常强调历史的实用价值，她出版《西洋史》，就是要运用历史学，去"揭穿武人政客的黑幕，揭穿他们愚弄人民的黑幕"，以"避免战争"④。在国际方面，希望历史学"能帮助青年们，去发达他们的国际观念，俾人类误解的机会可以减少，人类的谅解和同情，也可以日甚一日"⑤。

她提出，在历史研究的内容方面，首先，扩大历史研究的范围。"我们所要研究的，不是某某皇帝的家谱，也不是武人政客的行述，乃是我们人类何以能从一个吃生肉的两足动物，变为一个代表现代文明的人。因

---

① 胡适：《国学季刊发刊宣言》，载欧阳哲生编：《胡适文集》(3)，第17页。
② 胡适：《科学的人生观》，载欧阳哲生编：《胡适文集》(12)，第585页。
③ 这几条直接证据是李孝迁在《西方史学在中国的传播(1882—1949)》中提供的，这里对他致以谢忱。
④ 陈衡哲：《西洋史》，辽宁教育出版社1998年版，原序。
⑤ 同上书，六版序。

为我们要研究这个人,所以不能不研究他的思想行为,和与他有关系的重要事物;所以不能不研究政治、工业、农业、文学、美术、科学、哲学,以及凡曾帮助他,或阻止他向前走的种种势力。"①

其次,材料选择的标准是文化史。她说:"历史不是片面的,乃是全体的,选择历史材料的标准,不单是政治,也不单是经济或宗教,乃政治、经济、宗教,以及凡百人类活动的总和。换一句话说,我们当把文化作为历史的骨髓。凡是助进文化,或是妨害文化的重大事迹和势力,都有历史的价值。这是这本历史取材的标准。"②她的《西洋史》的主线是文化的发展,按照时序论述了希腊文化的精神——和谐与审美的态度,及中庸的人生观;中古的三种基本精神——出世观念、一尊观念和个人主义;近代的文化精神中心——个性的表现。最后,她分析了科学发达的影响:帝国主义和国际主义的冲突。胡适评价道:"这样综合的,有断制的叙述,可以见作者的见解与天才。"③

最后,在侧重点上,"一是说明各种史迹的背景,一为史迹的因果,及彼此的相互影响"④。胡适在评价她的《西洋史》时说过:"能注重史实的前因后果,使读者在纷繁的事实里面忘不了一个大运动或大趋势的线索。"⑤

陈衡哲强调给予历史以"适当的解释"⑥。她的历史学中所使用的解释体系是多元的,在致胡适的信中曾明确表示用多元史观解释历史,这可从她对唯物史观的看法中窥见一斑。1924年4月14日她在给胡适的信中说:"我当时因一心只想纠正唯物史观的流弊,却不料又上了唯心

---

① 陈衡哲:《西洋史》,导言。
② 同上。
③ 胡适:《介绍几部新出的史学书》,载欧阳哲生编:《胡适文集》(10),第752页。
④ 陈衡哲:《西洋史》,例言。
⑤ 胡适:《介绍几部新出的史学书》,载欧阳哲生编:《胡适文集》(10),第751页。
⑥ 陈衡哲:《西洋史》,六版序。

史观的'当'了。……所以唯心、唯物二者,实是相成的,不是相反的。"①同年5月28日她给胡适写信,称:"你说我反对唯物史观,这是不然的;你但看我的那本《西洋史》,便可明白,我也是深受这个史观的影响的一个人。但我确不承认,历史的解释是unitary(一元的)的;我承认唯物史观为解释历史的良好工具之一,但不是他的唯一工具。"②可见,她不完全服膺某种史观。不过,她的史学思想中,主要的是历史的和进化的观念。

关于历史的观点。例如对欧洲中世纪的十字军,人们一般多持批评观点,而陈衡哲则以为:"历史家的态度,是要求了解一切过去和现在的现象的。比如他一方面不妨批评和责咎十字军的混乱乌合;一方面却应该明白那时群众的心理,给他们以相当的同情。"③还有对于历史的分期,她则主张"历史的性质,是贯一的,是连续不断的,他如一条大河,是首尾联接的,是不能分成段落的"④。

至于进化的观点,在《西洋史》中则表现得非常明显,尤其在描述"先史时代"方面表现得最为突出。她先叙述地球和生物的起源,其次简述人类的始祖人猿分布与进化,最后是石器时代——西洋文明的萌芽,她的结论是"人类的文化是他的需要和环境交迫出来的"⑤。

另外,她对待民族主义的态度,也与鲁滨逊及其弟子的思想相一致。20世纪20年代末,鲁滨逊反对民族主义,他的学生绍特韦尔、海斯等人同样批评民族主义,为世界和平而奔走呼号。陈衡哲在她的《西洋史》最后抨击具有侵略性的民族主义或者国家主义,推崇和平的国际主义。胡

---

① 中国社会科学院近代史研究所中华民国史组:《胡适来往书信选》(上册),中华书局1979年版,第244—245页。
② 同上书,第252—253页。
③ 陈衡哲:《西洋史》,导言。
④ 同上。
⑤ 同上书,第17页。

适对此极为赞赏，说她"是倾向国际主义与世界和平的人，所以她能充分赏识国家主义的贡献，同时又能平心静气地指出国际和平是人类自救的唯一道路"①。

蒋廷黻在理论和实践上都深受鲁滨逊新史学的影响。他曾赴美留学于欧柏林学院、哥伦比亚大学；回国后，先后任教于南开大学、清华大学历史学系，讲授西洋史和从事中国近代外交史的研究。

他重视对档案材料的搜集。哥伦比亚大学设有历史研究法一科，为历史学研究生所必修，旨在教授学生辨别和使用史料如第一手史料和第二手史料的方法等，在写博士论文时导师主要指导学生将史料选择编排出来的方法。蒋廷黻在哥伦比亚大学时就受到过这方面的严格训练。因此，后来在南开大学执教期间他大量搜集近代资料，编辑《近代中国外交史资料辑要》；到清华以后，他除了整理清军机处的档案外，还搜集清末权臣留下的信札文书。关于史料的重要性，他曾明确指出："历史学自有其纪律。这纪律的初步就是注重历史的资料。资料分两种：一种是原料（Primary source）；一种是次料（Secondary source）。简略说，原料是在事的人关于所在的所写的文书或记录；次料是事外的人的撰著。原料不尽可信；次料非尽不可信。比较说，原料可信的程度在次料之上。"②为此，他编有《近代中国外交史资料辑要》。不过他对中国传统的治史方法不满，批评中国史学家是"治史书而不是治历史"，认为中国传统史学往往勤于史书版本的鉴别、文字的校勘、名物的训诂等文献工作，而忽视把握历史上的问题。因而他本人是"没有胡适之的'考据癖'"③的。他的这些观点与做法同鲁滨逊新史学派一脉相承。

---

① 胡适：《介绍几部新出的史学书》，载欧阳哲生编：《胡适文集》(10)，第752页。
② 蒋廷黻：《近代中国外交史资料辑要》上卷，商务印书馆1931年版，自序。
③ 陈之迈：《蒋廷黻的志事与生平（一）》，台湾《传记文学》第八卷第三期，1966年3月，第4—9页。

从师承上说,蒋廷黻是鲁滨逊的再传弟子,其博士论文的导师就是鲁滨逊传人之一海斯①。蒋廷黻在海斯等人的引导下走上外交史研究的道路。对此,他承认:"海斯教授使我明了工业革命发生使社会本身起了巨大的变化。……根据海斯和沙费尔德两位所授课程的启示,我决定了我的博士论文,题目是《劳工与帝国》。内容是讨论英国工党的国内外政策。"②

进而,他用海斯的族国主义理论来解释中国近代外交史。海斯在《族国主义论丛》中称:"族国主义是对于自己的国家抱一种昂傲矜夸的态度,附带着对外国一种鄙视或仇视的态度。她承认本国国民个人或有错误,但她坚持本民族或民族国家是不会有错的。族国主义不是鲁蛮无知和挟持偏见,就是反人情和患黄疸病的。无论如何,她是一种癫狂,一种放大的、偏激的自大。"③他还在这本书的"中文译本特序"(Special Preface for the Chinese Edition)中对中国读者讲过:"中国的事务此后将与其他各国的事务互相衔接,如犬牙交错,一天比一天密切。中国人民应当设法,使此日趋密切的国际关系有利于全世界。至于独利的思想,自大自尊的倾向,都应一概屏弃不取,据我所见,如此做法,方是中国同世界兴盛和平正路。"蒋廷黻就是依据海斯的理论,反对中国人用自己的爱国主义去妨碍别国人民的爱国主义。他曾经说:"由于中国人认为他们自己的爱国主义是公正的,于是他们就忽略了别人的爱国,忽略了

---

① 海斯在哥伦比亚大学读完本科和研究生以后留校任教。同他的老师鲁滨逊一样,海斯主要从事欧洲史的研究,撰有《近代欧洲史》;他实践着鲁滨逊研究社会文化史的主张且在族国主义研究方面很有心得,著有《族国主义论丛》;他还为大学和中学的师生编写历史教材,赢得了广泛的声誉,成为当时美国史学界的领袖人物之一;他的讲座都经过精心准备,不仅井井有条而且妙趣横生,强烈地吸引着他的大部分学生;他所主持的研讨班提出了许多很有见地的观点,蒋廷黻就是在海斯的指导下完成其博士论文的。
② 蒋廷黻:《蒋廷黻回忆录》,台湾传记文学出版社1980年版,第78—79页。
③ [美]海士:《族国主义论丛》,蒋廷黻译,上海新月书店1930年版,第353页。

别人也有理由去爱国,这是不对的。"①他主张"用平等或互惠的关系来代替一方统治另一方的关系",而不是"日以继夜终年高喊打倒帝国主义"②。他正是从这一根本观点出发去看待中国近代外交史的。例如关于中英之间的鸦片战争,蒋廷黻是这样看的:"彼时中国不明国际公法及国际关系的惯例。不但不明,简直不承认有所谓国际者存在。中英之间的战争,在中国方面,不过是'剿夷''讨逆'。"③又说:"平心论之:烟禁之妨害英国之国计民生,及义律之耻见挫辱,与夫林氏禁烟之不合法,皆鸦片战争之近因。英国之开辟商场政策,及中国之闭关自大政策,皆其远因也。闭关政策,虽在中外历史上有先例可援,然至十九世纪之中叶,仍株守之,何不审势之甚耶?"④

张荫麟的其他著作中也体现了新史学的做法。他主张史学要实用,在《中国史纲》献辞中说:"若夫明国族绳绳之使命,庶无馁于任重而道艰;表先民烈烈之雄风,期有效于起衰而振懦,斯今日之所急,舍读史而末由。"⑤其《中国史纲》的宗旨是,"写出一部分新的中国通史,以供一个民族在空前大转折时期的自知之助"⑥。他提出历史笔削的五个标准中,就有"实效的标准"和"训诲功用的标准"⑦。

张荫麟的史学著作所涉及的领域非常宽广,从时间上说,有上古、中世、近代;从内容上看,有文学史、思想史、科技史和社会史。李埏在评价张荫麟的史学时就说:"涉及的范围很广,从先秦到近世,从社会经济到

---

① 蒋廷黻:《蒋廷黻回忆录》,第80页。
② 同上书,第78页。
③ 蒋廷黻:《琦善与鸦片战争》,《清华学报》第6卷第3期,1931年10月,第1—27页。
④ 蒋廷黻:《评清史稿邦交志》,《北海图书馆月刊》第2卷第6期,1929年6月,第40—53页。
⑤ 张荫麟:《〈中国史纲〉献辞》,《益世报》"文史副刊"第21期,1942年12月10日。
⑥ 张荫麟:《中国史纲》,辽宁教育出版社1998年版,自序。
⑦ 张荫麟在《中国史纲》自序中提出笔削的五个标准:"新异性的标准""实效的标准""文化价值的标准""训诲功用的标准""现状渊源的标准"。

科技文艺、学术思想、风俗习惯……都有所考究。"①

他是以考据起家的。他首先发表的文章就是考据文章,即以他全部发表的文章而论,也有三分之二以上的文章是属于考据性的。然而,张荫麟并没有停留在考据的水平上,而是试图对事实做出一些整体认识,那就是"对于历史众方面的变迁和其相互关系的一个大概的看法"②。其用于整体认识的范畴,就是他提出的"因果的范畴""定向的发展""演化的发展""矛盾的发展"③。

此外,他还主张使用跨学科的方法,"从哲学冀得超放之博观与方法之自觉。从社会学冀明人事之理法。……地理与历史可分为姊妹科学,其相辅相成之处甚多"④。管佩韦在回忆张荫麟的历史教学时说:"先生提出必须注意用心理分析的方法,才能洞察该历史人物内心的秘奥,不致有隔靴搔痒的弊病。"⑤正如有论者所言:"他的《中国史纲》就是要在哲学的意识和方法的控制下来写的。"⑥

显然,留美学者胡适、陈衡哲、蒋廷黻、张荫麟的这些史学倾向,同鲁滨逊及其同事和弟子的思想非常一致。

四、中国学者对鲁滨逊新史学派的评述

1949 年以前,总的说来,中国史学界对鲁滨逊及其新史学极力推

---

① 李埏:《张荫麟先生传略》,载广东省东莞市政协主编:《张荫麟先生纪念文集》,汉语大词典出版社 2002 年版,第 249 页。

② 中学本国史教科书编纂会:《关于中学国史教科书编纂的一些问题》,《大公报》史地周刊 24 期,1935 年 3 月 1 日。

③ 张荫麟:《中国史纲》,自序。

④ 张荫麟:《与张其昀书》,载广东省东莞市政协主编:《张荫麟先生纪念文集》,第 359 页。

⑤ 管佩韦:《张荫麟教授的历史教学》,载广东省东莞市政协主编:《张荫麟先生纪念文集》,第 236 页。

⑥ 谢幼伟:《张荫麟先生言行录》,载广东省东莞市政协主编:《张荫麟先生纪念文集》,第 220 页。

崇,缺乏批判。正如有论者所言,"不仅何炳松在《新史学》中文本的《导言》中,对鲁滨逊及新史学派的观念备加推崇,陈训慈、陶孟如、衡如、谷凤池等学者也都在报刊撰文,高度评价'新史学派'"①。

但这并不等于说,没有任何批判的声音。例如,朱谦之一方面说鲁滨逊在《新史学》中关于"史心"问题"说得极好",另一方面又说他"虽提出'史心',却未必懂得'史心'的",以为鲁滨逊的"我们思想习惯的变迁,比我们环境的变迁慢得多"这句话"完全倒说了"②。如果说朱谦之还能冷静和辩证地看问题的话,那么刘静白的批判则完全一边倒了。他说:"鲁滨荪都只看到了'心能创造',所以把应置于社会与政制之后的东西,反放在第一位。这不表示人在以头行路吗?"③甚至说鲁滨逊等人的著作是"无聊的史著"④。刘静白是以极其激烈的态度全盘否定何炳松史学的,在批判何氏时,顺便触及鲁滨逊、巴恩斯等人,因而他对鲁滨逊新史学的批判过于简单和武断。尽管如此,相对于众人对鲁氏等人的赞扬,刘静白的不和谐之声似乎微不足道。

1950年至1979年这一时期研究鲁滨逊的文章不多,并且主要着眼于批判其资产阶级性质。刘毓璜全面否定鲁滨逊新史学,把它定性为"实用主义的一个支流,它暴露了实用主义者疯狂叫嚣的真面目,暴露了反动的、没落的垄断资本家对于人民革命,特别是无产阶级革命力量的敌视和恐惧"⑤。齐思和也公开批判鲁氏"反动多元史观"⑥。其类似观

---

① 于沛:《外国史学理论的引入和回响》,《历史研究》1996年第3期,第145—161页。
② 朱谦之:《历史哲学》,《民国丛书》第四编第64册,上海书店出版社1992年版,影印上海泰东书局1926年版,第26—27页。
③ 刘静白:《何炳松历史学批判》,上海辛垦书店1933年版,第138页,注一五八。
④ 同上书,第147页,注一七三。
⑤ 刘毓璜:《批判何炳松的资产阶级历史观点》,《江海学刊》1958年第3期,第30页。
⑥ 齐思和:《批判鲁滨孙的反动多元史观》,《光明日报》1958年10月13日第3版《史学》双周刊。

点还见于1964年商务印书馆出版的《新史学》"中译本序言"里。这一时期,"左"的思潮弥漫于中国学界,谈不上对史学进行历史、科学、公正的批判。它不是哪一个人的责任,而是由中国特定的历史造成的。

20世纪80年代以来,鲁滨逊新史学引起中国史学界广泛注意,一般的西方史学史著作,如郭圣铭《西方史学史概要》、杨豫《西方史学史》、郭小凌《西方史学史》、张广智《西方史学史》等,在谈及20世纪美国史学时,都对鲁滨逊新史学有一段知识性的介绍。此外,学者们纷纷撰文展开全面而深入的讨论。

质疑和修正过去流行的观点。张广智较早提出有必要重新探讨这一学派。他在承认鲁滨逊新史学局限的前提下肯定其贡献①。赵世瑜结合欧美史学发展趋势和中国史学现状,也提出要重新认识鲁滨逊新史学②。夏祖恩不同意齐思和《新史学》"中译本序言"的观点,认为其对鲁滨逊及其"新史学派"所做的不公正评价,是值得商榷的③。李勇《鲁滨逊新史学派研究》④以全新视角对鲁滨逊这一学派进行全面而系统的考察,在分析美国鲁滨逊学派及其新史学时,着眼于美国本土化问题;注意考察这一学派的师承关系及其学术渊源;追溯鲁滨逊及其学派主要成员观点的变化;注意分析这一学派思想中的悖论;爬梳这一学派在中国传播的史实,分析它对中国新史学产生的影响。

从比较角度研究鲁滨逊新史学。把第二次世界大战前与战后美国新史学进行纵向比较,例如王建华认为,两次新史学有着共同性,"都发端于社会动荡不定、政治气氛比较活跃的时期";"两次新史学有着大体

---

① 张广智:《美国"新史学派"述评》,《世界历史》1984年第2期,第91—95页。
② 赵世瑜:《扩张史家视野 顺应史学潮流——重读鲁宾逊〈新史学〉的思考》,《读书》1987年第10期,第14—21页。
③ 夏祖恩:《对〈新史学〉"中译本序言"的异议》,《福建师范大学学报(哲学社会科学版)》1988年第2期,第81—86页。
④ 李勇:《鲁滨逊新史学派研究》,安徽人民出版社2004年版。

相同的目标",即"扩大历史研究范畴""增强历史研究的用途""推动历史研究与社会科学结盟""都取得了很大的成绩"。"从史学角度而言,这两次浪潮构成了连续的整体,是改造传统史学运动的两个不同阶段。前一阶段为后一阶段做好了准备,后一阶段是前一阶段的发展和深化。"①把20世纪上半期美国新史学与中国新史学进行横向比较,这方面论著较多,例如,邹振环《两部〈新史学〉的比较》②、张广智《克丽奥之路——历史长河中的西方史学》中的《传统史学:SOS》③、马雪萍的《20世纪上半叶中西方"新史学"思潮比较》④、黄敏兰的《政治批判与学术建设——梁启超和鲁宾逊〈新史学〉的比较研究》⑤、宋学勤的《梁启超、鲁滨逊"新史学"思想比较研究》⑥、孙晴的《梁启超与鲁宾逊〈新史学〉"新"之相异原因》⑦、李勇的《梁启超〈新史学〉与美国新史学》⑧等。

突出研究鲁滨逊的史学思想和鲁氏新史学在中国的传播。关于鲁滨逊的史学思想,肖华锋在《鲁滨逊的史学思想——兼论〈新史学〉》一文中分析了鲁滨逊史学思想的理论构架,剖析其思想的源泉,指出鲁滨逊

---

① 王建华:《美国新史学的两次浪潮:比较研究》,《国外社会科学》1992年第1期,第25—27页。
② 邹振环:《两部〈新史学〉的比较》,《探索与争鸣》1987年第2期,第50—51页。
③ 张广智:《克丽奥之路——历史长河中的西方史学》,复旦大学出版社1989年版。
④ 马雪萍:《20世纪上半叶中西方"新史学"思潮比较》,《近代史研究》1992年第6期,第133—150页。
⑤ 黄敏兰:《政治批判与学术建设——梁启超和鲁宾逊〈新史学〉的比较研究》,《世界历史》1993年第3期,第88—95页。
⑥ 宋学勤:《梁启超、鲁滨逊"新史学"思想比较研究》,《中州学刊》2003年第1期,第124—129页。
⑦ 孙晴:《梁启超与鲁宾逊〈新史学〉"新"之相异原因》,《湖北大学学报(哲学社会科学版)》2003年第2期,第86—89页。
⑧ 李勇:《梁启超〈新史学〉与美国新史学》,《史学理论与史学史学刊》2012年卷,第78—88页。

史学思想最明显的特征是其实用性①。赵建群则撰文探讨鲁滨逊的跨学科思想②。张艳玲追述了鲁滨逊新史学主张的本土源头③。关于鲁氏新史学在中国的传播,张广智专门论述了何炳松对现代美国新史学派的传播以及对鲁滨逊一派观点的接受④,李勇《鲁滨逊新史学派研究》一书中的第九、十章,李孝迁《西方史学在中国的传播(1882—1949)》第五章"鲁滨逊新史学派在中国的回响",张广智主编《20世纪中外史学交流》第十章"现代美国新史学派在中国"等,也是专门讨论这一问题的。

带动一些其他相关问题的研究。关于鲁滨逊新史学派的重要成员比尔德的经济史观问题,有王晴佳《查尔斯·比尔德经济史观的形成及其影响》⑤、陆镜生《查尔斯·比尔德和他的〈美国宪法的经济观〉》⑥、丁则民《查尔斯·比尔德与美国宪法——美国史学对比尔德关于美国宪法的解释的评论》⑦等一些有分量的文章。关于鲁氏新史学的进步主义问题,李世洞的《进步主义史学》⑧肯定了鲁滨逊新史学派重要成员鲁滨逊、比尔德和贝克尔对美国进步主义史学的贡献。关于鲁滨逊新史学与

---

① 肖华锋:《鲁滨逊的史学思想——兼论〈新史学〉》,《江西师范大学学报(哲学社会科学版)》1999年第2期,第34—39、63页。
② 赵建群:《鲁滨逊史学跨学科思想述论》,《福建师范大学学报(哲学社会科学版)》2000年第4期,第125—130页。
③ 张艳玲:《美国"新史学"的先声》,《史学理论研究》2010年第4期,第38—50、158—159页。
④ 张广智:《二十世纪前期西方史学输入中国的行程》,《史学理论研究》1996年第1期,第92—105页。
⑤ 王晴佳:《查尔斯·比尔德经济史观的形成及其影响》,《史学史研究》1985年第1期,第74—80页。
⑥ 陆镜生:《查尔斯·比尔德和他的〈美国宪法的经济观〉》,《南开学报(哲学社会科学版)》1987年第6期,第43—52页。
⑦ 丁则民:《查尔斯·比尔德与美国宪法——美国史学对比尔德关于美国宪法的解释的评论》,《东北师大学报(哲学社会科学版)》1982年第2期,第64—69页。
⑧ 李世洞:《进步主义史学》,《世界史研究动态》1988年第7期,第37—43页。

新左派史学的关系,黄绍湘发表了《评美国"新左派"史学》①。关于鲁滨逊新史学的相对主义问题,李剑鸣的《美国现代史学中的相对主义思潮》阐述了卡尔·贝克尔、查尔斯·比尔德和鲁滨逊的历史相对主义的观点及学术背景,肯定其学术地位,并指出其缺失和对历史研究的消极影响②。吴道如重评贝克尔的相对主义史学,认为分析贝克尔的相对主义史学应在其批判科学历史学的旨意下进行,如果脱离贝克尔所要批判的对象,就很容易误解其史学思想③。另外,台湾学者中,蔡石山《西洋史学史》是台湾出版的第一部中国人的西方史学通史,在论及现代西方史学趋势时,谈到贝克尔相对主义史学,但对鲁滨逊新史学派表示沉默,倒是孙同勋有两篇文章相当有分量,它们是《二十世纪的美国史学》④和《美国进步主义史学初探》⑤。

---

① 黄绍湘:《评美国"新左派"史学》,《世界史研究动态》1980年第2期,第1—10页。
② 李剑鸣:《美国现代史学中的相对主义思潮》,载南开大学历史研究所美国史研究室:《美国历史问题新探——杨生茂教授八十寿辰纪念文集》,中国社会科学出版社1996年版。
③ 吴道如:《重评贝克尔的相对主义史学》,《史学理论研究》2006年第1期,第63—73页。
④ 孙同勋:《二十世纪的美国史学》,台湾《美国研究》1971年第3期,第1—24页。
⑤ 孙同勋:《美国进步主义史学初探》,台湾《美国研究》1982年第1期,第1—26页。

第十章

年鉴学派在中国

年鉴学派在现代中国的传播为20世纪中西史学交流增添了重要的一章。1929年，法国史学家吕西安·费弗尔（Lucien Febvre）①、马克·布洛赫（Marc Bloch）②等创办名为《经济与社会史年鉴》（*Annales d'histoire économique et sociale*）的学刊。此刊1939年改名为《社会史年鉴》（*Annales d'histoire sociale*），1941年名为《社会史论丛》（*Mélanges d'histoire sociale*），1946年名为《年鉴：经济、社会、文明》（*Annales：économies，sociétés，civilisations*），1994年称《历史与社会科学年鉴》（*Annales：histoire et sciences sociales*）。

以《年鉴》为核心，聚集了一批史学家，是为"年鉴学派"。其代表人物，除费弗尔、布洛赫外，尚有布罗代尔（Fernand Braudel）③、勒高夫（Jacques Le Goff）④，其他成员有利科（Paul Ricoeur）、阿里埃斯（Philippe Ariès）⑤、杜比（Georges Duby）⑥、芒德鲁（Robert Mandrou）、肖努（Pierre Chaunu）、孚雷（François Furet）⑦、勒华拉杜里（Emmanuel

---

① 有人译为费夫贺。
② 或译为布洛克。
③ 又译布劳代尔、布劳岱、布霍德、布洛杰里。
④ 又译勒戈夫。
⑤ 又译阿利埃斯、阿里耶斯。
⑥ 又译迪比。
⑦ 又译傅勒、费雷。

Le Roy Ladurie)①、勒韦尔(Jacques Revel)②、夏蒂埃(R. Chartier)、莫拉泽(C. Morazé)、诺拉(Pierre Nora)、费罗(Marc Ferro)、古贝尔(Pierre Goubert)、奥祖(Jacques Ozouf)等。稍微边缘点的,有拉布鲁斯(Ernest Labruosse)、伏维尔(Michel Vovelle)等。使用马克思主义方法的,有维拉尔(P. Vilar)、阿居隆(Maurice Agulhon)等。

这一学派在20世纪后半期逐渐为中国学界所了解和关注,并引起中国史学的重塑,实在不容忽视③。

一、年鉴学派史学传入中国

1976年以前,中国学界已多少了解到一些年鉴学派的讯息。从现存文献看,较早的是《史学译丛》1956年第6期发表的俞旦初所译加斯顿·马纳科尔达的《第十届历史学家代表大会上的现代史学的主要流派》,文中有"布洛克的著作'封建社会'、布洛杰里的著作'菲立普二世时代的地中海与地中海世界'"④,按照当前译法,是为布洛赫《封建社会》和布罗代尔《菲利普二世时代的地中海和地中海世界》。不过,俞旦初当时把"年鉴派"译为"编年"学派。另据张芝联回忆,1960年他应邀赴贵

---

① 或译勒华拉杜利、勒胡瓦拉杜里、勒鲁瓦·拉迪里。
② 亦译雷韦尔、内维尔、雷凡尔。
③ 以往相关研究成果,主要有姜芃:《十年来我国对年鉴派—新史学的研究述评》,《世界史研究动态》1989年第11期,第12—20页。张广智:《二十世纪后期西方史学输入中国的行程》,《史学理论研究》1996年第2期,第49—72页。陈启能:《法国年鉴派与中国史学》,载鲍绍霖编:《西方史学的东方回响》,社会科学文献出版社2001年版。李勇:《年鉴学派在中国的传播和影响》,载张广智主编:《20世纪中外史学交流》,北京师范大学出版社2007年版。
④ 加斯顿·马纳科尔达:《第十届历史学家代表大会上的现代史学的主要流派》,俞旦初译,《史学译丛》1956年第6期,第154页。据苑莉莉指示,还有比这更早介绍年鉴学派的,《史学译丛》1956年第5期发表了陈敏、一知合译的[苏联]A. M. 潘克拉托娃《第十届国际历史学家代表大会的总结》,其中有关于年鉴学派的介绍。见其硕士论文《动态变化的年鉴现象——年鉴学派在中国传播的回顾与反思》,华东师范大学,2010年。

阳师范大学讲学,所讲题目中就有年鉴学派①。1961年,三联书店出版康恩的《哲学唯心主义与资产阶级历史思想的危机》一书,说年鉴学派"取得了一些无庸置疑的成就","也发展了一些严重错误的、片面的和反动的思想"②。可见,在"文革"结束前,中国史学界对年鉴学派有所了解,但总体上"还是知之甚少的"③。

"文革"结束后,还是张芝联,于1978年撰写《法国年鉴派史学》一文(此文收入他在三联书店1988年出版的《从高卢到戴高乐》文集中)。之后,他翻译了玛丽安·巴斯蒂《法国历史研究和当代主要思潮》(连载在《世界史研究动态》1979年第2、3期上),比较系统地介绍了年鉴学派④。无独有偶,1976年,汪荣祖在《食货》第六卷第六期发表《白德尔与当代法国史学》;1979年,夏伯嘉在《史学评论》第一期发表《马克布洛克与法国年鉴学派》。他们比较早地在台湾地区刊文介绍年鉴学派。

20世纪80年代以后,年鉴派史学如潮水般涌入中国。粗略说来,可分为以下几种情况:

第一,中国学者刊文介绍年鉴学派学人及其著作。部分学者在介绍法国当代史学思想时涉及年鉴学派⑤。另有一些文著专门论及年鉴学

---

① 张芝联:《从〈通鉴〉到人权研究·我学术道路——从〈资治通鉴〉到人权研究(代序)》,生活·读书·新知三联书店1995年版。
② [苏]康恩:《哲学唯心主义与资产阶级历史思想的危机》,乔工、叶文雄等译,生活·读书·新知三联书店1961年版,第378页。
③ 陈启能:《法国年鉴派与中国史学》,载鲍绍霖编:《西方史学的东方回响》,社会科学文献出版社2001年版,第230页。
④ 之前的1978年张芝联还撰写有《法国年鉴派史学》,此文收入其《从高卢到戴高乐》中,生活·读书·新知三联书店1988年版。
⑤ 李幼蒸:《法国当代的历史思想》,《世界历史》1980年第5期,第32—40页。何兆武:《从思辨的到分析的历史哲学》,《世界历史》1986年第1期,第50—57页。朱本源:《两个世纪以来西方史学的两大发展趋势(两大模式)和对它们的马克思主义评价》,载历史科学规划小组史学理论组编:《历史研究方法论集》,河南人民出版社1987年版。

派,涵盖的内容从费弗尔、布洛赫参与《历史综合评论》工作,到20世纪70年代年鉴史学的发展、演化、影响及遭到的批评①。刘昶《人心中的历史》②第四章"年鉴学派的总体历史理论",王晴佳《西方的历史观念》③第十章"西方史学的现状与未来"中的第一节"法国'年鉴学派'",是对这一学派的一般性介绍。此外,该学派成员雅克·勒高夫、杜比、孚雷、勒韦尔、伏维尔、芒德鲁、拉布鲁斯等都有文章予以介绍④,第二代领袖布罗代尔尤受到关注⑤。年鉴学派的许多著作也先后受到介绍和评论,例如

---

① 张芝联:《漫谈当代法国史学与历史学家》,《法国史通讯》1980年第3期,第1页。金重远:《法国"新史学"简介》,《历史研究》1986年第2期,第187—192页。姚蒙:《法国大革命史学在当代法国》,《世界史研究动态》1986年第4期,第2页。周以伦摘译:《年鉴学派已非同以往》,《世界史研究动态》1990年第1期,第16—17页。陈新:《法国年鉴学派:过去与现在》,《九江师专学报》1995年第2期,第31—36页。李伯重:《"年鉴学派":一个重要的历史学派》,《百科知识》1996年第6期,第34—35页。王宇博、唐炎宝:《法国年鉴学派评述》,《江苏教育学院学报(社会科学版)》1997年第4期,第94—97页。

② 刘昶:《人心中的历史》,四川人民出版社1987年版。

③ 王晴佳:《西方的历史观念——从古希腊到现代》,华东师范大学出版社2002年版。

④ 顾良《雅克·勒高夫简介》发表在《史学理论》1987年第1期上,该文根据《文史丛刊》第234期(1986年10月)和《新观察家》第1141期(1986年9月)刊载的有关对勒高夫的采访及其他零碎材料编写而成。顾杭:《孚雷法国革命史学述评》,《史学理论研究》1999年第3期,第94—103页。端木美:《一代史学家的楷模——纪念乔治·杜比逝世周年》,《史学理论研究》1997年第4期,第112—120页。端木美:《法国当代史学巨星——乔治·迪比》,《世界史研究动态》1989年第6期,第31—35页。马胜利、高毅:《伏维尔对法国大革命心态史的研究》,《史学理论研究》1989年第2期,第125—136页。吕一民:《法国心态史学开创者芒德鲁》,《世界史研究动态》1992年第4期,第46—50页。吕一民:《拉布鲁斯在法国当代史学中的地位》,《世界史研究动态》1993年第5期,第32—40页。

⑤ 张芝联:《费尔南·布罗代尔的史学方法》,《历史研究》1986年第2期,第30—40页。赖建诚:《法国年鉴学派领袖布劳代尔》,《史学评论》1986年第12期。陈彦:《法国的"新史学现象"——年鉴派的新一代简析》,《史学理论》1988年第2期,第86—99页。吕一民:《法国"新史学"述评》,《浙江社会科学》1992年第5期,第62—65页。徐浩:《探索"深层"结构的历史:年鉴学派对心态史和历史人类学研究评述》,《学习与探索》1992年第2期,第121—130页。吕一民:《颠倒一切——布罗代尔资本主义研究评述》,《世界史研究动态》1993年第7期,第45—48页。顾良:《布罗代尔与年鉴派》,《史学理论研究》1994年第1期,第106—116页。《社会科学报》2002年9月26日第7版发表《布罗代尔:多声部的历史乐章》。

费弗尔《十六世纪不信神的问题——拉伯雷的宗教》《莱茵河》等①，布洛赫的《封建社会》和《历史学家的技艺》等②，布罗代尔的《论史学》《十五至十八世纪的物质文明、经济和资本主义》《菲利普二世时代的地中海和地中海世界》《资本主义的动力》等③，勒高夫等人的《新史学》④，勒华拉杜里《蒙塔尤》⑤等。通过这些介绍，年鉴派无论是个人情况还是其整体发展趋势，都得以呈现在中国学界。

第二，中国学者与法国新史学家之间的直接交流。1982年5月杜比应中国社会科学院邀请在京沪两地进行为期三周的学术访问,后来应端木美的采访,表明了年鉴学派的另一种追求——年鉴派—新史学的趋向⑥。

---

① 陈启能主编的《西方历史学名著提要》,江西人民出版社2001年出版,其中介绍了费弗尔的《十六世纪不信神的问题——拉伯雷的宗教》。郭华榕的《超时代的真知灼见:吕西安•费弗尔的〈莱茵河〉一书的价值》发表在《史学理论研究》2001年第3期。

② 张绪山、马克垚、侯建新等:《马克•布洛赫〈封建社会〉中译本出版笔谈》,《史学理论研究》2004年第4期,第4—25页。郭圣铭、王少如主编:《西方史学名著介绍》,华东师范大学出版社1996年版,其中介绍了布洛赫的《历史学家的技艺》。T. S.布朗:《重评布洛赫的〈封建社会〉》,张绪山译,《世界史研究动态》1991年第3期,第54—65页。

③ 康新文:《法国年鉴历史学派评议——读〈论史学〉》,《中国图书评论》1989年第1期,第159—162页。赖建诚:《对布劳代尔〈物质文明、经济与资本主义〉的解析(上)》,《"国立"编译馆馆刊》第20卷第1期,1991年6月。赖建诚:《对布劳代尔〈物质文明、经济与资本主义〉的解析(下)》,《"国立"编译馆馆刊》第20卷第2期,1991年12月。赖建诚:《布劳岱的〈地中海〉:半世纪之后的省思》,《当代》第145期,1999年9月。郭圣铭、王少如主编:《西方史学名著介绍》,华东师范大学出版社1996年版,介绍了《十五至十八世纪的物质文明、经济和资本主义》。陈启能主编:《西方历史学名著提要》,江西人民出版社2001年版,介绍了布罗代尔《菲利普二世时代的地中海和地中海世界》。魏良弢:《假说•史实•启示——读布罗代尔〈资本主义的动力〉》,《浙江师大学报》1998年5期,第32—36页。

④ 郭圣铭、王少如主编《西方史学名著介绍》和陈启能主编《西方历史学名著提要》均介绍了勒高夫等人的《新史学》。

⑤ 陈启能、姜芃、俞金尧、许明龙:《〈蒙塔尤〉四人谈》,《史学理论研究》1999年第1期,第108、160页。陈启能主编《西方历史学名著提要》介绍了勒华拉杜里的《蒙塔尤》。

⑥ 端木美:《回顾历史•继承传统•着眼未来——访法国著名史学家乔治•杜比》,《史学理论研究》1995年第1期,第105—109页。

姚蒙对勒高夫的采访则涉及"当前法国的史学形势""对年鉴派—新史学的估计"和"三个方面的方法论革新"①。他对伏维尔的采访，第一个主题是"目前法国史学现状"，其中涉及年鉴派与法国其他史学流派的关系，从布洛赫、费弗尔开始就存在的传统，总体史对于今天史学家的意义等问题②。其与孚雷的交谈中，则透露法国史学家使用长时段理论和从社会结构和社会心态角度考察法国大革命的情况，文中称"年鉴派"在巴黎已经过时了③。他与巴歇莱的谈话则涉及年鉴学派"总体史"概念的内在矛盾和总体史研究的分化问题④。1989年3月底至4月中旬雅克·勒韦尔先后到北京和上海做学术访问，与中国社会科学院世界史所、北京大学、上海社会科学院历史所、复旦大学、华东师范大学的史学研究者进行了座谈⑤。1994年5月勒华拉杜里访华时，陈启能、许明龙对他进行了采访，采访中，勒华拉杜里表明了他对于年鉴学派的信心⑥。中国学者与年鉴派学者的这些面对面的交流，加深了中国学者对其的了解程度。

第三，中国高校相关教材中亦有所涉及。一些作为教材的史学概论类著作均谈及年鉴学派，例如吴泽主编的《史学概论》介绍费弗尔、布洛赫、布罗代尔等人的生平，概括了它的三个发展阶段，总结了其总体史思

---

① 姚蒙：《"历史始终是人类社会在时间中的演进"：法国著名历史学家雅克·勒高夫采访记实》，《史学理论》1987年第2期，第67—73页。
② 姚蒙：《"今天的史学正处于过渡之中"——访法国著名历史学家米歇尔·伏维尔》，《史学理论》1988年第1期，第65—90页。
③ 姚蒙：《"建立一种批判的大革命史学"——访法国著名史学家弗朗索瓦·孚雷》，《史学理论》1989年第4期，第76—84页。
④ 姚蒙：《"研究历史的宏观与微观"——访法国著名历史社会学家让·巴歇莱》，《史学理论》1989年第1期，第80—91页。
⑤ 王舟：《法国史学家勒韦尔谈年鉴派》，《世界史研究动态》1989年第7期，第59—62页。
⑥ 陈启能、许明龙：《"年鉴派的建树不可逆转"——法国著名历史学家勒胡瓦·拉杜里访谈录》，《史学理论研究》1994年第3期，第97—101页。

想和综合研究方法,并分析了年鉴学派的局限①。"马克思主义理论研究和建设工程重点教材"《史学概论》第六章第三节中,专门列出"法国年鉴学派"一目。多种西方史学史教材都专门写了年鉴学派。例如,宋瑞芝等主编的《西方史学史纲》②第十六章"新史学的兴起"有"年鉴学派的出现",第十七章"对人类历史的探讨"中有"年鉴学派的持续发展"。徐正等主编的《西方史学的源流与现状》③第十一章"现代西方史学营垒的斗争"中有"年鉴学派的新史学",第十三章"当代欧美主要国家的史学"中有"年鉴学派的发展,布罗代尔和勒高夫"。杨豫的《西方史学史》④第十一章"新史学及其主要流派",其中第二节题目就是"年鉴学派"。郭小凌的《西方史学史》⑤第十章"现代西方史学鸟瞰"第三节为"法国年鉴派史学"。张广智主著的《西方史学史》⑥第八章"现代史学(Ⅰ)"有"年鉴学派的崛起",第九章"现代史学(Ⅱ)"有"年鉴学派的演进",这一做法在其2004年第二版和2010年第三版,2018年第四版中都得以保持。顺便述及,在许多高校历史学专业的考试中,例如北京大学、复旦大学历史学专业研究生招生考试中,都以"年鉴学派"作为测试学生专业素养的重要内容。通过教学活动,年鉴学派为更多的中国师生所了解。

第四,翻译年鉴学派的论著。年鉴学派的著作被陆续翻译成汉文,许多著作在大陆和台湾地区都有中译本。费弗尔《历史与心理学——一个总的看法》首先被翻译过来⑦,他的《莱茵河》⑧也被翻译过来。布洛赫

---

① 吴泽:《史学概论》,安徽教育出版社1985年版,第366—370页。
② 宋瑞芝等主编:《西方史学史纲》,河南大学出版社1989年版。
③ 徐正、侯振彤主编:《西方史学的源流与现状》,东方出版社1991年版。
④ 杨豫:《西方史学史》,江西人民出版社1993年版。
⑤ 郭小凌:《西方史学史》,北京师范大学出版社1995年版。
⑥ 张广智主著:《西方史学史》,复旦大学出版社2000年版。
⑦ [法]吕西安·费弗尔:《历史与心理学——一个总的看法》,王养聪译,载田汝康、金重远选编:《现代西方史学流派文选》,上海人民出版社1982年版。
⑧ [法]吕西安·费弗尔:《莱茵河:历史、神话和现实》,许明龙译,辽宁教育出版社2003年版。

的一系列著作如《论欧洲社会的历史比较》①《历史学家的技艺》②《法国农村史》③《封建社会》④等被译成中文。布罗代尔依次被翻译的作品是《历史和社会科学:长时段》⑤《论历史》⑥《法国经济与社会史:50年代至今》⑦《15至18世纪的物质文明、经济和资本主义》⑧《资本主义的动力》⑨《菲利普二世时代的地中海和地中海世界》⑩《法兰西的特性》⑪《资

---

① [法]马克·布洛赫:《论欧洲社会的历史比较》,《世界中世纪史研究通讯》1983年总第4期,第61—77页。[法]马克·布洛赫:《比较史学之方法——论欧洲社会的历史比较》,齐建华译,载葛懋春、姜义华主编:《历史比较研究法》,山东教育出版社1986年版。
② [法]马克·布洛赫:《史家的技艺》,周婉窈译,远流出版公司1989年版。[法]马克·布洛赫:《历史学家的技艺》,张和声、程郁译,上海社会科学院出版社1992年版。
③ [法]马克·布洛赫:《法国农村史》,余中先、张朋浩、车耳译,商务印书馆1990年版。
④ [法]马克·布洛赫:《封建社会》,谈谷铮译,桂冠出版社1995年版。[法]马克·布洛赫:《封建社会》,张绪山等译,商务印书馆2004年版。
⑤ [法]弗尔南·勃罗代尔:《历史和社会科学:长时段》,承中译,《史学理论》1987年第3期。[法]布罗代尔:《历史和社会科学:长时段》,载蔡少卿主编:《再现过去:社会史的理论与视野》,浙江人民出版社1988年版。[法]布劳代尔:《历史科学和社会科学:长时段》,柳卸林译,载何兆武主编:《历史理论与史学理论——近现代西方史学著作选》,商务印书馆1999年版。
⑥ [法]布罗代尔:《论历史》,刘北成译,五南图书公司1988年版。
⑦ [法]费尔南·布罗德尔、欧内斯特·拉布鲁斯编:《法国经济与社会史:50年代至今》,谢荣康等译,复旦大学出版社1990年版。
⑧ [法]费尔南·布罗代尔:《15至18世纪的物质文明、经济和资本主义》(三卷),顾良、施康强译,生活·读书·新知三联书店1991—1993年版,猫头鹰出版社1999年版。
⑨ [法]布罗代尔:《资本主义的动力》,杨起译,香港牛津大学出版社1993年版,生活·读书·新知三联书店1997年版。
⑩ [法]费尔南·布罗代尔:《菲利普二世时代的地中海和地中海世界》,上卷唐家龙、曾培耿译,下卷吴模信译,商务印书馆1996年版。
⑪ [法]费尔南·布罗代尔:《法兰西的特性》(三卷),顾良、张泽乾译,商务印书馆1994—1997年版。

本主义论丛》①《文明史纲》②。勒华拉杜里《事件史、历史人类学及其他》③《蒙塔尤》④《历史学家的思想和方法》⑤《新史学的斗士们》⑥，勒高夫《新史学》⑦《〈年鉴〉运动及西方史学的回归》⑧《法国当代新史学》⑨《中世纪的知识分子》⑩《史学研究的新问题新方法新对象》⑪《圣路易》⑫《关于史学的若干问题》⑬，利科《历史学家的技艺：年鉴学派》⑭，杜比《法国

---

① ［法］费尔南·布罗代尔：《资本主义论丛》，顾良、张慧君译，中央编译出版社1997年版。

② ［法］布罗代尔：《文明史纲》，肖昶等译，广西师范大学出版社2003年版。

③ ［法］勒胡瓦拉杜里：《事件史、历史人类学及其他》，许明龙译，《国外社会科学》1995年第3期，第50—53页。

④ ［法］埃马纽埃尔·勒华拉杜里：《蒙塔尤》，许明龙、马胜利译，商务印书馆1997年版。［法］埃马纽埃尔·勒华拉杜里：《蒙大犹：1294—1324年奥克西坦尼的一个山村》上下册，许明龙译，麦田出版社2001年版。也有人译为《蒙塔龙》或《蒙塔荣》。

⑤ ［法］勒鲁瓦·拉迪里：《历史学家的思想和方法》，杨豫译，上海人民出版社2002年版。

⑥ ［法］勒华拉杜里：《新史学的斗士们》，姚蒙译，《世界历史译丛》1980年第4期，第41页。

⑦ ［法］雅克·勒高夫：《新史学》，顾良译，《史学理论》1987年第1期，第43页。［法］雅克·勒高夫：《新史学》，载蔡少卿主编：《再现过去：社会史的理论与视野》，浙江人民出版社1988年版。［法］Le Goff：《新历史》，梁其姿译，《食货》1983年第12卷第10、11、12、13期连载。［法］J.勒高夫、P.诺拉、R.夏蒂埃主编：《新史学》，姚蒙编译，上海译文出版社1989年版。

⑧ ［法］雅克·勒高夫：《〈年鉴〉运动及西方史学的回归》，刘文立译，《史学理论研究》1999年第1期，第123—129页。

⑨ 姚蒙、李幽兰等编译：《法国当代新史学》，远流出版公司1993年版。

⑩ ［法］雅克·勒高夫：《中世纪的知识分子》，张弘译，商务印书馆1996年版。

⑪ ［法］雅克·勒高夫、皮埃尔·诺拉：《史学研究的新问题新方法新对象》，郝名玮译，社会科学文献出版社1988年版。

⑫ ［法］雅克·勒高夫：《圣路易》，许明龙译，商务印书馆2002年版。

⑬ ［法］勒高夫：《关于史学的若干问题》，刘文立译，《史学理论研究》1994年第4期，第90—96页。

⑭ ［法］保罗·利科：《历史学家的技艺：年鉴学派》，王建华译，载《历史学家的技艺和贡献》，香港牛津大学出版社1994年版。

历史研究的最新发展》①,孚雷《历史学和人种学》②,其他还有《年鉴史学论文集》③、《年鉴》编辑部《我们在进行实验:再论历史学与社会科学》④等,都相继被译介到国内。需要说明的是,中国学者的翻译势头至今不衰,例如,利科的《历史与真理》中译本2004年出版⑤,勒高夫的《历史与记忆》中译本于2010年面世⑥。以上只是举例,不便逐一述及。无论如何,这些译著都为中国学人深入了解和研究年鉴学派提供了保证和参考。

二、中国学者对年鉴学派的热烈响应

中国学者在介绍并翻译年鉴学派的同时,也开展了持续的研究工作。这些研究可以分为不同的类型。

第一,中国学者编纂西方历史著作提要,选录年鉴派学者的论著。郭圣铭、王少如主编的《西方史学名著介绍》⑦,收录40部西方史学名著,其中年鉴学派的著作占三部,它们是布洛赫的《历史学家的技艺》、布罗代尔的《15至18世纪的物质文明、经济和资本主义》和勒高夫等人的《新史学》,分别代表了"年鉴学派的先声""总体史学的圭臬"和"年鉴派新史学的综合"。陈启能主编的《西方历史学名著提要》收录52部西方史学名著,其中年鉴学派的著作有五种,它们是费弗尔《十六世纪不信神的问题——拉伯雷的宗教》、布罗代尔的《菲利普二世时代的地中海和地中海世界》、阿里埃斯的《儿童的世纪:家庭生活的社会史》、勒华拉杜里

---

① [法]乔治·杜比:《法国历史研究的最新发展》,马胜利译,《史学理论研究》1994年第1期,第99—105页。
② [法]弗朗索瓦·菲雷:《历史学和人种学》,许明龙译,《史学理论》1987年第4期,第94页。
③ 梁其姿等译:《年鉴史学论文集》,远流出版公司1989年版。
④ 《年鉴》编辑部:《我们在进行实验——再论历史学与社会科学》,陆象淦译,《国外社会科学》1990年第9期,第52—56页。
⑤ [法]保罗·利科:《历史与真理》,姜志辉译,上海译文出版社2004年版。
⑥ [法]勒高夫:《历史与记忆》,方仁杰、倪复生译,中国人民大学出版社2010年版。
⑦ 郭圣铭、王少如主编:《西方史学名著介绍》,华东师范大学出版社1996年版。

的《蒙塔尤》、勒高夫等人的《新史学》。

第二,中国学者编辑西方史学理论读本,摘录年鉴派学者的论著。田汝康、金重远主编的《现代西方史学流派文选》①,收录王养聪译自费弗尔《为历史而战斗》(Combats Pour l'Historie)的《历史与心理学:一个总的看法》一文。何兆武主编的《历史理论与史学理论》②,收录柳卸林转译自《社会科学信息》(Social Science Information)1970 年第 1 期刊载的布罗代尔的《历史科学和社会科学:长时段》。刘北成、陈新主编的《史学理论读本》③摘录了两篇年鉴派学者的论文,一篇名为《作为一种社会类型的封建主义》,选自张绪山翻译的布洛赫的《封建社会》,另一篇为李霞、张正萍翻译的勒高夫的《政治史还是历史学的骨干吗?》。

第三,中国学者撰写的当代西方史学专著或论文集中有许多涉及年鉴学派。庞卓恒主编的《西方新史学述评》中,赵进中论述了年鉴学派的整体历史、结构历史和不同时段历史的研究④。张广智、张广勇《现代西方史学》⑤的第三章"现代法国史学"对年鉴学派进行了论述。于沛主编的《现代史学分支学科概论》⑥中,罗凤礼论述了费弗尔对于心理史学的贡献,俞金尧论述了布罗代尔对于家庭史的贡献,于沛论述了布洛赫对于比较史学的贡献,王小宽论述了布罗代尔长时段理论导致历史研究的计量化,认为拉布鲁斯《十七世纪价格波动概论》《法国大革命开始时的经济危机》为计量史学树立了榜样。何兆武、陈启能主编《当代西方史学理论》⑦中有姚蒙写的第十三章"法国年鉴学派"。罗凤礼主编的《现代

---

① 田汝康、金重远主编:《现代西方史学流派文选》,上海人民出版社 1982 年版。
② 何兆武主编:《历史理论与史学理论》,商务印书馆 1999 年版。
③ 刘北成、陈新主编:《史学理论读本》,北京大学出版社 2006 年版。
④ 庞卓恒主编:《西方新史学述评》,高等教育出版社 1992 年版,第 63—71 页。
⑤ 张广智、张广勇:《现代西方史学》,复旦大学出版社 1996 年版。
⑥ 于沛主编:《现代史学分支学科概论》,中国社会科学出版社 1998 年版。
⑦ 何兆武、陈启能主编:《当代西方史学理论》,上海社会科学院出版社 2003 年版。

西方史学思潮评析》①中有杨豫写的第九章"法国年鉴学派"。其他如周樑楷《近代欧洲史家及史学思想》②，徐浩、侯建新《当代西方史学流派》③、陈启能主编《二战后欧美史学新发展》④、于沛编《20世纪的西方史学》⑤，都有对于这一学派比较深入的研究。

第四，中国学者关于欧美史学的专题研究中有大量论述年鉴学派的内容。张广智、张广勇《史学，文化中的文化》⑥第九章"经济·社会·文明——年鉴学派及其史学模式"，鲍绍霖编《西方史学的东方回响》⑦第五章陈启能所撰"法国年鉴学派与中国史学"，都是专门论述年鉴学派的。特别是，专门研究年鉴学派的著作就有姚蒙《法国当代史学主流——从年鉴学派到新史学》⑧、赖建诚译著《年鉴定学派管窥》⑨、张广智、陈新《年鉴学派》⑩等。

第五，在中国学者的西方史学史著作中，年鉴学派占有一席之地。张广智《克丽奥之路——历史长河中的西方史学》⑪中，有第二十九章"年鉴学派"。陈新《西方历史叙述学》⑫有第八章"布罗代尔：理性、保守主义与历史学家的责任"。何平《西方历史编纂学史》第十四章"二十世纪：历史观念和写作范式的变迁"第三节为法国年鉴学派。特别是，张广智主编的

---

① 罗凤礼主编：《现代西方史学思潮评析》，中央编译出版社1996年版。
② 周樑楷：《近代欧洲史家及史学思想》，唐山书局1990年版。
③ 徐浩、侯建新：《当代西方史学流派》，中国人民大学出版社1996年版。
④ 陈启能主编：《二战后欧美史学新发展》，山东大学出版社2005年版。
⑤ 于沛主编：《20世纪的西方史学》，武汉大学出版社2009年版。
⑥ 张广智、张广勇：《史学，文化中的文化》，浙江人民出版社1990年版。
⑦ 鲍绍霖主编：《西方史学的东方回响》，社会科学文献出版社2001年版。
⑧ 姚蒙：《法国当代史学主流——从年鉴学派到新史学》，远流出版公司1988年版。
⑨ 赖建诚译著：《年鉴定学派管窥》，麦田出版有限公司1996年版。
⑩ 张广智、陈新：《年鉴学派》，扬智文化事业股份有限公司1999年版。
⑪ 张广智：《克丽奥之路——历史长河中的西方史学》，复旦大学出版社1989年版。
⑫ 陈新：《西方历史叙述学》，社会科学文献出版社2005年版。

《西方史学通史》第六卷《现当代时期》第一章"法国史学"首论年鉴学派。

大体说来,中国学者的研究主要集中于以下几个问题。

第一,年鉴学派产生的背景与基础。例如李铁、张绪山《法国年鉴学派产生的历史条件及其评价》①、曹景文《年鉴学派产生背景略议》②等。

第二,年鉴学派的总体史观念。王晴佳和纪胜利讨论了年鉴学派历史总体研究对我们的启迪③,江华则研究了年鉴学派对于世界体系理论的贡献④。其余还有孙娴等人的研究⑤。关于年鉴学派长时段的理论,孙晶讨论并做出了评价⑥。

第三,年鉴学派范式的演变。这方面的文章有杨豫《法国年鉴学派范式的演变》⑦、汪建武《试论年鉴学派及其史学模式》⑧、周樑楷《年鉴学派的史学传统及其转变》⑨、陈启能《〈年鉴〉杂志的更名和史学研究的新趋向》⑩、姚蒙《法国的新史学范型》⑪、杨豫《"新史学"的困境》⑫。特别是,

---

① 李铁、张绪山:《法国年鉴学派产生的历史条件及其评价》,《东北师大学报(哲学社会科学版)》1995年第1期,第31—35页。
② 曹景文:《年鉴学派产生背景略议》,《历史教学问题》1996年第4期,第28—30页。
③ 王晴佳:《历史的总体研究:年鉴学派对我们的启迪》,《华东师范大学学报(哲学社会科学版)》1987年第3期,第1—34页。纪胜利:《年鉴学派总体历史理论的特点及其启示》,《学习与探索》2004年第2期,第129—131页。
④ 江华:《年鉴学派与世界体系理论》,《学术月刊》2004年第4期,第56—62页。
⑤ 孙娴:《法国现代史学中的总体历史观》,《史学理论》1988年第3期,第39—48页。
⑥ 孙晶:《布罗代尔的长时段理论及其评价》,《广西大学学报(哲学社会科学版)》2002年第3期,第80—84页。
⑦ 杨豫:《法国年鉴学派范式的演变》,《史学理论研究》1992年第2期,第103—115页。
⑧ 汪建武:《试论年鉴学派及其史学模式》,《湖北师范学院学报(哲学社会科学版)》1993年第5期,第90—95页。
⑨ 周樑楷:《年鉴学派的史学传统及其转变》,《史学评论》1984年第7期。
⑩ 陈启能:《〈年鉴〉杂志的更名和史学研究的新趋向》,《史学理论研究》2000年第2期,第110—117页。
⑪ 姚蒙:《法国的新史学范型——读〈新史学〉》,《读书》1989年第6期,第36—44页。
⑫ 杨豫:《"新史学"的困境》,《史学理论》1989年第1期,第26—37页。

朱本源在《历史学理论与方法》①中,以"年鉴派历史编纂学的方法""年鉴派的历史方法论模式发凡",深入讨论年鉴学派历史学的方法论模式。

第四,史学家的具体成就。例如,陈彦《了解法国新史学的一把钥匙——马克·布洛克史学遗产初探》一文概述了布洛赫的生平,探讨了其比较方法及其影响,研究了他在史学中引进人类学、社会学的努力②。对布罗代尔的研究也非常突出。汪从飞研究了布罗代尔对于工业化的历史阐释问题③,陈新初步讨论了布罗代尔理性保守主义与历史学家责任理念及其实践效应④,姜芃指出布罗代尔文明理论对于后人的启示⑤,赖建诚重新探讨了布罗代尔的史学概念⑥,高承恕考察了布罗代尔与韦伯关于历史对社会学理论与方法的意义的问题⑦。

第五,其他方面,如徐万发梳理了马克思主义史学与当代法国年鉴学派史学在史学认识论上的对话⑧。

特别要指出的是,学者们把国外有关年鉴学派的相关研究也相继引进过来。对于该学派总体的评述,引进了勒华拉杜里、彼得·伯克、保

---

① 朱本源:《历史学理论与方法》,人民出版社2007年版。
② 陈彦:《了解法国新史学的一把钥匙——马克·布洛克史学遗产初探》,载《史学理论丛书》编辑部:《八十年代的西方史学》,中国社会科学出版社1990年版,第290—304页。
③ 汪从飞:《布罗代尔与工业化的历史学阐释》,《开放时代》1996年第3期,第34—37页。
④ 陈新:《理性、保守主义与历史学家的责任——初论布罗代尔史学思想及其实践效应》,《世界历史》2001年第1期,第78—89页。
⑤ 姜芃:《布罗代尔文明理论的启示》,《江苏社会科学》2004年第1期,第169—171页。
⑥ 赖建诚:《布劳岱的史学概念重探》,《当代》第159期,2000年11月。
⑦ 高承恕:《布劳岱与韦伯:历史对社会学理论与方法的意义》,载黄俊杰主编:《史学方法论丛》,学生书局1987年版,第121—156页。
⑧ 徐万发:《马克思主义史学与当代法国年鉴派史学在史学认识论上的对话》,《西藏民族学报(社会科学版)》1992年第3期,第84—89页。

罗·利科、卡洛斯·安东尼奥·阿吉雷·罗哈斯等人的论著①。关于学派的背景与基础,则译介了井上幸治的成果②。关于学派总体史的论述,翻译了布雷塞奇的观点③。关于学派的比较史学,借鉴了小威廉·西威尔关于马克·布洛赫与历史比较的逻辑的有关论述④。关于学派的演变,吸收了安德烈·布吉耶尔在《年鉴学派的演变与现状》为年鉴学派在当代所遭受的挑战辩护的观点,其中谈到,有人认为年鉴学派冷落政治史是其缺陷;他们还说计量史学已经破产⑤。巴勒克拉夫和伊格尔斯的论述更是得到学人的广泛关注。伊格尔斯、哈罗德·T. 帕克等人编《历史研究国际手册——当代史学研究和理论》,其中"导言:从历史角度看历史研究的变革"比较了年鉴学派和马克思主义史学在历史观念上的共同认识与差异,指出年鉴学派对意识的历史的重视,对经济、人口模

---

① 参阅陈启能:《苏联学者对年鉴派看法的变化》,《史学理论研究》1992年第4期,第86—102页。[法]埃马纽埃尔·勒鲁瓦拉杜里:《法国和欧洲的史学研究近况》,许明龙译,《史学理论研究》1995年第4期,第116—131页。该文为勒华拉杜里1994年5月访华时在北京的演讲。[英]Peter Burke:《法国史学革命:年鉴学派1929—1989》,江政宽译,麦田出版社1997年版,刘永华译本由北京大学出版社2006年出版。[法]保罗·利科:《法国史学对史学理论的贡献》,王建华译,上海社会科学院出版社1992年版。[墨]罗哈斯:《布罗代尔在拉丁美洲和美国的不同影响》,郭健译,《史学理论研究》2002年第1期,第100—116页。
② [日]井上幸治:《年鉴学派成立的基础——昂利·贝尔在法国史学史中的地位》,何培忠译,《国外社会科学》1980年第6期,第65—68页。
③ [美]布雷塞奇:《年鉴派对总体史的探索》,张广勇译,《现代外国哲学社会科学文摘》1985年第11期,第46—47页。
④ [美]小威廉·西威尔:《马克·布洛克与历史比较的逻辑》,朱彩霞译,载范达人:《当代比较史学》,北京大学出版社1990年版,第127—140页。又见葛懋春、姜义华主编:《历史比较研究法》,山东教育出版社1986年版,第146—160页。
⑤ [法]安德烈·布吉耶尔:《年鉴学派的演变与现状》,许明龙译,载《史学理论丛书》编辑部:《八十年代的西方史学》,中国社会科学出版社1990年版,第123—137页。

式的计量研究,对政治史的忽略,以及全面或者总体研究的倾向①。伊格尔斯《欧洲史学新方向》第二章专门论述年鉴学派②。巴勒克拉夫《当代史学主要趋势》③中,第二章"探索新概念和新方法"论述了年鉴学派在西方的影响;第三章"社会科学对历史学的影响"论述了布罗代尔关于社会学对历史学的影响,以及费弗尔、布洛赫关于心理学对史学影响的问题;第五章"探索历史学的意义:国别史、比较史学和元史学"中论述了布洛赫关于比较史学的贡献与影响。其他还有道格拉斯·约翰逊关于布罗代尔的论述④。外国学者的这些论述为中国学者的研究提供了非常重要的参考。

三、中国学者以年鉴学派理念重塑史学

年鉴学派对中国史学产生了重要影响,如论者所言,"以年鉴学派为代表的现当代西方史学,自引进中国后,对促进历史学的发展、对促进历史学的现代化,特别是促进历史学家开阔视野、深化认识、更新观念、拓展方法,就其总体而言,具有不可低估的积极意义"⑤。中国学者不仅研究年鉴学派,并且以年鉴学派理念重塑史学。

改革开放前,中国大陆学者研究历史形成固定的主流模式,以"五种社会形态"作为历史发展的顺序,以经济、政治、精神或者经济基础与上层建筑构建社会形态,以阶级斗争理论解读历史,以是否代表人民利益和是否顺应历史发展潮流臧否历史人物。改革开放后,社会出现新气

---

① [美]伊格尔斯主编:《历史研究国际手册——当代史学研究和理论》,陈海宏等译,华夏出版社1989年版,第10—13页。
② [美]格奥尔格·伊格尔斯:《欧洲史学新方向》,赵世玲、赵世瑜译,华夏出版社1989年版。
③ [英]巴勒克拉夫:《当代史学主要趋势》,杨豫译,上海译文出版社1987年版。
④ [英]道格拉斯·约翰逊:《布劳德尔——一位具有戏剧性的历史学家》,喻野平、齐新潮译,《贵州民族学院学报(社会科学版)》1988年第1期,第88—91页。
⑤ 张广智、陈新:《年鉴学派》,扬智文化事业股份有限公司1999年版,第199页。

象,也遇到新问题,一些理论上敏感的学者意识到必须对史学进行变革,认为"从史学思想、史学方法、史学手段、史学人才培养到史学研究体制、文风,都有一个改革的问题"①。甚至有学者提出:"今天在唯物史观的指导下,注意研究史学学科理论,更新史学研究模式,也是每一个史学工作者的义务。"②

中国史学改革,存在着寻求"他山之石"的问题,那么,怎样的史学模式才是变革中国史学的"他山之石"呢?学者们不约而同地指向年鉴学派。他们一致认为:"年鉴学派把某个海洋及其周围国家作为一个整体来考察,如果我们扬弃他们那种把地理环境视为决定因素的观点,而取其考察的方法,那末就会帮助我们克服狭隘眼界,而更易于把握历史的规律。"③中国社会史研究"首先应作为传统史学的叛逆角色出现在学术舞台上。也许法国的同行——历史年鉴学派给了中国史学界以巨大的鼓舞,使上述的自信有了厚实的支撑"④。这样,中国学者在实践中开始以年鉴学派的理论与方法来重塑中国史学。

年鉴学派的理论和方法在其三代学人那里是不同的,但是总体说来,关注社会史、强调整体史、区分三时段历史、从下往上看历史、使用跨学科方法,则是非常突出的。现将中国学者使用年鉴学派理论和方法变革中国史学的情况,概括如下:

第一,社会史成为历史研究的重点。邓京力在谈到新时期社会史研究复兴时说:"社会史的复兴在很大程度上是借鉴了西方社会史的发展经验而展开的。如果把1929年法国历史学家吕西安·费弗尔和马克·布洛赫创立《社会经济史年鉴》杂志看作是西方社会史的发端,那么社会

---

① 《时代·历史·理论(代发刊词)》,《史学理论》1987年第1期,第3页。
② 姚蒙:《文化、文化研究与历史学》,《史学理论》1987年第3期,第83页。
③ 张椿年、陈之骅、华庆昭:《开拓新领域 研究新问题——出席第十六届国际历史科学大会有感》,《世界历史》1986年第1期,第1—4页。
④ 王家范:《中国社会史学科建设刍议》,《历史研究》1989年第4期,第97—106页。

史在西方已经发展了至少70年。在这70年中,愈来愈多的西方史学家投入到了研究'整个社会的历史'中去,其研究课题激增(涉及人口与家族、阶级与社会团体、集体意识、社会运动、社会反抗、现代化的变迁、城市史等方面),研究方法多样化,研究模式不断更新。这对于刚刚起步不足20年的中国社会史来说,具有极大的借鉴意义。"①

的确如此,在新时期中国学者的社会史研究中往往可以看到年鉴学派的影子,突出表现为中国日常生活史被展现出来,例如,刘磐修《魏晋南北朝社会上层乘坐牛车风俗述论》②、江庆柏《图书与明清苏南社会》③、姚伟钧《商周饮食方式论略》④、范金民《清代徽州商帮的慈善设施——以江南为中心》⑤、王子今、周苏平《汉代儿童的游艺生活》⑥、赵全鹏《清代老人的家庭赡养》⑦、徐晓望《从〈闽都别记〉看中国古代东南区域的同性恋现象》⑧、于云瀚《魏晋南北朝时期城市风俗探论》⑨、韩国河《魏晋时期丧葬礼制的承传与创新》⑩、叶新民《从内蒙古地区的石雕和壁画看元代社会生活习俗》⑪、高伟《元朝君主对医家的网罗及其影

---

① 邓京力:《新时期中国社会史发展趋势研究》,《史学理论研究》2000年第1期,第80—91页。
② 刘磐修:《魏晋南北朝社会上层乘坐牛车风俗述论》,《中国典籍与文化》1998年第4期,第96—101页。
③ 江庆柏:《图书与明清苏南社会》,《中国典籍与文化》1999年第3期,第45—51页。
④ 姚伟钧:《商周饮食方式论略》,《浙江学刊》1999年第3期,第148—151页。
⑤ 范金民:《清代徽州商帮的慈善设施——以江南为中心》,《中国史研究》1999年第4期,第144—153页。
⑥ 王子今、周苏平:《汉代儿童的游艺生活》,《中国史研究》1999年第3期,第51—58页。
⑦ 赵全鹏:《清代老人的家庭赡养》,载《中国社会历史评论》,天津古籍出版社1999年版。
⑧ 徐晓望:《从〈闽都别记〉看中国古代东南区域的同性恋现象》,《寻根》1999年第1期,第34—39页。
⑨ 于云瀚:《魏晋南北朝时期城市风俗探论》,《社会科学辑刊》1998年第5期,第89—95页。
⑩ 韩国河:《魏晋时期丧葬礼制的承传与创新》,《文史哲》1999年第1期,第31—36页。
⑪ 叶新民:《从内蒙古地区的石雕和壁画看元代社会生活习俗》,载中国元史研究会:《元史论丛》第七辑,江西教育出版社1999年版。

响》①等。

在世界史研究中,日常生活史也为中国学者所关注。如傅新球《英国社会转型时期的家庭研究》②从家庭规范和结构、婚姻模式、夫妻关系、父母与子女等方面系统研究了16世纪至19世纪英国家庭关系的发展和变迁。钱乘旦等在回顾"十一五"时期中国学者的德国近代史研究时说:"社会史在更大范围内进入了人们的研究视野……随着社会史理论的发展和研究方法的进步,对社会结构等相对宏大问题的关注也逐渐转向了对微观的日常生活体验和新文化史的探究。"③亚洲史研究也存在类似情况,有学者从疫病祭祀角度研究日本的镇花祭、道飨祭和疫神祭,认为后两者均源自中国的"疫鬼",是对日本本土的"鬼"观念加以改造的结果,反映了日本祭祀中本土文化与外来文化的融合共生的状态④。

第二,以整体观念和三时段理论研究历史。以年鉴学派整体观念研究历史的例子很多。例如,王卫平《明清时期江南城市史研究:以苏州为中心》⑤摆脱了孤立单一地研究某个城市或市镇的窠臼,将苏州与众多的江南城镇、乡村看成一个不可分割的整体,通过考察中心城市与周边市镇、市镇与乡村的互动关系,较全面地勾画出江南城市的社会形态与地区市场体系结构,可作为使用整体观念研究历史的典型。

张广智对基督教入华的考察则是运用布罗代尔三时段理论的范例。

---

① 高伟:《元朝君主对医家的网罗及其影响》,《兰州大学学报(社会科学版)》1999年第4期,第111—117页。

② 傅新球:《英国社会转型时期的家庭研究》,安徽人民出版社2008年版。

③ 钱乘旦、吕一民、徐健:《"十一五"期间的世界近代史研究》,《世界历史》2011年第4期,第109—118页。

④ 刘琳琳:《日本古代国家疫病祭祀中的鬼神观念》,《世界历史》2010年第2期,第85—94,159—160页。

⑤ 王卫平:《明清时期江南城市史研究:以苏州为中心》,人民出版社1999年版。

他以为,《天津条约》《北京条约》的签订成为基督教入华史的转折点,这是完全与布罗代尔的短时段含义相吻合的,不过与布罗代尔漠视短时段内发生的政治、军事事件不同,这一时段内由于基督教士依仗不平等条约的庇护,宗教传播的政治化倾向日益强烈,于是教案蜂起,反洋教斗争不绝。而1860年《北京条约》的签订至1900年"庚子事变",时间跨度40年,是布罗代尔时段理论中很经典的中时段。在这一中时段内,基督教入华的传教活动与西方列强政治的、经济的和文化的利益更紧密地纠缠在一起了,这种"情势"既有别于1860年之前,也与1900年之后中国基督教会史上一度出现的"黄金时代"迥异。布罗代尔的长时段所包括的历史是一种结构,这里就是潜伏于中国人中的心理结构。中国的反基督教思想可溯及大秦景教入唐时,以后便代代相传,相沿成习,迄至晚明。这种集体无意识是世代相继的文化心理,绵延一千多年之久的思维定式,悠远而又有韧性,恒久而又顽固,按前述布罗代尔的长时段理论,这是一种对历史长河的流速起深层与长久作用的"心理结构"。"这或许就是讨论1860年至1900年为何成为近代基督教入华史上'暴烈期'的深层原因。"①

把两种观念结合起来典型的是,1999年复旦大学历史地理研究所同中国科学院地理所、大气所、地质所,北京大学城市与环境学系,北京师范大学资源与环境系联合起草《过去2 000年中国环境变化综合研究》预研究报告,将过去2 000年气候变化研究、过去500年土地利用与土地覆盖变化研究、过去2 000年来人对环境和生物物理过程研究、过去2 000年气候与环境变化的模拟研究五个专题列为重点,试图通过人类活动方式的改变(包括土地开垦、作物种类、耕种方式、聚落选址的更

---

① 张广智:《近代中国对基督教入华的回应———一项现代新史学的理论诠释》,《复旦学报(社会科学版)》1998年第3期,第53—57页。

移)研究来探寻环境变化的信息①。这一工程显然体现了整体史和长时段观念。

第三,对下层社会的关注。何晓明在预测21世纪中国史学走向时认为,"(20世纪)80年代以后,在思想解放的潮流推动下,自我封闭的中国学术格局被打破。体现人类文明新成就的思想、理论、方法被中国的史学工作者直接接触、认识、汲纳。外国同行的不同工作范式成为我们学习、借鉴的对象。年鉴学派、心理史学、口述史学、计量史学等等过去不了解,或者被错误批判的史学流派、思潮、方法的合理成分逐渐被我们消化、吸收。……这些'他山之石',被中国史学家用来'攻玉',用来促成历史学降落民间,是80年代以后中国历史学的新迹象"②。

马新的《两汉乡村社会史》③中,"作者要写'从下往上看的历史'的撰述动机十分自觉",这种"从下往上看的历史",正是历史研究的"民间取向",也正是《年鉴》杂志创刊以来特别是第二次世界大战以来欧美史学的主要潮流④。而且这本书"主讲乡村社会、'编户齐民'、布衣百姓有关或相干的事情,其余的事情不管多么重大,只要与乡民相关度不高,一律舍弃。而且,这不是技术考虑使然,而是相应的带有历史哲学性质的认识使然。这种带有历史哲学性质的认识,可以说是典型的'年鉴学派'与'社会史学派'的立场与主张,也可以说是对西方史学界提出的'从下往上看的历史'作出的有力回应"⑤。

---

① 韩茂莉:《历史时期黄土高原人类活动与环境关系研究的总体回顾》,《中国史研究动态》2000年第10期,第20—24页。
② 何晓明:《降落民间——21世纪中国历史学走向管窥》,《史学理论研究》2001年第1期,第68—71页。
③ 马新:《两汉乡村社会史》,齐鲁书社1997年版。
④ 王学典:《历史研究的民间取向值得倡导——〈两汉乡村社会史〉简评》,《史学理论研究》1998年第3期,第154—157页。
⑤ 同上。

其他还有伊永文的《宋代市民生活》①、侯旭东的《五、六世纪北方民众佛教信仰》②、徐浩的《清代华北农民生活消费的考察》③等。

第四，运用跨学科方法研究历史。李学勤主编《中华姓氏谱》④内容涉及历史学、民族学、民俗学、人口学、遗传学、语言学、文化人类学诸多学科。高荣盛《元代海外贸易研究》⑤"除了使用历史学的方法以外，还使用了经济学科的研究方法。作者引入'经济腹地'的概念，从相互联系的地域和经济两个要素，探讨元朝对外贸易发展的原因。作者还用进出口平衡的理论研究元代的进出口贸易"⑥。郑振满《明清福建家族组织与社会变迁》⑦"以历史学为出发点，吸收社会学、社会人类学的理论与方法，力图通过考察明清时期闽台地区的家族组织，探讨中国传统社会的基本结构与演变趋势"⑧。

马新《两汉乡村社会史》⑨"根据社会学、人类学、民俗学等学科所提供的视角、概念和方法，分别辨析了两汉乡村的社会分层及农民地位与归宿，两汉的乡里村落与宗族的基本面貌，两汉乡村的婚姻形式与家内人际关系及其家产分割方式，两汉民间信仰与乡村神祇崇拜及巫术在乡间的盛行等等。……为历史学跨学科研究的可行性提供了又一个有说

---

① 伊永文:《宋代市民生活》，中国社会科学出版社1999年版。
② 侯旭东:《五、六世纪北方民众佛教信仰》，中国社会科学出版社1999年版。
③ 徐浩:《清代华北农民生活消费的考察》，《中国社会经济史研究》1999年第1期，第30—39页。
④ 李学勤主编:《中华姓氏谱》，现代出版社、华艺出版社2000年版。
⑤ 高荣盛:《元代海外贸易研究》，四川人民出版社1998年版。
⑥ 李治安、申万里:《读〈元代海外贸易研究〉》，《中国史研究动态》2000年第11期，第26—29页。
⑦ 郑振满:《明清福建家族组织与社会变迁》，湖南教育出版社1992年版。
⑧ 王铭铭:《帝国政体与基层社会的转型——读〈明清福建家族组织与社会变迁〉》，《史学理论研究》1995年第1期，第129—132页。
⑨ 马新:《两汉乡村社会史》，齐鲁书社1997年版。

服力的例证"①。

有学者总结20世纪90年代以后的农史研究说:"在农史研究方法上,除传统的历史文献研究法外,又对农业考古研究、比较农史研究等方法进行了理论探讨和实际应用。……民族学、生态学、经济学等方法在农史研究中也有一席之地。"②

对跨学科研究的心理史学、心态史学,邹兆辰评论道:"中国学人是在了解法国年鉴学派史学的过程中了解心态史学的。……法国的心态史引起了中国读者的热情关注,尽管人们对心态史学的了解还远远不够,但可以预料,心态史学对中国学者的启迪可能不亚于美国的心理史学。"他还举了许多例子③说明许多史学工作者受到多种因素的启发,认识到史学研究要借助心理学,需要研究人的心理状况,并纷纷呼吁历史研究应重视社会心理;他们从研究个别问题开始,尝试对某些历史问题进行社会心理的解释,研究中国心理史学的理论框架,探讨个别历史人物的心理特征,探讨各个时期、各个不同范围的群体社会心理,而且"绝大多数的研究成果都具有跨学科的特点"④。

外国史研究中这种情况也比较常见。例如,高毅《法兰西风格:大革命的政治文化》⑤探讨了政治文化这一中介因素,认为政治文化就是一个民族特有的群体政治心态以及这种心态的由来与作用,把大革命的政

---

① 王学典:《历史研究的民间取向值得倡导——〈两汉乡村社会史〉简评》,《史学理论研究》1998年第3期,第154—157页。
② 卜风贤:《二十世纪农业科技史研究综述》,《中国史研究动态》2000年第5期,第13—18页。
③ 莫世雄:《护国运动时期商人心理研究》,《历史研究》1986年第4期,第49—64页。马敏:《中国近代商人心理结构初探》,《中国社会科学》1986年第5期,第99—108页。彭卫:《历史的心镜——心态史学》,河南人民出版社1992年版。
④ 邹兆辰:《当代中国史学对心理史学的回应》,《史学理论研究》1999年第1期,第26—37页。
⑤ 高毅:《法兰西风格:大革命的政治文化》,浙江人民出版社1991年版。

治文化的根本特征归结为"同旧世界彻底决裂"的信念与追求;以这个特征为线索,展现了从波诡云谲的政坛到动荡频仍的社会底层的种种矛盾斗争,以及不同社会群体的不同心态。"作者曾负笈西欧,采他山之石,他的研究正是吸取了政治文化史学、年鉴史学、心态史学的成果。"①再如,刘大明《"民族再生"的期望:法国大革命时期的公民教育》②采用历史学、法学、政治学、社会学和教育学的研究方法,剖析了大革命时期公民、公民身份、公民意识和公民教育的内涵,重点探讨公民教育理论与实践的社会前提与历史作用,是跨学科研究法国大革命史的一次成功尝试。

第五,使用计量方法研究历史。结构的历史、长时段的历史和跨学科研究历史,都离不开计量史学,这里就中国学者的相关成果举例说明。

在中国史研究方面,例如,黄启臣《澳门通史》③,全书编制有各类合乎规范的统计表格90多个。这些表格主要涉及澳门的土地、人口、渔业、工业、外贸、制造业、旅游业、博彩业、金融业、房地产业、保险业等经济部门。"作者在大量的史料中爬梳整理,使用计量方法对澳门经济的发展轨迹进行定量分析,使全书更具有准确性和科学性,避免了定性分析的空泛。而且,规范的表格使读者一目了然、简洁方便。通过计量方法分析研究,再编制成经济发展动态轨迹的表格,更加强了本书的科学价值。"④再如,王善军《宋代宗族和宗族制度研究》⑤从整体上全面探讨了宋代的宗族和宗族制度,具有系统性、贯通性,注重宗族和宗族制度与

---

① 张宪章:《致力于历史表象与"终极原因"之间的探求——读〈法兰西风格:大革命的政治文化〉》,《世界史研究动态》1992年第8期,第49—52页。
② 刘大明:《"民族再生"的期望:法国大革命时期的公民教育》,中国社会科学出版社2005年版。
③ 黄启臣:《澳门通史》,广东教育出版社1999年版。
④ 刘正刚:《评黄启臣〈澳门通史〉》,《中国史研究动态》2000年第5期,第30—32页。
⑤ 王善军:《宋代宗族和宗族制度研究》,河北教育出版社2000年版。

宋代社会的相互影响。作者"钩沉了百余则材料,绘制出《宋代宗族义田建置情况一览表》,对 142 个同居共财大家庭的地区分布、家长姓名、义居口数、年数、旌表时间作了尽可能的挖掘,绘制出《宋代同居共财大家庭基本情况表》"①。

外国史研究方面,庄国土等人承担国家社科基金项目"国际华人移民状况、趋势和居住国政策"、教育部重大委托项目"东亚华侨华人软实力"等课题研究任务,他与刘文正一起出版《东亚华人社会的形成和发展:华商网络、移民与一体化趋势》②。在书中他们深入分析历史上各阶段华人海外移民的数量、目的地、移民来源地和人口构成,特别是对近 30 年中国新移民数量和分布做了详细统计和推估。其数据主要依据当地官方统计、当地华人社区的统计和中国使领馆的统计,征引和制作出关于当代东亚华人的图表 60 多种,有评论说:"(它)充分体现出作者注重实证与计量研究的严谨的治学态度。"③

需要特别指出的是,上述文中举例的目的在于以一斑窥全豹。它们只是众多成果中的一部分,还有许多非常优秀的成果没有涉及。

总之,在年鉴学派影响下,中国大陆学者无论在中国史还是在外国史研究上,其研究对象、方法和其他诸多理念已经发生显著改变,因此说年鉴学派重塑了中国史学当不为过。

---

① 刁培俊:《〈宋代宗族和宗族制度研究〉读后》,《中国史研究动态》2000 年第 5 期,第 27—28 页。
② 庄国土等:《东亚华人社会的形成和发展:华商网络、移民与一体化趋势》,厦门大学出版社 2009 年版。
③ 聂德宁:《〈东亚华人社会的形成和发展:华商网络、移民与一体化趋势〉评介》,《世界历史》2011 年第 6 期,第 134—136 页。

第十一章

心理史学派在东西方的双向互动与回响

心理史学是借助于心理学的理论与方法,探索人类的行为,以揭示历史真相的一门科学。现代西方心理史学派始于奥地利心理学家弗洛伊德,他于1910年出版的《列昂纳多·达·芬奇及其对童年的一个记忆》奠定了现代心理史学的基础。此后,以埃里克森为代表的新一代心理史学家突破了弗洛伊德所设置的理论架构,重视社会文化因素的作用,进一步推动了心理史学派的发展。时至今日,现代心理史学派已走完百年路程,在这并不短暂的过程中,它与现代西方新史学的其他流派一样,也势必要对外界释放与扩展它的影响。本章主要论述现代西方心理史学派在20世纪中国所产生的回响,也涉及中国文化对西方现当代心理学家所产生的影响,以阐明不同国家与地区之间史学文化的相互交汇与相互影响。

一、西书中译:西方心理史学派之东传

西方史学在中国的最初传播,大多借助东邻日本的间接介绍,现代西方心理史学派之东传大体也是这样。当20世纪的曙光初照时,中国学界就通过日本学者的著作,略知心理学可有助于历史研究。光绪二十九年(1903),李浩生翻译日本早稻田大学教授浮田和民的《史学通论》,即为国人传来西说。在该书中,浮田和民指出:"个人心理学成立,并社

会心理学亦成立,则历史成为完全科学也。"①此时距弗洛伊德名作《梦的解析》的问世之日(1900),只不过相差三年。1907年,王国维又翻译了霍夫丁的《心理学概论》一书。

其后,留美的何炳松于1916年归国,致力于输入西方治史方法,并着手翻译鲁滨逊的《新史学》。何氏译本《新史学》于1924年由商务印书馆推出,成为"吾国史学界所译有关西洋史学理论及方法论之第一部著作,历史意义至为重大"②。商务印书馆在史学新书介绍中说,该书"凡所论列,颇足为我国史学界之指导"③。的确是这样,在鲁滨逊看来,历史学家要使历史成为科学,不仅要依靠自然科学,也应该依靠心理学,依靠社会心理学。鲁滨逊在他的代表作《新史学》一书中着墨尤多,他把心理学细分为动物心理学、社会心理学与比较心理学,特别批评了心理学与历史学不能"结盟"的陋见。在现代西方史学史上,鲁滨逊也许是最早认识到历史学要与心理学"结盟"的历史学家了。

鲁滨逊的弟子继其志,在倡导历史学与心理学相结合的工作中做得更为出色一些。1919年,鲁氏门生巴恩斯在《美国心理学杂志》上发表《心理学与史学》一文,进一步阐发了心理学对历史研究的影响。巴恩斯对历史学的跨学科研究更有宏著,他的《新史学与社会科学》(1925年英文版)经董之学翻译,由商务印书馆于1933年出版中译本。全书综论历史学与地理学、心理学、人类学、社会学、经济学、政治学、论理学等学科的交叉融会。中译本共588页,其中专论心理学与史学的部分就有185页,可见巴恩斯是何等地重视历史学与心理学的结合。他在这一部分最后预见:"吾人相信一百年后,弗洛伊德与其信徒所创出之心理系统,将

---

① 转引自邹兆辰:《当代中国史学对心理史学的回应》,《史学理论研究》1999年第1期,第26—37页。
② 黄俊杰编译:《史学方法论丛》,学生书局1981年版,第16页,增补再版代序。
③ 卢绍稷:《史学概要》,商务印书馆1930年版,封底。

被视为史家之一种工具,史家之欲成功,则必须利用之。"① 他说这话的时候是 1925 年,那时他就对心理史学的前景做出了这种很有信心的预测,其前景究竟如何,我们将拭目以待。

在 20 世纪 30 年代,高觉敷翻译弗洛伊德在美国的演讲集《精神分析的起源和发展》,在当时商务印书馆出版的《教育杂志》上发表。这是弗洛伊德的精神分析理论第一次比较系统地被介绍给国人。高觉敷还翻译了弗洛伊德的名著《精神分析引论》,于 1930 年由商务印书馆出版。此书经修订,于 1984 年 11 月由同一出版单位重印面世。

从 20 世纪 50 年代开始,由于心理学被戴上"资产阶级的伪科学"的帽子,迄至 70 年代末,译介西方心理学作品的工作被迫中止。直至 80 年代,随着改革开放政策的实施,心理史学的"母体"——心理学的译介工作勃兴,以作者所见,就有辽宁人民出版社推出的"心理学丛书"、浙江教育出版社的"20 世纪心理学通览"等。此外,如美国学者黎黑的《心理学史:心理学思想的主要趋势》等的作品所见也不少。尤其是 80 年代初随着"弗洛伊德热"的流行,弗洛伊德等人的作品被广泛译成中文,风行一时。

关于直接评论心理史学的论著,就我们视野所及,其重要的翻译成果有以下几种:

美国学者大卫·斯坦纳德的《退缩的历史:论弗洛伊德及心理史学的破产》,冯钢等译,浙江人民出版社 1989 年 7 月第 1 版。这是一本对弗洛伊德的心理史学进行尖锐批评的作品。

法国学者 C. 克莱芒、P. 布诺德和 L. 塞弗合著的《马克思主义对心理分析学说的批评》,金初高从俄译本转译,商务印书馆 1985 年 9 月第 1 版。此书的学术背景是:20 世纪 70 年代以来,法国的马克思主义思想界以巴黎的"马克思主义研究中心"和《思想》周刊、《新评论》月刊为中

---

① [美]班兹:《新史学与社会科学》,商务印书馆 1933 年版,第 260 页。

心,对弗洛伊德心理分析学说展开了一场较为深入的批判,该书即为现当代法国马克思主义思想界对弗洛伊德心理分析学说进行严肃学术批判而做出的一份学术总结。

美国心理史学家劳埃德·德莫斯的《人格与心理潜影》(原书书名应译为《新心理史学》),选编了10篇论文,分别为童年历史、心理传记和群体心理史。德莫斯在本书中声言:"犹如19世纪末叶社会学从经济学中分离出来、心理学从哲学中分离出来一样,心理历史学迟早必定会从历史学中分离出来,组建自己独立的学术研究体系。"[①]这充分显示了新一代心理史家对这门学科前景的看法。德莫斯乃美国《童年历史·心理历史学》季刊主编,既受过心理分析训练,又精通历史各门专业,他为美国心理史学的拓展做出了贡献。此书中译本出版后,国内学人引用率甚高。

一些很重要的心理史学译文的发表也为中国学人的心理史学研究提供了条件。常为人引用的有:

(1) 美国郎格的《下一个任务》,载《美国历史协会主席演说集(1949—1960)》,何新等译,商务印书馆1963年初版。

(2) 美国奥托·弗兰茨的《俾斯麦心理分析初探》,金重远译,载田汝康等编:《现代西方史学流派文选》,1982年6月第1版。

(3) 美国托马斯·科胡特的《心理史学与一般史学》,罗凤礼译,载《史学理论》1987年第2期。

(4) 美国理查德·舍恩沃尔德的《对历史的心理学研究》,姜跃生等译,载《史学理论》1987年第2期。

(5) 美国彼得·洛温伯格的《纳粹青年追随者的心理历史渊源》,张同济译,载《史学理论研究》1996年第3、4期。

总的来看,中国学者在这方面的翻译成绩还是微不足道的。不过,

---

① [美]劳埃德·德莫斯等:《人格与心理潜影》,沈莉、于盱译,上海人民出版社1989年版,第7页。

需要说明的是,由于现时代交通便利、信息迅达,文献流传更快速了,中国的心理史学研究者可以更多地直接运用西方资料,而不必一味依赖翻译作品。更不必说,在当今时代,学人还可以通过网络检索到他们所需要的材料,如此更是自由而便捷了。尽管如此,翻译工作仍不可废。

当然,输入西方心理学新论,不必说在晚近 20 年,即使在 20 世纪 30 年代,也可以通过西方学者直接来华讲学或传授来实现,事实上也不乏这样的先例。如奥地利犹太人范尼·吉泽拉·哈尔彭(Fanny Gisela Halpern,汉名韩芬)毕业于维也纳大学,是弗洛伊德的学生。1933 年,她应国立上海医学院之聘来上海任教,开设精神学等相关课程达十余年,直接将精神分析学说系统地介绍到中国①。

二、东方回应:国人对心理史学派的评价

铜山西崩,洛钟东响。现代西方心理史学自产生后即输入中国,在 20 世纪的中国学界激起了悠远而持久的回响。

西方心理史学派之东来,对东方学者的治学产生了或间接或直接的影响。对于在历史研究中运用心理分析,前贤梁启超就做出了表率。他在 1918 年冬至 1920 年春曾漫游欧洲并访学。归国后于 1921 年在南开大学讲授中国历史研究法,提出要探求历史的因果关系,则须探求该时代的社会心理的状况,这一点从他的《中国历史研究法》一书中即可得知。先辈史家李大钊也在 20 世纪 20 年代的作品《史学要论》中倡导史学的研究应借助包括心理学在内的其他诸多学科的成果。

在 20 世纪前期,学界在争论中国民族性的问题时,如陈独秀、鲁迅、林语堂等人都有很精辟而警世的言论,笔锋犀利,并且深入民族的深层

---

① 参见潘光:《犹太人与中国:近代以来两个古老文明的交往和友谊》,时事出版社 2010 年版。

心理结构,对此不做详述①。

在20世纪的前期,对西方心理学说做出积极回响的著作是朱光潜的《变态心理学派别》。此书是1930年由开明书店出版的,历经70余年,至21世纪来临之际,又被收入"商务印书馆文库"再版。如今国人介绍现当代西方心理学说之作甚多,但朱光潜的《变态心理学派别》在今天看来仍有其学术意义。因此,我们对朱光潜的这本著作有略加介绍的必要。

朱光潜是现代著名美学家,他在译介西方美学理论方面成绩卓著,功不可没。不仅如此,朱光潜对把西方心理学说介绍到中国贡献亦多。他是第一个向中国读者介绍弗洛伊德精神分析学说的学者,我们只要查阅一下当时出版的《东方杂志》《留英学报》便可知晓了。

研究隐意识和潜意识的心理学,通常叫作"变态心理学"(abnormal psychology)。朱光潜认为,严格说来,这个名词并不精确。传统心理学只研究意识现象,而意识不能察觉的现象则称之为"变态",这自然是不精确的。朱光潜还指出,其实对变态心理现象的研究由来已久,亚里士多德在《诗学》中论及悲剧的功效,曾说到哀怜和恐怖两种情绪可因发泄而净化,亚氏的"净化"和弗洛伊德的"升华"就很相似。近代德国哲学家如莱布尼茨(Leibniz)、叔本华(Schopenhauer)、尼采(Nietzsche)等人早已开启弗洛伊德精神分析学派的心理学说之先河了。

《变态心理学派别》介绍了近代西方心理学的主要思潮。朱光潜认为,近代西方变态心理学有两大潮流:其一发源于法国,流衍为"巴黎派"和"浪赛派";后"浪赛派"又发展为"新浪赛派"。

所谓"巴黎派",以巴黎的沙白屈哀医院(La Salpêtriè)为大本营,所以亦称沙白屈哀派。这派最大的领袖是夏柯(一译柴柯,Charcot)。夏氏门下出了两位著名的弟子,一为耶勒(一译庄纳,Janet),乃现代法国

---

① 参见彭卫:《历史的心镜——心态史学》,河南人民出版社1992年版,第88—90页。

心理学之泰斗,另一个门生就是后来蜚声世界的佛洛德(现通译弗洛伊德)。

所谓"浪赛派"(一译南锡派,Nancy School)以浪赛大学和医院为中心,所以得名浪赛派,这派最大的领袖为般含(一译柏南,Bernheim)。

两派各树一帜,但却有以下一些共同点:他们都看重潜意识现象;他们都用观念的"分裂作用"来解释心理的变态;他们都采用催眠或暗示作为变态心理的治疗法。

其二发源于奥地利与瑞士,在奥地利称为"维也纳学派",以弗洛伊德为宗;在瑞士称为"柔芮西派"(一译苏黎世学派,Zurich School),以融恩(一译荣格,Jung)为宗。另有爱德洛(Adler)受学于弗洛伊德,本为"维也纳学派"成员,后因意见不合而自立门户,一般称之为"个别心理学派"。

1929年高觉敷为朱光潜的《变态心理学派别》作序,称此书对变态心理学派别的叙述采取了"不偏不倚的态度"。通观全书,高氏之论确非虚言。不过,朱光潜在这种貌似客观的笔法后面,也暗含臧否。如他在叙述维也纳学派与柔芮西派的争执时这样写道:"我们读佛洛德自著的《心理分析运动史》,不禁起一种不大惬意的感想,这般心理分析学的先驱,谈到谁在先发表某个主张,谁是正宗,谁是叛逆时,互相倾轧妒忌,比村妇还要泼恶。这是科学史上少有的现象。"①朱氏文字直率风趣,批评尖锐而不失幽默。

此外,潘光旦在翻译英国心理学家霭理士的《性心理学》一书时,在注释中泛论中国古代社会的变态行为,这已远远超出译作的范畴了。潘光旦作为现代中国学者,使用西方心理学理论,研究了中国古史中的变态行为。大体与此同时,另有心理学家张耀翔在研究心理变态问题时写有《中国历史名人变态行为考》等文。林传鼎则写有《唐宋以来三十四个

---

① 朱光潜:《变态心理学派别》,开明书店1930年版,第102页。又,此处保留了朱氏原书之译称,在括号内另注了当代通行的译法。

历史人物心理特质的估计》一文。至于历史学家借用心理学的理论来研究历史,那时似乎还不成气候。

中国历史学家借用现代西方心理学的理论与方法从事历史研究,那要等到20世纪80年代之后了。

改革开放政策犹如春风化雨,为学术研究创造了宽松环境,也为西学的引入提供了外部条件。这一时期心理史学派的引入,是在"弗洛伊德热"的推动下进行的。所以,先有对弗洛伊德精神分析学说的一般性介绍,继之就有大量的探讨心理史学派的文章发表,各抒己见,亦有争论。为了说明问题,在这里有必要将一些主要的论文罗列如下。

蔡雁生:《创立"历史心理学"刍议》,《华南师范大学学报(社会科学版)》1983年第2期。

辛敬良:《社会心理与唯物史观》,《复旦学报(社会科学版)》1984年第2期。

莫世雄:《护国运动时期商人心理研究》,《历史研究》1986年第4期。

马敏:《中国近代商人心理结构初探》,《中国社会科学》1986年第5期。

周义堡:《史学研究应重视社会心理分析》,《安徽史学》1987年第2期。

李桂海:《对中国封建社会农民起义口号的心理分析》,《争鸣》1987年第3期。

吴达德:《历史人物研究与心理分析》,《云南社会科学》1987年第6期。

邹兆辰、郭怡虹:《略论我国心理历史学的建设》,载《历史研究方法论集》,河南人民出版社1987年版。

邹兆辰、郭怡虹:《西方心理学的理论与方法简析》,《世界历史》1987年第4期。

陈锋:《论心理分析在历史研究中的应用》,《江汉论坛》1988年第

1 期。

胡波:《试论历史心理学及其研究对象》,《学习与探索》1988 年第 2 期。

裔昭印:《心理学原理在历史研究中的应用》,《上海师范大学学报(哲学社会科学版)》1988 年第 2 期。

王玉波:《传统的家庭认同心理探析》,《历史研究》1988 年第 4 期。

林奇:《研究封建社会史必须重视对帝王个性心理的分析》,《社会科学家》1988 年第 5 期。

罗凤礼:《西方心理历史学》,《史学理论》1989 年第 1 期。

罗凤礼:《再谈西方心理历史学》,《史学理论》1989 年第 4 期。

朱孝远:《现代历史心理学的产生和发展》,《历史研究》1989 年第 3 期。

葛荃:《中国传统制衡观念与社会阶层政治心态》,《史学集刊》1992 年第 3 期。

迟克举:《试论历史人物的个性在社会历史中的作用》,《社会科学》1993 年第 9 期。

徐奉臻:《群体心理历史学探微》,《求是学刊》1993 年第 4 期。

胡波:《社会心理与历史研究》,《广东社会科学》1994 年第 2 期。

王建光:《明代学子的心态及其价值取向的归宿》,《史学月刊》1994 年第 2 期。

吴宁:《非理性因素在社会发展中的作用》,《社科信息》1994 年第 8 期。

邱昌胤:《心理分析法:一种马克思主义史学方法》,《贵州师范大学学报(社会科学版)》1996 年第 2 期。

宋超:《汉匈战争对两汉社会心态的影响》,《史学理论研究》1997 年第 4 期。

罗凤礼:《心理史学与马克思主义史学》,《史学理论研究》1998 年第

3期。

邱兆辰:《当代中国史学对心理史学的回应》,《史学理论研究》1999年第1期。

周兵:《心理史学与心态史学》,《复旦学报(社会科学版)》2001年第6期。

以上所列,为本章作者所见,遗漏是难免的。这些论文大致涉及这样一些问题:心理史学的学科地位、理论架构与发展前景,心理史学与马克思主义的唯物史观的关系,个体心理(如帝王心理)与群体心理(如商人阶层)、社会心理、民族意识与文化心理,心理史学与心态史学之异同,西方心理史学派的演变与现状,弗洛伊德的精神分析学说与历史研究,当代美国心理史学派的发展,等等。总之,这些论文在一定程度上反映了域外这一史学新说在当代中国学术界所激起的回响。

在这里,我们要特别提到两部著作,一是谢天佑的《专制主义统治下的臣民心理》(吉林文史出版社1990年版)。这本书着眼于对历史人物和历史活动的心理刻画,通过对2000年来臣民心态的分析,阐发秦始皇以来君臣间的心机和智术,以及忠臣义士的应对苦心,于中国古史研究另辟蹊径,令人有耳目一新之感。此书的写作虽因作者的突然逝世而戛然中止,所写才及半,但作者将西方心理学的方法运用于中国古史的研究,所叙所论恣肆新颖,而又无生搬硬套西方社会心理学术语之嫌。这本书的出版,可以认为是中国学界对西方心理史学的一个重大的回应。

另一部是彭卫的《历史的心镜——心态史学》[①]。作者用心理学方法研究历史人物和历史进程,向人们揭示往昔岁月中各种人的动机、欲望、气质、性格、情感、智慧、能力、处世观、择偶观、生死观,窥探群体幻觉和重要历史人物的变态心理等,为人们洞悉历史打开了一扇新的窗口。作者年少才盛,其书不仅材料丰赡,内容宏富,而且论述精审,自成一说,

---

① 彭卫:《历史的心镜——心态史学》,第93—94页。

文采斐然,值得一看。

关于台湾心理史学方面开展的情况(包括译介与著述),我们所知甚少,这里只能略说一二。

众所周知,从20世纪50年代开始,台湾的心理史学研究与同时期的中国大陆情况不同,它大体承袭了20世纪前期的路数。在经过了一段时间的沉寂后,于60年代末开始勃兴。从70年代开始,台湾学术界陆续译介西方学者的有关著作,如F. E. 曼纽尔(Frank E. Manuel)的《心理学在史学上的应用与滥用》(江勇振译,《食货》复刊第2卷第10期,1973年2月)。又如康乐、黄进兴主编的《历史学与社会科学》论文集(华世出版社1981年版),其中收有两篇很重要的心理史学译文,它们是《当前心理史学的危机》《对当前心理史学发展的回顾》。

两文均为20世纪70年代中叶美国心理史学的作品,翻译者为康绿岛。此外,康绿岛还翻译了当代美国心理史学名家埃里克森的名作《青年路德》,由台北远流出版公司1985年出版。

此外,台湾心理学的发展又为心理史学的成长起到了推波助澜的作用,如杨国枢提出的社会心理学理论颇有特色。尤其值得一提的是扬智文化出版公司推出的"心理学丛书",以译作为主,亦有著述,如郭静晃等著的《心理学》(合订本)、高尚仁编著的《心理学新论》等,出版后深受好评。

台湾学界的心理史学研究较多侧重于个体心理,关注那些活动于历史前台的人物,而较少研究历史上群体的精神面貌。这方面的论著有:

雷家骥:《狐媚偏能惑主:武则天的精神与心理》,联鸣文化公司1981年版。

张世贤:《五代开国君主政治人格类型分析》,《行政学报》1986年第5期。

张瑞德:《蒋梦麟早年心理上的价值冲突与平衡(光绪11年—民国6年)》,《食货》复刊第7卷,1977年11月。

另有张玉法的《心理学在历史研究上的应用》(载张玉法:《历史学的

新领域》,联经出版事业公司 1978 年版),纵论心理史学的方方面面,颇可参考。

台湾的心理史学在 20 世纪 80 年代中期以后亦处于低谷,这一点大体上与西方心理史学的发展进程相吻合。

三、东说西渐:中国文化对西方心理学的影响

文化的交流总是双向的,在学术文化交流史上,东西交汇与相互影响的事例不胜枚举,如由季羡林主编的"东学西渐:中国文化在西方"丛书(河北人民出版社出版),便讨论了东方(中国)文化西传及其在西方所产生的回响。鉴于这样的理由,本节以简略的文字陈述一下中国文化(当然就题旨中的心理学方面)对西方的影响,以为学术文化交流的双向互动做一点补白①。

就心理学而言,西方学者们对传统的"中国智慧"一度很是神往,当代西方心理学出现的一个新分支"东一西方心理学"乃是东西心理学交汇的结果。"东方心理学"已成为西方心理学家关注的一个重要领域,美国一些大学已开设专门的"东方心理学"课程,中国学者在那里讲授这类课目,深受好评。

事实表明,西方的一些心理学家如荣格、马斯洛、弗洛姆等人,与中国文化(心理学)有着密切的接触,也从不讳言从中所获得的灵感。

比如荣格,荣格的心理学说即深受中国文化的影响。他的自传《回忆·梦·思考》引中国老子的话作为结束,从中不难看出他与"道"的内在沟通。他在自传中这样写道:

> 当老子说,"众人皆明,唯吾独懵"时,他所表达的就是我在老耋之年的现在所感觉到了的。老子是个有着与众不同的洞察力的一

---

① 本小节有关中国文化对西方心理学影响的文字,均参见高岚与申荷永的论文《中国文化与心理学》(《学术研究》2000 年第 8 期)。特此说明,并致谢忱。

个代表性人物,他看到了并体验到了价值与无价值性,而且在其生命行将结束之际希望复归其本来的存在,复归到那永恒的、不可知的意义里去。①

又,荣格也有言论说明他受到《易经》的影响。荣格说:"《易经》中包含着中国文化的精神和心灵;几千年中国伟大智者的共同倾注,历久而弥新,仍然对理解它的人,展现着无穷的意义和无限的启迪。"又说:"任何一个像我这样,生而有幸能够与维尔海姆,与《易经》的预见性力量,作直接精神交流的人,都不能够忽视这样一个事实,在这里我们已经接触到了一个'阿基米德点',而这一'阿基米德点',足以动摇我们西方对于心理态度的基础。"荣格把《易经》说成是"阿基米德点",而正是这个"点"成了他心理学发展的关键。

比如马斯洛,马斯洛在构建其人本主义心理学说时,借助的也正是东方的智慧。马斯洛接受过中国哲学的思想影响,阅读了中国道家的文献资料。东方传统的禅思与冥想技术,对于西方人心理与行为的发展,对于马斯洛的"自我实现"的主张,都产生了重要的影响。伴随马斯洛人本主义心理学说的奠建,他同时也勾画出了"东—西方心理学"发展的最初思路。

比如弗洛姆,弗氏著有《禅与精神分析》一书,那是他从东方获得灵感的切实体验,尤其是弗洛姆对道家人格和思想的向往,给人们留下了深刻的印象。即使是弗洛伊德,也会从弗洛姆的著作中借用或者是引用的中国文化智慧中获得启发。

凡此种种,中国文化的这些要素,对西方心理学与心理学家莫不产生了广泛而又深刻的影响,这些影响,随着时间的推移,在心理学的分支中也得到积极的回应。

---

① [瑞士]荣格:《回忆·梦·思考——荣格自传》,辽宁人民出版社1988年版,第579页。

美国文化人类学家卡·恩伯与梅·恩伯夫妇在《文化的变异》一书中说:"一个群体向另一个社会借取文化要素并把它们融合进自己的文化之中的过程就叫传播。"[①]本章所要探讨的现代西方心理史学派向中国学界传播,以及中国文化对前者所产生的影响,正是这种不同国家或地区史学文化之间相互传播的范例。由此一端,我们也看到了史学文化传播的必然性以及它们之间的互动性,这既体现了文化的一种特质,也正是我们的史学史研究的题中应有之义。

以上所述是笔者关于20世纪末之前心理史学的思考。21世纪以来,就笔者有限的观察,从20世纪80年代兴起的心理史学"热"退潮了,究其原因,或许可以列举一二:一是跨学科研究的不易,实践证明,倘若没有对中西相关专业领域的深入了解,是出不了相应的心理史学的成果的;二是当代中国公众史学的勃兴,其学术辐射力日益增强,比如一度独行的影视史学、口述史学等新史学,均被公众史学包揽或收容了,于是心理史学也受到了冲击,被削弱了学科生命力。

然而,21世纪以来,心理史学仍有一定的声音:有张广智、周兵等著的《心理史学》(台湾扬智文化出版公司2001年版)这样介绍性的小书。此外,邹兆辰的专著《英雄的悲剧:李秀成心理分析》(首都师范大学出版社2016年版),通过对《李秀成自述》的剖析,运用心理分析方法于历史研究,探讨了李秀成的心理活动与心路历程,另辟蹊径,为李秀成研究的深化做出了贡献。另外,他的《探讨历史背后人的心理》一文(《人民日报》2016年6月13日)也是关于心理史学论述的佳作。还可举出的是金道行的《我看香草美人——对屈原的精神分析》(长江文艺出版社2012年版),不过,它已归属文学范畴了。总的说来,类似的学科成果不多,相关的译著也相对缺乏。

---

① [美]C.恩伯、M.恩伯:《文化的变异——现代文化人类学通论》,杜杉杉译,辽宁人民出版社1988年版,第535页。

第十二章

后现代主义史学在中国

20世纪六七十年代以来,在西方,后现代主义(postmodernism)从建筑、哲学,漫延到文学艺术、教育学、社会学,最后到历史学等领域,其思潮汹涌澎湃,对整个西方文化造成巨大冲击。后现代主义在各领域情况复杂,表现各异,不可一概而论;但是,质疑常识、批判传统、反叛主流、思维求异、言他人所未言,以致振聋发聩,的确是其显著特征。

西方后现代主义史学有理论和实践两个层面,反叛科学主义史学,书写另类历史,传入中国以后,在学界产生了不小的反响。[①]

一、后现代主义思想在中国的传播

后现代主义思想在中国的传播,大体可分为以下两个时期。

(一) 改革开放后到20世纪90年代

改革开放后到1990年,可以看作后现代主义在中国传播的最初时期。这一时期,能指(signifier)、所指(signified)、后结构主义(post-structuralism)、成见(pre-understanding)、亲在(dasein)、文本(text)、话

---

① 相关研究成果主要有张光华:《大陆学界"后现代与历史学"研究述评》,《兰州学刊》2008年第3期,第118—120页。郭震旦:《近20年后现代史学在中国的传播》,《山东大学学报(哲学社会科学版)》2010年第1期,第135—139页。李勇《域外史学在20世纪后期的中国回响》,发表在《历史教学问题》2012年第2期上,其中第四部分,则是关于后现代主义史学在中国传播的。郑丽丹:《大陆学者的后现代史学研究》,河南大学历史学系硕士学位论文,2010年。

语（discourse）、解构（deconstruction）、隐喻（metaphor）、叙事（narrative）、语言学转向（the linguistic turn）等词汇流行起来，德里达（Jacques Derrida）、伽达默尔（Hans-Georg Gadamer）、巴特（Roland Barthes）、福柯（Michel Foucault）、利科（Paul Ricouer）、拉康（Jacques Lacan）等人逐渐为学界所熟知。

但是，这一时期，后现代主义思潮主要在文学、哲学界等传播。

早在20世纪70年代末，文学界就开始关注西方后现代主义文学作品，朱虹在《世界文学》1978年第2期上发表《荒诞派戏剧述评》，施成荣在《外国文艺》1978年第3期上发表《萨罗特谈"新小说派"》，他们介绍的都是后现代主义流派的戏剧或者小说。《世界文学》1987年第2期刊载"后现代主义"文学专辑。几乎与董鼎山、袁可嘉、陆凡等人在80年代初介绍后现代主义小说乃至文学思潮同时①，一些西方学者专论后现代主义文学的论著也被翻译过来，例如，约翰·巴思（John Barth）的《补充文学》（The Literature of Replenishment），由曹凤军摘译为《填补的文学》，发表在《外国文学报道》1980年第3期上。再如，阿兰·罗德威（Allan Rodway）的《展望后现代主义》（The Prospect of Postmodernism），由汤勇宽译为《展望后期现代主义》，发表在《外国文艺》1981年第6期上。美国后现代主义文学理论家伊哈布·哈桑（Ihab Hassan）的《当代美国文学，1945—1972》（*Contemporary American Literature, 1945—1972*），由陆凡翻译，山东人民出版社1982年出版。

西方后现代主义文学理论家也相继来华讲学，后现代主义思想也由此得到传播。1983年，伊哈布·哈桑应邀到山东大学讲学，宣讲美国后

---

① 详见董鼎山：《所谓"后现代派"小说》，《读书》1980年第12期，第135—139页。陆凡：《美国文学评论家哈桑谈美国文学》，《译林》1981年第1期，第263—266页。袁可嘉：《关于"后现代主义"思潮》，《国外社会科学》1982年第11期，第30—33页。《外国文学报道》1983年第3期刊载了戴维·洛奇（David Lodge）的《现代主义、反现代主义、后现代主义》（Modernism，Antimodernism，Postmodernism）。

现代主义文学。1985年9—12月，后现代主义理论家、美国杜克大学的弗雷德里克·詹姆逊（Fredric R. Jameson）应邀在北京大学开设当代西方文化理论专题课程。美国弗吉尼亚大学人文学系凯南讲座哲学教授理查德·罗蒂（Richard Rorty）1985年6月27日抵京，进行学术访问，并于6月29日在中国社会科学院做了题为《非还原的物理主义》的学术报告。1986年唐小兵翻译的其著作《后现代主义与文化理论》，由陕西师范大学出版社出版。1987年，后现代主义文学理论家杜威·佛克马（D. W. Fokkema）到南京大学、南京师范大学做学术讲座，其著作后来也被翻译过来①。

哲学界似乎稍微滞缓一些，到20世纪80年代中期才开始广泛关注后现代主义。杜任之主编的《现代西方著名哲学家述评》，由三联书店1983年出版，该书评述了拉康、福柯、海德格尔（Martin Heidegger）、伽达默尔、利科等人与后现代主义有关的思想。80年代中期以后，中国学者撰写的西方哲学著作中有不少都涉及后现代主义。例如：孙伯鍨、张一兵主编的《西方最新哲学流派20讲》②，其中第十一讲"意义的追求——现代西方释义学"，第十二讲"科学时代的哲学反思——现代西方科学哲学"，第十三讲"心理发生与主客体的双向建构——现代西方发生认识论"，第十四讲"世界的结构美——现代西方结构主义哲学"，实质上都多少涉及后现代主义。

郑杭生主编的《现代西方哲学主要流派》③第七章"解释学"提到狄尔泰《人文科学引论》《解释学的产生》等，以及伽达默尔《真理与方法》和《科学时代的理性》，利科《历史与真实》《解释的冲突》《解释学的任务》等论著；第九章"结构主义"提到索绪尔（Ferdinand de Saussure）《普通语言

---

① ［荷］佛克马、伯顿斯编：《走向后现代主义》，王宁等译，北京大学出版社1991年版。
② 孙伯鍨、张一兵主编：《西方最新哲学流派20讲》，南京工程学院出版社1987年版。
③ 郑杭生主编：《现代西方哲学主要流派》，中国人民大学出版社1988年版。

学教程》,巴特《文学的零度》《符号学原理》《叙事作品结构与分析导论》《批评与真理》等。

任厚奎等人编著的《西方哲学概论》①,提到福柯《词与物》《知识考古学》,海德格尔《存在与时间》,伽达默尔《真理与方法》,利科《论解释》《解释的冲突》《解释理论》《话语和意义的增附》等,并论述了德里达、海德格尔、伽达默尔、利科、哈贝马斯(Jürgen Habermas)等人的解释学理论。

其他,例如夏基松等编著的《现代西方哲学流派评述》②、蒋永福等人的《西方哲学》(下册)③都存在类似情况,不再详述。

一些后现代主义哲学论著在1990年以前就被翻译过来。李幼蒸翻译利科《解释学的任务》,发表在《哲学译丛》1986年第3期上。其所译理查德·罗蒂的《哲学和自然之镜》,由三联书店1987年出版。

李幼蒸还与徐奕春合译利科的《哲学主要趋向》,由商务印书馆1988年出版。他还翻译了罗兰·巴特的《符号学原理》,由三联书店1988年出版。黄勇译罗蒂的《后哲学文化》,由上海译文出版社1992年出版。顺便说到,利奥塔(Jean-François Lyotard)的《后现代状况:关于知识的报告》,岛子译,由湖南美术出版社1996年出版;他的《后现代公正游戏——利奥塔访谈、书信录》,由谈瀛洲译出,由上海人民出版社1997年出版。

需要指出的是,1990年以前,后现代主义一些术语的翻译很不一致,与今天的译法有一定差距。

Postmodernism一词,当时大多译为"后现代主义",但是汤勇宽将阿兰·罗德威的The Prospect of Postmodernism译为《展望后期现代主义》。

---

① 任厚奎、欧阳荣庆、徐开来等:《西方哲学概论》,四川大学出版社1988年版。
② 夏基松、戴文麟:《现代西方哲学流派评述》,上海人民出版社1988年版。
③ 蒋永福等主编:《西方哲学》(下册),中共中央党校出版社1990年版。

Text 一词，现在多译为"文本"，也有译为"文献"的①。1990 年之前多译成"本文"，例如，夏基松等编著的《现代西方哲学流派评述》②中第九章"释义学"，有 24 处译作"本文"，蒋永福、周贵莲等《西方哲学》(下册)③第十一章"解释学"中，有 60 处都写作"本文"，任厚奎等人编著《西方哲学概论》第十四章"解释学"，有 46 处称"本文"。还有把 text 译成文献的，如孙伯鍨等主编的《西方最新哲学流派 20 讲》④第十一讲"意义的追求——现代西方释义学"，就把 text 译成"文献"。

The linguistic turn 一词，今天译为"语言学转向"，当时有人译为"语言学转折"，例如，郑杭生主编《现代西方哲学主要流派》中说："20 世纪英美分析哲学的发展经常被描述为'语言学的转折'，而大陆哲学在海德格尔、伽达默尔和里科身上实现了自己的解释学形式的语言学转折。"⑤

Discourse 一词，今通行译为"话语"，也有译为"推论"的⑥。1990 年以前，有译为"话语"的⑦，还有译为"谈话"的⑧，还有译为"话语段"的⑨。

Deconstruction 一词，今译为"解构"，1990 年以前，有译为"解构"

---

① 杜维运：《中西史学的分歧》，载朱政惠、胡逢祥主编：《全球视野下的史学——区域性与国际性》，上海辞书出版社 2011 年版，第 5 页。
② 夏基松、戴文麟：《现代西方哲学流派评述》，上海人民出版社 1988 年版。
③ 蒋永福等主编：《西方哲学》(下册)，中共中央党校出版社 1990 年版。
④ 孙伯鍨、张一兵主编：《西方最新哲学流派 20 讲》，南京工程学院出版社 1987 年版。
⑤ 郑杭生主编：《现代西方哲学主要流派》，中国人民大学出版社 1988 年版，第 277 页。
⑥ 杜维运：《中西史学的分歧》，载朱政惠、胡逢祥主编：《全球视野下的史学——区域性与国际性》，第 5 页。
⑦ 杜任之主编：《现代西方著名哲学家述评》，生活·读书·新知三联书店 1983 年版。
⑧ 郑杭生主编：《现代西方哲学主要流派》，第 283 页。
⑨ 伍蠡甫、胡经之：《西方文艺理论名著选编》(北京大学出版社 1987 年版)所收张祖建译的美国罗曼·雅克布逊的《隐喻和换喻的两极》(第 429—435 页)，就是这样译的。

的①,也有译为"结构分解"的②。

Meta 作为词前缀,有翻译成"超""纯理""后设"的,例如林书武等人翻译佛克马(D. W. Fokkema)、易布思(E. Kunne-zbsch)《二十世纪文学理论》(*Theories of Literature in the Twentieth Century*),就是这样处理 metalanguage 的③。伍晓明把 meta-criticism 译为"元批评"④。殷国明在《20 世纪中西文艺理论交流史论》一书中译为"元",称 metadiscourse 为"元话语"或"元叙事"。⑤ 还有译成"比较"的,如伊格尔斯等人的《历史研究国际手册》⑥前言中提到海登·怀特《元史学》中的史学与修辞学和诗歌相类似的观点,不过译者把海登·怀特此书(*Metahistory: The Historical Imagination in Nineteenth-century Europe*)译成《比较历史:19 世纪欧洲历史的想象》。

译名的五花八门,在某种程度上说明学界对后现代主义理解有限,研究不足,也存在一定分歧。

(二) 20 世纪 90 年代以来

进入 20 世纪 90 年代,无论是文学界还是哲学界,对于后现代主义的引进和研究都如火如荼开展起来,并深受其影响。

文学界依然保持着对于后现代主义的热情,不断邀请西方学者来华讲学。1993 年 3 月,汉斯·伯顿斯(Hans Bertens)在北京大学做题为

---

① [英]特雷·伊格尔顿:《二十世纪西方文学理论》,伍晓明译,陕西师范大学出版社 1987 年版,第 147 页。
② [英]安纳·杰弗森、戴维·罗比等:《西方现代文学理论概述与比较》,包华富等编译,湖南文艺出版社 1986 年版,第 130—131 页。
③ [荷]佛克马、易布思:《二十世纪文学理论》,林书武等译,生活·读书·新知三联书店 1988 年版,第 11 页。
④ [英]特雷·伊格尔顿:《二十世纪西方文学理论》,第 154 页。
⑤ 殷国明:《20 世纪中西文艺理论交流史论》,华东师范大学出版社 1999 年版。
⑥ [美]伊格尔斯主编:《历史研究国际手册——当代史学研究和理论》,陈海宏等译,华夏出版社 1989 年版。

"后现代主义:全景关照"的讲座。1993年9月,杜威·佛克马到北京大学作"现代主义、后现代主义和文化认同的概念"的讲座,演讲稿发表在《国外文学》1994年第1期上。1995年,特里·伊格尔顿(Terry Eagleton)在大连的"文化研究:中国与西方"国际研讨会上发言,题目是《后现代主义的矛盾性》,发表在《国外文学》1996年第2期。他的《后现代主义的矛盾性》由王宁翻译,发表在《国外文学》1996年第2期。理查德·罗蒂于2004年7月16日至22日应邀访问上海,先后在华东师范大学和复旦大学举行多场演讲和座谈。7月19日下午,罗蒂应邀作客《文汇报》,并与来自复旦大学和华东师范大学的部分专家学者进行座谈。学者们还以后现代主义视角对中国文学进行反思,王宁在《天津社会科学》1994年第1期发表了《中国当代文学中的后现代主义变体》一文,陈晓明的《无边的挑战:中国先锋文学的后现代性》由时代文艺出版社1993年出版。有学者总结后现代主义对中国文学的影响说,"早在80年代初,中国文学界就已经接触到了西方后现代主义文学作品及批评","从80年代中期起,中国作家事实上已受到了后现代主义的影响","在中国当代文学的创作实践中,'合法性'问题尚未得到充分讨论,或者说绕过了这一关,西方后现代主义文学就已产生了实际的、意义深远的影响"①。

至于哲学界的情况,有学者做过统计,1980—2003年间,中国哲学界发表有关后现代主义的文章共计1 376篇②。专著也出版了不少,例如汪民安《后现代性的哲学话语》和陆扬《后现代性的文本阐释:福柯与德里达》③。特别是,王治河主编的《后现代主义辞典》,由中央编译出版

---

① 殷国明:《20世纪中西文艺理论交流史论》,华东师范大学出版社1999年版,第456页。
② 王岳川:《中国后现代话语》,中山大学出版社2002年版,第397—446页。
③ 汪民安:《后现代性的哲学话语》,浙江人民出版社2000年版。陆扬:《后现代性的文本阐释:福柯与德里达》,上海三联书店2000年版。

社2004年出版。孟钟捷译德国斯特凡·约尔丹(Stefan Jordan)主编的《历史科学基本概念辞典》(*Lexikon Geschichtswissenschaft Hundert Grundgriffe*),由北京大学出版社2012年出版。这些均表明后现代主义在中国的传播有一定广度。

有学者在判断后现代主义的前景时说:"'后现代主义'将成为又一个跨世纪的中西文化交流的课题。"①是的,正是文学、哲学等领域的先行,逐渐吸引了史学界的注意力,为史学界关注和研究后现代主义奠定了基础。相对而言,中国史学界开始关注后现代主义并深受其影响,比文学、哲学界都要晚,被学者形象称为"后现代史学:姗姗来迟的不速之客"②。

二、后现代主义史学论著的翻译

在文学和哲学界之后,史学界也关注到西方的后现代主义思潮,这一点首先可以从后现代主义代表作的译介中得到说明。

(一)翻译后现代主义者的论文

学术界比较早翻译的后现代主义者的论文,是王造时译卡尔·波普尔(Karl R. Popper)的《历史有意义吗?》,此文收入田汝康、金重远选编的《现代西方史学流派文选》,由上海人民出版社1982年出版。不久,李幼蒸译罗兰·巴特的《历史的话语》,收入上海译文出版社1984年出版的张文杰等编译的《现代西方历史哲学译文集》。但是这些翻译得很早的文章,并未在史学界引起人们对后现代主义史学的足够关注。之后,罗筠筠译F. R.安克斯密特(F. R. Ankersmit)的《历史编纂学与后现代主义》,发表在《国外社会科学》1990年第6期上。张南、周伊译F. R.安克斯密特《当代盎格鲁-撒克逊历史哲学的二难抉择》(The

---

① 殷国明:《20世纪中西文艺理论交流史论》,第434页。
② 仲伟民:《后现代史学:姗姗来迟的不速之客》,《光明日报》2005年1月27日。

Dilemma of Contemporary Angle-Saxon Philosophy of History),收入中国社会科学出版社 1991 年出版的《当代西方史学思想的困惑》中。再之后,张京媛主编《新历史主义与文学批评》,由北京大学出版社 1993 年出版。此书收录海登·怀特的四篇论文。它们是:《评新历史主义》(New Historicism: A Comment),陈跃红译自威瑟(H. Aram Veeser)编的 The New Historicism;《作为文学虚构的历史文本》(The Historical Text as Literary Artifact),张京媛译自威瑟编的 The New Historicism;《解码福柯:地下笔记》(Foucault Decoded: Notes from Underground),米家路译自海登·怀特的 Tropics of Discourse: Essays in Cultural Criticism;《历史主义、历史与修辞想象》(Historicism, History, and the Figurative Imagination),王建开译自海登·怀特的 Tropics of Discourse: Essays in Cultural Criticism。

进入 21 世纪,越来越多后现代主义者的学术论文被翻译过来,简单说来有 F. R. 安克斯密特《为历史主观性而辩》(上、下)①、《历史编纂与后现代主义》②,海登·怀特《西方历史编纂的形而上学》③《后现代主义情境中的历史编纂——历史解释中的形式主义与情境主义策略》④,埃娃·多曼斯卡(Ewa Domaska)《普遍史和后现代主义》⑤《元叙述的危

---

① [荷]弗兰克·安克斯密特:《为历史主观性而辩》(上、下),陈新译,《学术研究》2003 年第 3 期,第 80—85 页,第 4 期,第 75—82 页。
② [荷]弗兰克·安克斯密特:《历史编纂与后现代主义》,陈新译,《东南学术》2005 年第 3 期,第 67—77 页。
③ [美]H. 怀特:《西方历史编纂的形而上学》,陈新译,《世界哲学》2004 年第 4 期,第 50—58 页。
④ [美]海登·怀特:《历史解释中的形式主义与情境主义策略》,黄红霞译,《东南学术》2005 年第 3 期,第 54—66 页。
⑤ [波]埃娃·多曼斯卡:《普遍史和后现代主义》,陈新译,载查常平主编:《人文艺术》第 2 辑,贵州人民出版社 2000 年版。

机:一项后殖民研究个案》①,还有克里斯·洛伦兹(Chris Lorenz)《历史能是真实的吗?叙述主义、实证主义和"隐喻转向"》②。特别是,有几个译丛要提到。一是陈启能、倪为国主编"史学前沿"第一辑,其中收有陈恒译海登·怀特《旧事重提:历史编撰是艺术还是科学?》(An Old Question Raised Again: Is Historiography Art or Science?)、陈新译海登·怀特《叙事性在实在表现中的用处》(The Value of Narrativity in the Representation of Reality)、吴佳娜译埃娃·多曼斯卡《再释历史的崇高:史学中卑贱的非审美化》(Reinterpretation of Historical Sublime: De-aestheticisation of the Abject in Historiography)③。二是陈恒、耿相新主编《新史学》第七辑,收有弗兰克·安克斯密特《历史的崇高分裂:或者我们是怎样不再是我们的》(The Sublime Dissociation of the Past: Or How to Become What One is no Longer)④。三是陈启能、王学典、姜芃主编《新史学沙龙》,约恩·吕森主编《跨文化的争论:东西方名家论西方历史思想》(Western Historical Thinking: An Interculture Debate),其中收录张志平译的弗兰克·安克斯密特的《创伤与苦难——一个被遗忘的西方历史意识根源》与杨方方译的海登·怀特的《世界历史的西方化》。

其他相关的翻译文章有伊格尔斯的《二十世纪的历史科学》(续五)⑤

---

① [波]埃娃·多曼斯卡:《元叙述的危机:一项后殖民研究个案》,余伟译,《学术研究》2004年第2期,第81—88页。
② [荷]克里斯·洛伦兹:《历史能是真实的吗?叙述主义、实证主义和"隐喻转向"》,郭艳秋、王晸译,《山东社会科学》2004年第3期,第5—20页。
③ 陈启能、倪为国主编:《书写历史》,上海三联书店2003年版。
④ 陈恒、耿相新主编:《新史学》第七辑,大象出版社2007年版。
⑤ [美]格奥尔格·G.伊格尔斯:《二十世纪的历史科学——国际背景评述》(续五),王燕生译,《史学理论研究》1996年第2期,第141—158页。

《历史编撰学与后现代主义》①《世纪之交西方史学的转折点》②,吕森的《后现代主义情境中的历史编纂——后现代主义观点下的历史启蒙:"新费解"时代的历史学》③《历史秩序的失落》④,其他还有理查德·汪《转向语言学:1960—1975年的历史与理论和〈历史与理论〉》⑤、克莱因《叙述权力考察:后现代主义和没有历史的人》⑥、凯斯·文沙特尔《西方历史编纂学的后现代转向批判》⑦、理查德·伊文斯《职业历史学家必须面对后现代主义的挑战》⑧等。李宏图访问帕特里克·乔伊斯的文章《从现代到后现代:当代西方历史学的新进展——帕特里克·乔伊斯教授访谈录》,发表在《史学理论研究》2003年第2期。陈恒、耿相新主编《新史学》第五辑《后现代:历史、政治和伦理之间》收录13篇讨论后现代主义史学的论文,和关于海登·怀特《后现代历史叙事学》(*Postmodern Historical Narratology*)的评论文章。

---

① [美]格奥尔格·伊格尔斯:《历史编撰学与后现代主义》,李丽君译,《东岳论丛》2004年第6期,第24—31页。
② [美]格奥尔格·伊格尔斯:《世纪之交西方史学的转折点》,张爱红译,《山东社会科学》2005年第11期,第20—27页。
③ [德]耶尔恩·吕森:《后现代主义情境中的历史编纂——后现代主义观点下的历史启蒙:"新费解"时代的历史学》,赵协真译,《东南学术》2003年第3期,第44—53页。
④ [德]吕森:《历史秩序的失落——在现代性、后现代性与记忆讨论的交叉点上的历史研究》,胡传胜译,《学海》2001年第1期,第31—37页。张文杰主编:《历史的话语:现代西方历史哲学译文集》,广西师范大学出版社2002年版。
⑤ [美]R. T. 汪:《转向语言学:1960—1975年的历史与理论和〈历史与理论〉》,陈新译,《世界哲学》1999年第3期,第57—63页,第4期,第32—42页。
⑥ [美]K. L. 克莱因:《叙述权力考察:后现代主义和没有历史的人》,肖华锋、肖卫民译,《世界哲学》2003年第2期,第98—110页。
⑦ [澳]凯斯·文沙特尔:《西方历史编纂学的后现代转向批判》,李凌翔译,《东岳论坛》2004年第4期,第22—29页。
⑧ [英]理查德·伊文斯:《职业历史学家必须面对后现代主义的挑战》,潘振泰译,《东岳论丛》2005年第2期,第17—24页。

(二)翻译后现代主义史学著作

说到翻译外国史学理论与史学史名著,要提到一些译丛的贡献。三联书店王东亮等主编的"法兰西思想文化丛书"1998年有谢强、马月译米歇尔·福柯《知识考古学》出版。刘小枫主编"历史基督教学术文库"2002年有李秋零、田薇译卡尔·洛维特(Karl Lowith)《世界历史与救赎历史:历史哲学的神学前提》出版。上海三联书店"三联学术文库"2001年有莫伟民译米歇尔·福柯《词与物——人文科学考古学》出版。钱善行主编"文学与思潮丛书"收录让-弗·利奥塔等著《后现代主义》,赵一凡等译,社会科学文献出版社1999年出版,其中有盛宁译的伊·哈桑(Ihab Hassan)的《后现代主义概念初探》,他把历史学领域的后现代主义思想家明确定为米歇尔·福柯和海登·怀特。中国社会科学出版社有王逢振主编的"知识分子图书馆",2003年出版了陈永国、张万娟译海登·怀特《后现代历史叙事学》。中央编译出版社"新世纪学术译丛"1999年有刘北成等译乔伊斯·阿普尔比(Joyce Appleby)等《历史的真相》出版,其中第六章"后现代主义与现代性的危机"讨论了后现代主义史学的学术源头和具体表现①。上海译文出版社"二十世纪西方哲学译丛"2004年有姜志辉译保罗·利科《历史与真理》出版。译林出版社刘东主编"人文与社会译丛"2004年有陈新译海登·怀特《元史学:十九世纪欧洲的历史想像》出版。上海人民出版社的包亚明主编"当代思想家访谈录"1997年有何佩群译《一种疯狂守护着思想——德里达访谈录》、严锋译《权力的眼睛:福柯访谈录》出版。"袖珍经典"2000年有陈涛、周辉荣译尼采《历史的用途与滥用》出版。江苏人民出版社刘东主编"海外中国研究丛书"2000年有杜继东译柯文(Paul A. Cohen)《历史三调:作为事件、经历和神话的义和团》(*History on Three Keys: the Boxes as*

---

① [美]乔伊斯·阿普尔比、林恩·亨特、玛格利特·雅格布:《历史的真相》,刘北成、薛绚译,中央编译出版社1999年版。

Event，*Experience*，*and Myth*）出版。文津出版社韩震主编"历史哲学译丛"2005 年有董立河译海登·怀特《形式的内容:叙事话语与历史再现》①、江怡译帕特里克·加登纳(Patrick Gardiner)《历史解释的性质》、韩震译 F. R. 安克斯密特《历史与转义:隐喻的兴衰》出版。北京大学出版社张文杰主编"历史的观念译丛"2007 年有彭刚译埃娃·多曼斯卡编《邂逅:后现代主义之后的历史哲学》出版。北京师范大学出版社杨耕、张立波主编"后现代历史哲学译丛"2008 年有张羽佳译 R. M. 伯恩斯、H. R. 皮卡德《历史哲学:从启蒙到后现代》、邢立军译 R. F. 伯克霍福《超越伟大故事:作为文本和话语的历史》、张秀琴译 C. B. 麦卡拉《历史的逻辑:把后现代主义引入视域》②、魏小巍和朱舫译 W. 斯威特《历史哲学:一种再审视》、徐陶与于晓凤译艾维尔泽·塔克尔(Aviezer Tucker)《我们关于过去的知识:史学哲学》出版。陈启能、王学典、姜芃主编"新史学沙龙"收录了保罗·利科的《过去之谜》(*The Riddle of the Past*，*Das Rätsel der Vergangenheit*)，綦甲福、李春秋译，由山东大学出版社 2009 年出版，该书讨论了回忆—遗忘—宽恕问题，介于认识论和本体论之间，提出若不把过去与现在、将来相关联，那么关于过去的真相将变得更加难以捉摸。"当代世界学术名著"收录了米歇尔·塞托尔(Michel de Certeall)《历史与心理分析:科学与虚构之间》(*Histoire et Psychanalyse Entre Scinece et Fiction*)，邵炜译，由中国人民大学出版社

---

① 海登·怀特《形式的内容:叙事话语与历史再现》收录八篇论文,它们是《叙事性在再现实在中的价值》《当代历史理论中的叙事问题》《历史阐释的政治学:规范与非崇高化》《德罗伊森的〈历史〉:作为一种资产阶级科学的历史修撰》《福柯的话语:反人道主义的历史编纂学》《走出历史:詹姆森的叙事救赎》《叙事性的形而上学:利科历史哲学中的时间与象征》《文本中的语境:思想史中的方法和意识形态》。

② C. 贝汗·麦卡拉(C. Behan McCullagh)的《历史的逻辑:把后现代主义引入视域》(*The Logic of History*：*Putting Postmodernism in Perspective*)，揭示了历史学家描述、阐释和解说过去事件的合理基础,讨论了后现代主义对历史的批判,为历史研究者提供了崭新的证实其研究活动有效性的方法。

2010年出版,该书认为史学是一种操作,是一种处于虚构和心理分析之间的学科,是"科学社会可能产生的神话"。"历史学的实践丛书"收录了安托万·普罗斯特(Antoine Prost)《历史学十二讲》(*Douze Lecons sur l'histoire*),韩炯译,由北京师范大学出版社2012年出版,其中第十一章"情节化与叙事性"、第十二章"历史学是写出来的"宣讲后现代主义主张。

1990年以后学界相继翻译了一批对后现代主义史学进行理论探讨的论著。

陈启能、郭少棠主编"新史学译丛"收录了格奥尔格·伊格尔斯《二十世纪的历史学——从科学的客观性到后现代主义的挑战》(*Historiography in the Twentieth Century: From Scientific Objectivity to the Post-modern Challenge*),其"中文版序言"中说:"本书所探讨的关键问题是后现代主义向严谨的历史学所提出的挑战。"①还说:"后现代的思想家们从罗兰·巴特(Roland Barthes)到海登·怀特(Hayden White)、米歇尔·福柯(Michel Foucault)和雅克·德里达(Jacques Derrida)关于科学合理性的界限以及高度评价科学与合理性的地方文明的性质,都曾提出过许多重要的问题。"②其第八到十一章都是关于后现代主义对历史学的挑战的,"法国和美国有许多理论家,大部分来自文艺批评界的,诸如罗兰·巴特,保罗·德·芒,海登·怀特,雅各·德里达和冉·弗朗梭瓦·里奥塔德(Jean-François Lyotard)等人往往都被认为是后现代主义者"③。耶尔恩·吕森(Jörn Rüsen)、张文杰主编"历史的观念译丛"收录了玛丽亚·露西娅·帕拉蕾丝-伯克(Maria Lúcia Pallares-Burke)的《新史学:自白与对话》(*The New History: Confessions*

---

① [美]格奥尔格·伊格尔斯:《二十世纪的历史学——从科学的客观性到后现代主义的挑战》,何兆武译,辽宁教育出版社2003年版,中文版序言第2页。
② 同上书,中文版序言第4页。
③ 同上书,第114页。

and Conversations》（彭刚译，北京大学出版社2006年版）。书中，玛丽亚·露西娅·帕拉蕾丝-伯克访问了具有后现代主义倾向的纳塔莉·泽蒙·戴维斯(Natalie Z. Davis)、伯特·达敦和卡罗·金兹堡、昆廷·斯金纳(Quentin Skinner)，为中国学者了解后现代主义史学实践提供了参考。杨耕、张立波主编"后现代主义哲学译丛"则有罗伯特·F. 伯克霍福(Robert F. Berkhofer)《超越伟大故事：作为文本和话语的历史》（邢立军译，北京师范大学出版社2008年版），该书所针对的根本问题，是在后现代主义的挑战面前，历史学科应当做出何种调整，从而既能避免后现代主义历史观的相对主义倾向，又能充分发掘这种挑战对于今天历史研究的建设性意义。理查德·艾文斯(Richard J. Evans)的《捍卫历史》(In Defence of History)（张仲民、潘玮琳、章可译，广西师范大学出版社2009年版）则论述了"如何学习、研究、书写，以及阅读历史"的问题，内容涉及后现代主义，回顾围绕后现代主义展开的讨论，展示对待后现代主义的不同态度，以及后现代主义者与传统史学捍卫者的相互妥协。"历史学的实践丛书"中则有格奥尔格·伊格尔斯、王晴佳《全球史学史：从18世纪至当代》(A Global History of Modern Historiography)（杨豫译，北京师范大学出版社2011年版），其第六章为"战后史学的新挑战：从社会史到后现代主义和后殖民主义"。吕森、张文杰主编"历史的观念译丛"中斯特凡·约尔丹主编的(Stefan Jordan)《历史科学基本概念辞典》(Lexikon Geschichtswissenschaft Hundert Grundbegriffe)（孟钟捷译，北京大学出版社2012年版）有"话语"(diskurs)、"虚构"(fiktion)、"性别史"(Geschlechtergeschichte)、"建构主义"(konstruktivismus)、"隐喻"(metaphern)、"后史学"(posthistorie)、"转喻"(trope)等后现代主义色彩很浓的词条。"历史学的实践丛书"中有西蒙·冈恩(Simon Gunn)《历史学与文化理论》(History and Cultural Theory)（韩炯译，北京师范大学出版社2012年版），则讨论了后结构主义、历史与叙事、历史与权力、历史认识的认同和后殖民主义等问题。

这些译作引起学界对后现代主义史学的普遍关注,并为深入研究该思潮提供了参考。

三、后现代主义史学的传播

(一) 中国学者对后现代主义史学的介绍

1. 单独撰文进行反思

中国学者中比较早地关注后现代主义的是杨豫的《"新史学"的困境》(《史学理论》1989 年第 1 期),注意到后现代主义对史学的挑战。陈启能的《八十年代的西方史学》一文表达出与杨豫类似的感觉[①]。他的《从"叙事史的复兴"看当代西方史学思想的困惑》一文,依次论述了海登·怀特、巴特、福柯、德里达、罗蒂、伽达默尔、利科、马威克、安克斯密特、芒兹(P. Manz)等人的后现代主义思想倾向[②]。徐贲在《苏州大学学报》1993 年第 3 期上发表《海登·怀特的历史喻说理论》,较早评论了后现代主义史学理论。后来邵立新在《史学理论研究》1999 年第 4 期上发表《理论还是魔术:评海登·怀特的〈玄史学〉》,是专门对《元史学》的评论。比较早对后现代主义史学做总体反思的是邓忠忠的《后现代西洋史学发展的反省》(上、下),发表在《史学理论研究》1997 年第 2、3 期上,稍后张永华的《后现代观念与历史学》在《史学理论研究》1998 年第 3 期上发表。李幼蒸则在《哲学研究》1999 年第 11 期上发表《对后现代主义历史哲学的分析批评》。

2. 各类高校教材的涉及

朱本源的《历史学理论与方法》(人民出版社 2007 年版),为陕西师

[①] 陈启能:《八十年代的西方史学》,载《史学理论丛书》编辑部编:《八十年代的西方史学》,中国社会科学出版社 1990 年版,第 65—79 页。

[②] 陈启能:《从"叙事史的复兴"看当代西方史学思想的困惑》,载《史学理论丛书》编辑部编:《当代西方史学思想的困惑》,中国社会科学出版社 1991 年版,第 31—52 页。

范大学研究生教材,根据"出版说明","本书是朱本源先生上个世纪八九十年代完成的当时国家教委的一项研究课题"。该书第一章"历史的定义和'历史'术语的语义学的演变",引用卡尔·波普尔的《历史有意义吗?》、奥克肖特(M. Oakeshott)的《经验及其方式》,表达了他对于历史学的认识,书中灵活使用"复活"(resurreaction)、"重构"(reconstruction)、"重演"(reenaction)、"构造"(construction)等词。在第二章"历史方法论及其研究对象"中,他认为库恩(T. S. Kuhn)的"范例"(paradigm)就是公认的"范例"(exemplar),也就是库恩所说的"学科模型"(disciplinary matrix),把 context 译为"关系域"。第三章"历史理论及其研究对象"涉及"元理论"(metatheory)、"元历史学"(metahistory)、"历史元理论"、"元历史"等,提到波普尔《科学发现的逻辑》、伽达默尔的"视野融合"(fusion of horizons)等。

张广智主著的《西方史学史》,作为"面向21世纪教材",由复旦大学出版社2000年出版,其第九章"现代史学(Ⅱ)"第七节"历史哲学发展的新走向"与第八节"当代西方史学的发展前景",均论及后现代主义与西方史学问题,对福柯、巴特、海登·怀特的理论主张有所讨论。2004年第二版则在第九章"现代史学(Ⅱ)"第七节"历史哲学发展的新走向"中除了依然保留关于福柯、巴尔特、海登·怀特的理论主张外,还增加了对安克斯密特、保罗·利科的史学思想的介绍。特别是把第八节"当代西方史学的发展前景"扩充为第十章"现代史学(Ⅲ)",除了宏观论述后现代主义及其对史学的挑战外,在史学实践层面增加了"微观史学"和"新文化史学"。

陈新主编的《当代西方历史哲学读本(1967—2002)》(复旦大学出版社2004年版)收录有陈新译的海登·怀特《叙事性在实在表现中的用处》、弗兰克·安克斯密特的《为历史主观性而辩》、埃娃·多曼斯卡《普遍史与后现代主义》。陈新还与刘北成合编《史学理论读本》(北京大学出版社2006年版),其中收入的后现代主义论文有苏力译福柯《尼采、谱系学、历史学》、黄红霞译海登·怀特《历史解释中的形式主义与情境主义策略》、陈新译弗兰克·安克斯密特《历史编纂与后现代主义》。

"史学概论"或者"史学理论"类教材则有张耕华《历史哲学引论》(复旦大学出版社 2004 年版),涉及后现代主义者的观点,尤其是大量参考和引用了海登·怀特的著作。李隆国《史学概论》(北京大学出版社 2009 年版)为大学文科基本用书,其中第十一章第三节"作为文学的历史学"介绍了库恩的范式理论和海登·怀特《元史学》的内容。

3. 史学理论讨论会的推动

国内举办的全国性乃至国际性的史学理论研讨会中后现代主义问题往往成为热议的话题。海登·怀特、安克斯密特、德里达等学者或来中国访学或参加学术会议,直接宣讲其理论主张,更是推动了后现代主义的传播。例如,2004 年 4 月 8—10 日,"第九届 21 世纪的中国史学和比较历史思想"国际学术研讨会在复旦大学举行。研讨会汇聚了 40 余位国内外一流的专家学者,从理论与实践、宏观与微观等角度探讨了历史学的社会意义、中国历史思想的变迁和中西史学的交流等问题,并研讨了 21 世纪历史学的发展可能。历史意味着什么？历史是一门科学,还是一种艺术,或者两种性质兼备？这些都在近年引发了学者们的思考,并越来越成为中国史学界与国际学术界所共同关注的问题。其中一些在中国影响很大的国外学者,如海登·怀特第一次来到中国进行学术交流。再如,2007 年 11 月 3—5 日,华东师范大学举办了"全球视野下的史学:区域性与国际性"国际学术研讨会,海登·怀特、弗兰克·安克斯密特、埃娃·多曼斯卡、克里斯·劳伦斯(Chris Lorenz)等后现代主义史学家与会。海登·怀特发言的题目是"全球史讨论的课题",检讨了现代主义、后现代主义和全球化这些术语的含义,以及它们对当代史学研究产生的影响。埃娃·多曼斯卡的论文《当代人文学科领域里的施为转向》,从"述行转向"角度为后现代主义张目;克里斯·劳伦斯提交的论文《变迁的时代:"科学"史学之兴衰》,则对国别性的"科学史学"提出挑战。

4. 期刊中的讨论

一些刊物开辟专栏,推动了后现代主义的传播。《东岳论丛》由王学典主持的"后现代主义与史学研究",从2004年第1期至2005年第2期陆续发表关于后现代主义与史学的论文共16篇,其中既有中国学者如陈启能等的文章,也有如伊格尔斯、理查德·艾文斯等国际知名学者的文章,这种时间上持续一年多、空间上横贯中西的持续的理论研究热,在中国史学界尚不多见。《学术研究》2004年第4期刊登了吴英、俞金尧、赵世瑜、韩震、李宏图、陈新等人的"后现代思潮与历史学"笔谈。吴英批评了后现代思潮对历史学科学性的否定。俞金尧指出,"后现代"这个词能否成立令人怀疑,与之相关的一些概念例如"后现代性""后现代社会""后现代主义"多少带有炒作、虚张声势的意味。赵世瑜则从后现代史学中得到启发,那就是史学家更应该仔细地审视文献,以不同的思考方式思考文本和叙事,处于更具有自我批评性的过程中。韩震谈到后现代主义历史哲学的含义、特征和如何面对其挑战等问题。李宏图则从语言学转向角度去认识后现代主义史学。陈新论述了通过考察检验真理标准的不同来认识现代史学和后现代史学关于"真"的不同理解。《史学理论研究》2004年第2期"圆桌会议"栏目则刊登了刘北成、张耕华、彭刚、赵立行、郭艳君等人的一组关于"后现代主义与历史学"的文章。其中,刘北成考察了"后现代"产生的背景和不同含义,以及给历史学带来的巨大冲击;张耕华认为历史学中的后现代主义是历史叙述带来的新问题;彭刚从历史学科学自律的角度谈后现代主义与史学问题,指出它既给历史学提出挑战,又带来新的气象;赵立行指出,后现代主义没给历史研究提供成体系的框架,但是它提供了一种批评的眼光、质疑的态度、开阔的视野以及多角度审视问题的可能性;郭艳君认为,理解后现代主义对史学的影响不能仅限于它对于历史真实性的反叛,更应该认识到其核心是对现代主义所代表的绝对理性的文化精神的反动。

5. 西方史学史著作中的论述

张广智与张广勇合作的《史学,文化中的文化——文化视野中的西方史学》①第六章"思想的历程(现代篇)"中朦胧地意识到史学中的后现代主义:"近年来,历史哲学的发展已渐渐不再倾向于把历史研究作为'科学的'或'社会科学的'分支来加以分析,而是更多地倾向于历史叙述的结构,即强调恢复通常被忽视的历史与文学之间的传统联系。"②其《现代西方史学》③第八章"历史的哲学观"论述了批判的和分析的历史哲学派,特别是把福柯单独提出讨论,不过还未明确提出其"后现代主义"问题。特别是复旦大学出版社2011年出版的张广智主编的《西方史学通史》第六卷《现当代时期》把这些内容加以细化,具体不赘述。

鲍绍霖编《西方史学的东方回响》④,其中第五章第五节《年鉴》杂志的更名和史学研究的新趋向"回顾了伊格尔斯、李幼蒸等人对后现代主义的批判。王晴佳《西方的历史观念——从古希腊到现代》⑤第十章"西方史学的现状和未来"简述海登·怀特、罗马·巴特、米歇尔·福柯、雅克·德里达、克利福德·格尔兹(Clifford Geertz)、弗兰克·安克斯密特等人理论的后现代主义倾向,视罗伯特·达恩顿(Robert Darnton)《屠猫记》和卡罗·金兹伯格(Carlo Ginzburg)《奶酪和蛆虫》为后现代主义历史著作。何兆武、陈启能主编《当代西方史学理论》⑥中有陈启能撰写的"绪论"(续)《世纪之交的西方史学》,第一节为"后现代

---

① 张广智、张广勇:《史学,文化中的文化——文化视野中的西方史学》,浙江人民出版社1990年版。
② 张广智、张广勇:《史学,文化中的文化——文化视野中的西方史学》,第277页。
③ 张广智、张广勇:《现代西方史学》,复旦大学出版社1996年版。
④ 鲍绍霖编:《西方史学的东方回响》,社会科学文献出版社2001年版。
⑤ 王晴佳:《西方的历史观念——从古希腊到现代》,华东师范大学出版社2002年版。
⑥ 何兆武、陈启能主编:《当代西方史学理论》,上海社会科学院出版社2003年版。

主义及其对历史学的挑战"。章士嵘《西方历史理论的进化》①第六章第二节"后现代的历史理论",交代了后现代主义产生的社会条件和学术基础,阐释了后现代主义的含义,论述了福柯的历史思想、博德里拉的"历史终结的理论"。于沛主编《20世纪的西方史学》②中有张仲民撰写的第七章"反叛传统与史学变革——20世纪后现代主义史学与新文化史",专论欧美学者关于后现代主义理论的争论及后现代主义对西欧史学的影响。

中国史学界在翻译、介绍和评论后现代主义史学的同时,也展开了深入的研究,以下详述。

(二)中国学者对后现代主义史学的研究

1. 后现代主义思想家或史学家成为焦点人物

邵立新、刘峰和陈新解读海登·怀特《玄史学》(又译《元史学》)、《形式的内容》等书中关于历史的认知与历史的意义的论述,论述了其历史学中的后现代主义思想③。徐贲阐释了海登·怀特的历史喻说理论④,徐浩概述了怀特历史是修辞的叙事理论⑤,陈新则评价了海登·怀特的历史哲学⑥,彭刚考察了海登·怀特对于当代西方历史哲学转型的意

---

① 章士嵘:《西方历史理论的进化》,山西教育出版社2004年版。
② 于沛主编:《20世纪的西方史学》,武汉大学出版社2009年版。
③ 邵立新:《理论还是魔术:评海登·怀特〈玄史学〉》,《史理论》1999年第4期,第110—123页。刘峰:《历史的认知与历史的意义:从海登·怀特〈形式的内容〉说起》,《史学理论研究》2009年第1期,第36—41页。陈新:《诗性预构与理性阐释:海登·怀特和他的〈元史学〉》,《河北学刊》2005年第2期,第188—192页。
④ 徐贲:《海登·怀特的历史喻说理论》,《苏州大学学报(哲学社会科学版)》1993年第3期,第79—84页。
⑤ 徐浩:《历史是修辞:怀特后现代主义历史编纂学的叙事理论》,《史学月刊》2009年第1期,第111—118页。
⑥ 陈新:《历史·比喻·想象:海登·怀特历史哲学述评》,《史学理论研究》2005年第2期,第68—79页。

义①,郭艳君论述了海登·怀特对历史的文化解释②。

福柯也是位焦点人物。秦静通过解读《性经验史》,来阐明福柯关于权力与身体的双重拷问③。陈新通过解读《规训与惩罚》来阐释福柯关于历史与权力的理论思考④。张进考察了福柯解构史学对于新历史主义的影响⑤。王京春等人则指出了福柯历史哲学的非科学性、非理性⑥。

其他方面,李晨阳、肖红剖析了伽达默尔的《真理与方法》中的"效应历史"(wirkungsgeschichte/effective-history)、释义学(hermeneutics)、训诂学(exegesis)、语言解释学(philology)问题,并溯源到狄尔泰、海德格尔⑦。杨效斯讨论了托马斯·库恩《科学革命的结构》与昆廷·斯金纳(Quentin Skinner)的《近代政治思想基础》《意义和语境》的史学方法⑧。德里达、安克斯密特、福山、柯文等人的后现代主义倾向都引起中国学者的关注⑨。

---

① 彭刚:《叙事、虚构与历史:海登·怀特与当代西方历史哲学的转型》,《历史研究》2006年第3期,第23—38页。

② 郭艳君:《论海登·怀特对历史的文化阐释》,《江海学刊》2007年第2期,第56—61页。

③ 秦静:《权力与身体的双重拷问:福柯〈性史〉解读》,《史学理论研究》2002年第4期,第81—87页。

④ 陈新:《历史与权力:〈规训与惩罚〉讲述的三个故事》,《东岳论丛》2004年第5期,第44—49页。

⑤ 张进:《论福柯解构史学对新历史主义的影响》,《甘肃社会科学》2003年第6期,第31—34页。

⑥ 王京春:《福柯心中的历史:一种非科学、非理性的历史哲学》,《高校理论战线》2008年第4期,第39—45页。

⑦ 李晨阳、肖红:《伽达默的历史效应原则》,载中国留美历史学会编:《当代欧美史学评析:中国留美学者论文集》,人民出版社1990年版,第15—28页。

⑧ 杨效斯:《"范式"与"语境"——库恩与斯金纳的史学方法》,载中国留美历史学会编:《当代欧美史学评析:中国留美学者论文集》,第29—44页。

⑨ 陈新:《解构与历史——德里达思想对历史学的可能效应》,《东南学术》2001年第4期,第85—101页。原理:《后现代语境下的历史编纂学:读安克施密特的〈历史与转义:隐喻的兴衰〉》,《新视野》2006年第3期,第71—73页。张耕华:《历史的(转下页)

2. 后现代主义历史哲学著作成为热点

米歇尔·福柯的《必须保卫社会》①《知识考古学》②《词与物——人文科学考古学》③《权力的眼睛:福柯访谈录》④《性经验史》⑤《不正常的人》⑥《疯癫与文明》⑦《规训与惩罚》⑧,海登·怀特的《后现代历史叙事学》⑨《元史学:十九世纪欧洲的历史想象》⑩《形式的内容:叙事话语与历

(接上页)"硬性"与解释的"弹性":兼论安克斯密特与扎戈林的争论》,《史学理论研究》2007年第2期,第43—51页。杨生平:《一种值得关注的新历史观:福山的后历史世界理论》,《中国特色社会主义研究》2004年第6期,第57—62页。思竹:《历史的终结与当代人的危机》,《浙江学刊》2007年第1期,第45—52页。唐艳香:《探寻历史真相的三种途径——读柯文的〈历史三调:作为事件、经历和神话的义和团〉》,《兰州学刊》2007年第10期,第159—162页。杨生平:《福山的后历史世界理论评析》,《北京化工大学学报(社会科学版)》2003年第1期,第5—11页。魏万磊、刘黎:《毁灭"乌托邦"的"异托邦":读福山〈历史的终结与最后一人〉》,《学术论坛》2007年第1期,第184—187页。张冉:《从历史哲学看福山的"历史终结论"》,《中共郑州市委党校学报》2006年第4期,第145—146页。陈君静:《论柯文的中国史观及其史学特征》,《华东师范大学学报(哲学社会科学版)》2003年第3期,第48—53页。张振利、张志昌:《从"中国中心观"到"历史三调"》,《中州学刊》2003年第1期,第130—133页。

① [法]米歇尔·福柯:《必须保卫社会》,钱翰译,上海人民出版社1999年版。
② [法]米歇尔·福柯:《知识考古学》,谢强、马月译,生活·读书·新知三联书店1998年版。
③ [法]米歇尔·福柯:《词与物——人文科学考古学》,莫伟民译,上海三联书店2001年版。
④ [法]米歇尔·福柯:《权力的眼睛:福柯访谈录》,严锋译,上海人民出版社1997年版。
⑤ [法]米歇尔·福柯:《性经验史》,佘碧平译,上海人民出版社2000年版。
⑥ [法]米歇尔·福柯:《不正常的人》,钱翰译,上海人民出版社2003年版。
⑦ [法]米歇尔·福柯:《疯癫与文明》,刘北成、杨远婴译,生活·读书·新知三联书店1999年版。
⑧ [法]米歇尔·福柯:《规训与惩罚》,刘北成、杨远婴译,生活·读书·新知三联书店1999年版。
⑨ [美]海登·怀特:《后现代历史叙事学》,陈永国、张万娟译,中国社会科学出版社2003年版。
⑩ [美]海登·怀特:《元史学:十九世纪欧洲的历史想象》,陈新译,中国社会科学出版社2004年版。

史再现》①,雅克·德里达的《多义的记忆》②《一种疯狂守护着思想——德里达访谈录》③等成为学术界的热点。有学者这样评价福柯:"福柯发掘间断性、断裂、界线、裂口、个体性、力量关系等,主要是为了杀死把人类意识看作一切生成和一切实践的原初主体这样的传统哲学家的大写的历史的神话。"④"从不同的侧面对文化的意义进行独特的探讨。"⑤李银河指出《性经验史》写作的理论背景为后现代思潮、质疑宏大叙事、质疑启蒙理性、质疑人文主义,她分析了福柯研究性史的方法是考古学和谱系学方法,指出其理论基础是压抑假说,挖掘出《性经验史》的社会学意义。⑥海登·怀特的历史叙事被誉为"不仅颠覆了历史即事实的重复这一古老而顽固的史学错误,为当代史学的发展和史学观的更新开辟了新路,而且在史学研究与文学批判之间看到了亲和性和相同点,从而把二者结合起来,跨越了二者间被认为是不可逾越的科学界线,构成了一种空前的跨学科研究"⑦。海登·怀特"对历史叙事深层结构的分析,是为了提出一种有关历史知识的功能与性质的新观点,进而为当代历史学摆脱长久以来的实在论幻觉提供一条新途径"⑧。

3. 后现代主义历史哲学作为一个整体受到重视

韩震、孟鸣岐在《历史哲学:关于历史性概念的哲学阐释》第三章"历

---

① [美]海登·怀特:《形式的内容:叙事话语与历史再现》,董立河译,文津出版社2005年版。
② [法]雅克·德里达:《多义的记忆》,蒋梓骅译,中央编译出版社1999年版。
③ [法]雅克·德里达:《一种疯狂守护着思想——德里达访谈录》,何佩群译,上海人民出版社1997年版。
④ 莫伟民:《译者导语》,载[法]米歇尔·福柯:《词与物——人文科学考古学》,上海三联书店2001年版,第14页。
⑤ 严锋:《译后记》,载《权力的眼睛:福柯访谈录》,上海人民出版社1997年版,第270页。
⑥ 李银河:《福柯与性:解读福柯〈性史〉》,山东人民出版社2001年版。
⑦ 陈永国等:《译者前言》,载[美]海登·怀特:《后现代历史叙事学》,中国社会科学出版社2003年版,第1页。
⑧ 陈新:《西方历史叙述学》,社会科学文献出版社2005年版,第82页。

史语言学"中①论述了后现代主义者关于叙述、结构、话语和文本的理论;他们还在《历史·理解·意义——历史诠释学》中②论述了伽达默尔理解的历史学和海登·怀特的"历史是一种文学想像性的解释"的主张。周建漳在历史叙述与文学叙事关系问题上认同海登·怀特揭示的两者结构上的相似性,但对于其思想中的完全抹杀虚构与纪实界限的极端观点持保留态度。其书的参考文献中,有伽达默尔、利科、安克斯密特、福柯、马威克、奥克肖特、利奥塔、罗蒂、海登·怀特、罗兰·巴特等人的著作③。韩震、董立河论述了后现代主义历史哲学的学术背景,分析其实质为"语言决定论",探讨其广泛而深刻的影响,其学术价值和破坏性④。彭刚则讨论了海登·怀特的类似叙述与虚构,安克斯密特叙事实体与历史经验,昆廷·斯金纳以历史地理解历史的理论,论述了史料、事实与解释问题,以及相对主义、叙事主义和历史学客观性问题⑤。陈新论述了福柯、德里达、海登·怀特等人的后现代理论,分析了后现代主义在史学方面的重点诉求,展望了后现代历史写作的前景⑥。

  后现代主义思潮对于西方史学的影响这样比较宏大的问题也受到普遍注意。这方面的论文重要者就有王晴佳《后现代主义与历史研究》⑦、师宇楠《后现代主义与西洋史学》⑧、何平《后现代主义历史观及

---

① 韩庆祥主编"哲学理论创新丛书",韩震、孟鸣岐:《历史哲学:关于历史性概念的哲学阐释》,云南人民出版社 2002 年版。
② 韩震、孟鸣岐:《历史·理解·意义——历史诠释学》,上海译文出版社 2002 年版。
③ 周建漳:《历史及其理解和解释》,社会科学文献出版社 2005 年版。
④ 韩震、董立河:《历史研究的语言学转向——西方后现代历史哲学研究》,北京师范大学出版社 2008 年版。
⑤ 彭刚:《叙事的转向:当代西方史学理论的考察》,北京大学出版社 2009 年版。
⑥ 陈新:《历史认识:从现代到后现代》,北京大学出版社 2010 年版。
⑦ 王晴佳:《后现代主义与历史研究》,《史学理论研究》2000 年第 1 期,第 130—142 页。
⑧ 师宇楠:《后现代主义与西洋史学》,《黑龙江教育学院学报》2001 年第 4 期,第 60—61 页。

其方法论》①,杨共乐《后现代主义与后现代史学》②,张仲民《后现代主义理论与历史学述评》③,陈新《实验史学:后现代主义在史学领域的诉求》④,程群《反思后现代主义对历史学的挑战:读伊格尔斯〈二十世纪的历史学〉》⑤,董立河《后现代历史哲学及其对传统历史学的挑战》⑥,黄红霞、陈新《后现代主义与公众史学的兴起》⑦,杨耕、张立波《历史哲学:从缘起到后现代》⑧,徐浩《后现代主义历史研究中的语言学转向》⑨。

西方历史叙述、历史解释和符号学研究也是学者关注的话题。陈新总体研究了20世纪西方的历史叙述理论和历史叙述范式的变化⑩。何平阐述了解释在历史研究中的性质及其方式⑪,韩震阐释了历史解释的

---

① 何平:《后现代主义历史观及其方法论》,《社会科学研究》2002年第2期,第115—119页。
② 杨共乐:《后现代主义与后现代史学》,《史学史研究》2003年第3期,第71—75页。
③ 张仲民:《后现代主义理论与历史学述评》,《东岳论丛》2004年第4期,第30—38页。
④ 陈新:《实验史学:后现代主义在史学领域的诉求》,《北京师范大学学报(社会科学版)》2004年第5期,第77—84页。
⑤ 程群:《反思后现代主义对历史学的挑战——读伊格尔斯〈二十世纪的历史学〉》,《历史教学问题》2004年第6期,第50—53页。
⑥ 董立河:《后现代历史哲学及其对传统历史学的挑战》,《国外社会科学》2006年第4期,第23—27页。
⑦ 黄红霞、陈新:《后现代主义与公众史学的兴起》,《学术交流》2007年第10期,第19—22页。
⑧ 杨耕、张立波:《历史哲学:从缘起到后现代》,《学术月刊》2008年第4期,第32—39页。
⑨ 徐浩:《后现代主义历史研究中的语言学转向》,《学习与探索》2009年第1期,第223—227页。
⑩ 陈新:《二十世纪西方历史哲学研究的两个阶段:从对 narrative 的解释看当代西方历史哲学的演进》,《江海学刊》1999年第1期,第87—90页。陈新:《论西方现代历史叙述范式的形成与嬗变》,《江西师范大学学报(哲学社会科学版)》1999年第3期,第25—30页。陈新、景德祥:《我们为什么要叙述历史》,《史学理论研究》2002年第3期,第5—18页。
⑪ 何平:《解释在历史研究中的性质及其方式——西方分析历史哲学流派观点述评》,《史学理论研究》1998年第4期,第86—99页。

历史性问题①。乔春霞研究了加德纳的历史因果解释观②,刘开会探讨了伽达默尔对海德格尔历史观的发展③。陈立新分析了海德格尔关于"历史学"何以可能的思考④。汪行福与王和讨论了哈贝马斯关于历史意识与"历史的公用"的思想⑤。李伟评述了卡西尔的历史哲学⑥。胡志鹏、肖志刚则对新历史主义本体矛盾进行了思考⑦。

  体现后现代主义的女性主义和后殖民主义的史学也引起中国学者的注意。刘军在20世纪末发表一组文章,比较早地关注美国的妇女史研究中的女性主义问题⑧,后又拓展到西方的妇女史研究之中⑨。与此同时,周兵、薄洁萍、周莉萍等人都相继对美国乃至西方的女性主义史学进行了阐述⑩,陈其、舒丽萍、王云龙等人的关于西方妇女史研究的回顾

---

① 韩震:《论历史解释的历史性》,《求是学刊》2002年第3期,第31—37页。
② 乔春霞:《加德纳的历史因果解释观》,《史学理论研究》1997年第2期,第77—85页。
③ 刘开会:《伽达默尔对海德格尔历史观的发展》,《兰州大学学报(社会科学版)》1997年第2期,第104—110页。
④ 陈立新、景德祥:《"历史学"何以可能——海德格尔的追问》,《史学理论研究》2003年第3期,第19—29页。
⑤ 汪行福:《历史意识与"历史的公用":哈贝马斯的历史哲学》,《学海》2004年第6期,第12—18页。王和:《体悟哈贝马斯——兼谈历史学的功能、价值与智慧》,《东北师大学报(哲学社会科学版)》2005年第4期,第81—84页。
⑥ 李伟:《符号·激情·历史:卡西尔历史哲学述评》,《北京市政法干部管理学院学报》2003年第2期,第53—56页。
⑦ 胡志鹏、肖志刚:《关于新历史主义本体矛盾的思考》,《江西社会科学》2003年增刊。
⑧ 刘军:《论美国妇女史研究中的政治倾向》,《史学理论研究》1998年第1期,第113—121页。刘军:《美国妇女史研究的新特点:论妇女的不团结》,《美国研究》1998年第4期,第98—113页。
⑨ 刘军:《美国妇女史学的若干理论问题》,《世界历史》1999年第1期,第88—94页。刘军:《西方妇女史学》,载姜芃主编:《西方史学的理论和流派》,中国社会科学出版社2007年版。
⑩ 周兵:《美国妇女史研究的回顾与展望》,《史学理论研究》1999年第3期,第138—146页。薄洁萍:《社会性别与西方妇女史研究》,《光明日报》2002年8月27日。周莉萍:《西方女性主义思潮与美国妇女史研究》,《赣南师范学院学报》2004年第5期,(转下页)

和评论则是这一关注的深入①。至于西方后殖民主义史学问题,王晴佳进行了总结②,指出进入 21 世纪,国内一些学者相继发表文章讨论后殖民主义史学的意义以及对于中国史学的影响③。

4. 中国史学界了解具有欧美后现代主义倾向的历史著作

后现代主义史学传入中国,对于中国史学具有积极意义。它使中国学者了解了西方具有后现代主义倾向或者意识的历史著作。根据王晴佳、古伟瀛的说法,西方后现代主义史学著作有三类,第一类是否定"大写历史",包括反对西欧中心论的、具有后殖民主义倾向的;第二类是注重下层社会、妇女和少数民族的历史,诸如"新文化史""微观史""日常史";第三类是运用后现代主义理论写出的史学理论著作④。第三类其实就是上文说到的后现代主义历史哲学,这里不再重复。前两类倒是史学实践中的著作,后两类可以具体化为"微观史学""后殖民主义史学""女

(接上页)第 47—50 页。杨祥银:《妇女史、口述历史与女性主义视角》,《浙江学刊》2004 年第 3 期,第 210—214 页。王莉、王秀萍:《浅谈女性主义史学的研究意义》,《韶关学院学报》2007 年第 7 期,第 8—11 页。

① 陈其:《对男性垄断历史的抗争——读勒娜的〈父权制的创造〉》,http://www.pep.com.cn/czls/js/xsjl/sjsyj/201009/t20100926_914361.html。舒丽萍:《英国女性主义妇女史研究的典范——读〈近代早期英格兰的妇女,1550—1720 年〉》,《妇女研究论丛》2008 年第 5 期,第 87—94 页。王云龙:《克利奥的萨迦——女性主义史学论域的维京妇女》,《古代文明》2009 年第 4 期,第 68—73 页。

② 王晴佳:《后殖民主义与中国历史学》,《中国学术》2000 年第 3 期,第 255—287 页。

③ 王岳川:《后现代后殖民主义在中国》,首都师范大学出版社 2002 年版。张旭鹏:《后殖民主义与历史研究》,《世界历史》2006 年第 4 期,第 107—116 页。邓欢:《后殖民主义与史学研究概观》,《内江师范学院学报》2008 年第 11 期,第 56—59 页。王晴佳、张旭鹏:《悖论的力量:后殖民主义对现代史学挑战的双重影响》,《山东社会科学》2009 年第 5 期,第 5—12 页。邓欢:《后殖民主义对中国史学的启示刍议》,《甘肃社会科学》2010 年第 3 期,第 65—67 页。邓欢:《浅析后殖民主义史学批判》,《哈尔滨学院学报》2011 年第 6 期,第 111—115 页。

④ 王晴佳、古伟瀛:《后现代与历史学:中西比较》,山东大学出版社 2006 年版,第 105—106 页。

权主义史学"和汉学界对中国史的新探。这几类著作经由中国学者的介绍、研究和翻译,其中不少著作为中国学者所了解。以下一一述之。

微观史学

微观史学反对宏观史学(macrohistory)、宏大叙事(grand narrative)或者元叙事/后设叙述(meta-narrative),著作主要有卡罗·金兹伯格的《奶酪和蛆虫》依据宗教审判团档案,重构磨坊主米诺奇欧的个人世界。吉奥万尼·列维《继承权力:一个巫师的故事》同样依据宗教审判团档案,重构巫师齐萨所处的社会状况。美国娜塔莉·泽蒙·戴维斯《马丁·盖尔归来》[①]、罗伯特·达恩顿《屠猫记》[②],不仅是微观史,而且是心态史。西蒙·沙玛1991年出版的《死亡的确定性:未证实的推测》设置问题,给予读者以想象空间。勒华拉杜里的《蒙塔尤》[③]和安东·布洛克《一个西西里村庄的黑手党》也是微观史学的代表作。

后殖民主义史学

它是对殖民主义话语下历史写作的反叛。爱德华·沃第尔·萨义德(Edward Wadie Said),以他提出的东方主义最为世人所知。1978年出版的《东方学》(*Orientalism*)[④]指出19世纪西方国家眼中的东方世界没有真实根据,是凭空想象出来的东方,西方世界对阿拉伯-伊斯兰世界的人民和文化有一种强烈的偏见。萨义德认为,西方文化中对亚洲和中东长期错误和浪漫化的印象为欧美国家的殖民主义提供了借口。这本书成为后殖民论述的经典与理论依据。他的《文化与帝国主义》[⑤]则从

---

① [美]娜塔莉·泽蒙·戴维斯:《马丁·盖尔归来》,刘永华译,北京大学出版社2009年版。
② [美]罗伯特·达恩顿:《屠猫记》,吕健忠译,新星出版社2006年版。
③ [法]埃马纽埃尔·勒华拉杜里:《蒙塔尤:1294—1324年奥克西坦尼的一个小山村》,许明龙、马胜利译,商务印书馆1997年版。
④ [美]萨义德:《东方学》,王宇根译,生活·读书·新知三联书店1999年版。
⑤ [美]萨义德:《文化与帝国主义》,李琨译,生活·读书·新知三联书店2003年版。

西方文学的角度进一步阐述西方文化与西方殖民主义、帝国主义之间的关系。其《知识分子论》①则提出知识分子应该特立独行,不应该与当权者妥协,应从独立的角度提出批判。此后,反对"西方中心论"成为后殖民主义的突出特征,这方面的著作有伊曼纽尔·沃勒斯坦《现代世界体系》②,柯文的《中国与基督教:传教运动与中国排外主义的发展,1860—1870年》《在传统与现代性之间:王韬与晚清革命》③《在中国发现历史——中国中心观在美国的兴起》④《历史三调:作为事件、经历和神话的义和团》⑤、弗兰克的《白银资本》⑥,彭慕兰的《大分流:欧洲、中国及现代世界经济的发展》⑦。

女性主义史学

它也被称为妇女主义史学,或称女权主义史学。在后现代主义影响下,人们认为社会话语是人为的,是可以解构的,只要解构社会话语,就可以改变人们的性别观念,进而改变妇女的社会地位。20世纪70年代初,在英美出现女史学家为妇女而写的妇女历史,成为新的历史学分支。它并非以妇女特别是历史上著名的妇女人物为主要研究内容的历史研究,而是以当时的女权运动为背景,渗透着女权主义的主张,并以此为理

---

① [美]萨义德:《知识分子论》,单德兴译,生活·读书·新知三联书店2007年版。
② [美]伊曼纽尔·沃勒斯坦:《现代世界体系》,罗荣渠、庞卓恒译,高等教育出版社1998年版。
③ [美]柯文:《在传统与现代性之间:王韬与晚清革命》,雷颐、罗检秋译,江苏人民出版社2006年版。
④ [美]柯文:《在中国发现历史——中国中心观在美国的兴起》,林同奇译,中华书局2002年版。
⑤ [美]柯文:《历史三调:作为事件、经历和神话的义和团》,杜继东译,江苏人民出版社2000年版。
⑥ [德]贡德·弗兰克:《白银资本》,刘北成译,中央编译出版社2000年版。
⑦ [美]彭慕兰:《大分流:欧洲、中国及现代世界经济的发展》,史建云译,江苏人民出版社2004年版。

论及方法指南的历史编纂学。玛莎·努斯鲍姆的《性与社会正义》,对罗尔斯等当代自由主义理论家的基本概念进行检讨,认为由于性别上的盲点,自由主义理论家的"人权"概念值得怀疑,因为它很容易成为男权话语的一部分,并在社会实践层面上,融入整个社会结构中的性别压迫机制。凯瑟琳·麦肯南在《正宗女性主义——建立女性主义国家理论》中分析自由主义对权利、女性的假设后,从法律角度对自由主义提出尖锐批评。她认为,自由主义至今依旧站在父权制立场,对其法律和国家理论中的"人"(man)的概念缺乏性别上的反思;现在首先应该进行性别鉴定的不是"个体",而应该是"man"。显然,麦肯南对"人"这一概念的提问已超出对自由主义的批评,这种追问不仅迫使法律文献必须对人的指称进行不厌其烦的注释,同时也对国家权力和社会文化的性别构成发起了根本的挑战。韩起澜的《姐妹们与陌生人:上海棉纱厂女工,1919—1949》开创性地考察中国近代的城市女工,共分引言、上海纺织史、工厂内、工人来源、建立关系、包身工、工作日、工作生活、变化的视角及结语等十部分。以往的劳工史研究多将工人作为一个整体来对待,忽略了妇女工人的特殊性,该书则将女工从其中剥离开,对诸如工作性质、工作环境、社会关系、同乡网络以及在转变成城市工业无产阶级时所经受的转型等多方面内容做深入、系统的阐述。

此外,戴思蒙·莫里斯的《男人和女人的自然史》[①]、伊万思的《为自由而生:美国妇女史》都是这方面的代表作。

汉学界对中国历史的重塑

欧美汉学界受后现代主义影响,在中国史研究领域,出版了一系列具有后现代主义意识或者倾向的著作。除上述提及的外,还有美国北卡罗来纳州立农业技术大学何伟亚(James L. Hevia)的《怀柔远人:清代变

---

① [英]戴思蒙·莫里斯:《男人和女人的自然史》,杜景珍、蒋超、孙庆译,华龄出版社2002年版。

化与 1793 年马嘎尔尼使节》①，美国布朗大学戴仁柱（Richard L. Davis）的《山下有风》，美国耶鲁大学史景迁（Jonathan D. Spence）的《王氏之死》《胡若望的疑问》《"天国之子"和他的世俗王朝：洪秀全与太平天国》《大汗之国》等。

四、从后现代主义视角反思中国史学

后现代主义史学传入中国，对于中国史学还有一个更为重要的意义，那就是它使中国学者有意识地反思以往的史学，并且一部分学者在历史研究中自觉地从后现代主义角度看待问题。

1. 反思以往史学

李小江著《历史、史学与性别》②一书，认为过去的中国史写作中男权话语占据主导地位，从意识形态上把妇女当作男性的附庸，提出从性别角度研究中国历史，给予妇女史一定地位，重新认识中国历史上的妇女状况，重新看待妇女在历史中的作用。这一学术倾向虽然可以冠名为女权主义，但是确实受后现代主义影响，对过去主流史学提出了质疑。受此影响，学者们强烈提出要赋予历史研究以性别观念③。

雷戈在《第三种历史：一个历史新闻学的文本》④一书中反对科学形态的历史文本，提倡第三种历史的文本。根据"后记"，他从 1992 年就开始了这种史学反思。他的这种倾向无疑具有后现代主义特征。

中国学者不仅在理论层面上提出具有后现代主义倾向的主张，在实践中也在撰写具有相同倾向的著作，以中国史领域最为显著。

---

① 邓常春译为《怀柔远人：马嘎尔尼使华的中英礼节冲突》（社会科学文献出版社 2002 年版）。
② 李小江：《历史、史学与性别》，江苏人民出版社 2002 年版。
③ 蔡一平、王政等主编：《赋历史研究以社会性别》，妇女史学科建设首届读书研讨班专辑，内部本，1999 年。杜芳琴主编：《引入社会性别：史学发展新趋势》，内部本，2001 年。
④ 雷戈：《第三种历史：一个历史新闻学的文本》，人民出版社 2007 年版。

2. 中国古代史研究中的后现代主义倾向

吕宗力的《汉代的谣言》①从传世文献所记载的汉代流言、讹言或"谣言"及其相关语境切入进行认真考察和研究,解读了汉代历史时空中的群体心态和社会心理氛围,显示出作者在官方文本、主流思维之外揭示另类历史的努力,可以说是后现代主义影响中国古代史研究的一个案例。

葛兆光的思想史写作具有明显的后现代主义倾向。他不赞成以往流行的以哲学史取代思想史的做法,也不赞同分析精英者的文本而构建其连续性的思想史,而主张撰写全新的思想史。葛兆光在《中国思想史》的"导论:思想史的写作"中流露出后现代主义意味的理论主张。在上半部分,受福柯《知识考古学》关于知识"断裂"理论的启发,他质疑主流思想史写作由思想精英和经典文本构成的思想非常清晰延续的必然脉络,主张要书写存在于普遍生活中的知识与思想的接续与演进;提出要拓展文献资料范围,突破书面文献的束缚,代之以多元史料;认为通过脱魅可以在断裂处看到连续性。他接受福柯《性经验史》的说法,认为所谓的"共识"仿佛是一个无意识的结构,是连接一切修辞、科学与话语形式的一种总体关系。他受福柯《词与物》中关于数理重要性的观点的影响,主张思想史写作要涉及数术问题。在下半部分,除了继续受到福柯《知识考古学》《词与物》等著作影响外,福柯的《疯癫与文明》《权力的眼睛》《规训与惩罚》,柯文《历史三调》,勒华拉杜里《蒙塔尤》,巴特《历史的话语》,萨义德《东方学》以及海德格尔、伽达默尔等人的"前理解"主张,都成为他为重写思想史寻求理论依据的库房。正是在这些努力所建立的理论与方法的指导与运用之下,他写出了不同凡响的关于中国的知识、思想与信仰的历史——一种全新的中国思想史②。

特别是中国学者受后现代主义影响,在中国古代史研究中流露出明

---

① 吕宗力:《汉代的谣言》,浙江大学出版社 2011 年版。
② 葛兆光:《中国思想史》,复旦大学出版社 2001 年版。

显的女性主义研究倾向①。在一些学术研讨会上,女性主义大行其道,例如,2001年6月5—9日,"唐宋妇女史研究与历史学"国际学术研讨会由北京大学中国古代史研究中心"盛唐研究项目组"、北京大学中外妇女问题研究中心、天津师范大学"妇女与社会性别史"课题组联合主办。本次研讨会分为八个议题:(1)文本:性别的表现与解读;(2)女性书写:闺训与篇什;(3)生活:门内与户外;(4)图像:风格与风貌;(5)性:身体与文化;(6)宗教:信仰与供奉;(7)性别意识:认同与错位;(8)变迁:性别与社会。这次会议吸引了不少男性学者参加,改变了以往妇女史会议中以女性学者为主体的情形,使得妇女史的研究跳出单一性别的桎梏,成为研究男女两性互动以及受到男女两性共同关注的重要领域②。

一些具有女性主义倾向的著作相继问世。例如,刘兵、章梅芳的《性别视角中的中国古代科学技术》,③从女性主义出发,以女性主义的视角关注中国古代科学技术领域中女人们的社会角色。此书重在讨论科学技术和性别的互动关系,考察科学的性别化特征及其对社会性别意识形态的再说明与强化的功能,特别是它试图打破这种二元划分,并重新强调情感认知等在科学研究中的重要作用。

3. 中国近代史研究中的后现代主义倾向

20世纪末,后现代主义在中国近代史研究中有所体现。大陆的中国近代社会史研究出现新趋势,突出表现为不带有意识形态色彩的目的,关注相当微观的社会权力边界的勘定与检视,及各种社会势力在争夺这些权力资源时所表现出来的具体历史形态。这一取向特别在"地方史"研究中直接表现出来,以往不被整体史注意的城市史、社区史、宗教礼仪、

---

① 参阅王向贤、杜芳琴:《妇女与社会性别研究在中国(1987—2003)》,天津人民出版社2003年版。
② 参阅许曼、易素梅:《"唐宋妇女史研究与历史学"国际学术研讨会综述》,《历史研究》2002年第2期,第183—186页。
③ 刘兵、章梅芳:《性别视角中的中国古代科学技术》,科学出版社2005年版。

基层组织、士绅构成等历史面相,通过不同的叙述方式纷纷进入历史学家的视野,并分割出各自的研究空间。例如,杨念群在《空间·记忆·社会转型:"新社会史"研究论文精选集》的"导论"中,关注马克思的"亚细亚社会"的概念如何被不同类型、不同政治立场的学者例如郭沫若、魏夫特等释读为有利于自身历史观构成的"话语分析"(discourse analysis)。他还依据福柯等人关于知识与权力的观点,评论余英时对于中国"士"阶层的研究。杨念群认为:"特别是在社会史研究中,'后现代'理论对现代性叙事的解构过程更多地反映出的是一种具体的分析方法,即通过深入解析现代性预设对历史研究的权力支配关系而最终使历史情境化。……这种叙事方式并不代表作者持有带明确意识形态色彩的反现代化立场,而是具体复原历史情境和问题意识的方法论策略,也正是在这个意义上,'后现代'理论完全可以成为中国社会史研究的重要诠释资源。"①

文集中所收杨念群的文章《民国初年北京的生死控制与空间转换》,依据北京市档案馆所藏卫生局和社会局档案,以旧式"产婆"和"阴阳生"的训练与取缔为例,深入探讨西方医疗体系传入北京后对城市空间变换的影响,细致地揭示了西方医疗规训机制如何从内部封闭的自身运作逐步拓展,从而威胁传统社会空间并转向新型的"社区形态"的。另一篇文章即方慧容的《"无事件境"与生活世界中的"真实"——西村农民土地改革时期社会生活的记忆》,依据埃利亚斯等人的叙事理论,解构1976年印刷出版的《硬杆子之乡斗争史》关于河北省规远市西村的记载,采用经其个人访谈的口述文本,分析农民关于土改的"集体记忆"中所表现出的非精英化特征,提出"无事件境"概念,并通过个案考察土改中调查研究的权力干预与农民记忆中的"无事件境"方式之间的冲突,特别是在事件记忆中引入权力分析方法,观察调查权力对乡村记忆的切割和重组,而

---

① 杨念群:《空间·记忆·社会转型:"新社会史"研究论文精选集》,上海人民出版社2001年版,第36页。

不是在既定权力支配下做出无意识的历史叙述。

中国近代史研究中后现代主义倾向也在妇女史写作中体现出来。例如,罗苏文《女性与近代中国社会》①研究了女性这一性别群体在近代中国文明演进过程中所呈现的变化趋向;这种变化作为一个中间环节,与近代以前的女性群体相比有什么不同,对当代中国女性群体的发展产生何种制约;进而寻找女性群体变化与不同区域社会变迁之间的内在联系,从女性群体的变化中揭示影响社会变迁的某些动力和机制。夏晓虹《晚清女性与近代中国》②中,上篇"女性社会"期望以个案整合的方式,映现晚清女性从生活形态到思想意识的新变,对上海"中国女学堂"的考述锁定女子社会化教育起步期,将中西观念、中学与西学的相互激荡、冲突与调和作为讨论的重点,而该校所标举的"中西合璧"的教育理想,在日后各地的办学实践中尤具启示意义。姜进《娱悦大众:民国上海女性文化解读》③也体现了女性主义眼光。它收入12篇精选文章,所述内容贴近民众生活,比如,作者从女性的角度、用女性的话语讲述越剧、沪剧、淮剧等戏剧女演员,还有电影女演员、歌女、舞女等在老上海舞台上奋斗的故事,演绎着女性在上海这座都市大舞台上的悲喜、心酸和成功。她认为,女性与演艺是20世纪上海城市文化空间中两个最为活跃和显眼的部分。上海演艺市场是一个充满活力的场所,数以百计的大小剧场影院里,日夜上演着形形色色的人间悲喜剧,吸引着成千上万的观众,营造着大都市的文化信息。女性在其中扮演着至关重要的角色。之所以如此,却是因为女性走出家庭、走向社会这个也许是20世纪世界范围内最重大的历史性变化,一个改变20世纪中国社会、影响中国人生活的重大历史性变化。

---

① 罗苏文:《女性与近代中国社会》,上海人民出版社1996年版。
② 夏晓虹:《晚清女性与近代中国》,北京大学出版社2004年版。
③ 姜进:《娱悦大众:民国上海女性文化解读》,上海辞书出版社2010年版。

第十三章

西方历史哲学①在中国

一、概述

历史哲学,按照通常的说法,是 18 世纪由伏尔泰第一次将这一概念明确提出的,他的意思是将理性和人类历史发展结合起来,用普希金的话说,是"把哲学的明灯带进了黑暗的历史档案库中"②。后来的维柯和赫尔德则将历史哲学作为一门学科发扬光大,他们因而被称为"历史哲学之父""历史哲学的奠基人"。自沃尔什始,将西方历史哲学分为思辨的历史哲学和分析的历史哲学两类,这一观点大致已成为学术界的共识。在西方历史哲学近三百年的发展中,其内涵也在不断发生着变化。柯林伍德对于历史哲学的内涵变化,有着这样的论断:

> "历史哲学"这一名称是伏尔泰在 18 世纪创造的,他的意思只不过是指批判的或科学的历史,是历史学家用以决定自己想法的一种历史思维的类型,而不是重复自己在古书中所找到的故事。黑格尔和 18 世纪末的其他作家也采用了这一名称;但是他们赋予它另一种不同的意义,把它看作仅仅是指通史或世界史。在 19 世纪的某些实证主义者那里可以找到这个词语的第三种用法;对于他们来

---

① 由于历史哲学这一概念极其复杂且多歧义,学术界至今争论不休,有必要对文中所指历史哲学做一说明。文中所指历史哲学,是狭义的历史哲学,大致和史学理论意思相当。此外,文中所指西方,主要指欧美,不包括日本和苏联。
② 转引自[苏]维·彼·沃尔金:《十八世纪法国社会思想的发展》,杨穆、金颖译,商务印书馆 1983 年版,第 34 页。

说,历史哲学乃是发现支配各种事件过程的一般规律,而历史学的职责则是复述这些事件。①

柯林伍德的上述这段话概括了历史哲学发展的三个阶段:强调将理性引入历史阶段;通史或世界史阶段;发现支配事件的规律阶段。而20世纪以来,西方各种新史学思潮流派层出不穷。在历史哲学方面也是如此,新康德主义、柏格森哲学、分析哲学、结构哲学、解构哲学、现象学、解释学、西方马克思主义、后现代主义的历史哲学,"乱花渐欲迷人眼"。凡此种种,伴随着19世纪末的西学潮流,逐渐传入中国。有的昙花一现,也有的对中国的史学研究起到重要的指引作用。

西方历史哲学,从最初传入中国之日算起,已有一百多年,对于它在中国的传播的研究,也逐渐引起人们的关注。对于这一问题的研究,不论是对中外史学交流、中国史学走向现代化,还是对中西史学的比较研究,都不乏价值②。

(一)西史却自东瀛来③——20世纪初西方历史哲学的初传

众所周知,明治维新后的日本,通过学习西方先进文化走在了亚洲的前列,中国的知识分子取道日本,希望通过学习"脱亚入欧"的日本来

---

① [英]柯林伍德:《历史的观念》,何兆武、张文杰译,商务印书馆1994年版,第27页。
② 相关研究可参考盛邦和主编:《现代化进程中中国人文学科》,上海人民出版社2005年版;姜义华、武克全主编:《二十世纪中国社会科学·历史学卷》,上海人民出版社2005年版;朱发建:《中国近代史学"科学化"进程研究(1902—1949)》,湖南师范大学出版社2005年版;李孝迁:《西方史学在中国的传播(1882—1949)》,华东师范大学出版社2007年版;刘兰肖:《晚清报刊与近代史学》,中国人民大学出版社2007年版;张广智主编:《20世纪中外史学交流》,北京大学出版社2009年版;黄见德主编:《西方哲学东渐史》,人民出版社2006年版;瞿林东主编:《20世纪中国史学发展分析》,北京师范大学出版社2009年版等。
③ 葛兆光于1996年发表于《二十一世纪》的一篇文章的标题为《西潮却自东瀛来——日本东本愿寺与中国近代佛学的因缘》,葛先生以此说明中国佛学一改千年来向日本输入的传统,开始学习自明治维新后受到西方科学思想和方法影响的日本佛学。在此借用此标题,并略有变动,意在说明包括西方历史哲学在内的西方史学,其初传也是通过日本的中转。

学习西方的先进经验,成为中国先进知识分子的共识。

1898年9月,梁启超因变法失败而流亡日本,"亲见彼邦朝野卿士大夫已至百工,人人乐观活跃,勤奋励进之朝气,居然使千古无闻之小国,献身于新世纪文明之舞台",反观当时的中国则"老大腐朽,疲癃残疾,脏肮邋遢"①,于是,"思想为之一变"②。他呼吁国人学习日语,通过日本学习新学:

> 哀时客既旅日本数月,肄日本之文,读日本之书,畴昔所未见之籍,纷触于目。畴昔所未穷之理,腾跃于脑,如幽室见日,枯腹得酒,沾沾自喜,而不敢自私,乃大声疾呼,以告同志曰:我国人之有志新学者,盍亦学日本文哉。③

学习日本就是学习西方新学,这可能是时贤共同的文化心理,也可能是包括史学在内的中国文化界的普遍心态。自明治维新后,日本史学界发生很大的变化,日本学者认为:"明治以后历史学兴旺发达集中表现在:吸收西方的史学研究方法,特别注意鉴别和解释史料;视野不限于日本,也扩展到西方和东方的历史。"④

1887年帝国大学设置史学科并聘请德国人路德维希·利斯担任教授,利斯曾在柏林大学历史系就读,深受兰克的熏陶,并"把兰克一派的

---

① 吴其昌主编:《梁任公先生别录拾遗》,独立出版社1945年版,第456—457页。
② 梁启超:《三十自述》,载《饮冰室合集》文集第十一,中华书局1989年版,第18页。
③ 梁启超:《论学日本文之益》,载《梁启超全集》,北京出版社1999年版,第324页。
④ 可参看[日]坂本太郎:《日本的修史与史学》,沈仁安、林铁森译,北京大学出版社1991年版;沈仁安、宋成有:《近代日本的史学和史观》,载中国日本史研究会编:《日本史论文集》,生活·读书·新知三联书店1982年版,后收入坂本太郎:《日本的修史与史学》,沈仁安、林铁森译,北京大学出版社1991年版;宋成有、沈仁安:《明治维新与日本史学》,载《世界历史》编辑部编:《世界历史增刊——明治维新的再探讨》,中国社会科学出版社1981年版等。

正统德意志史学传到日本"①,这在日本史学史上具有重要意义。和利斯同为帝国大学初创时期教授的还有一个人,这就是为我们所熟悉的日本史家坪井九马三(1858—1936)。他于1887年留学欧洲学习历史学,曾在柏林、布拉格、维也纳、苏黎世等大学学习,1891年回国后,直升帝国大学教授,被称为"明治、大正时期我国(指日本——引者按)西方史学界最高的学者"②"日本近代史学理论的奠基者"③。他的大作《史学研究法》对中国史学产生了广泛的影响。而据学者考证,该著正是根据德国史家伯伦汉的《史学方法论》改头换面而来④。

20世纪初年中国人了解西方史学也主要是通过日本的中转,通过留日学生、学者的日文翻译介绍,我们逐渐了解了包括历史哲学在内的西方史学,开始探索中国的新史学。以至于有的学者甚至认为:"现代中国历史学的发源地其实是东京。"⑤当然,我们不能忽略中国史学走向现代的内部原因,但对于日本因素对中国近代史学的影响也不应忽视⑥。

1902年是中国史学史上值得纪念的一年。就在这一年,留日学生汪荣宝在《译书汇编》上发表了《史学概论》。这本书是根据日本著名史家坪井九马三《史学研究法》讲义和久米邦武、浮田和民等人的有关论著编译而成的。就在这一年,留日学生侯士绾翻译了日本学者浮田和民所

---

① [日]坂本太郎:《日本的修史与史学》,沈仁安、林铁森译,北京大学出版社1991年版,第176页。
② 同上书,第177页。
③ 严绍璗:《日本中国学史》第一卷,江西人民出版社1991年版,第244页。
④ 李孝迁:《德国伯伦汉史学东传考论》,《史学月刊》2009年第2期,第97—106页。
⑤ 杜维明:《历史女神的新文化动向与亚洲传统的再发现》,《九州月刊》第5卷第2期,1992年10月,第16页。
⑥ 参考王晴佳:《中国近代"新史学"的日本背景——清末的"史界革命"和日本的"文明史学"》,《台大历史学报》第32期,2003年12月,第191—236页;杨鹏:《中国近代三大史学主潮中的日本影响因素分析》,《日本研究》2010年第3期,第74—84页,等等。

著的《史学原论》，比较系统地介绍了西方的史学理论与方法，并将书名改为《新史学》于 1903 年出版。也就在这一年，被称为"西学桥梁"①的梁启超发表了洋洋洒洒的《新史学》，这俨然是一篇向传统史学挑战的战斗檄文。在这篇文章中，梁氏明确提出"历史哲学"这一概念：

> 历史者，叙述人群进化之现象，而求得其公理公例者也。凡学问必有客观、主观二界。客观者，谓所研究之事物也，主观者，谓能研究此事物之心灵也。和合二观，然后学问出焉。史学之客体，则过去、现在之事实是也。其主体，则作史、读史者心识中所怀之哲理是也。有客观而无主观，则其史有魄无魂，谓之非史焉可也。是故善为史者，必研究人群进化之现象，而求其公理公例之所在，于是有所谓历史哲学者出焉。历史与历史哲学虽殊科，要之，苟无哲学之理想者，必不能为良史，有断然也。②

可见，在梁启超看来，"历史哲学"的研究对象是"人群进化之现象"，而目标则是"求其公理公例"。梁启超"新史学"思想的来源，学界多认为是浮田和民的《史学原论》，而该书的主要观点则又采自近代西方的历史哲学③。

在西方历史哲学家当中，比较早地被介绍到中国来的要数黑格尔。1903 年，留学日本的马君武在《新民丛报》的"学说"专栏发表了署名君武的《唯心派巨子黑智儿学说》，介绍了黑格尔历史哲学的主要内容和学

---

① 鲍绍霖、姜芃、于沛等：《西方史学的东方回响》，社会科学文献出版社 2001 年版，第 36 页。
② 梁启超：《新史学》，载《饮冰室合集》文集第九，中华书局 1989 年版，第 11 页。
③ 张艳国：《近代中西历史哲学的沟通与回应》，《江淮论坛》1992 年第 5 期，第 22—29 页。李孝迁经过详细比对《新史学》和《史学原论》、高山林次郎的《世界文明史》得出结论：《新史学》第二节"史学之界说"参考了浮田和民的《史学原论》，而第三节"历史与人种之关系"则取材于高山林次郎的《世界文明史》。见李孝迁：《西方史学在中国的传播（1882—1949）》，华东师范大学出版社 2007 年版，第 168 页。

术价值①。

马君武着重介绍了黑格尔国家、国民和个人及其关系学说、世界历史的分期及黑格尔的三段论。马君武从黑格尔的历史哲学中发现了一种发展的观点,"由国民而成国家,非骤成也。初由一家族为一部落,由一部落为一种族,由一种族为一国家,是理想之事实也"②。黑格尔把世界历史分为:东方古国发达之期,认为这是理想发达之婴儿阶段;希腊发达之期,这是理想发达之少年时代;罗马发达之期,这是理想发达之成人时代;条顿人种发达之期,这是理想发达之老年时代。这种分期法正是这种发展的观点的体现。在马君武看来,黑格尔强调研究历史"不可不知其三面,一正面,二反面,三反面之反面。经此三面,人群之真事乃可见"。③ 这是"黑格尔关于肯定、否定、否定之否定三段式在中国的最早翻译"④。

不管是梁启超对历史哲学所下的研究"人群进化之现象"的定义,还是马君武对黑格尔历史哲学中历史发展三阶段及正反合三段论的解读,我们从中不难看出,历史发展的进化观点在他们身上表现得尤其明显。正如瞿林东所说:"进化论的引入,产生了中国'新史学'。"⑤

作为19世纪自然科学三大发现之一的进化论,最初只是关于物种起源与变异的学说,而经由斯宾塞等人将进化论用于研究人类社会,形成社会达尔文主义。这一社会学领域的重要理论,经由严复的系统介绍而传入中国,转而演变成一种历史进步观,对中国的历史哲学产生了深刻的影响。

在这里,有必要将严复对进化论的介绍做一补白。1895年,严复发

---

① 马君武:《唯心派巨子黑智儿学说》,《新民丛报》1903年第27号。
② 同上。
③ 同上。
④ 黄见德:《西方哲学东渐史》上册,人民出版社2006年版,第278页。
⑤ 瞿林东:《20世纪中国史学研究丛书》,北京师范大学出版社2007年版,总序。

表《原强》首次介绍达尔文的生物进化学说:

> 书所称述,独二篇为尤著,西洋缀闻之士,皆能言之。其一篇曰《争自存》,其一篇曰《遗宜种》,所谓争自存者,谓民物之于世也,樊然并生,同享天地自然之利。与接为构,民民物物,各争有以自存。其始也,种与种争,及其成群成国,则群与群争,国与国争。而弱者当为强肉,愚者当为智役焉。迨夫有以自存而克遗种也,必强忍魁桀,趫捷巧慧,与一时之天时地利洎一切事势之最相宜者也。①

其后,严复又将赫胥黎《进化论与伦理学》翻译并改写,以《天演论》为题出版,实则将生物进化与社会进化结合起来阐发自己的观点。这种观点既和中国古代历史哲学中所谓衰乱、升平、太平的"公羊三世说"的变异观相呼应,也符合近代中国屡战屡败、希望在古今中外历史中寻求发展道路的需求,因而能够在中国学人中间产生极大的共鸣。对于进化论在中国的传播及影响,学界多有论述②,有学者对进化论对中国历史哲学观念的影响做过精辟的论断,兹摘录如下:

> 其一,在对历史进程的理解上,进化代替了传统的循环往复,世道日进、后胜于今代替了传统的三代理想,发展与进步遂成为历史意识中的主导性观念;其二,在对历史动因的理解上,传统的道德主

---

① 王栻主编:《严复集》第一册《诗文(上)》,中华书局1986年版,第5页。
② 马自毅:《进化论在中国的早期传播与影响——19世纪70年代至1898年》,载丁守和主编:《中国文化研究集刊》第5辑,复旦大学出版社1987年版,第262—325页;庞天佑:《进化论与中国近代史学的变革》,《湛江师范学院学报》1995年第1期,后收入《思想与史学》,中国社会科学出版社2009年版;孟繁华:《进化论与西学东渐——百年文学思潮研究之一》,《中国文化研究》1994年第6期,第58—61页;易惠莉:《中国近代早期对西方社会进化论的反响——以受传教士影响的知识精英为考察对象》,《江苏社会科学》2000年第4期,第174—180页;张志建:《严复学术思想研究》,商务印书馆1995年版,第九章"社会进化的史学思想";吴怀祺:《中国史学思想史》,安徽人民出版社1996年版,第十一章"近代史学思想"等。

体意识逐渐淡化,生存竞争、民族素质、地理环境、社会结构、文化传统等一系列崭新的课题开始进入中国人的历史视野。具有近代意识的历史哲学观念,终于在传统的思维外壳中滋长起来。①

有学者认为,"'历史哲学'最初内涵与'文明史'或'世界史'大致相同"②。确实,在历史哲学传入中国之初,国内学界对其所知非常有限。而传入中国的西方历史哲学,也以各种各样的面目出现,既有以进化论支配探求历史发展的规律的,也有作为一般性的通史或者世界史的。如1903年广智书局出版的威尔逊的《历史哲学》③,其实只是一般性的世界史著作,却冠以历史哲学的书名,再如英国人罗伯特·弗林特(Robert Flint)的《欧洲历史哲学》则被编译成《西洋文明史之沿革》④。

总之,19世纪末20世纪初,西方历史哲学之初传入中国,深受日本学者的影响。"日本每一新书出,译者动数家,新思想之输入,如火如荼矣。"不过大多是"所谓'梁启超式'的输入,无组织,无选择,本末不具,派别不明,惟以多为贵"⑤。而历史哲学往往作为进化史观的形象、作为批判传统史学和建设新史学的工具出现,对西方历史哲学的引介并不系统,仅仅局限于几个重要史家的部分史著的介绍。伴随着西方史学、哲学、社会学的进一步传入中国,中国的西方历史哲学在20世纪20—40年代迎来了一个高潮。

---

① 盛邦和主编:《现代化进程中的人文学科·史学卷》,上海人民出版社2005年版,第171页。
② 李孝迁:《西方史学在中国的传播(1882—1949)》,华东师范大学出版社2007年版,第42页。关于文明史学的东传,可参考李孝迁著作第二章,该章分别对法国、英国、日本的文明史东传及回应有专门介绍。
③ 美国人威尔逊著,罗伯雅重译,广智书局1903年版。该书分前后两编,前编五章,依次为:埃及文明论、亚西利文明论、希腊文明论、罗马文明论;后编六章,依次为:中世史论、宗教改革论、英国革命论、俄国革命论、美国革命论、今世史论。
④ 日本山泽俊天编,王师生译,上海文明书局1903年版。
⑤ 梁启超:《清代学术概论》,载《梁启超全集》,第3104—3104页。

(二)第一次高潮——20 世纪 20—30 年代西方历史哲学的传入

20 世纪二三十年代,是"西书中译史上第一个'名著时代'"①,在这一时期出版的译著中间,西方历史哲学著作也颇为显眼,呈现出前所未有的繁荣场面。

这一时期专论西方历史哲学的译著主要有:法国朗格诺瓦和瑟诺博司合著的《史学原论》(1926 年,李思纯译)、英国罗伯特·弗林特的《历史哲学概论》(1928 年,郭斌佳译)、法国拉波播尔的《历史哲学》(1930 年,青锐译)、法国施亨利的《历史之科学与哲学》(1930 年,黎东方译)等②。此外,一些史学理论及史学史、史学概论著作中,如伯伦汉的《史学方法论》(1937 年,陈韬译)也有涉及历史哲学的部分。

关于《史学原论》《历史哲学概论》等书,学界多有讨论。我们本着详人所略、略人所详的原则,试对其中两本不太为人所知的著作——施亨利的《历史之科学与哲学》、拉波播尔的《历史哲学》略说一二,从中可以管窥当时引进西方历史哲学之状况。

施亨利一书凡八章:(1)历史哲学之起源;(2)历史哲学的玄学概念:黑格尔;(3)实证派的概念:孔德;(4)历史的批评概念:古尔诺;(5)历史科学论;(6)历史的比较方法;(7)历史中的进化观念;(8)我们能否有一种科学的历史哲学。在导言中,作者说道:"我们并不想写一本历史哲学的历史,如弗林特(Flint)的榜样。但是我们觉得,不能不考察一下历史概念的三大派(玄学派、实证派、批评派),根据代表他们的黑格尔(Hegel)、孔德(Comte)及古尔诺的作品。再拿他们来跟历史科学对照,

---

① 邹振环:《20 世纪上海翻译出版与文化变迁》,广西教育出版社 2001 年版,第 141 页。
② 可参考北京图书馆:《民国时期总书目(1911—1949)》之《历史传记地理考古卷(上)》,北京图书馆出版社 1994 年版。

我们将要论及此后历史哲学宜取的方向。"①通读全书,可以对西方历史哲学发展的大势有一粗略的了解,书中对西方历史哲学发展过程中的重要人物如黑格尔、孔德也有比较深入的介绍。不过,该书并没有避开与弗林特著作同样的问题,也和当时很多历史哲学著作一样,偏重历史哲学史的介绍,对于历史哲学本身涉及不多。对于这一点,青锐在拉波播尔《历史哲学》的序言中有尖锐的批评:

> 这本书底第一章、第二章、第三章所讲底东西,只是历史学底概论、源起、发展等等,不能说是历史哲学。第四章讲的是进化、人类、自由三种思想底发展。第五章讲的是拍拉图(Platon)、亚里士多德(Aristote)、圣-阿巨士坦(Saint-Augustin)、伊卑恩·克哈尔丹(Ibn Khaldun)四个人底政治思想和历史思想。这是不是历史哲学底本身呢?我想,至多只能说是历史哲学底历史。那末"概论"了甚么"历史哲学"底本身呢?这请读过了那本书底人来答覆吧。即依译者底话,"历史哲学就是人类对于他自己底演进所抱底思想",也不能说叙述了历史哲学底历史,就"概论"了"历史哲学"底本身。②

不仅如此,青锐还对当时几乎所有的关于历史哲学的译作和专著一一批判,唯独推崇自己所翻译的拉波播尔的《历史哲学》。这本已经湮没在历史长河中,时至今日已经少有人知的作品究竟是怎样的一部书呢?

沙耳列·拉波播尔(Charles Rappoport)的《历史哲学》全称为《作为进化科学底历史哲学》,全书凡八章:(1)什么是历史底法则;(2)历史哲学底性质与可能;(3)学理与方法;(4)历史中支配因子底理论;(5)个人在历史上底作用;(6)主观的方法;(7)政治思想底进化;(8)马克思主

---

① [法]施亨利:《历史之科学与哲学》,黎东方译,商务印书馆1930年版,导言第2页。
② [法]沙尔列·拉波播尔:《历史哲学》,青锐译,辛垦书店1930年版,译者序言第4—5页。

义的哲学。从标题即可看出，作者试图把历史哲学作为同自然科学一样的科学，文中反驳了认为历史哲学之不可能成为科学的种种观点，认为："历史哲学，完全在留于近代科学底高处，可以保留他传统下来底名称。他像科学那样，应该而且能够成为精确的、透彻的、通晓的和可检证的东西。"①他认同实证主义派将历史哲学分为神学、玄学和科学的三个阶段，着重阐发将马克思主义和康德历史哲学结合起来，认为这是历史哲学发展到最高阶段的产物。该书的一些观点，在今天看来，仍不乏启示意义。如论及伊卑恩·克哈尔丹（今译伊本·卡尔敦）及其历史哲学，认为他是科学史观的先驱，"用生产底必然解释社会底起源，正同马克思在他的《哲学之贫困》中间所做的一样"②。对于伊本的游牧者和定居者交替占据统治地位的著名理论，也有详细的介绍，可惜并未引起当时学者的重视，直到20世纪80年代，才有人撰写关于伊本·卡尔敦的文章③，而对其历史哲学的研究则更晚④。

该书用批判的视角对各种史观加以反驳，在"破"的基础上阐发自己的观点——乌尔特曼（L. Woltmann）调和康德与马克思的新康德主义的观点。和当时的其他历史哲学著作相比，对该书的理解，需要对西方历史哲学史有一宏观把握，尤其对黑格尔、康德、马克思的哲学应有较为深刻的认识，因而在当时阅读难度很大。当时有人在评价这本书时说"拉氏历史哲学虽不愧为世界名著，但最终还不能轰动一时，原因是该著只是一般的理论，与中国现实不吻合，并且加上青锐君诘屈聱牙的译笔，正叫人不能卒读"，并且提出"拉氏的历史哲学非予以改写不可"⑤。

---

① ［法］沙尔列·拉波播尔：《历史哲学》，第82—83页。
② 同上书，第124页。
③ 张广智：《伊本·卡尔敦及其〈通史〉》，《历史教学》1982年第6期，第43—44页。
④ 徐善伟、闫白：《论伊本·卡尔敦的历史哲学》，《史学理论研究》2001年第3期，第100—112页。
⑤ 方兴：《历史哲学与历史哲学教程》，《新知》1939年第3卷第4期，第32—45页。

必须指出的是，这一阶段，一些西方著名学者的来华演讲对传播西方历史哲学思想也起到了很大的推动作用。如杜威、罗素、杜里舒等，他们在宣传自己哲学观点的同时，也向中国学界介绍了西方哲学发展的脉络，他们的哲学观点对中国的历史哲学也产生了很大的影响，如实证主义对历史考据派，生物进化史观对朱谦之、常乃德的影响等。

作为西方历史学发展较高阶段产物的历史哲学，和当时中国的社会现实还有一定的距离，因而存在着"振臂呼者凿凿，起而应者寥寥"的现象，而推广和普及工作就落到中国学者身上。其中，一些学者在大学授课的讲义就发挥了重要作用。作为讲义，必须涉及西方历史哲学各个时代的代表人物及其重要观点，既要面面俱到又要凸显特色，还要照顾到学生的知识水平和理解能力。下面以李大钊和朱谦之的讲义为例，说明西方历史哲学在大学课程中的情况。

李大钊于1923年、1925年在北京大学历史系开设西洋史学史课程，其讲义以《史学思想史》为题出版，该书论及"鲍丹的历史思想""鲁雷（Louis Le Roy）的历史思想""孟德斯鸠（Montesquieu）的历史思想""韦柯（Giovanni Battista Vico）及其历史思想""孔道西（Condorcet）的历史思想""桑门门（Saint-Simon）的历史思想""马克思的历史哲学与理恺尔的历史哲学""唯物史观在现代史学上的价值""唯物史观在现代社会学上的价值"等11个专题。李大钊之论西方历史哲学，是继他的《唯物史观》所做的又一努力，旨在"帮助人们了解唯物史观在西方近代史学思想中的地位"①。

而朱谦之1924年在厦门大学讲授历史哲学的讲义后来汇集成册，以《历史哲学》为题于1926年出版。在序言中，他明确表示，这本书是要"解决历史进化"，尤其是"知识线的进化"，他还说，他的历史哲学受新生

---

① 欧阳哲生:《李大钊史学理论著述管窥》,《史学理论研究》2010年第2期,第22—34页。

机主义者及孔德、克鲁泡特金的影响。通过这本著作，我们可以对历史哲学的发展史有一宏观把握，对西方历史哲学史上的主要人物及其代表作也有一定的了解。

在此基础上，1933年，他又出版了《历史哲学大纲》一书，作为"历史哲学丛书"中的一本，该书对《历史哲学》中所述内容加以扩充。在丛书弁言中，他提出："历史哲学在学问体系中，为一种综合的学问。尤其在我们中国先有整个系统的介绍的必要。"他将这种介绍分为四种：

（1）入门书，如《历史哲学概论》《历史哲学史概论》《历史哲学的社会学》《三民主义的历史观》等；

（2）以史观为标准，如《社会学的历史观》《唯物史观》《地理史观》《生物史观》《新康德派的历史哲学》等；

（3）以个人为标准，如《孔德的历史哲学》《菲希特的历史哲学》《马克思的历史哲学》《黎卡特（Rickert）的历史哲学》《斯宾格拉（Spengler）的历史哲学》等；

（4）黑格儿（尔）及辩证法研究，介绍黑格儿（尔）名著，如《历史哲学》《论理学》《法律哲学》等，论文专刊有《黑格儿主义与孔德主义》一种，可作入门书读①。

许冠三曾尖锐地指出，《历史哲学大纲》的最大败笔是将政治宣传和学术议论混为一谈，如奉孙中山为社会史观之集大成者等，但同时他也承认："惟大体说来，《大纲》仍然不失为一本完备的历史哲学入门指南。书后所附长达六十页的英、德、法、日、中五种文字的原刊和译本目录，尤其珍贵，别说当年罕见，即在今日亦十分难得。"②许氏的评价可谓公允。和同时期的其他学者相比，朱谦之对西方历史哲学已经有较为深刻的认

---

① 朱谦之：《历史哲学大纲·历史哲学丛书弁言》，载《朱谦之文集》第五卷，福建教育出版社2002年版，第123—124页。

② 许冠三：《新史学九十年》，岳麓书社2003年版，第318页。

识,他对于西方历史哲学在中国的推广,功不可没。

这一时期,我们还可以看到几篇相当有分量的历史哲学的文章,如阎焕文《历史主义的历史哲学》①、沈坚《高比诺的历史哲学概观》②等。

(三) 高潮退去及被取消和替代——20世纪40—70年代西方历史哲学的传入③

随着抗战爆发,史学研究的重点也发生了转向,爱国主义、民族主义史学,边疆史地的研究成为重点,而对史学理论尤其是历史哲学的研究则被置于次要的位置。翦伯赞在《历史哲学教程》的序言中深刻地指出了这一变化:

> 现在,我们的民族抗战,已经把中国历史推到崭新的时代,中华民族已经站在世界史的前锋,充任了世界史转化的动力。为了争取这一伟大的历史胜利,我们认为绝不应使理论的发展,落在实践的后面;反之,我们认为,必须要以正确的活的历史原理,作为这一伟大斗争的指导,使主观的努力与客观情势的发展,互相适应。……在这样一个伟大的历史变革时代,我们绝没有闲情逸致埋头于经院式的历史理论之玩弄;恰恰相反,在我的主观上,这本书正是为了配合这一伟大斗争的现实行动而写的。④

---

① 阎焕文:《历史主义的历史哲学》,《新社会科学》1934年第1卷第3期,第69—174页。
② 沈坚:《高比诺的历史哲学概观》,《清华周刊》1935年第3卷第4期,第26—48页。
③ 此观点参考了学者们总结的关于20世纪中国的史学理论的阶段特点。有学者将20世纪中国史学理论研究的演进分为四个阶段:(1)从世纪之初到40年代,是起步与第一次研究高潮;(2)从50年代到70年代末,为被取消和替代时期;(3)80年代初至80年代中期,为史学概论研究时期;(4)80年代中期以后,为历史认识论的时期。详见姜义华、武克全主编:《二十世纪中国社会科学·历史学卷》,上海人民出版社2005年版,第73页。
④ 翦伯赞:《历史哲学教程》,载《翦伯赞全集》第六卷,河北教育出版社2008年版,序第4页。值得一提的是翦伯赞的《历史哲学教程》1938年初版,仅从1938年到1949年,就前后再版重印了五次,在当时产生了极其广泛的影响。

抗战时期，对西方历史哲学的介绍和研究，和20世纪二三十年代相比，显得相当冷清。如果说二三十年代，对西方历史哲学的介绍和传播具有"百花齐放"的特点的话，后来，由于战争形势的需要，则呈现出比较大的选择性，即选择对当时抗战形势有帮助的西方历史哲学思想，加以介绍和阐发。其中最具有代表性的要数以斯宾格勒、汤因比等人为代表的文化形态史观在中国的传播①。

1949年以后，我国史学界发生了巨大的变化，其中重要的一个方面就是马克思主义史学占据统治地位。有学者曾经将1949年10月发表于《学习》创刊号的艾思奇的文章《从头学起——学习马列主义的初步方法》作为20世纪中国史学理论发展阶段转换的开端②。确实，在这之后，西方史学被马克思主义史学和苏联史学取消和替代了。在中外史学交流方面，则表现在主要引介苏联史学的成果③，对西方史学采取批判的态度。张芝联曾回忆说："回国后我鼓励年轻中国史工作者注意国外学术动态，学好外文，以便直接同外国同行进行交流。我的这种观点在历

---

① 关于这一问题，学界已有不少成果，如王敦书：《斯宾格勒的"文化形态史观"在华之最初传播——吴宓题英文本〈斯宾格勒之文化论〉手迹读后》，《历史研究》2002年第4期，第180—185页；张广智：《西方文化形态史观的中国回应》，《复旦学报（社会科学版）》2004年第1期，第30—39页；李长林：《斯宾格勒"文化形态史观"在中国的早期传播》，《历史研究》2004年第6期，第162—165页；李孝迁：《西方史学在中国的传播（1882—1949）》第六章"斯宾格勒在中国"，华东师范大学2007年版；张广智主编：《20世纪中外史学交流》第十四章"文化形态史观在中国及其传播"，北京师范大学2007年版等。

② 姜义华、武克全主编：《二十世纪中国社会科学·历史学卷》，上海人民出版社2005年版，第77—78页。

③ 关于苏联史学的输入，可参考于沛《外国史学理论的引入和回响》（《历史研究》1996年第3期）、张广智《苏联史学输入中国及其现代回响》，《社会科学》（沪）（2003年第12期）、张广智主编《20世纪中外史学交流》第四章"苏联史学的输入"（北京师范大学出版社2007年版）。

次政治运动中遭到批判。"①

当然,这一时期也有一些历史哲学名著被翻译成中文,如斯宾格勒的《西方的没落》(商务印书馆1963年版,齐世荣译)和汤因比的《历史研究》(人民出版社1959年版,曹未风译)的缩写本等。但这一方面是之前研究的余温未消,另一方面这些译本往往是被作为批判的对象。那个时代的亲历者回忆道:

> 1959年组织的外国文科著作展览,要求各科提出有影响的西方代表作,介绍其主要观点并加以批驳;名为"了解外情",实际是一棍子打死。我被指定参加历史与汉学两门学科著作的评论工作。要想对这些有影响的著作采取"一分为二"的做法,就被视为"右倾"。②

一些论文也采取几乎一边倒的态度对待西方历史哲学。如20世纪50年代末批判汤因比的史学观和兰克史学,60年代前期对美国鲁滨逊"新史学派"批判等,更是将学术研究和政治批判混为一谈,甚至上纲上线到"消灭资产阶级思想的影响,捍卫和发扬马克思主义,在我国历史学界插红旗"③的程度。

20世纪60年代初,中苏关系恶化,对苏联史学的盲目崇拜也告一段落。1961年4月召开了全国高等院校文科教材编选计划会议,明确提出要有自己的教材,对包括苏联史学在内的外国史学采取有选择的吸收,在此基础上形成自己的教材体系。鉴于此,1961年,在上海召开了外国史学史教材编写会议,会议一致认为应将外国史学史列入高校历史系的教学中,并决定由耿淡如先生主持编写《外国史学史》,由田汝康先生主持编译西方史学流派的资料。以此为契机,西方史学中断了许久的

---

① 张芝联:《我的学术道路(代序)》,载《我的学术道路》,生活·读书·新知三联书店2007年版,第13页。
② 同上书,第14页。
③ 王绳祖:《批判汤因比的历史观点》,《南京大学学报》1959年第2期,第101页。

道路又打通了。

其后，吴于廑主编了《外国史学史名著选》，于1962—1964年由商务印书馆陆续出版了若干种。此外，一些著名史家发表研究西方史学的论文，其中就有历史哲学方面的。如吴于廑《论西方古今两个"客观"史学家》(《江汉学报》1963年第6期)、蒋湘泽《基佐的历史观批判》《学术研究》1963年第6期)等。如果按照这条道路继续走下去，我们对西方史学、历史哲学的研究将逐步深入。

可惜的是，随后的"文革"时期，整个西方史学都被视为"资产阶级的大毒草"而遭到批判，"知识分子除了'存活'之外，还可能有什么别的念头？"①更不要说对历史哲学的引介了。

（四）20世纪80年代以来的新高潮

1979年以来，中国史学发生了巨大的变化。有学者谈到1979年以后30年和之前17年的史学时说："从'十七年'到'三十年'一个很明显的延续，也是集成了20世纪'新史学'那种不把中国传统史学理念作为研究思想资源的特点。而'三十年'与'十七年'最大的不同，可能是马克思主义经典理论的引用日渐减少"②。确实，改革开放之后的中国史学界，已经逐渐开始用更加平和、宽容和开放的心态去接纳各种史学理念。

20世纪80年代，中国大陆出现了一股"哲学热""美学热"，叔本华、尼采、弗洛伊德等西方哲学家也在中国广受追捧。《人民日报》1986年12月14日第3版还刊载过一条消息，标题就是《请听北京街头书摊小贩吆喝声"李泽厚、弗洛伊德、托夫勒……"》，西学之热，可见一斑。正是在这样的背景下，西方历史哲学研究也逐渐升温。1986年8月，王晴佳在

---

① 张芝联：《我的学术道路（代序）》，载《我的学术道路》，第16页。
② 罗志田：《近三十年中国近代史研究的变与不变——几点不系统的反思》，载苏力、陈春声主编：《中国人文社会科学三十年》，生活·读书·新知三联书店2009年版，第432页。

《世界历史》杂志发表题为《历史学的发展需要历史哲学》的文章,开篇即指出:"方法的革新离不开理论的指导,而从广义上说,理论归根结蒂也是一种方法。因此,加强建国以来受到漠视的历史哲学的研究,应该成为我国史学工作者关心和注意的一项任务。"[①]这也是当时史学理论界的普遍呼声。

历史总是在不经意的时候,出现惊人的相似。20 世纪 80 年代首先形成的热点,居然和世纪之初西方历史哲学初传时期相似,那就是对黑格尔历史哲学的关注。徐勇首先提出对黑格尔历史哲学进行重新探讨[②],其后,任厚奎、金延、张尚仁等也发表文章给予黑格尔史观以重新评价[③]。这一时期还出现了黑格尔历史研究的专著——侯鸿勋的《论黑格尔历史哲学》(上海人民出版社 1982 年版),全书从黑格尔历史哲学产生的条件和理论来源,黑格尔关于历史分期、历史人物的作用分析,辩证法等方面阐释黑格尔的思想。

20 世纪八九十年代,一些历史哲学名著陆陆续续被翻译成中文,其中一些著作成为被学界广泛征引的热门书,如克罗齐的《历史学的理论和实际》(傅任敢译,商务印书馆 1982 年版)、柯林伍德的《历史的观念》(何兆武、张文杰译,中国社会科学出版社 1986 年版)、维柯的《新科学》(朱光潜译,商务印书馆 1986 年版)、波普尔的《历史主义的贫困》(何林、赵平译,社会科学文献出版社 1987 年版)、德雷的《历史哲学》(王炜、尚新建译,生活·读书·新知三联书店 1988 年版)、康德的《历史理性批判

[①] 王晴佳:《历史学的发展需要历史哲学》,《世界历史》1986 年第 8 期,第 58—60 页。

[②] 徐勇:《对黑格尔历史哲学的一点探讨》,《西南师范大学学报(人文社会科学版)》1980 年第 3 期,第 17—23 页。

[③] 任厚奎:《黑格尔的历史规律论》,《四川大学学报(哲学社会科学版)》1982 年第 1 期,第 14—19 页;金延:《唯物史观的理论前提——黑格尔在历史观上的贡献》,《人文杂志》1982 年第 1 期,第 48—52 页;张尚仁:《评黑格尔的历史观——兼论马克思主义历史观的思想来源》,《云南社会科学》1983 年第 2 期,第 42—49 页。

文集》(何兆武译,商务印书馆1990年版)等。

此外,还出版了一些西方历史哲学译文集,如田汝康、金重远编《现代西方史学流派文选》(上海人民出版社1982年版)、张文杰等编译《现代西方历史哲学译文集》(上海译文出版社1984年版)、何兆武主编《历史理论与史学理论——近现代西方史学著作选》(商务印书馆1999年版)等。

这一时期,个案研究成果也颇为丰硕。如对汤因比历史哲学①,一改"文革"时期"一边倒"的批判,肯定了文化心态学说的合理之处和可供我们参考借鉴的部分。又如兰克史学、鲁滨逊"新史学派"②等,也都形成了热点。

尤其值得注意的是,1986年,张芝联发表长文《费尔南·布罗代尔的史学方法》(《历史研究》1982年第2期),首次将年鉴学派介绍到中国。其后,青年学者姚蒙发表《法国当代史学主流及其演进》(《世界历史》1986年第5期),同年发表专著《法国当代史学:从年鉴派到新史学》(香港三联书店)。此后,对年鉴学派的关注成为史学界的一个热点,至今热度未减③。有学者将兰克史学范型、年鉴学派史学范型作为对中国史学

---

① 郭圣铭:《汤因比的史学理论及其影响》(上、下),《世界历史》1979年第3期,第83—88页,第4期,第80—82页;刘昶:《历史与文明:汤因比的文化形态史观》,《上海师范大学学报(哲学社会科学版)》1986年第2期,第1—7页;顾云深:《对人类文明史的哲学思辨——汤因比的〈历史研究〉》,《外国史知识》1985年第12期,第42页;张志刚:《汤因比文明形态理论初探》,《史学理论》1987年第3期,第30—47页;张和声:《阿诺德·汤因比的史学观》,《历史研究》1988年第3期,第37—50页等。

② 参考张广智主编:《20世纪中外史学交流》,北京师范大学出版社2007年版,第十二章"兰克史学和它的中国回响"、第十三章"陈寅恪与兰克史学"、第十章"现代美国新史学派在中国"。亦可参考易兰:《兰克史学研究》,复旦大学出版社2006年版;李勇:《鲁滨逊新史学派研究》,安徽人民出版社2004年版。

③ 陈启能:《法国年鉴学派与中国史学》,载鲍绍霖编:《西方史学的东方回响》,社会科学文献出版社2001年版;张广智主编:《20世纪中外史学交流》,北京师范大学出版社2007年版,第十五章"年鉴学派在中国的传播和影响";张正明:《年鉴学派史学范式研究》,黑龙江大学出版社2011年版。

影响最大的两种范型①,此言不虚。

正是在此基础上,学者们逐渐对西方历史哲学有了较为深刻的认识,开始从总体上把握西方历史哲学的特点。如何兆武、陈启能主编的《当代西方史学理论》(中国社会科学出版社 1996 年版)。从内容上,此书不仅包括历史哲学方面的重要流派和主要代表人物,如新康德主义、新黑格尔主义、西方马克思主义、文化形态史观、自由主义、生命派的历史理论、分析的历史哲学等,还包括当代西方重要的史学流派的理论,如比较史学、计量史学、心理史学、法国年鉴学派、英国马克思主义学派、美国新科学史派等②,有助于国内读者从整体上对西方历史哲学有一宏观把握。

值得一提的是,当时在西方世界勃兴的后现代历史主义的思潮,也开始进入中国并逐渐引起学者们的兴趣,如安克斯密特的《历史编纂学与后现代主义》(《国外社会科学》1990 年第 6 期)、《当代盎格鲁—撒克逊历史哲学的二难抉择》③,海登·怀特的《作为文学虚构的历史本文》④等。郑群的《后现代主义与当代西方历史学》⑤则是大陆历史学界较早从理论上系统介绍后现代史学的文章。其后,对后现代史学的讨论逐渐升温⑥。

---

① 张广智主编:《20 世纪中外史学交流》,北京师范大学出版社 2007 年版,导论第 4 页。
② 《张椿年研究员推荐意见书》,载何兆武、陈启能主编:《当代西方史学理论》,中国社会科学出版社 1996 年版,第 1 页。
③ [荷]F. R. 安克斯密特:《当代盎格鲁—撒克逊历史哲学的二难抉择》,载陈启能主编:《当代西方史学思想的困惑》,中国社会科学出版社 1991 年版,第 73—111 页。
④ [美]海登·怀特:《作为文学虚构的历史本文》,载张京媛主编:《新历史主义与文学批评》,北京大学出版社 1993 年版,第 160—179 页。
⑤ 郑群:《后现代主义与当代西方历史学》,《世界史研究年刊》1996 年总第 2 期。
⑥ 主要论文有邓元忠:《后现代西洋史学发展的反省》,《史学理论研究》1997 年第 2 期,第 104—112 页,第 3 期,第 97—108 页;李幼蒸:《对后现代主义历史哲学的分析批评》,《哲学研究》1999 年第 11 期,第 40—49 页;罗志田:《后现代主义与中国研究:〈怀柔远人〉的史学启示》,《历史研究》1999 年第 1 期,第 103—119 页;陈新:《实践与后现代史学》,《学术研究》2004 年第 4 期,第 20—22 页;杨共乐:《后现代主义与后现代史学》,《史学史研究》2003 年第 3 期,第 71—75 页。

（五）21世纪以来的纵深传播

21世纪以来，中国学界对西方历史哲学的引介更为积极，呈现出前所未有的繁荣的景象。主要表现在，一方面大量西方历史哲学的专著被翻译出版；另一方面，个案研究成果丰厚。

在西方历史哲学作品的翻译上，其中首屈一指的要数耶尔恩·吕森和张文杰主编的"历史的观念译丛"。这是一项雄心勃勃的专题性翻译计划。在丛书的序言中，编者指出，系统地翻译和介绍西方史学理论或历史哲学作品，一直是20世纪以来几代中国学者的梦想。丛书的编者们希望"以数十年的努力，将西方18世纪以来关于历史、历史编纂、元史学和历史哲学的重要文献渐次翻译，奉献给汉语世界。如果可能，这套丛书还将涉及非西方世界史学思想文献"①。此丛书的出版，对我们系统地了解西方甚至非西方的历史哲学都大有帮助。此外，韩震主编的"历史哲学译丛"②、杨耕、张立波主编的"后现代历史哲学译丛"③等，也都对西方历史哲学的引介起到了重要的推动作用。

另外，还有一些著作，如海登·怀特的《元史学》（陈新译，译林出版社2004年版）、《后现代历史叙事学》（陈永国、张万娟译，中国社会科学

---

① ［英］柯林武德：《历史的观念》（增补版），何兆武、张文杰、陈新译，北京大学出版社2010年版，总序 序二第Ⅳ—Ⅴ页。
② 该丛书由文津出版社和大象出版社自2005年至2011年陆续出版，收入帕特里克·加登纳《历史解释的性质》、奥克肖特《经验及其模式》、海登·怀特《形式的内容：叙事话语与历史再现》、安克斯密特《历史与转义：隐喻的兴衰》、雷克斯·马丁《历史解释》、海登·怀特《话语的转义：文化批评文集》、克罗齐《维柯的哲学》、弗雷德里克·A.奥拉夫森《行为辩证法》、汉斯·凯尔纳《语言和历史描写》（后三种由大象出版社出版）等。
③ 该译丛由北京师范大学出版社于2008—2009年陆续出版，共收入七本书：伯克霍福《超越伟大故事：作为文本和话语的历史》、塔克尔《我们关于过去的知识：史学哲学》、伯恩斯《历史哲学：从启蒙到后现代性》、麦卡拉《历史的逻辑：把后现代主义引入视域》、斯威特《历史哲学：一种再审视》、莱蒙《历史哲学：思辨、分析及其当代走向》、阿特兹《历史哲学：后结构主义路径》。

出版社 2003 年版),福柯的《知识考古学》(谢强、马月译,生活·读书·新知三联书店 2007 年版)等,卡尔·洛维特的《世界历史与救赎历史:历史哲学的神学前提》(李秋零译,上海人民出版社 2006 年版),西美尔的《历史哲学问题:认识论随笔》(陈志夏译,上海译文出版社 2006 年版)等,都有了中文译本,并且几乎成为相关领域的必读书。应该说,21 世纪以来的理论热,和这些译著的出版相互推动,实现了"双赢"。

和之前所有的阶段相比,这一阶段的引介更注重系统性和前沿性,在某种程度上说,已经和西方"接轨"了。回顾西方二三十年来的史学,后现代主义作为一股重要思潮,对西方史学产生了重要的影响。而这一思潮,自 20 世纪 90 年代以来,也逐渐传入中国并在 21 世纪成为研究热点。从上文所列丛书的标题也可见一斑。

有学者曾经指出,后现代史学思潮的涌入是打破史学理论比较沉寂的局面,使之再度受人关注的契机①。确实,后现代思潮的涌入使得国内的史学理论界呈现出热闹的场景。早在 20 世纪 90 年代,后现代主义的一些经典文献就开始陆续被翻译到中国。如安克斯密特的《历史编纂与后现代主义》在《国外社会科学》中刊出;海登·怀特的《作为文学虚构的历史本文》也逐渐被中文学界所知;1996 年,郑群在《世界史研究年刊》第 2 期上发表了《后现代主义与当代西方历史学》一文,这是大陆历史学界较早从理论上系统介绍后现代史学的文章。2004 年,《学术研究》(广州)、《史学理论研究》、《东岳论丛》等杂志都组织了后现代主义与史学研究的笔谈。其中《东岳论丛》从 2004 年第 1 期至 2005 年第 2 期陆续发表了关于后现代主义与史学的论文共 16 篇,其作者既有杰出的中国学者如陈启能等,也有如伊格尔斯、理查德·艾文斯等国际知名学者,这种时间上持续一年多、空间上横贯中西的持续的理论研究热,在中

---

① 王学典、陈峰:《一个从无到有的独立学科——近三十年中国大陆史学理论研究》,载陈启能、王学典、姜芃主编:《消解历史的秩序》,山东大学出版社 2009 年版,第 116 页。

国史学界尚不多见。

此外,诸如王晴佳与古伟瀛的《后现代与历史学——中西比较》(山东大学出版社2003年版)、黄进兴的《后现代主义与史学研究:一个批判性的探讨》(生活·读书·新知三联书店2008年版)、韩震与董立河的《历史学研究的语言学转向——西方后现代历史哲学研究》(北京师范大学出版社2008年版)等学术专著的出版,也可作为后现代历史哲学的中国回响。

面对后现代主义给史学带来的挑战,年鉴学派史家勒华拉杜里有过这样的论断:

> 此时此刻,史学应该有所坚持,拒绝自恋的倾向,切莫顾影自怜。在某些角落里,"历史之死"的呼喊固然响彻云霄,但史学必须勇往直前,穿透魔镜去追寻新的世界,而非找寻己身的映照。①

作为"姗姗来迟的不速之客"②,后现代主义的历史哲学在中国虽然褒贬不一,但对中国史学研究的影响却是不容忽略的事实。诸如"文本""结构""书写"等词已经被纳入我们的话语系统;而"语言学转向""历史叙述"及历史的客观性问题,也成为理论研究的热点。关于后现代历史哲学在中国的传播,学界已多有成果③,在此不再赘述。

从取道日本的西方历史哲学著作的翻译到各类西方历史哲学论丛的出版,从对黑格尔历史哲学的介绍到中西学者对历史哲学问题的共同探讨,从梁启超呼吁建立新史学需要历史哲学到后现代历史哲学对

---

① 转引自黄进兴:《后现代主义与史学研究:一个批判性的探讨》,生活·读书·新知三联书店2008年版,第208页。
② 仲伟民:《后现代史学:姗姗来迟的不速之客》,《光明日报》2005年1月27日。
③ 张仲民:《后现代主义理论与历史学述评》,《东岳论丛》2004年第4期,第30—38页;张光华:《大陆学界"后现代与历史学"研究述评》,《兰州学刊》2008年第3期,第118—120页;郭震旦:《近20年后现代史学在中国的传播》,《山东大学学报(哲学社会科学版)》2010年第1期,第135—139页等。

历史学客观性的质疑,西方历史哲学在中国的传播已经走过了百年的历程。

综观百年来西方历史哲学在中国的传播,即伴随着中国近代史的大变革与大震荡,也伴随着政府对外的封闭与开放,还和包括史学、哲学等学术走向现代化的发展历程密不可分。我们必须冷静地看到,当代中国史学面临着重重困境,这既有剥离中国传统史学母体的阵痛,也有对外国史学(既包括西方史学,也包括马克思主义史学)如"夸父追日"般穷追不舍却总被抛在其后的尴尬。如何在蓬勃发展的世界史坛中寻求中国史学的一席之地,如何建立我们自己的历史哲学,这是值得每个史学研究者思考的问题。

二、维柯的历史哲学东传

谈到历史哲学,往往都会追溯到意大利人维柯(Giambattista Vico, 1668—1744)那里。确实,这位超越了自己时代的思想家在其巨著《新科学》当中明确提出,要建立一种理想的永恒的历史。用哲学反思历史,用历史证明哲学,从而把历史和哲学这两个过去截然分开的领域融合起来,创造出一门全新的学问——历史哲学。很多学者将维柯视为历史哲学的奠基人是不无道理的。维柯的历史哲学在他的时代一直不为人所知,直到18世纪末和19世纪上半叶,通过赫尔德和米什莱,他的名字才享誉欧洲。20世纪初,维柯才被介绍到中国,而对于维柯历史哲学的系统研究,则到20世纪80年代才真正开始。

(一) 20世纪上半叶维柯历史哲学的初步引介

"十月革命的一声炮响,给我们送来了马克思主义。"稍有历史常识的人对这句话当不会不熟悉。伴随着马克思主义传入中国,被马克思称其思想为"有不少天才的闪光"的维柯也第一次引起国人的好奇心。可以说,这一时期维柯之受到关注,是和唯物史观在中国的流传分不开的。不少人通过马克思《资本论》的一个注脚第一次知道维柯这个名字,通过对马、恩著作的研读,对维柯及其新科学有了最初的印象①。

作为马克思主义在中国的著名传播者,李大钊在引介维柯思想方面也开风气之先。正如学者所说:"他可谓中国历史学界进入西方近代历史思想这一研究领域的先行者。"②1923年、1925年,李大钊在北京大学历史系开西洋史学史课程,其讲义后汇编成册,以《史学思想讲义》为题出版,其中就有维柯研究专题——《韦柯及其历史思想》,该文介绍了维柯的生平和著作,并着重从社会学和历史学两方面阐释了维柯的思想。

1924年,由上海商务印书馆出版的《史学要论》中,李大钊简单介绍了维柯的生平及著作,并指出,维柯的学说在他所生活的18世纪,并没有产生任何影响,直到米什莱将《新科学》译成法文,他的思想在史学界才产生影响。

在论及西方历史观的演变时,他这样写道:

> 到了康德的时代,他已经想望当有凯蒲儿及奈端③其人者,诞生于史学界,迨经孔道西(Condorcet)、桑西门(Saint-Simon)、孔德(Comte)、韦柯(Vico)、马克思(Karl Marx)诸哲,先后努力的结果,已于历史发见一定的法则,遂把史学提到与自然科学同等的地位,历史学遂得在科学系统中占有相当的位置。④

他还简单介绍了维柯的生存"三阶段法则":

> 世界与其说先是想出来的,不如说先是觉出来的,这便是生存

---

① 马克思在《资本论》第一卷第四篇第13小节曾评注维柯,说他立于"人类历史由于人类自身造成的理解"。
② 欧阳哲生:《李大钊史学理论著述管窥》,《史学理论研究》2010年第2期,第22—34页。
③ 即开普勒和牛顿。
④ 李大钊:《史学要论》,上海古籍出版社2013年版,第27页。

于自然状态没有政治组织的原人的情境；第二期的精神状态，是想象的知识，亦可说是诗的智慧，英雄时代（Heroic age）的半开社会，恰当于此境；最后是概念的知识，适当于开明时代。这亦可以说是韦柯的"三阶段的法则"。他认各种社会皆须经过此三期。每一期的知识状态，可以决定那一期的法律、制度、言语、文学，并人类的品德与性质。他主张社会是一期衰退，一期昌明，依螺旋状的运动（Spiral Movement），循环着向前进步。①

在论及史学在科学中的位置时，李大钊将维柯和圣西门、孔德并称为历史学、社会学的先驱，认为维柯的根本观念是从人类精神中寻找对社会历史的解释。

当然，李大钊对维柯的认识，并非基于对原著的阅读，而是根据西方学者，更多的是日本学者著作中的表述，因而多为论断性质，难免武断和简单化。不过他对维柯的介绍，在当时的情景下，让很多人第一次听到维柯的名字，知道《新科学》，这无疑是给国人认识西方学者打开了一扇门，也为国人对维柯的进一步认识和研究提供了前提。

继李大钊之后，朱谦之从另一角度对维柯的历史哲学加以阐发。1924年10月到1925年4月，朱谦之在厦门大学讲授历史哲学，其讲稿整理后于1926年由上海泰东书局出版，这是中国人自己的第一部历史哲学著作。在这部著作中，朱谦之首次提到维柯及其《关于国民通性底新科学原理》（即《新科学》），在朱氏后来的作品《历史哲学大纲》②及《孔德的历史哲学》③中，也多次提到维柯及《新科学》所蕴含的历史哲学思想。

---

① 李大钊：《史学要论》，第29页。
② 1933年上海民智书局出版，为"历史哲学丛书"之一种。
③ 1941年商务印书馆出版，为"社会科学小丛书"之一种。

朱谦之第一次明确指出维柯的《新科学》"实际就是历史哲学"①。然而对维柯的历史哲学，朱谦之最初的了解并不系统，这一点从《历史哲学》和《历史哲学大纲》两书中可见端倪。在这两本书中，维柯均作为孔德的附带说明出现，旨在证明在孔德之前，就有了所谓的"三阶段法则"，维柯是作为社会学家，和杜尔阁、孔多塞和圣西门一起，以"社会学的先驱者"②的形象出现的。

朱谦之对维柯历史哲学的详细阐发，在其所著《孔德的历史哲学》一书中。朱谦之认为，维柯新科学原理的最大贡献，在于"承认人类历史为人类自身所做成的发展史"，也就是"将历史之一切事实，还原于人类之本性上"，从而"导出关于国家之本质的原理"③。他将维柯的历史哲学总结为三个方面：(1)历史的心理主义；(2)历史的阶段说；(3)历史的循环说。

朱谦之对维柯历史哲学的把握，在当时来看，是比较全面和准确的，尤其是认为维柯将各民族的"普通心理"作为历史发展中的"自然而必然之联络，造出历史推移之必然性"，这在同时期的作品中尚不多见。而对维柯的循环说，他从最初的否定，认为它是一种"呆板的法则"④，到后来的认为"这种循环，不止于循环而已，他是一种螺旋式的运动，时时有新的内容与形式的"⑤。最难能可贵的是，他认为维柯"将新科学原理建立于'事实'与'真理'之两重性"⑥，这无疑是抓住了维柯历史哲学的根本，维柯的《新科学》正是建立在"真理和事实相互转化"这一原则的基础之

---

① 朱谦之：《历史哲学》，载《朱谦之文集》第五卷，福建教育出版社2002年版，第54页。同样的论断还可见于《历史哲学大纲》，载《朱谦之文集》第五卷，第203页。
② 朱谦之：《历史哲学大纲》，载《朱谦之文集》第五卷，第201页。
③ 朱谦之：《孔德的历史哲学》，载《朱谦之文集》第五卷，第435页。
④ 朱谦之：《历史哲学》，载《朱谦之文集》第五卷，第54页。
⑤ 朱谦之：《孔德的历史哲学》，载《朱谦之文集》第五卷，第437页。
⑥ 同上。

上的。

1941年,张贵永发表《历史主义的前驱》一文,认为维柯"不是上帝所创造的自然,而是人所创造的历史"的观点是超越时代的。他对维柯历史哲学的两个重要命题——循环说和天命思想有着独到的见解。

他将维柯的循环论和波里比阿等传统的循环论对比,认为维柯的循环论是一种双重意义上的循环,即历史现象的循环和民族心理的循环:

> 他对于历史本身的根本思想,是介乎基督教义与新获得的历史认识之间,而以循环说素为其解释。历史现象必周而复始(corse cricorso)。最重要的是随时不同的人的心灵机构。……所以这种学说,像是古代与文艺复兴的旧循环说素的更始与加深,不仅像波利俾阿斯(Palybius)指出的,组织形式跟着循环来复,连各民族的内心机构,都是如此。不仅各民族的道德力量(Virtue),像马基阿维利(Machiavelli)深刻感到的在升降,连各民族的全部内心生活,亦有一定法则的变迁。民族命运就系于人民阶段似地演进的心灵。这样含义广泛,同时深刻把握事实经验,根据各民族形成的人类历史,确还无人理解过。①

至于维柯的天命思想,张贵永认为:"他把基督教义与内在哲学(immanenz philosophie)在某种程度内和解,那就是上帝只能由于天性,由他所创的人类的天性,在历史上发生影响。人类天性只想到目的与作用,上帝精神既给它自由行动,却又指示它的途径,使它能由野蛮状态进为人道主义。"②也就是说,在维柯那里,上帝和人类同时对人类历史的

---

① 张贵永:《历史主义的前驱》,《中德学志》1941年第3卷第1期,后收录于蒋大椿主编:《史学探渊——中国近代史学理论文编》,吉林教育出版社1991年版,第1225—1231页。

② 同上。

发展起作用,上帝赋予人类以创造性,人类用这种创造性去创造历史。同时,上帝又为人类历史发展指明道路。

总的来说,这一时期国内学者对维柯的历史哲学还处在引介阶段,学者们在自己的研究领域延伸开来,对维柯历史哲学加以介绍和阐释。这当然和当时国内学界的关注重点及与外界的交流有关,也和国际上的维柯研究形势密不可分。须知,维柯之引起西方学界的普遍重视,出现所谓"维柯复兴",也是第二次世界大战后的事。而维柯的《自传》和《新科学》的英文本,也到了1944年、1948年才问世。然而关于维柯历史哲学研究的一些重要命题,如人类创造历史、循环论、天人关系、心理史观等都已经被提了出来,为后学们对维柯历史哲学的进一步研究提供了良好的基础。

(二)20世纪80年代维柯历史哲学研究的深化

提到这一时期的维柯研究,不得不提的一个里程碑式的人物,他就是美学大家朱光潜。20世纪20年代,朱光潜赴欧求学,接触到克罗齐等人的著作,并把克罗齐的《美学原理》译成中文出版,在这个过程中,他注意到克罗齐的老师维柯及其《新科学》。鉴于维柯思想的重要性,在60年代编写《西方美学史》的时候,他就为维柯专辟了一章,遗憾的是,《西方美学史》尽管用作教材,维柯专章实际上却等于石沉大海。然而他并没有放弃努力,以接近80岁的高龄着手翻译《新科学》,在"译后记"中,他这样描述了译书工作之艰难:"当年我已年近八十,还是下定决心,动手来译。我既不懂意大利文,又不懂拉丁文,古代史过去在英国虽也学过,但是考试没有及格。知道了这种情况,读者当会想象到我的艰苦处境。"①1983年冬,他终于完成了翻译《新科学》这一近乎不可能完成的任务,那时,他已经87岁高龄了。译完该书后,他在给友人的一封信中

---

① [意]维柯:《新科学》,朱光潜译,商务印书馆1989年版,中译者译后记第702页。

说:"家里人都说,维柯把我拖垮了。"①在翻译《新科学》的过程中,他多次撰文介绍维柯及其《新科学》②。其中,《维柯的〈新科学〉及其对中西美学的影响》这篇长文最具有代表性。

1983年3月,朱光潜亲赴香港中文大学,在新亚书院的"钱宾四先生学术文化讲座"③上,以"维柯的《新科学》及其对中西美学的影响"为题,向港大的老师、同学们介绍维柯。当年讲座的情况如何我们不得而知,但单单从讲演稿来看,朱先生是花了大力气的。在这篇讲稿中,他将自己研究维柯的心得和认识综合起来,从17个方面阐释了《新科学》的丰富内涵,朱光潜对维柯《新科学》的阐发,主要围绕维柯的几个原则展开:

第一,"认识真理凭创造"。

这一原则是维柯认识论的基本出发点,朱氏认为,这一观点是笛卡尔的"我思故我在"认识论的一个方面,也是《新科学》一书的基本原则。"人在认识到一种事物,就是在创造出或构造出该种事物,例如认识到神实即创造出神,认识到历史实即创造出历史,整部《新科学》就是按照这

---

① 程代熙:《朱光潜与维柯——读书札记》,《理论与创作》1994年第2期,第47—51页。
② 朱光潜:《维柯的〈新科学〉简介》,《国外文学》1981年第4期,第11—14页;《维柯》,载《中国大百科全书·外国文学》,中国大百科全书出版社1982年版;《略谈维柯对美学界的影响》,载《美学和中国美术史》,上海知识出版社1984年版;《维柯的〈新科学〉及其对中西美学的影响》,香港中文大学出版社1984年版,贵州人民出版社2009年版,中华书局2016年版。此四篇论著均可见《朱光潜全集》第十卷,安徽教育出版社1993年版。另有《维柯》(载《西方著名哲学家评传》,山东人民出版社1984年版),此文内容与《维柯的〈新科学〉及其对中西美学的影响》一文大体相同。
③ "钱宾四先生学术文化讲座"是香港中文大学新亚书院以钱穆先生(字宾四)冠名的学术讲座,始于1978年,该讲座邀请国内外知名学者讲授各自领域的研究成果,先后有新亚书院的钱穆、英国剑桥大学的李约瑟、日本京都大学的小川环树、美国哥伦比亚大学的狄百瑞、北大的朱光潜、哈佛的杨联陞等人接受邀请,讲稿由香港中文大学出版社出版。2009年,贵州人民出版社出版了七卷本"钱宾四先生学术文化讲座系列丛书"。

条基本原则构思出来的。"①也就是说,对真理的认识,不仅仅依靠理性的思考,也要依靠人类的创造,朱先生认为这一创造就是实践,进而将认识和创造、创造和实践、认识和实践联系起来。这对于帮助读者从维柯佶屈聱牙的文字中理解其深刻的思想内涵,从纷繁复杂的论断中抓住核心都有极为重要的意义。

第二,"人类世界是由人类自己创造出来的"。

这是《新科学》的基本原则或总纲,朱光潜认为,依据这一原则,人类的历史也是人类自己创造出来的,他这样描述世界史的形成过程:

> 先是人类创造诸天神和神的世界,由此产生宗教占卜、婚姻制度和家庭、祭礼和葬礼。其次是部落的形成,城市的建立,部落自然法的开始,贵族与平民的区分和斗争,各种政体的形成,所有权的划分以及法律和一切文物典章制度的建立,语言文字的形成,由家族、部落到民族国家的贸易往来,战争与和平,联盟与吞并,便逐渐形成西东两大罗马帝国那样的一统天下。这就形成了世界通史。②

朱光潜认为,这部世界史既是人类创造的,也是"自然"的,即"根据各民族的共同人性、共同思想和共同习俗逐渐发展出来的"③,据此,维柯的新科学也就成了一门"包括自然科学而主要是历史科学或社会科学的一门崭新的研究"④。这样,朱光潜就回答了这样一个大家关心的问题:《新科学》究竟新在何处?这一问题成为之后维柯研究的一个重要问题,而朱氏的观点,在很长的一段时间里成为主流观点。

---

① 朱光潜:《维柯的〈新科学〉及其对中西美学的影响》,贵州人民出版社 2009 年版,第 38 页。
② 同上书,第 30—31 页。
③ 同上书,第 31 页。
④ 同上书,第 8—9 页。

第三,"诗性智慧"。

作为美学家,朱光潜对这一美学领域的问题自然有自己独到的见解。他认为这种诗性智慧实际上就是一种形象思维。他将维柯对于诗性智慧或者说形象思维的认识总结为三个规律:一是抽象思维必须有形象思维作基础,在发展次第上后于形象思维;二是以己度物的隐喻(metaphor);三是原始民族还不能凭理智来形成抽象的类概念,而只会凭个别具体人物来形成想象性的类概念(imaginary class-concept)①。他的这一识见无疑建立在对维柯美学的深刻了解的基础之上,是对维柯诗性智慧的较早和极为透彻的阐发,对后来的维柯美学研究产生了重要的影响,也是他对国内维柯研究的重要贡献之一。

此外,朱光潜还对国际学术界的维柯研究做了简要的学术史回顾,着重指出维柯在对西方哲学尤其是西方近代哲学的革新中所起到的重要作用。他认为,这一革新主要表现在两方面:"一是对笛卡尔的'我思故我在'那个理性主义教条的反驳,二是他突出情感和意志的动力或动因的重要性。"②他深刻认识到:"强调创造和动力的思想都是维柯在革新西方哲学方面的重大贡献。"③

当然,朱光潜的一些论断在今天看来似乎颇可商榷,如他认为维柯的"认识真理凭创造"中的创造就是马克思主义的"实践";认为《新科学》首创了阶级斗争观点,从而表现出民主倾向、人性论和人道主义等。但是,朱光潜在维柯著作的翻译和研究中所做出的重要贡献,是不可埋没的。正是通过朱光潜的努力,国人开始在17、18世纪西方启蒙运动哲学思潮中两大潮流的对立,即以培根为首的经验派与以莱布尼茨和笛卡尔为首的大陆理性派的斗争中理解维柯。也正是朱光潜晚年对维柯不遗

---

① 朱光潜:《维柯的〈新科学〉及其对中西美学的影响》,第34—35页。
② 同上书,第37页。
③ 同上书,第41页。

余力的宣传和介绍,使国人愈发认识到维柯思想的重要性,他启发了很多青年学者在维柯研究的道路上不断前进。

张隆溪则从整个西方历史哲学史的角度考察维柯。他认为,"维柯大概是最早提出系统的历史理论的人,他强调各历史阶段和各民族文化有其独特的思维方式和价值观念"。关于真理和事实相互转化的原理,他认为并非是《新科学》首创的,在维柯的早期著作《论意大利最古老的智慧》一书中,就可以发现这一原理,并且"在这一点上,维柯继承了文艺复兴时代人文主义的传统,在新条件下为人文科学奠定了哲学基础"①。尤为重要的是,他并没有孤立地看待维柯的历史哲学,他还将维柯和马克思加以比较,认为"在实践的观点,在历史发展的规律性,在人类创造世界的同时也创造自己的本质等重要理论问题上,维柯与马克思的确有不少可以比较之处"。不仅如此,他还将维柯试图发现各民族共通的普遍语言或语法的观点和结构主义相比较,认为两者有惊人的相似之处。而维柯的真理即实践的观点,"成为狄尔泰历史阐释学的一个认识论基础"②。他的这些观点无疑对我们深入认识维柯的历史哲学起到了积极作用。

如果说张隆溪侧重从哲学的角度阐发维柯的历史哲学的话,张广智则从历史的角度对维柯的历史哲学加以探讨。在《天才的闪光——维柯史学思想述论》这篇长文中,张广智明确指出,《新科学》一书尽管内容宏富,"但它主要还是一部评论人类社会历史发展的鸿篇巨作。该书作者的意图是要把历史学系统地改造成一门与中古时代迥然相异的'新科学',并把它引入近代历史科学的殿堂,使之发展成一种专门的学问"③。

---

① 张隆溪:《维柯思想简论》,《读书》1985 年第 11 期,第 47—53 页。
② 同上。
③ 张广智:《天才的闪光——维柯史学思想述论》,《史学史研究》1987 年第 4 期,第 3—14 页。

他认为,维柯的历史哲学中,有几点尤其值得重视:(1)人类世界确实是由人类自己创造出来的;(2)关于阶级斗争的观点;(3)关于集体心理的观点。此外,他还看到维柯历史哲学的不足之处,如认为具体历史和精神哲学的混淆,使得维柯所谈的历史阶段与实际的历史往往不能相符合,此外维柯对中国历史的论述有许多自相矛盾甚至错误之处。

作为对西方历史哲学做专门研究的学者,韩震对维柯历史哲学的研究也有自己独到的见解①。他将维柯的历史哲学视为整个西方历史哲学史的起点,认为早在《论意大利最古老的智慧》一书中,维柯虽然还没有建立自己的历史哲学,"但它已经预示了这种哲学的产生"②。他还认为,从维柯的人类历史活动带有目的性,但历史发展却很少符合人们的目的和意图的观点中,"我们不仅能看到黑格尔'理性的诡谲'的原型,而且也能看到与马克思主义的观点相接近的地方"③。韩震不赞成将维柯的历史哲学划分到思辨或者分析批判的历史哲学的行列,认为"从整体上说,维柯的'历史哲学'既不是分析的也不是思辨的;但它包含着两者的成分,是后来各种历史哲学赖以出发的新起点"④。

陈锐认为,维柯思想极其复杂,以至于"不同的学说都可以从中找到一些似曾相识的东西"⑤。这是因为其中包含着相互对立的两种思想倾向。"一方面,维柯与他的时代的人文主义、科学和理性主义潮流存在着不和谐之处。""另一方面,维柯又毕竟生活在他的时代之中,从而又体现

---

① 可参考韩震:《西方历史哲学导论》,山东人民出版社 1992 年版;《论维柯的历史哲学》,《中国社会科学》1991 年第 2 期,第 85—100 页;《西方维柯研究简介》,《哲学动态》1991 年第 1 期,第 41—44 页。
② 韩震:《西方历史哲学导论》,第 33 页。
③ 同上书,第 39 页。
④ 同上书,第 61—62 页。
⑤ 陈锐:《论维柯的历史哲学》,《杭州师范学院学报(社会科学版)》1994 年第 2 期,第 32—36 页。

出人文主义传统的影响。"维柯要做的是把这两者统一起来。对于维柯的历史循环论,陈锐也有着独到的看法。他认为"正由于维柯的历史哲学是建立在对理性主义的批评基础之上,因此他的历史循环论也就无法用进化或退化这些理性的判断来进行归类。维柯关心的只是冷静地、不动情感地描述从神到人的历史推演,其中既有进步的内容,也有道德上的退化和堕落"①。陈锐还将维柯和章学诚的历史哲学加以比较,认为他们两者的思想中都包含着一种历史主义的态度,"其目的是要消解理性的二元论所导致的僵化的差别,把历史理解成变化和循环的过程",认为他们的历史哲学可以弥补理性主义的不足。

朱本源将西方史学史中主要的历史思维模式归结为古典古代、基督教—中世纪、文艺复兴、启蒙时代、浪漫主义和实证主义六个方面。他明确表示反对克罗齐把维柯视为浪漫主义史学的前驱的观点,认为"维柯是启蒙时代(理性主义时代)的第一个哲学家,是启蒙时代的历史思维模式的奠基人"②。在朱本源看来,维柯的著作第一次做出了历史本体论和历史认识论两个方面的探讨,"他的新科学是探讨以前各民族的具体历史为事例的人类历史发展的永恒规律的历史哲学"③。

还有一些学者也从各自的角度对维柯的历史哲学进行研究。如李秋零强调维柯关于阶级斗争的思想,认为他是"阶级斗争学说的真正首创者","不仅意识到财产关系和社会关系是阶级产生的原因和阶级斗争的内容,而且把阶级斗争看作国家产生、社会发展的动力"④。严建强则

---

① 陈锐:《论维柯的历史循环论》,《杭州师范学院学报(社会科学版)》1996年第4期,第17—22页。
② 朱本源:《历史学理论与方法》,人民出版社2007年版,第317页。此专著虽然出版于2007年,但实际上是作者20世纪八九十年代完成国家教委的课题,因此也归入维柯研究的第二阶段的成果。
③ 同上书,第310页。
④ 李秋零:《维科的历史哲学评述》,《哲学动态》1988年第8期,第39—43页。

从分析的历史哲学角度加以阐发,认为"维柯学说中真正触动二十世纪历史思想的,是他对历史学本质的理解和他的独特的方法论"①。

此外,应该指出的是,这一阶段国内学者对维柯的认识是伴随着20世纪80年代的西学热潮而来的,因而一些西方学者著作的翻译和出版对于国内的维柯研究在一定程度上起到了引导作用。如柯林伍德对于维柯的真理和事实相互转化的原则、螺旋上升的周期性运动的观点等都被国内学者一再征引。

总之,从20世纪80年代以来,国内学者广泛参考各国学者有关维柯研究的成果,对维柯《新科学》中蕴含的历史哲学有了较为深刻的认识,关注的焦点主要集中在真理—事实相互转化原则、历史发展动力、三个阶段说及循环论等方面。但由于维柯的其他著作均以拉丁语写成,国内学者对维柯历史哲学的研究大多仅限于中文译著《新科学》和《维柯著作选》②,资料比较单薄,这一问题的解决就成为新时期维柯研究的重要任务。

(三)21世纪维柯历史哲学研究的纵深发展

进入21世纪以来,国内学者对维柯的历史哲学的研究兴趣愈加浓厚,对维柯历史哲学中的重大问题有了更为全面和深入的探讨。

首先表现在维柯专著的翻译上。其中贡献最大的要属华东师范大学哲学系的张小勇。他利用在那不勒斯维柯研究中心交流的机会,翻译了两部维柯的重要作品——《大学开学典礼演讲集:维柯论人文教育》(上海人民出版社2012年版)、《论意大利最古老的智慧:从拉丁语源发掘而来》(上海人民出版社2006年版,2013年第二版,2019年第三版)。这两本书从拉丁语直接译成中文,避免了从英文本转译可能引起的种种谬误,对于推动国内维柯研究的重要意义自不待言,而张小勇本人在翻

---

① 严建强:《论维科的历史科学观——历史学的性质及其方法论》,《杭州大学学报(哲学社会科学版)》1992年第3期,第83—91页。

② [英]利昂·庞帕编译:《维柯著作选》,陆晓禾译,商务印书馆1997年版。

译的过程中也对维柯展开了深入的研究。

其次是维柯研究的相关文献的翻译。维柯研究的成果不断被介绍到中国,如克罗齐的名著《维柯的哲学》①、马克·里拉的《维柯:反现代性的创生》②,还有维柯研究名家的文集《维柯与古今之争》③等。

此外,国内学者研究维柯的著作也开始涌现。张小勇撰有《维柯教育哲学研究》(上海人民出版社2017年版),从教育哲学的角度深入阐发维柯的思想。叶淑媛的《人文时空:维柯和〈新科学〉》(人民出版社2018年版)则从人文的时空中对维柯思想中涉及的哲学、历史学、人类学、神话学、美学等领域进行了全面的梳理。一些硕士、博士论文也开始关注维柯的历史哲学④。

国内一些维柯研究者也开始走出国门,交流访问,不断地把维柯研究的国际形势介绍到中国,为国内研究开拓了视野,提供了新的视角。上海社会科学院陆晓禾研究员于2005年11月参加了由罗马大学东方学院和那不勒斯维柯研究中心举办的"维柯与东方:中国、日本、朝鲜"国际研讨会,并做了"维柯与中国哲学的重建"的报告,并就维柯著作的翻译问题发表了自己的看法,引起与会者的热烈讨论。这说明对维柯及其历史哲学的研究已经逐渐引起青年学人的重视和兴趣,朱光潜先生泉下

---

① [意]克罗齐:《维柯的哲学》,陶秀璈、王立志译,大象出版社2009年版。
② [美]马克·里拉:《维柯:反现代性的创生》,张小勇译,新星出版社2008年版。
③ 刘小枫主编:《维柯与古今之争》,华夏出版社2008年版。本书为"经典与解释"辑刊第25辑,此辑收入七篇西方学者维柯研究的论文,分别为:卢森特《维柯的"天神意志"观与人类知识、自由及意志的限度》、卡勒梅拉《维柯、塔西佗与国家理性》、莫里森《维柯与马基雅维里》、弗齐《维柯与格劳秀斯:人类的法学家》、普鲁斯《斯宾诺莎、维柯与宗教想象》、普鲁斯《维柯的历史理论与法国革命传统》、列维尼《维柯与古今之争》。
④ 如2007年北师大崔晖博士论文《理想与历史——维柯历史哲学研究》;2005年复旦大学顾瑶婧硕士论文《维柯与马克思历史唯物主义之比较》;2005年东北师范大学谢进东硕士论文《继承与超越:维柯对奥古斯丁历史哲学的批判》;2007年江西师范大学曾清媛《维柯〈新科学〉的历史哲学思想研究》;2007年兰州大学叶淑媛《维柯及其〈新科学〉研究》;2008年安徽大学黄蕾硕士论文《论维柯的历史哲学》等。

有知,当不再发出维柯历史哲学石沉大海的感叹了。

纵观21世纪以来中国的维柯历史哲学研究,主要集中在以下几个方面:

关于维柯的历史研究方法问题。郭艳君认为,"维柯的研究方法是一种理性分析的方法",这种方法和笛卡尔的理性不同,"是一种总体的理性,是包含着人的感情因素在其中的理性,或者说是建立在人的感性基础之上的理性"。他认为,在西方历史哲学史中,维柯最先把历史与人的存在结合起来探讨历史理性,维柯的《新科学》的中心问题就是哲学与历史的统一,"《新科学》既是哲学的历史,也是历史的哲学"①。邱紫华强调维柯的"追本溯源"的研究方法是其最突出的贡献。这种方法"精髓在于它是把认识与实践、知与行、历史与逻辑统一了起来"②。徐国利、黄蕾从维柯将历史学作为独立学科的角度对维柯的历史哲学进行研究,认为在维柯那里,历史学可以成为一门与自然科学不同的新科学,并提出了历史研究的具体方法,如想象性的了解、语言学和哲学的结合,并认为维柯的历史认识具有批判的态度,他的一些思想超越了他所处的时代,与现当代历史哲学有诸多契合,并对现当代史学产生了重要的影响③。

关于神意问题。陆晓禾认为,"神意"是维柯历史哲学的前提和基础概念。实际上表现的是历史理性,"他的历史哲学反映了宗教神意史观的影响、痕迹","仍属于唯心的理性史观"④。黄蕾则对于维柯历史哲学

---

① 郭艳君:《历史理性生成性的初步阐释——论维柯对历史理性的理解》,《求索》2005年第11期,第112—114页。
② 邱紫华:《维柯〈新科学〉在思想史上的创新》,《江汉大学学报》2001年第4期,第32—37页。
③ 徐国利、黄蕾:《维柯论历史学的科学性及历史研究——兼论维柯史学思想的现当代意义》,《学术研究》2010年第2期,第122—128页。
④ 陆晓禾:《维柯历史哲学中的"神意"概念探讨》,《社会科学》2009年第4期,第114—119页。

中表现出的神和人的冲突做了探讨,认为神学是其历史哲学的基础,人学是建立在神学的基础之上的,是一种关于天神意旨的民政神学①。

关于诗性智慧问题。雷武锋对于这一问题有比较全面的把握,他在一系列关于诗性智慧的文章②中追溯了"诗性智慧"的思想渊源,从"诗性智慧"这一核心概念出发,认为维柯的历史观是一种诗性历史观。这表现在,"历史的开端充满了诗性,诗性乃是人类发展的根本逻辑,建立'理想的永恒历史'不能从理性观念出发,而应当把语言学和哲学结合起来"③。

维柯的历史哲学和马克思主义唯物史观的关系也是21世纪维柯研究的一个热点问题。何萍认为,马克思哲学和维柯哲学之间存在着一种比历史哲学更深层的文化哲学的联系④。宫敬才认为,维柯的历史和逻辑有机统一的方法论原则、人自己创造历史的观点、阶级斗争是历史发展动力的思想等,都是历史唯物主义的主要精神资源之一⑤。而刘明贤则认为,维柯的一些观点如人类历史由自己创造、历史发展是由低向高螺旋式发展、阶级斗争等,从表面上看是和唯物史观一致的,但实际上它们对马克思的影响是非常有限的,不能夸大维柯对唯物史观的影响⑥。

王晴佳将维柯的历史哲学总结为以下特征:第一,他对历史的勾画

---

① 黄蕾:《神学还是人学？——关于维柯历史哲学中的神与人的冲突》,《宿州学院学报》2008年第5期,第68—71页。
② 如《论维柯"诗性智慧"的思想渊源》,《西藏民族学院学报(哲学社会科学版)》2005年第4期,第77—81页;《论维柯的诗性开端思想》,《西北大学学报(哲学社会科学版)》2008年第1期,第69—73页;《论维柯的诗性语言观》,《西藏民族学院学报(哲学社会科学版)》2004年第1期,第72—76页;《论维柯的诗性历史观》,《唐都学刊》2010年第3期,第120—123页等。
③ 雷武锋:《论维柯的诗性历史观》,《唐都学刊》2010年第3期,第120—123页。
④ 何萍:《维科与马克思主义哲学传统》,《学术月刊》2000年第10期,第10—18页。
⑤ 宫敬才:《维柯与历史唯物主义》,《河北学刊》2009年第1期,第49—54页。
⑥ 刘明贤:《维柯与马克思》,《湖南社会科学》2000年第5期,第9—12页。

主要建立在人本身的发展上;第二,用综合的观念观察历史演变;第三,充分肯定历史发展中每个阶段的价值;第四,三个时代的循环不是简单的重复,而是更高基础上的复演①。

丁耘则不赞成将维柯称为近代历史哲学的开创者。他从哲学史的角度将维柯的影响分为五个阶段,认为维柯作为近代历史哲学的奠基人、历史主义先驱的形象,是在19世纪末以来,"由于狄尔泰、克罗齐、柯林伍德乃至洛维特等一系列重要历史哲学家的不断解释、发挥与鼓吹"②而得以固定并逐渐成为最流行的意见之一。他认为这一评价是片面的,更是表面的,是由于将《新科学》第三版孤立化、片面化和表面化而得出的结论。他强调"必须将'新科学'观念产生与演变当做一个主要线索,以此揭示出维柯基本学说中引人注目的大变化"。③ 通过对维柯《普世法权》《论意大利最古老的智慧》及三个版本的《新科学》的全面考察,丁耘指出:"通过历史论证天意,通过天意论证律法,这就是'新科学'的全部意图。这个意图从前半部分看起来似乎是'历史哲学的',但就其整体而言完全是政治哲学的。'新科学'中被现代的思想史学者认为'历史哲学'的东西正是政治哲学为重新论证律法所写的'历史神话'。"④

张小忠则以文体结构为切入点,认为《新科学》试图从几何学的精神去书写人类社会的科学,其形式表现为由涉及人类事务的要素、原则与公理等构成某个命题,进而使用确凿可凭的哲学推理去证明此命题的有效性"。他认为,这种文体结构开启了历史研究的近代概念,提高了史学批评的技艺⑤。

---

① 王晴佳:《西方的历史观念:从古希腊到现代》,华东师范大学出版社2002年版,第113页。
② 汪堂家、孙向晨、丁耘:《十七世纪形而上学》,人民出版社2005年版,第466—467页。
③ 同上书,第524页。
④ 同上书,第560页。
⑤ 张小忠:《文体结构与〈新科学〉的史学思想》,《北方论丛》2008年第6期,第92—95页。

关于《新科学》中著名的真理和创造原则,张小勇认为,从思想发展史的角度看,这一思想在《论意大利最古老智慧》一书中已有发端:"正是维柯在这部书中的语文学探索,才促使他按照新的原则来探讨人类古代智慧。这种新的原则就是真理与创造之间相互转化。"①不仅如此,张小勇对于维柯之反对笛卡尔的认识,较之前学者的研究,也更为深入。他将维柯置于反对笛卡尔的潮流中分析,认为在维柯之前已经有很多学者在批判笛卡尔,但是都没有抓住问题的根本,而维柯则从笛卡尔体系的两个支点,即真理标准、心灵与肉体的二元论这两个角度对笛卡尔进行批判。维柯和笛卡尔的不同,在张小勇看来应该是认识论上的差别,笛卡尔是将"人作为外部世界和内部世界的旁观者把全部世界作为客体来进行反思",是一种反思的认识论,而维柯的认识论则认为"人在认识内部世界的同时就创造了内部世界,然后用内部世界来创造关于外部世界的认识"②,则是一种创造的认识论。这就一针见血地指出了维柯之反对笛卡尔的认识论基础,而不仅是简单地将维柯视为反对理性主义的代表,这种观点对于维柯历史哲学的认识无疑具有重要的推动作用。

综观国人百年来的维柯历史哲学研究,我们不难看出,正是有了一批又一批学者焚膏继晷,不懈探索,克服重重困难,才使得我们对维柯这一在西方思想史上具有举足轻重地位的人物从了解到熟悉。然而我们应该清醒地看到,我们和西方学者之间的差距仍然很大,这种差距有语言上的困难造成的,也有文化上的隔膜所引起的误读。

柯林伍德曾经说过:"思想并不是由于'扩散'而传播的,像是商品那样,而是靠每一个国家在其自身发展中的任何一定阶段上独立地发现它

---

① [意]维柯:《论意大利最古老的智慧》,译者导言第5页。
② 同上书,译者导言第10页。

所需要的东西。"①在这个意义上说,维柯虽然只有一个,然而每个国家对维柯的解读却可以有多种多样。与其跟着西方学者亦步亦趋,不如用我们自己的视角给维柯的历史哲学以新的阐释。

三、黑格尔哲学的东传

在1938年12月31日,全面抗战爆发后的紧张时刻,日理万机的国民政府领导人蒋介石回顾道:

> 抗战十八月,军民牺牲痛苦为自来所未有,然而毫无怨忿之意,使余铭感五中,除汪兆铭一人最近叛党暴弃外,全国上下,同仇敌忾,已充分发挥其纯正之爱国精神。今年看书不多,除《新约》全书外,又看完《土耳其革命史》,黑格尔《辩证法》……颇有心得也。②

这些让蒋介石颇有心得的书籍即包括黑格尔的著作。在1941年5月31日,蒋还在日记中记载了学习黑格尔辩证法的心得:

> 黑格尔所谓矛盾之理,即中国阴阳之道,黑格尔所谓绝对存在与绝对本源,即中国太极咸具万物之理也。至其所谓绝对无穷者,即理一而分殊,亦即具众理而应万事之谓,故黑氏哲学,余最能心领神会也。③

晚年,犹未摆脱败退大陆的沉痛的蒋介石,又将国民党的政治"组织"同黑格尔的辩证法进行联系,现身说法,在主持总理纪念周时演讲了《组织

---

① [英]柯林伍德:《历史的观念》,何兆武、张文杰译,商务印书馆1997年版,第117—118页。
② 秦孝仪主编:《总统蒋公大事长编初稿》卷四上册,台湾中国国民党中央委员会党史委员会,1978年,第286页。以下蒋介石、毛泽东两个例证,由检索台北"中研院"汉籍电子文献库得知。
③ 秦孝仪主编:《总统蒋公大事长编初稿》卷四下册,第696页。

的原理和功效——并说明对黑格尔辩证法的研究要领》。① 除此之外，蒋介石在多个场合曾要求下属和国民党党员加强对辩证法的学习、研究，将其上升到生死存亡角度，"对于辩证法之学习，为党员必修之课"②。

较之蒋介石对黑格尔辩证法的推崇与使用，中共领袖毛泽东则有过之而无不及，在延安初期暂时稳定党心、军心以后，毛就开始下苦功阅读马克思哲学系谱中的有关著作，以与留苏派争胜，包括黑格尔辩证法在内的著作即是其研读对象。毛泽东后来在多篇文章和多个场合都曾援引黑格尔及其哲学观念，且不时加以批评和发挥③。

透过上述蒋、毛两位敌对的最高首领不约而同地研读和使用黑格尔辩证法的例子，我们或能对黑格尔哲学的实用性及其在近现代中国的流行程度与影响力窥豹一斑。不仅如此，可以说，对于近现代中国的很多知识分子来说，黑格尔都是一个耳熟能详的名字，其哲学广为人们阅读和使用。而因黑格尔与马克思的思想渊源，黑格尔哲学在中国的马克思主义哲学系谱里尤享有举足轻重的地位，一直是相关人士的必读作品，对黑格尔及其哲学的研究，层出不穷。更具指标意义的，则是延续50年之久的《黑格尔全集》中文翻译工作，依旧不断在推进，第10卷与第17卷的中文译本，业已由商务印书馆于2012年6月率先推出。凡此，均可说明黑格尔哲学在中国的吸引力。故之，关于黑格尔哲学在近代中国的译介、传播和接受情况，自然也是一个非常值得关注的

---

① 秦孝仪主编：《总统蒋公大事长编初稿》卷十，第167页。
② 同上书，第29页。有关蒋介石阅读黑格尔著作的情况，还可参看汪朝光、王奇生、金以林：《天下得失：蒋介石的人生》，山西人民出版社2012年版，第297页。
③ 有关毛泽东阅读和引述黑格尔哲学的情况，可参看毛泽东：《辩证法唯物论（讲授提纲）》，载［日］竹内实编：《毛沢東集》第6册，苍苍社1983年版，第274—283页；毛泽东《艾著〈哲学与生活〉摘录》和《辩证唯物论》等文，载［日］竹内实编：《毛沢東集補卷》第5册，苍苍社1983年版，第123、196—273页。

话题。

  对此问题,实际上,贺麟、洪汉鼎两先生在 20 世纪 70 年代末已经进行了初步梳理①。他们这个研究是开路之作,影响很大,后来的研究者都以此为基础,来讨论黑格尔哲学在近代中国乃至清末中国的接受情况②。除了陈启伟等先生,有的研究者甚至连他们文章中的错误也一并沿袭,没有去查对原始资料,如贺、洪文说严复的《述黑格儿惟心论》写于 1906 年,发表在 1916 年的《寰球学生报》上,是"我国最早介绍和研究黑格尔思想的论文,在历史上是有价值的"③。实际上,严复此篇文章发表在《寰球中国学生报》1906 年第 2 期(丙午七月号)上④,该文还被《广益丛

---

① 贺麟:《康德、黑格尔哲学在中国的传播》,载《五十年来的中国哲学》,商务印书馆 2002 年版,第 78—129 页。据当时贺麟先生的助手洪汉鼎后来说,此文主要出自他的手笔,由贺麟先生做了一些补充纠正后,以贺先生名义发表在《中国哲学》第 2 辑(生活·读书·新知三联书店 1980 年版)。后来洪汉鼎先生又改写了此文重新发表,但主要观点乃至如严复文章发表时间这样的错误,基本照旧。参看贺麟、洪汉鼎:《康德黑格尔哲学东渐记——兼谈贺麟对介绍康德黑格尔哲学的回顾》,载《西学东渐研究》第 2 辑,商务印书馆 2009 年版,第 1—43 页。

② 宋祖良:《黑格尔哲学在中国的传播》,载姜丕之、汝信编:《康德、黑格尔研究》第 1 辑,上海人民出版社 1986 年版,第 488—493 页;张桂权:《黑格尔研究九十年》,《河北学刊》1997 年第 2 期,第 44—51 页;陈启伟:《康德、黑格尔哲学初渐中国述略》,载湖北大学哲学研究所《德国哲学论丛》编委会编:《德国哲学论丛 2000》,中国人民大学出版社 2001 年版,第 354—362 页;陈应年、陈兆福:《商务印书馆与百年来西方哲学东渐述略》,《世界哲学》2002 年增刊;杨河、邓安庆:《康德黑格尔哲学在中国》,首都师范大学出版社 2004 年版,第 38—44 页;熊月之:《清末哲学译介热述论》,载北京外国语大学中国海外汉学研究中心、中国近现代新闻出版博物馆编:《西学东渐与东亚近代知识的形成和交流》,上海人民出版社 2012 年版,第 14—15 页,等等。

③ 《严复年谱》的编者亦同样认为《述黑格儿惟心论》一文"是我国最早介绍黑格尔哲学的文章"。参看孙应祥:《严复年谱》,福建人民出版社 2003 年版,第 284—285 页。

④ 《寰球中国学生报》1906 年第 2 期,第 1—11 页。该文已经被收入王栻主编:《严复集》第一册,中华书局 1986 年版,第 210—218 页。黄见德的《西方哲学东渐史》(人民出版社 2006 年版,第 255 页)根据上海图书馆编的《中国近代期刊篇目汇录》,纠正了贺、洪文这个误区,但其主要观点依旧与他们没多少区别,亦说严复此文"是我国最(转下页)

报》转载①。后人不察,不但沿袭贺、洪的观点,还沿袭了其失误,以至于有学者认为:"直到20世纪20年代,国内仅有马君武、严复两篇论述黑格尔哲学的专文。"②

事实上,仅在清末,国内就有不少关于黑格尔哲学的论述,除了类似马君武文、严复文这样的报刊文章外,在时人著译的一些学案、西洋人物词典、西洋史书籍、西方哲学史书籍等文类中,黑格尔的名字就频频出现,对其哲学思想的认知不乏高质量之见;更有意义的是,黑格尔及其哲学还频频被时人作为思想资源援用,足以表明在清末中国,黑格尔及其哲学已经为很多中国知识分子熟悉了。故此,关于黑格尔哲学在清末中国的译介和传播情况,既有的研究之外,还大有拓展的空间。

以下笔者在前人的研究基础上,以黑格尔哲学在清末中国为例,希望利用更为多元且丰富的材料,不仅关注黑格尔哲学在清末中国的译介情况,还会关注黑格尔哲学为当时知识分子阅读、接受与使用的情形。需要说明的是,本节并非从哲学史的角度讨论真正的黑格尔哲学为何,而是意在从知识社会史角度关注黑格尔哲学在清末中国的译介和容受效果。同时本节还会以章太炎对黑格尔哲学的解释与批评为例,讨论黑格尔哲学作为思想资源为其接受和使用的情况,乃至这种做法的思想史意义。

(一)报刊书籍等文类中的译介

中国最早介绍黑格尔哲学的文字,贺麟等先生说是马君武《新民丛报》第27号(1903年3月12日,第1—12页)上发表的《唯心派巨子黑智儿学说》一文,及上引严复一文。但还有更早的,留日学生创办的《大陆》杂志,在1902年创刊第1期上即发表有《德意志六大哲学者列传·黑格

(接上页)早介绍和研究黑格尔哲学的一篇文章,因而它在西方哲学东渐史上具有重要的历史价值"。除了同贺、洪一样使用了马君武《唯心派巨子黑智儿学说》一文,黄先生也没有依据别的相关资料对黑格尔哲学在清末中国的接受情况,进行延伸讨论。

① 《广益丛报》第4年(1907)第32期,第3—6页。
② 杨河、邓安庆:《康德黑格尔哲学在中国》,第42页。

尔传》一文。① 该文虽然没有署作者名,但已经被前引陈启伟先生之文注意,它可能是中文世界中最早全面介绍黑格尔哲学的文字②。从该文内容看,虽然它对黑格尔哲学的介绍不够详细与准确,但大概讲述了黑格尔一生的主要行迹及著述目录。

当时,时人在报刊上发表的有关泰西哲学的译介并不少见,其中多有提及黑格尔之处。如《翻译世界》上翻译连载的德国人楷尔黑猛的《哲学泛论》文章,就有多次提及海智尔(黑格尔)及其客观唯心论哲学,其中有云:"(亚里士多德)谓概念者,非是全然,依于超绝,而实具存于个体中,唯一概念云何? 同时而在多数个体。康德氏出,乃唱唯名论,而海智尔复引申亚氏之说,其义始完……海智尔则以概念属实在体者,名为客观理想,属知之内者,名为主观概念。"③之后该文又继续阐释说:"……种种个体皆是普遍之现象,而此普遍者,自然存在,不关人间思惟。亚里士大德、海智尔等之见解是也……海智尔言凡具体的,皆自最高概念之所发生……"④在接下来的连载文中,还有提及黑格尔哲学之处,如说其坚持"绝对客观论",并和斯宾诺莎等持"一元论"说,最后作者总评认为,通过一元论主张可以窥见海智尔(黑格尔)学说之失⑤。再如《新世界学报》上连载的一篇介绍英法德哲学思想的文章,也有对欧改鲁(黑格尔)哲学较为详细的介绍。文中说德国哲学繁荣是思想自由的结果,黑格尔、费希特、谢林同为德国唯心派哲学的代表,其中,黑格尔提倡"绝对之唯心论",为康德以后"最著名而为古今所屈指者",但自从黑格尔去世后,"其学派遂分为左中右三派,互相争辩,互相倾轧,久而其力渐衰。原其所以致衰之

---

① 见《大陆报》第1号,光绪二十八年十一月初十日,第5—7页。
② 此处对黑格尔的介绍,还被雷瑨辑的《各国名人事略》(砚耕山庄,光绪三十一年)全文收录,参看该书卷五,第16页。
③ [德]楷尔黑猛:《哲学泛论》,《翻译世界》1902年第2期,第29页。
④ 同上,第29—30页。
⑤ [德]楷尔黑猛:《哲学泛论》,《翻译世界》1903年第4期,第50页。

故,则由天然科学之进步,与夫学派内之不能贯通故也"①。又像传教士主办的《大同报》上,也连载有哲学译文《欧洲近百年智力之长进》,在译文第七章"德国思想家之感动"中专门介绍了坎特(康德)、斐克退(费希特)、色令(谢林)、赫格勒(黑格尔)等德国哲学家的生平和著作,还将黑格尔同谢林的哲学观念进行了联系与阐发,指出黑格尔思想对谢林哲学的发展及其意义,其实际意图在于借黑格尔哲学来阐释上帝的伟大:

> 赫格勒所论上帝,在凡事之上,在凡美事之中,为确然可据者,则凡美事即为上帝真体之现形,盖自此言一出,而其理之日益明显者,固尤非一二浅识者所可几及耳!②

清末翻译出版的一些德国史著作、西洋史著作,在叙述欧陆哲学或19世纪文化、学术思潮时,亦经常提及黑格尔的名字。像《德意志全史》在"近世日耳曼文学之发达"一章中,起首就表彰德国哲学,尤其是迦顿(康德),又说及包括弗富特(费希特)、海革(黑格尔)等人这样的后起者③。再如小川银次郎的《西洋史要》一书:"而哲学一科,其于幽远微妙之理,亦复阐发极精,如德则有斐希脱(Fichte)、海盖耳(Hegel)、烁朋哈威尔(Schoppenhauer,今常译作叔本华)、罗节(Lotze)、哈脱蒙(Haltman),英则有斯宾赛尔(Spencer),法则有克让(Cousin),诸大哲学家一时辈出。"④又

---

① 杜士珍:《德国哲学思想之变迁》,《新世界学报》壬寅(1902)第3期,第51—53页。
② [英]玛克斐森原著:《欧洲近百年智力之长进》,《大同报》第10卷第21期,1908年12月26日,第13—14、15—16页。
③ [日]河上清:《德意志全史》下卷第四编,诸嘉猷译,上海通雅书局藏版,光绪二十九年八月,第8页。
④ [日]小川银次郎:《西洋史要》,东文学社原译,金粟斋版,辛丑七月,第31页。小川银次郎该书还被樊炳清、萨端重译,译文基本一样:"而哲学一科,其于幽远微妙之理,亦复阐发极精,如德则有斐希脱(Fichte)、海盖耳(Hegel)、烁朋哈威尔(Schoppenhauer,今常译作叔本华)、罗节(Lotze)、哈脱蒙(Haltman),英则有斯宾赛尔(Spencer),法则有克让(Cousin),诸大哲学家一时辈出。"该书商务印书馆在1914年重版,不过译述者标上樊炳清、萨端,引文在第53页。

如《十九世纪欧洲文明进化史》中所言："自康德以新智识论划理想派之新时期以来,百余年矣!而十九世纪之理想派哲学者,未有一人能出康德之外、别开生面者也……略进一步,即大名鼎鼎如黑智儿,亦不过收康德之美果耳。"①收入普通百科全书的《西洋历史》在谈及"19世纪之进步"时,也有述及海格罗(黑格尔)之处:"在哲学则自十八世纪末叶独乙(现常译为德意志)有梗都(即康德)出,新开生面。后有海格罗、勒坚、斐希代(费希特)……相续出,各组织哲学之一派。"②另一本译自日文的《西国新史》,在介绍19世纪欧洲文化时,也明确提及包括黑格尔在内的诸德国哲学家,"至十九世纪,哲学一科,已达圆满之域。德国硕儒坎德(Kant)出,主唱认识论,斯旨益畅。自是,黑魏尔(Hegel)、哈尔多曼(Haltman)、荷宾哈尔(Schoppenhauer),继轨并作,多私淑于坎德"③。梁焕均编译的《西洋历史》第十四章"十九世纪之文化思潮"节,在介绍哲学家时说:"黑智儿,德人(1770—1831)。"又说:"黑智儿谓自然发达之极端,即为精神,创精神哲学。"④《大陆报》杂志上发表的一篇《世界文明史提纲》一文中,在叙述各派史家观点得失时,也有提及黑格尔之处,"其叙述乃依哲学主义,非就文明上而取其忠实客观者。其属黑格儿以下,所谓理想派之德意志史家,其弊尤甚"⑤。

较之上述诸西洋史著作中对黑格尔的简单提及,一本没有署译者名

---

① [日]民友社原著,田尻著:《十九世纪欧洲文明进化史》,广智书局光绪二十八年(1902)版,第22页。

② [日]吉国藤吉:《普通百科全书之六十六·西洋历史(二)》,东华译书社编译,上海会文学社1903年版,第44页。

③ [日]元良勇次郎、盐泽昌贞:《西国新史》,泰东同文局译,泰东同文局藏版,明治三十八年(1905),第309—310页。

④ 梁焕均编:《西洋历史》,光绪三十二年二月版,东京九段印刷所,第236页。该书附录第21页还有黑智儿的外文名"Hegel"及日文片假名。书后且列表解释,在"哲学家"栏中说"黑智儿倡唯心论"(第266页)。

⑤ 《大陆报》第1卷第3期,光绪二十九年正月初十日,"讲筵",第5页。

字的《西洋历史提要》则对黑格尔及其哲学地位的叙述稍微详细一些:"至日耳曼哲学大家黑格儿,则由无形以推至有形,而唱进化论,逞非常之势,迨有垄断日耳曼哲学界之观。"①其他一些西洋史著作,像没有署编译者之名的《万国历史》②、李耆仪等据日本文学士野村浩一口授、综合一些欧美世界史著作编译成的《西洋史》③,它们在评述19世纪的文化或学术潮流时,都曾提及德国哲学和黑格尔。

再如一些西洋史教科书也会经常提到黑格尔。像一本《西洋历史教科书》在说及西方著名之人物中的"哲学者"时,也有对黑格尔简单的绍介:"海格尔(Hegel),德人,综合哲学,1770—1831。"④同样,在小川银次郎编的《中等西洋史教科书》第五编第四章"现世纪之文明"节,也对黑格勒(黑格尔)有简单的提及:"哲学家亦益阐发幽远之原理,于德有斐的、黑格勒……"⑤再如吴渊民翻译日本坪井九马三的《中学西洋历史教科书》卷下部分"十九世纪之文明"章中,亦曾简单提及"黑智儿之唯心说"⑥。一本打着学务大臣鉴定标记的《东西洋历史教科书》,在第五章"近世之文化"也带了海格尔(黑格尔)一笔:"哲学家则德人康德说认识论,勿乞底、海格尔、嚇太孟、蓄烹化、斯宾塞,亦各立一家说,阐明幽远之原理……"⑦

---

① [日]有贺长文:《西洋历史提要》,未标注译者,上海时中书局光绪甲辰年(1904年)版,第95页。
② 《万国历史》,作新译书局藏版,光绪二十八年六月,第221页。
③ 李耆仪、梁柏年编:《西洋史·法政丛编第十七种》,光绪三十一年八月,东京并木活版所印刷,湖北法政编辑社发行,第185页。
④ [英]默尔化:《西洋历史教科书》(卷二),出洋学生编辑所译述,商务印书馆1902年版,第35页。该书1903年、1905年曾两次再版。
⑤ [日]小川银次郎编:《中等西洋史教科书》,沙曾诒译,文明书局光绪三十年版,第23页。
⑥ [日]坪井九马三:《中学西洋历史教科书》卷下,吴渊民译,广智书局,光绪三十四年八月二十五日发行,第119页。
⑦ 吴葆诚编译:《东西洋历史教科书》,文明书局,光绪三十一年正月廿五日发行,第266页。

在清末时人编译撰写的一些人物传记或辞典等文类中,黑格尔及其哲学也屡屡被提及。如在《世界名人传略》中,就有对黑格尔较为详细的介绍,其内容同前引《德意志六大哲学者列传·黑格尔传》相仿①。又如一本《外国地名、人名辞典》中也有黑格尔的词条:"Hegel,黑智尔,德意志之大哲学家,生于斯都德瓦,学于多滨拿,且入耶拿大学与西尔灵共研究哲学,后为哈得堡大学教授,《精神现象论》《论理学》等,其名作也(西历 1770—1831)。"②又如黄人所编的《普通百科新大辞典》中也收录有黑格尔的词条:

　　海格尔(Georg Wilhelm Friedrich Hegel)(1770—1831),德国之哲学者,袭斐比德后,于 1818 年为柏林大学教授。初奉西林克学说,后自成一家,开海格尔派,当时哲学界为之风靡。其徒分为两派,即唱有神论者谓之海格尔右党,唱泛神论者谓之海格尔左党(司曲拉乌可等)。③

再如在一篇《泰西教育家略传》的文章中,亦有对黑格尔的介绍:"黑智尔氏,为德意志有名之学者,生于千七百七十年,殁于千八百三十一年。初于千八百一年为佛教师,五年又为典拿大学教授,十六年为哈得堡大学教授,十八年为柏林大学教授。生平致力于哲学,发明新说,又精心德国教育,其制度改革之事多氏为之,而并重家庭与政府。尝谓家庭者,教育者之主任也。家庭与政府,即人道之教师,且为其乳母也。"④《新民丛

---

① [英]张伯尔原本:《世界名人传略》H 卷,山西大学堂译书院译印,1908 年,第 14—15 页。对此人名辞典的研究,可参看夏晓虹:《从"尚友录"到"名人传略"》,载陈平原、米列娜主编:《近代中国的百科辞书》,北京大学出版社 2007 年版,第 1—32 页。
② [日]坂本健一:《外国地名、人名辞典》,宁波新学会社编译,上海新学会社发行,东京并木活版所印刷,光绪三十年二月二十日印刷,光绪三十年六月二十五日再版发行,第 177 页。
③ 黄人:《普通百科新大辞典》,国学扶轮社,宣统辛亥年印,"午集",第 11 页。
④ 《泰西教育家略传》第十三"黑智尔",《直隶教育杂志》丁未年第 1 期,光绪三十三年二月初一日,第 96 页。

报》第24号上刊出的《万国思想家年表》中,也有对黑格尔简单的介绍:"希几(Hegel)(1770—1831),德国之大思想家。"①稍后,该年表在介绍另外两个学者时,也涉及黑格尔。首先,是在介绍比匿(Fr. Eduard Beneke,1798—1854)时说:"德国思想家,反对希几及黑拔(Herbart)之学说。"接着,在介绍德国哲学家垾斯(Lotze,1817—1881)时又说:"其学说出自希几。"②

较之上述传记或年表中对黑格尔的简单描绘或粗略提及,学案这种传统的中国学术史体裁也被赋予了新的内容和意义。像趋新士人孙宝瑄即把西洋哲学史当作"海西之哲学案",类似与中国《宋元学案》《名儒学案》体例相同的东西,"欲讲哲学者不可不知"③。有此思维,难怪时人会依葫芦画瓢,编辑一些《泰西学案》之类著作。但像《泰西学案》这样的书,其编纂质量却不敢让人恭维,书中的《黑智儿学案》,即是直接把马君武发表在《新民丛报》上的《唯心派巨子黑智儿学说》抄录于此④。《万国名儒学案》亦是如此,在其第一编"哲学学案"中,也基本照搬了马君武那篇介绍黑格尔的文章,只有标题的排序略有差异⑤;有意思的是,在第二编"教育学案"中,编者又收录了"希几(黑格尔)学案"⑥,这里对黑格尔的译法与前面截然不同,显示编者并未在编纂体例上下功夫,这样一本书很可能是东拼西凑的谋利之作⑦。有意思的是,这类粗制滥造的西学

---

① 《新民丛报》第24号,光绪二十八年十二月十五日,第118页。
② 同上,第119页。
③ 孙宝瑄:《忘山庐日记》上册,上海古籍出版社1983年版,第415页。
④ 王阑编:《泰西学案》,明权社,光绪二十九年六月,第54—62页。
⑤ 楞公编:《万国名儒学案》卷上,新学社,光绪三十三年十二月,第128—139页。
⑥ 楞公编:《万国名儒学案》卷下,第43—46页。
⑦ 事实上,如《万国名儒学案》的编者所言,该学案本为编者"搜集各杂志所译载,其中尤以《新民丛报》为最多",编者虽然在"发凡"中说"合志于此,以示不敢掠美之意",但他并没有注明各篇学案的转载之源,仅仅说部分学案来自《新民丛报》,对于来自其他报刊的,则根本未提。故此,《希几学案》应同样是转录之作,可惜笔者亦未访查(转下页)

书,却给时人提供了便捷易得的西学读本,对于时人了解包括黑格尔哲学在内的泰西哲学很有助力①。

在介绍其他一些德国哲学家时,也有论述经常提及黑格尔。如《大陆报》杂志上连载的《史传:德意志六十哲学者列传》中的《寿平好儿传》(即叔本华传)和《侠特门传》,就有三处提及黑格尔②。稍后《大陆报》上发表的《日耳曼厌世派哲学晓本忽尔(Schopenhauer)之学说》一文也指出叔本华的论敌黑格尔之言如何③。又像在唐演易庵翻译的日本学者介绍谢林的文章中,也多有提及黑格尔(海盖儿,Hegel)之处④。再如《西洋名人传记》一书,虽然没有黑格尔本人的传记,但在叔本华等人的传记中,却多次提到黑格尔(海额尔)。如在《德国教育学大家裴奈楷传》文中,就简单提到了裴奈楷同黑格尔(此处译为"海格儿")的恩怨,"顾以反于海格儿之说,为海派所嫉妒,不能安于位"⑤。接下来,又说"海格儿挤之尤力……"后"再归柏林大学,时则海格儿已卒"⑥。随后,在《德国

(接上页)出其来历。又如《万国名儒学案》的编者所言,"先时明权社所出版之《学案》一书,类皆《新民丛报》所未完结者,割裂舍弃,贻讥大雅。但这样的情况,《泰西学案》的编者"江左病骥氏"在"序"中则完全未提。

① 像孙宝瑄即曾阅读过《泰西学案》,并详细做了笔记,记述了苏格拉底、柏拉图、康德等学案的概要。而看起来政治上守旧的官僚恽毓鼎,思想上却接近新派,他读了包括梁启超著作在内的很多新书,对梁著各西儒学案都仔细阅读,其中他也在日记中详录了读《泰西学案》中康德学案后的感受。恽毓鼎认为"西儒论学宗旨,与中儒不甚悬殊",一度打算编"一中西学案合编",且自认此举将是"不朽之盛业也"。

② 《史传:德意志六十哲学者列传:寿平好儿传·侠特门传》,《大陆报》1902年第1期,第7—8页。

③ 《日耳曼厌世派哲学晓本忽尔之学说》,《大陆报》1903年第6期,第23页。

④ [日]户水宽人:《谢灵克(Schelling)哲学学说》,唐演易庵译,《学海》1908年第1卷第1期,第104—114页;《学海》1908年第1卷第2期,第79—89页。

⑤ 《西洋名人传记》,具体编译者、出版者等信息不详,但可看出为清末版,上海辞书出版社图书馆藏,第1页。

⑥ 《西洋名人传记》,第2页。

大哲学家叔本华传》中,又多处说及叔本华同黑格尔的恩怨,叔本华在柏林大学"与海额尔一时并立,其讲义痛斥海氏哲学,不遗余力","然时人方动于海额尔之说,举世靡然相推重,故己之哲学终无刮目相视者,以是弥增厌世之感……"①稍后,又叙述道:"丹麦学士会亦以'道德之基础'命题征文,然于叔本华所著,不加称赏,且斥黜之。叔本华大怒,以为皆海额尔为之也。益攻击海氏不已。"②

当时不仅有对黑格尔及其哲学的专文介绍,《新民丛报》与《教育世界》上还分别刊有黑格尔的肖像画。《新民丛报》将其与17世纪荷兰哲学家斯宾诺莎并列,称为"唯心派之哲学家其二黑智儿（George W. F. Hegel）"③,图像后又附有对黑格尔的较为详细的介绍,"黑智儿,日耳曼人,生于千七百七十年,卒于千八百三十一年,为康德以后最大哲学家。任柏林大学教授者十三年,所著书有《精神现象学》、《名学》、《哲学韵府》、《权利哲学》、《历史哲学》、《宗教哲学》。论者谓黑氏为十九世纪哲学之集大成云,各国政治上亦多蒙其影响,如俄国虚无党人,亦最心醉黑氏学说云"。《教育世界》上的介绍则比较简单,只称其为"德国哲学大家海格尔"④。

而在清末译介的欧洲社会主义、无政府主义的文章中,当涉及社会主义、无政府主义的哲学来源之时,黑格尔的名字也偶尔会出现。如《民报》上发表的一篇节译的《社会主义大纲》文章中即是如此:"德意志之社会主义,虽云物质的,然麦喀、拉萨尔、巴枯宁,其所传社会主义之哲学,非发源于黑智儿（Hegel）、非希的（Fichte）乎？黑智儿之哲学,非于近世哲学中所谓最有精神者乎？非希的非常自谓为基督教社会主义者乎？"稍后,文章又说,法国革命史"以个人自由为目的",英国基督教社会主义

---

① 《西洋名人传记》,第3页。
② 同上书,第4页。
③ 《新民丛报》第15号,光绪二十八年八月一日,插页。
④ 《教育世界》第124号,丙午第8期,插页。

者等","则从事于教说协助同志会之利益,黑智儿、非希的、拉萨尔、麦喀氏等,则发展此理想的国家者也"。文章认为拉萨尔、麦喀等社会主义者一定程度上都受到黑格尔、费希特著作的影响,"读黑智儿及非希之书,通其基督教的国家之哲学,惟其哲学不能容于当时之教会,遂产出拉萨尔、麦喀氏辈之物质运动者"。但是,在社会主义运动的"第一时代","世人只渴望个人之自由,殆不知如何而后可达其目的",故此时,"黑智儿、非希的等","然于政治上无何等之效果"①。再如《民报》第11号刊登的渊实所译《虚无党小史》一文译自"日本文学士烟山专太郎"所著《近世无政府主义》一书的第三章,文中说俄罗斯的革命文学也受到德国哲学家谢林、海格尔(黑格尔)的影响,译者这时还特意在"海格尔"后加注:"Hegel(德人,一译黑智儿),1770—1831。"②

（二）哲学译著中的表述

较之上引对黑格尔哲学参差不齐的叙述与改编,当时一些翻译成中文的哲学专著,对黑格尔哲学的表述就专业多了、详细多了,而这样的介绍又往往是把黑格尔哲学放在西方哲学史的系谱或唯心论的系谱里进行叙述,并加入一些比较与发挥。

在蔡元培译自日文的德国学者科培尔的《哲学要领》一书中,第一页就引用在日本大学任教的一德国人科培尔之语:近代西方哲学"皆以最近哲学大家康德、黑智尔、哈尔妥门(Hartmann)诸家之言为基本,非特惟物、惟心两派之折衷而已"。这里的"黑智尔"即黑格尔(下文译者又译为"黑格儿")。在说及康德后之德国哲学家时,书中言:"康德以后之哲学为最新哲学,若费斯德,若薛令,若黑格儿。"③又言,"黑格儿之徒亦有

---

① 渊实:《社会主义史大纲》,《民报》第7号,1906年9月,"来稿",第4、6、7、8页。
② 渊实:《虚无党小史》,《民报》第11号,1907年1月,"来稿",第5页。
③ [德]科培尔:《哲学要领》,[日]下田次郎笔述,蔡元培译述,哲学丛书第1集第1编,商务印书馆印行,1903年,第2页。该书初版时未署译者,后在民初再版时才署译者为蔡元培。陈启伟教授的《康德、黑格尔哲学初渐中国述略》一文,已注意到蔡元培所译该书。

呼康德学派为超绝唯心论者"①。书中稍后又谈及"辩证法"②,"此近世哲学家黑格儿之所提倡者也,其法附丽于各之哲学,如不从黑格尔之哲学者,即不能从其辩证法也……"③随后,又说:"近日最有名之辩证法,则治黑格儿哲学之方法也。黑格儿之书,其论证之用语及形式,于各哲学家中至为难解,虽德国人亦难之,然解其教义及辩证法之义,则无不迎刃而解矣! 彼之辩证法所以明吾人总念之进化者也。彼以为进化生于冲突……"④进而,该书进入黑格尔的正反合命题的叙述,分析了叔本华和黑格尔的论敌关系与立说差异。之后,书中又言:"凡惟神之一元论……此同一系统之缘起,自斯宾挪莎,而薛令、黑格儿、费斯德旭宾海尔哈脱门,皆自列于此系统之下。"⑤然后,作者又评价道:"吾人于黑格儿弟子中,见有万有神教特别之形式,所谓通人心而神自得者也。此辈弟子谓之似黑格儿学派,或谓之左侧之黑格儿学派,盖其于黑格儿学派非保守党而改革党也。"接下来,又评价黑格尔对待"理性"的见解,"近世最大之万有理性教家为黑格儿,彼有界说曰:凡实际者皆有理者也。此实危险之言,屡有误解之者,特于政治世界足为辩护罪恶之助。是以……则黑格儿之教义必于普国为最有势力之哲学也。余意黑格儿书此语时,未必如解者之拘泥,不过言理性主义必至之结果,要当以理论之例理会之"⑥。最后,作者又点出黑格尔哲学的反对派,转入对叔本华的

---

① [德]科培尔:《哲学要领》,第19页。
② 陈启伟先生认为蔡元培第一次引进了"辩证法"这个重要译名,"在德国哲学东渐史上还是值得大书一笔的"。陈启伟:《康德、黑格尔哲学初渐中国述略》,载《德国哲学论丛(2000)》,中国人民大学出版社2001年版,第362页。但"辩证法"这个译名,当时也有其他人在用,如"又用辩证法攻击反对者之论旨"(参看公猛:《希腊古代哲学史概论》,《浙江潮》第7期,1903年9月11日,第20页),该译法很难确切说是蔡元培第一次引进的。
③ [德]科培尔:《哲学要领》,第11页。
④ 同上书,第12—13页。
⑤ 同上书,第25页。
⑥ 同上书,第27页。

讨论中,"谓世界不能有善而无恶,黑格儿之万有理性教,不足以解释之,起而与之反对者,加宾海尔(即叔本华)之万有意志教是也"①。此外,书中提及、涉及黑格儿之处尚多,不一一赘述。

当时翻译的另外一本井上圆了的书《哲学要领》则在第五十二节专门讨论了黑格尔哲学(歇杰尔氏学派):

> 次歇杰尔氏,补舍伦氏(Schelling)说之所短,而加一层完全者也……其哲学分论理、物理、心理三种,而其论理想自体之进化者,谓之论理,论物界之进化者,谓之物理,论心界之进化者,谓之心理。观其论理之组织,先分现体、真体、理体三大段,次又分其各体为三段,第一正断,第二反断,第三合断,此其所立之次第也。盖歇氏以此次第为理想进化之规则,是为歇杰尔氏之哲学。德国哲学至此,始可谓之大成。②

实际上,第四十节"学派"中就说:"考近世哲学之分派传流,歇杰尔氏之哲学统合非布底、舍伦两氏而起。"又说:"歇杰尔氏之一派,称绝对论。……舍伦、歇杰尔等为论理学派。"③稍后,第五十八节"结果"又评论道:"然近世哲学之始祖者,倍根、笛卡儿两氏,其用原理已互相反,后之学者,或宗此说取一边,或择彼论,或欲立二者之中,而结合两边,遂生近世哲学之进步……非布底氏因之独取主观,舍伦氏对主观而立客观,歇杰尔统一之,而开完全之组织……"④接着,又在第五十九节批评说:"古来之哲学,欲保持论理之中庸,犹不免僻于一边者,比比皆是。……韩图氏偏于主观,里度氏(Reid)偏于常识,歇杰尔氏偏于理想……诸家

---

① [德]科培尔:《哲学要领》,第28页。
② [日]井上圆了:《哲学要领》前编,罗伯雅译,广智书局,光绪二十八年十一月初十日初版,二十九年八月二十五日再版,第34页。
③ 同上书,第26、27页。
④ 同上书,第36页。

630

各有一僻,未见有中正之论,后来除此弊而开中正完全之新组织者,果在何地而起乎?余于东洋望之不置也。"①

王学来翻译的井上圆了的《哲学原理》一书,与前引井上圆了的《哲学要领》,内容并不一样。不过,该书也有多处提及黑格尔,亦将黑格尔放在欧洲的哲学史系谱中进行叙述,说大陆哲学:

> 自法国笛卡尔氏一出,开独断学派,而荷兰哲学者斯拼挪莎(Spinoza)继之,唱为一元论……自唯心论(Idealism,原文为Idealiem)进而为唯物论(Materialism),使哲学界别开一生面。其学派相传为夫依希得(Fiehte)之主义论,蒐林古(Schelling)之绝对论,希格尔(Hegel)之理想论,理想既达于极点,而反对系统之论起矣……统观以上诸家学说,类皆深切著明,与人智识不尠,如康德之唱道德……希格尔之研究论理……皆有左右社会之能力。②

稍后,书中又说:"哈特曼(Hartmann)统合希格尔、琐朋哈乌尔(即叔本华,译者注)两学说,而成为一家。"③最后,该书则提到各派哲学家之影响,指出黑格尔哲学对英国影响比较大,"至近世,则德国专尚斯宾塞之实验学派,英国则专尚希格尔(德人)之理想学派,哲学之兴,正未有艾也"④。在该书附录《泰西哲学家年表》中的德意志哲学家栏,亦有对黑格尔的简单介绍:"希格尔(Hegel),尝为柏林大学教习,著有哲学全书十八册,1770年生,1831年卒。"⑤

---

① [日]井上圆了:《哲学要领》前编,第37页。
② [日]井上圆了:《哲学原理》,王学来译,闰学会丛书之一,日本东京闰学会,光绪二十九年,第37—38页。
③ 同上书,第38页。
④ 同上书,第39页。
⑤ 同上书,第51页。

在王国维翻译的《哲学概论》中,则有对黑格尔哲学更为详细的讨论。该书亦将黑格尔放在德国哲学的系谱中讨论:"汗德以后之诸学者,虽各本自己之学说,而立特异之定义,至其真意,则别不加新,兹揭其重要者如次:海额尔(自1771—1831),曰哲学者,理念之学也,论理学(第一哲学)者,绝对的理念之学也。"①该书对黑格尔辩证法的记述尤其详细,而用"正反合"翻译黑格尔的辩证法的译法,一直到现在都为学界所接受和采用:

> 所谓辩证法者,主指海额尔所采之方法,今欲论之,不可不窥海氏之说。海额尔之辩证法,与其哲学学说有亲密之关系,不易理会之,今暂述其大要。海氏谓事物经三段之次序而发达,今有一物,欲使之发达,不可不先移之于他状态,即经非旧状态,亦非新状态之矛盾之境界,然后可移于新状态,例如卵之为雏,必先经非卵非雏之域,然后得为雏,由如此之矛盾,而进行者也,此第一状态,谓之正,第二状态谓之反,第三之状态谓之合,合又生反,由此而又生新合,如此而成无限发达之行列……
>
> 综合之,如此世界之事物,常经三段之次序而发达,则解释之之方法,亦不可不从此自然之行程,而用正反合之三段,故一切事物得由正反合之关系说明之,谓之辩证法……以上所述之辩证法,必非自海额尔始,斐希台及希哀林既使用之,即汗德之学说中,此倾向最著,于其他古代之哲学者中,亦得发见之。然与以辩证法之名,最完全使用之,而作粲然一大系统之哲学者,则海额尔也。②

在"认识论之沿革"一节中,又说:"汗德之后,斐希台于其知识论中,又论认识之问题,其说终及形而上学,希哀林、海额尔等亦然,及晚近海额尔之

---

① [日]桑木严翼:《哲学概论》第1册,王国维译,载《哲学丛书初集》,教育世界社1902年版,第12页。马叙伦曾写有专文介绍桑木严翼的哲学。参看马叙伦:《桑木氏哲学概论》,《新世界学报》1903年第13期,第1—7页。(此文未完,续期未见)

② [日]桑木严翼:《哲学概论》第1册,载《哲学丛书初集》,第35—36页。

哲学失势,学者翕然,谓当返于汗德……"①书中还讨论了"客观的观念论":"此说于古代则柏拉图,近世则海额尔,已稍表其萌芽。……海额尔以理念之发展为实在界之发达之根本原理,理念由正反合之辩证的行程而发展,实在界之发展,亦从此次序,由此观之,则彼盖视客观的观念与实在界为一物也,然此论多混入形而上学之思想,不得称之为纯粹的认识论。"②另外,书中其余部分也有多处提及黑格尔,如第47、48页讨论纯理论与经验论时提及海额尔,在第2册第60、67、81、84等页亦多次提及。

不过,因为急功近利和译介者学识等条件所限,当时引进翻译的某些哲学史作存在不少质量问题③,有关西方哲学家思想的一些译介亦存在很大误差④,可这并没有妨碍时人对于西方哲学的学习与接受热情。就黑格尔哲学而论,在1904年前,日本哲学界有关黑格尔哲学的译介与研究情况⑤虽然不少,但也存在"翻译术语不准确,还没有系统地阅读原

---

① [日]桑木严翼:《哲学概论》第1册,载《哲学丛书初集》,第44页。
② 同上书,第64页。
③ 如蔡元培自谓:"孑民在青岛不及三月,由日文译德国科培氏《哲学要领》一册,售稿商务印书馆。其时无参考书,又心绪不宁,所译人名多诘屈。而一时笔误,竟以空间为宙,时间为宇。常欲于再版时修正之。"见蔡元培:《传略》(上),载高平叔编:《蔡元培全集》第三册,中华书局1984年版,第324页。
④ 如王国维即曾批评《新民丛报》上刊载的《汗德哲学》一文(实际是指梁启超的《近世第一大哲康德之学说》,《新民丛报》第25、26号连载),"其纰缪十且八九也"。参看王国维:《论近年之学术界》(1905年),载谢维扬等编:《王国维全集》第一卷,浙江教育出版社2010年版,第123页。梁启超后来也曾反思自己在清末介绍新学时,"多模糊影响笼统之论,甚者纯然错误"。参看梁启超:《清代学术概论》,载朱维铮编:《梁启超论清学史二种》,复旦大学出版社1985年版,第73页。关于梁启超的《近世第一大哲康德之学说》的日本来源及梁本人与康德思想的关系,王国维等人对之的批评,可参看黄克武:《梁启超与康德》,《近代史研究所集刊》第30期,1998年12月,第101—145页。
⑤ 日本成城大学的陈力卫教授告诉笔者,从19世纪80年代开始,日本的诸如《国民之友》《女学杂志》《女学世界》《太阳》《哲学杂志》等杂志和西洋哲学史著作中,已经有了众多对黑格尔及其哲学的译介、评述。关于日本学界研究黑格尔的情况,可参看[日]山口诚一:《日本黑格尔研究一百年》,张桂权译,《哲学动态》1997年第9期,第41—44页。

著"等问题,且直到 1905 年,才开始有学者去翻译黑格尔的原著①。饶是如此,日本哲学史著作对黑格尔哲学各个环节与概念的译介,在被译为中文后,与今日我们熟知的黑格尔学说差别并不是很大,一些核心概念的译名甚至延续到当下,还在被使用。

可以说,以上这些著作中关于黑格尔的表述虽然主要代表了日本哲学界对西方哲学及黑格尔哲学的认识,但在被王国维这样的译者转译为不尽忠实于原著的中文后,一定程度上也代表了清末最熟悉西方哲学的那些知识分子的理解与接受水准。而随着出版商对这类著作的翻译、出版、宣传及推销,以及类似孙宝瑄②、蒋维乔③、刘师培④、宋教仁⑤这样的精英读者对这些译自欧美特别是日本的哲学专著的购买、阅读和传播,

---

① [日]山口诚一:《日本黑格尔研究一百年》,张桂权译,《哲学动态》1997 年第 9 期,第 41 页。
② 孙宝瑄在日记中说:"新译《哲学要领》,日本井上圆了著也,谓讲求各种事物之原理,皆名曰哲学……"见孙宝瑄:《忘山庐日记》(上),第 744 页。
③ 蒋维乔在日记里曾记录了他对蔡元培所译《哲学要领》的评价,说该书"眉目不十分清晰,读者难了然无遗憾"。蒋维乔:《鹩居日记》,乙巳年十月初十日日记,《蒋维乔日记》,中华书局 2014 年版,影印本第 2 册,第 93 页。之后蒋维乔还阅读了井上圆了著《哲学要领》一书,并在乙巳年十一月初二日日记中评价该书:"条理毕举,门径秩然,从事哲学者最好入门之书也。"参看《蒋维乔日记》影印本第 2 册,第 94、97、102 页。蒋维乔还读过李奇著的《哲学论纲》一书,并评价该书:"书中大旨皆主张造物主造人,反对进化家言。盖偏于宗教者也。"参看《蒋维乔日记》影印本第 2 册,第 103 页。
④ 刘师培曾引用井上圆了之言同戴震思想对比:"日本井上圆了云:唯心论者由物心两象,总由一心而起。然物封心而可知,心封物而可知,二者缺一亦不能存。心能知物,物因心而被知……"见刘师培:《东原学案序》,载徐亮工编校:《中国近三百年学术史论》,上海古籍出版社 2006 年版,第 242 页。
⑤ 宋教仁曾阅读过井上圆了的《哲学要领》一书,还做了详细的笔记。参看宋教仁:《宋教仁日记》,湖南人民出版社 1980 年版,第 214—218 页。

还影响了后来像梁漱溟(1893—1988)①、张申府(1893—1986)②这样更为年轻的读者。

(三)使用黑格尔

且不说笔者没有查阅到的那些介绍黑格尔的材料,仅据第一、第二部分这些文献中所呈现出的对黑格尔及其哲学的描述,就为数甚多了。其中不少虽系翻译文献——主要是译自日本的西洋哲学文献(马君武一文也应是如此),它们对黑格尔哲学的介绍程度也参差不齐,或简单或复杂,或一笔带过,甚或存在不少误读,但不同程度上都给读者提供了黑格尔及其哲学的大致情形,包括其行迹、著述与主要的哲学贡献。对于时人阅读和进一步接受黑格尔哲学,它们无疑都起着一定的桥梁作用,构成了时人阅读和运用黑格尔哲学的知识基础与思想资源。我们通过以下一些具体的例证,或可更深刻地了解清末知识分子对黑格尔及其哲学的理解和使用,包括误用情况,这也许最能体现黑格尔及其哲学为当时中国人所接受的程度、影响的广度,以及黑格尔哲学在清末中国被译介和传播的思想史意义。

在晚清新思潮包括西方哲学、德国哲学乃至黑格尔哲学经由日本传入中国的过程中,梁启超及《新民丛报》发挥了重要作用。如梁启超在《地理与文明之关系》一文中就曾引用黑格尔("德儒黑革")在《历史哲学》中的观点来为地理决定论寻找依据:"德儒黑革曰:水性使人通,山性使人塞;水势使人合,山性使人离。诚哉是言!"③稍后,梁启超又在《宗

---

① "我以自十几岁爱好哲学,很早读到蔡先生的《哲学要领》一类著作……"见梁漱溟:《纪念蔡元培先生》(1942年3月),载《我的努力与反省》,漓江出版社1987年版,第327页。

② 张申府自谓:"我自觉的学哲学是在我十六岁的时候,那时候我读的书有《哲学要领》《一年有半》和相当于西洋哲学史的《泰西学案》,以及《天演论》《新民丛报》等。"张申府:《哲学与哲学家》,载《张申府文集》(2),河北人民出版社2005年版,第443页。

③ 中国之新民:《地理与文明之关系》,《新民丛报》1902年第1号,光绪二十八年正月初一日,"地理",第4页。

教家与哲学家之长短得失》一文中明确说:"哲学亦有两大派,曰唯物派,曰唯心派。唯物派只能造出学问,唯心派时亦能造出人物。故拿破仑、俾士麦皆笃好斯宾诺莎之书,受其感化者不少焉。而俄罗斯虚无党人亦崇拜黑智儿学说,等于日用饮食。夫斯、黑二子之书,皆未尝言政治、言事功也,而其感染人若此。"①

1905年初,在讲述俄罗斯革命之肇因于文学时,梁启超又谈到黑格尔,说俄罗斯革命运动第一期,其文学受到黑格尔派唯心论哲学的影响,"比圭黎(德国大哲,或译黑智儿)派之唯心哲学输入,思潮又为之一变。1830年间,此种哲理殆弥漫全国"②。俄罗斯"民党"及之后的"虚无党",皆从黑格尔这里寻找思想来源。

不仅如此,在别的地方,梁启超还曾捎带提及黑格尔。如在介绍康德学说的影响时,梁启超就说康德:"其在近世,则远承倍根、笛卡尔两统而去其弊……下开黑格儿、黑拔特二派而发其华。二派一主唯心论,一反对唯心论,皆自谓祖述康德。"③稍后,梁启超在《新民说·论私德》中也曾提及黑格尔,将他同苏格拉底等四人之书并列作为"泰西之学说"的代表:

>今欲以一新道德易国民,必非徒以区区泰西之学说所能为力也,即尽读梭格拉底、柏拉图、康德、黑智儿之书,谓其有"新道德学"也则

---

① 中国之新民:《宗教家与哲学家之长短得失》,《新民丛报》1902年第19号,光绪二十八年十月初一日,"宗教",第3页。当时连载于1902—1903年《新小说》杂志上的《东欧女豪杰》,在描写虚无党人的书架时,即特意举出黑格尔的《权利哲学》、卢梭的《民约论》等书,并说这些书被人熟读得"表皮也破了,纸色也黑了",借此暗示它们与虚无党人的思想关联,这或许也反映了梁启超此论的影响。参看岭南羽衣女士:《东欧女豪杰》,载阿英编:《晚清文学丛钞·小说一卷》,中华书局1960年版,第94页。

② 中国之新民:《俄罗斯革命之影响》,《新民丛报》第61号,光绪三十年十二月十五日,"时局",第3页。

③ 中国之新民:《近世第一大哲康德之学说》,《新民丛报》第25号,光绪二十九年正月十四日,第5页。该段话还曾被孙宝瑄摘录进日记。参看孙宝瑄:《忘山庐日记》(上),第663页。

可,谓其有"新道德"也则不可。何也? 道德者行也,而非言也……①

在 1905 年编选的《德育鉴》一书中,梁启超针对王阳明的"知行合一"的立论加按语进行阐释,其中也明确提及黑格尔,并认为他同王阳明一样主张知行合一:"泰西古代之梭格拉第,近世之康德、比圭黎(或译作黑智儿),皆以知行合一为教,与阳明桴鼓相应,若合符契。陆子所谓'东海西海,有圣人出焉,此心同也,此理同也',岂不然哉? 此义真是单刀直入,一棒一条痕,一掴一掌血,使伪善者无一缝可以躲闪。"②另外,民国以后,梁启超在论述中亦偶有提及黑格尔之处③,因与文中主题关系不大,暂且不提。

通过上述例证可以看出梁启超对黑格尔观点的引述范围之广泛,但不同引用处的黑格尔译名并不一致,又说明梁启超对于黑格尔的阅读依据的主要是不同的二手日文文献,这使得他对黑格尔的理解与使用不可避免地要受到日本思想资源的影响。故此,类似梁启超在国家观念上同伯伦知理(J. K. Bluntchli)的思想关系④,梁启超新史学的思想来源跟黑格尔的关系,特别是同黑格尔所著《历史哲学》的关系,亦是值得深入讨论的"理论旅行"(Travelling Theory)话题⑤,只是既有研究比较多地注

---

① 中国之新民:《新民说·论私德》,《新民丛报》第 40、41 号合刊,光绪三十年正月一日补印出版,"论说",第 3—4 页。
② 梁启超:《德育鉴·知本三》,载《饮冰室合集》专集之二十六,中华书局 1997 年影印本,第 38 页。
③ 参看梁启超:《菲斯的人生天职论述评》,载《饮冰室合集》文集之三十二,中华书局 1997 年影印本,第 70 页。
④ 参看[法]巴斯蒂(Marianne Bastid):《中国近代国家观念溯源——关于伯伦知理〈国家论〉的翻译》,《近代史研究》1997 年第 4 期,第 221—232 页。
⑤ "理论旅行"是萨义德(Edward Said)提出的重要的跨文化传播话题,有关的论述可参看[美]萨义德:《旅行中的理论》(1983),载《世界·文本·批评家》,李自修译,生活·读书·新知三联书店 2009 年版,第 400—432 页;Edward Said, "Travelling Theory Reconsidered", in Robert M. Polhemus and Roger B. Henkle, eds., *Critical Reconstructions: The Relationship of Fiction and Life*, Stanford, California: Stanford University Press, 1994, pp. 251-265.

意到他与日本学者尤其是同浮田和民的思想渊源①,而不太关注他同黑格尔的思想渊源,仅有日本学者石川祯浩曾注意到梁启超《地理与文明之关系》一文虽是直接来自浮田和民的《史学通论》,但浮田和民有关地理与环境关系的讨论却是改编自黑格尔的《历史哲学》②。实际上,浮田和民在书中频频征引黑格尔,同其进行对话,这样的做法应该会影响到梁启超进一步去阅读关于黑格尔思想研究或黑格尔原著的日译本③,石川祯浩这里只是简单提及梁启超与黑格尔的思想联系,并没有由此展开,至于梁启超如何经由浮田和民等人的著作去研读、理解和使用黑格尔,仍需要更深入的讨论,这可能要俟诸熟悉明治时期日本哲学史和思想史的研究者了。

比梁启超等人在《新民丛报》上的哲学译介稍晚,王国维在《教育世界》杂志上也发表了很多对西方哲学家及其学说的介绍,这些文字很多被收入1905年出版的《静庵文集》④。其中,王国维对康德、叔本华与尼

---

① 参看蒋俊:《梁启超早期史学思想与浮田和民的史学通论》,《文史哲》1993年第5期,第28—32页;王晴佳:《中国近代"新史学"的日本背景》,《台大历史学报》第32期,2003年12月,第230—234页;邬国义编校:《〈史学通论〉四种》,华东师范大学出版社2007年版等。
② 参看[日]石川祯浩:《梁启超与明治时期日本的地理学研究》,载石川祯浩:《中国近代历史的表与里》,袁广泉译,北京大学出版社2015年版,第133页。
③ 黄克武教授曾对梁启超初居日本时所读与康德有关的书籍进行了研究,借此展示了梁启超撰写《近世第一大哲康德之学说》的可能思想来源,而这些书籍无疑应该也是梁启超接受黑格尔哲学的部分思想来源。可参看黄克武:《梁启超与康德》,《近代史研究所集刊》第30期,1998年12月,第114—131页。
④ 蒋维乔于1906年夏天(丙午六月初九、六月十三)在读了《静庵文集》后,曾评价王国维及其《静庵文集》:"王于哲学研究颇深,集中皆发挥哲学之理,非以文字鸣者也。我国学界中喜有能融贯中西哲理而自著一书者,如侯官严氏之译著,不过功利论及进化论之哲学,非纯正哲学。"蒋维乔甚至读其书想见王国维其人,特意在六月十四日去《教育世界》社拜访王,但不遇,"适北征"。见《蒋维乔日记》第2册,中华书局2014年版,影印本,第231—233页。

采哲学等都很感兴趣,尤其沉迷于叔本华哲学。也许是受到叔本华对黑格尔哲学持批评态度的影响,王国维没有写过关于黑格尔哲学的介绍或"像赞"。饶是如此,王国维对黑格尔哲学还是比较了解的,因为在他翻译的《哲学概论》中,就有对黑格尔哲学非常详细的介绍。此外,他在几篇写于1904年的文章中亦不断提到海额尔(黑格尔)。像《论性》一文,王国维就将张载《正蒙·太和篇》中的言论同黑格尔的辩证法相比附,"此即海额尔之辩证法,所谓由正生反,由反生合者也……"①在《释理》一文中,王国维则讨论了黑格尔、希哀林(谢林)同汗德(康德)、叔本华关于"理性"的看法,认为谢林和黑格尔过于夸大理性的作用,以此衬托康德对于理性的看法和叔本华对之的继承与超越,"汗德以通常所谓理性者谓之悟性,而与理性以特别意义……而汗德以后之哲学家,遂以理性为吾人超感觉之能力……特如希哀林、海额尔之徒,乘云驭风而组织理性之系统,然于吾人之知力中果有此能力否……至叔本华出,始严立悟性与理性之区别……"②王国维在介绍叔本华的文章中亦数次提及黑格尔,但多是将黑格尔作为叔本华的论敌来叙述的,其中说及叔本华应聘柏林大学教职后,"与海额尔一时并立,其讲义痛斥海氏哲学,不遗余力"③。在介绍叔本华的哲学和教育学说时,说"海额尔派之左右翼"亦曾由自己的哲学系统出发"创立自己之教育学",之后还多次提及叔本华对黑格尔的批评,并明确指出黑格尔、谢林学说如海市蜃楼,不如叔本华哲学值得深入研究,"特如希哀林、海额尔之徒,专以概念为哲学上唯一之材料,而不复求之于直观,故其所说,非不庄严宏丽,然如蜃楼海市,非

---

① 王国维:《论性》(1904),载《王国维全集》第一卷,浙江教育出版社2009年版,第12页。
② 王国维:《释理》(1904),载《王国维全集》第一卷,第23页。
③ 王国维:《德国哲学大家叔本华传》(1904),该文未被收入浙江教育出版社版《王国维全集》,转见周锡山编校:《王国维全集》第二册,中国社会科学出版社2008年版,第145页。

吾人所可驻足者也……叔氏之哲学则不然……"①后来,王国维在写于1906年的《书辜氏汤生英译〈中庸〉书后》一文中,亦简单提及"海格尔(Hegel)之'idea'"②。

较之梁启超、王国维主要依靠日文研读和译介西方哲学,分别被梁启超与蔡元培誉之为"哲学初祖"和50年来介绍西洋哲学第一人的严复③,则更多地借助英文文献来学习和宣传西学包括西方哲学。他那篇介绍黑格尔唯心论的专文,就系从英文译述而来④。不止有这样的专文介绍,严复早先私下在跟朋友的通信中也曾提到黑格尔,该信解释了严复只能翻译英文的苦衷,同时批评了学界对来自日本西学的崇拜现象,主张应该去学习真正的西学,而不应假手日本:

> 顾欲仆多择德人名著译之,以饷国民。第仆于法文已浅,于德语尤非所谙。间读汗德、黑格尔辈哲学及葛特论著、伯伦知理政治诸书,类皆英、美译本,颇闻硕学者言,谓其书不逮原文甚远……颇怪近世人争趋东学,往往入者主之,则以谓实胜西学。通商大埠广告所列,大抵皆从东文来。夫以华人而从东求西学,谓之慰情胜无,犹有说也;至谓胜其原本之睹,此何异睹西子于图画,而以为美

---

① 王国维:《叔本华之哲学及其教育学说》(1904),载《王国维全集》第一卷,第34—53页。
② 王国维:《书辜氏汤生英译〈中庸〉书后》(1907),载《王国维全集》第十四卷,第73页。
③ 梁启超1902年曾说,"哲学初祖天演严……"见梁启超:《广诗中八贤歌》,《新民丛报》第3号,光绪二十八年二月一日,"文苑",第1页。蔡元培后来则说:"五十年来,介绍西洋哲学的,要推侯官严复为第一。"见蔡元培:《五十年来中国之哲学》,载《最近之五十年——申报馆五十周年纪念》,申报馆1922年版,上海书店1987年影印本,第二编,第1页。
④ 根据黄克武教授的提示,严复此文应该是译自《黑格尔的心灵哲学》一书,该书最早版本为1830年版,英文版1845年出版,1894年再版,本节所依据为:Georg Wilhelm Friedrich Hegel, Ludwig Boumann, *Hegel's Philosophy of Mind: Being Part Three of the "Encyclopaedia of the Philosophical Sciences"*, William Wallace, Arnold V. Miller, trans, Oxford: Clarendon Press, 1971.

于真形者乎？俗说之悖常如此矣！①

严复在此将黑格尔与康德并举，作为德国哲学家的代表。而在1905年出版的译著《穆勒名学》中，严复也在按语中两次提到希格尔（黑格尔）：

> 昔者德儒希格尔亦以不知此义，遂谓太极、庇音既称统冒万物，自不应有一切形相德感，至使有著不浑；如无一切形相德感，则太极、庇音，理同无物。以统摄群有之名为等于无，文义违反至于如此，此其弊正与培因等耳。复案《易》言太极无极，为陆子静所不知，政亦为此。朱子谓非言无极无以明体，非言太极无以达用，其说似胜。虽然，仆往尝谓理至见极，必将不可思议。故诸家之说皆不可轻非，而希格尔之言尤为精妙。②

严复对黑格尔及其哲学的多次征引，甚或不惜写专文介绍，在某种程度上，这些情况或表明他本人对于黑格尔哲学是比较熟悉与看重的，当然可以看出，严复也存有与黑格尔哲学的其他日语译介者的竞胜之意。

除了严复这类留学过欧美的人可以依靠直接阅读介绍西方哲学及哲学家的英文作品或原著进行诠释和使用外，绝大多数读者可能还是需要依据翻译作品或日语著作来阅读和接受西方哲学等新思潮。像晚清桐城派文学家吴汝纶就是如此。吴也喜好西学，对严复的翻译工作赞许有加，不唯如此，他还身体力行，广泛阅读西学书籍，他的日记中就有很多对西学书籍的记载。如他在阅读了东文学社教习西山荣久所译《新学

---

① 严复：《与曹典球书》（1904年2月4日），载王栻主编：《严复集》（三），中华书局1986年版，第567页。关于严复对清末日译新学的批评，可参看黄克武：《惟适之安：严复与近代中国的文化转型》，联经出版社2010年版，第109—155页。另外，根据后人Li Qing的发现，严复自己曾亲自手批注过康德《纯粹理性批判》的英译本，今该手批本保留在南京大学图书馆。转见黄克武：《梁启超与康德》，《近代史研究所集刊》第30期，1998年12月，第106页注释2。

② 王栻主编：《严复集》（四），第1039—1040页。

讲义》后,就做了很多长摘录,在对近代德国哲学史的摘录中,尤有推崇黑格尔之处:"韩图(即康德)精于哲学、伦理学,德国学术始盛,其后斐钿贴氏(即费希特)、挟龄孤氏(即谢林)、黑该耳氏(即黑格尔)、穴骈毫野耳氏(即叔本华)、黑尔把耳拖氏(即费尔巴哈)接踵而起,而黑该耳尤绝伦……故言哲学者推德国称首云。"①

清末浙江名士孙宝瑄亦曾自恨"不通西文",不能亲读西方哲学家的著作②,但他却经常购阅新书新报,亦曾详细读过西洋哲学史类书籍及梁启超在《新民丛报》上译介的西方哲学家介绍,孙宝瑄并在日记中做过很多的摘录与评论。如他在评论哲学的两大派别之对立和消长时,直接将唯心论同人权的兴起联系起来:

> 哲学家有唯心、唯物二大派。唯物之学胜,则以物主持世界矣。唯心之学胜,则以心主持世界矣。心物二学,相持至今,不能相破也。余谓心物二者,交相需也。然心可以胜物,物不可以胜心。何也?物胜心则天权胜,心胜物则人权胜。今日者,扶人权而抑天权时也。唯物学大行,其弊必至。天有权而人无权,世界将退化矣。③

从这些不乏误解但却结合现实的评论中,我们明显可以感受出孙宝瑄对唯心论的热衷,以及他推崇唯心论的现实意义——在于"扶人权而抑天权时也"。稍后在1903年7月30日(六月七日)的日记中,孙宝瑄还明确表达了对黑格尔哲学的认识,尤其是对黑格尔辩证法的看法:

> 西儒黑智儿与瑞林格(即谢林)同时以哲学名。瑞氏之学务与康特、费息特相反对,黑氏则以论理救正之,而自标新义。黑氏之宗

---

① 宋开玉整理:《桐城吴先生日记》(上),河北教育出版社1999年版,第449页。
② 孙宝瑄:《忘山庐日记》(上),第663页。
③ 同上书,第334页。

旨,以为主观与客观无差别,心思与事物亦无差别。有一名言曰,物即非物,二者为一。又有一根论曰:相反者常相同,如有与无相反也,然物不能自有,借人思想而后知其有;亦不能自无,借人之思想而后知其无。无论有与无,皆现于人思想中,故有与无无差别也。又有名言曰:凡物莫不相异而相同之故,即在于是。此诚哲学之美论,永不可驳者。要之,黑智儿,怀疑派也。无所谓心,无所谓物;物即是心,心即是物。①

孙宝瑄上述记载应该来自马君武发表在《新民丛报》上的《唯心派巨子黑智儿学说》一文②,只是孙自己不能确定黑格尔的辩证法思想是否恰当,但他觉得值得记载:"忘山曰:其说之是否不敢决,姑存一种学说录之。"稍后,孙宝瑄还征引黑格尔之言,并明确表示认同:"黑智云:身体之老为衰颓,理想之老为成熟。不易之名言也。"③除了孙宝瑄,亦有人对黑格尔的辩证法感兴趣,《江苏》杂志发表过一篇连载的长文《哲学概论》,其中也以图式方式点出了黑格尔的辩证法(有存和有对)及其各环节,并说"此德国大哲学家黑智儿之有存即有对之说也"④。

年轻时的周树人(鲁迅)亦应了解黑格尔的"理念论",他发表在1908年8月《河南》杂志上的文章《文化偏至论》,即明确提及黑格尔的名字及其对理念作用的推崇,"然尔时所要求之人格,有甚异于前者。往所理想,在知见情操,两皆调整,若主智一派,则在聪明睿智,能移客观之大世界于主观之中者。如是思惟,迨黑该尔(F. Hegel)出,而达其极"⑤。

---

① 孙宝瑄:《忘山庐日记》(上),第713页。
② 参看马君武:《唯心派巨子黑智儿学说》,《新民丛报》第27号,光绪二十九年二月十日,第3—11页。
③ 孙宝瑄:《忘山庐日记》(上),第713页。
④ 侯生:《哲学概论》,《江苏》第6期,黄帝纪元四千三百九十四年八月一日(1903年9月21日)发行,第50页。
⑤ 鲁迅:《文化偏至论》,载《鲁迅全集》(1),人民文学出版社1981年版,第56页。

在当时的报刊中,黑格尔的名字也被屡屡提及。如《申报》上有文章在讨论 19 世纪泰西文明时说:"于学术也,则有德之梅爱尔,倡势力不减说,英之达尔文著《进化论》;而理学一科,如德则曰非黑代(即费希特),曰海喀耳(即黑格尔),曰希进呵爱尔(即叔本华)……诸大家一时辈出,其于幽远微渺之理,阐发……"①《国民日日报》上亦曾发表有专文讨论唯心派哲学,文中明确说:"西人之言哲学者,分唯物、唯心二派。唯心派者斯宾诺莎、黑智儿创之,与唯物派并峙。今者格致兴矣,无力明矣,唯心派之说愈衰,而唯物派之势愈升矣!虽然,唯心之派,亦非无足采者也。"②文中并指出唯心哲学的六大功用:"化一执之见也""有自尊之念也""大可有为之志也""发明自由之理也""发明平等之义也""发明解脱之义也"。最后,作者将王阳明学说亦视为与黑格尔相似之唯心论,借鉴王学促进日本维新的经验,期待"吾国之学者,发明王阳明之学说,而不废物教之宗,则唯心学派之兴,吾知可计日而待矣!"③《游学译编》上则有一篇改编的翻译文章,尽管改编者有些误解黑格尔精神自由的意义,但仍然颂扬黑格尔对于自由的倡导:

> 种族之所以进步,人类之所以统一,必视其自由思想程度之高下以为之衡。其程度高者,其进步之期望必愈速,统一之希望必愈盛;其程度劣弱者,其进步之期限必愈迟钝,其统一之希望必愈堕落,至于凌夷衰微,亡种绝国,不可振救。其原因莫不由是。德国哲学巨子黑智儿者,倡历史哲学,以自由思想之发达为历史之目的,以讨究自由思想之发达为历史哲学之奥窔。信乎其为鸿议也!④

---

① 《泰西十九世文明述略》,《申报》1901 年 1 月 31 日,第 1 版。
② 《欧洲哲学之思潮·〈国民日日报〉论唯心派》,转见《经世文潮》1904 年第 8 期,第 18 页。
③ 同上,第 19 页。
④ 《自由生产国生产日略述》,《游学译编》第 1 期,光绪二十八年十月十五日,"历史"栏。

与之类似,《浙江潮》上也有文章阐述黑格尔学说的政治价值,不过作者"支那子"这里是从法律角度来征引黑格尔对于"权利"的定义:"权利者,乃人民之意思,为法律所认许者也。此说亦倡之于德之哲学派黑智儿氏,法律家亦从而附和之。"①《外交报》第 55 期上,也有人在评析"嚇铁尔之国际公法"时提及黑格尔对之的影响,说其书"虽以法规惯例为主,然大率释以哲理,而实渊源于黑智儿之哲学。研究公法者,所当熟读也"②。

类似知道黑格尔及其学说的趋新人士还有不少,如有人认为黑格尔等 18 世纪末 19 世纪初的德国哲学家的思想,为后来普鲁士统一、德国振兴的肇因,"19 世纪初年,普国为法国所破,斯时有夫伊迭(即赫尔德)、些林克(即谢林)、海凯尔(即黑格尔)等大唱理想说,以鼓舞普国人心,欲使其向高尚之域。普国之有今日,职是故也"③。徐念慈在为《小说林》杂志撰写的《小说林缘起》中也明确提及黑格尔的美学观念:

则所为小说者,殆合理想美学、感情美学,而居其最上乘者乎?试以美学最发达之德意志征之,黑辩尔氏(Hegel,1770—1831)于美学,持绝对观念论者也。其言曰:"艺术之圆满者,其第一义,为醇化于自然。"简言之,即满足吾人之美的欲望,而使无遗憾也。④

我们还能发现有人对黑格尔的唯心论比较熟悉,非常推崇,因为该作者在文章中认为,如果读者不善于读书和理解,即使是达尔文的进化论与黑格尔的唯心论,也不是什么正宗的学术:"达尔文天演之祖,黑智

---

① 支那子:《法律上人民之自由权》,《浙江潮》第 10 期,癸卯(1903)十月二十日,第 2 页,"学术"。
② 见《公法诸书评论》,《外交报》第 55 期,1903 年 9 月 6 日,第 9 页,转见张元济主编:《外交报汇编》第 16 册,国家图书馆 2009 年影印本,第 197 页。
③ 《论哲学及于社会之影响》,《大陆》1905 年第 11 期,第 13—14 页。
④ 觉我(徐念慈):《小说林缘起》,《小说林》第 1 期,光绪三十三年正月,第 1 页。

尔唯心之宗,何学术哉?"①《江宁学务杂志》上亦有作者在文章中提及黑格尔,表明该作者对黑格尔哲学的重要性也有相当的认识:"……使全国四万万人皆转为贫瘠冻馁,交迫死亡相继,则其黠悍者必且铤而走险,妄逞揭竿,大乱一作,不可收拾矣。至于是时,虽有孟德斯鸠之法理,倍根、黑智儿之哲学,其能遏铓利之凶锋,泄郁积之毒愤乎?"②《神州日报》上也有文章提到黑格尔,该文作者同梁启超一样,将之视为俄国虚无党的理论来源:"吾国国民所以无爱国心者,正坐于缺乏宗教心耳!且夫欧洲无路德新教之改革,必不能成克林威尔之丰功,日本无吉田之讲王学、月照之参禅机,必不能生维新之人物,俄国无巴枯宁、黑格尔之惟心论神及国,必不能成民意党之活动,是国家思想者,固宗教思想之新产儿也。"③

像前引《泰西教育家列传》《希几学案》一样,还有人把黑格尔当成一个教育家,表彰其教育思想:"实者,何也?改治之本而救亡之枢也……而教育一途为尤甚。且夫黑格尔,西人言教育者之山斗也,然黑氏所自立之学校,则律学生至严,课程至密,是黑格尔固以求实为教育之宗旨也。"④《江苏》上也有人把黑格尔当作教育家,将之与苏格拉底、柏拉图、洛克、斯宾塞等并列为提倡"国民教育之学说",称许他们"类能溯源寻流,推波助澜,卓然自成一家"⑤。

以上这些对黑格尔的各种各样的引述和使用虽然比较零散,难成系统,且不乏误解,也并不为研究黑格尔的哲学史家注意,可它们的存在却在知识社会史上具有非常重要的意义,不同程度上都表明黑格尔及其哲学作为思

---

① 《读新小说法》,《新世界小说月报》1907年第6、7期,转见陈平原、夏晓虹编:《二十世纪中国小说理论资料》(第1卷),北京大学出版社1989年版,第276页。
② 《论科学教育》,《江宁学务杂志》庚戌年(1910年)第4册,第3页,"论说"。
③ 《论宗教心与爱国心之关系》,《神州日报》1907年9月23日,第1页。
④ 《姜堰务实小学堂序》,《申报》1906年9月13日,第2版。
⑤ 海门季新益:《泰西教育之开幕者阿里士多德之学说》,《江苏》第2期,光绪二十九年四月廿八日,第2页,"教育"。

想资源在清末中国的流通情况,以及其比较深刻地介入当时中国知识界、思想界的状况,以下我们通过章太炎的例证,或许可更深刻理解之。

(四)章太炎与黑格尔

20世纪20年代初,在为纪念《申报》创刊50周年所写的《五十年来之中国哲学》一文中,蔡元培反躬自省说:"最近五十年,虽然渐渐输入欧洲的哲学,但是还没有独创的哲学。所以严格的讲起来,'五十年来之中国哲学'一语,实在不能成立。现在只能讲讲这五十年中,中国人与哲学的关系,可分为西洋哲学的介绍与古代哲学的整理两方面。"①蔡元培这里是在以西方的"哲学"体系标准立论,说最近50年来之中国哲学,其实就是中国人对西洋哲学的译介,大体没错。可若以在地立场看,蔡元培之语大有可商榷之处,他这里尤其忽略了近代以来中国知识分子对西方哲学译介过程中的主体性与翻译政治的作用,以及他们在阅读、接受和使用过程中的再创造与再转化,这些可能是西方哲学东渐过程中最具有意义和最该详细阐述的内容。接下来,笔者再以章太炎为例从阅读史角度进一步说明之。

清末时,章太炎非常关注西方哲学,从上海出狱到东渡日本后的这段时间,是章太炎思想最活跃的时期。他一方面大量吸取西方思想、佛学、印度哲学,一方面又将这些思想同中国传统思想进行融会贯通,如王汎森所言,他"既反对毫无保留地吸取西学,却又对传统重新加以塑造"②。这期间,章太炎尤好阅读日本翻译的西方哲学著作。如他在后来的回忆中所言:"既出狱,东走日本,尽瘁光复之业。鞅掌余闲,旁览彼土所译希腊、德意志哲人之书。"③宋教仁在1906年7月6日日记中的记

---

① 蔡元培:《五十年来中国之哲学》,载申报馆编:《最近之五十年——申报馆五十周年纪念》第二编,申报馆1922年版,上海书店1987年影印本,第1页。
② 王汎森:《章太炎的思想》,上海人民出版社2012年版,第11页。
③ 章太炎:《蓟汉微言》,载汤志钧编:《章太炎政论选集》(下),中华书局1977年版,第734页。

载也为我们提供了一段形象的旁证,表明当时的章太炎对哲学的热衷程度:"晤章枚叔,枚叔于前月去(出)沪狱,特来掌理《民报》者。与余一见面时,甫通姓名,即谈及哲学研究之法,询余以日本现出之哲学书以何为最?余以素未研究,不知门径对之,盖孤负其意不小矣。复谈良久。"①其后,宋教仁也开始购阅一些诸如《哲学泛论》《哲学纲要》《哲学要领》《哲学真难》之类中日文哲学书籍,甚至一度打算研究东西洋哲学,不知他这样的选择是否同受到章太炎的刺激有关。可以确知的是,几个月后,宋教仁也开始同章太炎谈哲学,并能在某些问题上说服章太炎了②。

在日本期间苦读西方哲学著作的收获,非常明显地反映在章太炎这时期的著述中,如章太炎这时在《民报》上发表的文章中,"以新知附益旧学"③,经常提及康德、柏拉图、斯宾诺莎、莱布尼茨、卢梭、叔本华等诸多西方哲学家,对黑格尔的学说更是多次引述④,章太炎从中取其所需,阐发他自己的主张,尤其是俱分进化论思想。

早在1905年10月于狱中致黄宗仰的信中,章太炎特意将一些德国哲学家同佛教思想进行了联系对比:"此黑忌尔(即黑格尔)所谓有无一致也。……陆野尔(即叔本华)亦深诋黑忌尔说,二家皆自谓惟识一元,然已不能不流于二元矣!"⑤

19世纪末,严复译述的《天演论》传播开来,加之梁启超的转述,社会进化论学说开始广泛流行于中国:"自欧洲学说至于中国,其最为吾人之

---

① 宋教仁:《宋教仁日记》,第200页。
② 据宋教仁日记1906年12月6日记载:"晚餐后,与章枚叔谈最久,谈及哲学,枚叔甚主张精神万能之说,以为'万事万物,皆本无者,自我心之一念以为有之,始乃有之矣。所谓物质的,亦不过此一念中以为有此物质,始乃有之耳。'余以'惟我'之理质之,并言此我非内体之我,即所谓此之一念也云云。枚叔亦以为然。"见《宋教仁日记》,第307页。
③ 梁启超:《清代学术概论》,载朱维铮编:《梁启超论清学史二种》,第73页。
④ 参看姜义华:《章太炎评传》,南京大学出版社2002年版,第377—378页。
⑤ 章太炎:《与黄宗仰》,载马勇编:《章太炎书信集》,河北人民出版社2003年版,第78页。

所笃信者,莫如天演竞争之公例。'优胜劣败,天然淘汰',几为人人之口头禅。"①除章太炎等极少数人外,当时绝大多数趋新知识分子都毫无保留地接受了这种学说,而无视或忽略了其中蕴含的残酷性与片面性②。

于1906年9月5日《民报》上发表的《俱分进化论》这篇名文中,章太炎则发时人之未发,对社会进化论学说进行了批评。该文起首即言:"近世言进化论者,盖昉于海格尔氏。虽无进化之明文,而所谓世界之发展,即理性之发展者,进化之说,已蘖芽其间矣!达尔文、斯宾塞尔辈应用其说,一举生物现象为证,一举社会现象为证。"③章太炎这里误把黑格尔当作提倡社会进化论的始作俑者④,认为其"虽无进化之明文",但他所主张的理性之发展就是一种进化论主张,其"终局目的",在"必达于尽美醇善之区,而进化论始成"。随后章太炎又说:"当海格尔始倡'发展论'时,索宾霍尔(即叔本华)已与相抗……"归根结底,章太炎认为不能一概言之,认为进化论之说为非。章太炎承认进化的事实,但他对黑格尔等所谓的"若云进化终极,必能达于尽美醇善之区"这样的线性社会进

---

① 严复:《教授新法》(1906年6月15日),载孙应祥、皮后锋编:《〈严复集〉补编》,福建人民出版社2004年版,第63页。

② 关于进化论在近代中国的传播情况,可参看马自毅:《进化论在中国的早期传播与影响——19世纪70年代至1898年》,载《中国文化研究集刊》第5辑,复旦大学出版社1987年版,第262—325页;吴丕:《进化论与中国激进主义》,北京大学出版社2005年版;[美]浦嘉珉(James Reeve Pusey):《中国与达尔文》,钟永强译,江苏人民出版社2008年版等。

③ 章太炎:《俱分进化论》,载《章太炎全集》(四),上海人民出版社1985年版,第386页。

④ 章太炎这个误读,或许是由于受到了严复等人的影响,如严复即认为黑格尔"已开斯宾塞天演学之先声","故其言化也,往往为近世天演家之嚆矢……"见严复:《述黑格儿惟心论》,载《严复集》(一),第216、217页。另外,像前引有贺长文的《西洋历史提要》一书中,也认为黑格尔"唱进化论"。而读过一些日本哲学书的徐兆玮也认为无政府主义者巴枯宁关于人自动物进化的言论,"盖胚胎于海格尔(即黑格尔,引者注)之精神进化论、达尔文之物质的进化论"。参看《徐兆玮日记》第2册,黄山书社2014年版,第826页。

化论观点,则不以为然,认为其错在于过于强调"善"的一方、"乐"的一方,没有看到事物的两面性与进化的相辅相承,善恶皆在进化,苦乐亦同在进化:"彼不悟进化之所以为进化者,非由一方直进,而必由双方并进,专举一方,惟言知识进化可尔。若以道德言,则善亦进化,恶亦进化;若以生计言,则乐亦进化,苦亦进化。双方并进,如影之随形,如罔两之逐影,非有他也。"借此"俱分进化"主张,章太炎表明了他对现代性与社会进化论的警惕和担忧——现代性与进化论并不一定会带来福祉,反而会招致苦难①。

稍后,在1908年7月10日《民报》上发表的《四惑论》一文中,章太炎借"布鲁东氏"之说,又对黑格尔著名的所谓"存在即合理"、国家至上这样忽略个体的观点进行了批评。他认为,如果按照"布鲁东氏"这样的逻辑,会压制个人自由与权利,"是故一切强权,无不合理。凡所以调和争竞者,实唯强权之力",就会造成"尊奖强权"、社会不公的结果,只是使强梁者得其自由,而剥夺了弱势群体的自由,这实际上是为帝国主义的侵略行为张目。而"布鲁东氏"这样的论点乃来自黑格尔:"原其立论,实本于海格尔氏,以力代神,以论理代实在,采色有殊,而质地无改。既使万物皆归于力,故持论至极,必将尊奖强权矣。名为使人自由,其实一切不得自由。后此变其说者,不欲尊奖强权矣?然不以强者抑制弱者,而张大社会以抑制个人,仍使百姓千名,互相牵掣,亦由海格尔之学说使然。名为使人自由,其实一切不得自由也。"②不仅如此,章太炎还将"存在即合理"的观点同庄子观念进行了比较,认为这两种学说名同实异,黑格尔的观点太具有功利性与目的性,忽略了"人心不同,难为齐概"这样的事实,"若夫庄生之言曰:'无物不然,无物不可。'与海格尔所谓'事事

---

① 可参看汪荣祖:《章太炎对现代性的迎拒与文化多元思想的表述》,《近代史研究所集刊》第41期,2003年9月,第145—175页;王汎森:《章太炎的思想》,第104—111页。
② 章太炎:《四惑论》,载《章太炎全集》(四),上海人民出版社1985年版,第445页。

皆合理,物物皆善美'者,词义相同。然一以为人心不同,难为齐概;而一以为终局目的,藉此为经历之途,则根柢又绝远矣!"①

在《五无论》中,章太炎亦批评了黑格尔的历史发展目的论主张,认为这样太容易削足适履,容易只选择对自己有利的方面,无视历史的开放性和复杂性,"或窃海格尔说,有无成义,以为宇宙之目的在成,故惟合其目的者为是"②。

另外,章太炎还在《建立宗教论》中简单提到黑格尔,表彰他的学说对"建立宗教之实"的贡献,"万有皆神之说,未成宗教,而有建立宗教之实。自曼布轮息、斯比诺沙、海格尔辈积世修整,渐可惬心。然近世泛神教之立说亦可有可议者"③。

之后,章太炎又一度将黑格尔译为海羯尔,对其"正—反—合"或"肯定—否定—否定之否定"模式的辩证法进行了讨论。如在1910年写成的《国故论衡·辨性下》中,章太炎从佛教的观点否定黑格尔与笛卡尔的思想,"海羯尔以有无成为万物本,笛尔(笛卡尔)以数名为实体,此皆无体之名"④。在同年写成的《齐物论释》中,他又将黑格尔的辩证法同庄子主张进行对比,"若海羯尔有无成之说,执着空言,不可附合庄氏"⑤。接下来,章太炎又运用中国传统思想对"有""无""成"这样的概念进行了解读和发挥。

曾有研究者批评章太炎等人对黑格尔哲学存在不少误读⑥。这可能有些苛责了! 不管章太炎所接受的黑格尔哲学是来自马君武、严复等

---

① 章太炎:《四惑论》,载《章太炎全集》(四),第449页。
② 章太炎:《五无论》,载《章太炎全集》(四),第439—440页。
③ 章太炎:《建立宗教论》,载《章太炎全集》(四),第410页。
④ 章太炎:《国故论衡》,上海古籍出版社2003年版,第143页,"辨性下"。
⑤ 章太炎:《齐物论释》,载《章太炎全集》(六),上海人民出版社1986年版,第24页。
⑥ 参看陈启伟:《康德、黑格尔哲学初渐中国述略》,载《德国哲学论丛(2000)》,第360—362页。

的译介,或是取材于日本所译的哲学史著作,这些不同程度上都同黑格尔原初的思想偏离不少。因之,从哲学史的角度,以后见之明讲,就算章太炎对黑格尔的理解的确存在很大误读(这里暂且不说是否存在对某个哲学家或哲学思想完全"正确"或"准确"的理解),其咎也不在章一人。但是,若从阅读史的角度讲,章太炎对黑格尔的诠释却另有意义。因为阅读本身就是读者主体性得以发挥的一种创造性过程,这种创造"并不能化约成文本作者或书籍生产者的意图"①。换言之,所谓"作者未必然,读者何必不然",阅读是读者一个努力寻求意义的参与过程,读者经常会从阅读中读出作者和文本自身所含意义之外的东西,从而获得超越文本的收获。就清末语境下章太炎对黑格尔的诠释而言,章太炎显然并非在刻意地误读或误解,而是他主要基于自己对佛教思想、印度哲学、庄子学说的掌握,以及对社会进化论的警惕,结合中国现实与自己的社会关怀,取其所需,在自己的知识体系中将黑格尔哲学作为一种思想素材,对之进行了新的诠释和使用,进而发展出非常深刻的"俱分进化论"思想。而同时代的日本学者也有从佛学角度来理解与诠释黑格尔的②。

可以说,由日本渠道得来的黑格尔哲学,可能还有包括严复、马君武等人诠释过的黑格尔哲学,再经过章太炎进行了一番加工、改造后,自然已大非黑格尔哲学的原貌(原貌本就难求),而是融合或者说混杂了老庄学说、佛学、无政府主义、社会进化论、日本因素、西方哲学等思想的结果。然而,这种融合与混杂实际上正反映了章太炎是在以"六经注我"的态度,借黑格尔哲学等思想,甚至不惜赋予其原无之意或歪曲其原有之

---

① [法]夏特里埃(Roger Chartier):《文本、印刷术、解读》,载[美]林·亨特编:《新文化史》,江政宽译,麦田出版社2002年版,第221页。
② [日]山口诚一:《日本黑格尔研究一百年》,张桂权译,《哲学动态》1997年第9期,第41页。

意,来阐发自己的政治主张与现实关怀①。最重要的是,从思想史角度来讲,这种融合与批判并没有因为章太炎对黑格尔的误读减弱了其学术价值和历史意义,反倒充分展示了西学中渐过程中普遍存在的"在地化"情形,即东西新学进入到近代中国后,为适应在地的思想语境及实际需求,必须经过不同程度的弯曲和变异,才能更好发挥效果②。

转而言之,黑格尔的一些哲学主张本身也的确容易导致误解和招来批评。如他在《法哲学原理》中的名论:"凡是合乎理性的东西都是现实的,凡是现实的东西都是合乎理性的。"③即便到现在,还是很容易被不少人误解为黑格尔主张"存在即合理"。再如黑格尔对"世界历史"的形成及其同"理性"关系进行的论述:"世界历史无非是'自由'意识的进展,

---

① 周昌龙也在对严复、鲁迅、胡适、周作人等当时文化界主要人物的研究中,就发现这些知识分子将目光转向西方理念,"是经充分辩证思考后所呈现的结果","他们从传统资源中酿制问题意识,再借用西方理念与方法解决。由于意识关怀的不同,所借用的西方理念就不必然是原貌式完整的,而常常是经过了中国式的选择、改造"。参看周昌龙:《新思潮与传统》,百花洲文艺出版社2004年版,第2页。吴展良在对严复的研究中亦发现了类似现象,参看吴展良:《中国现代学人的学术性格与思维方式论集》,五南图书公司2000年版,第1—163页。

② 但吊诡的是,一旦真正地服从于在地的需求,并委屈迁就之,其结果势必又会与其本初的原则相悖反,形成一非驴非马现象,失却其效力和锐气。故此,陈寅恪在《冯友兰中国哲学史下册审查报告》中评价佛教输入中国时曾指出:"是以佛教学说,能于吾国思想史上,发生重大久远之影响者,皆经国人吸收改造之过程。其忠实输入不改本来面目者,若玄奘唯识之学,虽震动一时之人心,而卒归于消沉歇绝。"进一步,陈先生又总结与提示道:"窃疑中国自今以后,即使能忠实输入北美或东欧之思想,其结局当亦等于玄奘唯识之学,在吾国思想史上既不能居最高之地位,且亦终归于歇绝者。其能于思想上自成系统,有所创获者,必须一方面吸收输入外来之学说,一方面不忘本来民族之地位。此二种相反而适相成之态度,乃道教之真精神,新儒家之旧途径,而二千年吾民族与他民族思想接触史之所诏示者也。"以上两处引文见陈寅恪:《冯友兰中国哲学史下册审查报告》,载《金明馆丛稿二编》,生活·读书·新知三联书店2001年版,第283、284—285页。

③ [德]黑格尔:《法哲学原理》,范扬等译,商务印书馆1979年版,第11页。

这一种进展是我们必须在它的必然性中加以认识的。"①"凡是不符合这计划的,都是消极的、毫无价值的存在。"②"世界历史是理性各环节光从精神的自由的概念中引出的必然发展,从而也是精神的自我意识和自由的必然发展,从而也是精神的自我意识和自由的必然发展。"③"'理性'统治了世界,也同样统治了世界历史。"④黑格尔又言:"世界历史的每一个阶段,都保持着世界精神的理念的那个必然环节,而那个环节就在它的那个阶段获得它的绝对权利,至于生活在那个环节中的民族则获得幸运与光荣,其事业则获得成功。"⑤"这个民族在世界历史的这个时期就是统治的民族","它具有绝对权利成为世界历史目前发展阶段的担当者"⑥。"文明的民族可以把那些在国家的实体性环节方面是落后的民族看做野蛮人。文明民族意识到野蛮民族所具有的权利与自己的是不相等的。"⑦诸如此类的观点,其实质是主张世界历史是从低阶向高阶发展的过程,乃是理性的展开与自由意识逐渐发展的历史,先获得发展的民族国家就具有了优先性和优越性,可以对所谓野蛮民族进行处置。此类见解若被章太炎那样的读者理解为蕴含着社会进化论、宿命论和目的论、强力至上、鼓吹帝国主义的内容,都属正常。进言之,按照一些理论家的看法,误读本就是文化传播和理论旅行(Traveling Theory)过程中的必然现象,不消说当时中国人对西学的总体认识程度不高,尤其是在几乎没有中译外文原典的西方哲学领域,出现一些偏差自是应有之义,时至今日,亦难以避免。

---

① [德]黑格尔:《历史哲学》,王造时译,生活·读书·新知三联书店1956年版,第57页。
② 同上书,第76页。
③ [德]黑格尔:《法哲学原理》,第352页。
④ [德]黑格尔:《历史哲学》,第64页。
⑤ [德]黑格尔:《法哲学原理》,第353页。
⑥ 同上书,第354页。
⑦ 同上书,第355—356页。

概言之,虽然章太炎的中国传统学问根基深厚,对佛教哲学也用力很深,但当时他能与其他传统学者区别开来,以庄子"齐物论"为基础,建立自己独特的思想体系,很大程度上,在于章太炎对包括德国哲学、黑格尔哲学在内的西方哲学、西方思想的研读与批判。尽管其中不乏误解和误用,但也难以掩盖一个植根于中国本土文化的大思想家章太炎的戛戛独造之处,乃至他在对东西新学进行批判性吸收与发挥过程中的主体性。

(五) 总结

在清末中国,同其他西方新学思潮一样,哲学(在当时其实就是指泰西哲学)引起众多趋新知识分子的注意与尊崇①。所谓欧洲各种学术,"样样都有个专门之学,其间最注重的是个哲学"②。趋新名士孙宝瑄即认为哲学的作用非常之大,"哲学如黄金,得之者有操纵万物之权","哲学于万种学问皆有密切之关系,明哲学则万种学之原理皆通,宜其为诸学之政府也"③。还有人认为欧洲的"进化"皆源于哲学家的驱动:"欧洲政治人群之进化,何一非斯宾塞、达尔文之精神鼓荡而驱使者乎?蒸汽电气之日益发达,何一非哲学家为其先锋、科学家为其后劲……"④有人通过考察泰西历史,认为进化论亦属哲学之一类,哲学对社会的影响非常之大:"哲学之于社会,其影响决不下宗教也。""夫哲学者,亦从人生之要求而起者也,其指导一世之力,历历可知。苟欲移易一世之好尚,以力

---

① 有关清末西方哲学的译介情况,可参看熊月之:《清末哲学译介热述论》,载《西学东渐与东亚近代知识的形成和交流》,第3—25页。关于近代中国知识分子对于"哲学"的理解与定位,可参看钟少华:《清末中国人对于"哲学"的追求》,载《出取集:钟少华文存》,中国国际广播出版社1998年版,第223—260页;欧阳哲生:《中国近代学人对哲学的理解》,《中国哲学史》2006年第4期,第72—84页。三文内容有不少共同关注点,如三文都根据一些精英论述进行讨论,把"哲学"的含义及意义有些缩小与淡化。
② 佚名:《官场维新记》,古典文学出版社1957年版,第8页。
③ 孙宝瑄:《忘山庐日记》(下),第899页。
④ 张继煦:《湖北学生界·叙论》,《湖北学生界》第1期,光绪癸卯正月,第6页。

图社会之进步,其不可不致意于斯学乎?"①

当时的一些知识分子特别希望能从泰西哲学中找到列强学术发达的秘密、振兴中国的药方:"泰西学者,前如卢梭、孟德斯鸠,后如赫格(此'赫格'很可能也是'黑格尔'在当时的另一译名,暂存疑,引者注)、斯宾塞,皆以哲学巨子,蔚学术之大观,阐社会之真理。"②有了这样的社会需要与接受基础,泰西哲学自然而然具有了"权势"效应,依赖新式媒介传播开来,甚至在一些人眼里,其大有后来居上、取孔子学说而代之之势:"中国礼教,出自孔子,仗着他的道德,厘正风俗、规范人心,数千年来,有如一日,但是近来那些谈新学的,渐渐偏了些,拿着什么苏格拉底、柏拉图、亚里斯多得、笛卡儿、康德、边沁、黑格儿、斯宾塞尔、达尔文、赫胥黎,看得那些人崇拜不了……有些醉心欧化,甚而至于以孔教为诟病……"③风气所趋,一些官员、旗人与士大夫亦攀附与迎合这样的潮流,像浙江学政所出考题中即有"西国诸哲学家源流得失考问"这样的问题④。身在浙江的趋新旗人贵林也自谓:"弟近日以考求哲学为主,不拘阅何种书,皆择要摘录,以为他日因缘渡人之敲门砖。"⑤其好友宋恕自谓自己专长为"最精古今中外哲学"⑥,宋恕好友浙江名士孙宝瑄则认为自己所治学问为哲学:"余平素治各种学问,皆深究其原理,则余所治实哲学也。"⑦更有守旧人士号称自己已经非常了解泰西哲学,有资格对这

---

① 《论哲学及于社会之影响》,《大陆》1905年第11期,第14页。
② 《湖北发起史学会启》,《神州日报》1908年11月8日,第4页。
③ 《尊孔论》,《南方报》1907年1月24日,第3页新闻。
④ 《浙学观风》,《申报》1902年6月17日,第2版。
⑤ 《贵林致宋恕函》(二),载胡珠生编:《东瓯三先生集补编》,上海社会科学院出版社2005年版,第273页。
⑥ 宋恕:《履历与专长》,载胡珠生编:《宋恕集》(上),中华书局1993年版,第417页。
⑦ 孙宝瑄:《忘山庐日记》(上),第744页。

些新学说进行可昭法式的批评,不想却闹成了大笑话①。或可说,黑格尔哲学能在清末中国广被译述和接受,这本身就是泰西哲学在中国广泛流行的一个表征和结果。

抑有进者,"凡所谓新学新理者,不足为行己求学之助,而适成护身文过之符"②。在这样一个哲学热与尊崇西学热中,很多人学无所守,只是在追赶风气,将之看作趋新的符号和时髦的象征,从而进行盲从与攀附,并非真正对新学和泰西哲学本身感兴趣。如时人之讽刺:

> 新学少年,闻泰西哲学,则尊奉倾倒,争欲问津;闻中国宋明理学,则诋为陈腐,若鄙夷不屑用功者,真井蛙枋鹨之见也。③

无怪乎,在一些人看来,哲学就是"自由、平等、民权之说"的渊薮,有害无益且无用,亦与中国古来之学术不相容,是该"弃绝"的"邪说"。如传教士主办的《汇报》上就发表有这样的评论,劝告读者哲学书"善本甚多",但一些西方哲学"名家尚无译本","近来日人所译多系罗索(即卢梭)、刚爵(或即康德)等乱真之书,参以平权自由诸谬论,不可为法"④。再像张之洞亦有类似看法,认为哲学是乱源,学术不应该学习,故此,他不仅发布命令在下属的学堂中"不可讲泰西哲学"⑤,还在由他牵头制订的分科

---

① 时论曾有记载:"日前广东优生萧日炎以所著《新学正宗》呈请代奏,并请审定,准予板权。现经学部批示云:该生因见近日学堂习气嚣张,故撰《新学正宗》一书,藉申激励。乃批阅一过,诚有如来禀所谓词虽鄙俚意实忠诚者。该生自称甲午以后,遍览西儒哲学、群言,而书中《新学术》篇误以'泰斗'两字为外国人名,与'贝根并称为今西哲学家',引用尚欠精细;至卷首所录恭颂列圣诗歌,措语尤多冒昧,所录各节,碍难照准云云。"参看《呈审教科书之荒谬》,《南方报》1906年9月12日,新闻第2页。
② 《论国民道德堕落之原因》,《神州日报》1908年7月19日,第1页。
③ 恽毓鼎:《恽毓鼎澄斋日记》第1册,第382页。
④ 参看《汇报》第466号(1903年4月8日),载《近代报刊汇览·汇报》第6册,广东教育出版社2012年影印本,第130页。
⑤ 参看刘望龄编:《辛亥首义与时论思潮详录》,华中师范大学出版社2011年版,第132页。

大学章程中，只设置经学、文学两科，特意不设"哲学"一科。为此，王国维专门著文同张之洞商榷，为"哲学"解惑与辩护，表示自由、平等此类学说，"于哲学中不占重要之位置"，那些倡言自由、平等、革命的人多不是出自哲学上的深入研究，而是道听途说、耳食肤受得来，害怕者不必由此对"哲学"产生误会，因噎废食，且"哲学"为中国固有之学，中国当下非常有必要研究中西哲学，中国的经学、文学之发达，离不开"哲学"之发达，"哲学"在新的学堂体制下应该有容身之地①。而在稍早时的孙宝瑄看来，哲学并非无用，士人在乱世尤其要讲求哲学（即孙宝瑄此处所谓的"理学"）："惟理学可以不藉王家之力，闭户而专修，群居而深潭，权在我也。且世愈乱，其学人愈不得不求其所以然之故，而名理愈出。是故哲学之盛，每在国家衰亡之时。今乃以国家衰亡归咎于哲学，抑何其不查之甚耶！"②

非常明显的是，除了哲学本身富有实用价值外，当时很多宣传者和接受者，包括张之洞那样的反对哲学者，亦都是从工具主义与政治角度来对待包括黑格尔哲学在内的"泰西哲学"的。故此他们会赋予这些学说过多的现实价值和政治意涵，会将泰西哲学同国家富强建立关系，而不太关注这样的赋予是否牵强附会，以及这种做法造成的误读程度与导致的实际效果怎样。如他们会将黑格尔同自由主义、虚无党人对接，同人权兴起相联系，会将王阳明等中国传统思想家同黑格尔比附，严复则将黑格尔学说同老子、张载比附，诸如此类，均在反映着当时的学风和价值取向。

自然，此类行为同样引起王国维的批评。他认为如此功利主义的做

---

① 王国维：《哲学辨惑》（1903），载《王国维全集》第十四卷，浙江教育出版社、广东教育出版社 2010 年版，第 6—9 页。参看王国维：《教育偶感四则》（1904 年），载《王国维全集》第一卷，第 137—138 页；王国维：《奏定经学科大学文学科大学章程书后》（1906 年），载《王国维全集》第十四卷，第 32—40 页。

② 孙宝瑄：《忘山庐日记》（上），第 511 页。

法对中国思想界的真正影响不大,一如他在评论清末思想界状况时之言:"此等杂志,本不知学问为何物,而但有政治上之目的,虽时有学术上之议论,不但剽窃灭列而已。"即便是像严复这样有影响力的翻译家,王国维认为也不例外,原因在于:

> 顾严氏所奉者,英吉利之功利论及进化论之哲学耳,其兴味之所存,不存于纯粹哲学,而存于哲学之各分科,如经济、社会等学,其所最好者也。故严氏之学风,非哲学的,而宁科学的也。此其所以不能感动吾国之思想界者也。①

可以看出,上述王国维的主张颇有哲学原教旨主义色彩,对严复的翻译工作也有求全责备之意,说他"稍有哲学兴味",且只以"余力及之"②。

以今日之见看,王国维有些低估严复、梁启超等人的译介工作在近代中国思想史和文化史上的意义。严复等之所以能在近代中国思想史上占有重要地位,一定程度上或不在于他们很忠实与很学术地引介了东西方新学,而是他们结合中国现实,从实用角度对这些新学进行了重新阅读、诠释和使用,由此才对中国社会造成巨大的影响。就如梁启超后来所揭示的:"平心论之,以二十年前思想界之闭塞萎靡,非用此种卤莽疏阔手段,不能烈山泽以辟新局。"③

然而,王国维这样的批评和主张却是他研读哲学的经验总结,也是他当时学术理想的体现,像他在《论近年之学术界》中所说:"欲学术之发达,必视学术为目的,而不视为手段而后可。"随后又说:"学术之所争,只有是非真伪之别耳。于是非真伪之别外,而以国家、人种、宗教之见杂之,则以学术为一手段,而非以为一目的也。未有不视学术为一目的而

---

① 王国维:《论近年之学术界》,载《王国维全集》第一卷,第122页。
② 同上书,第124页。
③ 梁启超:《清代学术概论》,载朱维铮编:《梁启超论清学史二种》,第73页。

能发达者。学术之发达,存于其独立而已。"①而章太炎1906年在《与王鹤鸣书》中亦明确指出:"学者将以实事求是,有用与否,固不暇计。""学者在辨名实,知情伪,虽致用不足尚,虽无用不足卑。"②为学术而学术,在实践中虽然难以做到,但作为一种超越性的追求,却非常有意义。正是持这样的信仰和追求,当时章太炎同王国维才能深入研读包括西方哲学在内的各种著述③。

综上所述,我们可知,在清末中国,黑格尔哲学已经引起很多精英知识分子的注意,有了非常多的译介者和受众,绝非仅仅局限于以前研究者所指出的那样。而包括黑格尔哲学在内的西方哲学,经过清末中国知识分子不乏功利主义和误解式的译介、阅读、批评和使用,业已化身为近代中国的知识库中便捷有用的思想资源,在中国进一步流播和产生影响,绵延不绝,后来且曾引起诸如蒋介石和毛泽东这类政治领袖的重视与援用,亦成为后世中国大陆学者从事西方哲学史与马克思主义哲学史研究的基础所在。

四、朱谦之与西方历史哲学

有论者指出:"从1919年至1949年这30年中,尤其在30年代前后,出现了第一次输入西方史学的高潮。"④此言甚是。在这一阶段,史

---

① 王国维:《论近年之学术界》,载《王国维全集》第一卷,第123、125页。
② 章太炎:《与王鹤鸣书》,载《章太炎全集》(四),第151页。
③ 有趣的是,1911年后,昔日的先行者章太炎、王国维,其学术路向却发生了转移。章太炎花更多时间投身于政治,晚年更是以阐扬中国文化为己任,力抗新学、新说。王国维则在民初旅居日本几年后闭口不谈哲学,转而肆力于经史考据之学。(参看袁英光、刘寅生编:《王国维年谱长编》,天津人民出版社1996年版,第73—74页)章、王的学术取向、政治立场和人生理想虽然大相径庭,但在对待西方哲学的态度上,这时的他们却是格外地一致,都舍弃了昔日他们为之大注心力的西方哲学。但这已是后话,超出本书的论述范围了。
④ 张广智主著:《西方史学史》,复旦大学出版社2010年版,第374页。

家辈出,他们中的大部分人有良好的中国史学的修养,有留学海外学习西方史学的经历,他们身处动荡的时代,献身学术、引介西史,在中西史学思想的碰撞中寻求中国史学发展的新道路。朱谦之就是其中的杰出代表,尤其是在西方历史哲学的引介与研究方面,贡献良多。

朱谦之(1899—1972),字情牵,福建福州人,被称为"百科全书式的学者",著作涉及文学、史学、哲学、东方学、比较文化学等诸多方面。1929年,他东渡日本求学,潜心于历史哲学的研究,两年后回国,先后任暨南大学、中山大学、北京大学教授,积极倡导"现代史学"运动。他"嗜爱读书,写作不辍,日出而作,掌灯乃止,著述等身"①。历史学方面的主要著作有《现代史学概论》《历史哲学》《历史哲学大纲》《黑格尔的历史哲学》《孔德的历史哲学》《历史学派经济学》等。

(一)对黑格尔历史哲学的引介

众所周知,在近代以来的中外交流史中,日本起到了中转站的作用。朱谦之对西方历史哲学的引介,首先是从德国哲学家黑格尔的历史哲学开始的。1929年4月,朱谦之得蔡元培、熊十力的推荐,以国立中央研究院特约研究员的身份东渡日本求学,中央研究院所给的题目是"社会史观与唯物史观之比较研究"。1931年,他回到国内,适逢黑格尔诞辰100周年,他翻译了日本史家关于黑格尔的文章八篇②,加上自己的《黑格尔的百年祭》《黑格尔主义与孔德主义》《黑格尔论理学大纲》,结集为《黑格尔主义与孔德主义》,于1933年作为"历史哲学丛书"的一种,由上海民智书局出版。1936年,又由商务印书馆出版了《黑格尔的历史哲学》一书。

---

① 何绛云:《绛云赘语》,载《朱谦之文集》第10卷,福建教育出版社2002年版,第608页。
② 分别是铃木杈三郎《黑格尔小传》、吹田顺助《黑格尔与德国浪漫主义》、大江清一《黑格尔的精神现象学》、三枝博音《黑格尔的论理学研究》、关荣吉《黑格尔的历史哲学》《黑格尔的社会哲学》、松原宽《黑格尔的宗教哲学》、岩崎免《康德主义与黑格尔主义》。

朱谦之考察了黑格尔主要著作的成书时间，认为其历史哲学可分为四个时期：精神现象学、论理学、法律哲学和历史哲学①。

朱谦之认为，研究黑格尔历史哲学，不能局限在《历史哲学》这部著作里，而应把它的形成看作一个动态的累积过程。朱谦之不仅详细阐述了黑格尔历史哲学的基本概念，而且揭示了历史哲学的任务，并"指出各民族的各种原理之进行、发生、递嬗，这种运动之关联在什么地方"②，这应当是从事历史哲学研究的一般前提。

朱谦之还认为，辩证法是黑格尔历史哲学的"特色所在"③，"Hegel 的历史哲学，自始至终是依据于辩证法而成立，不但如此，他的全部哲学亦自始至终是依据于辩证法而成立"④。他将辩证法当作黑格尔历史哲学的核心，这无疑抓住了黑格尔历史哲学的本质。在他看来，黑格尔的辩证的方法运用于历史认识的实践，有其优点，也不可避免地有缺陷。一方面，运用辩证法进行历史研究，可以把历史看作动态发展的过程，这一过程有合理性和必然性；另一方面，容易陷入一种"图式主义"。朱氏所论，在今天看来，仍具有启发意义。作为历史认识的方法之一，辩证法不是放之四海而皆准的，仍然是需要一定的条件，而不能唯辩证法是论。

总之，朱谦之对黑格尔历史哲学的研究与洞见，使国人眼界大开，这主要归之于他对黑格尔历史哲学不是一般地介绍，而是进行了有相当深度且具特色的学术研究⑤。

（二）对孔德历史哲学的研究

朱谦之对孔德的历史哲学也做出了深入的研究。1941 年，他出版

---

① 朱谦之：《黑格尔的历史哲学》，载《朱谦之文集》第 5 卷，福建教育出版社 2002 年版，第 398 页。
② 同上书，第 408 页。
③ 同上书，第 395 页。
④ 同上书，第 429 页。
⑤ 参见黄见德：《西方哲学东渐史》（上），人民出版社 2006 年版，第 627 页。

《孔德的历史哲学》一书。他首先分析了孔德历史哲学的思想来源,受到孟德斯鸠、孔道塞(今译孔多塞)、圣西门、维柯、杜尔阁等人的影响,认为他们是孔德的"先导者"①。他进而指出:"实证主义就是为要确立社会改造的原理,才不得不就人类之社会生活现象,施以实证的研究。换言之,即求潜藏于社会生活背后之共同思想,求出那支配社会生活的法则。"②

在朱谦之看来,孔德的以知识为中心的三阶段法则是其历史哲学的中心。接着,他具体考察了孔德早期的论文集与《实证哲学》《实证政治学》两书中的"三阶段论",认为早期论文集中,孔德所说的人类知识所经历的三个阶段是神学的、形而上学的、实证哲学的,是其思想的萌芽阶段,到了《实证哲学》那里,这种观点进一步成熟,而到了《实证政治学》一书中,他突破了知识的范畴,将人类精神区分为感情的、知识的、动作的三种。这既是孔德历史哲学观念自身之深入,也体现出朱谦之对孔德历史哲学研究的深化。

于此,朱谦之提出了一个明确的学术理念:"在历史哲学上将黑格尔与孔德结合"③方为正途。在朱谦之看来,西方一百年来的思想史,"就是黑格尔主义与孔德主义的争斗史"④,而反观当时的中国,正处在两大争论的"十字路口"——科学与玄学之争、新实证主义即社会史观派与辩证法的唯物史观派的论争。朱谦之更觉有必要用黑格尔与孔德的理论为这两大争论提供理论支持,他得出的结论是,黑格尔的辩证法"只能见到社会当进化时候所发生的一种病症",而依据孔德主义的社会学的历史观"可以发现社会进化的定律"⑤,倘将两者结合起来,才是真理,才是

---

① 朱谦之:《孔德的历史哲学》,载《朱谦之文集》第5卷,第435页。
② 同上书,第451页。
③ 朱谦之:《黑格尔的百年祭》,载《朱谦之文集》第5卷,第290页。
④ 朱谦之:《黑格尔主义与孔德主义》,载《朱谦之文集》第5卷,第292页。
⑤ 同上书,第303页。

"一个大综合的完完全全无少亏欠的大智慧"①。真是智慧者的"智慧之论",可以这样说,朱谦之将黑格尔和孔德的历史哲学研究结合起来,并针对当时中国的实际情况,探讨社会发展的道路,不啻为一种有益的尝试,其业绩不可磨灭。他对现代西方史学新潮的引介,尤其是对现代西方历史哲学的引介,以及他的述评颇让国人开阔眼界,吸纳新见,增长才智,转变观念,因此而对中国学界产生了积极的影响。进而言之,这对推动中国史学的现代转型,也是不无意义的。

(三)开展历史哲学教育,传播历史哲学思想

朱谦之利用自己对西方历史哲学的深入研究,在中山大学历史系执教的 20 年(1932—1952)中,"特别重视史学理论,如史学概论、史学方法论、历史哲学等科,均亲自担任,更设史学实习一科"②,这对包括西方历史哲学在内的史学理论研究具有深远的影响。他还聘请国内史学专家如朱希祖、吴宗慈等为中大学子授课,为该校历史系的学科建设打下了良好的基础。朱谦之一生无子,将弟子视为己出,培育弟子无数,其中很多成为史学名流,如中大教授戴裔煊、董家道、梁钊韬;暨大历史系主任朱杰勤,教授丘陶常;云大教授江应樑等③。正如朱谦之夫人所言,"满园桃李放新研"④。

在西方历史哲学的传播过程中,现代学术期刊的创办起到了很显著的作用。早在 20 世纪 20 年代,就开始出现专门的史学研究期刊,如《史地丛刊》《史学杂志》《史学年报》等。正如学者指出的,"学术杂志,基本上是学术研究机构或学术团体创办,往往是一个学术期刊就是一个学派的阵地,有它独有的特点、学风,在这个刊物周围聚集同一学术倾向的学

---

① 朱谦之:《黑格尔主义与孔德主义》,载《朱谦之文集》第 5 卷,第 303 页。
② 朱谦之:《世界观的转变》,载《朱谦之文集》第 1 卷,福建教育出版社 2002 年版,第 147 页。
③ 朱谦之:《中大廿年》,载《朱谦之文集》第 1 卷,第 184 页。
④ 何绛云:《再悼朱谦之》,载《朱谦之文集》第 1 卷,第 210 页。

人"①。这些期刊的创立对传播历史哲学思想、推动中国史学的现代转型起到了推波助澜的作用。比如法国的年鉴学派就是一群以《经济社会史年鉴》为中心的史学团体。1929年法国年鉴学派的《经济社会史年鉴》创刊号宣称:"打破史学研究的专业局限和学科局限";杂志的力量"不是一些方法论的文章、理论的阐述,而是通过实例和具体研究"来显示②。

在年鉴学派的学者们发出这一呼声四年后,1933年,远在中山大学的朱谦之便创办了《现代史学》学术期刊,杂志的前三期都由他自费出版,在《宣言书》中,他明确地提出了如下办刊旨趣:(1)历史之现代性;(2)现代治史方法的运用;(3)注重文化史,尤其是社会史、经济史、科学史③。关于现代史学的任务。在《现代史学》第五卷"卷首语"中,朱谦之开篇便点明了现代史学的任务:"现代史学的第一职务,乃在怎样理解目前世界历史和中国历史的大转变。换言之,即是'考今'。"④

为了"考今",他多次介绍并且高度评价克罗齐的"一切真的历史就是现代的历史"的观点。他将历史学作为沟通过去与将来的通道,认为"历史家如果能够把过去的僵迹,完全无缺的记载下来,还不算尽了史家的职务,须知史家之所以为史家,在他能够将过去同现在、未来联络起来"⑤。

为了"考今",他对当时的一些著名的史家史观加以批判。他认为梁启超"史者叙述人类社会赓续活动之体相"的观点是错误的,他指出:"旧历史把政治看得过重,固是错误,新历史家把人类活动的事迹,来包括全

---

① 周文玖:《中国史学史学科的产生和发展》,北京师范大学出版社2002年版,第75页。
② 《致读者》,《经济社会史年鉴》1929年创刊号,转引自姚蒙:《法国当代史学主流》,远流出版公司1988年版,第38页。
③ 朱谦之:《现代史学概论》,载《朱谦之文集》第6卷,第97页。
④ 朱谦之:《考今》,载《朱谦之文集》第2卷,第157页。
⑤ 朱谦之:《现代史学概论》,载《朱谦之文集》第6卷,第14页。

历史,也是个顶大的毛病。"①他对于傅斯年等人的"近代的历史学只是史料学"的观点加以批驳,他认为是"现代史学界的最大病痛,正是'恁是天崩地裂,他也不管,只管讲学耳'"②。

关于唯物辩证法,朱谦之认为唯物辩证法自有其优点,但同时也存在问题,他认为唯物史观论者们,理论多而事实少,"当他们拿着马克思的公式,来解决中国社会上之复杂问题,而且要'见之行事',这自然太危险了"③。这可视为"醒世之语"。他认为,现代的史学要综合各种方法,比如心理的方法、统计的方法、社会科学的方法,还包括传统史学的方法等。他进一步指出,历史研究中最重要的方法是"发生的方法(genetic method)"④,值得注意的是,他这里的所谓"发生的方法",和我们现在所说的历史的方法并无二致。在那时,将多学科的研究方法引入史学研究,当是一种超前的与可贵的尝试。

朱谦之灵活运用黑格尔的正反合的理论,参与当时轰轰烈烈的史料派和史观派之争。他认为史料派和史观派都存在着弊端,而欲结合这两者的长处。他套用黑格尔正反合理论,指出:"这种现代史学运动,实为发展史第三期中之必然的产物,如以第三期之第一时期即考证及考古学派为'正',则第三期第二时期即唯物史观派为'反',那么'现代史学'就是'合'了。"⑤这种观念虽然不免简单化,但从中可以看出朱谦之企图把对黑格尔历史哲学的理解和中国史学的发展阶段结合起来的一种尝试。

自西方历史哲学初入中国,至今百余年,正是有了一代代学人的努力,才有了新中国蓬勃发展的史学,时至今日,回顾朱谦之当年创办《现代史学》时的宣言,仍给我们以启示,兹录如下:

---

① 朱谦之:《现代史学概论》,载《朱谦之文集》第6卷,第7页。
② 朱谦之:《考今》,载《朱谦之文集》第2卷,第158页。
③ 朱谦之:《现代史学概论》,载《朱谦之文集》第6卷,第98页。
④ 同上书,第126页。
⑤ 同上书,第97页。

我们愿为转形(型)期历史学的先驱,对于一切现代史学既要广包并容,对于过去的史学也不惜取批判的态度。我们不敢妄自菲薄,我们要努力摆脱过去史学的束缚,不断地把现代精神来扫荡黑暗,示人以历史光明的前路。①

五、胡秋原的《历史哲学概论》

19世纪末以来,随着域外史学的引入,中国学界愈益关注欧美史学,研究者不乏其人。李大钊对欧洲近代史学思想的辨析,朱谦之对中世纪以来欧洲历史哲学的梳理,即为显例。其实,还有其他学者例如胡秋原(1910—2004),也值得关注。胡秋原,原名胡业崇,又名曾佑,字石朋,笔名有未明、冰禅、秋生、龙治平、胡冬野等,早年入武昌大学、复旦大学学习。1929年赴日,入早稻田大学经济部。1931年九一八事变后回国,曾任上海东亚书局编辑、同济大学教授,《文化批判》《思索月刊》总编辑,福建《民国日报》社长等。1949年去香港,曾任《香港时报》主笔。1951年赴台湾,历任台湾师范大学、世新大学等校教授,还曾任"中研院"近代史研究所研究员。主要著作有《古代中国文化与中国知识分子》《近百年来中外关系》《帝俄侵华史纲》《历史哲学概论》《唯物史观艺术论》《一百年来中国思想史纲》等。本节以其史学理论代表作《历史哲学概论》②为依据,讨论他的这一工作。

(一) 在世界史框架中写作西洋史学

根据《历史哲学概论》中胡秋原于1935年所写的"全书旧序",他在1934年就计划写"小文法"和"小辞书";"小文法"也称"宇宙文法",即

---

① 朱谦之:《现代史学概论》,载《朱谦之文集》第6卷,第6页。
② 《民国丛书》第四编第64册收录此书。根据封三,可知该书有民主政治社1940年渝初版和1948年沪改订版,根据书后所附燕义权的书评,应该还有建国印书馆的版本,但是没有标示年代。而此书扉页上赫然有"本书据商务印书馆1947年版影印"字样,以下所引版本同。

"综合世界观之哲学","小辞书"亦作"宇宙辞书",系"比较世界文化史"。根据曹培隆《胡著〈历史哲学概论〉》,"小文法"即是《哲学概论》,而"小辞书"则为《世界史略》。今日所见《历史哲学概论》实为胡秋原计划中的《世界史略》的"序编"。可见,胡秋原的《历史哲学概论》中关于欧美史学的梳理,与其世界史思维框架密不可分。胡秋原自述《世界史略》,"参考中西史籍文献与夫学人最可信赖之作,益以十余年来之见闻,采拾最近数十年间史学界之新收获,考信近世人学金石学上之新发见与新资料"①。欧美史学自然包含于世界历史之中。正如他自言:"本编所涉及者,不过与全书最有关系之历史哲学问题而已。"②《历史哲学概论》直接论述欧美史学的篇幅差不多占到全书一半,其他各处零星的相关内容尚未计入其中。对此,时人燕义权评价说:"此书根据的资料,几全为西洋的东西。"③燕氏的判断是恰当的。

第二章中的"西洋史学史"反映了胡秋原对于西方史学的总体认识,在民国时期史学史上具有较高的学术价值。该篇从西方史学起源讲到19世纪浪漫主义影响下的国家主义史学。其中,希腊史学起于赫卡泰乌斯(Herataeus),摒弃了《荷马史诗》,在见识上不同凡响;关于罗马史学、中世纪史学、浪漫主义史学的内容体系与今天史学界的认识相差无几,而文艺复兴时期、启蒙运动时期的内容则过于简单。书中论述了回教史学对欧洲史学的影响,并将欧洲考证史学与中国汉学相比较。"十九世纪以来之史学"主要讲述西方史学界的史料编纂、方法进步、古文字研究对于史学的贡献和旧史学向新史学的过渡,尤其对科学史学兴起的原因做了深入分析,很有见地。"十九世纪以来之历史哲学"论述黑格尔、孔德、斯宾塞、摩尔根、兰普勒希特、鲁滨逊等人的历史哲学,条理清

---

① 胡秋原:《历史哲学概论》,上海书店出版社1992年版,全书旧序第4页。
② 胡秋原:《历史哲学概论》,序编序言第1页。
③ 燕义权:《读〈历史哲学概论〉》,载胡秋原:《历史哲学概论》,第154页。

晰,分析精当。第三章中"史学之辅助科学"依次阐述天文学、地质学、古生物学、人类学、经济学、地理学、语言文字学、考古学、统计学、年代学、文学、哲学、政治学、法学、社会学等学科对于史学的意义,带有那个时代人们讨论史学的痕迹,大体上在西学的圈子里讨论问题。"历史哲学之主要流派及批评"可以看作一篇用史学批评眼光写成的学术流派专篇,主要批判欧美各种历史解释理论,如伟人史观、人种史观、人文史观、生物机械史观、心理史观、地理史观、政治史观、经济史观、人类社会学史观等。

难能可贵的是,胡秋原在书中采取东西方对照的史学视角。如关于史学的起源,胡秋原在"历史之概念与范围"中从卜辞谈到司马迁,随即谈到希伯来《旧约》、古希腊希罗多德的史著,认为《史记》后来居上;关于近代对政治史学的突破,他先提到斯宾塞对新史学的鼓吹,后列章学诚"盈天地之间,凡涉著作之林,皆是史学"的主张①;关于"历史"的定义,先说洪堡(Humboldt)之主张,后说章学诚之"六经皆史";关于"历史之功用",述孔德、孔子的主张以说明"历史之为学,在知往以观来"②。

关于中西史学史,胡秋原先概述了兰克的"据实记载",后叙述刘知幾、章学诚的才、学、识、德之说。在"中国史学史"一节下,开篇便是"中国史学与西洋史学之比较",流露出鲜明的中西史学比较的自觉意识,认为中国史学没有像欧洲中世纪那样受到宗教的束缚,司马迁、章学诚可以与维柯相媲美。这种以中西史学比较的眼光来写作史学史,在民国时期虽不是始于胡秋原,但胡氏的研究已占有一席之地。他在论及中国史家的历史哲学问题时,也自觉地联系到西方的历史哲学,认为在17世纪之前,中西方对于科学的历史哲学都是生疏的,但近代以来中国史学落后于欧洲,"欧洲史学,经过三大时期:一、史料之集纂与民族精神之发扬;二、以严格科学方法考证整理史料;三、以综合科学解释历史,并着眼

---

① 章学诚:《章学诚遗书》,文物出版社1985年版,第86页。
② 胡秋原:《历史哲学概论》,第3页。

于整个民族人类与文化之进步，因而将从来历史再造之。今日西方史学已进入第三时期，而我国前人之事业，只做到第一部分的一部分"①。

在阐述历史观问题时，对于当时较为流行的从心理角度解释历史的做法，胡秋原先谈孟子的食色论和群论，后谈弗洛伊德、休谟等人关于人性的理论。而具体到地理史观时，胡秋原先回顾两汉史学家司马迁、班固对地理的重视，后延展到孟德斯鸠、黑格尔等人对于地理因素的论述。这是从中国古代历史理论讲到近代以来的西方历史哲学，显示出胡氏宽广的学术视野。至于从政治角度解释历史，他在中国历史方面列举了管子、孟子、韩非、商鞅、鲍敬言、柳宗元等，在欧洲方面则列出亚里士多德、波里比阿、霍布斯、洛克、卢梭、孔德、马克思、恩格斯、克鲁泡特金、罗素等。从经济角度解释历史这一部分中，涉及中国的有《洪范》的八政食货为先、孟子对恒产的重视、管子的经济决定意识的观点、司马迁对经济与政治关系的阐述，涉及西方的有卡尔敦、维柯、亚当·斯密、孟德斯鸠、圣西门、罗杰斯、傅里叶等人的经济史观。如果没有对于中国传统史学的深入认识和对西方史学的研究，要做这样的对比研究是很难想象的。

当然，从全书结构来看，其落脚点还是中国问题，特别是中国文化及其出路问题，对此，孟德声在《胡秋原与民族主义》中业已指出："胡先生成长于五四民族运动之中，在天灾人祸内忧外患中转向史学以寻求中国之前途……自立文化史观……再经探索补充，完成其'理论历史学'，即一般所称之历史哲学……胡先生着眼于全人类文化之批评比较，由人类文化之共性，说明中国文化之人文主义价值，由历史的环境，讨论中西文化危机，而归结于中国文化即中国民族之复兴。"②不过，这是另外一个话题，远远超出本书论述的范围了。倒是他关注欧美史学中的历史唯物主义，值得讨论。

---

① 胡秋原：《历史哲学概论》，第135页。
② 李敏生：《胡秋原学术思想研究》，社会科学文献出版社1996年版，第153页。

(二) 关注欧美史学的历史唯物主义

黄楠森在评价胡秋原时说:"他的思想中有不少是与马克思主义相通的。"① 其实,胡氏思想与马克思主义之间的关系何止相通,简直可谓有不解之缘。姑且不论他在 1949 年以后发表《由虚无主义到共产主义》《马克思主义共产主义的总批评》《超越传统派、西化派、俄化派而前进》《文化复兴与超越前进论》《八十年来——我的思想来源与心得》《马列主义之将来》《论马克思主义与中国问题》等,在 1949 年以前,他就非常关注唯物史观。

根据胡秋原所编《唯物史观艺术论》的"编校后记",他在中学时就接受了唯物史观,当时学习中国文学和中国文化时就思考如何以唯物史观解释中国文学和文化。1925 年,胡秋原在武昌大学和星野社的朋友们时常讨论这个问题,从留俄友人处听到普列汉诺夫的名字。不久,任国桢所译《苏俄文艺论战》(此书有附录《蒲力汗诺夫与艺术问题》)出版了,胡秋原从此增强了对于科学的文学理论和普列汉诺夫的兴趣。1927 年底,胡秋原至沪,看到藏原唯人所译普列汉诺夫的《艺术与社会生活》,他当时因为日文程度有限,又无英译本,于是决心留日和学习俄文。到了日本,胡氏便专门搜集普列汉诺夫著作的译本和相关文献,1930 年春大体完成《唯物史观艺术论》一书。在书中,他给予普列汉诺夫及其唯物史观指导下的艺术理论以非常高的评价,赞同俄国列捷尼夫的说法:"普列汉诺夫是建设于辩证法底唯物论之原则上的科学美学之创始者……他的价值,不仅在他确立了艺术科学的一般命题,恐怕更是在他研究观念形态最复杂问题之际表示如何可以使用马克斯(思)主义方法,以及应该如何使用这种方法这一点。"②

---

① 李敏生:《胡秋原学术思想研究》,序第 4 页。
② 胡秋原:《唯物史观艺术论——朴列汗诺夫及其艺术理论之研究》,神州国光社 1932 年版,前记第 7 页。

无独有偶,胡秋原还翻译过普列汉诺夫的后学佛里采(Vladimir Friche)的《艺术社会学》,由神州国光社 1930 年出版,书中称佛里采:"无论在苏俄,在世界,在艺术之社会学底研究上,普列汉诺夫(G. V. Plekhanov)死后,当要以佛里采为第一人,革命后,更以唯一马克斯(思)主义艺术学者,与其渊博之修养,精严之学风,卓然为苏联学术界之泰斗。"①还说佛里采"在本书中批判'取弃'从来一切旧艺术理论,同时搜集丰富的材料与根据其先驱者的遗产,站在新的社会学底、经济学底观点,检讨古今东西艺术作品及其变迁之迹,驱使辩证法底唯物论的方法,超越前人之足迹,创立新颖的学说,建严整明快的体系,树综合宏大之规模;对于广大的艺术研究,与以史底唯物论之新的方法,新的观点与标准。其浩博之知识,卓拔的创意与光辉的叙述,真世界学界之惊异,放艺术科学研究上之异彩,而在这方面巍然为斯学之权威的"②。

问题是,虽然胡秋原撰写《唯物史观艺术论》是"站在普列汉诺夫、列宁的理论系统上"③,但是,由于时值苏联学者群起批判普列汉诺夫为孟什维克,引起中国学者效仿,这就决定了他的唯物史观与当时共产国际和中国共产党多数派对于马克思主义的理解不同,以致若干年后,胡秋原还自称:"我的马克思主义是由普列汉诺夫来的……我主张'自由主义的马克思主义'。"④这种所谓"自由主义的马克思主义",按照姜新立的说法,"在方法论上是马克思主义的,在价值论上是自由主义的"⑤。

---

① [俄]佛里采:《艺术社会学》,胡秋原译,神州国光社 1930 年版,译者序言第 1 页。
② 同上书,译者序言第 2 页。
③ 胡秋原:《唯物史观艺术论——朴列汗诺夫及其艺术理论之研究》,神州国光社 1932 年版,编校后记第 7 页。
④ 胡秋原:《七十年来的见闻与思想(上)》,《中华杂志》1986 年总第 275 期,第 41—45 页。
⑤ 李敏生:《胡秋原学术思想研究》,第 182 页。

九一八事变后，胡秋原回国，自称"自由人"。1933年，他以修正了的唯物史观参加社会史论战，因与"托派"观点接近，遭到马克思主义多数派的批判。其《亚细亚生产方式与专制主义》发表在《读书杂志》第2卷第7、8期合刊上，后来被看成"完全背离了历史唯物主义，没有什么科学价值之可言"[①]。其另一篇文章《中国社会＝文化发展草书》发表在《读书杂志》第3卷第3、4期合刊上，被斥为"颠倒历史，制造混乱"[②]。

1932年，"福建事变"后，胡秋原去香港，又被香港政府逮捕驱逐，遂经南洋、印度、埃及到英国、苏联和美国。特别是1935年，胡秋原受第三国际邀请访苏，那年苏联开始"莫斯科大审判"，"季诺维也夫叛国案""布哈林叛国案"等让他无比震惊，使他告别了当时主流的马克思主义[③]，遂逐渐放弃唯物史观，这一事实他本人是承认的[④]。

具体到《历史哲学概论》，书中多处批评马克思主义史学及其唯物史观。例如，他批评马克思主义史学说："若干马克斯（思）主义者觅史事以符其图式，或力找阶级斗争之事以实其说。"[⑤]还说："尚有以唯物史观治史学者，间有所得，恒多伤于粗芜穿凿偏激。"[⑥]"以历史之进行，循着预定的公式。其代表派为马克斯（思）者。所谓唯物史观公式之'公式'一字，可以代表其中极端派之见解。他们以为社会均可套入其代数方程式中。他们忘记人类不是无机物，而是能动的而且能适应并改造环境的。此点马克斯（思）亦知之，但因其侧重宣传，其推论常忘记其所承认的前提而已。"[⑦]对

[①] 周子东、杨雪芳、季甄馥等：《三十年代中国社会性质论战》，知识出版社1987年版，第59页。
[②] 同上书，第55页。
[③] 胡秋原：《七十年来的见闻与思想（上）》，《中华杂志》1986年总第275期，第41—45页。
[④] 胡秋原：《历史哲学概论》，第79页。
[⑤] 同上书，第7页。
[⑥] 同上书，第22页。
[⑦] 同上书，第56页。

于胡秋原的这一思想倾向,燕义权说他的言论"甚能鞭辟入里"①,曹培隆也认为胡秋原"对于马克斯(思)唯物史观及社会阶段论的驳斥,尤其属一针见血之论,较一般流行的批评深刻了许多"②。从今天的眼光来看,对于胡秋原以及时人燕、曹的相关评论,有必要做一定的辨析。燕义权即为叶青,那时同曹培隆一样都敌视共产主义,他们臭味相投,推崇胡秋原在这个问题上的观点毫不奇怪。1927年后,因现实政治的需要,政界与学界不得不拿起"唯物史观"作武器,去分析中国的现实,进而分析中国历史,有人用来作矛,有人用来作盾,尽管有人情愿,有人不情愿,这种研究有些从根本上就是先验的,从而沦为政治斗争的工具。1936年,胡秋原回国参加抗日,效力于国民党官办文化宣传事业,自然要与共产党人所坚持的唯物史观唱对台戏。

他对唯物史观的批评,当时固然有与共产党为敌的意图,但是有的意见今天看来还是具有纯学理意义的。马克思、恩格斯的思想有一个演变过程,他们会根据现实社会状况对以往的结论加以调整,这是毫无疑问的③。胡秋原在梳理他们思想的演变史时指出其中的方枘圆凿,撇开其政治倾向而言,还是有一定的学术价值的。同时,唯物史观传入中国后,早期马克思主义史学家以之解读中国历史,就其社会性而言,起到引导革命的作用,从纯粹学术而言,确实有不够成熟、授人以柄的地方。例如,翦伯赞在《历史哲学教程》第六章"关于中国社会形势发展史问题"中,批评郭沫若关于中国历史阶段的划分,"陷入公式主义的泥沼……《中国古代社会研究》,在方法论上陷于全体的错误"④。林甘泉、黄烈主编的《郭沫若与中国史学》中说郭沫若"注意探求历史发展的统一性,却

---

① 燕义权:《读〈历史哲学概论〉》,载胡秋原:《历史哲学概论》,第143页。
② 曹培隆:《胡著〈历史哲学概论〉》,载胡秋原:《历史哲学概论》,第138页。
③ 黄楠森等主编《马克思主义哲学史(修订本)》(北京出版社2005年版)对这个问题做了较为系统的论述。
④ 翦伯赞:《历史哲学教程》,新知书店1946年版,第163页。

忽略了历史发展的多样性,或曰中国历史发展的特殊性"①。这样来看,胡秋原的批评就有一定合理性。

（三）受巴恩斯、绍特韦尔等人之影响

胡秋原关于欧美史学的梳理显然受到鲁滨逊新史学派中的重要成员巴恩斯、绍特韦尔的影响。他在书中多处暗示他对鲁滨逊新史学派的了解：

> 鲁滨孙(Robinson)云:"历史不能视为一种静止科学,其进步不只是限于改善其方法(研究方法),收集、批评及编定新史料,且必须改变其理想(ideas)与目的,以适应社会及社会科学之进步,使在吾人之思想生活中,发生较之以前更为重要之作用。"……威尔士之《世界史纲》,房龙之通俗著作,桑戴克之《世界文化史》,班兹之《西方文化史》及哥伦比亚大学海士(Hayes)等所编课本,即代表这种新见解之著作。②

胡秋原还说过:"关于一般文化史,除兰布列希等莱比锡派外,应提及鲁滨孙之《成长中之心灵》及《知识人道化》二书,Marwin 之《活的过去》及所编丛书,H. Berr 所著《人类进化》,以及 Shotwell、Flint、Fuetr、Gooch、Drapper、Lecky、Bury、Friedell、班兹与桑戴克诸人关于史学、思想与一般文化史之著作,以及最近 Toynbee 之大著。"③在谈到 20 世纪新史学时,胡氏又说:"蓝布列希、鲁滨孙(Robinson)、班兹(Barnes)等实倡导之。……如蓝布列希始注意历史之思想因素,鲁滨孙之研究西方精神史,桑戴克及 Merz 亦在此方面贡献良厚。"④

胡秋原在论述许多史学理论问题时,常援引鲁滨逊新史学派的相关

---

① 林甘泉、黄烈主编:《郭沫若与中国史学》,中国社会科学出版社 1992 年版,第 17 页。
② 胡秋原:《历史哲学概论》,第 8 页。
③ 同上书,第 86 页。
④ 同上书,第 37—38 页。

论点以为根据。如该书第三章"史学之辅助科学"首段即引用鲁滨逊关于史学与其他学科联合的论述："鲁滨孙云：'历史能否进步和有用，完全看历史能否同他种科学联合，而不去仇视他们。'"①接着又说：

> 班兹在《新史学与社会科学》中将十九世纪后半期以来经济史著作，分为三类：第一纯粹之经济史家，专研究经济之史……第二为阐扬马克斯（思）前提之史家……第三派不先肯定经济决定主义之信条，但客观研究经济对于社会之作用。②

可见，胡秋原不仅熟悉鲁滨逊、巴恩斯、绍特韦尔、海斯、桑戴克等人，还知道绍特韦尔和巴恩斯有关历史学的著作对上述新史学家的学术理念有较深入的理解。胡秋原还对当时国内介绍鲁滨逊新史学的学术动态十分了解，"介绍新史学者有何炳松、卢绍稷、董之学、陈训慈诸人"③。事实上，在20世纪前半期，国内确实出现介绍乃至翻译巴恩斯、绍特韦尔等人论著的小热潮，如1921年第2期《史地学报》发表陈训慈译Harry E. Barnes的《史之过去与将来》，1929年商务印书馆出版何炳松、郭斌佳等译绍特韦尔的《西洋史学史》，1930年商务印书馆出版向达译班兹的《史学》，1932年北平文化学社出版雷震译班兹的《西洋史学进化概论》，1933年商务印书馆出版董之学译班兹的《新史学与社会科学》。其中"班兹"就是Harry E. Barnes，现译"巴恩斯"④。在今天，何炳松、陈训慈诸人与鲁滨逊新史学的密切关联已成为共识，而在当时，则是关注新史学思潮者敏锐观察的心得。

现在，不妨对胡秋原的欧美史学写作来一个简单的史源学考察。与

---

① 胡秋原：《历史哲学概论》，第40页。
② 同上书，第68—69页。
③ 同上书，第22页。
④ 关于绍特韦尔、桑戴克、巴恩斯等人的史学成就，可参考李勇：《鲁滨逊新史学派研究》第二、三章，安徽人民出版社2004年版。

上列汉译文献相较,可以发现,胡氏的《西洋史学史》主要来自绍特韦尔的《西洋史学史》和巴恩斯的《史学》,其《十九世纪以来之史学》《十九世纪以来之历史哲学》《史学之辅助科学》《历史哲学之主要流派及批评》则大部分取自巴恩斯的相关论述。可以说,胡秋原《历史哲学概论》中的欧美史学部分主要是根据巴恩斯、绍特韦尔的相关著作编写而成,这在民国时期的欧美史学理论与史学史的写作中值得重视。

(四)胡氏《历史哲学概论》的局限与意义

胡秋原对于欧美史学的写作的学术价值与地位如上所述,但其写作受限于时代条件和个人素养,有些地方还是粗略的,存在多有疏漏、论述简略、未有定例的问题。他的同道燕义权承认《历史哲学概论》"仅是一个笔记式的纲要,常识性的叙述,内容实在太简略,体例也嫌欠严整,并不算是怎样有系统有计划的著作"①。曹培隆也指出:"全书的组织,并不十分谨严,有些小标题也太勉强,使人看了好像在读一本'笔记'。"②

事实上,《历史哲学概论》存在的问题主要表现在以下三个方面。

第一,个别概念的使用是混乱模糊的。胡秋原所说的"历史"是今天的"史学"。他说:"经过之事依次记录者,即为历史。"③"历史者,依事实发生之次第,记述自然界及人类全体之发生与进化(及死灭退化)之事实,与夫人类之活动及其所创造的文明之成绩,欲以明了过去,而为人类改进今后生活之指针者也。"④这显然是"史学"的定义。他又说:"所谓史学者,指研究历史之科学而言,即将历史当作一种科学来研究的科

---

① 燕义权:《读〈历史哲学概论〉》,载胡秋原:《历史哲学概论》,第141页。
② 此段文字见曹培隆的《胡著〈历史哲学概论〉》,载胡秋原:《历史哲学概论》,第139页。原文"使人看了好像在一本读'笔记'",似乎应为"使人看了好像在读一本'笔记'",或者为"使人看了好像一本读书'笔记'",姑存疑之。
③ 胡秋原:《历史哲学概论》,第1页。
④ 同上书,第3页。

学。""史学者,则为历史科学历史哲学之合称。"他还解说道"历史科学"指研究历史现象之科学,而"历史哲学"指人类历史之法则学①。根据他的论述,"历史"和"史学"没有本质区别,不能不说是概念上的模糊。他所谓"史观","为对于历史之态度或对于历史之要求之见解",实际上是对于史学的理解,或者可称"史学观"。而今天所谓"史观",他称为"史释",也就是"对于历史进化原因之解释"②。胡秋原所界定的概念不同于现在,甚至与那时的主流观念也有所不同,可见他对历史学基本概念的思考还不够成熟。

第二,有的地方在叙述上逻辑混乱。例如"总论史学之功能"在论述史学的"鉴往知来"和"人力作用"之后,又列出标题"史学之意义与价值"和"我们应有的新史观",有些莫名其妙。

第三,具体认识上的陈旧与讹误。对此,曹培隆说:"除去史释一部份外,一般的主张大致都是史学界的定论,而对各派的检讨,多半也是学术界共有的批评。"③曹氏所言极是。胡秋原书中的不少内容,例如他关于希罗多德、塔西佗、兰普勒希特等人的认识缺乏新意。至于个别认识上的差误,也有例证。胡氏说"维可(G. B. Vico,1668—1744)以后,人文主义始重新输入历史哲学之中,于是史学与其他科学同时进步"④,显然与史实不符。因为,他说"人文主义始重新输入历史哲学之中",其逻辑起点是人文主义历史哲学取代中世纪的神学史观,而事实上把人文主义输入历史哲学的,最早的并不是维柯,因为至少波丹和培根都早于维柯多年。

总的来看,胡秋原的《历史哲学概论》一书,正如曹培隆所说:"把古

---

① 胡秋原:《历史哲学概论》,第5页。
② 同上书,第1页。
③ 曹培隆:《胡著〈历史哲学概论〉》,载胡秋原:《历史哲学概论》,第139页。
④ 胡秋原:《历史哲学概论》,第9页。

今中外浩如烟海的史籍,理出了一个井然有序的头绪,使读者一目了然。"①特别应该看到,它对于传播欧美史学知识是有益处的。在胡秋原之前,李大钊对于欧美史学的写作是围绕近代以后的史学思想展开的;朱谦之则囿于历史哲学,其实是论述欧美史学的思想问题。而胡秋原的《历史哲学概论》较之前人的确有通史之意,它不仅贯通古今,并且涉及史料、历史哲学、研究法等诸多要素,就中国学者的西洋史学写作框架而言,其水平达到新的高度。

---

① 曹培隆:《胡著〈历史哲学概论〉》,载胡秋原:《历史哲学概论》,第137页。

第十四章

西方史学与台湾地区史学的交流

一、台湾地区西洋史学研究概述

从20世纪中期至今,台湾学者一直进行着欧美史学研究,这里根据所掌握的有限材料,对其主要成就概述如下。

(一)1970年以前台湾学者的欧美史学研究及其比较视角初现

此时期台湾学者研究欧美史学,主要集中在古代史学、近代德国史学等领域。

早在1947年,台湾大学校长陆志鸿聘钱歌川为文学院院长,钱歌川则聘其东京高等师范学校同学涂序瑄为历史系主任。涂氏为南昌人,留学日本东京高等师范学校、九州帝国大学,先后任教于北平师范大学、北京大学、四川大学、中山大学、东北大学、西北大学、兰州大学,著有《英国文学史》《英国宪政史》《权力论》《第二次世界大战纪略》,在《台大校刊》1948年4月1日第11期第7、8版发表《西洋古代之史学》。其他人,像王任光则发表有《波力比阿斯的史学》①。

1970年,姚从吾发表《近代欧洲历史方法论的起源》②一文,内容主要是关于德国近代史学的。黄俊杰认为,1950—1970年,德国语文考据

---

① 王任光:《波力比阿斯的史学》,《台大历史学报》1967年第3期,第335—358页。
② 姚从吾:《近代欧洲历史方法论的起源》,载中国史学会编:《中国史学会史学集刊》第二期,1970年,第1—7页。

学派继续影响台湾史学界的学风,傅斯年、姚从吾为巨擘①。他依据傅斯年《史学方法导论》《历史语言研究所工作之旨趣》《史料与史学发刊词》等文献,总结道:"傅先生对历史研究所持的看法深受十九世纪以来德国史学的影响。"②根据其研究,姚从吾从1933年出版《历史研究法导论》,到1971年出版《历史方法论》,一直大力介绍德国史学大师班海穆、尼博尔、兰克等人的学说,这突出体现在《近代欧洲历史方法论的起源》之中。

除了姚从吾,研究德国近代史学的还有张贵永。1949年,台湾大学校长傅孟真聘刘崇鋐和张贵永为西洋史教授。张氏1925年入清华大学史学系,受业于留德的孔云卿(繁霱)、留美的刘崇鋐(寿民)和美籍学者马隆(G. B. Malone)。1930年,他赴柏林大学留学,师从梅耐克(Friedrich Meinecke)。1934年获博士学位后,应校长罗家伦之聘,任国立中央大学史学系教授直到1949年。后去台湾,任台湾大学西洋史学教授,主要研究欧洲外交史。1953年到台湾师范大学兼任教授,讲授西洋现代史。1962年担任中国文化学院首任史学系主任。此外,1955年参与创建台湾"中研院"近代史研究所,并任研究员。他研究西洋史学的代表作,去台湾前就有《从英国先期浪漫主义到赫尔德的历史思想》《歌德与近代历史思想的起源》等,去台湾后有《兰克的生平与著作》(载《自由中国》第7卷第12期,1952年)、《曼纳克及其思想史的研究》(载《思想与时代》第126期,1965年1月24日)。其具体情况,可见下文。

这里要提一下刘崇鋐。刘氏,闽侯人,1918年从清华学堂毕业后,入美国威斯康星大学主修历史,1920年获学士学位,继入哈佛大学,1921年获硕士学位。后又入哥伦比亚大学和耶鲁大学深造,1923年回国。先后任教南开大学、清华大学,1949年赴台在台湾大学主讲西洋通

---

① 黄俊杰:《战后台湾关于史学方法论的研究(1950—1980)》,载康乐、彭明辉:《史学方法与历史解释》,中国大百科全书出版社2005年版,第273—274页。
② 同上书,第276页。

史、西洋近代史、19世纪欧洲史、英国史、美国史。他除了担任台大历史系主任外，还创办东吴大学历史系、东海大学历史系。杜维运说："我于1950年考入台湾大学外文系时，西洋通史一课是由崇鋐师讲授，1952年我从外文系转到历史系，西洋近古代史及西洋史学名著选读两课，崇鋐师讲授时尽现其博学与谦虚之怀。他对于新书目的介绍，尤其热心认真。"①

此期台湾学者的西方史学研究已初步显示出中外比较的视角，难能可贵。

1948年，台湾大学校长庄长恭聘中央大学沈刚伯为文学院院长兼历史系主任，此后，沈刚伯担任院长直到1969年。沈氏，宜昌人，武昌高师英文科毕业，1924年留学伦敦大学，攻埃及学、英国史、英国宪政史。1927年回国，曾执教于中山大学、中央大学等。沈刚伯聘徐子明讲授西洋中古史。徐氏，宜兴人，曾留学德国习欧洲中古史，任教直到1971年。他去台湾之前就在中央大学《史学》1933年第2期上发表有《中西史学之异同》。沈刚伯则在1964年10月12日的《征信新闻》上发表《古代中西史学的异同》②，1965年8月在东海大学发表演讲《古代中西的史学及其异同》③。

其他人中，出自台湾大学的杜维运，1962负笈英伦，入剑桥大学，1964年回国，阅读时，偶然遇到西方史家论及中国史学处，觉其议论有极精当者，亦有甚值得商榷者，于是草成《与西方史家论中国史学》一书，于1966年由台湾商务印书馆出版。邓嗣禹则有《司马迁与希罗多德（Herodotus）之比较》，载于《历史语言研究所集刊》1956年12月第28本。

---

① 杜维运：《一部逼真的学术史》，载《变动世界中的史学》，北京大学出版社2006年版，第132—133页。
② 后收入《沈刚伯先生文集》（上），"中央日报社"1982年版，第37—44页。
③ 后收入《沈刚伯先生文集》（上），第45—62页。

(二) 1971年以来台湾学者的欧美史学断代史与专题史研究

这一时期，研究的内容变得丰富起来，既有关于欧美史学断代研究的，又有专题研究，成果宏富。

欧美古代史学研究成果较少，有王任光的《西洋中古时代的基督教史学》[1]，而大量论著则集中于近代以后的欧美史学，例如，周樑楷的欧洲史学研究独树一帜。他毕业于辅仁大学，历任中兴大学、逢甲大学教授，出版有《近代欧洲史家及史学思想》《历史学的思维》《历史的书写与教学》《史学思想与现实意识的辩证关系：近代英国左派史家的研究》《史观与史实》，主编《史学导论》《方法论：历史意识与历史教科书：教科书的分析撰写国际学术研讨会论文集》《人人都是史家——大众史学研习会论文集》等。其两本论文集《近代欧洲史家及史学思想》[2]《史学思想与现实意识的辩证关系：近代英国左派史家的研究》[3]以及其他单篇论文[4]，都涉及近代以后的史家与史学派别如卡莱尔、艾克顿、汤因比、霍布斯鲍姆、汤普森、年鉴学派等。再如，1973年台湾学生书局出版黄培的《历史学》介绍了18世纪以来美国史学各阶段的发展。通史方面则有蔡石山的《西洋史学史》[5]，这是第一部国人撰写的西方史学通史。此书把西洋史学分为希腊史学、罗马史学、中古时期基督教史学、文艺复兴与

---

[1] 王任光：《西洋中古时代的基督教史学》，《西洋史集刊》1989年第1期。

[2] 周樑楷：《近代欧洲史家及史学思想》增订本，唐山出版社1980年版。

[3] 周樑楷：《史学思想与现实意识的辩证关系：近代英国左派史家的研究》，合志文化出版社2001年版。

[4] 周樑楷：《服尔泰论历史》，《食货月刊》1978年第7期，第338—350页。周樑楷：《卡莱尔的英雄崇拜——十九世纪浪漫运动的一种史观》，《当代》1990年第46期。周樑楷：《卡莱尔的月旦评——浪漫史观之分析》，《中华文化复兴月刊》1977年第10期。周樑楷：《威尔斯世界史观的思想》，《人文及社会学科教学通讯》1990年第4期。周樑楷：《麦克尼尔世纪史新架构的局限——兼论"文明"的自主性》，《当代》1991年第67期。周樑楷：《基督教与近代史学的关系》，《兴大文史学报》1978年第8期。

[5] 蔡石山：《西洋史学史》，环球书社1975年版。

西洋史学、启蒙时期史学、19世纪欧美史学、20世纪西洋史学几个板块，其中19世纪欧美史学几乎占全书二分之一。每章既有总论，又有个案，线索分明。不过，因书出版于20世纪70年代中期，故其20世纪西洋史学部分稍嫌粗糙。

这里据汪荣祖的研究成果以见此期台湾学者研究欧美近代史学之情形。汪荣祖撰写《吉本及其不朽的〈罗马帝国衰亡史〉》，这是其《史学九章》中的第一章。他非常推崇《罗马帝国衰亡史》，认为吉本崇尚理性、自由和批判精神，《罗马帝国衰亡史》有行文之美。这一判断是恰当的。同时，他批评吉本在方法上，则常以史料为我用，胜于史料的考定；假古道今，时间错乱，犯史家大忌。汪氏之论，大体说得通，没有哪一个史学家在著史中能把所有的史料都考定，吉本自然不能例外。不过，他还说吉本过于抬高基督教在罗马衰亡中的作用，没有关注经济因素，对人群心理分析缺乏学理基础，则或为误读，或为非历史的态度[①]。

汪荣祖在1975年《食货月刊》第三卷第三期发表《兰克史学真相》一文，这篇文章的主要内容又出现在《史学九章》中。他指出，兰克的局限在于鲜及造成史实的经济与社会动力，也没有重视文化史，这是学界公认的。他提出英美世界误读了兰克，认为兰克实际具有浪漫主义风尚，有同情心但不动感情；写作民族国家的历史，兰克同样重叙事，讲究行文艺术，赋予历史意义，裁断与解释历史。汪氏这一提法颇有新意。不过，说兰克创导"专题研讨班"似乎可以再讨论，因为在兰克之前，哥廷根学派的史学家们已经在使用它培养学生了。另外，他对于兰克一方面提倡修昔底德的客观态度，另一方面又常常赋予史学以强烈的主观性，没有给予这看似相悖的现象以合理的说明。

汪荣祖继承徐子明的观点，对汤因比颇为不屑，认为汤氏的弱点在

---

① 张广智主编，李勇著：《西方史学通史》第四卷《近代时期（上）》，复旦大学出版社2011年版，第300—302页。

于没有像主流史学那样尽量重建既往的真相,道出学界的普遍认识。另一方面,他承认汤氏的宏观视野、挑战平铺直叙和悲天悯人的情操,表现出其历史认知的辩证性。

汪荣祖还研讨过年鉴学派,不过将其音译为"安娜学派"。1976年,汪荣祖在《食货》第六卷第六期发表《白德尔与当代法国史学》一文,后撰写《布罗代尔与法国安娜学派》一文,收入《史学九章》。他不仅分析了布罗代尔具体的史学成就,并且论述他对于年鉴学派发展与壮大的理解。不过,他似乎对"文革"结束之前大陆史学界介绍年鉴学派的情况是陌生的,没有注意到俞旦初、张芝联对于引介年鉴学派的贡献[①]。

1971年以来,台湾学者的中西史学理论研究成果丰硕。黄进兴研究了西方学者的历史解释、通则、相对主义等问题[②]。沈刚伯批评史演论过分强调历史统一性和滥用因果律,指出19世纪西方史考派的方法未出乾嘉之右,其成就有待超越[③]。张玉法、古伟瀛、高承恕、郑樑生等人对计量方法、心理学方法、社会学方法都有热切的讨论[④]。

[①] 大陆介绍年鉴学派的情况,参见李勇:《年鉴学派在中国的传播和影响》,载张广智主编:《20世纪中外史学交流》,北京师范大学出版社2007年版,第336—352页。还可见本书第十章。

[②] 黄进兴:《历史解释和通则的关系:韩培尔观点之检讨》,《食货》第4卷第8期,1974年。黄进兴:《历史相对论的回顾与检讨:从比尔德和贝尔谈起》,《食货》第5卷第2期,1975年。

[③] 沈刚伯:《从百余年来史学学风的转变到台湾大学史学系的教学方法》,《台湾大学历史学系学报》创刊号,1974年。

[④] 张玉法发表《历史研究的量化问题》《心理学在历史研究上的应用》,收入《历史学的新领域》,联经出版事业公司1978年版。古伟瀛在1991年《新史学》第2卷第2期上发表《历史量化的反思》。高承恕《布劳岱(F. Braudel)与韦伯(M. Weber):历史对社会学理论与方法的意义》,收入黄俊杰编译的《史学方法论丛》。郑樑生编著《史学入门》,原本在台湾出版,后授权北京大学出版社于2008年出版简体本。在第一章"历史学的方法论——前言"中提到格尔维努斯(G. G. Gervinus)的《历史学的特征》(Grundzuge der Historik)、德罗伊森(J. Gustav Droysen)的《史学概论》(转下页)

这里以鲁滨逊为例以见其情形。林正珍回顾了台湾史学理论发展的历程,他发现这样一种现象:"事实上,除了兰克、史料学派及卡耳(E. H. Carr)的《历史论集》(*What Is History*)之外,影响台湾史学理论的另一较不被广泛谈论,却影响可能更为深远的是 1924 年何炳松所翻译的美国史学家罗宾逊(J. H. Robinson,1863—1963)[①]的《新史学》(*The New History*)这本小书,及随之而来美国史学界比尔德(Charles A. Beard,1876—1948)及卡尔·贝克尔(Carl Becker,1873—1945)'历史相对论(Historical Relativism)的看法以及对社会科学的重视'。"[②]

的确如此,例如,蔡石山的《西洋史学史》在论及现代西方史学趋势时,谈到贝克尔的相对主义史学,但对鲁滨逊新史学派是表示沉默的。倒是孙同勋有两篇文章是相当有分量的,它们是《二十世纪的美国史学》和《美国进步主义史学初探》。他认为进步史学也称新史学,并分析了其成因:"研究范围之扩大,实用主义之强调,以及对进步改革之热心结合起来构成进步史学。"他还总结了进步主义史学的两个特征:"二分的冲突论"、美国历史非持续性的演进,并分析其衰落的原因:其一是极权国家的崛起使美国一般思潮由进步转向保守,重新肯定美国自由民主传统的永恒价值;其二是怀疑人性本善的说法,新正统派从神学角度批判进步主义对人性的看法,更有许多人从经验角度来批评,结果进步主义史学衰微了。他还梳理了进步史学家的相对主义理论的发展脉络,陈述了

(接上页)(*Grundriss der Historik*)、弗里曼(A. Edward Freeman)的《历史研究法》(*The Methods of Historical Study*)、伯伦汉(E. Bernheim)的《史学方法论》(*Lehrbuch der historischen Methode*)和《史学导论》(*Einleitung in die Geschichtswissenschaft*)、朗格诺瓦(Charles Victor Langlois)与瑟诺博司(Charles Seignobos)的《史学原论》(*Introduction aux études historiques*)、伯里(G. G. Berry)的《历史研究入门》(*Introduction to the Study of History*)。第十三章"史学研究的新方法与新方向",集中介绍了年鉴学派的理论与方法,当然是初步的。

① 实际上,鲁滨逊 1936 年去世,林文有误。
② 康乐、彭明辉:《史学方法与历史解释》,中国大百科全书出版社 2005 年版,第 65 页。

他们对美国历史的种种解释①,认为进步史学有四个贡献和三个不足。这四个贡献是:"首先进步史学扩大了历史研究的范围。……其次,进步史家之坚持从社会、经济力量来说明美国历史的发展,也加深了对美国过去发展成长的了解。其三,进步史家有关历史研究的主观性与相对性的论调打破了科学的历史学家的乐观与自信,使史学家更清楚地认清他们所治的学问之特性,在研究时能更有意地去防止个人偏见的作祟。最后,进步史学家的理论与研究开辟了新的研究途径与方向;而他们的研究成果则提供了进一步研究的基础,使后来者可以在此基础上顺着新方向继续探讨美国历史的真相。"三个不足在于:"一是由于它过分强调经济因素的重要,排除了其他因素可能发生的作用。这种过分的强调有时会把历史简化到失实的地步,使历史研究失于一偏。其次,进步史学家在理论上主张历史相对论,无形中会鼓励野心分子滥用历史甚至会助长专制独裁政府的发展。其三,进步史学家强调美国历史上的变,因此往往忽略了美国历史上一些持续不变的东西。"②另外,还有三点是特别值得一提的:第一,孙同勋对鲁滨逊史学实践的概括有助于人们理解为什么战后美国史学史淡化鲁滨逊而大书特书特纳、比尔德、贝克尔等人,他说:"Robinson 虽是第一个倡导新史学的人,他却并没有把他的新理论与新方法实际应用到美国史的研究上去。他的主要兴趣在欧洲思想史,晚年更因致力教育,即使在欧洲史方面也少有作品发表。但是其他的新史学家却都致力于美国史研究,而且独自成家。Turner 的边疆论,Becker 的双重革命论,Beard 的经济决定论,以及 Parrington 对美国思想的研究使美国史研究呈现一片蓬勃的新气象。"③第二,他在探讨新左派史学与进步主义史学的关系时指出:"新左派史学很自然的接受

---

① 孙同勋:《二十世纪的美国史学》,台湾《美国研究》1971 年第 1 期,第 1—24 页。
② 孙同勋:《美国进步主义史学初探》,台湾《美国研究》1982 年第 1 期,第 1—26 页。
③ 孙同勋:《二十世纪的美国史学》,台湾《美国研究》1971 年第 1 期,第 1—24 页。

Beard 的历史解释,也就跟着强调美国历史上因经济利益所引起的冲突。不过他们的尊奉马克思与 Beard 并非是完全盲目的。在这两人所提供的大原则下,新左派史家常提出不同的意见,有时甚至不免施行抨击。"又说:"Jesselemish 对革命史的研究等于是 Beard 与 Becker 等人双重革命论的翻版。"①第三,他对进步主义史学在美国史学史上的地位评价甚高,他说:"总计进步史学从崛起到没落约有半个世纪之久,约占自专业史学家出现之后整个美国史学史的一半时间。它可以说是美国史学派别中存在最久与影响最大的一派。就其延续之久与影响之大而言,进步史学实是整个美国史学史的重心,十九世纪的保守史学不过是它的前驱;而一九五〇年代的新保守史学不过是它的反动。"②

(三) 1971 年以来台湾学者的中西史学比较、传播与会通研究

此时期,台湾学者的研究视角除了中西比较外,还多了传播与交流研究,最终从中西比较走向中西会通,尤以杜维运、汪荣祖等人为显例。

杜维运继续进行中西史学比较研究。《与西方史家论中国史学》一书 1966 年出版后,他继续钻研欧美史学,"所见及西方论中国史学的言论益多,乃于 1978 年至 1980 年之间,改写《与西方史家论中国史学》一书,字数增至一倍以上"③。从 1981 年起杜维运计划写作《中国史学史》,1993 年、1998 年、2004 年分别出版第一、二、三册,历时 17 年,80 万言,他自述与过去之不同:"于关键处与西方史学相比较,所得的新认识,与以前迥然异者,为中国史学的世界地位,有不亚于西方史学者。西方史学,论述精辟,方法新颖,分析细微,组织周密,中国史学,落于其后。然中国史学有数千年史官记事不绝的传统,大量直接的史料存留下来,世界万国,皆无此制度;中国设立史馆修史的制度,为中国留下最详实的一

---

① 孙同勋:《二十世纪的美国史学》,台湾《美国研究》1971 年第 1 期,第 1—24 页。
② 孙同勋:《美国进步主义史学初探》,台湾《美国研究》1982 年第 1 期,第 1—26 页。
③ 杜维运:《中国史学与世界史学》,商务印书馆 2010 年版,序言。

部正史,举世无此史学遗产;中国自上古时代起,即出现了世界史的观念;中国史学的和平思想、人文精神,弥漫于史籍之中;中国史学,记实、求真,传统悠久;中国史学,精细、详赡、博大,甲于全球;中国史学亦汲汲以人类文明史为旨归。凡此,都是中国史学的世界价值,可济西方史学之穷,而为世界新史学辟新猷。"①其余各章就是对这一主旨的具体论述和阐释。到了晚年,杜维运也承认中国史学之不足:"神圣独立的史官中,非无曲笔逢迎的败类;集众官修的正史,每见繁芜、陋劣之作;纪传体例,能现历史万象,而有见树木不见林之弊;史书如云,史家如林,为中国史学的盛况,而良史非多数;宋以后流行的史论,效纵横家言,任意雌黄史迹,不能与西方的历史解释相比拟。"②其《史学方法论》初版于1979年,华北出版社经销,经多次增订,1999年出至第13版,2006年北京大学出版社出版简体字版。1988年东大图书股份有限公司出版的《中西古代史学比较》以及他的论文《中西古代史学的比较》(收入1989年6月"中央研究院"《第二届国际汉学会议论文集》)都是其中西史学比较的成果。

  杜维运还开展了欧美史学在中国传播的研究。1976年5月他在《台湾大学历史系学报》第三期发表《西方史学输入中国考》(后收入1985年弘文馆出版社出版的《听涛集》),文中指出梁启超吸纳朗格诺瓦(Charles V. Langlois, 1863—1929)、瑟诺博司(Charles Seignobos, 1854—1942)《史学原论》(*Introduction aux Études Historiques*)颇多。在1979年初版的《史学方法论》中,他曾将梁启超的《中国历史研究法》与朗格诺瓦、瑟诺博司《史学原论》进行比较,认为梁氏突破性的见解大半出自朗、瑟两氏。1980年在《历史语言研究所集刊》第51本发表的《梁著中国历史研究法探原》,也收入《听涛集》。2006年出版的《变动世界

---

① 杜维运:《中国史学与世界史学》,商务印书馆2010年版,序言。
② 同上书,第223页。

中的史学》第一章"梁启超与西方史学输入"继续此说,同时指出梁启超所受西方史学影响非仅限朗、瑟两氏的范围。他还提到伯伦汉(Ernst Bernheim, 1854—1937)的《史学方法论与历史哲学》(*Lehrbuch der Historischen Methode und der Geschichtsphilosophie*),朗格诺瓦、瑟诺博司的《史学原论》,傅斯年留德七年,"适逢其会,自然深受其影响,而将其新史学建筑于其上了"①。

杜维运又曾罗列西方学者对中国史学的误解。在1966年的《与西方史家论中国史学》中,就涉及西方学者对中国史学的误解,1981年的新版本对此多有充实。1981年10月"中研院"国际汉学会议上,杜维运提交了《西方史家心目中的中国史学》一文。上述论著的主要内容还出现在《中国史学与世界史学》中,那就是第二章"西方对中国史学的认识"。其中,杜维运指出,德国兰克、美国J.W.汤普森(J. W. Thompson)尚不甚清楚中国史学;英国巴特菲尔德(Herbert Butterfield)认为中国文化不具有西方文化的历史观念,中国考据学未能对证据做科学的评价与分析,中国修史制度为官方事业,由官僚组织,中国史学缺乏怀疑精神,中国史学没有综合与解释;英国历史学家卡尔(E. H. Carr)虽推崇中国有史料性的历史,但是却不认为中国古代文化是历史;美国人魏吉瑞(A. G. Widgery)认为中国史学偏于叙事,很少论及历史的性质和意义;英国人埃尔顿(G. R. Elton)认为中国古典思潮中隐藏着漠视历史的态度;美国人卢卡斯(John Lukacs)秉持绝对西方至上论,认为在历史思想方面非西方不足为道;英国人浦朗姆(J. H. Plumb)大致了解中国史学的精细、重视文献和理性,但是认为中国史学一直没发展为真正的批判史学;英国人马威克(Arthur Marwick)认为史学作为一门学问是欧洲和北美的创造;英国人旦斯(E. H. Dance)认识到中国史学的传统和重证据,

---

① 杜维运:《一部逼真的学术史》,载《变动世界中的史学》,北京大学出版社2006年版,第26页。

批评中国史学没有成为像西方那样精确的史学。当然,杜维运选材并非一边倒。他也述及巴特菲尔德在浦立本(E. G. Pulleyblank)的批评下,特别是到了20世纪70年代观点有明显的变化。他还谈到当代驰名国际的史学家,例如伊格尔斯(Georg G. Iggers)、莫米吉里奥诺(Arnaldo Momigliano)、巴勒克拉夫(Geoffrey Barraclough)等人,能从世界史学角度看中国史学,其主要观点仍然是西方史学高于中国史学,不过承认中国史学与欧洲史学的源头相同,关注过去的动机也基本一致,区分历史与神话而忠实叙述往事,在西方可以追溯到希罗多德,在东方可以追溯到司马迁[1]。此书第三章"中国文化中的历史观念与史学的绵延发展"则列举赫尔德、黑格尔、J. W. 汤普森、布洛赫、卢卡斯(John Lukacs)等人对中国史学观念的贬斥,以中国史学发展的具体史实说明:"西方文化富有历史观念,固然不待争辩,但是说它是世界唯一最富有历史观念的文化,却非公允之论。中国文化数千年来历史观念之深,较之西方文化,实驾而上之。西方史学家认为中国文化不富历史观念,是一种误解,是囿于先入为主的成见。"[2]

这些均表明他熔中西史学于一炉的学术倾向。2010年,在《与西方史家论中国史学》《中国史学史》《史学方法论》的基础上,杜维运出版《中国史学与世界史学》一书。从此书看来,他最终不是要在中西史学间定出优劣,而是要吸取中西史学各自长处来解决当前史学面临的问题,即以中国史学为例,为后现代主义挑战下的史学辩护,试图为无能为力的欧美史学提供良方。他说道:"《与西方史家论中国史学》一书,是初步比较中西史学的异同优劣;《中国史学史》一书,系自原始史学资料,归纳分析,以见中国史学的世界价值;《史学方法论》一书,目的则在融合中西史

---

[1] 杜维运:《中国史学与世界史学》,第9—30页。
[2] 同上书,第52页。

学方法于一炉。三者作了本书的前驱。"①其实,这种熔中西史学于一炉的视角实质上就是中西会通的视角。

采用会通视角研究中西史学的还有汪荣祖。其《史传通说》②即为中西会通的显例。他以刘勰《文心雕龙·史传篇》为经,以相关材料为纬,分"载籍""记事记言""彰恶瘅善"等24个专题,融通中外,参验古今。例如,在"史任第二十四"中,他指出"观乎中外史乘,史之为任,盖亦因时而异。远古蒙昧,史官兼施祝巫之事";"降及近古,皇权渐张,朝廷是尚,史者之任,遂以兴亡为意,示治之鉴,冀能维护政权","顾中西史家,俱以存往迹为己任";由南北朝而下到两宋,"彼犹尚宏阔胜大之言,以劝愚俗,而我已绝妖祥祸福之应……中西异趣如此,先后优劣,岂待辩哉";元明以降,"奈史法史学,俱少长进,创意既鲜,更乏巨制,殊无欧美民族史著之盛"③。对于其主旨,汪氏在《凡例》中明言:"夫中西史学,渊源俱长而流变殊途,诚不可横施甲乙;惟宜平心索解,窥其底蕴,观赏异趣耳。至于殊语壹义,貌异心同者,并非偶然。盖文化有异,情理可通,若直笔信史,史之悬鹄,东海西海固无异词也。"④对此书之贡献,杜维运评价说:"举凡中西史学之大脉络、大关节,皆经指陈分析,而精见亦随之而出,中西史学观之异同亦现。"⑤汪荣祖《史学九章》中的《西方史家对中国传统史学的理解与误解》一文,采取的也是中西会通的视角。他认为,西方史学家对中国史学的具体批评,不外乎认为主观的褒贬有违客观,御用史官替政治服务,失之真实,编抄史书无异于剪贴簿,枯燥无味,并列举西方学者在这些问题上的具体论述。特别是他在论述中抓住西方史学家的悖论:一方面把中国史学看成史料编纂,另一方面认为是道德

---

① 杜维运:《中国史学与世界史学》,序言第2页。
② 汪荣祖:《史传通说》,联经出版社1988年出版,中华书局1989年出版简体字版。
③ 汪荣祖:《史传通说》,中华书局1989年版,第232—251页。
④ 同上书,凡例第1页。
⑤ 杜维运:《杜序》,载汪荣祖:《史传通说》,第3页。

指引。他指出中国史学界没有研究出中国史学的精华,以至于欧美史学家不能了解真切的中国史学。汪氏此话可商榷,只能说中国学界还没有机会让欧美史学家了解中国史学。

总之,台湾学界关于欧美史学的研究,1970年以前主要由从大陆赴台的从事西洋史教学与研究的学者承担,德国史学成为研究重点,他们除了梳理欧美史学发展史外,还将中西古代史学进行比较。1971年以来,出身于台湾高校的一批从事史学理论与史学史、世界史研究的学者接过前辈的接力棒,无论是研究的广度、深度,还是研究视角、成果数量,都大大超越其前辈,特别是在20世纪80年代初开始影响大陆学者,从比较、传播和交流角度研究中国史学和欧美史学。因此,它不仅是台湾地区史学界的亮丽风景,也是整个中国学者史学理论与史学史研究的奇葩。以下对张贵永的西方史学研究进行具体阐述,从中则进一步了解台湾地区中外史学交流的情况。

二、张贵永与西方史学研究

张贵永(1908—1965),字致远,浙江宁波人,无论在大陆还是居台期间,他都致力于西洋史教学与研究,涉及西洋史学理论与史学史。谈到中国人研究欧美史学的成就,不能不涉及其贡献,事实上学界已有相关论著。王尔敏的《张贵永先生及其西洋史学论述》[①]以张贵永对于近代史学界南港学派的贡献为切入点和落脚点,花大半篇幅讨论其西洋史学研究,从通论角度梳理张贵永关于西洋史学含义、方法的论述,从历史哲学角度论述他对于两元神学史观、唯物史观、实证主义历史观、唯心主义历史哲学、表现主义历史观、人文主义历史哲学的引介,从史学名家和思

---

① 王尔敏此文最初发表在《兴大历史学报》2005年第16期,后收入其《20世纪非主流史学与史家》,广西师范大学出版社2007年版,第92—125页。

潮角度讨论了其关于赫尔德①、兰克和汤因比②的论述。李孝迁的《兰克史学与中国现代史学》③《〈史学原论〉在中国的传播和影响》④《汤因比〈历史研究〉在华之传译》⑤,均涉及张贵永的西洋史学问题,保持其一贯的传播视角。

不过,对于张贵永的西方史学研究,一些地方尚待扩展或细化,例如张贵永的师承问题,他对德国史学发展线索的阐述,他对欧洲近代史学中一以贯之的历史主义的重视,他将汤因比的文化观念、西洋外交史研究通过整体的世界史并为一题所付出的心血,这些问题都值得深入讨论。

(一)治西方史学的师承:从孔云卿到梅尼克、古奇

张贵永在回忆录中提到,他在清华求学期间受三位老师影响,其中对其影响最大的是梁启超和王国维,另一位则是陈寅恪。他认为梁启超学贯中西、有启发力;王国维精于考证;陈寅恪则兼有两人之长⑥。梁、王、陈的学术影响力为学界公认,张贵永作为清华学子,不能不提及他们,事实上他们是否引导他走向研究西洋史的道路,极其值得怀疑,因为从其回忆录中看不出梁、王、陈跟他后来从事西洋史研究与教学有丝毫关联。

倒是其同窗黎东方在给张贵永《史学讲话》所作的"序"里,流露出蛛丝马迹。他说:"(张贵永)承接了孔云卿先生的衣钵,也颇为曼纳克教授

---

① 指 Johann Gottfried von Herder,曾译为"海德""海尔德""赫德",今通译为"赫尔德",张贵永或译为"赫德",或译为"赫尔德"。
② 指 Arnold Joseph Toynbee,曾译为"托因比",今通译为"汤因比",张贵永译为"陶恩培"。
③ 为李孝迁的《西方史学在中国的传播(1882—1949)》第七章,华东师范大学出版社2007年版。
④ 李孝迁:《〈史学原论〉在中国的传播和影响》,《史学集刊》2007年第3期,第62—69页。
⑤ 李孝迁:《汤因比〈历史研究〉在华之传译》,《史学理论与史学史学刊》2011年,第129—151页。
⑥ 张贵永:《我的史学研究兴趣》,《新时代》1962年第10期,第45—47页。

所喜爱。"①据其所言,张氏的师承主要是孔云卿和德国教授梅尼克②。黎东方说,1925年,张贵永入清华大学史学系,与晚他一年的黎东方同属西洋史组,受业于留德的孔云卿(繁霱)、留美的刘崇鋐(寿民)和美籍学者马隆(G. B. Malone),得以学习德国史学,瑟诺博司(Seignobos)《史学入门》以及英国史、美国史等。对于黎东方这一说法,张贵永有所印证:

> 为了想彻底了解中国衰弱的病根,并探求西洋文化的根源,就在大学第二年,选修"西洋近代史",并且花了整个寒假的时间,把德国民族史家特勒起克(Treitschke)所著的七大本《十九世纪德国史》读完,还作了一篇报告。同时,对于康德、费希特、黑格尔的著述,也浏览了不少……大学第三年,我选修了西洋古代史,对于西方的古代文化、古典精神,发生了极大的兴趣,这是一个很大的转变。在文学方面,则开始爱好歌德的作品。……德国历史学派之中,十九世纪语文考证学派,用科学方法研究历史。……兰克(Ranke),即是因此成功的第一流西洋史学家;以研究罗马碑铭石刻而奠定史学界地位,并以《罗马史》荣获诺贝尔奖金的蒙姆森(Monmsen)③,这两位十九世纪的德国史学家,则曾以历史研究所,训练学生运用科学方法研究历史,他们的弟子,甚至再传弟子,多半都在日后的史学界,崭露头角。我就在这些德国史学家的研究精神的熏染下,决心到德国去研究史学。④

---

① 黎东方:《〈史学讲话〉序》,载张贵永:《史学讲话》,台北:中国文化大学出版部1984年版,第2页。

② 指 Friedrich Meinecke,或译为"梅耐克""曼纳克",今一般译为"梅尼克",张贵永译为"迈纳克"或"曼纳克"。

③ 即 Thoedor Mommsen,今通译为"蒙森",张贵永译为"蒙姆森"。

④ 张贵永:《我的史学研究兴趣》,《新时代》1962年第10期,第45—47页。

看来，黎东方关于他和张贵永进西洋史组学习德国史学史和史学方法这一说法，是可靠的。可是，张贵永在这里仍未透露其选西洋史的原因及其以后的发展情况跟清华的哪位老师有直接关系。要弄清此问题，当然还需要继续搜寻其他证据。不过，回到黎东方那里再加考量，或许可以理出线索。

黎东方提到的孔繁霱，字云卿，山东滕州人，1894 生，卒于 1959 年。他 1917 年留学美国，1920 年毕业于格林奈尔学院（Grinnell College），两年后获芝加哥大学硕士学位，翌年赴柏林大学研究院深造，1927 年回国，受聘为清华大学史学教授，讲授西洋史。孔繁霱既在德国留学，又在清华教授西洋史，而张贵永选修西洋史，对德国史学情有独钟，且毅然留学德国，因此，他很可能受到孔繁霱的引导。情况完全可能是，在孔繁霱影响下，张贵永才服膺兰克及其后学德国伯伦汉①和法国瑟诺博司的，尽管他没有明言自己跟孔繁霱的关系。事实上，朗格诺瓦和瑟诺博司的《史学原论》是伯伦汉《史学方法论》（*Lehrbuch der Historischen Methode*）的翻版。张贵永承认，《史学讲话》"叙述史学理论及方法部分，主要依据班汉姆的《史学导论》（Ernst Bernheim, *Einleitung in die Geschichtswissenschaft*）"②。伯伦汉的《史学导论》是其《史学方法论》的改写本。张贵永的《史学讲话》中，第一篇"史学的涵义及其问题"，文中明示其关于史学方法论的普通参考书前三者分别是伯伦汉的《史学方法论》（*Lehrbuch der Historischen Methode*）、《史学导论》（*Einleitung in die Geschichtswissenschaft*）和朗格诺瓦、瑟诺博司的《史学原论》。其第三章"史学方法纲要"关于史料的论述，例如史源学问题、史料考证问题，完全来自伯恩汉和瑟诺波司。至于为何他在《我的史学研究兴趣》中没有提

---

① 指 Ernst Bernheim，旧译作"伯伦汉""朋汉姆""柏衡"等，今译为"伯恩汉"，张贵永译为"班汉姆"。
② 张贵永：《史学讲话》，台北：中国文化大学出版部 1984 年版，前言。

及孔繁霱,我们不敢妄加揣测,尚待来日深究。

据张贵永自述,1929 年从清华大学毕业后,他赴柏林大学历史研究所留学。在德国,他尽管以关于菲特烈·赫尔斯坦外交政策的论文获得博士学位,然而"对于思想史的研究兴趣,仍然很浓,例如对迈纳克三大部巨著中的两部《大同主义与民族国家》与《西洋近代史上的国家利益说》,我都加以熟读。另一部《历史主义的起源》,则是在一九三六年出版后,他寄赠给我才读到的。……在获得博士学位以后的一年间,我又从事研究兰克的生平与著作"①。

他所说的迈纳克(即梅尼克),是 20 世纪德国史学巨擘,奉兰克为精神导师,师从德罗伊森(Droysen)、李德(Moritz Ritter)、柯塞(Reinhold Koser)、狄尔泰(Dilthey)等人,从史学出发研究哲学,撰写政治史和思想史。他曾主编《史学杂志》(Historische Zeitschrift),担任帝国历史协会(Historische Reichskomission)主席,晚年主持西柏林自由大学。其主要历史著作除了上文张贵永所提到的之外,还有《从斯坦恩到俾斯麦》(Von Steinzu Bsimasck)、《世界大战问题》(Probleme des Weithtreges)、《普鲁士与德国》(Preussen und Deutschland)、《国家与人格》(Staat und Persoelichte)、《普鲁士—德国的人物与问题》(Preussische-deutsche Gestalten und Probleme)、《历史主义的危机》(Krisis des Historismus)、《历史意识与历史意义》(Vom Geschichtlichen Sinn und Vom Sinn der Geschichte)、《关于历史的箴言与素描》(Aphorismen und Skizzen zur Geschichte)等。

张贵永这样评价其导师梅尼克:"他的人格为德国思想家与一般人民所共同敬仰,不论在他生平的早年或晚期均能如此……他始终不失为德国人民,尤其一般青年学子的精神导师。"②由此可见,梅尼克在张贵

---

① 张贵永:《我的史学研究兴趣》,《新时代》1962 年第 10 期,第 45—47 页。
② 张贵永:《史学讲话》,第 210 页。

永心中地位之崇高。由于这一层关系,1965 年,张贵永受聘为西柏林自由大学客座教授,并于西柏林去世。关于他所受德国的影响,曾任西柏林自由大学文学院院长的何尔宓(H. Helbig)教授一语中的:"他的早期关于'历史主义本质'、'赫德的历史哲学'和'哥德与历史'等的著作仍然带着在德国留学时所接受的思想色彩。"①张其昀甚至说:"他是曼纳克的嫡传。"②这正好印证了黎东方的观点。

张贵永在西洋所受的影响还有一项未被世人注意而为他自己言明。他在回忆录中说,1932 年暑假他访问伦敦档案馆,并在伦敦大学从事历史研究,曾拜会古奇(G. P. Gooch,1873—1968)。他所说的古奇擅长英国史、欧洲外交史,尤用心于 19 世纪史学与史学家研究,曾主编 11 卷《关于第一次世界大战起源的英国档案》(*British Documents on the Origins of the War*),著有《剑桥英国对外政策史》(*The Cambridge History of British Foreign Policy*),先后编辑或主编《现代评论》(*The Contemporary Review*)达 50 年之久,所著《十九世纪的历史学与历史学家》(*History and Historians in the Nineteenth Century*)蜚声国际,为中国学界所熟知。张贵永回国后一直与他保持联系。古奇除了编辑史料外,还做外交史、史学史研究,张贵永与他极为相似,而且与张贵永在德国的导师梅尼克既做近代外交史的同时又注重思想史如出一辙。1947 年,张贵永一度赴英国讲学,受聘为伦敦大学历史学研究所与皇家国际关系研究所客座研究员,这完全得益于此前的伦敦大学之缘。

无论在"中央大学"还是台湾大学、台湾师范大学,张贵永都研究和讲授西洋史。此外,据王尔敏追忆,在"中央研究院"近代史研究所期间,张贵永给青年同仁开出的讲座有:"西洋外交史""陶恩培的政治史学经

---

① 何尔宓(H. Helbig):《悼张贵永教授哀词》,载《张致远文集》,新亚出版社 1968 年版,第 514 页。
② 张其昀:《〈张致远文集〉代序》,载《张致远文集》,第 1 页。

验""赫尔德的历史观""俄国对东方的外交政策""俄国对远东、中东的侵略政策""研究近代史应注意的问题""曼纳克(Friedrich Meinecke)及其思想史的研究"①。可见,张贵永在近代史研究所的讲座也多为西洋史学、西洋外交或者西洋现代史等。这完全得益于他在清华大学、柏林大学、伦敦大学研习所奠定的基础。

至于其著述,除主编《中美关系史料:嘉庆、道光、咸丰朝》和《教务教案档》外,他自认还有《西洋通史》《史学讲话》,以及关于德国和西洋史学史、外交史等专文几十篇②。其中,《西洋通史》是根据赫伯特·费歇尔(Herbert A. L. Fisher,1865—1940)《欧洲史》(*A History of Europe*)编译而成,作为其在台湾讲授世界史的教科书。《史学讲话》是其自编文集,所收为史学理论与方法、西洋史学方面的论文12篇。他所说的几十篇论文,除部分收入上述《史学讲话》外,还有部分收入《张致远文集》。后者是他去世之后,台湾"国防研究院"和中华大典编印会共同编成,所收除西洋史学史外,还有其外交史研究方面的论文,特别是用西文写成的文章,分汉文论文20篇、汉文讲稿5种、西文论文5篇,不过其西洋史学部分多与《史学讲话》相重。

其实他还著有《詹森与中美关系》。他研读《美国外交关系》(*Foreign Relations of the United States*)中有关中美关系的文件、詹森③大使个人信札及其向各类机构做的报告,对民国初期之中美交涉加以分析与探讨。据其书"前言",当在1963年完成,而据王云五《编印人人文库序》,应在20世纪70年代由台湾商务印书馆出版。

他尚有一些文章散见在其他各处,为上述文集所未收。

---

① 王尔敏:《20世纪非主流史学与史家》,第121页。
② 张贵永:《我的史学研究兴趣》,《新时代》1962年第10期,第45—47页。
③ 詹森(Nelson Trusler Johnson, 1887—1954),1929—1935年任美国驻华全权公使,1935—1941年任驻华大使。

德国史方面有《瓦解与复兴:德国民族解放战争所给我们的教训》(《新民族》1938 年第 1 卷第 3 期)、《战后德国的命运》(《华声》1944 年第 1 卷第 5—6 期)、《德国与欧洲和平的再造》(《客观》1945 年第 14 期)、《德国的再统一与柏林问题》(《新时代》1961 年第 7 期)。

匈牙利史方面有《一世纪前的匈牙利革命运动》(刊于"中央"日报》1956 年 11 月 13 日第 6 版《学人》第 7 期)。

西洋史学方面有《评"历史学主义的起源"》(发表在《中德学志》1940 年第 2 卷第 4 期,同篇文章又题为《历史主义的起源》,载于《图书月刊》1941 年第 1 卷第 1 期)、《历史主义的前驱》(刊登于《中德学志》1941 年第 3 卷第 1 期)、《历史主义的先锋》(发布在《时事新报》的副刊《学灯》1941 年 3 月 3 日第 121 期)、《启蒙运动的历史思想》(载于《学灯》1941 年 3 月 10 日第 122 期)、《莫赛与赫德的历史观》(发表在《中德学志》1941 年第 3 卷第 4 期)、《陶恩培的历史研究》[(上)刊于"中央"日报》1956 年 10 月 9 日第 6 版《学人》第 2 期,(下)刊于"中央"日报》1956 年 10 月 16 日第 6 版《学人》第 3 期]、《赫德的历史观》(刊于"中央"日报》1956 年 11 月 27 日第 6 版《学人》第 9 期)、《历史是追求真理的学问》(登载于"中央"日报》1956 年 8 月 5 日第 8 版)、《歌德与历史》(连载于"中央"日报》1957 年 2 月 5 日、2 月 12 日的第 6 版《学人》第 19、20 期)。

自述性文章有《出席亚洲史学会议的经过和感想》(发表在《新时代》1961 年第 1 期)、《我的史学研究兴趣》(登载于《新时代》1962 年第 10 期)、《第二届亚洲历史学家会议报告》(刊登于《新时代》1962 年第 11 期)。

译著有 Hermann Oncken 著《印度的安全》(发表在《中德学志》1940 年第 2 卷第 1 期)、Karl Brandi 著《中古史与近世史》(载于北平中德学会《五十年的德国学术》第二册)。

这里撇开其研究西洋历史不论,而探讨他关于欧美史学的研究,具体分述如下。

(二)阐释一般性史学理论:含义、对象、范围与方法

张贵永所讨论的史学理论,主要是史学含义、对象、范围和方法等一般性史学问题,似乎与西洋史学无关,实际上恰恰相反,其理论的提出都是对西洋史学史梳理、分析和总结的结果。

历史学的含义。张贵永有明确的历史学定义,他说:"史学是以心理的与外界的因果关系,根据当时的共同价值观念,来研究与叙述人类团体活动在时空中的演进事实的学问。"①

对于此定义,他强调这样几层意义:求知是史学的主要目的;历史因果分析既有心理的又有外界的;史学不仅要关注普遍的,并且关注特殊的;历史研究是指向群体的,而不仅限于个人;历史研究的时间和空间观念都是必需的。这些是他在定义之后特别强调的。其实,张贵永的定义中还有一点,那就是历史学代表着一个时期共同的价值观念。每一个时期都有其特定的价值观念,这种价值观念一定会反映在历史学中,因此,界定历史学不可忽视价值观念②。

他的这一定义是建立在研究西方史学观念发展基础上的。第一,通过考察"历史"的词源,得出"历史"字义指事实经过或研究事实经过的学问。他指出,希腊文 historie 的原始意义为研究或者已研究了的知识,具备今天"历史"的含义。他还指出,德文 geschichte 有"经过"和"研究经过"的意思③。这样,张贵永概括出"历史"的上述含义。第二,通过总结西洋近代以前史学发展史,得出结论:历史学经历了只注意纯粹历史记载、就时空中的历史进行叙述,到追求实用、关注获取历史教训,再到追求学术性即明了事实的因果及其相互关系,直至走向成熟。从古代到

---

① 张贵永:《史学讲话》,第20页。
② 同上书,第21—24页。
③ 同上书,第1页。

18世纪,西方史学的发展表明历史学是依据事实,赋予价值观念的认识历史的学术。第三,通过梳理19世纪以来历史哲学的发展,认识到历史学与哲学结合是必然趋势,因此历史学家在选择材料时必须有价值观念的存在,历史学与哲学互为辅助。在张贵永此论前提下,可推论出历史学同时关注历史的普遍性与特殊性,而哲学则是价值观念的抽象,因此历史学必有价值观①。

张贵永提出的因果观念、人类团体观念、时空事实的观念,与当时一般实证主义史学家有共通性,但是其共同价值的观念又使自己与他们区分开来。

历史学的对象、范围。一般实证主义者认为,人类社会的一切都是历史研究的对象,张贵永则有所保留。他区分理论与实践层面的研究对象,认为"在理论上,我们学问包括人类各方面,各种社会的与团体的活动,所以文学、艺术、经济学等都可属于历史的智识范围",但是实际上"研究范围多大,研究的那一方面,须看本人的实际兴趣,及所具有的专门训练与能力而定",做断代史或者专门史②。可见他与一般的实证主义史学家同中有异。需进一步确定的是,历史学与其他学科的界限在哪里。张贵永开宗明义:"历史属于精神科学,与自然科学不仅材料不同,方法亦不同。……对于历史的真实内容、特殊的事实,与演变的情形,都不能应用普遍定义与普遍定律。……不能像唯物主义与实证主义说的可以直接当作自然科学。"③类似的观点,他还表述为:"以历史为科学,那真是荒谬绝伦。这好像强迫使用自然定律,限制历史研究,自然定律所不能解释的,就认为不是学术了。"④另外,他在《历史是追求真理的学

---

① 张贵永:《史学讲话》,第8—17页。
② 同上书,第34—37页。
③ 同上书,第26页。
④ 同上书,第22页。

问》中,从艺术与科学的双重意义上谈论历史学,认识到"科学的理智和艺术的情感往往在历史著作里不能融洽无间。史家的文体愈动人,接近真理的兴趣也就愈减损……另一方面精心钻研的史家,尤其是终身以考据为专业的学者就不免枯燥乏味"①。文章结尾得出这样的结论,那就是追求真理还是由科学主义史学来承担。这似乎表明其结论有摇摆,兴许是他在那个科学主义盛行时代的无奈。无论如何,总体上,其观点与包括实证主义史学在内的科学主义史学主张完全不同,其学术意义非常重大,正像王尔敏所言:"在50年代,科学主义(scientism)盛行之际,多数史家倾心于科学治史,并有人在同时代声言将史学提升到自然科学地位。在此流风之下,张氏这样申言,自是启聩发聋,实如朝阳鸣凤,在中国学界有先见,正代表一个引路明灯。"②可是,他主张历史学使用多种辅助学科例如人文地理学、人种学、民族学、心理学、语言文字学、印章学、钱币学、系谱学、年代学等,又与实证主义史学主张完全一致;在历史学的对象、范围这个问题上,同样表现得与一般科学主义史学家同异互见。

历史学的价值。关于这个问题,张贵永至少在两处明确表达过意见。在《史学的涵义及其问题》中,他说历史学的价值可分三种情况:第一,在普遍演进史观中,历史教人根据普遍的演进关系,去观察个人或社会团体活动,明了人类全体和个人与国家间的关系;第二,历史学与实际的审美旨趣有联系;第三,历史学是其他各种学问的辅助手段③。另外,在《历史学的教育价值》一文中,他又说:"历史主要的价值与目的,还是教育大众。……把史家最好的研究工作与最进步的思想,传授给大众,

---

① 张致远:《历史是追求真理的学问》,《"中央"日报》1956年8月5日第八版。
② 王尔敏:《20世纪非主流史学与史家》,广西师范大学出版社2007年版,第97页。
③ 张贵永:《史学讲话》,第25页。

确是第一要义。"具体说来,他认为,"历史是人文教育的基础"①,此外,它的价值在于可以满足人们关于过去的好奇心,还可以"对现在所能给予的资鉴"②。这些主张,跟20世纪其他史学家尤其是实证主义史学家并无二致,至少20世纪初美国、日本和中国的新史学家都持这样的观点。

  历史学的方法。在《史学方法纲要》中,张贵永是这样定义史学方法的:"史学方法就是把材料变做智识的工具与途径。"③它包括史源学(即史料研究)、考证、解释、组织(即历史的综合研究)、写作(即著述)各环节。史源就是原始材料,主要有三种,即直接观察得到的,靠口述、书写和图画等方式报告下来的,和事实经过的遗迹④。而考证就是要"断定史料的实际情形及其记载的内容"⑤。通过外证确定史料本身是否可靠,通过内证确定所记载的事实可靠程度,采取各种办法鉴别伪造与错误。解释,按照张贵永的说法,就是"史料内容的诠释,有狭义的(训诂)与广义的(推理)应用方法"⑥。组织,张贵永也视为历史的综合研究,就是"必须从全体发展的关系来解释"⑦。写作或者著述,他以为是"把研究的结果明晰地表达出来……就是始终得保持学术的立场,简洁流畅,而能无损于考证与综合研究的历史真相"⑧。当然,具体到每一个问题他都有详细的论列,这里不再赘述。就历史学方法而言,实在说来,尽管张贵永谈得很系统,然几无创见,因为他几乎全部照搬了伯恩汉的《史学导论》。

---

① 张贵永:《史学讲话》,第252页。
② 同上书,第257页。
③ 同上书,第39页。
④ 同上书,第41页。
⑤ 同上书,第58页。
⑥ 同上书,第66页。
⑦ 同上书,第67页。
⑧ 同上书,第73—74页。

(三) 一以贯之的历史主义:从先驱到梅尼克

张贵永重视思想史研究,关注西洋近代史学发展史,这样历史主义就成为他不能不涉及的主题,特别是他受梅尼克影响,十分关注历史主义,梳理了它从起源到当代的演变历程。他关于历史主义的论述,从评论梅尼克的《历史主义的起源》开始,又以讨论梅尼克的学术思想而结束。

其《评"历史学主义的起源"》,上文已述及,可析为三部分:第一部分记述梅尼克学术生涯、地位及晚年内心冲突和《历史主义的起源》的写作;第二部分追述历史主义(historismus)词源,梳理词义演变,界定历史主义的核心因素为"个性"和"演进"[①];第三部分指出《历史主义的起源》的方法既以问题为中心组织材料,又不失变生动的历史为空论,概述其内容:梅尼克以莫塞(Möser)、赫尔德和歌德(Goethe)为个案和落脚点,并作为背景叙述英法启蒙运动史家、先期浪漫主义的激荡、天赋人权思想、基督教及其革新、自然科学等,涉及的史学家、思想家有沙夫茨伯里(Shaftsbury)、莱布尼茨、阿诺尔多(Gottfried Arnold)、维柯、伏尔泰、孟德斯鸠、杜尔阁、孔多塞、卢梭、休谟、吉本、弗格森、博克尔、莱辛和温克尔曼等。张贵永此文虽名为评论,但实际上只是简介。

此外,他论述了历史主义的先驱。这以发表在《中德学志》1941年第3卷第1期《历史主义的前驱》最为集中。另一篇发表在《学灯》1941年3月3日第121期的《历史主义的先锋》,前半部分为《评"历史学主义的起源"》的第二部分,其后半部分与《历史主义的前驱》多有文字出入,

---

① 张贵永这一部分文字,稍做变化又出现在发表于《学灯》1941年3月3日第121期的《历史主义的前阶段(一):历史主义的先锋》一文的前半部分。《历史主义的先锋》的"编辑后语"说得很清楚:"德国学者曼纳克在他的名著《历史主义的起源》里面分析历史主义这精神思潮的前因后果,最为精到。""张贵永教授将这书的重要思想介绍于中国学术界,兹先发表《历史主义的前阶段》两章。"其中所谓"两章",是指《历史主义的先锋》和《学灯》1941年3月10日第122期上登载的《启蒙运动的历史思想》一文。

但是主旨、材料和句式均同,故其差异不足为论。他以为,笛卡尔和洛克的思想促成历史主义先驱的产生。历史主义先驱主要有莱布尼兹、沙夫茨伯里、维柯和阿诺尔多。莱布尼兹的《人类悟性新论》承认多元及其和谐统一,并与延续律相连接,这种观念下的宇宙是有生气的世界景象,打破了世界的数学公式,回归新柏拉图主义,莱布尼兹这种个性观念的意义在于,"无论对于德国的启蒙运动以及日后的唯心主义与历史主义,他都是擎起炬火的先锋"①。沙夫茨伯里也是一位新柏拉图主义者,其思想核心是精神形式与力量联合创造生命形态,"最先承认个性原则"②。维柯则一方面肯定人创造和认知历史,把任何历史上的制度都看成人的全部有计划的工作,另一方面肯定历史的演进,具备后来德国历史主义的两个因素。阿诺尔多把世界观和历史观当作"心灵的天赋权力","在历史学家中间确是第一位把人的心灵放到历史生命的中心点去。……这又是历史主义的培养土壤"③。张贵永的这些意见甚为中肯,但稍嫌简单,缺乏具体分析,例如,他说笛卡尔促进了历史主义先驱的产生,可是未做具体交代。

他论述了启蒙思想中的历史主义的意义。这最早见于其发表在《学灯》1941 年 3 月 10 日第 122 期上的《启蒙运动的历史思想》一文。问题是,这篇文章结尾注明"未完",事实是,他确实比较充分地论述了伏尔泰、孟德斯鸠的思想对于历史主义的意义,可是在提到休谟、吉本和鲁滨逊之后才刚刚开始对休谟的论述,文章就戛然而止,显然文章并没有囊括启蒙运动的主要学者。关于伏尔泰,张贵永认为,对新的现世生活的愉快感觉、自然主义、其社会伦理思想,使得伏尔泰提出历史学的价值是为了启蒙人类,在历史里证明启蒙思想就是伏尔泰进行历史

---

① 张贵永:《历史主义的前驱》,《中德学志》1941 年第 3 卷第 1 期,第 57 页。
② 张贵永:《历史主义的前驱》,台北:中国文化大学出版部 1984 年版,第 56 页。
③ 同上书,第 58 页。

著述的动机,他把历史批判主权丝毫不拘习俗地自由运用,其历史写作免不了戏剧家的作风,描写铺叙富有色彩,这些为历史思想争得了独立自主的地位,特别是他在历史著述中注重时代精神和国家利益,这一点为兰克所坚持。关于孟德斯鸠,张贵永认为孟德斯鸠揭橥民族精神,主张根据各国特殊实质利益和条件来洞察一国法律,是其法权思想个性化的体现;孟德斯鸠集启蒙运动中自然主义和理想主义之大成,既看到人类事务复杂变化性及其缘由,又希望用理性去控制它,特别是,"他对于罗马历史命运的观点简直就是政治的相对主义,而为日后历史主义的开路先锋"[①]。关于其他法国学者,张贵永简单提到杜尔阁、孔多塞影响了赫尔德和歌德的演进思想,卢梭的违反习俗、坚持个性、以自然为归宿,但是在历史世界中没有找到类似的路数,因此他所唤醒的历史主义个性观念,仍拘束在正统的天赋人权的精神里。关于休谟,张贵永认为休谟缩小了天赋人权的范围,分辨真理与谬误,并以情感和兴趣来考验,这就是休谟的怀疑态度,特别是他反对因果律的必然性,主张事物之间在习惯的蜕变、前后承变中发生关系,这与日后的历史主义有着关联。张贵永对这些学者的思想与历史主义之间的关联条分缕析,使之明晰。

他论述了英国早期浪漫主义与历史主义的关联。在《从英国先期浪漫主义到赫尔德的历史思想》一文中,张贵永特别提到莎士比亚促使了格雷(Thomas Gray)、华尔坡尔(Horace Walpole)对中世纪哥特式艺术的兴趣,还提到司各脱的历史小说、白勒克韦尔(Blackwell)的《荷马史诗》研究、罗斯(Robert Lowth)的《圣经》中的希伯来圣诗研究、伍德(Robert Wood)的《荷马史诗》研究、胡尔特(Hurd)关于骑士精神与故事的信,都影响了赫尔德、歌德的历史主义,他说:"这些新的深入情感与富

---

① 张贵永:《启蒙运动的历史思想》,《时事新报》1941 年 3 月 10 日,第 122 期《学灯》。

于幻想的创作,诗和艺术具有引入历史主义的思想情绪。"①就历史学而言,张贵永以为弗格森和博克尔对于历史主义的贡献最为突出。弗格森的主题是国家观念在历史上的意义,这对于历史主义至关重要,而博克尔把审美艺术的观点引入历史研究,热爱现世并虔信,这些在德国分别由莫塞和歌德来实现。尤其是对于兰克,"谢夫次柏里与歌德的思想都导源于新柏拉图主义所孕育的世界观,蒲尔克则由于积极的基督教的宗教精神,赫尔德的现世信仰的历史思想,同时由于基督教与新柏拉图主义的源泉产生。这两种源泉在兰克精神修养的过程上密结不离地相互影响"②。这里与他论述历史主义先驱一样,颇为简单。

他论述了莫塞、赫尔德、歌德等人与历史主义的起源。《从英国先期浪漫主义到赫尔德的历史思想》一文,把德国精神运动中的学者分为两类,一类以莱辛、温克尔曼、席勒、康德为代表,他们不是典型的思考历史的人,但却对历史思想做出了贡献;另一类以莫塞、赫尔德、歌德为代表,直接代表历史思想的成就。第一类学者,特别是莱辛和温克尔曼,虽然有着倾向于固定理想的思想方式,但是关注创作动机和历史个性秘密,这样就启发了历史主义。不过,张贵永讨论的重点不是他们而是第二类学者。

对于第二类三人的讨论,除了《从英国先期浪漫主义到赫尔德的历史思想》外,还有发表在《中德学志》1941年第3卷第4期的《莫赛与赫德的历史观》和发表在《国立中央大学文史哲季刊》1945年第3卷第1期的《歌德与近代历史思想的起源》。《从英国先期浪漫主义到赫尔德的历史思想》一文论述了莫塞、赫尔德、歌德以来学者的历史思想,与《莫赛与赫德的历史观》大同小异,而完整性不如后者。他的《赫德的历史观》《歌德与历史》,与上述文章内容大同小异。

关于莫塞(Justus Möser),张贵永指出,其《奥斯拿柏路克史》研究的

---

① 《张致远文集》,新亚出版社1968年,第22页。
② 同上书,第23—24页。

是人民政治机体,是一部真实的国家与民族的历史;莫塞有意识地抛却启蒙史学乃至启蒙运动,所关心的不是普遍的、抽象的各时代人而是历史形成的人,能清楚地叙述利益与思想的关系;他放弃过去的史学分期方法,代之以事实内部的联系,充分表现出历史个性;在莫塞身上已经看到历史主义的所有萌芽,这些正是兰克及其后学所遵循的原则。关于赫尔德,张贵永认为,启蒙运动、敬神主义和新柏拉图主义交互影响赫尔德,赫尔德要写出一部人类心灵的历史,以同情、感应去发现历史上的心灵生活,这就决定了其历史思想是个性和演进相结合,把民族时代的个性归结于个别观察的历史全过程,其思想意义在于:"发生了四大直接影响,那就是浪漫主义,斯拉夫大民族精神,人与自然的研究,最后还有歌德的创造。"① 关于歌德,张贵永认为,在歌德看来,历史根本上是自然,而自然则是非理性、有力量的一切创造的根源;他不仅把莫塞与赫尔德新的历史见解大规模运用,并且有意识地当作方法上的基础而用于万物;歌德认为一切生命须在其原始形式与变态中完成,历史亦得根据这一定律;歌德的这些观点被引入对民族与时代的认识;他打破世界史目的论,对兰克的世界史观念的形成产生了影响。这些就是歌德的历史主义。最后,张贵永这样评价歌德:"他对我们永远是向高处的领导者。"② 张贵永对这三位学者的分析颇为细致,不过他对德国学者的分类值得商榷,因为严格说来,他提到的那七位学者除了莫塞和温克尔曼,其余都不是纯粹的历史学者,因而其论述的开场就显得多余。

他论述了兰克、梅尼克等人史学中的历史主义倾向。这方面的文章有:发表在《自由中国》1952年12月16日第7卷第12期上的《兰克的生平与著作》,和载于《思想与时代》1965年1月24日第126期上的《曼纳克及其思想史研究》。

---

① 张贵永:《莫塞与赫德的历史观》,《中德学志》1941年第4期,第565页。
② 张贵永:《史学讲话》,第142页。

张贵永指出，兰克在历史研究过程中，从方法与史料的进步，从历史认识的进展出发，以真挚与深刻的同情心去认识他所亲身经历的德国历史阶段，并进而影响他对于德国以往历史的认识，其作为学者的生命总与民族生命交织在一起。张贵永认为，兰克这些历史主义倾向，同其路德教信仰、民族复兴情绪紧密相关，正是这两种情结与历史关联，才促使其坚持历史认识自主性，即坚持从个别研究达到对于事实的普遍见解，从而形成对全部关系的客观认识。张贵永对兰克评价至高："从他各方面的成就来看，真是已经到达了登峰造极的境地。从西洋全部思想史与所有精神观念出发来衡量，亦有其不朽的价值。"① 关于梅尼克，张贵永以为，梅尼克最能体验时世，有深刻感想，与现代机械式的生活格格不入，能以真挚的热情参加政治辩论，同时又富于学术态度与高尚旨趣，以最精细的分析眼光研究普遍精神趋势与历史人物的心理动机，兼具民族与世界的历史观点，且有擅长写作的艺术天赋。张贵永评论说："他从精神内心出发坚持道德与思想的个性发展，猛烈反对权力与独裁；他曾以大无畏的精神努力挽救德国民族的命运及其文化使命，历年为德国人们的自由精神奋斗，他对于德国命运遭遇的自我批判和他的'先天下之忧而忧'的态度赢得举世人民的尊敬。"② 张贵永在文中并未明说兰克和梅尼克的这些思想倾向是历史主义的，但是他在论述他们之前的历史主义先驱或开拓者时，处处与兰克相联系，这样就可以认定他认为兰克思想就是历史主义的，自然与兰克有着共同倾向的梅尼克的思想也是历史主义的。

他对莫塞、赫尔德、歌德等人历史主义思想的论述，重视其学术渊源及其相互差异，反映出他对于研究对象的熟稔。不过，从其论著来看，他显然把歌德的学术活动作为历史主义产生的标志，这样，歌德之前的相

---

① 张贵永：《史学讲话》，第156页。
② 同上书，第223页。

关学者都可以称为历史主义的先驱,可是张贵永又明确把先驱特指为莱布尼茨、沙夫茨伯里、维柯和阿诺尔多等人,这样处理着实让人费解,也许是其研究周期过长造成的。另外,其论著尤其是在大陆期间发表的文章,不少地方照搬了梅尼克的著作,限于篇幅,这里不再详细举例说明。

必须特别指出的是,张贵永梳理历史主义的起源与发展,自然显露出其在欧洲近代史学史论述方面画出的第一条主线——时间维度上一以贯之的历史主义产生发展史;同时清理出德国近200年的史学发展简史,这显示出其欧洲史学研究的第二条主线,无疑对于中国人今后进一步研究德国史学尤其具有学术价值。

(四)世界文化视野:汤因比的史学与西洋外交史学

张贵永研究的课题,与西洋史学相关的还有汤因比的史学观念与实践、西洋外交史研究的回顾等。

张贵永关于汤因比的论著有《文化的起源——介绍陶恩培(按:即汤因比)的历史研究》一文,这是1951年7月19日在联合国中国同志会第22次座谈会"世界文化的前途"上的讲话,作为会议纪要一部分原载《大陆杂志》1951年7月31日第3卷第2期,1968年出版的《张致远文集》收录此文,改名为《世界文化的前途——介绍陶恩培的历史研究》。另外,根据1984年修订版《史学讲话》扉页上的介绍,张贵永自编的《史学讲话》初版于1952年,到1984年之前再版两次,均收录了此文,名为《陶恩培论文化的起源》。

另有《史家的灵感——兼论陶恩培的治学经验》一文,原载《自由中国》1956年12月1日第15卷第11期,后收入1968年出版的《张致远文集》与1984年版本的《史学讲话》。

《陶恩培〈历史研究〉的第十二本》原载《新时代》1961年9月15日第1卷第9期,后收入1968年出版的《张致远文集》。

还有一篇评介《历史研究》的第七、八、九、十册的文章,王尔敏在《20世纪非主流史学与史家》中提到,张贵永在台湾《"中央"日报》"学人"专栏撰文评价陶恩培(汤因比)的《历史研究》第七、八、九、十本,对汤因比在第二次世界大战后的新著连续加以评介,王尔敏承认他并未亲见。如果王尔敏没有亲见,那么他的说法可能来自张贵永自己的交代。张贵永说,在写《陶恩培〈历史研究〉的第十二本》之前,已写过三篇关于汤因比和他的《历史研究》的文章,第一篇就是《文化的起源——介绍陶恩培的历史研究》,第三篇是《史家的灵感——兼论陶恩培的治学经验》,而"第二篇刊登在《'中央'日报》的《学人》(见《学人》文史丛刊第二辑)。那是评介《历史研究》的第七、八、九、十册"①。可是,张贵永并未披露题名。经查证,这篇文章题为《陶恩培的历史研究》,分(上)(下)两部分分别刊于"中央"日报》1956年10月9日第6版《学人》第2期和10月16日第6版《学人》第3期。

张贵永对于汤因比的关注,主要表现在如下几方面:

第一,《历史研究》全书的基本情况。关于《历史研究》第一至第六卷的介绍,是在《文化的起源——介绍陶恩培的历史研究》中完成的;第七至第十卷的介绍见于连载在《学人》上的《陶恩培的历史研究》;第十卷中汤因比关于其治学经验的介绍,反映在《史家的灵感——兼论陶恩培的治学经验》一文中;介绍最后一卷即第十二卷的则为《陶恩培〈历史研究〉的第十二本》。顺便指出,因《历史研究》第十一卷为图集,他未做专门介绍。这些文章涉及《历史研究》除第十一卷外的各卷主要内容,以及汤因比的著作动机、研究过程和思想体系等。例如,在《陶恩培〈历史研究〉的第十二本》一文中,张贵永指出,从1921年汤因比计划写《历史研究》到1961年,40年间世事沧桑,他人史著层出不穷,世人对其毁誉参半,汤因比要重新思考,吸纳新论,这就是汤因比写《历史研究》第十二卷的动机。至于汤因比的著作内容和思想体系,张贵永认为,汤因比依旧相信人类社会的相互关系只能由分析、比较与分类研究求其真理;汤因比大

---

① 《张致远文集》,第365页。

体上没有改变自己的结论,但是个别处有所变化,他改变了过去以希腊或中国为模式概括一切文化的做法,采用希腊—中国混合模式以说明其他文化发展的差异。对于张贵永的这些介绍,他自评道:"对于《历史研究》的重要内容。著作的思想体系,他的著书的动机,以及研究的经过已介绍了一个大概。"①其自我评价是谦逊的。

第二,汤因比作为历史学家的灵感。汤因比在《历史研究》第十卷第十三章中叙述了自己的治学经过和体会。张贵永据此提出汤因比作为历史学家的灵感问题,并展开论述。人们为什么要研究历史?历史研究有什么意义?这是史学家无法回避的问题。张贵永以为,汤因比响应神的召唤,把研究历史定为自己的人生目标,汤因比相信历史学是神的启示,历史学家的颖悟同数学家、物理学家、诗人、先知一样有其特殊角度,这种信念使他几十年持之以恒地研究历史。张贵永从汤因比的治学生涯中总结出,历史事实的吸引,具体说来是汤因比出生后的60年来,殷商文化、印度文化、赫梯文化和米诺斯文化的发现,激发了汤因比的好奇心;历史事实关系包括事实间的相互关系、事实内部关系,具有神秘感,激起了汤因比的研究冲动;类似的事实会使人产生类似的感觉,表现为想象、抒情等,历史学的这种史诗性、叙事性、戏剧性,对汤因比富有吸引力;探讨历史事实背后的意义是神的启示,也是与神契合的一种努力,是历史研究的最高意义,正符合汤因比的心境。这些都出于对造物主心灵的接近,也正是这些吸引着汤因比不懈地探求历史。

第三,汤因比论人类文化的起源。在《文化的起源——介绍陶恩培的历史研究》中,张贵永分析了汤因比走向文化研究的合理性。19世纪西方主流史学家例如蒙森等人钻进象牙塔,做得专精,但是忽略了人类文化的精神,只能由直觉、综合研究来弥补。而且,这些专门研究往往只见树木不见森林,被一些零星材料所吸引,不去注意具有更大意义的

---

① 《张致远文集》,第365页。

历史事物。特别是近代史学中民族主义的勃兴,政治色彩浓厚,评价历史的价值出现偏差,事实上世界历史中出现了许多不同类型的文化,这愈发显出民族主义的偏颇。张贵永认为,这些正是汤因比的著述可以纠偏的地方。他看到汤因比的学术倾向,即不赞同学术界自然环境决定论的一般观点,试图从挑战和应战角度诠释文化起源。在汤因比看来,艰难贫困的地区、新土地对于历史发展能够产生刺激,这是自然环境的因素,但是人为环境例如外来压力和内部逼迫,也是刺激文化起源的重要因素;环境刺激不能过于残酷,应存中庸之道,当在残酷与不残酷之间。张贵永确实抓住了汤因比论文化起源的某些要点,不过还是初步的。

张贵永还对欧美学术界外交史的研究进行了回顾与展望。张贵永是研究西洋近代史的,西洋外交史是其中重要的内容,而关注欧美学术界的相关研究成果则是治西洋外交史的题中之义。他的这方面论述突出表现在《西洋外交史研究》中。

他十分强调外交史研究,把它看成克服民族偏见、撰写真正世界史的途径,以为兰克的《日耳曼与罗曼各族的历史》、剑桥大学约翰·西莱(John Seeley)的《英国的扩张》,都是把外交事务看成重于国内事务的样板。他重视外交与民主问题,这使他注意到庞沙毕勋爵(Lord Ponsoby)的《民主与外交》一书,以及杨格爵士(Sir George Young)的《外交史》和波莱士勋爵(Lord Bryce)《国际关系》中的相关论述。他据西洋外交史学发展的情况,提出研究外交史中必须注意的问题:第一,有利于外交史研究的教学条件。在这方面,张贵永指出法国巴黎政治学院造就索莱尔(Albert Sorel)及其《欧洲与法国革命》,而英国皇家国际关系研究所成为专家研究的中心。第二,做好研究外交史的准备工作。阅读《剑桥近代史》以了解世界大势,阅读各国政治家生平,进而研究历史专著,注意各国使节言行。第三,深入研究官方档案,熟悉外交案件情况。第四,熟悉各种观点,留意政治家自白。

大体说来，关于西洋学界的外交史研究，他还停留在介绍层面，比较肤浅和零散，倒是他提出的几条关于如何做西洋外交史研究的认识，颇具心得，可是已经离西方史学史稍远了。不过，其为历史研究而做的学术史梳理，同样具有史学史的意义。

需要说明的是，从他所写美、英、俄、德等国外交史，以及他所提出的研究西洋外交史的心得来看，他显然强调国际之间的相互影响，关心第二次世界大战后国际秩序的重建特别是人类文明的出路，这一追求恰好与他所关注的汤因比的学术旨趣相类似。因此可以说，汤因比的文化观念与张贵永的西洋外交史研究理念，都视世界为一整体，并关心人类文化发展的前景。可以说，汤因比与梅尼克的史学思想，成为张贵永思考第二次世界大战后人类前途的两个出发点。

（五）张贵永关于欧美史学的研究的学术意义

张贵永的欧美史学研究，今天看来，无论对于台湾史学风气转变，还是对于大陆的欧美史学研究，都具有重要的学术意义。

1949年后，台湾史学界以傅斯年为旗手的史料搜求派占据主导地位。傅斯年以史语所所长、台湾大学校长的有利位置，网罗一批学者，例如甲骨文专家董作宾、考古学家李济、秦汉史专家劳榦、元史专家姚从吾、西洋史专家沈刚伯等，这些学者奉行"史学便是史料学"的理念，从事史料搜集、考订和整理的工作。然而，时至20世纪60年代，台湾学界难以扩充史料，史料搜求受到很大限制，而且欧美史学从科学史学转向对主体阐释的重视，从而影响了台湾史学风气的转变。1962年许倬云留美归来，与胡佛、李亦园等在1963年创办《思与言》，倡导解释学派的方法。殷海光则于1964年出版《思想与方法》，主张使用社会科学方法研究历史，也公开同史料搜求派唱起对台戏。特别是1967年许倬云担任台湾大学历史学系主任，受史料学派排挤的钱穆从香港移居台湾，标志着台湾史学风气的转变。总之，史料学派的主导地位在20世纪60年代中期开始动摇，对此，有学者指出，"20世纪50年代以来，台湾地区史学的主流原本一直掌控在史料考证派手中。但自60年代起,这种局面逐渐难以维持"①。张贵永通过研究西方史学理论与史学史,认为成熟的历史学应不仅要关注历史的普遍性,并且要关注其特殊性,它离不开哲学,而哲学则是价值观念的抽象,因此历史学必有价值观。他关注汤因比的历史哲学和史家的情怀,主张历史学应运用多种辅助学科例如人文地理学、人种学、民族学、心理学、语言文字学、印章学、钱币学、系谱学、年代学等。有趣的是,1965年他去世后,这些观点盛行起来。

此外,张贵永的欧美史学研究还是中国人研究欧美史学的卓越范例。早在20世纪60年代初,耿淡如就提出,史学史不是历史家的传记集和目录学,应反映历史学家、历史学派在思想领域的斗争;史学史应和历史哲学史或社会思想史有区别;史学史应包括历史编纂与历史研究两者在内;史学史应结合其他相关科学来研究;史学史应总结过去史学成绩;史学史应以研究历史的同一方法来研究等②。后来,张广智指出,应研究历代西方历史学家的史学思想,不做成传记集和目录书;应研究西方历史学家所处的时代与历史环境;应研究西方史学流派的过去与现在、繁荣与式微、成就与问题;应在西方史学的流变中做出动态的考察,历时共时,纵横比较,上下连贯;应有一个正确的历史观的指引③。张贵永从欧洲社会状况出发,重视欧洲近代以来史学中一以贯之的历史主义,考察其起源、成长与影响,分析不同时期学者思想的贡献与不足。这种结合社会背景、关注学术传承、重视史学思想的做法,是张贵永西方史学研究实践的突出特征,在某些方面,与大陆不同时期的同行所见略同,是研究西方史学的成功范例。

---

① 胡逢祥、李远涛:《五十年来中国港台地区的史学史研究》,《河北学刊》2004年第2期,第149—154页。
② 耿淡如:《什么是史学史?》,《学术月刊》1961年第10期,第33—37页。
③ 张广智主著:《西方史学史》,复旦大学出版社2000年版,前言。

当然,必须指出,张贵永的欧美史学研究有其局限性,这在上文不同地方已经提及,例如就历史学方法而言,尽管张贵永谈得很系统,然而几无创见,因为他几乎全部照搬伯伦汉的《史学导论》;其论著尤其是在大陆期间发表的文章,不少地方照搬梅尼克的著作;其关于历史主义先驱的论述,稍嫌简单,缺乏具体分析;其对于汤因比的认识还是初步的等。然而,这些正是拓荒性、专门性研究工作所普遍具备的特征,无须苛责。

三、兰克与台湾史学发展:如影随形

中华人民共和国成立后,中国史学界呈现出一派新气象,马克思主义史学成为史学界的主流,但台湾地区史学发展因受日据时代殖民地史学以及国民党迁台等影响,而呈现出不同的发展格局。受东京帝国大学史学科教授里斯(Ludwig Riess,兰克弟子)、重野安绎、久米邦武、市村瓒次郎、白鸟库吉、坪井九马三、矢内原忠雄、京都大学教授内藤湖南、桑原骘藏、冈松参太郎等学院派以及井上哲次郎、竹越与三郎等政论家的影响[1],日据时代的台湾地区史学沾染了从日本转贩而来的兰克史学,"承继了德国传统之实证史学之风",也打上了殖民地史学的烙印[2]。中华人民共和国成立后,台湾地区因国民党当局"以恢复中国文化为主要政策"[3],其史学发展是将日据时代的史学范式融入20世纪二三十年代中国史学之中,其发展脉络虽大体可视为民国史学的延续[4],但日据时代殖

---

[1] 张隆志:《当代台湾史学史论纲》,《台湾史研究》第16卷第4期,2009年12月,第161—184页。

[2] 叶碧苓:《台北帝国大学与京城帝国大学史学科之比较(1926—1945)》,《台湾史研究》第16卷第3期,2009年9月,第99—109页。

[3] 同上,第117页。

[4] 杜正胜:《新史学之路——兼论台湾五十年来的史学发展》,《新史学》第13卷第3期,2002年9月,第23—26页。

民地史学范式的影响亦不小。因此,"台湾史学一面承袭日治时期遗留下来的传统,一面继承第一代来台大陆学者的学风,同时也受到西方史学输入的影响"①,因而这一时期台湾史学的发展在研究方式、风格上与深受马克思主义影响的大陆史学学术体系是有区别的。这表现在对兰克史学接受方面,具体情况也有较大的差异。是故,在论及中华人民共和国成立后中国史学与兰克史学交流问题时,宜将台湾地区史学视作中国当代史学发展的独特支系予以叙述②。

国民党退居台湾后,将日据时期的台北帝国大学改为台湾大学,由傅斯年出任校长。自此,傅斯年以台湾大学为重镇汇集了不少中国现代史学进程中影响深远的学人,推动了台湾地区史学的发展。

(一)坚守史料学:兰克与考据学风

对台湾当代史学影响深远的第一人当属傅斯年。此一时期宣扬"史学即史料学"的傅斯年进一步深入论及史学的客观与主观问题。1950年4月,他提出,"这个主观客观之争,不是一句话可能解决的,而主观客观之说,也不是绝对的是,绝对的非"。不仅史学面临主观与客观这一困惑,即便是"自然科学在发达过程中,工作者总以为是客观的见解,其实他中间的 Anthropomorphism 是不少的"。所以,他认为任何学科都不是绝对客观的;而史学中"社会文化之偏见""超阶级的事实"等也就不足为奇了。在这种情况之下,既不能将史学视为绝对客观的,也不能"完全把客观放弃了,认为是不可能的,不需要的"③。傅斯年认为,史学得以

---

① 彭明辉:《从历史学期刊论文分析台湾史学研究动向》,《政治大学历史学报》第19期,2002年5月,第335页。
② 20世纪80年代末两岸隔绝状态被打破,特别是"九二共识"之后,两岸经济文化等交流频密,台湾地区史学与大陆地区史学逐渐交汇相融。是故,此节只将中华人民共和国成立后至20世纪90年代初台湾地区史学视作中国当代史学发展的独特支系。
③ 傅斯年:《台湾大学法学院〈社会科学论丛〉发刊词》,载《傅斯年全集》(四),联经出版事业公司1980年版,第362—365页。

存在还有赖于这种客观性。在他看来,一旦完全放弃这种观念,而认为史学研究的方法都是从属于"某一种主观的法规",这必将成为整个历史学的进步的障碍。作为一个历史学家,要看到历史学的主观性这一方面,但也不能放弃史学客观性的信念。

至于如何消除史学研究中的主观性这一问题,傅斯年认为,首先要清楚史学主观性产生的原因。他认为,史学主观性主要是因为史学研究之时,"但从一个角度看,而这个角度又是假想的,自然越看偏见越多,到后来,精神难保不失常"。研究历史偏执于一个方面的材料、局限于一个观察的视角、偏重于单一的研究方法等,这些都是形成历史研究中主观性的原因。如此一来,只要史学研究"从各种不同角度看,主观性可以渐渐减少,客观性因而增加"①。依据这一思路,傅斯年提出,"用多元主义代替主观主义"②,他认为这是减少史学研究主观性的有效办法。

从总体上来看,此时的傅斯年认为,"客观之一事,在社会科学和自然科学一样,是个理想的境界"③。他主要是把客观科学看作历史学的客观化、科学化,看作一种研究的理想与目标。虽然他还景仰兰克的客观主义史学方法,认为"近代史学,史料编辑之学也,虽工拙有异,同归则一,因史料供给之丰富,遂生批评之方式,此种方式非抽象而来,实由事实之经验"④,注重史料之于史学研究的重要性;但是傅斯年自己也意识到,"考证只是一种方法而不是一种目的"⑤,纯粹的史料考证并不是近代意义上的历史科学,充其量只不过是乾嘉学派的回流而已。在他看

---

① 傅斯年:《台湾大学法学院〈社会科学论丛〉发刊词》,载《傅斯年全集》(四),联经出版事业公司1980年版,第364页。
② 同上书,第365页。
③ 同上书,第364页。
④ 傅斯年:《中西史学观点之变迁》,《中国文化》1995年第2期,第248页。
⑤ 傅斯年:《台湾大学法学院〈社会科学论丛〉发刊词》,载《傅斯年全集》(四),第362、363页。

来,史学研究除了要考证史料之外,主要还是要研究历史事件的内在联系。缺失这种研究,历史研究就称不上是一门独立的学科。但是这种研究也需要确实可信的材料为论据,而绝不能"把设定当作证明,把设想当作设定,把远若无关的事变作近若有关,把事实未允决定的事付之聚讼"。事件之间的内在联系不是没有事实根据的胡思乱想,这种联系是通过大量的事实研究而得出来的,只有这样才"足以增进新知识","足以促成所关学科之进展"①。

相比先前的"史学是史料学"而言,傅斯年的这些观念是理性而科学的,他在对兰克史学思想的领悟方面也有所提升:既看到了史学研究中史料考证的重要性,又觉察到过分强调史料考证的局限性;既认识到了历史学的客观性只是一种理想和一种研究目标,史料考证只是研究的一种手段与方式,又认识到历史研究离不开对客观性的追求,也不能缺少史料考证研究。这些都表明傅斯年在吸纳兰克史学思想方面已经逐步成熟,摆脱了全盘否定传统史学、亦步亦趋地照搬兰克史学来改造中国史学的这一落后状况。

因傅斯年的早逝,实际上对台湾地区史学影响最大的当属姚从吾。居台后的姚从吾依然对兰克史学思想推崇备至,并大力宣扬兰克的史料考证方法。他称尼布尔与兰克的治史方法为"语言文字的批评方法(Die Philologisch Kritischen Methode)",认为这种方法是"从语言文字方面,追寻史料形成的来源,批评史料可信的程度"②,从而确立了去伪存真的客观标准,最终促使史学研究者的治史态度发生变化。在历史方法论的课堂上,姚从吾一谈到兰克史学就"脸上突现光彩,声音也越发洪亮了:'一八二四年德国的新史学开始了,这一年德国青年史学家栾克的名著

---

① 傅斯年:《〈城子崖〉序》,载《傅斯年全集》(四),第83页。
② 杜维运:《姚从吾师与历史方法论》,载《姚从吾传记资料》,天一出版社1979年版,第22页,原载《姚从吾先生哀思录》,第84页。

《一四九八到一五三五年间罗马民族与日耳曼民族的历史》出版,书后附有长文,用批评的方法去研究人类的历史,近代历史科学研究的新基础,自此确立。'至于讲史源学,讲直接史料与间接史料,讲史料的外部批评与内部批评,他兴致都极浓"①。他详细地讲述了兰克史学思想的形成,总结出兰克史料考证方法的基本特点。

虽然姚从吾不遗余力地推广兰克史学思想,但他并不是一味盲目地崇拜兰克史学的,他在研究和教学中也不断地思考如何进一步发展这一西方史学思想。1964年左右,他在讲授历史学方法论时,就计划除了宣讲兰克运用史料的方法之外,还需补充说明"历史学的辅助科学"②。至此,姚从吾已经认识到兰克的史料考证方法并不能解决历史研究中的所有问题。在他看来,历史研究的进步与方法,还需借助其他学科的力量。其后,姚从吾渐渐觉出兰克史学方法论中的缺陷,他认为"兰克的史学已旧,历史也决不可能完全客观"③,历史研究需要寻求一种新的史学方法来解决史学客观性这一问题。为此,他还力主"汇购欧美谈历史方法论的新书",以期借用欧美新的史学方法论来改造兰克史学、弥补兰克史学方法上的缺陷。从中可见,姚从吾从兰克史学的忠实信徒开始转向怀疑兰克史学的科学性,并试图改造兰克史学思想的某些部分。这表明他已经不是兰克史学的盲目崇拜者了,已经开始自主地选择史学思想和史学方法论。这也说明历史学家对兰克史学的认知发展到一个比较稳定、成熟的阶段,而历史学家自身也在引入兰克史学思想的过程中,逐步成熟壮大。

此时"深受十九世纪以来德国史学的影响"的张贵永也在台湾大学

---

① 杜维运:《德国史学的东渐——姚从吾先生全集第一集历史方法论后记》,《食货月刊》第1卷第2期,1971年5月,第127页。
② 杜维运:《姚从吾师与历史方法论》,载《姚从吾传记资料》,第22页,原载《姚从吾先生哀思录》,第85页。
③ 同上。

历史学系任教①,通过课堂讲授、研究著述来宣传兰克史学。前文已有详细论述,此处不赘述。

总之,傅斯年等深受兰克史学影响的学人前往台湾,以"中研院"及台湾大学为据点,"延续中国现代史料学派的学术传统"②,也将兰克史学思想移植到了台湾地区史学界。于是,兰克的史料批判方法、客观公正的撰史态度成为台湾地区史学的主流③。其后随着台湾地区史学研究的逐步发展,随着众多留学欧美、直接感受最新西方史学思潮的学者来台,当时西方盛行的新史学思潮也传入,台湾地区史学界对兰克史学过分推崇的状况逐渐得以改变。

(二)引入新史学:新旧史学与兰克

傅斯年去世之后,其好友、曾留学英国的沈刚伯接替傅斯年,成为引领台湾地区史学发展"最为老练的航手"④。沈氏认为,史料之收集与鉴定都是无法求全责备的,因而史学很难成为纯科学⑤,而德国兰克式科学史学模式在具体史学实践中有欠缺。他指出,治史应当"讲求'史义'以根绝一切史演之学,并培养'史识'以辅考据之不足"⑥。沈氏强调"历史家研究的过去是仍然活到现在的过去",虽然其史学诉求"远于兰克而近于柯灵乌",但他看到了德国兰克科学考据精神的重要性,"并未否定史学所追求客观历史";他只不过是对学界风靡考据学而过于突出史料

---

① 杜维运:《西方史学输入中国考》,载《与西方史家论中国史学》,东大图书有限公司1981年版,第304页,原载《台大历史学报》第2卷第3期,1976年5月,第431页。
② 王晴佳:《台湾史学五十年(1950—2000):传承、方法、趋势》,麦田出版社2002年版,第27—38页。
③ 王晴佳:《台湾史学的"变"与"不变":1949—1999》,《台大历史学报》1999年第24期,第336页。
④ 杜维运:《怀念沈刚伯师》,《中外文学》第7卷第2期,1978年7月,第10页。
⑤ 沈刚伯:《史学与世变》,《历史语言研究所集刊》第40册(上)附载,1968年,第11页。
⑥ 沈刚伯:《卷头语——从百余年来史学风气的转变谈到台湾大学史学系的教学方针》,《台大历史学报》第1卷第1期,1974年5月,第1—3页。

所发挥的功能有所保留,而"对历史家在历史研究过程中担负的角色则赋予更大的关注"①。实际上,沈氏此番言论是其结合史学实践,理性客观地看待德国兰克史学模式的结果,体现了其力图破除当时台湾史学界唯史料是崇的种种弊端的意图。

此外,留美的许倬云回台之后,对当时史料学派专注于考据的学风也极为不满,试图运用社会科学辅助史学。为此,1963年2月,许倬云与一批留美归台的社会科学家创办《思与言》杂志,以跨学科的姿态给台湾地区史学界带来崭新气象。1964年,许倬云在《思与言》发表题为《史学可走的路》的社论。在这篇宣言性的文章中,他指出,史料学派"以史料学为史学,不谈史学目的,只是点点滴滴的考订一小段史实,一小件史料,或一小类制度。这一派以兰克的史学为标榜,其实只抓住了兰克史学的前一半,忽略了兰克以解释史事为目的的后一半。这一派一味求真,以致把对象的重要性程度撇开不提"。许氏此言并非否定德国兰克史学对史料考证的注重,而是批驳当时台湾史学界盛行的史料学派对兰克史学囫囵吞枣、盲目寻章摘句的做法②,但从中也可得知,此时受惠于西方新史学思潮的学人对兰克史学的理解已经开始摆脱"史料即是史料学"的束缚,认识到兰克史学还有另一个更重要的方面。虽然许氏无意对兰克史学做进一步深入的探究,但就对兰克史学的认知而言,对台湾地区史学发展而言,此种认知是学人紧跟西方史学新潮流、立足于本土史学,致力于摆脱一味崇拜兰克史学而落入饾饤之学弊病的结果。这意味着学人在面临西方史学思潮的冲击,以本土史学为中心,深刻理解兰克及兰克史学的同时,更注重自身史学在德国兰克史学模式影响下的发

---

① 杜正胜:《新史学之路——兼论台湾史学五十年来的史学发展》,《新史学》第13卷第3期,2002年9月,第29页。
② 许倬云:《史学可走的路》,《思与言》第2卷第4期,1964年11月,第1页。此外还可参见许倬云的《有感于当代史学》(《思与言》第3卷第3期,1965年9月,第2页)。

展与提升。

其后,许倬云等人为推动台湾地区史学方法的转向,开始寻求更适合台湾史学研究的方法论。这势必引发对传统的兰克史学理论的批驳与再认识。1964年,徐先尧发表《迈乃克对于兰克和布克哈特的观点的转变》一文①。此文虽然主要论述梅尼克对兰克、布克哈特史学思想的批判继承,但文中也间接展示了徐氏对兰克历史主义的认知与理解。而后汪荣祖不满当时学界不明兰克史学真谛,而作《兰克史学真象》一文。汪氏在文中指出,"兰克之所谓科学的历史,不过是指有系统的研究史实和史料,特别是研究档案资料",兰克重视史料考订,但绝无将史学简化为史料学的意图。汪氏认为,兰克实质上是"从史实中求史识",而且兰克只不过以客观为治史理想,兰克的"宗教背景,强烈的日耳曼意识,以及保守的政治观",使得其史学"并不是十分客观"。在汪氏看来,兰克式治史,中国古已有之;兰克史学对中国史学最主要的贡献不在其对史料考证的强调,而在于"史著风格"。因而中国史学发展可以借鉴兰克史学,但不应照单全收;并且兰克"只追寻史实背后的意义,而不知造成史实的经济社会力量"②,这对当下史学发展而言,已经不合时宜了。当时的台湾学人看到,"近二十年来,不可否认的是考据依然是史学的主流,'中央研究院'历史语言研究所可以说完全笼罩在考据风气之下的,台湾大学历史系、历史研究所与考据有极深的渊源,学术著作的审查以及奖助,也以其是否有考据份量作最重要的标准之一。这种考据学风,是自乾嘉时代流传下来的,又加上德国Ranke学派的影响,于是虽然世变日深,而学人的心灵,却大部份沉醉在考据上"③。虽然兰克史学的科学主

---

① 徐先尧:《迈乃克对于兰克和布克哈特的观点的转变》(一)(二)(三),《大陆杂志》第28卷第9—11期,1964年5月。
② 汪荣祖:《兰克史学真象》,《食货月刊》第5卷第1期,1975年4月,第17—19页。
③ 杜维运:《〈二十年来我国的史学发展〉讨论会记录·引言》,《思与言》第10卷第4期,1972年11月,第51—52页。

义传统在20世纪六七十年代的台湾地区仍然具有很强的影响力,但学人们不满这种考据学风所导致的"陷在史料与枝节问题里面,而不能高瞻远瞩的看历史的发展",以及极少有"贯通性的史学作品"等弊病,力图打破这种史料派独步台湾史学界的状况。他们一方面转而求助于当时欧美史学最新的史学范式,倡导社会科学方法[①];另一方面又试图从探究兰克史学本身开始,在理性分析的基础上为其正名,促使史学界正确解读兰克史学、揭露其局限与不足。虽然学人此举的根本目的是推动本土史学的发展,但实际上也促进了学界对德国兰克史学的正确认知。

1977年,已成为台湾地区倡导社会科学理论重要园地的《食货月刊》刊载了周樑楷翻译的意大利史家莫米利亚诺(Arnaldo Momigliano)1954年发表的《兰克之后一百年的史学》一文。文中论及兰克等史家反对黑格尔历史哲学中的"先验式的方法",强调历史的意义就在于"人类的所作所为基本上都依循着'居于领导地位的观念'",主张史家的主要工作是"探求历史上的种种'居于领导地位的观念'"——只要掌握史实背后的"观念",就可以了解整个历史。文中指出,兰克之后百余年来西方史学在注重考证的史料批评方面并无太大变化,兰克式的史料批评依然是居于主流的"正确方法";而今新史学思潮中出现了一些"不依照公认的方法研究史料"的做法,导致"众说纷纭且荒谬",因此很有必要重申兰克治史的方法与原则。不仅如此,正是以兰克等为代表的历史主义推崇"居于领导地位的观念",突出政治、宗教这两个范围的"观念",才使得后人意识到在政治宗教领域外还有其他"观念",追随种种"观念"而拓展了史学研究领域与方法,迎来了新史学的繁荣[②]。这一译文为台湾史

---

① 杜正胜:《新史学之路——兼论台湾史学五十年来的史学发展》,《新史学》第13卷第3期,2002年9月,第21页。
② [意]莫米利亚诺:《兰克之后一百年的史学》,周樑楷译,《食货月刊》第7卷第7期,1977年10月,第67—69页。

家正确理解兰克史学及其与新史学思潮之间关系奠定了良好基础,也反映了此一时期史家在兰克史学模式与社会史等新史学模式发生冲突时,试图从西方史学界寻求正确解读兰克史学的方式,以从根源上解决两者之间的矛盾。进而言之,这实际上是学人为厘清兰克史学复杂多面的理论内核而做出的努力,也是学人在接纳兰克史学的基础上的一种反思;这种努力与反思是学人在新史学发展的情况下主动接纳兰克史学并自觉反馈的结果。或是出于同样的考虑,1979年《食货月刊》又刊发了蒲慕州翻译的美国史家伊格尔斯《〈兰克史学的理论与实际〉绪论》①一文。伊格尔斯此文全面而详尽地分析了兰克及兰克史学,这对学人们进一步深入了解兰克史学有着重要的意义。实际上,此文原是伊格尔斯1973年为其《历史学的理论及实践》这一兰克著作选集所作的导论②,是当时研究兰克及兰克史学的最新成果。当时的中国大陆学界因"文革"之故,几近隔绝了国外学术动态信息,相比之下,时隔六年,此文就在台湾地区有中译本,可见当时台湾史学界也算是紧跟最新的兰克史学研究动态。这体现了台湾地区学人对兰克史学的关注与重视,也间接反映了兰克及兰克史学对台湾史学的影响。

事实上,兰克"如实直书"对20世纪70年代的台湾地区史学依然有很大的影响力,研究历史的学者们特别注重兰克式的研究方法。1970年,姚从吾将其多年在台湾大学讲授史学方法论课程的讲义《近代欧洲历史方法论的起源》改写,发表于《中国历史学会史学集刊》上③。文中

---

① [美]乔治·英格斯:《〈兰克史学的理论与实际〉绪论》,蒲慕州译,《食货月刊》第8卷第9—10期,1979年1月,第433—462页。
② Georg G. Iggers and Konrad von Moltke, "Introduction", *The Theory and Practice of History: Leopold von Ranke*, The Bobbs-Merrill Company, INC. Indianapolis & New York, 1973, Iff.
③ 姚从吾:《近代欧洲历史方法论的起源》,《中国历史学会史学集刊》第2期,1970年4月。

详细阐述了"德国尼博儿、栾克的治史方法,认为两氏创立了一种'语言文字的批评方法'"①。可见,此时期台湾史学界在发展社会经济史等新史学模式时,对兰克史学模式虽有质疑,但依然不忍舍弃,甚至一度增进了对兰克史学的研究,从而促进了对兰克史学的理解。对此,1976年,余英时在《〈历史与思想〉自序》中指出,中国自20世纪二三十年代大规模引入兰克史学起,就形成了一种极端的"科学的史学"观念,这种观念其实是"乾嘉考据和兰克的历史主义的汇流"。因而,在众多台湾学人看来,兰克本人绝非极端的历史主义者,真正的兰克是非常注重思想的,其方法论实际上是为寻求各个时代的"主导理念"而服务的,方法远不是兰克史学研究的终点②。可以说,台湾地区史学界之所以出现只注重兰克的史学方法这种状况,完全是学人面对兰克史学按照自身需要而做出的一种选择。余英时这一论述主要是为了说明兰克史学对中国史学界产生特定影响的原因。这是学人在充分了解中国现代史学状况、熟知兰克史学内涵基础上,立足于本土史学发展,对兰克史学影响所做的一种解读。而兰克史学影响研究的一个重要方面就是这种史学是如何传入中国的,以及其在中国产生的影响。这方面的研究以杜维运的《德国史学的东渐》为代表③。杜氏此文阐述了姚从吾先生在台湾大学任教20余年期间,一心致力于宣传以兰克、伯伦汉等为代表的德国史学方法。实际上,此文虽为纪念姚从吾先生而作,也体现了此时台湾地区学人对兰克

---

① 杜维运:《德国史学的东渐——姚从吾先生全集第一集历史方法论后记》,《食货月刊》第1卷第2期,1971年5月,第125页。
② 余英时:《史学、史家与时代》,载《余英时文集》(第一卷),广西师范大学出版社2004年,第123、125页。
③ 杜维运:《德国史学的东渐——姚从吾先生全集第一集历史方法论后记》,《食货月刊》第1卷第2期,1971年5月,第125—128页。另外关于中西史学交流,还可参看杜维运《与西方史家论中国史学》(东大图书有限公司1966年初版)。

史学影响的关注①。

　　1979年,余英时在《史学评论》发刊词中指出,受中国传统史学及德国兰克史学模式影响而成的史料派,在史学理论及史学实践上存在诸多不足,因此史学要发展就应当超越既有的史料学派等,注重史学思想研究,引入社会科学理论②。实际上,学人在厘清兰克史学内涵、逐步清算以兰克史学为代表的史料派的基础上,开始关注兰克史学的影响。此外,由于对兰克史学影响的关注,台湾地区学者因而注重从宏观角度论述以兰克史学为代表的史料派对台湾史学的影响,并热衷于探究史学理论、史学方法论。如李东华指出,台湾地区的历史学以1960年为线划分为大陆史料学派延续时期、史料学派地位动摇后的解释史学时代。其中前者是融合中国近代史学传统、舶来的德国史学传统两者而形成的产物③。此时学人研究的重点从关注兰克史学对史料派之影响,转移到台湾史学是如何在兰克史学、史料派基础上引入新的社会科学方法来促进自身的发展的。

---

① 类似研究还可参见许倬云的《傅先生的史学观念及其渊源》(《大陆杂志》第97卷第5期,1998年9月,第1—8页)。

② 余英时:《中国史学的现阶段:反省与展望——代"发刊辞"》,《史学评论》第1期,1979年7月,第2—9页。

③ 类似观点还可参见黄俊杰的《近十年来国内史学方法论的研究及其新动向(1971年至1981年)》(上、下)(《汉学研究通讯》第2卷第2期,1983年4月,第69—76页;第2卷第3期,1983年9月,第135—145页)与《战后台湾关于史学方法论的研究(1950—1980)》(载《战后台湾的教育思想》,东大图书有限公司1983年版,第29—99页)、许冠三的《三十五年(1950—1985)来的台湾史界变迁》(载《新史学九十年》上册,香港中文大学出版社1986年版,第251—263页)、林满红的《当代台湾的史学与社会》(《教学与研究》第18期,1996年6月,第69—97页)、杜正胜的《中国史学在台湾研究的未来》(《历史月刊》第92期,1995年9月,第79—85页)、宋晞的《民国以来的中国史学——1986年9月15日上午在中国历史学会年会上讲》(《国史馆馆刊》复刊第21期,1996年12月,第1—26页)、王晴佳的《台湾史学的"变"与"不变":1949—1999》(《台大历史学报》第24期,1999年,第329—374页)等。

大体而言,这一时期台湾学人对兰克史学、史料派的反思促进了史学研究的提升。在这一过程中,学人在有选择地吸纳兰克史学思想的过程中,形成了解读、接受兰克史学的独特视角,并推动了现代台湾地区史学的发展。可以说,此一时期台湾史学的发展演变无不与兰克史学有着千丝万缕的联系;在这整个过程中,兰克史学如影相随。

四、后现代主义史学的影响

长期以来,台湾学者几乎都有欧美"学缘",他们中许多人不但在欧美留学,而且持续关注其学术动向,在理论和实践两个层面上都加以呼应。就在后现代主义史学于西方如火如荼发展之时,它在台湾也迅速传播并产生影响。

(一)欧美后现代主义史学在台湾的译介

21世纪之初,林正珍反思了1950—2000年台湾史学理论的变迁,有这样一段话,非常耐人寻味,他说:"近年来台湾学术界对某些议题的探讨至为热切。例如女性主义、后现代、殖民论述与后殖民论述等,似乎光鲜热闹。……于是在学界里'文本'、'论述'、'解构'与'发明过去、想象未来'的应用语,似乎轻易地推翻了昔日刀锋式的以科学'史考'作为检验真理的唯一指标。"①这段话道出世纪之交后现代主义对台湾史学理论的影响,尽管作者似乎不以为然,并潜含着其在实践中影响不大的意思。

首先,不少西方后现代主义的历史著作已在台湾翻译出版。1989年罗青编译出版《什么是后现代主义》②,其中"导言"简介欧美后现代主

---

① 林正珍:《台湾五十年来"史学理论"的变迁与发展:1950—2000》,《汉学研究通讯》第20卷第4期,2001年11月,载康乐、彭明辉主编:《史学方法与历史解释》,中国大百科全书出版社2005年版,第54页。
② 罗青编译:《什么是后现代主义》,台湾学生书局1989年版。

义学术现状和学者;"文学篇"中翻译美国后现代主义理论家伊哈布·哈桑《后现代转折》中的一章;"艺术篇"则主要译介莫道夫的《后现代主义绘画》;"哲学篇"翻译了利奥塔的《后现代状况》;"本土篇"描述了台湾的后现代状况以及艺术发展;"年表篇"为欧美后现代阶段和台湾地区的后现代状况大事年表。其他翻译过来的论著还有福柯《论康德的〈何谓启蒙〉》[1]、凯斯·詹京斯《历史的再思考》[2]、海登·怀特《史元》[3]、娜塔莉·戴维斯《马丁盖赫返乡记》[4]和《档案里的虚构》[5]、沃尔夫《欧洲与没有历史的人》[6]以及一批人类学家的《他者的历史：社会人类学与历史制作》[7]等。

同时，一些台湾学者开始思考后现代主义问题。如路况的《后现代及其不满》[8]、廖炳惠的《回顾现代——后现代与后殖民论文集》[9]、唐维敏《后现代文化导论》[10]。特别是，卢建荣为凯斯·詹京斯《历史的再思考》汉译本写了篇导读《后现代历史学指南：让我们重视国内大学历史教学的版图》，毫不留情地批评台湾史学界的现状，表现出强烈的后现代主义倾向。王晴佳、邓元忠分别发表《如何看待后现代主义对史学的挑战》

---

[1] [法]傅柯:《论康德的〈何谓启蒙〉》,吴宗宝译,《当代》第76期,1992年8月1日。
[2] [英]凯斯·詹京斯:《历史的再思考》,贾士蘅译,麦田出版社1996年版。
[3] [美]海登·怀特:《史元：十九世纪欧洲的历史意象》,刘世安译,麦田出版社1999年版。
[4] [美]娜塔莉·戴维斯:《马丁盖赫返乡记》,江政宽主译,联经出版社2000年版。
[5] [美]娜塔莉·戴维斯:《档案里的虚构》,杨逸鸿主译,麦田出版社2001年版。
[6] [美]埃里克·R.沃尔夫:《欧洲与没有历史的人》,贾士蘅译,麦田出版社2003年版。
[7] [丹]克思汀·海斯翠普编:《他者的历史：社会人类学与历史制作》,贾士蘅译,麦田出版社1999年版。
[8] 路况:《后现代及其不满》,唐山出版社1992年版。
[9] 廖炳惠:《回顾现代——后现代与后殖民论文集》,麦田出版社1996年版。
[10] 唐维敏:《后现代文化导论》,五南图书出版股份有限公司1999年版。

和《后现代西洋史学发展的反省》①，为后现代主义在台湾史学界加速传播又着一鞭。

（二）杜维运对后现代主义史学的批判

后现代主义传入台湾，引起一些史学家的高度关注，首先值得一提的是杜维运。

他在《变动世界中的史学》中系统提出关于后现代主义的认识。

第一，他认识到后现代主义的实质和普遍存在。杜维运说："后现代主义系对现代主义（modernism）的反动，其初起约在1960年代末期，涉及的范围，为建筑、艺术、哲学、文学、史学、政治、社会、法律等广大领域，其影响于史学较晚，然最严重。如他们认为在历史上没有真理（truth）、没有客观（objectivity）、没有真实（reality），历史是推论（discourse），意识形态的化身，史学家的语言游戏（language game），与文学作品的虚构没有两样，这是极为惊人的议论；从文献（他们另立名目，称之为 texts，一般译为文本，实际上即文献）中，后现代主义者也不认为有'故事'（story）能叙述出来，历史上更没有所谓连贯（continuity）、和谐（coherence）、一致（consistency）；史学家所盛倡的移情（empathy）、想象（imagination），设身处地地进入历史之中，后现代主义者同样认为是绝对不可能的事；他们尤其坚持历史对现代及未来没有任何功用。持论如此，于是有人宣布历史已经死亡（the death of history），有人倡言历史已经烟消雾释（the vanishing of history），有人高呼历史已经到了尽头（the end of history）。"②

第二，他认为后现代主义者不懂历史研究方法。杜维运道："后现代

---

① 王晴佳：《如何看待后现代主义对史学的挑战》，《新史学》第10卷第2期，1999年6月，第107—144页；邓元忠：《后现代西洋史学发展的反省》，《史学理论研究》1997年第2期，第104—112、120页。

② 杜维运：《变动世界中的史学》，北京大学出版社2006年版，第44—45页。

主义者多半是理论家，而不是史学家。他们甚少写历史的经验，不谙史学方法的精微。如所倡历史死亡之说，即违背了史学方法。后现代主义者基于历史（history）不是过去（past）的理由，否定历史代表过去；给予历史无法自文献重建的理由，将历史宣判死刑。殊不知史学家早已很清楚历史不是过去。过去死亡之说，史学家也屡屡提出，自文献以重建过去，则是史学家历尽艰辛所建立的一套极为精密的史学方法，数千年来，中外史学家用之使历史呈现。文献散乱，大量聚集，精心分析，能见历史。文献不全真，亦非尽伪。文学作品，哲学典籍，史学家借之而呈现文士哲人风采，岂为虚构？尽量网罗相关文献，参伍错综以求其是，近真的历史自此显现。"①

第三，他认为后现代主义者不懂得史学与艺术的分野。杜维运指出："史学家的两大艺术，叙事的艺术与解释的艺术，能使事实呈现，议论有据；史学家的奋笔直书，不畏强御的传统，能使史实客观，成见减少；史学家的文章，在讲求精详、正确、平实的原则下，能使历史接近真实，而与文学作品，大异其趣。历史又怎是史学家的语言游戏？西方史学家盛倡历史想象（historical imagination），所谓历史想象，是史学家将自己放入历史之中，进入历史的情况，进入历史的时间，进入历史的空间，然后由此想象当时可能发生的一切。……凭借事实，运用想象，建设绵延发展不绝的连贯性的和谐一致的历史，又何尝不是历史的盛事？"②

第四，他认识到后现代主义对于史学的积极意义。杜维运认为："后现代主义者觉悟到欧洲不再是世界的中心，白种人也不再是主宰天下的主人，男人不能独尊，奴隶有其地位，于是提倡撰写殖民史、妇女史、奴隶史、劳工史，甚至于疯癫史、性史、同性恋史，且进一步推动文化史

---

① 杜维运：《变动世界中的史学》，第45—46页。
② 同上书，第46—47页。

(culture history)的流行,使文化史代替了社会史(social history)的地位,成为流行的写史方式。这一方面说明了后现代主义者开创了写史的新方法,从各个角度,自不同阶层,撰写人类的历史。'密集描写(thick description)',以编织出文化之网的方法,尤其是值得称美的。"①

杜维运在同书的《后现代主义的吊诡》②一文中重复了上述文字,只是他提到后现代主义学者及其著作中的相关观点更具体、丰富了,这里不赘述。

到晚年,他在《中国史学与世界史学》一书中的观点与此前相比有坚持也有变化。

第一,关于后现代主义本质的认识没有变。第十章"比较史学与世界史学的建立"中精辟地指出:"后现代主义者认为在历史上没有真理,没有客观,没有真实,历史与文学作品的虚构,没有两样,这是摧毁兰克史学的基本论调;从文献(即资料,后现代主义者称之为 text)中,后现代主义者不认为能有故事叙述出来,这是否定兰克资料至上的主张;坚持历史对现代及未来没有任何功用,同时宣布历史已经死亡,这是整个抛弃了历史。史学、历史,同归于尽,人类命运,已不可知。"③

第二,关于其消极性和积极性的认识没有变。第十二章"结语"中,他引格特鲁德·希梅尔法布(Gertrude Himmelfarb)的《新旧历史学》(*The New History and the Old*)中的话说:"在历史上,后现代主义者拒绝史学家的客观,不承认过去的真实,不认为有求得过去真理的可能。对于所有的学科,其所引进的,是急进的怀疑主义、相对主义与主观主义,不仅拒绝任何学科的真理,也拒绝真理此一概念。"接着引凯斯·文

---

① 杜维运:《变动世界中的史学》,第 47 页。
② 杜维运:《后现代主义的吊诡》,《汉学研究通讯》2002 年第 81 期,收入《变动世界中的史学》,第 70—81 页。
③ 杜维运:《中国史学与世界史学》,商务印书馆 2010 年版,第 203 页。

沙特尔（Keith Windschuttle）的《谋杀历史》（The Killing of History）中的话："（后现代主义）第一是颠覆历史研究的方法（the methodology of historical research）；第二是摧毁历史与小说之间的区别；第三是不仅不相信能接近过去，也认为没有理由相信脱离我们而独立的过去曾经存在。"最后杜维运道："有卓见倡写殖民史、劳工史、文化史等新史的后现代主义者，颠覆历史研究方法，否定历史的客观、真实与真理，其所写成的新史，必与小说无异。不认为历史有任何功用，宣布历史已经死亡，后现代主义无疑是史学的大敌，人类历史的丧钟。"①不过，他同时看到后现代主义的学术意义在于揭示西方史学家写史"没有资料根据，而自出杼机以创写，想象充满于历史作品之中，于是与文学作品接近"；在于揭示西方史学"历史解释，新陈代谢，历史不确定，其价值遂易被怀疑"；在于"矫正了兰克仅重政治史、军事史、外交史的流弊"；在于"其世界眼光，已超越了兰克"②。

可是，对于后现代主义，他流露出强烈的担忧乃至憎恶。在《中国史学与世界史学·引论》中，杜维运把后现代主义视为"逆流""危机"，他说："正当西方史学到达巅峰之际，西方的后现代主义（postmodernism）逆流而进入史学之中，掀起西方史学的最大危机。……人类历史遭遇到最大的挑战，西方史学遂陷于危机重重之中！"③

（三）其他学者关于后现代主义史学的论述

其他学者例如汪荣祖、古伟瀛、黄进兴、孙隆基等，也对后现代主义史学做过论述。

---

① 杜维运：《中国史学与世界史学》，第225—226页。
② 同上书，第204—206页。
③ 杜维运：《中国史学与世界史学》，引论第6页。又见杜维运：《中西史学的分歧》，载朱政惠、胡逢祥主编：《全球视野下的史学：区域性与国际性》，上海辞书出版社2011年版，第4页。

汪荣祖《史学九章》①中有关于后现代主义史学的论述。其"导言"重点讨论后现代主义思想源头与主要流派，以及对于史学的挑战与意义。他认为，后现代主义的源头是海德格尔、尼采的反现代思想；可分为以波普尔为代表的新历史主义，以德里达、福柯为代表的后结构主义，以哈贝马斯为代表与后现代主义契合的马克思主义，以萨义德为代表的后殖民主义；其对于史学的挑战，在于模糊史书与小说的界线，否定历史求真的可能性，否定历史知识的客观性；其意义是可以重新考虑历史的文学性与叙事史，重视弱势群体，扩大历史园地②。

在第九章"槐聚说史阐论五篇"中，汪荣祖看到史学界后现代主义出台的合理性，他指出："放眼现代史学史，历史真相复因三大主义与一大潮流的挑激，更显得一直残缺不全。其一，马克思主义暴露了传统史学的片面性，只注意某群人，某种阶级，而完全忽略了大众，被剥削阶级，以及许多社会经济因素。……其二，女权主义暴露了史学的男性性格，在历史上很少看到女人的影子……其三，后殖民主义更揭示出历史乃胜利者的历史，强者的历史，白种人的历史……一大潮流乃20世纪60年代以来风行的新社会史，此派谴责旧史之排除弱势与敌对族群，旧史之具有强烈的意识形态，犹如政治宣传，此派亦因而有历史不客观的结论。"③他看到后现代主义理论对于史学的意义，在于大大开拓了史学研究的范畴。但是他不赞同后现代主义的极端相对论："如果史无真可言，则史岂非有名无实，形同行尸走肉了吗？"④其"文史合一说，给史学界带来的最根本危机乃是历史特有性格的丧失"⑤。

他的这种对于后现代主义的态度，在《后现代主义思潮下中国现代

---

① 汪荣祖：《史学九章》，麦田出版社2002年版，生活·读书·新知三联书店2006年版。
② 汪荣祖：《史学九章》，生活·读书·新知三联书店2006年版，第1—7页。
③ 同上书，第174页。
④ 同上书，第175页。
⑤ 同上书，第211页。

史学的走向》中有类似的表述。汪荣祖认为,"'后现代'风潮兴起,其理论虽然繁多,未有定论,但其基本倾向主要在挑战甚至否定'现代';其理论对现代史学的颠覆性尤其巨大,吾人所知的现代史学几乎被颠覆殆尽,但是对欣欣向荣的新文化史研究已有正面的贡献"①。

汪荣祖能够从学术史角度考察后现代主义,并发现其对于史学发展的积极意义,比之杜维运角度不同,且感情也较为平和。

古伟瀛与王晴佳合著的《后现代与历史学:中西比较》②为陈启能主编"人文前沿丛书"之一,全书除"导论"外,分三个部分。第一部分"后现代主义简介"介绍了不同领域中的后现代主义及其发展阶段,概括了后现代主义的特征,后现代、后殖民时代历史主义的瓦解,启蒙运动以来史学传统受到的挑战;揭示出后现代主义者在作者、读者与文本之间建立的联系。第二部分"后现代史学的发展"分析了20世纪科学史学观念下西方史学的困境,展示了其分化和多样化,论述和批判了后现代主义史学主张。第三部分"后现代主义与中国史学"指出传统史学范畴、方法所受到的挑战,并举例说说后现代主义在汉学界的体现。书后附有"后现代史学要理问答",列出20个问题,并给出简要答案。

如果说古伟瀛的著作是史学史意义上整体论述后现代主义史学的著作,那么黄进兴的《后现代主义与史学研究》③则是理论上的个案剖析。

黄进兴之作,最初起于1998年史语所创所70周年纪念会"新学术之路"研讨会上,他做的一个"后现代史学"的报告。他自述写作思路是:"首列主题,辅以学术渊源,再举代表性的人物,最后方予个人的品

---

① 汪荣祖:《后现代主义思潮下中国现代史学的走向》,《近代史研究所集刊》第56期,2007年6月。
② 王晴佳、古伟瀛:《后现代与历史学:中西比较》,山东大学出版社2006年版。
③ 黄进兴:《后现代主义与史学研究》,生活·读书·新知三联书店2008年版。

评。"①全书除了"绪论"中提出后现代主义与"历史之死"问题，结论中坚信"历史之死"为荒诞之外，其余都是对后现代主义理论家及其影响下的历史撰述的个案研究。这些个案有福柯反人文主义的史学观念，海登·怀特的历史语艺论（a poetics of history）、伽达默尔、巴特、利科等人的阅读理论与史学理解，德里达文本理论对传统史学的冲击，罗蒂等人的叙事式历史哲学等。

他对这些学者的理论及其影响的论述，不是停留在表面，而是直透根底，国内学界总体上无出其右者。例如，关于福柯，黄进兴指出他对于国际史学界的影响，以及在哲学、史学界均赢得褒贬上的两个极端，从而提出要探讨其独特"史意"和"史识"。黄进兴认为，福柯游离于史学与哲学、结构主义与非结构主义之间，因而其思想具有复杂性；福柯的问题意识来自对现实的不满，属于尼采所认同的类型；其谱系学的核心是权力的运作，福柯力主去人文化和反对"本源"，与哲学上萨特反人文主义声气相通。这些使得福柯成为地道的后现代主义者。尽管黄进兴的有些看法还有待商榷，然而总体说来其关于福柯的论述是深刻而独到的。其实早在1997年，在香港中文大学出版社出版的《中国文化研究所学报》第6期上，黄进兴发表《中国近代史学的双重危机：试论"新史学"的诞生及其所面临的困境》一文，就论述过后现代主义史学的问题，例如，他说："新起的'新新'史学更以铲除以往的史学为快，例如：德国伽德玛（Hans-Georg Gadamer, b. 1900）的'诠释学'（hermeneutics），其理论涵蕴足以解消方法论的效度（validity），造成历史判准的困扰；法国傅柯（Michel Foucault, 1926—1984）的'知识考古学'（the archaeology of knowledge）更直接质疑以往史学所预设的'连续性'（continuity），德希达（Jacques Derrida, b. 1930）、巴特（Roland Barthes, 1915—1980）提出'文本'（text）的观点以解除作者的诠释权，而任凭读者师心自用，推衍极致则可

---

① 黄进兴：《往事不可追忆（繁体版前言）》，载《后现代主义与史学研究》。

泯灭原始资料与间接资料的区别;此外,美国怀特(Hayden White, b. 1928)更提出'文史不分'的说法,导致虚构与史实最终竟无差别。其他,'女性史学'、泛意识形态的分析、后殖民的论述都在挑战以往史学的客观性。……是故,倘若专业史家仍没有良好的因应之策,那么这些后现代思潮恐将有朝一日变成所有'新史学'的终结者。"①

还有一位学者孙隆基,他具体批判了后现代主义史学家冯客(Frank Dikötter)的著作。一方面,孙隆基看到后现代主义对于史学的积极意义,指出:"后现代史学开始细心地审视史学论述里的符号建构作用,认为'史实'无本质,它是无数史述之所指,而史述则是'意符',并无任何一个意符能够与它指称对象的'本质'完全等同,历史叙述基本是一个符号建构,我们必须警觉它背后的权力考量,如此方能达到把任何史述'去中心化'的效果。……由后现代的角度谈文化,则多半走上福柯(Michel Foucault)的路子,视它为对个人'身体'的纪律与宰制,乃符号对人体的控制,而这套符号却为视为天经地义,明明是人工的却被当作自然的,是历史的却被当作是不变的本质。后现代史学的'去中心化'亦势必颠覆西方中心论的历史研究,后者恒以西方进步为准则,视非西方世界处于较低级阶段的'现代化'过程里。西方中心论如今受到诟病。后现代史学对这个单一轨迹论的颠覆演变为'后殖民批判',亦即是主张多轨迹的'多元现代化'论。认为将西方放在进步的顶端,把非西方社会置于同一过程的下游,乃是一种'东方主义'立场。"②

另一方面,孙隆基也认识到其潜在的、不同于"东方主义"的又一种强权思维。他实际上解构了作为后现代主义倾向之一的后殖民批判预

---

① 黄进兴:《中国近代史学的双重危机:试论"新史学"的诞生及其所面临的困境》,载康乐、彭明辉主编:《史学方法与理论解释》,中国大百科全书出版社2005年版,第41—42页。

② 孙隆基:《"后现代史学"为名,"西方中心论"为实——冯客的中国研究背后是什么?》,载李金强主编:《世变中的史学》,广西师范大学出版社2010年版,第286—287页。

设的陷阱,那就是后殖民主义者视东方特别是中国为丑恶而落后的国度。例如,冯客于1992年出版《近代中国之种族观念》①,认为种族主义为中国所固有,抗佛、抗满、仇视白人、歧视黑人,近代中国把西方的种族主义嫁接到固有观念上。对此,孙隆基评论道:"冯客此书的贡献在纠正历来认为中国对外的态度是'文化主义'的陈说,但他矫枉过正地把种族主义塞入中国人的各时代的所有思想中。"②"不惜成为中亚伊斯兰文化的维护者,为了使他本人能够高高在上地将中国人评为'落后'。"③

1995年冯客出版《性、文化和现代化:民国时期的医学与性控制》一书,少不了福柯式的人身受集体符号宰制的滥调,和福柯式的现代文明从承认性欲入手,来对性欲进行控制的论点,在替黑人、回民打抱不平之外,还替中国妇女伸张权利。他视中国人之歧视妇女与歧视外国人为同源,认为中国比西方更集体主义,没有"多元的现代化";他疯狂攻击中国传宗接代的文化,认为中国的性观念愈来愈落后,剥夺了个人快乐的权利。总之,孙隆基认为,他实质上是在后现代主义的舆论氛围中,打着本土论幌子,配合某些西方政治势力攻击中国的人权状况。孙隆基道:"(冯客)从虚情假意的本土论出发,说中国的'性话语'并非纯粹来自西方,该'承认现代化的陈述可以从中国自身的丰富多姿的过去中寻觅',云云。但这其实无关宏旨,该书是从解构立场讨论中国现代的'建国'运动。"④

1998年冯客出版《畸胎:医学知识、先天缺陷与优生学在中国》一书,把中国优生学与压迫妇女、歧视畸胎、侵犯人权联系起来,甚至与德

---

① [英]冯客:《近代中国之种族观念》,杨立华译,江苏人民出版社1999年版。
② 孙隆基:《"后现代史学"为名,"西方中心论"为实——冯客的中国研究背后是什么?》,载李金强主编:《世变中的史学》,第289页。
③ 同上书,第291页。
④ 同上。

国纳粹、意大利法西斯、美国3K党联系起来,视中国"整体主义"为万恶之源。孙隆基评论说:"冯客正用西方'个人重于集体'的价值观作为判断中国人的标准。……一向擅长攻击别人犯'本质论'(essentialism)错误的冯客,在此凭什么用一个超历史的绝对价值来处理中国历史?被他否定的中国'整体主义'也是被他本质化的,并一再被他指责为反现代、反科学。在这里,冯客将'反现代'与前述中国人种族主义的'排外'遥相呼应。西方又变成一元化的现代化楷模了!"①

2002年冯客出版的《近代中国的犯罪、惩罚和监狱》,又从本土论出发,批判中国现代的民族主义、反现代性、整体主义、泛道德主义、家长制等。孙隆基说:"与他前面的书论点如出一辙,民国时代的狱政与性和生殖器一般,都被视作为建国服务的。国家话语及其解构是后现代史学的菜单上常备的一道菜。"②

2004年冯客出版和他人合作的《毒品的文化:中国毒品史》一书,该书一反费正清《剑桥中国史》中的铁证如山的关于鸦片战争的论述,为鸦片战争翻案。孙隆基借用黄宇和《读史札记——论冯客的鸦片赞歌及其他》中的话表明,冯客混淆视听,无非想说明既然19世纪欧美等地人士都在服用鸦片,那么把大批鸦片运销到中国就构不成国际犯罪了③。

孙隆基总结道,冯客故乡在荷兰,那里卖淫和吸毒是去刑事化的,而"冯客属于那种声讨中国剥夺性爱与嗜药等'基本人权'的西方人士"④。如果孙氏这些判断没错的话,那么合理的推论是冯客以故乡的社会与文化标准来衡量中国,于是可笑的结果是冯客以去"西方中心"面目出现,最终坐实了自己"西方中心"的内心。

---

① 孙隆基:《"后现代史学"为名,"西方中心论"为实——冯客的中国研究背后是什么?》,载李金强主编:《世变中的史学》,第300页。
② 同上书,第307页。
③ 同上书,第308页。
④ 同上书,第310页。

（四）台湾学者史学实践中的后现代主义倾向

后现代主义不仅引起台湾学界的理论关注，并且影响了台湾史学实践。这里无法全面论述，只是以一斑窥全豹而已。

20世纪末台湾学者的历史研究中就出现了后现代主义的倾向。例如，蒲慕州发表《神仙与高僧：魏晋南北朝宗教心态试探》①，李孝悌出版《晚清社会下层的启蒙运动》②，把历史研究导向文化史领域；而杜正胜的《什么是新社会史》③则明确提出研究新社会史的主张。卢建荣一方面从权力角度剖析台湾史学界强势对于弱势的操弄④，另一方面从解构角度分析男性对于历史上女性形象的塑造⑤。这些著作不同于台湾主流史学，是具有后现代主义倾向的社会文化史。

到了21世纪，更多具有后现代主义色彩的著作面世了。例如，熊秉真主编的《礼教与情欲》⑥《让证据说话·中国篇》⑦《让证据说话·对话篇》⑧《欲盖弥彰：中国历史文化中的私与情》⑨，卢建荣主编的《文化与权力——台湾新文化史》⑩《性别、政治与集体心态——中国新文化史》等⑪，

---

① 蒲慕州：《神仙与高僧：魏晋南北朝宗教心态试探》，《汉学研究》1990年第2期，第149—176页。

② 李孝悌：《晚清社会下层的启蒙运动》，"中研院"近代史研究所1992年版。

③ 杜正胜：《什么是新社会史》，《新史学》1992年第4期，第95—116页。

④ 卢建荣：《后现代历史指南——让我们重画国内大学历史教学的版图》，载[英]凯斯·詹京斯：《历史的再思考》，贾士蘅译，麦田出版社1996年版，第7—36页。

⑤ 卢建荣：《从男性书写材料看三至七世纪女性的社会形象塑模》，《台湾师范大学历史学报》第26卷，1998年，第1—42页。

⑥ 熊秉真主编：《礼教与情欲》，"中研院"近代史研究所2000年版。

⑦ 熊秉真主编：《让证据说话·中国篇》，麦田出版社2001年版。

⑧ 熊秉真主编：《让证据说话·对话篇》。

⑨ 熊秉真主编：《欲盖弥彰：中国历史文化中的私与情》，汉学研究中心2003年版。

⑩ 卢建荣主编：《文化与权力——台湾新文化史》，麦田出版社2001年版。

⑪ 卢建荣主编：《性别、政治与集体心态——中国新文化史》，麦田出版社2001年版。

其中以熊秉真、卢建荣最为突出。前者著有《童年忆往》①，后者著有《分裂的国族认同》②，它们的后现代主义特征表现为：以文本概念对待一切史料；以叙事技巧建构历史；关注权力的运作。卢氏自评道："（其做法）与后现代主义者在选取研究对象上认同的是弱者如出一辙。而两人对所研究对象究竟只是复制强者文化，还是自有其自主性，亦不惮其烦仔细分疏，更是后现代味十足。"③

台湾后现代主义学者的观点颇有新见。例如，卢建荣从福柯式的社会权力论角度，解构台湾主流史学，特别是傅斯年、高去寻、许倬云、杜正胜分别代表的北京大学国学门和史语所学术谱系中的第一代、第二代、第三代和第四代，采用不同手段利用学术资源以维护其学术地位。④ 再如，关于中国近代史研究，王汎森谈到，台湾学界认识到历史建构的作用，从性别、后殖民主义、国族主义角度讨论过去被忽略的问题。他认为，在中国近代思想文化研究领域，随着"私密性文件"、地方性材料的出现，非主流历史应当引起学者的关注⑤。再如，王明珂认为，传统的民族史研究有偏差，原因在于：第一，溯源研究，经常是当时人的看法，而不一定是客观事实，这种方法当然有局限；第二，仅从体质、语言、文化等方面区别民族是不够的，还要考虑到民族认同因素。他提出边缘研究法，以认同感作为民族区分的标志，希望深入研究民族边界的形成与变迁，每个人的历史意象、族群生活经验与族群身份的变迁，必须考虑族群关系、现实经济政治、意识形态等。这种反叛主流的主张，与后现代主义精神

---

① 熊秉真：《童年忆往》，麦田出版社2000年版。
② 卢建荣：《分裂的国族认同》，麦田出版社1999年版。
③ 卢建荣：《台湾史学界的后现代状况》，《汉学研究通讯》2002年第1期，第6—10页。
④ 卢建荣：《当代台湾新史学的反思》，载李金强主编：《世变中的史学》，第311—341页。
⑤ 王汎森：《中国近代思想文化史研究的若干思考》，原发表在《新史学》第14卷第4期，2003年12月，收入康乐、彭明辉主编：《史学方法与历史解释》，中国大百科全书出版社2005年版。

完全一致①。这些研究中国近代史、民族史的做法,采取后现代主义视角,颇具新识。

总之,后现代主义传入台湾后,不仅引起史学界的理论关注,并且对具体的历史研究产生了影响。至于后现代主义未来在台湾史学界的命运,以及可能对于台湾史学的影响,台湾学者有不同判断,王尔敏斥冯客等人的著作为"在流行理论下的智力浪费"②,还说:"后现代理论,相信不出十年他们将全被淘汰。"③黄进兴则认为:"'后现代史学'由于其独特的语言观点,对传统史料与史著均起了极大的质疑,其破坏力难以估量。"④无论学界怎样评价,不容置疑的是,后现代主义是人类思想发展的重要成果,是对专制理性的反叛,是对现有知识的质疑,言他人所未言;其提问角度新颖,其解决问题途径具有创新性,其治学精神、根本理念与传统学术并无二致。因此,它不是洪水猛兽,只会促使史学家治学更严谨、更细致、更民主、更自由。从这个意义上说,一旦人们认清其实质,乘势而用,它将会对台湾史学界发挥积极作用。

---

① 王明珂:《民族史的边缘研究:一个史学与人类学的中介点》,原刊《新史学》第4卷第2期,1993年6月,收入康乐、彭明辉主编:《史学方法与历史解释》。
② 王尔敏:《横看成岭侧成峰——20世纪中国史学之回眸探讨会记述》,载李金强主编:《世变中的史学》,第356页。
③ 王尔敏:《新史学圈外史学》,广西师范大学出版社2010年版,第ⅷ—ⅸ页,自序。
④ 黄进兴:《他山之石,可以攻错(简体版序)》,载《后现代主义与史学研究》,生活·读书·新知三联书店2008年版。

第十五章

唯物史观的输入与中国的马克思主义史学

马克思主义及其唯物史论的输入东方,促成了中国马克思主义史学的成长与壮大,而其传播渠道主要是苏联。从中外史学交流史而言,这是不可忽略的一个重要方面。

一、中国早期马克思主义学人对唯物史观的传播

19世纪40年代,马克思、恩格斯共同创立了科学的辩证唯物主义和历史唯物主义,简称唯物史观。马克思主义史学是以唯物史观作为观察社会的工具,依据客观历史事实研究人类社会历史发展过程及其规律的科学,其特点是"用科学的历史观点研究和解释历史"[①]。其核心是以科学唯物史观作为观察历史的基本出发点。早期马克思主义者李大钊、陈独秀、瞿秋白、蔡和森、李达、杨匏安等广泛传播唯物史观理论,并尝试运用唯物史观的基本原理研究中国历史,为中国化马克思主义史学的建立打下了基础。

(一)中国早期马克思主义学人对唯物史观的译介和阐释

李大钊是中国共产党的主要创始人之一,中国马克思主义史学的创始人之一,在唯物史观中国化方面做出了创造性贡献。1919年,他在《新青年》上发表《我的马克思主义观》,首次在我国系统地介绍了马克思

---

① 郭沫若:《中国古代社会研究》,科学出版社1962年版,第1页。

主义的三个组成部分,其中唯物史观是其介绍的重点。从1920年起,他先后在北京大学等校开设"唯物史观研究""史学思想史"等课程。"史学思想史"是1923年9月至1924年上半年李大钊为北京大学史学系开设的正式课程,"史观"系该课的第一讲,系统讲授了从古代神道史观到近世"马克思诸子"唯物史观的发展演变历程。李大钊指出,古代的历史观与神权的历史观、天命的历史观有密切联系:"古昔的历史观,大抵宗于神道,归于天命。而带有宗教的气味。当时的哲人,都以为人类的运命实为神所命定。故凡伟人的历史观、圣贤的历史观、王者的历史观、英雄的历史观、道德的历史观、教化的历史观,均与神权的历史观、天命的历史观,有密接相依的关系。""后世科学日进,史学界亦渐放曙光。"从康德开始,唯物史观开始发展①。在该讲义中,他还系统评述了自16世纪以来西方思想界的代表人物如鲍丹、鲁雷、维柯、孟德斯鸠、孔多塞、圣西门等人的历史思想,以此说明马克思主义唯物史观是对以往人类先进思想的继承和发扬。

1919—1920年,李大钊在《新青年》等刊物上相继发表《唯物史观在现代史学上的价值》《唯物史观在现代社会学上的价值》等文章,比较系统地介绍了马克思主义唯物史观的基本原理。1923年11月李大钊在上海大学做题为《史学概论》的演讲,向上海大学师生阐述马克思主义史学理论观。1924年李大钊的《史学要论》被列入《百科小丛书》,由商务印书馆出版。该书阐述了历史学的研究对象、历史学的任务等,是中国第一部马克思主义史学理论专著。总之,李大钊最重要的史学贡献是开创了中国马克思主义史学理论这一崭新的学术领域。

陈独秀是中国新文化运动的发起人和旗帜、五四运动的总司令、中国共产主义运动的先行者、中国共产党创始人和早期领导人之一;也是唯物史观的积极传播者。他传播唯物史观虽然没有李大钊早,也不如李

---

① 李大钊:《李大钊全集》第四卷,人民出版社2006年版,第252、253页。

达全面系统,但由于其崇高的政治地位和学术地位,特别是其创办的《新青年》杂志是当时传播唯物史观的主要阵地,因此可以说陈独秀在传播唯物史观方面的贡献也是巨大的。与其他早期马克思主义者一样,陈独秀的历史观也经历了从进化史观到唯物史观的转变过程。1921年8月陈独秀在《新青年》上发表《答蔡和森(马克思学说与中国无产阶级)》,在与蔡和森的讨论中,辨析唯物史观与进化论的区别与联系,阐发了唯物史观的精髓。1922年7月,陈独秀在《新青年》第九卷发表《马克思学说》,全面介绍剩余价值、唯物史观和阶级斗争等马克思主义学说,其中唯物史观是重点。1923年,陈独秀在玄学与科学论战中全面阐发唯物史观派的主张。"科玄"论战自1923年2月始,至1924年年底基本结束,历时近两年。1923年2月,张君劢发表"人生观"讲演,拉开玄学派与科学派论战的序幕,随着丁文江、梁启超、吴稚晖等人的参加,论战愈演愈烈。1923年11月,陈独秀为"科玄"论战文集《科学与人生观》作序,阐述唯物史观派的主张。与此同时,早期共产党人邓中夏的《中国现在的思想界》于1923年11月24日发表在《中国青年》第6期上,也运用唯物史观基本原理,对"科玄"论战双方做出批评。论战发展为科学派、玄学派和唯物史观派三大派的思想论争。

  李达是中国马克思主义史上百科全书式的学者和理论家[①]、中共"一大"代表、著名马克思主义哲学家,对唯物史观在中国的传播做出了重要贡献。他对唯物史观的认识有一个不断发展的过程。早在1918年秋至1920年夏,李达就翻译了荷兰人郭泰的《唯物史观解说》一书,还专门写了《唯物史观要旨》一节作为全书的附录;《唯物史观解说》及其附录对中国人接受唯物史观起了启蒙作用。1919—1922年,李达发表了《什么叫社会主义》《张东荪现原形》《讨论社会主义并质梁任公》《马克思还原》《社会革命的商榷》等文章,宣传了包括唯物史观在内的马克思主义

[①] 陶德麟:《前言》,载李达:《经济学大纲》,武汉大学出版社2007年版,第2页。

理论。1922年,他出席了中共"二大"并当选为中央委员。同年,他应毛泽东之邀到湖南任自修大学校长,为自修大学学院辅导和讲授唯物史观、剩余价值学说、科学社会主义等马克思主义基本理论,并编写《马克思主义名词解释》等教学资料。在湖南期间,李达以极大的精力从事唯物史观的研究。当自修大学被军阀赵恒惕封闭后,他又在湖南公立法政学校、湖南大学、湖南第一师范学校继续讲授唯物史观,并写成了《现代社会学》一书。

1923年5月,李达在自修大学《新时代》第1卷第2号发表《马克思学说与中国》一文,阐释了马克思唯物史观关于社会革命的理论。李达著《现代社会学》1926年6月由湖南现代丛书社出版。1928年11月,上海昆仑书店重新出版此书的修订版,至1933年,共印行14版,在革命者中广为流传,影响甚大,因而湖南省零陵县署曾以"著名共首,曾充大学教授,著有现代社会学,宣传赤化甚力"的罪名通缉李达①。李达的《现代社会学》是一本系统地阐述历史唯物主义和科学社会主义原理的著作。就唯物史观方面来说,书中论述了生产力和生产关系、经济基础和上层建筑的辩证关系,以及个人在历史上的作用等唯物史观理论。书中还明确指出,历史唯物论是一门社会科学,即马克思主义社会学。该书曾在革命者中间广泛流传,对哲学、社会学和历史学的社会科学化产生了深远的影响。就所论及问题的广泛性和内容的深刻性而言,其代表了中国早期马克思主义者对唯物史观的理解和运用所达到的新水平。总的来看,1926年出版的《现代社会学》具有重要的创新性意义。虽然李大钊、陈独秀、瞿秋白、杨匏安等中国早期马克思主义者此前就力图用唯物史观分析、解释中国历史问题,但就历史唯物主义的一系列重大理论问题,他们的阐述还不够全面、准确。《现代社会学》则在理论上把马克思主义唯物史观在中国的传播推进到一个新的理论高度,特别是在历

---

① 李达:《李达文集》第一卷,人民出版社1980年版,第236页。

发展的动力、历史发展的规律、阶级斗争与社会历史发展的关系以及个人在历史上的作用等一系列重大历史理论问题上，该书阐发了独到的见解。

《现代社会学》对于马克思主义史学理论的初步形成起了重要作用。该书运用唯物史观阐述了人类社会的历史发展，侧重论述了社会的构成、社会和国家的起源以及国家发展的具体历史形态。该书对中国社会发展的进程做了正确的分析，在后来展开的关于中国社会性质问题和社会史问题的论战中，为进步学者寻求关于中国革命性质和前途问题的正确答案提供了有利条件。书中关于家庭、私有制、阶级、国家的起源的论述，对此后郭沫若、吕振羽等研究上古历史有启迪作用。

代表李达研究唯物史观最高水平的是他的《社会学大纲》。《社会学大纲》的内容是辩证唯物主义与历史唯物主义，全书40余万字，是李达用三四年时间逐渐写成的，完稿于1936年，1937年5月由上海笔耕堂书店首次出版。《社会学大纲》阐述了辩证唯物论与历史唯物论的基本理论和两者之间的相互关系，把唯物的辩证法引入历史认识，指出辩证唯物论和历史唯物论是包括史学在内的一切学科唯一的科学理论和方法，这在史学界产生了重要的影响。它对于清算当时中国史学界流行的唯心论、机械论等错误理论和方法起了积极的作用。翦伯赞在批评史学界存在的忽视对历史进行哲学层次探讨的倾向时说，李达的《社会学大纲》"虽然不是一部历史哲学的著作，然而却是值得历史研究者一读的"①。《社会学大纲》1937年公开出版后，毛泽东高度评价说："这是中国人写的第一本马克思主义哲学教科书。"②该书在社会上广为流传，影响深远，对于20世纪三四十年代中国马克思主义史学理论体系的初步完善

---

① 翦伯赞：《序》，载《历史哲学教程》，河北教育出版社2001年版，第5页。
② 《李达文集》编辑组：《李达同志生平事略》，《武汉大学学报（哲学社会科学版）》1981年第1期，第1—9页。

更是有着直接的影响。

20世纪30年代初,李达又主持翻译苏联哲学名著《辩证法唯物论教程》,这部译著在中国哲学界产生了深远的影响。

唯物史观是马克思主义史学的理论基础和方法指南,《现代社会学》《社会学大纲》等著作虽然不是史学专著,但书中所阐述的唯物史观和辩证的历史认识方法,为中国马克思主义史学的发展提供了重要的理论指导。

瞿秋白也是传播唯物史观的重要人物,是中国共产党早期主要领导人之一,马克思主义者,无产阶级革命家、理论家和宣传家,中国革命文学事业的重要奠基者之一,其研究涉及政治、经济、思想文化、语言文学等诸多领域。在辩证唯物论和历史唯物论的传播方面,瞿秋白做出了重要贡献。1921年秋,东方大学开办中国班,瞿秋白作为当时莫斯科仅有的翻译,进入该校任翻译和助教,中国班单独编一班,该班学生有刘少奇、罗亦农、彭述之、任弼时、柯庆施、王一飞、萧劲光等,瞿秋白讲授俄文、唯物辩证法、政治经济学,并担任政治理论课翻译,向中国的早期马克思主义者传播辩证唯物论。他于1923—1924年在上海写成《社会哲学概论》《现代社会学》《社会科学概论》三本书,比较系统地传播了马克思主义哲学原理,特别是马克思主义的辩证唯物主义理论。瞿秋白负责中国共产党的领导工作后,翻译了苏联哥列夫的《无产阶级哲学——唯物论》一书,并撰写《唯物论的宇宙观概论》《马克思主义之概念》等论文,积极宣传了辩证唯物论和历史唯物论的思想;他还努力运用辩证唯物主义和历史唯物主义的观点和方法分析研究中国社会历史现象;是中国系统介绍、宣传辩证唯物论的第一人。瞿秋白的哲学著作是马克思主义哲学在中国传播史上和中国无产阶级哲学思想发展史上的一个重要里程碑。1923年,瞿秋白在上海大学编写了《社会哲学概论》《现代社会学》讲义。其中,《社会哲学概论》讲义概括地介绍了恩格斯的《反杜林论》,阐述了唯物、唯心及二元论的产生、发展及其特点,并对17—18世纪以来英、法和德国的哲学发展及唯心与唯物派的斗争做了重点说明;是当时运用唯物史观研究中国社会的代表之作。更值得注意的是,瞿秋白对辩证法做了详细介绍。《现代社会学》一书,是瞿秋白将布哈林的《历史唯物主义理论》著作加以批判、消化、吸收,经过选择、鉴别而写成的,系统阐述了辩证唯物论的一系列基本观点。上述著作以唯物史观为指针,努力阐明社会发展的一般规律,为马克思主义史学奠定了理论基础。

蔡和森是中国共产党早期卓越的领导人之一、理论家、宣传家,他也很重视唯物史观的传播。1919年年底,蔡和森赴法国勤工俭学。在法国,他系统地学习了马克思主义理论,接受了唯物史观。1921年2月,蔡和森在写给陈独秀的长信《马克思学说与中国无产阶级》中系统地阐明了他对马克思主义基本理论的认识。鉴于"国内言论沉寂,有主义有系统的出版物几未之见",他深感系统宣传马克思主义理论的重要性,宣称:"和森为极端马克思派,极端主张:惟物史观,阶级战争,无产阶级专政。"他概括了马克思主义理论的三个重要组成部分,说:"马克思的学理由三点出发:在历史上发明他的惟物史观,在经济上发明他的资本论,在政治上发明他的阶级战争说。三者一以贯之,遂成为革命的马克思主义。"①这表明,当时蔡和森对马克思主义理论已经有了较为全面的认识;尤其可贵的是,他把唯物史观摆在马克思主义理论的首要位置,认识到唯物史观是马克思主义思想理论的基础。

1922年9月以后,蔡和森在主编《向导》周报期间,曾先后在上海平民女子学校和上海大学任教。在上海大学执教期间,蔡和森为社会学系学生开设的课程是"社会进化史"。他讲授的社会进化史实际上就是社会发展史。该课程以恩格斯《家庭、私有制和国家的起源》一书为

---

① 蔡和森:《马克思学说与中国无产阶级》,载《蔡和森文集》(上),湖南人民出版社1979年版,第56、51页。

蓝本,该书当时还没有完整的中译本,蔡和森就自己编撰讲义。讲义经整理后,于1924年8月由民智书局出版,列为上海大学丛书之一。1924年出版的《社会进化史》全书15万余字,运用恩格斯的《家庭、私有制和国家的起源》以及达尔文的社会进化论来论证社会发展的必然规律,论述了人类社会的进化发展规律以及家庭、私有财产制度和国家的起源等问题,从人类的起源一直讲到最终实现共产主义。书中不仅引用古希腊、罗马、日耳曼、埃及的史料,而且大量引用中国史料。该书重点介绍恩格斯的《家庭、私有制和国家的起源》和列宁的《国家与革命》,吸收马克思主义其他论著,如《劳动在从猿到人转变过程中的作用》《共产党宣言》的历史唯物论基本观点,宣传了唯物史观的基本原理。这是国内最早的运用唯物史观阐述人类社会发生、发展的历史及其必然趋势的著作。《社会进化史》在史学思想史方面的贡献表现在:阐明了社会进化的根本动因在于生产力的发展这一唯物史观的基本观点;论述了家族、私有财产和国家的进化过程;探讨了人类社会历史发展的规律。

杨匏安1921年加入中国共产党,是华南地区早期传播唯物史观的代表性人物。1923年起历任国民党中央中国党团书记、国民党中央组织部代部长、中央执行委员会常委等职,1927年当选为中共第五届中央监察委员。1919年11月11日至12月4日,杨匏安在《广东中华新报》副刊连载发表《马克斯(今译马克思)主义Marxism——一称科学的社会主义》一文,这是华南地区最早系统地介绍马克思主义的文章。杨匏安阐述了生产方式是社会发展的决定力量以及上层建筑与经济基础、生产关系与生产力必须相适应等马克思唯物史观原理。《马克斯(思)主义——一称科学的社会主义》与李大钊发表于《新青年》的名文《我的马克思主义观》下篇几乎同时问世,同为中国早期传播马克思主义的名篇。《广东中华新报》是广州较大的报刊,杨匏安宣传马克思主义的文章在该报连载19天,在华南地区产生了较大影响。1922年3—4月,杨匏安在广东青年团《青年周刊》第4—7号连载《马克斯(马克思)主义浅说》,这是用白话文体通俗地、更全面深入且系统地介绍马克思主义三个组成部分的文章,阐述了唯物史观的科学内涵以及唯物史观和阶级斗争的密切关系,比1919年的《马克斯(思)主义——一称科学的社会主义》更加深入浅出、准确鲜明。杨匏安的这些文章对马克思主义在华南地区的广泛传播产生了重要影响。

除早期共产党人外,还有顾兆熊、凌霜、胡汉民、费觉天等学者也对唯物史观进行了传播。至20世纪20年代后期,唯物史观在史学界已占有一席之地,唯物史观的理论开始被运用到具体的古史研究上。唯物史观的广泛传播也影响到其他学派学者的治史路向。早在1928年,吕思勉在读郭斌佳的译作《历史哲学概论》并做眉批时就指出:"马克思之说,虽受人攻击,然以中国史事证之,可见其说之确者甚多,大抵抹杀别种原因,则非是,然生计究为原因之最大者。"①吕思勉以中国的史事来验证马克思学说的合理性,这在当时的确难能可贵,表现了他"求真"的巨大勇气。顾颉刚在1933年表示不反对唯物史观,他在《古史辨》第四册序言中说"我自己决不反对唯物史观",也不反对信仰唯物史观的人。顾颉刚认为,运用唯物史观研究古史需要有坚实的史料基础,自己的史料考辨工作正在为唯物史观的研究准备条件。他说,"等到我们把古书和古史的真伪弄清楚","将来从事唯物史观的人要搜取材料时就更方便了,不会得错用了。是则我们的'下学'适以利唯物史观者的'上达';我们虽不谈史观,何尝阻碍了他们的进行,我们正为他们准备着初步工作的坚实基础呢!"②

---

① 俞振基:《蒿庐问学记:吕思勉生平与学术》,生活·读书·新知三联书店1996年版,第406页。
② 顾颉刚:《古史辨》第四册,上海古籍出版社1982年版,序。

（二）中国早期马克思主义者传播唯物史观的特点

1. 用中国人自己的话语体系通俗阐释唯物史观

中国早期马克思主义学人译介马克思主义论著时，注意用中国人自己的语言表达唯物史观的术语和原理。马克思主义术语是马克思主义思想和概念的语言浓缩形式。中国共产党人在传播来自西方的马克思主义概念时，必须在中文中找到相应的语言词汇作为载体。早期马克思主义者李大钊、瞿秋白、蔡和森、李达等以日文、俄文、英文等语言为媒介，将马克思主义论著翻译为中文，同时活用自己的语言传播唯物史观理论。通过中国马克思主义先驱者们的共同努力，"生产力""生产关系""经济基础""上层建筑"等大量唯物史观的术语逐渐在中文中固定下来，为构建中国马克思主义史学的话语体系打下了基础。以李大钊为例，1919年，李大钊在《新青年》上发表《我的马克思主义观》，在当时有关介绍马克思的中文资料极端缺乏的情况下，他借助日文和英文的文献资料，首次在我国系统地宣传了马克思主义的三个组成部分。关于唯物史观，李大钊主要依据日本学者河上肇对马克思相关著作的译语，同时又根据自己的理解，以中国的话语系统把唯物史观"要领简单写出，以期易于了解"。李大钊用"表面构造"指代政治的、法制的、伦理的、哲学的等"精神的构造"，用"基础构造"指代"经济的构造"，词语通俗形象，便于唯物史观的理论传播[①]。李大钊细致叙述了唯物史观的两个要点。第一个要点是"人类社会生产关系的总和，构成社会经济的构造。这是社会的基础构造。一切社会上政治的、法制的、伦理的、哲学的，简单说，凡是精神上的构造，都是随着经济的构造变化而变化。"李大钊将社会经济的构造称为"社会的基础构造"，将政治的、法制的、伦理的、哲学的等"精神的构造"称为"表面构造"，认为"表面构造常视基础构造为转移，而基础

[①] 李大钊：《我的马克思主义观》，载《史学要论》，河北教育出版社2000年版，第132—133页。

构造的变动,乃以其内部促他自己进化的最高动因,就是生产力为主动;属于人类意识的东西,丝毫不能加他以影响,他却可以决定人类的精神、意识、主义、思想,使他们必须适应他的行程"。唯物史观的第二个要点是"生产力与社会组织有密切的关系。生产力一有变动,社会组织必须随着他变动"。"社会组织即社会关系",与布帛菽粟一样,社会关系是"人类依生产力产出的产物"。李大钊举例说,手臼产出封建诸侯的社会,蒸汽制粉机产出产业的资本家的社会①。他解释唯物史观的语言通俗易懂,十分形象。

陈独秀也注重用通俗的语言深入浅出地阐释唯物史观。1922年7月,陈独秀在《新青年》第九卷发表《马克思学说》,全面介绍剩余价值、唯物史观和阶级斗争等马克思主义学说,其中唯物史观是重点。陈独秀对马克思的唯物史观学说进行了细致阐述,指出,马克思唯物史观"虽然没有专书,但是他所著的《经济学批评》、《共产党宣言》、《哲学之贫困》三种书里都曾说明过这项道理"。陈独秀用通俗的语言阐述了唯物史观之要旨,其一,"说明人类文化之变动。大意是说:社会生产关系之总和为构成社会经济的基础,法律、政治都建筑在这基础上面。一切制度、文物,时代精神的构造都是跟着经济的构造变化而变化的,经济的构造是跟着生活资料之生产方法变化而变化的。不是人的意识决定人的生活,倒是人的社会生活决定人的意识"。其二,"说明社会制度之变动。大意是说:社会的生产力和社会制度有密切的关系,生产力有变动,社会制度也要跟着变动"。陈独秀运用生动形象的比喻描述生产力发展与社会制度变动的关系,"因为经济的基础(即生产力)有了变动,在这基础上面的建筑物自然也要或徐或速的革起命来,所以手臼造出了封建诸侯的社会,蒸汽制粉机造出了资本家的社会。一种生产力所造出的社会制度,当初虽然助长生产力发展,后来生产力发展到这社会制度(即法律、经济等制

---

① 李大钊:《李大钊全集》第三卷,第27页。

度)不能够容他更发展的程度,那时助长生产力的社会制度反变为生产力之障碍物,这障碍物内部所包涵的生产力仍是发展不已,两下冲突起来,结果,旧社会制度崩坏,新的继起,这就是社会革命"。陈独秀从唯物史观理论和方法论意义的视角说明马克思的科学社会主义与其他空想社会主义的区别:马克思社会主义之所以被称为科学的而不是空想的,正因为他能以唯物史观的见解,"说明资本主义的生产方法和资本主义的社会制度所以成立所以发达所以崩坏,都是经济发展之自然结果,是能够在客观上说明必然的因果,不是在主观上主张当然的理想,这是马克思社会主义和别家空想的社会主义不同之要点"①。

如前所述,1922年3—4月,杨匏安在广东青年团《青年周刊》第4—7号连载《马克斯(思)主义浅说》一文。文中,杨匏安介绍了马克思主义三个部分的内容:一是唯物的历史观;二是"阶级竞争"说;三是经济学说。杨匏安认为马克思主义形成和发展的时间是"由发表《共产党宣言》书之1848年起,直到刊行《资本论》之1867年,这20年间","以唯物的史观论为基础之科学的社会主义,亦大成于这期间之内"。关于唯物史观的科学内涵,杨匏安指出,唯物史观就是"一元论所生的历史自然科学的观察,更加入一种革命主义"。马克思"说历史的根源,不在天之创成,实归之地之物的生产,以技术的和经济的因子,为一切政治上及精神上的历史原动,生产上有所变化,历史上也就起了变化"。"生产关系的总和,构成社会经济的构造,这就是社会真实的基础构造。凡社会上法律的、政治的及一切精神上的构造,都建筑在这个基础的上面,并且相应于此而生一种社会的自觉。"②

2. 特别强调唯物史观在马克思主义理论体系中的重要地位

1919年,李大钊在《新青年》上发表《我的马克思主义观》,首次在我

---

① 陈独秀:《陈独秀选集》,天津人民出版社1990年版,第175、176页。
② 杨匏安:《杨匏安文集》,中央文献出版社1996年版,第190、192页。

国系统地介绍了马克思主义的三个组成部分:"马氏社会主义的理论,可大别为三部:一为关于过去的理论,就是他的历史论,也称社会组织进化论;二为关于现在的理论,就是他的经济论,也称资本主义的经济论;三为关于将来的理论,就是他的政策论,也称社会主义运动论,就是社会民主主义。"这三部理论都有不可分的关系,而阶级竞争说恰如一条金线,把这三大原理从根本上联络起来。所以他的唯物史观说:"既往的历史都是阶级竞争的历史。"①

李大钊特别强调唯物史观在马克思主义理论体系中的重要地位,离开了马克思"特有的史观,去考他的社会主义,简直的是不可能。因为他根据他的史观,确定社会组织是由如何的根本原因变化而来的;然后根据这个确定的原理,以观察现在的经济状态,就把资本主义的经济组织,为分析的、解剖的研究,豫(预)言现在资本主义的组织不久必移入社会主义的组织,是必然的运命;然后更根据这个豫(预)见,断定实现社会主义的手段、方法仍在最后的阶级竞争"②。也就是说,唯物史观是马克思主义关于资本主义和社会主义学说的理论基石。

蔡和森也高度重视唯物史观在马克思主义理论中的地位。他说,马克思发现唯物史观,这是"思想史上一桩大喜事";学术研究要以唯物史观作为指导思想。1920年9月16日,他在给毛泽东的信中说:"我以为现在世界显然为两个敌对的阶级世界,学说亦显然划了鸿沟。自柏拉图统御以来的哲学思想(人生哲学、社会哲学),显然为有产阶级的思想。其特点重理想轻生活,重精神轻物质。马克斯(思)的唯物史观,显然为无产阶级的思想。以唯物史观为人生哲学、社会哲学的出发点,结果适与有产阶级的唯理派相反,故我们今日研究学问,宜先把唯理观与唯物观分个清楚,才不至堕入迷阵。"这段话扼要地点明了唯物史观和唯心史

---

① 李大钊:《李大钊全集》第三卷,人民出版社2006年版,第18、19页。
② 同上。

观的根本区别,指出唯物史观是无产阶级的思想理论武器,并强调了以唯物史观来指导学问研究的重要性①。

3. 对唯物史观的认识有一个逐渐深化的过程

1919年李大钊在《新青年》上发表《我的马克思主义观》,首次在我国系统地介绍了马克思主义的三个组成部分。李大钊首先阐释了唯物史观的内涵:"唯物史观也称历史的唯物主义。""历史的唯物论者观察社会现象,以经济现象为最重要,因为历史上物质的要件中,变化发达最甚的,算是经济现象。故经济的要件是历史上惟一的物质的要件。自己不能变化的,也不能使别的现象变化。""所以历史的唯物论者,于那些经济以外的一切物质的条件,也认他于人类社会有意义,有影响。不过因为他的影响甚微,而且随着人类的进化日益减退,结局只把他们看作经济的要件的支流罢了。因为这个缘故,有许多人主张改称唯物史观为经济史观。"②在这段文字中,李大钊较系统地阐述了唯物史观的核心观点,只不过他也认同"改称唯物史观为经济史观",显示出其认识的局限性。胡绳评价说,李大钊的长文《我的马克思主义观》,认真地介绍了马克思的唯物史观、阶级斗争论和经济学说。显然这篇文章仍包含着一些早期的马克思主义者由于刚从激进的民主主义立场转变过来而难免带有的思想渣滓,例如文中说:"我们主张以人道主义改造人类精神,同时以社会主义改造经济组织。"③

1920年12月,李大钊在《新青年》上发表的《唯物史观在现代史学上的价值》,仍认同唯物史观为经济史观。李大钊指出,"唯物史观"是社会学上的一种法则,是马克思和恩格斯在1848年合著的《共产党宣言》里所发现的。后来有四种名称在学者间通用,都是指此法则的,即"历史之

---

① 蔡和森:《蔡林彬给毛泽东》,载《蔡和森文集》(上),第27页。
② 李大钊:《李大钊全集》第三卷,第19、20页。
③ 胡绳:《胡绳全书》第三卷上,人民出版社2005年版,第351页。

唯物的概念""历史的唯物主义""历史之经济的解释""经济的决定论"。李大钊认为,唯物史观还是用"经济史观"一词表述更为合理,"只以'唯物史观'一语,年来在论坛上流用较熟,故且仍之不易"①。

1924年李大钊著《史学要论》,指出有些学者认为"马克思的经济史观,是以经济史概历史学的全般"。李大钊认为以此来责难马克思的历史哲学,实有商榷的余地:"马氏认社会的构造是个整个的东西,有其基址,亦有其上层,经济关系是其基址,观念的形态是其上层,上层与基址相合而成此构造。马氏虽认上层的变动随着基址的变动而变动,但绝不是把社会构造的整个全体,裂为零碎的东西,而以基址概全构造,以经济史概全文化史,概全历史学。我们承认历史学是各个特殊的历史学的总合,同时亦当承认经济关系在社会全构造中是其基址,承认经济在整个的文化生活中是比较重要的部分。"②李大钊的这段文字全面系统地分析了经济基础和上层建筑的辩证关系,指出马克思的唯物史观是概括历史学的全貌,而不仅仅是指经济史,表明李大钊对唯物史观的认识又前进了一步。

毋庸讳言,李大钊对唯物史观的理解有一个发展过程。一个时期内,李大钊曾将唯物史观误解为机械的经济决定论,又受到互助论等影响,以至于在《阶级竞争与互助》一文中提出了对马克思主义的"救正"与"调和"。虽然李大钊对唯物史观本意的理解也有片面之处,如认为"属于人类意识的东西,丝毫不能加他(指社会的经济构造)以影响,他却可以决定人类的精神、意识、主义、思想,使他们必须适应他的行程"③。又如,李大钊认为,历史的唯物论者主张经济以外的一切物质的条件于人类社会"影响甚微,而且随着人类的进化日益减退",认同唯物史观为经

---

① 李大钊:《李大钊全集》第三卷,第216页。
② 李大钊:《李大钊全集》第四卷,第337、338页。
③ 李大钊:《李大钊全集》第三卷,第27页。

济的史观①。这些都反映出李大钊当时对唯物史观认识的局限性。但瑕不掩瑜，总的来看，李大钊关于唯物史观的论断与马克思唯物史观基本原理是基本一致的。

陈独秀也经历了从信奉进化史观到信奉唯物史观的转变。新文化运动前期和中期，陈独秀对进化史观进行了重点阐发。1915年9月，陈独秀在《青年杂志》第1卷第1号发表《敬告青年》一文，指出："自宇宙之根本大法言之，森罗万象，无日不在演进之途，万无保守现状之理。""此法兰西当代大哲柏格森之《创造进化论》所以风靡一世也。""以人事之进化言之，笃古不变之族，日就衰亡；日新求进之民，方兴未已；存亡之数，可以逆睹。"②在这段文字中，陈独秀以进化论为指导阐发了社会变革的理由。1919年12月，陈独秀在《新青年》上发表《〈新青年〉宣言》，又对进化史观做了进一步阐述，认为世界各国政治上、道德上、经济上因袭的旧观念中，"有许多阻碍进化而且不合情理的部分"。想求得社会进化，不得不打破"天经地义""自古如斯"的成见。我们必须"一面抛弃此等旧观念，一面综合前代贤哲、当代贤哲和我们自己所想的，创造政治上、道德上、经济上的新观念，树立新时代的精神，适应新社会的环境"③。1920年4月，他在《新青年》上发表《新文化运动是什么？》，分析了创造和进化的关系："新文化运动要注重创造的精神。创造就是进化，世界上不断的进化只是不断的创造，离开创造便没有进化了。我们不但对于旧文化不满足，对于新文化也要不满足才好；不但对于东方文化不满足，对于西洋文化也要不满足才好；不满足才有创造的余地。"④

1921年，陈独秀在与蔡和森的讨论中，辨析了唯物史观与进化论的

---

① 李大钊：《李大钊全集》第四卷，第340页。
② 林文光编选：《陈独秀文选》，四川文艺出版社2009年版，第17页。
③ 同上书，第8页。
④ 同上书，第9页。

区别与联系,阐发了唯物史观的精髓。1921年8月,陈独秀在《新青年》上发表《答蔡和森(马克思学说与中国无产阶级)》,针对蔡和森所提出的马克思主义"综合革命说与进化说",指出"综合革命说与进化说"固然是马克思主义的骨髓,也正是有些人对于马克思主义怀疑的一个最大的要害。"怀疑的地方就是:马克思一面主张人为的革命说,一面又主张唯物史观,类乎一种自然进化说,这两说不免自相矛盾。"陈独秀认为,"唯物史观是研究过去历史之经济的说明,主张革命是我们创造将来历史之最努力最有效的方法,二者似乎有点不同。唯物史观固然含着有自然进化的意义,但是他的要义并不只此",唯物史观的要义"是告诉我们:历史上一切制度底变化是随着经济制度底变化而变化的"①。唯物史观的这个要义指示我们:"(一)一种经济制度要崩坏时,其他制度也必然要跟着崩坏,是不能用人力来保守的;(二)我们对于改造社会底主张,不可蔑视现社会经济的事实;(三)我们改造社会应当首先从改造经济制度入手。在第(一)、(二)教训里面,我们固然不能忘了自然进化的法则,然同时我们也不能忘了人类确有利用自然法则来征服自然的事实,所以我们在第(三)教训内可以学得创造历史之最有效最根本的方法,即经济制度的革命。"也就是说,唯物史观的要义中既包含自然进化的内容,又包含革命的内容。按照陈独秀的解释,马克思主义并没有什么矛盾,"若是把唯物史观看做一种挨板的自然进化说,那末,马克思主义便成了完全机械论的哲学,不仅是对于历史之经济的说明了。"②陈独秀关于唯物史观与进化说区别与联系的论述,澄清了"马克思唯物史观与革命说相互矛盾"等模糊认识。

1921年1月,李达在《新青年》上发表《马克思还原》,指出马克思社会主义是科学的,其重要原则有五个:"一、唯物史观;二、资本集中说;

---

① 林文光编选:《陈独秀文选》,第159页。
② 同上书,第159、160页。

三、资本主义崩坏说;四、剩余价值说;五、阶级斗争说。马克思的政治学说和经济学说,均详备于此五原则之中。"马克思所论述社会革命的原理、手段、方法及其理想中的社会,与唯物史观相关的主要有三点:其一,"一切生产关系财产关系,是社会制度的基础,一切社会宗教、哲学、法律、政治等组织,均依这经济的基础而定"。其二,"社会的物质生产力,发展至于一定程度时,就与现社会中活动而来的生产关系财产关系发生冲突"。其三,"人类的历史是阶级争斗的历史"①。可以看出,这一时期,李达对唯物史观的理解还比较片面,未能全面论述生产力和生产关系、经济基础和上层建筑的辩证关系,但他把唯物史观作为马克思主义理论的首要原则,强调经济关系的决定作用,这具有重大的理论意义。

李达著《现代社会学》于1926年6月由湖南现代丛书社出版。1928年11月,上海昆仑书店重新出版此书的修订版。当然,李达对唯物史观的认识也有一个发展的过程,这在该书的修订版中有所体现。他在《现代社会学》第一版中认为,生产力发达的原因有两个:"其一为人口之增加,其二为欲望之增进。"1928年修订版将生产力发达之原因改为:"其一为劳动之社会化,其二劳动手段之发展。"②关于阶级斗争的历史作用,《现代社会学》第一版指出:"阶级斗争又为变革社会之唯一动力。"③修订版删去了"唯一"两字。《现代社会学》第一版将社会定义为:"各个人为谋满足欲望而加入生产关系之结合,谓之社会。"修订版将这句话改为:"人类间立于生产关系之结合,谓之社会。"④从1928年版文字修订的情况可以看出李达对唯物史观的认识不断深化,不断趋于准确。

应当指出,在《现代社会学》中,李达的哲学思想体系也有明显的局

---

① 李达:《李达文集》第一卷,人民出版社1980年版,第31、30页。
② 同上书,第258页。
③ 同上书,第276—277页。
④ 同上书,第243页。

限性,他对辩证唯物主义的讨论甚少,主要强调生产力对社会发展最终起决定作用,较忽视生产关系对生产力所起的反作用,还不能将辩证唯物主义和历史唯物主义作为马克思主义哲学体系的一个整体进行研究;这表明他对马克思主义哲学的理解还未达到完全成熟的阶段。

在其后撰述的《社会之基础知识》和《社会学大纲》等著作中,李达将辩证法引入了历史认识,对唯物史观的阐释逐渐全面。1929年4月,李达的《社会之基础知识》一书由上海新生命书局发行。李达认为:"辩证法的唯物论,是把哲学上的唯物论和辩证法结合起来,克服了唯心论的革命的阶级的哲学。"①他将唯物辩证法的原理运用到社会历史领域中,提出了"社会的系统观"的思想。李达用生动形象的语言说明经济是社会的基础:"我们可比方地说,现在的世界,可说是文明很进步而极其光辉灿烂了,但若假定经济的经常相互关系都忽然停止,那时的景象怎样,我们不难想到,那时必定一切工作停顿,一切生活资料的来源也都断绝,所谓光辉灿烂,立刻变为黑暗沉寂,纵有很好的政治法律道德等,也会失掉作用。所以离开食衣住行等的享受,便没有文化,质言之,便是没有社会。"经济关系是最重要的社会关系,"社会是包括人类间一切经常相互关系的系统。在这个系统中,一切经常相互关系都以经济的经常相互关系做基础"②。李达从经济的角度分析社会系统变化的原因,认为社会系统变化的原因,"当求之于社会和自然环境的相互关系中"。可以看出,李达对经济关系在社会系统中的作用是非常重视的。《社会之基础知识》专门介绍了唯物论和辩证法的内容,只不过论述还较为肤浅。

代表李达研究唯物史观最高水平的是他的《社会学大纲》。该书1937年5月首次出版,是第一部把辩证唯物论与历史唯物论作为具有严密逻辑结构和历史证明的完整体系进行论述的著作。该书将辩证法

---

① 李达:《李达文集》第一卷,第514页。
② 同上书,第498页。

引入了历史认识,因而在历史唯物论方面较之以往论述更具深刻性。李达指出,辩证唯物论与历史唯物论是相互联系的;"历史唯物论如果没有辩证唯物论,它本身就不能成立;辩证唯物论如果没有历史唯物论,也不能成为统一的世界观"。也就是说,历史唯物论是立于辩证唯物主义基础之上的;同样,历史唯物论的创立对于辩证唯物论的形成也是不可或缺的。李达说:"只有彻底地把辩证唯物论扩张于人类社会或历史的领域,才能使辩证唯物论更趋于深化和发展,人们才能在世界变动的过程中去认识世界,改造世界。"①李达在辩证唯物主义与历史唯物主义方面都有全面深刻的论述。他在历史唯物主义方面突出生产力的决定作用,在辩证法方面重视对立统一规律,在辩证唯物主义认识论部分强调以实践为基础的能动反映论。

4. 系统分析唯物史观的源流和形成

1919年,李大钊在《新青年》上发表《我的马克思主义观》,首次在我国系统地介绍了马克思主义的三个组成部分。他阐述了马克思唯物史观理论的思想渊源,指出唯物史观并不是马克思的首创,而是由孔多塞开启端绪的:"自孔道西(Condorcet,即孔多塞)依着器械论的典型,想把历史作成一科学,而期发见出一普遍的力,把那变幻无极的历史现象,一以贯之,已竟开了唯物史观的端绪。故孔道西算是唯物史观的开创者。"②李大钊较全面地分析了马克思唯物史观与孔多塞、圣西门、梯也尔、米涅、基佐、蒲鲁东等人的历史唯物论的渊源关系,指出其共同点是把经济的要素比精神的要素看得更重。在分析唯物史观的源流生成的基础上,李大钊阐述了马克思唯物史观的主体特色:马克思历史观的纲要,始见于1847年的《哲学的贫困》和1848年的《共产党宣言》;而以一定的公式表示出的历史观,则在他1859年所作的《政治经济学批判序

---

① 李达:《李达文集》第二卷,第283页。
② 李大钊:《李大钊全集》第三卷,第20页。

言》中体现出来。李大钊根据日本学者河上肇所译《哲学的贫困》《共产党宣言》《政治经济学批判序言》等著作的日文本,将其唯物史观部分择要译成中文,进而"把这个要领简单写出,以期易于了解"①。李大钊总结了唯物史观的大致要领:"在认经济的构造对于其他社会学上的现象,是最重要的;更认经济现象的进路,是有不可抗性的。经济构造是社会的基础构造,全社会的表面构造,都依着他迁移变化。但这经济构造的本身,又按他每个进化的程级,为他那最高动因的连续体式所决定。"②

"史学思想史"是 1923 年 9 月至 1924 年上半年李大钊为北京大学史学系开设的正式课程,"史观"系该课的第一讲,系统讲授了从古代神道史观到近世"马克思诸子"唯物史观的发展演变历程。李大钊指出,古代的历史观与神权的历史观、天命的历史观有密切联系,"古昔的历史观,大抵宗于神道,归于天命。而带有宗教的气味。当时的哲人,都以为人类的运命实为神所命定。故凡伟人的历史观、圣贤的历史观、王者的历史观、英雄的历史观、道德的历史观、教化的历史观,均与神权的历史观、天命的历史观,有密接相依的关系"。"后世科学日进,史学界亦渐放曙光。"从康德开始,唯物史观开始发展③。李大钊叙述鲍丹、鲁雷、圣西门对唯物史观发展的贡献,称法国政治思想家、法学家、史学家鲍丹(今译博丹或波丹)的历史观有三大特点:"于后来进步论的发长上,有很重要的关系:(一)他否认人类退落说;(二)他主张今决不劣于古,而且优于古;(三)他认地球上的人民都有相互共同的利害关系。""鲍丹的新历史观,在史学上的贡献,如此其大,我们不能抹煞他的伟大的功绩,而于研索唯物史观起原(源)时,尤不可遗忘了此人。"也就是说,鲍丹的历史观蕴含着唯物史观萌芽的因素。鲁雷(今译勒卢阿)的历史思想对于史学

---

① 李大钊:《李大钊全集》第三卷,第 27 页。
② 同上书,第 21 页。
③ 李大钊:《李大钊全集》第四卷,第 252、253 页。

上的贡献有三个要点,全与鲍丹相同。法国史学家桑西门(今译为圣西门)的历史观"一为知识的历史观,一为经济的历史观。他的知识的历史观,很强烈的表现于他的初期的著作,嗣后他的思想发生变化,经济的历史观,乃以取而代之"。① 圣西门的经济的历史观发展了唯物史观。

1924年,李大钊著《史学要论》论述了唯物论历史观两个派别的学术分野:唯物论的历史观,一派是海尔革(即海克尔)及席克等的进化论派,一派是马克思及恩格尔(即恩格斯)辈的经济学派。"海氏著有《自然的发展上的文化史》(一八七五年),席氏著有《古代世界衰亡史》(今已出至五卷,一八九四——一九一三年),都以生物学上的根本法则解释历史。马克思一派,则以物质的生产关系为社会构造的基础,决定一切社会构造的上层。故社会的生产方法一有变动,则那个社会的政治、法律、伦理、学艺等等,悉随之变动,以求适应于此新经变动的经济生活。故法律、伦理等不能决定经济,而经济能决定法律、伦理等。这就是马克思等找出来的历史的根本理法。"马克思唯物史观的史学贡献在于:"这样子历史学在科学上得有相当的位置。治史学者,亦得有法则可循。"②《史学要论》对于唯心史观的历史哲学也有客观评述。

李大钊的《马克思的历史哲学与理恺尔的历史哲学》一文分析比较了李凯尔特唯心主义历史哲学与马克思历史哲学的学术异同。理恺尔,今译李凯尔特(1863—1936),德国唯心主义哲学家,新康德主义弗赖堡学派的主要代表人物。李大钊在文中指出,李凯尔特与历史唯物主义之间有根本分歧:在李凯尔特哲学思想中,历史哲学占重要地位,其突出特点为形而上学的性质,把自然科学与"历史的文化科学"、一般和个别形而上学地对立起来。李凯尔特认为历史领域内一切都是个别的,是不重复的,因而不存在任何规律性;否认历史唯物主义的科学性,认为它是政

---

① 李大钊:《李大钊全集》第四卷,第319页。
② 同上书,第431页。

治的产物,而不是科学的产物。可见,李凯尔特的历史哲学与马克思的唯物史观有重大的学术分歧。但同时李大钊又指出两者存在的学术的关联:"(李凯尔特)认历史学为一种事实学,于详明史学的特性上,亦未尝无相当的理由,然依此绝非能将马克思认历史学为如同自然科学的一种法则学的理论完全推翻者,不过因为有了他的学说在普遍的科学原则的独立的地位愈益提高。在史学上,亦算是可以追踪马氏的一大功绩罢了。"①

李大钊梳理了唯物史观的发展脉络,分析了马克思特有的唯物史观的伟大功绩:"唯物史观自鲍丹(Bodin)辈出,已经闪出了些光影,而自孔道西(Condorcet)依着器械论的典型想把历史作成一科学,而期发见出一普遍的力,把那变幻无极的历史现象一以贯之,更进而开了唯物史观的端绪。故孔道西可以算是唯物史观的开创者。至桑西门(Saint Simon)把经济的要素比精神的要素看得更重。""梯叶里、基左等辈继起,袭桑西门氏的见解,谓一时代的理想、教条、宪法等,毕竟不外当时经济情形的反映。"蒲鲁东对唯物史观的发展也有贡献,他"以国民经济为解释历史的键,信前者为因,后者为果"。李大钊在充分肯定其他学者贡献的同时,高度赞扬马克思丰富和发展唯物史观的伟大功绩:"至于马克思,用他特有的理论,把从前历史的唯物论者不能解释的地方,与以创见的说明,遂以造成他的特有的唯物史观。而于从前的唯物史观,有伟大的功绩。"②

5. 揭示唯物史观和阶级斗争学说的关系

1919 年,李大钊在《新青年》上发表《我的马克思主义观》,介绍了马克思主义的三个组成部分:"马氏社会主义的理论,可大别为三部:一为关于过去的理论,就是他的历史论,也称社会组织进化论;二为关于现在

---

① 李大钊:《李大钊全集》第四卷,第 332 页。
② 同上书,第 340 页。

的理论,就是他的经济论,也称资本主义的经济论;三为关于将来的理论,就是他的政策论,也称社会主义运动论,就是社会民主主义。"李大钊认为,马克思的这三部理论,都有不可分的关系,而阶级竞争说恰如一条金线,把这三大原理从根本上联络起来。所以马克思的唯物史观说:"既往的历史都是阶级竞争的历史。"①李大钊全面论述了阶级斗争说与唯物史观的密切联系:与唯物史观密切相连的,是马克思的"阶级竞争说"。按照马克思和恩格斯在《共产党宣言》中所说:"从来的历史都是阶级竞争的历史。"马克思"既把种种社会现象不同的原因,总约为经济的原因,更依社会学上竞争的法则,认许多组成历史明显的社会事实,只是那直接、间接、或多、或少,各殊异阶级间团体竞争所表现的结果。他们所以牵入这竞争中的缘故,全由于他们自己特殊经济上的动机"。也就是说,阶级竞争是由经济的原因引起的。李大钊同时又指出,马克思并非承认这阶级竞争是与人类历史相终始的,"他只把他的阶级竞争说应用于人类历史的前史,不是通用于过去、现在、未来的全部。与其说他的阶级竞争说是他的唯物史观的要素,不如说是对于过去历史的一个应用"②。

李大钊指出,马克思学说受人非难的地方很多,其中最重要的一点是唯物史观与阶级竞争说的矛盾冲突:马克思一方面认为历史变化的原动力为生产力;"一方又说从来的历史都是阶级竞争的历史,就是说阶级竞争是历史的终极法则,造成历史的就是阶级竞争"。关于唯物史观与阶级竞争说的矛盾冲突,马克思也能自圆其说:"自从土地共有制崩坏以来,经济的构造都建立在阶级对立之上。生产力一有变动,这社会关系也跟着变动。可是社会关系的变动,就有赖于当时在经济上占不利地位的阶级的活动。"在这里,马克思是把阶级的活动也归在经济行程自然的变化以内。李大钊认为马克思学说"虽是如此说法,终觉有些牵强矛盾

---

① 李大钊:《李大钊全集》第三卷,第18、19页。
② 同上书,第29、28、30页。

的地方","这全因为一个学说最初成立的时候,每每陷于夸张过大的原故"①。李大钊认为,马克思的阶级竞争学说有片面夸张之处,但虽然有小小的瑕疵,却不能掩盖其莫大的功绩。

　　1922年7月,陈独秀在《新青年》第九卷发表《马克思学说》,全面介绍了剩余价值、唯物史观和阶级斗争等马克思主义学说。关于唯物史观和阶级斗争的关系,陈独秀指出,1848年马克思和恩格斯合著的《共产党宣言》是马克思社会主义最重要的书,该书的精髓正是根据唯物史观来说明阶级斗争的。其中要义有二:"(一)一切过去社会底历史都是阶级争斗底历史。""(二)阶级之成立和争斗崩坏都是经济发展之必然结果。"当时有人认为,"马克思唯物史观是一种自然进化说,和他的阶级争斗之革命说未免矛盾"。陈独秀辩解说:"其实马克思的革命说乃指经济自然进化的结果,和空想家的革命说不同;马克思的阶级争斗说乃指人类历史进化之自然现象,并非一种超自然的玄想。所以唯物史观说和阶级争斗说不但不矛盾,并且可以互相证明。"陈独秀以资本主义社会为例,证明马克思说明阶级争斗的理论,"我们实在找不出和唯物史观有矛盾的地方"②。

　　1923年5月,李达在自修大学《新时代》第1卷第2号发表《马克思学说与中国》一文。他阐释了马克思唯物史观关于社会革命的理论:据马克思唯物史观说,"社会的物质生产力发达到一定阶段的时候,便和当时的生产关系相冲突,用法律上的术语说起来,就是和财产关系相冲突;然而社会的物质生产力,从前却是在这财产关系里面活动发展过来的。这些财产关系算是从生产力发展的形式变成生产力的桎梏了。从此遂进于社会革命的时代"。社会革命怎样实现呢?"上述的原理剖释起来,社会革命乃是由无产阶级举行政治革命夺取政权来实现的。"《共产党宣言》依据1848年欧洲经济社会状况提出社会革命学说,李达联系中国的

---

① 李大钊:《李大钊全集》第三卷,第30、31页。
② 陈独秀:《陈独秀选集》,第177、176、179页。

实际,指出:"我们考察当时各国产业发达的历史,大略可以说,英国已是纺织工业全盛的时代,其余法国、德国,还在纺织工业的萌芽时代,恐怕比现在的中国产业状况高明不多。但马克思认定当时社会一切物质生产力,已经没有可以发展的余地而主张即时革命了。照这样,中国的现在不是也可以举行革命吗?"①

1919年11月11日至12月4日杨匏安在《广东中华新报》副刊连载发表《马克斯(思)主义——一称科学的社会主义》一文,关于阶级的定义,杨匏安指出:"马克斯(思)谓阶级竞争之所由起,因土地共有制度既坏之后,经济的构造,皆建在阶级对立之上。所谓阶级,即经济上利害相反之阶级。"②

1922年3—4月,杨匏安在广东青年团《青年周刊》第4—7号连载《马克斯(思)主义浅说》,文中,杨匏安指出,阶级斗争是与唯物史观密切相关的。"阶级竞争说,是和唯物的历史观很有密切关系。马克斯既认定物资的生产和生产的分配法的变迁发达,作为历史上的变迁发达的根源。眼见近世的生产事业,与古代及中世纪大不相同;古代及中世的生产事业,尽出于奴隶和农奴手里;近世一切生产,都变为资本的。""资本家掠夺生产结果的制度,酿成人与机械的竞争。近世生产事业,虽因为资本制度,更为发达;然而他的结果,使贫富悬隔;社会上各种不调和和罪恶,都是资本制度造出来的。所以现在的社会状态,当然要劳动者奋起革命了。"③

6. 强调唯物史观对人文社会科学研究的指导意义

1919年,在《我的马克思主义观》一文中,李大钊认为,马克思的唯物史观虽然有小小的瑕疵,但不能掩盖其莫大的功绩。唯物史观对于社

---

① 李达:《李达文集》第一卷,第203、207—208页。
② 杨匏安:《杨匏安文集》,第172页。
③ 同上书,第194页。

会科学的进步有很大很重要的贡献:"他能造出一种有一定排列的组织,能把那从前各自发展不相为谋的三个学科,就是经济、法律、历史,联为一体,使他现在真值得起那社会学的名称。"马克思特有的唯物史观理论,"把从前历史的唯物论者不能解释的地方,与以创见的说明,遂以造成马氏特有的唯物史观,而于从前的唯物史观有伟大的功绩"①,唯物史观对经济、法律、历史等人文社会科学的发展具有指导意义。

1924年,在《史学要论》中,李大钊指出,历史观总的发展趋向是"由神权的历史观进而为人生的历史观,由精神的历史观进而为物质的历史观,由个人的历史观进而为社会的历史观,由退落的或循环的历史观进而为进步的历史观"。就是说,历史观发展的总体趋势是不断进步的②。由于唯物史观的发展,历史学开始向科学化迈进。李大钊指出,从康德等人开始期望发现历史法则,"厥后名贤迭起,如孔道西,如桑西门,如韦柯,如孔德,如马克思,皆以努力以求历史法则之发见为己任而终能有成,跻后起的历史学、社会学于科学之列,竟造成学术界一大伟业"。也就是说,唯物史观对于促进历史学和社会学的科学化有重大意义,影响深远。"厥后德国'西南学派'虽崛起而为文化科学即历史学与自然科学对立的运动,亦终不能撼摇史学在科学的位置,这不能不归功于马克思诸子的伟业了。"③德国"西南学派"又称"巴登学派""弗莱堡学派"或"海德堡学派",其创始人是新康德主义者维尔海姆·文德尔班(1848—1915)。该派甚至断言,历史的创造与美的创造,历史学科与文学是相似的。德国"西南学派"否认历史学的科学性,影响很大,但是仍然不能动摇历史学的科学位置,李大钊分析其原因,认为这应归功于"马克思诸子的伟业"。

---

① 李大钊:《李大钊全集》第三卷,第31、21页。
② 李大钊:《李大钊全集》第四卷,第254页。
③ 同上书,第253页。

李大钊阐述了马克思唯物史观的重大史学影响:"今日持政治的历史观的历史家,因为受了马克思的经济的历史观影响,亦渐知就历史学的学问的性质加以研考。依他们的主张,于历史研究社会的变迁,乃欲明其原因结果的关系。换句话说,历史学亦与自然科学相等,以发见因果法则为其目的。于此一点,与马氏的历史观,实无所异。""自有马氏的唯物史观,才把历史学提到与自然科学同等的地位。此等功绩,实为史学界开一新纪元。"①

李大钊指出,由于唯物史观在史学界的重要影响,"晚近以来,高等教育机关里的史学教授,几无人不被唯物史观的影响,而热心创造一种社会的新生"。只有那些公立学校的初级史学教员尚未觉察到唯物史观的影响②。

在1932年完成的译述《现实》中,瞿秋白强调指出,唯物史观对社会科学研究有重要的指导意义。他说:"理论、科学、哲学的问题永久有很大的意义,以前是这样,将来也是这样。这些问题之中,所谓历史哲学的问题,简直是最有兴趣的问题。"瞿秋白把唯物史观视为当今历史哲学的核心,他说:"历史哲学永久是人类精神上的最高贵的任务之一。我们现在的历史哲学——是唯物史观。研究唯物史观就是要使得最接近实际的理论更加深刻化。"③这里,瞿秋白把唯物史观等同于马克思主义历史哲学,显然有其认识的局限性,但他把唯物史观当作最重要的历史认识武器,是有积极意义的。

1919年,杨匏安在《广东中华新报》副刊连载发表《马克斯(思)主义——一称科学的社会主义》,阐述了生产方式是社会发展的决定力量以及上层建筑与经济基础、生产关系与生产力必须相适应等马克思唯物

---

① 李大钊:《李大钊全集》第四卷,第329页。
② 李大钊:《李大钊全集》第三卷,第221页。
③ 瞿秋白:《瞿秋白文集》第2卷,人民文学出版社1953年版,第1107—1108页。

史观原理,指出唯物史观的倡导对社会科学的发展具有重要意义。"自马克斯(思)倡其唯物的历史观以后,举凡社会的科学,皆顿改其面目。""人类之精神的努力,既由物质的境遇而定,故人类的文化史,亦由物质的境遇而定。""如唯物的历史哲学所言,一切道德、法律、政治、宗教、经济、艺术等等现象,皆须随顺时宜,常起变更,固无永远适用者也。"杨匏安倡导运用唯物史观研究社会科学:"吾人试以唯物的历史观而研究社会的科学,此中殊有兴味。"他以历史研究为例说明唯物史观的学术意义,"今就道德的历史而言,果详考其沿革,可发见其内容,至少已经四大变动矣",都是随物质的变化而变化,"若以唯物的历史观而研究法律之沿革,则其时代现象,颇与道德的沿革相同","其他政治史、宗教史、艺术史各等之上,皆可以发见其随物质的变化而为转移"①。

7. 将唯物史观的传播与运用唯物史观改作旧史相结合

李大钊在《史观》一文中提出依据新的历史观重新书写历史:"历史不怕重作,且必要重作。"他举例说:"依据人生的史观重作的历史,补正了依据神权的史观作成的历史不少;依据社会的史观重作的历史,补正了依据个人的史观作成的历史不少;依据物质的史观重作的历史,补正了依据精神的史观作成的历史不少;依据进步的史观重作的历史,补正了依据退落的或循环的史观作成的历史不少。"李大钊进而提出:"根据新史观、新史料,把旧历史一一改作,是现代史学者的责任。"②1920年,李大钊发表《由经济上解释中国近代思想变动的原因》一文,运用历史唯物主义思想的新武器,尝试从经济的变动的角度解释近代中国思想变动的原因。

瞿秋白用唯物史观研究中国现代社会史。在《多余的话》中,他自述道:"在1923年的中国,研究马克思主义以至一般社会科学的人,还少得

---

① 杨匏安:《杨匏安文集》,第171、172页。
② 李大钊:《李大钊全集》第四卷,第254、255页。

很。"因此,"用马克思主义来研究中国的现代社会,部分的是研究中国历史的发端——也不得不由我来开始尝试"①。

蔡和森将中国的历史材料运用于人类社会进化史的研究。1924年5月,蔡和森出版《社会进化史》,该书以恩格斯的《家庭、私有制和国家的起源》和列宁的《国家与革命》为蓝本,参阅马克思主义的其他论著(如《劳动在从猿到人转变过程中的作用》《共产党宣言》等)的历史唯物论的基本观点,并引证古希腊、罗马、日耳曼、埃及和中国的大量史料,论述了人类社会的进化发展规律以及家庭、私有财产制度和国家的起源等问题。这是国内最早的运用唯物史观阐述人类社会发生、发展的历史及其必然趋势的著作。《社会进化史》在史学思想史方面的贡献表现在:阐明了社会进化的根本动因在于生产力的发展这一唯物史观的基本观点;论述了家族、私有财产和国家的进化过程;探讨了人类社会历史发展的规律。

二、20世纪前半期中国马克思主义史学发展的历程和中国化路径

中国马克思主义史学由李大钊奠基,经过郭沫若、范文澜、吕振羽、翦伯赞、侯外庐等大批研究者的辛勤开拓,后来居上,成为中国史学发展的主流。

(一)中国马克思主义史学发展的历史进程

1. 五四运动前后至1927年大革命失败:中国马克思主义史学的开端时期

吕振羽说,中国马克思主义新史学,"从五四运动前后开端"②。五

---

① 姚守中等编:《瞿秋白年谱长编》,江苏人民出版社1993年版,第464页。
② 吕振羽:《创造民族新文化与文化遗产的继承问题》,载《中国社会史诸问题》,生活·读书·新知三联书店1961年版,第140页。

四运动前后,一批具有初步共产主义思想的知识分子,在学习和传播马克思主义的过程中,对唯物史观理论进行了系统宣传。唯物史观的广泛传播奠定了中国马克思主义史学的基础。

李大钊是中国马克思主义史学的创始人,从1920年起,他先后在北京大学等校开设"唯物史观研究""史学思想史""史学要论"等课程。在《史学思想史》讲义中,他系统评述了自16世纪以来西方思想界的代表人物,如鲍丹、鲁雷、维柯、孟德斯鸠、孔多塞、圣西门等人的历史思想,以此说明马克思主义唯物史观是对以往人类先进思想的继承和发扬。李大钊的《史学要论》于1924年由商务印书馆出版。该书阐述了历史学的研究对象、历史学的任务,为中国马克思主义历史科学理论体系构建了基本框架。

这一时期,先进的知识分子还尝试运用唯物史观理论对社会发展史进行研究。1926年,李达在他的《现代社会学》一书序言中说,马克思"所创之唯物史观学说,其在社会学上之价值,实可谓空前绝后";"此书之作,聊欲应用唯物史观作改造社会科学之一尝试而已"①;明确表示《现代社会学》是以唯物史观为指导来进行研究的。蔡和森的《社会进化史》、瞿秋白的《社会科学概论》也是当时运用唯物史观研究中国社会的代表之作。上述著作以唯物史观为指针,努力阐明社会发展的一般规律,为马克思主义史学奠定了理论基础。

2. 1928年到20世纪30年代后期:马克思主义史学系统展开时期

大革命失败后,中国理论界展开了长达十年之久的关于中国社会性质和中国社会史问题的论战,中国马克思主义史家积极参加论战,初步对中国社会发展形态进行贯通性的考察,揭开了系统性的马克思主义新史学研究的新的一幕。吕振羽说,大革命失败后,"大群革命知识分子提

---

① 李达:《论社会学的阶级性》,载《李达文集》第一卷,人民出版社1980年版,第237页。

出重新检讨革命的自我批判,因而展开了中国社会性质问题、中国社会史问题及中国哲学史问题的论战,展开了新史学的研究,社会科学其他学科和科学的哲学的研究"①。侯外庐也说:"在这场论战中,以郭沫若为代表的中国马克思主义者的一个重大功绩,就是他们在批判形形色色的唯心主义史学的同时,开创了以马克思主义为指导的中国新史学。"社会史论战锻炼和造就了大批进步学者,马克思主义史学开始形成由专业工作者组成的学术研究队伍。侯外庐说,他就是在论战高潮中,受到郭沫若的影响而开始转向史学研究道路的②。翦伯赞从1930年冬开始参加中国社会性质问题的论战,1935年起正式转向历史学研究。吕振羽也是在社会史论战中走上史坛的。

郭沫若对马克思主义史学的发展做出了开创性贡献。1928年、1929年,郭沫若的三篇文章,即《周易的时代背景与精神生产》《诗书时代的社会变革与其思想上的反映》《中国社会之历史的发展阶段》在《东方杂志》和《思想》月刊陆续发表。1930年,郭沫若将上述论文与尚未发表的《卜辞中之古代社会》等篇汇集出版,题名为《中国古代社会研究》。《中国古代社会研究》的开创性意义在于,这是第一部用唯物史观解释中国社会发展过程的著作。该书以恩格斯的《家庭、私有制和国家的起源》一书的研究方法为向导,对恩格斯未曾提及一字的中国古代社会进行研究。郭沫若在掌握大量史料的基础上,运用历史唯物主义的观点和方法,第一次提出并且论证了中国古代同样存在奴隶制社会,从而证明了马克思主义关于人类社会史一般规律的普遍意义。

1928年至20世纪30年代末,马克思主义史学取得了丰硕成果。华岗于1930年写成的《1925—1927年中国大革命史》是中国马克思主义者研究现代史的早期之作。1934年,吕振羽的《史前期中国社会研

---

① 吕振羽:《中国社会史诸问题》,生活・读书・新知三联书店1961年版,第123页。
② 侯外庐:《韧的追求》,生活・读书・新知三联书店1985年版,第223页。

究》由北平人文书店出版,这是中国第一部以唯物史观为指导的史前社会研究专著。1936年,上海不二书店出版了吕振羽的《殷周时代的中国社会》,书中系统提出了殷商奴隶制社会说和西周封建说。1937年,吕振羽的《中国政治思想史》问世,这是第一部马克思主义思想通史专著。1936—1937年,何干之写出了《中国社会性质问题论战》《中国社会史问题论战》等专著,对论战做了系统评述。1938年,翦伯赞出版《历史哲学教程》,在马克思主义史学基本理论方面做出了创造性贡献。

1940年,吕振羽对1928年以来中国马克思主义史学的发展概况做了系统总结。他说:"一九二八年开始系统展开的新史学的研究,在中国社会史部门中是比较有成绩的:批判了各种各样的假科学的史学理论,较正确地估定了中国社会发展的诸阶段,出版了几部应用或试图应用马克思主义观点、方法写成的原始社会史、奴隶制度史、初期封建社会史、近世史尤其是革命史等;虽然由于主观和客观条件的限制,还有不少缺点,特别是还没有完成一部较正确的中国通史,但把中国社会发展过程的具体面目系统地初步整理出来,这一工作,为新史学初步打下了基础。"①就是说,这一时期的马克思主义史学虽然存在明显的不成熟痕迹,但它在中国马克思主义史学发展史上具有重要地位,这个阶段所取得的学术成就,为深化马克思主义史学研究奠定了基础。

3. 20世纪40年代:马克思主义史学进一步发展时期

20世纪40年代,马克思主义史学获得飞速发展,突出性成就表现在新型通史著作的出现和思想史研究的深化上。通史著作反映了史学研究的综合成就。40年代,范文澜的《中国通史简编》、吕振羽的《简明中国通史》、翦伯赞的《中国史纲》、邓初民的《中国社会史教程》等几部新型中国通史著作的出现,标志着马克思主义史学在历史编纂学方面取得

---

① 吕振羽:《中国社会史诸问题》,第140页。

突破性变革。这些通史著作与以往的同类作品有明显的不同之处。1941年,吕振羽在《简明中国通史》的"序"中说,该书的写法"与从来的中国通史著作,颇多不同",最重要的一点是"把中国史作为一个有规律的社会发展的过程来把握";按照社会发展的客观进程来书写中国历史。同时期的马克思主义通史著作大体都有这一特点。这些著作体现了历史发展的阶段性,注重反映经济基础和上层建筑的广阔社会内容,并"尽可能照顾中国各民族的历史和相互作用"。它们的出现表明马克思主义已摆脱旧史学体系,逐步走向成熟。40年代,思想史研究也取得了重大成就。代表作有郭沫若的《十批判书》、侯外庐的《中国古代思想学说史》、杜国庠的《先秦诸子思想概要》、侯外庐等人合著的《中国思想通史》第1卷等。

马克思主义史家以唯物史观作为观察社会的工具,对全部人类的历史予以重新研究,社会发展规律被科学地证明;在马克思主义史家的影响下,唯物史观为越来越多的学者所接受。早期共产党人的这些译作或著述虽然还有很多不成熟的痕迹,但其对于唯物史观在中国的广泛传播以及中国马克思主义史学的建立和发展有重要贡献,打下了中国马克思主义史学理论发展的基础。中国马克思主义史学从萌芽到不断发展壮大,逐渐在史坛上取得优势,并终于成为近代中国史学的主流。

(二) 20世纪前半期马克思主义史学中国化的路径

马克思主义史学中国化作为一种实践活动,自中国马克思主义史学创立之时就开始了。中国马克思主义新史学,"从五四运动前后开端"①。正如前文所述,李大钊、陈独秀、瞿秋白、蔡和森、李达等早期马克思主义者,在学习和传播马克思主义的过程中,对唯物史观理论进行系统宣传和广泛传播,奠定了中国马克思主义史学的理论基础。20世纪前半期马克思主义史学中国化的过程,就是李大钊、郭沫若、范文澜、

---

① 吕振羽:《中国社会史诸问题》,第140页。

吕振羽、翦伯赞、侯外庐等大批研究者把马克思主义唯物史观理论和中国历史研究的具体实践相结合，对中国历史和相关理论问题做出自己的解答，建立起中国流派和中国特色、中国风格、中国气派和中国民族形式的马克思主义史学理论及其指导下的历史学的过程。经过艰辛开拓，中国学者创造出具有自身民族特色的马克思主义史学，也形成了丰富的关于马克思主义史学中国化的思想。

1. 唯物史观与中国历史研究的具体实践相结合，唯物史观理论实践化

1919年李大钊在《新青年》上发表《我的马克思主义观》，首次在我国系统地介绍了马克思主义的三个组成部分，其中唯物史观是介绍的重点。1918年秋至1920年夏，李达翻译了荷兰人郭泰的《唯物史观解说》一书，他还专门写了《唯物史观要旨》一节作为全书的附录。1923年，瞿秋白在上海大学编写了《社会哲学概论》《现代社会学》讲义，将辩证唯物主义与历史唯物主义作为完整的马克思主义哲学体系进行介绍。李达1935年写成《社会学大纲》（1937年公开出版），这是一部把辩证唯物论与历史唯物论作为具有严密逻辑结构和历史证明的完整体系进行论述的著作。抗战时期和解放战争时期，众多学者也对马克思的历史唯物主义和辩证唯物主义基本原理进行了富有创见的阐发。如艾思奇和吴黎平合作，编写了《唯物史观》（又名《科学历史观教程》）一书。

历史唯物主义起源于欧洲，是以欧洲材料为依据加工和抽象出来的历史发展原理，马克思、恩格斯在进行一般的抽象时并没有过多考虑欧洲以外社会的具体发展过程。正如1941年7月13日刘少奇在《答宋亮同志》一信中所指出的，马、恩、列、斯诸领袖的著作都是用欧洲文字发表的，说到中国的事情并不多，"而中国社会历史发展的具体道路和欧洲各国社会历史发展的道路比，有其更大的特殊性。因此，要使马克思主义中国化，要用马列主义的原理来解释中国社会历史实践，并指导这种实

践,就觉得特别困难些"①。中国马克思主义者历经艰辛,一面用汉语的话语系统介绍和阐发历史唯物主义的一般概念和理论,一面将其和中国历史研究的具体实践相结合,探索中国历史发展的独特道路。

马克思主义史学中国化的实践过程经历了三个发展阶段。

(1)早期马克思主义学者尝试用唯物史观解释中国历史和人类社会发展,马克思主义史学中国化始发其端。

1920年李大钊发表《由经济上解释中国近代思想变动的原因》,运用历史唯物主义思想的新武器,尝试从经济的变动解释近代中国思想变动的原因。李大钊没有像后来的马克思主义者那样把中国历史纳入一般的世界历史进程之中,没有按照社会形态理论来划分历史时期,而是强调东西方发展的不同和各个民族的特殊经历,强调民族因素。1924年他在《史学要论》中认为要重视研究"民族经历论"和民族心理学,指出:"我想一个民族的特性,可以造成一个民族的特殊历史。民族特性,即是使各民族各有其特殊的经历的最有力的原动力。"②瞿秋白也开始用唯物史观研究中国现代社会史。在《多余的话》中,他自述道:"在1923年的中国,研究马克思主义以至一般社会科学的人,还少得很。"因此,"用马克思主义来研究中国的现代社会,部分的是研究中国历史的发端——也不得不由我来开始尝试"③。

1924年5月,蔡和森出版《社会进化史》,论述了人类社会的进化发展规律以及家庭、私有财产制度和国家的起源等问题,书中不仅引用古希腊、罗马、日耳曼、埃及的史料,而且大量引用中国史料,是国内最早的运用唯物史观阐述人类社会发生、发展的历史及其必然趋势的著作。

---

① 刘少奇:《答宋亮同志》,载《刘少奇选集》(上卷),人民出版社1985年版,第221—222页。
② 李大钊:《史学要论》,河北教育出版社2000年版,第26页。
③ 姚守中等编:《瞿秋白年谱长编》,第464页。

早期马克思主义学者用唯物史观解释中国历史,具有开创性意义。但由于他们对唯物史观的认识还处于初步阶段,因此在运用唯物史观阐释中国历史时,还很不成熟。

(2) 大革命失败后的十余年,马克思主义学者把中国历史发展纳入一般的世界历史进程之中,侧重说明中国社会历史发展的普遍的合法则性。

大革命失败后,中国理论界展开了长达十余年的关于中国社会性质和中国社会史问题的论战,其争论的焦点之一就是中国历史发展有无规律性的问题。马克思主义学者侧重论证中国历史发展和世界历史发展的共同性和一致性。何干之说,社会史论战的学术争鸣,"终于使我们认识了我们东洋人的祖先,也走着西洋人的祖先所走过的路,我们的国情原来没有什么不同"①。郭沫若在《中国古代社会研究》"自序"中说:"只要是一个人体,他的发展,无论是红黄黑白,大抵相同。由人所组织成的社会也正是一样。"1934 年,吕振羽在《中国经济之史的发展阶段》一文中说:"中国社会经济发展的法则,也和世界其他各民族一样,并没有什么本质的特殊。"②1930 年郭沫若出版的《中国古代社会研究》一书开辟了马克思主义史学的新天地,该书是论证中国历史发展合乎世界历史发展规律的代表之作。当时有人以"我们的国情不同"为由,否认马克思主义的普遍规律适用于中国。针对这种论调,郭沫若说:"中国人有一句口头禅,说是'我们的国情不同'。这种民族的偏见差不多各个民族都有。然而中国人不是神,也不是猴子,中国人所组成的社会不应该有甚么不同。"《中国古代社会研究》就是要以史实说明,马克思主义创始人所揭示的人类社会发展规律同样适用于中国;中国的国情和传统同样适合马克思主义的传播。郭沫若说:"我们把中国实际的社会清算出来,把中国的

---

① 何干之:《何干之文集》(第 1 卷),北京出版社 1994 年版,第 266 页。
② 吕振羽:《吕振羽史论选集》,上海人民出版社 1981 年版,第 26 页。

文化,中国的思想,加以严密的批判,让你们看看中国的国情,中国的传统,究竟是否两样!"①

以郭沫若为代表的学者在这一阶段的贡献在于指出中国社会与人类发展的一致性,但其对于中国的特点和中国历史发展的具体规律关注较少。同时由于社会史论战过程中,马克思主义学者偏于强调马克思主义创始人所揭示的人类社会发展规律同样适用于中国,因此诸多学者的学说或多或少存在偏差:"公式对公式,教条对教条。"②

(3) 抗战时期和解放战争时期,在"学术中国化"浪潮中,马克思主义学者侧重发掘中国历史发展的民族特性。

抗战时期出现了"学术中国化"的思潮,由于马克思主义中国化的要求,在毛泽东等中共中央领导人的大力推动下,中国历史的研究被赋予特殊的理论意义。马克思主义史学工作者提出了中国的特殊道路和关于社会主义在各国有不同模式和不同形式的观点。如侯外庐提出"特殊的民主制度"和不同的民主道路;何干之提出"中国自己的道路"和不同的民主运动形式;胡绳提出社会主义的不同方法③。侯外庐是这一时期把马克思主义史学中国化的代表。他在把中国的发展纳入世界历史合乎规律的发展过程的基本前提下,从中国的历史资料出发,具体说明中国道路与其他发展道路的不同,其理论出发点是关于古代各民族平列的发展道路的思想。侯外庐在《中国古典社会史论》中阐述了关于古代社会分期的观点,提出了"中国古典社会的亚细亚性"和在一般的历史发展法则内"中国的特殊路径"。他在《中国古代社会史》一书的自序中明确表示要把该书纳入"中国化"的整体之中。白寿彝先生指出:"(侯外庐)

---

① 郭沫若:《自序》,载《中国古代社会研究》,人民出版社1962年版,第1、5页。
② 侯外庐:《韧的追求》,115页。
③ [德]罗梅君:《政治与科学之间的历史编纂》,孙立新译,山东教育出版社1997年版,第151页。

研究中国历史是想把马克思主义史学理论中国化,也可以说把马克思主义史学理论民族化。这一点很重要。别的马克思主义史学著作宣传了马克思主义理论,也试图把马克思主义的理论同中国历史结合起来,但是把中国历史特点抓出来,这在外庐同志是最突出的。"①

这一时期中国学人的马克思主义史学中国化思想趋于成熟。胡绳说,抗战时期的历史研究有一个进步,"即是已不满足于笼统的、概念的了解,而要求更细密的分析"②。胡绳强调科学地研究中国历史和现实,在理论和实践统一基础上,通过学术的中国化,才能避免公式主义和教条主义。1946年侯外庐在《中国古代学说思想史》的"再版前言"中指出,"中国学人已经超出了仅仅于仿效西欧的语言之阶段了,他们自己会活用自己的语言而讲解自己的历史与思潮了","他们在自己的土地上无所顾虑地能够自己使用新的方法,掘发自己民族的文化传统了"。侯外庐所概括的这种情况,可以看作中国马克思主义史学走向成熟阶段的标志③。

2. 在吸收苏联、日本马克思主义史学过程中实现马克思主义史学的民族化

中国马克思主义学人最初受日本马克思主义史学影响较大。1919年李大钊在《新青年》上发表《我的马克思主义观》,在当时介绍马克思的中文资料极端缺乏的情况下,关于唯物史观,李大钊依据日本学者河上肇的译语,节译马克思几部著作中包含唯物史观的主要部分。

苏联马克思主义史学的输入对中国史学发展产生了重要影响。德国学者李博指出:"假如我们说'五四运动'之后中国左派知识分子开始十分迫切地研究马克思主义的唯物主义世界观,那么我们也就必须承

---

① 白寿彝:《外庐同志的学术成就》,载《白寿彝史学论集》(上),北京师范大学出版社1994年版,第415页。

② 胡绳:《新文化的方向和前途》,载《胡绳全书》第一卷上,人民出版社2005年版,第309页。

③ 瞿林东:《中国史学的理论遗产》,北京师范大学出版社2005年版,第310页。

认,起初他们基本上没有注意到马克思主义的辩证法。Karl A. Wittfogel 曾经指出,在和国民党合作的第一个阶段里,年轻的共产党的领导人即便在描绘社会冲突时都没有用过马克思主义辩证法的概念。"当斯大林 1924 年的文章《论列宁主义基础》于 1925 年被瞿秋白节选翻译成中文的时候,中国的共产党人方才第一次了解到人们可以如何借助于"矛盾"范畴详细地分析历史情况①。也就是说,瞿秋白节译的斯大林《论列宁主义基础》译文使得中国马克思主义学者对历史唯物主义和辩证唯物主义作为一个整体有了初步了解。瞿秋白关于社会存在与社会意识、经济基础与上层建筑关系的理解深受苏联学者的影响。如在他的通俗小册子《社会科学概论》中有关艺术的一章里,根据他在苏联读到的布哈林的《历史唯物主义》一书,机械地概括了这本书中有关艺术和社会关系的分析。布哈林的原文和瞿秋白所摘取的主要论点是那些众所周知的论断,"艺术直接的或间接的是由经济结构和社会技术发展阶段最终决定的"②。与布哈林一样,瞿秋白认为,在某种条件下,上层建筑可以反过来影响经济基础,但是,上层建筑的发展最终仍依赖于生产力的发展③。

对当时中国共产党人理论认识发展确实起到重要作用的有三本哲学译著,这三本译著都介绍了受到 20 世纪 30 年代苏联具有代表性的哲学家 M. 米丁和他的哲学流派决定性影响的辩证唯物主义哲学。这三本译著分别是:(1)《新哲学大纲》,由艾思奇等翻译(北平,1936 年)。(2)《哲学选集》,由艾思奇翻译出版(1939 年)。这本书包括 1933 年莫斯科共产科学院的哲学研究所在 M. 米丁的领导下所编写的《辩证法的唯物论》的

---

① [德]李博:《汉语中的马克思主义术语的起源与作用》,中国社会科学出版社 2003 年版,第 276 页。
② [美]保罗·皮科威兹:《书生政治家——瞿秋白曲折的一生》,中国卓越出版公司 1990 年版,第 70 页。
③ 瞿秋白:《社会科学概论》,上海群益出版社 1949 年版,第 47 页。

一部分。附录是斯大林在1938年所写的文章《论辩证唯物论与历史唯物论》(是由艾思奇添加的)，以及艾思奇的《哲学研究提纲》。(3)《辩证法唯物论教程》，其俄文原版是1931年在米丁的领导下由共产科学院列宁格勒分院哲学研究所的西洛可夫、爱森堡和其他工作人员共同编写的，这本书是被作为苏联党校和共产主义高等专门学校的教材编写的①。

随着《联共(布)党史简明教程》在1938年的输入，苏联史学对中国的影响力大为增强，1940年华岗在重庆撰写的《社会发展史纲》指出，关于社会发展的基础动力，这样的力量，据历史唯物论看来，就是人们生存所必需的物质资料的获得方式，即生产方法。这一发现首先是马克思的功绩，所以列宁说："由于马克思，社会历史的研究才变成科学。"后来经过恩格斯、列宁、斯大林的继续发展，历史科学又被提到更高的阶段，"尤其在最近出版的《联共(布)党史》中，对于这一问题的研究，获得了有最大光辉的成果"②。

从翦伯赞在1938年撰写的《历史哲学教程》中也可以看出斯大林史学的影响。在论述历史的空间的关联性这一问题时，翦伯赞指出，斯大林可以说把马克思、恩格斯、列宁的理论发展了。斯大林在其《论苏联史的几个基本原则》中提出编辑苏联史的两个原则："第一，要能不将大俄罗斯史与苏联境内其他民族史分开。第二，要能不将苏联各民族史与全欧发展史及世界史分开。"斯大林对苏联史所指出的这一错误，实际上不仅纠正了苏联史学界的错误，同时，也使得世界各国的史学界有一个基本原则，去重新写定他们自己民族的历史。这对于历史科学的研究无疑是一个最宝贵的伟大的贡献③。

在借道苏联学习马克思主义的过程中，中国史学工作者把马克思主

---

① [德]李博：《汉语中的马克思主义术语的起源与作用》，第280、281页。
② 华岗：《社会发展史纲》，载《华岗选集》第1卷，山东大学出版社2003年版，第358页。
③ 翦伯赞：《历史哲学教程》，河北教育出版社2000年版，第108页。

义理论和中国历史的特点相结合,进行了自己的思考。如侯外庐对中国文明的特殊路径进行了探索。1943年,他从苏联汉学家费德林那里得到了马克思遗稿《政治经济学批判大纲(草稿)》的俄文译本,就请戈宝权译成中文,并在自己的书中引用这一经典文献。他对于"亚细亚的"和"古典的"古代文明具体路径的不同历史特点,对于中国古代社会氏族制残存和家室的意义,以及对中国古代城市国家的起源和发展等重要问题,都提出了自己的独到见解。1945年夏季,郭沫若应邀赴苏联访问,他在苏联对外文化协会历史哲学组做《战时中国历史研究》的学术讲演时,还突出地介绍了侯外庐的研究工作①。

3. 在中华民族优秀文化遗产的基础上,实现中国马克思主义史学的本土化

1946年胡绳在回顾抗战时期的文化运动时指出,自五四运动到抗战初期,中国新文化运动曾有过一个错误,以为既然是新文化,就不能带有任何民族的色彩,因此就抹杀了一切民族文化的传统,甚至抹杀中国民族生活的特点,这样就使得新文化难以在民族的土壤中根深蒂固。抗战时期的文化运动"改正了过去文化运动中抹煞民族特征的错误,人们学会了要重视民族文化的传统"②。进步学者在实现马克思主义史学中国化的过程中,逐渐认识到吸收中华民族优秀成果是创新马克思主义史学的必要,他们表述了如下观点:

(1) 从中华民族的现实出发,批判继承一切优秀的历史文化遗产

吕振羽对于创造民族新文化与继承文化遗产两者之间的关系有全面、系统的表述。1940年,他在重庆发表《创造民族新文化与文化遗产的继承问题》一文,指出中华民族在长久的历史过程中,创造出光辉灿烂

---

① 林甘泉主编:《文坛史林风雨路——郭沫若交往的文化圈》,浙江人民出版社1999年版,第322、323页。
② 胡绳:《新文化的方向和前途》,载《胡绳全书》第一卷上,第306页。

的民族文化,"特别在封建制时代,我国封建文化的成果获得人类封建文化史上的卓绝地位,对世界人类作出了巨大的贡献"。我们的文化战士要"从全部民族文化史中进行科学地深入地探究,去发掘其优良成果和进步因素。从而批判地继承民族文化优良传统这一问题,才有实践的内容"。吕振羽进一步论述说:"民族新文化并非凭空创造,而是从旧文化的母胎中产生出来的,是中国民族文化发展过程中一种继起的历史形态——与社会经济发展过程相适应。所以说,我们要珍重民族文化遗产,批判地继承其优良传统,吸收其积极的、进步的、有生命力的因素。"①范文澜论述中国共产党人对待中国传统文化的态度说:"中国共产党担负着创造新中国的伟大任务,同时也担负着中国文化优秀部分的继承和发扬。中国历史的研究,正是我们当仁不让的工作之一。因为没有马列主义的正确指导,永远不会发现中国历史的真相。"②"中国共产党是实践马列主义的政党,它不会利用封建文化来欺骗青年,也不会无视历史事实而一笔抹煞。它要用马列主义的尺度,估量中国传统文化的价值,批判地采取优秀部分来丰富中国无产阶级的新文化。"③胡绳在1948年总结性地指出,"无论是接受文化遗产还是吸取外来文化,要之,都以中国民族的现实及其进步发展为准则"④。

(2) 在吸纳本土史学的学术成就的基础上,创新中国马克思主义史学

马克思主义学者充分尊重其他学者的学术成就。1940年,吕振羽指出,五四新文化运动时期,当时的以"科学态度"去"整理国故"的方向是对的。"在这个方向下,不可否认,自由主义者也进行过若干有益的工

---

① 吕振羽:《中国社会史诸问题》,第124、137页。
② 范文澜:《原始公社到中央集权的封建制度的成立》,《中国文化》第2卷第3期,1940年。
③ 范文澜:《中国经学史的演变》,载《范文澜历史论文选集》,中国社会科学出版社1979年版,第298页。
④ 胡绳:《对中国文化学术的意见》,载《胡绳全书》第一卷上,第374页。

作。"①1947年翦伯赞在《正在泛滥中之史学的反动倾向》一文中指出,各种学派都有他自己的时代;乾嘉学派"在乾嘉时代是崭新的方法,这表现于它反宋明理学踏空的作风,而以无信不征的精神,开辟了实事求是的学风"。"但是研究学问的方法是与时俱进的","自从逻辑学的方法传到中国,乾嘉学派的方法即已相形见绌。到现代中国的史学,已经踏上科学的阶梯,乾嘉时代的方法自然更显得幼稚了"。不过,乾嘉学派"留下了光辉灿烂的成绩,这种成绩,直至现在还被视为中国学术中之最珍贵的遗产。他们对于史学的贡献,也有不朽的劳绩,特别是对于史料的搜集和考证"②。翦伯赞还指出,研究历史,固然要有正确的科学方法,"但方法的本身,并不就是历史,也不会自动地变成历史"。史料对历史研究也很重要。实验主义史学和清代史家对史料的疏通辨证、训释辑补,这些点点滴滴的历史研究"正是研究历史的一个前提工作"③。

即使在20世纪西方史学传入中国后,传统史学仍然是珍贵的遗产,马克思主义史家努力吸收传统史学的成果。马克思主义史学与传统史学不同,与近代实证主义史学也不同。但它们之间有继承性。例如,范文澜受业于黄侃、刘师培,黄侃则受业于章太炎,是从经学起家,他们之间就有这种学术的传承关系。在汲取传统文化的精华的基础上,范文澜实现了马克思主义史学的学术创新。当他自觉运用马克思主义从事历史研究后,发挥声韵学家和汉学家精密的审音功力和博览群书、考索源流的学术长处,"又自觉地扬弃了旧学问家繁琐考据的流弊,而在原来治学经验的基础上形成了自己的严肃、严谨的学风。这种学风,既包括

---

① 吕振羽:《中国社会史诸问题》,第120页。
② 翦伯赞:《翦伯赞史学论文选集》(二),人民出版社1990年版,第6—7页。
③ 翦伯赞:《略论中国史研究》,附录于翦伯赞:《历史哲学教程》,河北教育出版社2000年版,第260页。

对历史资料的广泛搜罗和严格鉴别,也包括对历史事实的严密分析与综合"①。范文澜的代表作《中国通史简编》《中国近代史》都体现了这种新学风。郭沫若曾明确表示,他的古代史研究成果是在王国维、罗振玉等人研究的基础上取得的。1930年,他在《中国古代社会研究》的"追论及补遗"中说,"顾颉刚的'层累地造成的古史',的确是个卓识","胡适对于古史也有些比较新颖的见解"。在"自序"中又说,王国维、罗振玉"在中国的文化史上实际做了一番整理工夫";王国维"遗留给我们的是他知识的产品,那好像一座崔嵬的楼阁,在几千年来旧学的城垒上,灿然放出了一段异样的光辉";"罗振玉的功劳即在为我们提供了无数的真实的史料","大抵在目前欲论中国的古学,欲清算中国的古代社会,我们是不能不以罗王二家之业绩为其出发点了"②。侯外庐在《中国古代社会史论》的自序中指出,他研究中国古代社会的一个原则,就是谨守考证辨伪的治学方法,"勤恳虚心地吸取前人考据学方面的成果,再进一步或改进或订正他们的说法"③。

4. 采取中国民众喜闻乐见的民族形式和通俗化语言,达到马克思主义史学的大众化

1940年,张闻天指出,"真正能为民族、民主、科学而斗争的新文化,必须是大众的新文化";由于旧社会造成大众的文化水平低下,所以新文化的大众化必须走通俗化的道路。"通俗化不是曲解新文化,使新文化庸俗化,而是用比较浅显的表现形式为大众所了解。"④胡绳在1948年指出,"我们要在科学化与大众化的基础上努力学术的中国化,使学术研究

---

① 蔡美彪:《学习范老,发扬近代史所的治学传统》,《近代史研究》1990年第6期,第8—11页。
② 郭沫若:《自序》,载《中国古代社会研究》,人民出版社1962年版,第337、336、3—4页。
③ 侯外庐:《中国古代社会史论》,河北教育出版社2000年版,第6页。
④ 张闻天:《抗战以来的中华民族的新文化运动与今后任务》,《中国文化》1940年第1卷第2期,第1—18页。

和中国实际相结合,而为它取得民族的形式"①。

马克思主义史学的中国化与马克思主义史学的大众化、通俗化是紧密联系在一起的,具体表现在两个方面。

其一,将马克思主义史学理论和历史理论的基本原理通俗化,使之方便运用于中国历史的研究和历史知识的普及。

1919年李大钊在《新青年》上发表《我的马克思主义观》,在当时介绍马克思的中文资料极端缺乏的情况下,他借助日文和英文的文献资料,首次在我国系统地宣传了马克思主义的三个组成部分。关于唯物史观,李大钊依据日本学者河上肇的译语,节译马克思几部著作中包含唯物史观的主要部分,帮助中国学者窥其要领,然后用中国的话语系统"把这个要领简单写出,以期易于了解"。他用"表面构造"指代政治的、法制的、伦理的、哲学的等"精神的构造",用"基础构造"指代生产力等"经济的构造",词语通俗形象②。1938年7月胡绳在《辩证法唯物论入门》的前记中指出,"因为要使这本书做到简明易读,我竭力避免牵涉到欧洲哲学发展史上的问题",目的是编写一本真正通俗的、能够给工人、农民阅读的辩证唯物论读本③。侯外庐与罗克汀合著的《新哲学教程》1946年在上海出版,该书力图以科普的形式阐明辩证唯物主义的主要命题。

其二,采用中国老百姓喜闻乐见的民族语言形式,撰写了一批通俗性与学术性兼顾的史学作品。

许立群的《中国史话》是史学通俗化运动的代表之作,编者用唯物史观的观点和方法来叙述中国历史的发展过程,文字生动流畅,写得饶有趣味。韩启农的《中国近代史讲话》也是普及化的历史读物,读者对

---

① 胡绳:《对中国文化学术的意见》,载《胡绳全书》第一卷上,第374页。
② 李大钊:《我的马克思主义观》,附录于《史学要论》,河北教育出版社2000年版,第132—133页。
③ 胡绳:《辩证法唯物论入门》,载《胡绳全书》第四卷,第162页,前记。

象是陕甘宁边区的小学教师及略有初步历史知识的读者。范文澜的《中国通史简编》在史学通俗化方面也做了有益探索。"通史简编的总编辑人范文澜同志,曾花费了很大的力气,把所引用的比较难深一点的材料都翻译成通行的白话文,以减少读者在文字上所遇到的困难,而增加读者的兴趣。"①吕振羽还在《解放日报》上撰写了一组中国历史常识专栏文章,这位著名史学工作者在历史知识普及教育方面也做出了自己的贡献。

综上所述,马克思主义史学中国化就是马克思主义史学的实践化、本土化、民族化、通俗化和大众化。马克思主义史学中国化是一个渐进的过程。早期马克思主义者开始尝试用唯物史观研究中国历史,具有首创性意义。大革命失败至抗战前夕,马克思主义学者的重大贡献在于说明了马克思主义的普遍规律适用于中国,而抗战时期和解放战争时期的马克思主义学者则开始较成熟地运用唯物史观理论揭示中国社会的特点和中国历史发展的具体规律,将马克思主义史学中国化推进到一个全新的阶段。马克思主义学人在实践马克思主义史学中国化的过程中并没有背离本土文化;中国马克思主义史学是一个开放性的学术思想体系,它既体现了唯物史观的理论指导,吸收一切优秀的外来文化,又深深扎根于民族文化的肥沃土壤之中。马克思主义史学工作者在科学化和大众化相结合的基础上,实现学术中国化,为推进马克思主义中国化做出了重大贡献。

三、苏联史学模式对延安根据地史学的影响

苏联史学特别是《联共(布)党史简明教程》和苏联历史教科书材料在延安时期得以广泛传播,对中国马克思主义史学特别是延安根据地史学产生了重大影响。

---

① 金灿然:《中国通史简编是怎样写成的》,《解放日报》1941年12月13—14日连载。

(一) 延安时期苏联史学的输入

1. 《联共(布)党史简明教程》的传播

早在1937年,斯大林关于联共党史教材编写的意见就被介绍到中国。1937年8月,《解放》出版"理论增刊",刊登斯大林的《论联共党史课本》一文。斯大林在文中对编写联共党史提出了具体意见。他指示联共党史教材的编者说:"应当在课本的每章(或每节)之前,加以一段关于本国经济政治情形简明的历史的解释,否则,联共党史将不能成为历史,仅只是一篇过去事项的札记和不完整的故事了。"同期《解放》还刊登评论性文章《怎样研究联共党史》,指出"党史的研究在研究布尔什维主义的整个系统上占有绝对重要的地位",斯大林给课本编辑者的信"供给了在党史的研究上确定的改进的钥匙"①。

1938年,由联共(布)中央特设委员会编写,经联共(布)中央审定的《联共(布)党史简明教程》正式出版。1938年11月,该书刚出版两个月,其中第七章和结束语就被译成中文,发表在延安《解放》周刊。不久就有三个中译本流行。该书出版后,引起了中共中央的高度重视。1939年4月,恺丰在《解放》撰文指出,《联共(布)党史简明教程》"是一部布尔塞维主义的科学的历史,这是一部马克思主义列宁主义基本知识的百科全书";该书的出版具有重要的历史意义和国际意义②。1939年8月,《解放》刊登了苏共中央《关于〈联共(布)党史简明教程〉出版后党的宣传的决议》。决议说,该书的出版,使党获得了"一种马克思列宁主义领域上的基本认识的百科全书。党史教程是布尔塞维主义的科学的历史"③。

---

① 《论联共党史课本》和《怎样研究联共党史》,均见《解放》1937年第13期,第22—24页。
② 凯丰:《〈联共(布)党史简明教程〉的历史意义和国际意义》,《解放》1939年第69期,第1—3页。
③ 徐冰译:《关于〈联共(布)党史简明教程〉出版后党底宣传的决议》,《解放》1939年第79期,第15—22页。

1941年5月,毛泽东在《改造我们的学习》一文中指出:"研究马克思列宁主义,又应以《苏联共产党(布)历史简要读本》为中心的材料。《苏联共产党(布)历史简要读本》是一百年来共产主义的最高的综合和总结,是理论和实际结合的典型,在全世界只有这一个完全的典型。我们看列宁、斯大林他们是如何把马克思主义的普遍真理和苏联革命的具体实践互相结合又从而发展马克思主义的,就可以知道我们在中国是应该如何地工作了。"[①]1945年毛泽东说,《联共(布)党史简明教程》"这本书是历史的,又是理论的,又有历史,又有理论,它是一个胜利的社会主义国家的历史,是马克思主义在俄国成功的历史,这本书要读"[②]。

在毛泽东等中共中央领导人的倡导下,延安掀起了学习《联共(布)党史简明教程》的高潮,整风运动还将其列为必读书,成为干部历史教育的主要教材。各级干部学校都把"联共党史"作为主要课程开设。八路军的文化教育也以该书为重要教材。中央军委总政治部宣传部长萧向荣在《八路军的文化教育工作》一文中说:"懂得历史,首先是中国近代革命运动史及近代世界革命史等等。"他提出对战士进行为期一年的准备教育,中心内容是:"以中国革命及社会科学常识为中心,说明中国革命的任务、性质与动力、中国革命运动的简单历史,社会形式发展简史,以及社会主义——尤其是苏联社会主义建设等等问题。"《联共(布)党史简明教程》是学习马列主义和历史遗产的好教材;因此该书出版后,中共中央要求受训练更多的干部需要把《联共(布)党史简明教程》"根据着基本材料来研究马克思—恩格斯—列宁—斯大林有关的著作"[③]。中央研究院各研究室按照张闻天院长的要求,把包括联共党史学习在内的历史教

[①] 毛泽东:《改造我们的学习》,载《毛泽东选集》第三卷,人民出版社1991年版,第802—803页。

[②] 毛泽东:《在中国共产党第七次全国代表大会上的口头政治报告》,载《毛泽东文集》第三卷,第350页。

[③] 萧向荣:《八路军的文化教育工作》,《中国文化》1940年,第1卷第4期,第12—18页。

育作为提高业务水平的重要途径。如中国文化思想研究室的学习计划提出:"为了学好哲学,必须学点历史:中国通史,中国革命史,中共党史,联共党史,欧洲革命史等。"①

2. 苏联历史教科书材料的译介

延安1941年8月31日出版的《解放》周刊第134期转载了由师哲翻译的1934年至1937年相继在苏联《真理报》发表的苏联人民委员会和联共(布)党中央关于历史教科书的五份材料,总标题为《怎样写历史》:(一)苏联人民委员会和联共(布)党中央关于苏联各学校讲授本国历史的决定。(二)介绍苏联人民委员会和联共(布)中央的决定。(三)斯大林、基洛夫、日丹诺夫:对"苏联历史"教科书纲要的意见。(四)斯大林、基洛夫、日丹诺夫:对"近代史"教科书纲要的意见。(五)苏联政府为悬赏征求优良的中学三、四年级苏联历史教科书特设的评定委员会的决议。

《解放》在上述五份文献译文的"编者按"中指出:"斯大林同志、联共(布)党中央及苏联政府关于如何编写苏联史及新历史的指示,值得我们编写及学习历史的同志深刻注意与研究,故特请译出,并专载于此。"还说,联共(布)党中央和苏联政府十分重视历史教育,曾指示各级学校,在历史课教学中不能以抽象的理论代替具体的历史事实的讲授。"苏联人民委员会和联共(布)党中央,认为苏联各学校中的历史教授作得不能满意。教科书及教授本身,都带着抽象的和公式的性质,提供给学生们一些社会经济形态的抽象定义,而不用生动有趣的方式和依照年代的次序,讲述最重要的事件和事实,以及历史人物的特点等以教授本国史,这样就以抽象的社会学的规式,代替了本国历史之有系统的讲述。"按照历史年代的次序讲述历史事件,且使学生牢固地记忆一些重要的历史现象、历史人物和年代月日等,这是学生能切实领悟历史课程之决定的条

---

① 温济泽:《忆中国文化思想研究室》,载温济泽、李言、金紫光等:《延安中央研究院回忆录》,中国社会科学出版社、湖南人民出版社1984年版,第42页。

件。只有这样的历史教程,才能保证学生们所必需的历史教材之易于理解性、明确性和具体性,"只有在这样的基础上,正确的分析和正确的总结历史事件(这都是使学生对历史走向马克思主义的认识)才有可能"①。

(二) 苏联史学输入对延安根据地史学的影响

1. 对中共党史审定的延安模式产生了影响

1937年,斯大林发表《论联共党史课本》一文,亲自拟定党史教程大纲,作为编写党史教科书的依据。1938年出版的《联共(布)党史简明教程》提供了党史教科书审定的苏联模式。这种模式显出它的极大权威性,就是公开宣布此书由"联共(布)中央审定",印在封面上,而且1946年开始出版《斯大林全集》时即宣布,其第15卷就是这部教程。只是《斯大林全集》出到第13卷就中断了。在借鉴苏联模式基础上,中国共产党有了一个延安党史审定模式:1945年六届七中全会通过《关于若干历史问题的决议》,以中央全会决议的名义对中国共产党若干重大历史问题做出论断,但是没有编写和出版中央审定的党史教科书②。

2. 促进了中国共产党人将马克思主义理论和中国历史实际相结合

1938年,《联共(布)党史简明教程》出版,该书以马克思列宁主义思想为指导,阐述了马克思主义理论,其中,第四章第二节"论辩证唯物主义和历史唯物主义",详细介绍了马克思主义的辩证唯物主义和历史唯物主义的基本特征:"历史唯物主义就是把辩证唯物主义原理应用于社会生活现象,应用于研究社会,应用于研究社会历史。"③

---

① 师哲:《怎样写历史》,《解放》1941年第134期,第39—45页。师哲为中央研究院俄国研究室主任。
② 龚育之:《关于党史教科书的审定》,载《党史札记》,浙江人民出版社2002年版,第88页。
③ 联共(布)中央特设委员会编:《苏联共产党(布)历史简明教程》,人民出版社1955年版,第136页。

该书对于中国共产党人掌握马克思主义理论有较大帮助。从1939年5月到1941年3月，党的高级干部绝大部分都学习了这部教程。1940年6月到1941年3月，党的中级干部也学完了它。在延安学习的人数达2 118人。各级干部学校都把"联共党史"作为主要课程开设，整风运动又将其列为必读书。该书通过具体史实较明显地揭示出马克思主义与俄国革命实践不断结合的过程。正如毛泽东所说，《联共(布)党史简明教程》"这本书是历史的，又是理论的，又有历史，又有理论，它是一个胜利的社会主义国家的历史，是马克思主义在俄国成功的历史"①，对于教育中国共产党人将马克思主义理论和中国实际相结合，克服教条主义和僵化保守思想有一定作用②，对于延安史家把马克思主义学术中国化也有启迪作用。

《联共(布)党史简明教程》和苏联人民委员会和联共(布)中央关于历史教科书的五份材料强调历史学习要将马克思主义理论与具体的历史事实相结合。1934年5月16日苏联人民委员会和联共(布)中央关于苏联各学校讲授本国历史的决定指出："苏联各学校中的历史教学情况不能令人满意。教科书和教学本身都流于抽象化和公式化，不是依照年代次序叙述最重要的事件和事实以及历史人物的特点，而是向学生讲授一些社会经济形态的抽象定义，这样就以抽象的社会学公式代替了本国历史的系统叙述。"③1936年1月27日《介绍苏联人民委员会和联共(布)中央的决定》又指出："按照历史年代次序讲述历史事件，同时使学生必须牢记一些重要的历史现象、历史人物和年代月日，这是学生们巩固地掌握历史课程的决定性的条件。只有这样的历史课程，才能提供给

---

① 毛泽东：《在中国共产党第七次全国代表大会上的口头政治报告》，载《毛泽东文集》第三卷，第350页。
② 参见张静如、唐曼珍：《中共党史学史》，中国人民大学出版社1990年版，第64—65页。
③ 《马克思主义经典作家论历史科学》，人民出版社1961年，第287页。

学生以明了而具体的史料。也只有这样,才能正确地分析和总结历史事件,引导学生用马克思主义观点去理解历史。"① 也就是说,在历史讲授中要把马克思主义理论和苏俄历史实际相结合系统叙述本国历史,取代过去简单地用意识形态的社会发展阶段理论来图解、简化复杂的历史过程的做法。

苏共关于马列主义理论和本国历史实际、现实问题相结合的学习方法对中国共产党人的干部学习有重要的启迪意义。1941年12月17日,中共中央政治局通过《中共中央关于延安干部学校的决定》,该决定经毛泽东修改后公开发表,毛泽东在修改决定时指出:"本决定适用于延安,但一切基本原则不但适用于延安,同样亦适用于其他地方。"②《决定》指出:"目前延安干部学校的基本缺点,在于理论与实际,所学与所用的脱节,存在着主观主义与教条主义的严重的毛病。这种毛病,主要表现在使学生学习一大堆马列主义的抽象原则,而不注意或几乎不注意领会其实质及如何应用于具体的中国环境。"为了使学生领会马列主义的实质并应用于具体的中国环境,"除正确地教授马列主义的理论之外,同时必须增加中国历史与中国情况及党的历史与党的政策的教育,使学生既学得理论,又学得实际,并把两者生动地联系起来。党地委以上,军队团级以上的干部(在解决了文化问题之后),应以联共党史为学习马列主义的基本教材,特别应注意于具体应用辩证唯物论与历史唯物论(不是其大堆的抽象原则)的学习,借以克服主观主义与教条主义这种极端恶劣的毛病"。学生是否真正领会马列主义,以学生是否善于应用为标准。"这里所说的应用,是指用马列主义精神与方法去分析中国历史与当前的具体问题,去总结中国革命的经验。"③ 按照中共中央政治局的要求,延安

---

① 《马克思主义经典作家论历史科学》,人民出版社1961年,第289页。
② 中共中央文献研究室编:《毛泽东年谱》中卷,人民出版社1993年版,第346页。
③ 《中共党史参考资料》(五),人民出版社1979年版,第20、22页。

的干部学校和各抗日根据地的学校在干部教育中,应该注重把学习联共党史关于马列主义理论的阐述和研究中国历史问题及现实问题结合起来。

1938年5月5日,延安马列学院正式开学,这是中共创建的第一所攻读马列主义的比较正规的学校。1941年7月马列学院改组。学院开设六门课程:政治经济学、哲学、马列主义基本问题、党的建设、中国现代革命运动史、西洋革命史。讲授西洋革命史的陈昌浩去苏联学习过,陈昌浩曾任红四方面军政治部主任,是红军的著名领导人。他从英国宪章运动讲起,讲到法国大革命、美国独立战争。当时延安除马列著作中有关于西方资产阶级革命史的论述外,可供参考的材料很少。陈昌浩便从俄文书籍中寻找材料充实讲稿,结果讲得有声有色。邓力群说,学了西洋革命史,对于马克思主义产生背景的认识就更深刻了[①]。

3. 一些延安学者开始热衷于在"五种社会形态说"理论框架下进行历史研究

《联共(布)党史简明教程》明确提出,历史上有五种基本类型的生产关系,即原始公社制的、奴隶占有制的、封建制的、资本主义的、社会主义的,并对五种社会经济形态理论进行了较细致的阐述,延安根据地学者在这一理论框架下进行历史研究。范文澜1940年在《关于上古历史阶段的商榷》一文开篇就指出,人类历史的发展,要经过原始公社、奴隶占有制度、封建制度、资本主义制度,而后达到社会主义的社会[②]。范文澜的《中国通史简编》按照"五种社会形态说"划分中国古代历史的段落,将中国历史划分为原始社会、奴隶社会、封建社会,又把封建社会划分为初期、中期、后期。

---

① 邓力群:《我对延安马列学院的回忆与看法》,载吴介民主编:《延安马列学院回忆录》,中国社会科学出版社1991年版,第15页。
② 范文澜:《范文澜历史论文选集》,中国社会科学出版社1979年版,第81页。

延安时期关于中国古代史分期问题的讨论,体现了《联共(布)党史简明教程》五种社会经济形态理论的直接影响。关于中国古代史分期问题,亦即通常所指的中国奴隶社会和封建社会的分期,是史学界乃至整个学术界长期关注和力求解决的一个重大课题。这一课题涉及中国古代社会的特点和发展规律,包含了有关奴隶社会和封建社会的一系列重要的史学理论问题。围绕着古史分期问题展开的热烈讨论成为史学界普遍关注的一个焦点。范文澜在《中国文化》第1卷第3期发表《关于上古历史阶段的商榷》,这是他有关中国古史分期问题的第一篇论文。文中按照斯大林在《联共(布)党史简明教程》中所阐述的理论,具体分析商、周的社会性质。范文澜说:"中国上古历史,因为文献的难征,和发掘工作的幼稚,许多问题无法予以正确的说明。尤其是奴隶制度在什么时候成立,封建制度在什么时候开始。聚讼纷纭,莫衷一是。"大体说来,约有郭沫若在《中国古代社会研究》中所提出来的"殷代是氏族社会,西周是奴隶社会"的主张;吴玉章提出来的"殷代是奴隶社会,西周是封建社会"的主张。范文澜表示赞成吴玉章关于殷代是奴隶社会,西周是封建社会的主张,而对郭沫若所提出的西周奴隶社会说提出不同意见,其主要依据是《联共(布)党史简明教程》的论断:"与一定的社会生产力相适合的,是人们的生产关系。所以,生产力是怎样,生产关系也就应当是怎样。"铁制农具是奴隶制度的一个标志,但不能说,殷墟还没有发现铁,所以殷代绝不会是奴隶社会。由于材料不够,铁制农具何时出现是一个无法讨论的问题。"幸而《联共(布)党史简明教程》给予我们以明确的指示,依据这个指示,我们可以在生产关系方面找出实际证明,因而生产力也就不会凭空臆测了。""《联共(布)党史简明教程》指出奴隶社会基本的条件,考之殷代盘庚以后,无不备具,因此我们可以判定殷代(指盘庚以后,前此如何,因无实证,不能率断)是奴隶社会。"范文澜又依据《联共(布)党史简明教程》关于封建制度的界定,分析西周的生产关系,认定西周已开始进入封建社会①。

由此可见,与郭沫若侧重从生产力方面、主要依据生产工具在生产过程中的实际作用来判定古代社会性质不同,延安学者范文澜主要依据《联共(布)党史简明教程》中关于奴隶制度和封建制度的界定,侧重从生产关系方面阐述中国古史分期问题,形成了中国马克思主义史学的"西周封建论"学派。

4. 苏联史学政治化的多重影响在延安时期开始显现

《联共(布)党史简明教程》由苏联共产党(布)中央特设委员会编写、联共(布)中央审定,从编纂的指导思想到历史分期等都是斯大林亲自确定的,斯大林还亲自撰写了后来对于中国马克思主义史学发展走向影响甚深的《辩证唯物主义与历史唯物主义》作为该书的一节。苏联人民委员会和联共(布)中央关于历史教科书编写的五份文件也充分体现了政治权力对史学研究的过度干预。如苏联最高层斯大林、基洛夫、日丹诺夫对"苏联历史"教科书纲要的意见和对"近代史"教科书纲要的意见中指出,现在提交人民委员会和中央审查的历史教科书大部分都是不能令人满意的,"因此,苏联人民委员会和联共(布)中央决定组成人民委员会和联共(布)中央的联合委员会来审查和从根本上提高历史教科书的质量,在必要时,甚至改编已经写成的历史教科书"②。

《联共(布)党史简明教程》这部书过分夸大个人的作用,过分渲染党内斗争的残酷性,带有极强的论辩和批判色彩,史实只是解释和提供根据,实际上是按历史顺序编写的理论教科书③。苏联史学突出"斗争"史;苏联史学工作者集中研究俄国革命史、革命运动史、布尔什维克史,突出阶级斗争史、政党斗争史,突出社会主义与资本主义的尖锐对立,这

---

① 范文澜:《关于上古历史阶段的商榷》,载《范文澜历史论文选集》,第81—92页。
② 《马克思主义经典作家论历史科学》,第291页。
③ 参见张静如、唐曼珍:《中共党史学史》,第64—65页。

与苏共领导人的政治导引有密切关系。1934年8月9日斯大林、基洛夫、日丹诺夫在《对"近代史"教科书纲要的意见》中指出:"我们认为纲要的主要缺点,就是它没有充分尖锐地强调出法国革命(资产阶级革命)和俄国十月革命(社会主义革命)之间的区别和对立的全部深刻性。而近代史教科书的主要轴心,正应该是资产阶级革命和社会主义革命相对立的思想。"①把党史简单写成斗争史这一编写模式对此后中国马克思主义史学特别是中共党史的编纂产生了消极影响。

斯大林历来比较喜欢讲两条路线,20世纪20年代后期他逐渐把路线问题提到非常严重的地步。1937年,斯大林撰文再次强调在党史教材中要突出反对托洛茨基、季诺维也夫、加米涅夫、布哈林等历次反党集团斗争的地位和作用,凸显出以斯大林为代表的党的路线的伟大胜利。在1938年他主持下编辑出版的《联共(布)党史简明教程》一书中,路线、路线斗争字样虽不多用,在该书细目和结束语中都未用,更没有计算过路线错误的时间和路线斗争的次数②,但其通过对联共党内尖锐斗争史实的描述突出了路线斗争的残酷性,路线斗争史的编写模式仍对中共党史学习和研究产生了较大影响。1941年9月10日,毛泽东在中共中央政治局扩大会议上作题为《反对主观主义和宗派主义》的讲话,指出纠正主观主义和宗派主义等不正之风的办法,就是学习和研究党史。广大的党员干部要"研究马、恩、列、斯的思想方法论,以《联共党史》为中心的学习,多看反对主观主义的言论"③。1943年3月16日,在中央政治局会议上,毛泽东在谈到中央的工作方针时指出,中共党史研究开始起步,政治局同志座谈22年的路线问题,在一年内应有确定的收获④。

---

① 《马克思主义经典作家论历史科学》,第294页。
② 龚育之:《龚育之文存》(上),上海人民出版社2000年版,第46页。
③ 毛泽东:《反对主观主义和宗派主义》,载《毛泽东文集》第二卷,人民出版社1991年版,第375、374页。
④ 毛泽东:《在中央政治局会议上讲话的要点》,载《毛泽东文集》第三卷,第10页。

苏共中央领导人对历史时代分期进行的具体论断体现了苏联政治中心论的色彩。他们将近代史定为以法国革命为开端的资本主义从确立到衰落的历史,并将其分为三个阶段:"第一部分——自法国资产阶级到普法战争和巴黎公社(不包括在内),这是资本主义在先进国家里胜利和确立的时期。第二部分——从普法战争和巴黎公社到俄国十月革命的胜利和帝国主义战争结束(不包括在内)。这是资本主义开始没落的时期,是巴黎公社给了资本主义第一个打击、旧的'自由的'资本主义转变为帝国主义以及十月革命的力量在苏联推翻了资本主义的时期,而十月革命则在人类历史上开辟了新纪元。"第三部分,自1918年末到1934年末,是资本主义国家经济和政治的危机时期和苏联社会主义建设获得胜利的时期①。1942年经斯大林批准,世界近代史的开端被推至1640年英国资产阶级革命爆发。苏共中央领导人关于历史时代分期的论述,突出了伟大的十月社会主义革命史的作用,强调十月革命开创了人类历史新纪元,其论断后来为中国马克思主义学者划分世界历史分期时普遍采用。中国学者关于世界现代史的开端基本上沿用传统的提法,即以十月革命为开端。

20世纪30年代的苏联史学还突出个人作用。1934年斯大林、基洛夫、日丹诺夫《对"近代史"教科书纲要的意见》指出:"我们认为,纲要的作者把历史中断在1923年是一个大错误。应该改正这个错误,应该将历史写到1934年末。要根据这一点对材料、篇、章进行改编和重新安排。"特别指出以往教科书把历史叙述截止在1923年,即截止在列宁时期而没有写到斯大林时期,是个"大错误"②。关于历史时代分期,苏共中央领导人认为近代史第三部分,即自1918年末到1934年末,是资本主义国家经济和政治的危机时期和苏联社会主义建设获得胜利的时期。这一历史分期方法美化与神化了联共(布)党内个别领导人,尤其是斯大

---

① 《马克思主义经典作家论历史科学》,第295页。
② 同上。

林,突出了在斯大林领导下的伟大成就:"苏联社会主义工业胜利和高涨,社会主义在农村中胜利,集体农庄和国营农场获得胜利。"① 这种突出个人作用的党史写法,对延安时期乃至新中国的党史编撰产生了重要影响。

受此影响,当时延安史学的发展已初步显现政治权力对学术的干预。德国学者罗梅君说,延安史家的著作"往往紧跟毛泽东的历史理论和有关历史问题的论断,而毛泽东恰恰是在延安时期确立了他在中共中央的领导地位"。与之相反,"重庆的'民主主义'历史学家却更忙于与其在重庆或昆明的同事进行学术讨论"。② 这些专业范围的讨论也具有政治意义,但不一定直接涉及政党问题。如关于亚细亚生产方式和关于"学术中国化"问题的讨论等。范文澜的"西周封建论"得到毛泽东的支持,从而很快成为延安主流学术观点,中华人民共和国成立后又成为全国性主流观点。

四、20世纪五六十年代苏联史学的大规模输入

中华人民共和国成立后,执行"一边倒"政策,各行各业掀起了"向苏联学习"的热潮,史学界全面学习苏联经验,苏联史学大规模输入,对中国马克思主义史学的发展产生了重要影响。

(一) 20世纪五六十年代苏联史学的输入与中苏史学交流

1. 苏联史学论著被大量译介

联共(布)中央特设委员会编《联共(布)党史简明教程》1938年被译介到中国,1949年9月《苏联共产党(布)历史简明教程》在中国再版,1954年4月出到第8版,至1955年12月印刷次数即达到19次。

从20世纪50年代开始到60年代中期,许多苏联学者的著作被翻译进来,世界上古史方面,著名的有科瓦略夫的《古代罗马史》、塞尔格

---

① 《马克思主义经典作家论历史科学》,第295页。
② [德]罗梅君:《政治与科学之间的历史编纂》,孙立新译,山东教育出版社1997年版,第158页。

耶夫的《古代希腊史》、阿甫基耶夫的《古代东方史》等。中世纪史著作有柯斯铭斯基编辑的《中世世界史》、谢苗诺夫的《世界中世史》等。近代史方面,1950年苏联科学院历史研究所编写的五卷本《近代史教程》由人民出版社分册出版。该教程实际是由塔尔列主持编写的苏联第一部近代史教材。同年出版的还有叶菲莫夫的《近代世界史》。通史方面影响较大的有潘克拉托娃主编的《苏联通史》。史学理论方面有普列汉诺夫的《论一元论历史观之发展》(人民出版社1954年版)、1962年三联书店翻译出版的苏联康恩等人的论文集《穷途末路的资产阶级的历史哲学》等。

当时为配合教学,还翻译出版了苏联一些史料及相关的著作。如齐思和、耿淡如、寿纪瑜选译的《中世纪初期的西欧》(生活·读书·新知三联书店1958年版);刘启戈、李雅书选译的《中世纪中期的西欧》(生活·读书·新知三联书店1957年版);齐思和、林幼琪选译的《中世纪晚期的西欧》(生活·读书·新知三联书店1962年版)。

在苏联,历史学作为一门学科的突出地位要追溯到20世纪30年代,当时考古学和民族学被取消了独立学科的地位,在院校里被划归为历史学的一个分支,苏联的民族学教学组通常设在历史系[①]。五六十年代,苏联的民族学、考古学著作也被译介到中国。如苏联历史学家波塔波夫等著《苏联关于游牧民族宗法封建关系问题的讨论》(科学出版社1957年版)、苏联考古学家 A. 蒙盖特的《陷于绝境的资产阶级考古学》(《考古》1956年第3期)一文。

1961年出版的《马克思主义经典作家论历史科学》收录了斯大林《论辩证唯物主义和历史唯物主义》中的若干论断。人民出版社出版的斯大林《马克思主义与语言学问题》也被史学工作者广为学习和引用。

---

① [美]顾定国:《中国人类学逸史:从马林诺夫斯基到莫斯科到毛泽东》,社会科学文献出版社2000年版,第148页。

如赵俪生在《历史教学》1951 年第 4 期发表《斯大林对史学的新指导——学习〈论马克思主义在语言学中的问题〉札记》。

2. 中国学者努力学习苏联史学

中共中央组织 1953 年设立的中国历史问题研究委员会强调了学习苏联史学的重要性:"苏联三十年来关于历史科学的经验和一些重要的结论,对我们是需要的。熟悉那些经验,知道那些观点是正确的,那些是被批判的,可以使我们少走些弯路。特别是注意斯大林关于苏联历史中俄罗斯历史的意见和结论。苏联现在的一些历史著作和教科书也应该熟悉一下。"①

中国史学工作者努力学习苏联史学论著。如在南开大学,杨生茂 20 世纪 50 年代为学生开设马列主义史学名著选读、世界通史和苏联史等三门课程。参考书籍剔除了传统的欧美著作,他从当时解放社、韬奋书局、华北新华书店、开明书店、吉林书店、读者书店等出版的作品中开列了一批苏联学者编写的书目,如苏联科学院历史院编的《近代史教程》、А. 舍斯达科夫的《苏联历史讲话》、А. 李昂吉叶夫的《资本主义》、Е. А. 柯斯明斯基编的《中世世界史》以及列宁的《论马克思恩格斯及马克思主义》等,作为学生的参考读物②。

中国学者关心苏联学者所讨论的理论问题。在翻译和引进苏联史学的过程中,有几个杂志发挥了重要的作用,它们是《历史问题译丛》《史学译丛》等。它们所翻译和介绍的那些重要的文章成为此后中国史学界进行研究的指南。苏联学者所热烈讨论的问题就是中国学者的问题。如尚钺编《封建社会历史译文集》(生活·读书·新知三联书店 1955 年

---

① 《刘大年来往书信选》(上),中央文献出版社 2006 年版,第 95 页。
② 梁吉生:《历史系初创时期的杨生茂先生》,南开大学历史学院网站,http://history.nankai.edu.cn/HistoryWeb/ASPWEB/news/news10094.asp。

版)就是根据《历史问题译丛》上发表的文章编辑而成的①。

3. 中苏史学工作者展开学术交流

中国在翻译苏联史著的同时,还聘请苏联专家来华授课。例如,在中央党校、华东师范大学、东北师范大学等举办了由苏联专家主讲的青年教师进修班,培养了一批教学研究人才。苏联专家讲授的内容较为全面,其讲义出版后,因叙述简练、使用方便而风行一时。为了更加系统、深入地吸收苏联的世界史研究成果,专门学习世界史的留学生被派往苏联。1954年前共派出四人,1954年至1955年派遣留学生达到高潮,每年有十多人,之后人数不断减少②。

经中央同意,1957年4月开始由北大主办的国际性学术论坛"历史问题讲座"中,参加的外国学者有苏联汉学家杜曼、考古学家吉谢列夫、历史学家安东诺娃,来自埃及的埃及学家艾米尔,民主德国历史学家洛赫等③。

中国学者出版了一些研究苏联问题的著作。如华岗的《苏联外交史》就是代表作之一,1950年1月作者在自序中说,苏联外交和它的内政一样,完全符合社会发展规律,因此也就可以而且必须运用科学历史方法去研究,才能了解它的来龙去脉。智慧的开始,科学的开始,应该从认定没有"神秘"入手④。1955年刘大年等学者就苏联科学院历史研究所编的《世界通史》的中国部分提出修改意见。

1953年,刘大年接受《人民日报》记者柏生的访问,谈对苏联学界的感受,认为苏联史学家十分重视中国历史研究。苏联科学院主席团曾决定把一流的汉学家集中到苏联科学院东方学研究所来。目前苏联史学

---

① 刘新成主编:《历史学百年》,北京出版社1999年版,第283页,第八章"世界中世纪史"。
② 同上书,第312页,第九章"世界近代史"。
③ 张传玺:《谆谆教导 永记不忘》,载王忍之主编:《纪念吕振羽同志百年诞辰纪念文集》,中共中央党校出版社2002年版,第311页。
④ 《华岗选集》第1卷,山东大学出版社2003年版,第994页。

家们已写了许多有关中国历史问题的著作,他们对中国的古典历史著作如《史记》《汉书》等非常熟悉,并给予了很高的评价。俄国汉学家比林翻译的《资治通鉴》,苏联准备出第二版,并准备开始翻译《史记》。许多苏联青年怀着高度的热情,致力于中国历史问题的研究①。

中国史学家的著作被介绍到苏联。1950年苏联科学院《哲学问题》杂志发表了汉学家彼得罗夫大使关于侯外庐《中国古代社会史论》的评介,后来,鲁宾在苏联《古史通报》也评介了本书。苏联学者的重视给予了侯外庐修订该书的勇气②。1954年侯外庐《中国古代社会史论》修订本出版。

不过,当时,苏联根据现实,需要在介绍、翻译有关中国历史的某些著作时进行了删节。范文澜的《中国近代史》直书俄国对中国的疯狂侵略,但其俄译本中那些沙俄侵略中国的重要段落被任意抹掉了③。到1953年4月,范文澜再次修订时,有关沙俄侵略中国土地的面积的段落也被迫删除。

4. 借鉴苏联历史教学方法

苏联模式的历史教学以历史唯物主义为理论特点,从一开始就以服务苏联的国家建设为己任。郑天挺在《学习苏联高等学校的历史教学》一文中指出:"在光荣的布尔什维克旗帜下,在伟大的马克思、恩格斯、列宁、斯大林的学说思想领导下,苏联高等教育随着社会主义的经济建设蓬勃地成长起来,现在已经迅速地进入共产主义建设阶段。""苏联高等学校最主要的精神是联系理论与实际,布尔什维克式地联系理论与实际。就是说,在高等学校里,每一个科学理论要为苏维埃的(人民的)国家利益,为人民的、劳动者的利益服务。"历史教学也要自觉服务国家和

---

① 王玉璞、朱薇编:《刘大年来往书信选》(下),中央文献出版社2006年版,第703页。
② 侯外庐:《中国古代社会史论》,河北教育出版社2000年版,第9—10页。
③ 刘大年:《序》,载《范文澜历史论文选集》,中国社会科学出版社1979年版,第7—8页。

人民的、劳动者的利益①。

自1952年起,翻译引进苏联教材被列为推动教育改革的重要手段,教育部专门就此问题发布指示,推动引进。世界近代史方面,当年中华书局出版了叶菲莫夫的《近代世界史》上、下册。1955年秋,波尔什涅夫等人编著的《新编近代史》(第一卷)出版。该书是苏联高等学校的教材,译本成为国内大学本科世界近代史教学的主要参考书。配合教学的教师用的教学参考书、教学参考资料也被翻译出版,其中影响较大的有叶菲莫夫和赫伏斯托夫主编的《近代世界史教学法》、阿·伊莫洛克等编的《世界近代史文献(1870—1918年)》。

翻译教学用书的热潮一直持续到20世纪50年代末②。苏联中学历史教师季米特黑也夫所作的《在历史课上利用本地材料的经验》被介绍到中国。该文指出,在制订社会科学、文学、语言、地理和历史的教学大纲时,介绍一些苏联各民族的文化、文学、艺术、历史的发展以及苏联地方各方面的最重要的知识是应当被认为是必需的;历史课上要充分运用地方材料③。

(二) 20世纪五六十年代苏联史学输入对中国史学发展的影响

1. 对中国史学工作者运用马克思主义理论治史育人起了重要推动作用

苏联学者在过去一再强调,苏联史学的指导思想是马克思列宁主义,从十月革命胜利以后,马克思主义史学在苏联就占有不容置疑的统治地位,成为官方史学④。

苏联史学带动了中国史学工作者学习马克思主义经典著作。1953

---

① 郑天挺:《学习苏联高等学校的历史教学》,《历史教学》1952年12期,第3页。
② 刘新成主编:《历史学百年》,第311页,第九章"世界近代史"。
③ 吴琼:《在历史课上利用本地材料的经验——丘瓦希自治苏维埃社会主义共和国犹曼纳叶夫中学历史教师季米特黑也夫作》,《历史教学》1952年第11期,第10—11页。
④ 陈启能、于沛、黄立茀:《苏联史学理论》,经济管理出版社1996年版,第9页。

年,刘大年指出:"苏联史学家都十分重视对马克思列宁主义经典著作的研究和发展,对苏联历史和苏联共产党历史的研究十分重视。他们尤其善于利用马克思主义经典著作中的新的思想成果来研究历史。"①1953年8月11日、14日、15日刘大年的《马克思列宁主义是历史科学的基础——苏联历史科学研究工作的特点》连续在《人民日报》发表。其《苏联的先进历史科学》也在《科学通报》11月号发表。刘大年较系统地向中国学界介绍了苏联利用马克思主义经典著作中的新的思想成果来研究历史的经验。

中国史学工作者通过苏联史学的输入更多地了解到历史唯物主义的方法的运用。《苏联史学家在罗马第十届国际史学家代表大会报告集》于1957年在中国出版。西多罗夫在报告集《苏联历史科学发展的基本问题及某些总结》一文中指出,苏联历史学家在自己的研究工作中遵循的是历史唯物主义方法。唯物主义历史学家的研究对象是那些客观的,不以人们的意志和愿望为转移的社会发展规律②。

2. 对中国考古学的走向产生了重要影响

在苏联,考古学是历史学的一个组成部分。1957年,西多罗夫指出,苏联的考古学已经有了很大的进步,它远远超出了简单的"实物研究"范围,"并日益成为历史知识中的一个独立部门了"③。《考古》1958年第1期刊登了《苏联考古四十年》,张云鹏《由湖北石家河遗址的发掘主要错误谈学习苏联先进经验》(《考古》1957年第2期)一文则反映了中国考古学界对苏联考古经验的重视。

苏联马克思主义者认为,社会进步的过程是从原始社会到奴隶社

---

① 《刘大年来往书信选》(下),第703页。
② 《苏联史学家在罗马第十届国际史学家代表大会报告集》,生活•读书•新知三联书店1957年版,第1、3页。
③ 《苏联史学家在罗马第十届国际史学家代表大会报告集》,第11页。

会,再到封建社会、资本主义社会,最终达到社会主义,既然原始社会是这种分段法中最低级的发展阶段,就该让考古学和民族志去揭示这个阶段的本来面目①。受此影响,在厦门大学,新中国成立初的变化之一是对史前史越来越重视;历史系要求所有的学生都必须修"考古学概论"和"原始社会史"课程。中华人民共和国成立后历史系主任林惠祥强调原始社会是人类社会的精髓,其研究方向从文化人类学转向原始社会和考古学研究,并撰写了《为什么要保存古物》《考古学通论》等论著。关于考古材料的选择,他引用苏联考古学家吉谢列夫的话说,考古研究者"努力首先去搜罗那些表面上仿佛无足轻重的,但实际上对于生活的、经济的、社会的等问题的历史研究,有着重大意义的一切详细资料"。他分析了马克思和苏联学者吉谢列夫关于考古学意义的论述,认为"古物和古迹可供我们研究当时的生产力和生产关系,进一步推知当时的社会制度,以至于意识形态。由于根据实物研究各个社会的具体情况,便可证明马列主义社会发展规律的正确"②。林惠祥的上述论述明显打上了受苏联考古学影响的印记。

3. 苏联社会经济形态理论等历史理论长期影响中国史学界

苏联的社会经济形态理论研究注重阐明人类社会发展的规律,说明人类社会不同阶段的延续和更替,强调社会进步式的演进和人类社会发展的阶段论特征。这对新中国的古史分期等历史理论问题的讨论产生了重要影响。关于中国古代史分期问题亦即通常所指的中国奴隶社会和封建社会的分期,是史学界乃至整个学术界长期关注和力求解决的一个重大课题。这一课题涉及中国古代社会的特点和发展规律,包含了有关奴隶社会和封建社会的一系列重要的史学理论问题。围绕着古史分

---

① [美]顾定国:《中国人类学逸史:从马林诺夫斯基到莫斯科到毛泽东》,第159页。
② 林惠祥:《天风海涛室遗稿》,鹭江出版社2001年版,第267、286页。

期问题展开的热烈讨论成为史学界普遍关注的一个焦点①。这一讨论持续了很长时间,中华人民共和国成立后,特别是20世纪50年代中期至60年代初,史学界还曾就中国古史分期问题展开热烈讨论。

中国史家治学术语亦深受苏联社会经济形态理论影响。吕振羽在《"亚细亚生产方式"和所谓中国社会的"停滞性"》一文中承认自己的《史前期中国社会研究》一书对"亚细亚生产方式"的理解受到戈德斯的影响。在《殷周时代的中国社会》一书中,他认为所谓"亚细亚生产方式"是"希腊罗马而外之其他国家的奴隶制度阶段的社会",实际上也是受到了科瓦列夫东方"奴隶制变种"论的启发②。吕振羽把亚细亚生产方式说成一种"种族国家的奴隶制",后来他觉得"种族奴隶制"的提法欠妥,在1954年出版的《史学研究论文集》中修正为"初期奴隶制"。

苏联的史学理论和历史理论对中国史学家的学术研究范式和学术观点产生了重要影响。以范文澜为例,1954年范文澜发表《关于中国历史上的一些问题》一文,坚持"劳动人民是历史的主人"的观点,这一观点来自苏联马克思主义理论。他引用《联共(布)党史简明教程》中《辩证唯物主义和历史唯物主义》的观点指出:"历史科学要想成为真正的科学,就不能再把社会发展史归结为帝王和将相的行动,归结为国家'侵略者'和'征服者'的行动,而首先应当研究物质资料生产者的历史,劳动群众的历史,各国人民的历史。"本书肯定历史的主人是劳动人民,把以帝王将相作为历史主人的观点否定了③。

尽管20世纪50年代末期以后,中苏关系恶化,一些来自苏俄的理念和词语渐遭质疑,但苏俄版的"五种社会形态说"却沿用下来,一直影

---

① 参见周朝民、庄辉明、李向平编著:《中国史学四十年(1949—1989)》,广西人民出版社1989年版,第16—17页。
② 林甘泉:《吕振羽与中国社会经济形态研究》,载王忍之主编:《纪念吕振羽同志百年诞辰纪念文集》,第105页。
③ 《范文澜历史论文选集》,第22页。

响到今天的史学界。

4. 模仿苏联史学模式出现教条主义倾向

20世纪50年代中期,当中华人民共和国的新老世界史工作者开始进行正常研究工作时,由于政治上的"一边倒",无论中国史还是世界史都主要是学习、借鉴苏联史学界的研究成果。当时不加分析地吸收或照搬苏联学术界的成就,即使如苏联科学院主编的《世界通史》对西方或东方的历史研究都有主观、片面和感情色彩过于强烈之处,我们也一概照搬,一方面固然学习了苏联学者有关世界史的研究成果和方法论中积极的因素,但也引进了教条主义的僵化模式并受到苏联中心论的影响①。

中华人民共和国成立初我国的史学体系是以苏联史学为模式建立起来的,随着向苏联学习的深入,也随着学者们思想观念的转型以及研究方法的转型,中国世界史学科的建设和研究也开始起步。苏联史学对刚刚形成的我国世界史学科产生了较大的影响。从20世纪50年代开始到60年代中期,中国学者按照苏联史学模式书写世界史,出版自己的著作。如在世界古代史方面,由齐思和担任分册主编的《世界通史》(上古部分)代表了当时我国世界上古史研究的最高成就。该书以马克思主义原理为指导,具体阐明了世界古代史的基本内容和体系,揭示了原始社会和奴隶社会的内在发展规律,较全面地分析了奴隶社会时期世界各国的政治、经济、文化及阶级斗争的情况②。苏联史学模式的影响显而易见。自1956年起,以苏联教材的框架为基础制订了我国的世界中世纪史教学大纲。耿淡如编的《世界中古史讲义》、齐思和编著的《世界中世纪史讲义》、戚佑烈等编写的《世界中世纪史》、刘启戈的《世界中世纪史》,这些教材多为内部交流之用,其特征多是对苏联教材的模仿。从指

---

① 刘新成主编:《历史学百年》,第345页,第十章"世界现代史"。
② 同上书,第233页,第七章"世界上古史"。

导思想、具体史料到一些具体问题的观点都在苏联模式的控制之下①。世界近现代史的教材也有类似情况,世界现代史的开端基本上沿用传统的提法,以十月革命为开端。历史地看,这在当时的情况下于中国世界史学科的初建也是有益的,不能一笔抹杀。

5. 中国学者力图破除教条主义束缚

在学习苏联史学的过程中,一些中国学者力图突破教条主义的束缚。1962年下半年,吕振羽在中央高级党校给1961年级理论班讲授《中国历史引言》,他在开头论述中国由奴隶制到封建制的过渡问题时,征引了斯大林对此问题讲的一段话的大意:"斯大林说,由奴隶制到封建制的过渡大概经过了二百年,或者不会多于二百年;同时他说,由封建主义到资本主义的过渡大概是一百年,也不会超过一百年。"接着评论说:"我看我们是运用和掌握他的精神,就是说生产方式的变革、社会历史的变革有过渡性,要经过一定的过渡时期,不一定从他的'一百年'、'二百年',这个数目字里面绕圈子。"②也就是说,是以马克思主义历史唯物论为指导的,但不能公式化地生搬硬套。人民出版社1962年出版的《世界通史·中古部分》也取得一些突破。虽然在指导思想、体系结构以及具体论述等方面仍然以苏联科学院主编的《世界历史》为蓝本,但我国学者在编写中注意联系我国的教学实际,对体例以及一些具体的问题做出了自己的判断,确实形成了自己的一定之规③。该书由著名史学家周一良、吴于廑任总主编,世界近代史部分的主编为杨生茂、张芝联、程秋原。《世界通史·近代史》分上下两册,该书沿用了苏联的世界近代史体系,但在内容安排上突出了亚非拉史的地位,特别是将近代中国的历史写入

---

① 刘新成主编:《历史学百年》,第285页,第八章"世界中世纪史"。
② 翟清清:《历史规律再探索 史学理论又升华》,载王忍之主编:《纪念吕振羽同志百年诞辰纪念文集》,第223页。
③ 刘新成主编:《历史学百年》第286页,第八章"世界中世纪史"。

世界历史,这一安排突破了苏联史著以苏联为中心的编写体例,使该书成为内容比较完整的世界近代史著作[①]。

五、结语

综上所述,马克思主义史学在中国的传播,最初主要通过留日回国的学者将日本马克思主义传入中国;如李大钊关于唯物史观的论述主要依据日本学者河上肇的译语。此后苏俄史学的影响逐渐加大。1925年瞿秋白翻译了斯大林《论列宁主义基础》,使得中国马克思主义学者对辩证唯物主义和历史唯物主义作为一个整体有了初步了解。1938年《联共(布)党史简明教程》的输入,对中国马克思主义史学的发展产生了深远的影响。中华人民共和国成立后实施"一边倒"的外交政策,各行各业掀起了"向苏联学习"的热潮,史学界也不例外,史学工作者全面学习苏联经验,从1949年到20世纪60年代初,苏联史学大规模输入,对新中国史学发展的走向产生了深远影响。从积极方面来说,它推动了中国史学工作者运用马克思主义理论治史育人,提升了考古学的科学化水平,丰富了中国历史理论;从消极方面来说,复制苏联史学模式带来了教条主义的倾向。60年代初开始中苏关系逐步恶化,两国史学交流逐渐中止,直到80年代中苏关系正常化才有所恢复。

20世纪70年代末发生在中国大地上的思想解放运动对史学研究产生了重大影响。伴随着真理标准问题的讨论和工作重心的转移,史学界解放思想,打破禁区,努力树立实事求是、勇于创新的学风和文风,这一时期,西方史学理论的译介工作得到加强。随着改革开放的推进和国际学术交流的开展,史学工作者有机会看到一些外文史学专著和刊物,接触外国专家,视野大大开阔了。80年代以来,史学界有一批人对"回到马克思,发展马克思"这一重大理论问题进行探索。黎澍是"回到马

---

① 刘新成主编:《历史学百年》,第318页,第九章"世界近代史"。

克思"史学思潮的代表人物之一。他在中宣部会议上发言指出,马克思主义毕竟是从西方介绍来的学说,并且多半还是经过俄国人介绍的,要真正懂得马克思的马克思主义,并非易事。有些名词概念连翻译都还没有弄清楚,我们怎么敢说有把握的话呢?①1988年5月9日,黎澍在《人民日报》撰文《认真清理我们的理论思想》,分析了长期以来中国学者误读马克思主义理论的原因:"十月革命的炮声给我们送来的马克思主义,并非是马克思写在书本上的理论,而是一个可以称之为列宁主义的事实,一个起因于马克思主义在俄国广泛宣传和实际活动而产生的使中国和世界大为震撼的胜利。""不是经过学习得来的,而且中国人接受这个主义又是如此之快,以致还来不及认真领会就立即开始行动,进入革命的实践。理论准备不足";"马克思主义的基本功不扎实"②。

  从20世纪80年代初开始,马克思主义在史学领域的指导地位面临严峻挑战,马克思主义史学的科学性受到质疑和责难。如何正确理解、运用和发展马克思主义理论,如何以马克思主义立场、观点和方法来指导史学研究,是史学家必须认真思考的重要问题。著名马克思主义史学家胡绳、刘大年等,在新形势下结合自己的学术研究,就史学领域如何坚持马克思主义和丰富发展马克思主义等问题进行了深入探讨。1988年4月17日,胡绳在全国社会科学院院长联席会上讲话,指出:"为了使中国思想界能够更好地从外来思想中汲取有益的养分,促进社会科学的进步,我们要在对外开放的过程中,建立广泛的国际学术联系。"他认为要批判地吸收西方文化中有益的东西,"既要很好地分析西方发展的历史,从中吸取一切对我们有益的东西",同时又要善于批判和摒弃那些不好的东西③。刘大年认为,要随时汲取世界一切先进的认识成果,"对马克

---

① 《黎澍集外集》,社会科学文献出版社2003年版,第126页。
② 同上。
③ 胡绳:《胡绳全书》第三卷下,人民出版社1998年版,第486页。

思主义理论、对中国传统、对西方非马克思主义著作,都必须正确对待,我们才能前进"①。马克思主义史学本质是开放的。刘大年说:"国外历史学凡属好的传统,不管来自何方,我们同样也要知道和加以研究。"②他在任中国史学会执行主席期间,为促进中国史学界与国际历史科学委员会的交流做出了重要贡献。1985年中国史学会在刘大年的率领下第一次作为国际历史科学委员会的集体会员,参加国际历史科学大会,开启了中国史学研究的国际化之旅。2015年中国史学会和山东大学共同承办第22届国际历史科学大会,本次大会是100多年来国际历史科学大会首次在亚洲召开,标志着中国史学的开放发展进入新的境地。

---

① 王玉璞、朱薇编:《刘大年来往书信选》(下),第437页。
② 刘大年:《刘大年史学论文选集》,人民出版社1987年版,第201页。